清 太 祖 传

周远廉 著

人民出版社

清太祖努尔哈赤朝服像

大政殿

福陵方城

清太祖努尔哈赤盔甲

汉文天命通宝
金国汗之宝
大金天命癸亥年铸云板

目　　录

序　言

　　爱新觉罗·努尔哈赤(1559—1626年)是满族杰出的领袖和清王朝的始祖,后被尊谥为"高皇帝",庙号"太祖"。

　　努尔哈赤原来是女真建州左卫中一个小部酋长之子,25岁时为报父、祖被杀之仇,以遗甲13副起兵,40年内,统一女真各部,大败明军于萨尔浒,克沈阳,取辽阳,下广宁,进驻辽东,确立八旗制度,创制满文,制定优遇女真(满洲)、联盟蒙古、"豢养尼堪"三项国策,建立起一个强大的金国,为顺治元年(1644年)清军入关统一全国,奠定了重要基础。

　　努尔哈赤的一生,对中国封建社会后期的历史进程发生了重大影响,一向为清史学界关注和重视。研究努尔哈赤的所作所为,可以发现许多令人深思而又很有意义的重要问题,比如,为什么小部酋长之子努尔哈赤能力挫群雄,统一女真各部,屡败明军,进驻辽东,登上辖地辽阔、臣民众多的大金国汗的宝座?从女真国到后金国再到金国,为什么发展如此迅速,有何特点,努尔哈赤起了什么作用?满族是怎样形成的,努尔哈赤发挥了多大影响?为什么努尔哈赤要建立八旗制度,宣布实行八和硕贝勒共治国政制,制定优遇女真(满洲)、满蒙联盟、"豢养尼堪"三项国策,它们对后金国、金国以及入关以后的大清国产生了什么影响?为什么努尔哈赤要幽禁亲弟弟,诛杀皇长子,休离大福金,废黜太子,相继制造了

1

九大疑案和冤案？为什么努尔哈赤对待汉官汉民的政策有了变化，要尽捕"无谷之人"，要在全国"甄别"汉人和大屠杀，要将汉民全部降为包衣阿哈、新编拖克索？如何评价明金之间的几次大战？为什么百战百胜的无敌君汗努尔哈赤，竟然败在兵少将寡独守孤城的道员"小子"袁崇焕的手下？怎样评价努尔哈赤？等等。本书拟对这些重要问题作些论述，欠妥之处，敬请读者指正。

周远廉

第一章　小部酋长之子

第一节　先祖世系

一、奇湖三仙女

　　明嘉靖三十八年(1559年),一个婴儿在建州女真苏克素浒河部赫图阿拉的塔克世家中呱呱坠地,他就是后来被尊为清太祖的努尔哈赤。

　　《清太祖武皇帝实录》、《满洲实录》、《清太祖高皇帝实录》等书,对努尔哈赤的先世作了这样的叙述:太祖先世发祥于长白山,山高二百余里,绵亘一千余里,雄峻壮观,风劲气寒,奇木灵药,应时而生。山上有个很大很大的潭,名叫闼门,周长八十里。长白山之东的布库里山下,有一个布尔瑚里池。一天,大仙女恩古伦、二仙女正古伦、三仙女佛库伦来到池里沐浴。三姐妹浴完,上岸穿衣,一只神鹊口衔朱果飞来,将朱果放在小仙女衣服上。小仙女佛库伦看见朱果色泽鲜妍,十分喜欢,爱不释手,便把朱果衔在口里,不料朱果吞入腹中,立即有感而怀孕。小仙女对两位姐姐说:我觉得肚腹很重,飞不动,不能与姐姐一道升天,怎么办?两位姐姐说:我们都吃过丹药,同列仙籍,你一定不会死,不会出事。此乃天意,待你分娩以后,身子轻了,再升天吧。大仙女、二仙女说完以后,就飞上天空走了。后来,三仙女佛库伦生了一个儿子,这个男孩刚一生下,就会说话,一下子就长大成人了。佛库伦仙女对儿子说:我是吃了神鹊衔来的朱果而生下你的,这是上天生你,令你去平定乱国。你可坐这条小船,顺流而下,便会到达你该去的地方,你向他们讲明你出生的情形,平乱定国。你姓爱新觉罗,名叫布库里雍顺。说完以后,佛库伦仙女把小船给予儿子,腾身飞上天空,转眼之间,不见踪影。

布库里雍顺遵依母命,坐在船上,顺流而下,来到鄂多里城(今黑龙江省依兰县南),平息了当地三姓的争吵纷乱,被众人推为国主,娶姑娘百里为妻。这就是满洲开国的始祖。以后,布库里雍顺的子孙虐待国人,国人反叛,杀死国主家族,只有幼儿范察逃脱。范察的后人孟特穆,英勇聪睿,施用计谋,将先世仇人的后裔四十余人引诱到鄂多里城西方1500余里的赫图阿拉(今辽宁省新宾县永陵镇东南的老城村),斩杀一半,报了大仇,遂定居于此。这位孟特穆,就是清朝的"肇祖原皇帝"。

以上《武皇帝实录》等书所说仙女吞食朱果,怀孕生子,生而能言,立即长大,当然不会是事实,只不过是一个神化努尔哈赤先祖的美妙动人神话,难以令人相信。但是,它也至少表述了三个颇有参考价值的重要问题。第一,努尔哈赤的先人女真,很早以前居住在黑龙江、吉林,后来移往辽宁。第二,努尔哈赤的最早始祖当上了一个城的国主,努尔哈赤是部落首领的后裔。第三,努尔哈赤的6世祖"肇祖原皇帝"孟特穆,身处逆境而不屈,困难之时有雄心,英勇无畏,足智多谋,等待时机,雪耻报仇,这种精神理应由其后人继承下去,发扬光大。揆诸历史实际,这些说法还是颇有根据的。

二、"肇祖"孟特穆

努尔哈赤的 6 世祖孟特穆,在明与朝鲜的文书中,被写为猛哥帖木儿或猛哥帖木儿,后被清朝追尊庙号为"肇祖",谥号为"原皇帝"。猛哥帖木儿生活在元末明初,是当时女真人中一位很有作为颇有影响的杰出人物。

女真人分为许多大小不一的部落,散居于黑龙江、辽宁和吉林,一些部落还流入朝鲜境内。元朝初年设桃温、胡里改、斡朵怜、脱斡怜、孛苦江 5 个万户府,委任女真大部落的首领为万户,统辖女真,为元朝镇抚北边。元朝末年,猛哥帖木儿是女真斡朵里部(即鄂多里)的首领,被元朝政府授为斡朵里万户府的万户。

元亡以后,明朝洪武初年,故元遗将在辽宁各据一方,互相征战,掳掠人畜,"野人女真"亦频繁劫掠,东北大乱。在可能遭到家破人亡部落毁灭大祸的关键时刻,猛哥帖木儿作出了率部避乱移居朝鲜的重大决策,带领部众家眷前往图们江下游斡木河(朝鲜会宁)耕牧度日。猛哥帖木儿又仿效先来的女真,向高丽国王纳贡称臣,被国王封授为吾都里万户,隶属于东北面都指挥使李成桂辖下。不久,李成桂自立为王,改国号为朝鲜,猛哥帖木儿仍为万户,与其他女真首领一起,"常佩弓剑入卫,从征伐",多次到朝鲜王都献纳方物,朝贡国王,国王也回赐赏物。比如,甲申四年(明永乐二年,1404 年),猛哥帖木儿偕弟、养子、妻弟率十余从者入朝,国王赐猛哥帖木儿缎衣一称、钑花银带一腰及笠、靴,赐其从者布帛,留其弟、养子和妻弟在王都侍卫。[①]

---

① 吴晗:《朝鲜李朝实录中的中国史料》,中华书局 1990 年版,第 133、197 页。以下简称为《李朝实录史料》。

明成祖朱棣夺取帝位后,大力招抚女真,设立卫所,于永乐元年(1403年)遣使朝鲜,谕告要招抚"女真吾都里"等,"使献贡"。第二年四月又遣使臣王可仁赍敕,前往朝鲜境内女真地区,谕劝女真归顺说:"敕谕叁散、秃鲁兀等处女真地面官民人等知之:今朕即大位,天下太平,四海内外,皆同一家,恐尔等不知,不相统属,强凌弱,众暴寡,何有宁息之时。今听朕言,给与印信,自相统属,打围牧放,各安生理,经商买卖,从便往来,共享太平之福。"①

明成祖从建州卫指挥使阿哈出了解到猛哥帖木儿聪睿练达,有归明之心,于永乐三年三月特遣使臣王教化的专往招抚,并谕告朝鲜国王,令其协办此事说:"皇帝敕谕朝鲜国王:东开原毛岭等处地面万户猛哥帖木儿能恭敬朕命,归心朝廷,今遣千户王教化的等赍敕劳之,道经王之国中,可遣一使与之同行。故敕。"②

朝鲜国王李芳远(李成桂第五子),因猛哥帖木儿是"东北面之藩篱",不愿让他及其他流寓境内的女真受明封职,或返回明国,极力设法阻挠,一方面特赐猛哥帖木儿"庆源等处管军万户印信一颗"、清心元十丸、苏合元三十丸,赐其管下八十二人木棉布、白苎布若干匹,赐猛哥帖木儿派来王都的使者千户河乙赤草笠、帽珠、袄衣一领、光银带一腰,并数遣官将前往,诱劝猛哥帖木儿"勿从朝廷使臣之命"。③

另一方面,朝鲜国王李芳远又特遣使臣到南京,奏称:猛哥帖木儿原来避乱,携家流移,来到"本国东北面庆源、镜城地面居住,当差役,因防倭有功,就委镜城等处万户职,经今有年","各各附

① 《李朝实录史料》,第198页。明朝官方文书称女真为女直,朝鲜文献仍称女真人为女真。
② 同上书,第206页。
③ 同上书,第206、207页。

籍当差"，请求明帝允许猛哥帖木儿等人"仍旧安业"。①

这样一来，猛哥帖木儿又面临新的关键时刻，是受明封职，为明帝臣属，他日率部返回故乡，还是长期流居朝鲜，永为其臣？必须作出明确的抉择。受明帝封职，固然很好，大明国君是"天下的共主"，是各国各部的"天皇帝"、"大皇帝"，朝鲜国王也是其属藩，受其封职，就可受到明帝的保护，外部异族来侵，可求天皇帝谕其退兵，可保本部平安无事，遭遇大的天灾人祸，明帝会发放银米赈救，会遣官将带兵前来平乱，处理善后事宜，扶持子孙东山再起。而且，天朝物产丰富，女真急需的食盐、布帛、铁锅、铁铧、耕牛等生活、生产必需用品，可以通过马市和朝贡得到的赏赐来满足，又可通过马市出卖女真地区的人参、珍珠、貂皮、狐皮、松子、木耳等土特产，得到大量银两，用以购买所需物品。这对女真的延续和发展，将起很大作用。但是，猛哥帖木儿曾是元朝政府封授的斡朵里万户，元亡明兴，又未祈明封职，反而逃入朝鲜，长达二十余年，怎能使明帝相信自己归顺的诚意，不知明帝会怎样对待自己，万一遇到变故，难免会被大皇帝猜疑，从而招来杀身之祸，至少也是吉凶难卜。再加上朝鲜国王不愿女真受明封职，返回明国，一再遣官前来威逼，设若受了明帝封职，随从明朝使臣前往南京朝贡，恐将惹怒朝鲜国王，不予放行，甚至遣军征剿，闹得族破人亡。明帝远在千山万水以外，难以遥控，不会因封职之事派兵来讨，而朝鲜国王就在本地，边将领兵，三几日即可杀到女真地区，如果只图目前平安，为稳妥起见，还是以拒受明职更好。可是，设若拒绝明帝敕命，永居朝鲜，虽能一时苟安，却失去了以后返回故乡顺利发展的大好机会。

① 《李朝实录史料》，第209页。

正当猛哥帖木儿彷徨难定的时候,王教化的来了,多方劝抚,又宣读了明成祖的敕谕。敕书说:

> 前者阿哈出来朝,言尔聪明,识达天道,已遣使赍敕谕尔。使者回复,言尔能恭敬朕命,归心朝廷,朕甚嘉之。今再遣千户王教化的等,赐尔彩缎表里,尔可亲自来朝,与尔名分赏赐,令尔抚安军民,打围牧放,从便生理。其余头目人等,合与名分者,可与同来。若有合与名分,在彼管事不能来者,可明白开写来奏,一体给与名分赏赐。故敕。①

这道敕书表明,明帝对猛哥帖木儿的"识达天道","归心朝廷",十分嘉奖,只要猛哥帖木儿"亲自来朝",就要给与"名分赏赐",授以官职,其属下人员,仍归其管辖,而且不强迫女真人放弃旧俗,改从汉制,女真照样可以"打围牧放","从便生理",维持旧俗。

有了这道敕书,猛哥帖木儿入京朝贡,封授官职以后,就找到了一个强大的后盾。他是天朝大皇帝的官员,受到大皇帝保护,朝鲜国王就不能随意欺凌他,更不能派军征剿。

根据敕谕和王教化的劝说,猛哥帖木儿作出了正确的决定,要率领部众,归顺天皇帝。为了避免朝鲜国王阻挠和欺凌,猛哥帖木儿一面收拾行李,备办贡物,准备亲赴京师受封,一方面又设计敷衍朝鲜,对朝鲜官员假称,"我等不从朝廷招安"。朝鲜国王信以为真,放松了警戒,猛哥帖木儿便平安地离家出发,随使臣王教化的前往京师朝拜大明天子了。②

明成祖见朝鲜国王不许猛哥帖木儿入朝,十分恼怒,严厉训斥

---

① 《朝鲜太宗实录》卷九。
② 《朝鲜太宗实录》卷九。

朝鲜使臣,责备朝鲜国王不放猛哥帖木儿是对君不敬,并宣称:"猛哥帖木儿,皇后之亲也。遣人招来,皇后之愿欲也。骨肉相见,人之大伦也。"使臣返国,朝鲜国王大惊,立即上奏认过,表示迅即遣送,但这时猛哥帖木儿已经来到京城,见到大皇帝了。①

猛哥帖木儿进京叩拜后,被永乐皇帝授以建州卫指挥使,"赐印信、钑花金带",赐其妻幞卓衣服、金、银、绮、帛。

猛哥帖木儿对大皇帝十分忠顺,除遣部众进呈礼品外,还多次赴京朝贡,仅据《明实录》的记载,从永乐十一年至宣德八年(1413—1433年)的21年里,他就亲自入京朝贡7次,明政府依例宴待,赐予表里、彩币等物。②猛哥帖木儿还多次为明帝效劳。永乐二十年三月,明成祖亲率大军征讨鞑靼和宁王阿鲁台,猛哥帖木儿随军征战。

明帝以猛哥帖木儿忠顺尽力,一再嘉奖升职,先于永乐十一年至十四年间另设建州左卫,命其掌管左卫事务,又于宣德元年正月晋其为都督佥事,赐冠带,八年二月再晋右都督。其弟凡察由指挥佥事晋为都指挥佥事。③

猛哥帖木儿也注意与朝鲜国王的关系,多次遣人到王都赠送礼物,以免遭到侵袭,但摩擦仍然未能避免,双方常有小的厮杀。永乐八年二月,朝鲜国王命吉州察理使赵涓往征兀秋哈、兀良哈、吾都里女真。赵涓至豆门,诱杀毛怜卫指挥把儿逊、阿古车着和等人,歼灭其部族数百人,焚其庐舍,猛哥帖木儿管下指挥阿乱之孙甫乙吾二人亦被杀害。猛哥帖木儿十分愤怒,与其弟于虚里及其

<hr />

① 《李朝实录史料》,第212页。
② 《明太宗实录》卷九〇、一〇〇、一二四;《明仁宗实录》卷五;《明宣宗实录》卷一二、一三、九九。
③ 《明宣宗实录》卷八七、八八。

他首领,数次攻打朝鲜庆源府城乡,火焚房舍,抢掠人畜,射伤兵马使郭承佑等官民,朝鲜国王派兵增援庆源。猛哥帖木儿为保部众平安,避免受到更大的损失,于永乐九年率领部众迁往建州卫指挥释家奴居住的凤州,在今吉林市南辉发河流域耕牧。后来,因随明军往征鞑靼,为防鞑靼报复,猛哥帖木儿于永乐二十一年以"所居在达达军马路边",怕"达达扰乱",向永乐皇帝奏准,率部众一千余户,迁往斡木河(朝鲜会宁)原居地区。①

　　明政府以原三万卫千户鞑靼杨木答兀掳掠军民牲畜,逃往斡木河流域,令猛哥帖木儿和凡察将杨木答兀裹胁的辽东兵民送往京师,如杨木答兀"怙恶不悛,即擒拿来献"。② 又相继派指挥王雄、金声前往招安杨木答兀,命猛哥帖木儿协助。王雄到后,杨木答兀躲了起来,猛哥帖木儿派部下四处找寻,没有找着,王雄只好返回辽东。金声来到斡木河后,猛哥帖木儿又差千户兀里寻找,叫杨木答兀来见。兀里找到了杨木答兀,讲了经过。杨木答兀说,自己不去,叫亲弟等五人到京师。③

　　宣德八年(1433 年),明帝又派辽东都指挥金事裴俊领兵 160 名,前往"招取杨木答兀下漫散人口",敕谕猛哥帖木儿说:"皇帝敕谕建州左卫掌卫司右都督猛哥帖木儿及男阿谷并大小头目人等:比先杨木答兀一起漫散出去军官,已陆续招还复业。近闻高早化等六十九家,见在尔处地方居住,兹遣指挥同知裴俊、千户赵镇古老、百户王茂赍敕谕前来,招其回还。敕谕至日,尔等即令高早化等六十九家,尽数收拾,同指挥阿谷、裴俊等送至原卫所,安生乐

　　① 《李朝实录史料》,第 242—251 页,第 303—306 页。
　　② 同上书,第 315 页。
　　③ 同上书,第 313、314 页。

业,尤见尔报效朝廷之诚心。尔等其钦承朕命毋怠。"①

猛哥帖木儿及长子阿谷、弟凡察等遵依敕谕,陪同都指挥佥事裴俊,前往招取杨木答兀下漫散人口。宣德八年闰八月十五日,杨木答兀纠合阿速江等卫野人阿答兀等三百余人前来抢掠,阿谷、凡察等奋勇抵挡,负伤力战,猛哥帖木儿收拾人马,与官军追杀来敌,杀退敌兵,迎接裴俊到斡木河本部地区居住。十月十九日,杨木答兀又纠合"各处野人"八百余人,围攻凡察、阿谷等家及裴俊营寨,火烧房屋,攻破阿谷家大门,身为大明右都督、聪睿机智、英勇善战、威震各部的女真名酋猛哥帖木儿,为效忠明帝而奋勇战死,阿谷及其他在家男子亦皆死难,猛哥帖木儿之次子董山及阿谷之妻被"七姓野人"掳去,大量人畜被掠。② 努尔哈赤的先祖遭到了巨大灾难。

三、五世祖董山

明宣德八年(1433 年)十月十九日猛哥帖木儿及长子阿谷战死以后,其次子董山(亦写为童仓、童山)与阿谷之妻被"七姓野人"掳去,家财尽失,部众死亡也多,余者"流离四散","存者无几",惟凡察逃脱。凡察尽力收集余部,并上奏明帝,请求发兵征剿阿速江等卫野人头目弗答哈等人。明帝两次遣使赏敕,谕令弗答哈归还所掠人畜资财,又以凡察救援都指挥佥事裴俊有功,升为都督佥事,掌建州左卫事,并因凡察奏称建州左卫印信被七姓野人掠去,而改铸新印赐予。③

① 《李朝实录史料》,第 371 页。
② 《明宣宗实录》卷九九、一〇八;《李朝实录史料》,第 373、374 页。
③ 《明宣宗实录》卷一〇八、一一〇。

不久，董山及阿谷之妻为毛怜卫指挥哈儿秃等人赎出。年轻的董山携带父亲遗下的建州左卫印信，返回斡木河后，处境十分困难。首先是外有仇敌"野人"迫胁，朝鲜兵马亦"往来搅扰"。

猛哥帖木儿生前，先后被元帝封为万户，明帝封右都督，掌管建州左卫，部下众多，永乐二十年率部落自明凤州迁回斡木河（朝鲜会宁）原来居住过的地区时，有"正军一千名，妇人小儿共六千二百五十名"①在朝鲜境内的各个女真部落中，势力最大，声望最高，"野人"女真不敢前来侵扰。可是，现在不同了，人死寨破，势衰力弱，野人女真常相威逼，董山很难招架。

更严重的是，朝鲜国王想乘机消灭董山、凡察。元朝中叶以后，大量女真人流入朝鲜境内，成为朝鲜国的"藩胡"，称臣纳贡，当差服役，从厮杀。因其分散居住，没有形成强大的部落，朝鲜国王一般还是安抚辖束，很少对其征剿，但一旦有的女真酋长纠众劫掠，朝鲜官兵便奉命攻打，杀人焚房，掳掠人畜。由于猛哥帖木儿英勇机智，部落众多，又和建州卫首领李满住联系紧密，互为依靠，共同行动，所以遇到朝鲜边镇将官无故刁难，横加欺凌时，常起抗争，朝鲜国王便将二人视为心腹大患，常想相机攻剿。明宣德八年四月，朝鲜国王一方面向明帝奏称，居住在婆猪江的建州卫都指挥使李满住"纠合同类野人四百余骑"，突侵本国江界、闾延等处，"杀害军民男妇，劫掠人口、牛马、财产"，欲令边将领兵前往，"从宜设策及相机处置"；同时，以"征讨野人，告于宗庙社稷"，派遣三军节制使李顺蒙等分兵七道，于四月十九日攻打李满住，生擒其部下174名及马牛数百头。朝鲜国王事前并谕告将官，如果猛哥帖

① 《李朝实录史料》，第303、304页。

木儿帮助李满住,则将其诛杀。①

过了几个月,当朝鲜国王听到猛哥帖木儿于十月十九日被野人杀死后,心中大喜,立即将庆源府移置于苏多老,迁宁北镇于斡木河,募民移住该地,夺据了猛哥帖木儿部落先前耕牧居住的地方。② 朝鲜国王又谕告大臣说:凡察是必须除去之人,但是现在还无招致征讨之罪,不可以"举无名之师",只要凡察前来偷盗牛马,掳掠边境,"则边将任意区处可也",即允许边将攻剿凡察。③ 以此时凡察、董山的力量,是抵挡不住朝鲜官兵的侵袭的。

董山还须操心与叔叔凡察的关系。照理说,董山虽然年轻,但他毕竟是猛哥帖木儿的亲生儿子,父亲亡故,其产业、官职和建州左卫之掌管,理应由儿子袭承,凡察虽是猛哥帖木儿之弟,也无权接掌卫事,在董山被赎回部之后,凡察应将掌卫之权交还于董山。可是,凡察却趁兄死侄掳的机会,掌握了建州左卫,又争取到明政府的善待。朝鲜咸吉道都节制使金宗瑞对此论述说:猛哥帖木儿与凡察虽是同母异父的弟兄,但是猛哥帖木儿在世之日,"如有兴兵之事,则必使凡察领左军,权豆(即阿谷)领右军,自将中军,或分兵与凡察,故一部之人,(对凡察)素不贱恶。猛哥帖木儿死后,童仓(即董山)与权豆妻皆被掳未还,凡察乘其隙亟归京师,受都督佥事之职,又受印信而还,斡朵里一部人心稍附之。及权豆妻与童仓生还,且得遗腹之子,一部人心皆归于权豆之子与童仓……其赴京也,朝廷薄童仓而厚凡察,赐凡察以玉带,且命凡察曰:汝生时管一部,死后并印信与童仓。以此一部之人不得已附于凡察,然其

① 《李朝实录史料》,第366—372页。
② 同上书,第374页。
③ 同上书,第379页。

心则或附童仓,或附权豆之子,时未有定。"①

在外有强敌朝鲜、野人女真的威逼和内有叔侄矛盾的双重压力下,董山感到,要摆脱这样困难危急的局面,最迫切的是要有生存下去的条件,即摆脱外敌的威胁,然后再与叔叔凡察商议管辖建州左卫之事。凡察也想避开朝鲜的控制与侵袭,双方对此有了共同的认识。因此,凡察与董山一再上奏,请求迁往灶突山苏子河畔,与建州右卫都指挥李满住部合住。宣德十年二月明帝准其所请,降下敕谕两道,一系赐与李满住。敕书说:"敕谕建州卫都指挥李满住等:今建州左卫都督凡察等欲率领部下大小官民人等及百户枣火等五十家,俱来尔处居住,已敕其同毛怜卫都指挥郎不儿罕等一同前来居住。特谕尔等知之。"②另一道敕书是给与凡察的。敕书说:"尔等又奏大小官民人等及百户枣火等五十家,见要往建州卫都指挥李满住那里一处住坐,从尔等所便。兹因指挥李孟张等回,特谕尔等知之。"③

朝鲜国王得知明帝允许凡察、董山迁往婆猪江与李满住一起住的消息后,立即上奏明帝,请求留住二人及其部落说:"比来童仓、凡察等所居地方,切近本国所设衙门,其被虏人口容易逃来,益生恨心,欲要搬移。见今李满住等仇嫌本国,往来作耗,两相结构,曾未解忿。倘若本人等与李满住一处聚居,同心作贼,本国边患,益滋不绝……伏望圣慈,许令上项人等,仍旧安业,以安边民,不胜幸甚。"④

明帝允准朝鲜国王的请求,敕令凡察、董山留居朝鲜,安分守

---

① 《李朝实录史料》,第 405 页。
② 同上书,第 384 页。
③ 同上书,第 384 页。
④ 同上书,第 402 页。

12

法。凡察、董山一再力请,明帝于正统四年九月遣使敕谕凡察,命其留居朝鲜说:"往者建州卫指挥李满住等屡奏搬取尔等,移来辽东浑河头一同居住,已遣敕谕朝鲜国王,禁约彼处军民,不许阻挡,仍差人护送出境,听尔等搬移前来。既而朝鲜国王奏,李满住等虚捏奏请,妄称尔等欲移来同住。朕惟四海一家,彼此皆朕人民,况朝鲜国王世守礼法,必不敢擅自拘占,已谕其若果凡察、董山等在镜城地面安生乐业,仍听尔等在彼居住,不必搬移。今尔等又奏要搬回凤州放猪地面居住,缘在此在彼,俱是朝廷官属,兹特遣敕往谕尔等遵奉朝命,仍在彼居住。朝鲜国王必能抚恤尔等,不致失所,但尔等须守本分,以安生理。朝廷或有敕召尔等来朝,或有征伐调遣,尔等须即听命,前来效力不违,庶见尔等敬天事大之诚。"①

正统五年四月,朝鲜咸吉道都节制使金宗瑞听说凡察、童仓(即董山)与其麾下谋欲逃窜,立即领兵来到会宁,童仓、凡察大惊,"率麾下举家逃去"。金宗瑞"领兵倍道追之",至阿赤郎尔大山下,"童仓等弃其资产马畜,皆逃遁山谷",金宗瑞"获其麾下四十余人及兵仗、牛马、资产而还"。"凡察、童仓等皆逃遁极边,窜匿山谷"。②

凡察、董山等下定决心,不顾前述明帝留住朝鲜的敕谕,离朝返明,于正统五年五月,"与管下三百余户,逃往婆猪江",来到苏子河口,人疲马乏,衣食艰难。③ 明帝获悉,遣人敕谕凡察说:"今已敕辽东总兵官曹义等,安插尔等于三土河及婆猪江迤西冬古河两界间,同李满住居住。尔等若果粮食艰难,即将带回男妇口数,

① 《李朝实录史料》,第412页。
② 同上书,第414页。
③ 同上书,第415页。

从实报与总兵镇守官,给粮救济,听尔自来关给……尔等既改过复归,须要始终一心,敬顺天道,不许复怀二三之意。尤须约束所部人员,谨守朝廷法度,自在耕牧,安分生理,永享太平之福,毋仍侵犯邻境,以取罪愆。"①

董山摆脱朝鲜控制和欺凌后,便竭力招集旧部,重振家业,着手进行与叔叔凡察关于掌卫之权的争夺。正统三年正月明帝曾谕令凡察与董山"协同署事",共管建州左卫,凡察心中不满。正统六年正月,董山的部属指挥使塔察儿等入京朝贡,"为董山乞恩",明廷遂将董山由指挥使升为都督佥事。② 这样一来,在官阶职衔上,董山便与凡察一样,平起平坐了,叔侄之间的矛盾更加激化。

凡察感到形势逐渐不利,就想取消董山协同署事之权,欲图独掌建州左卫,上奏申请,但遭到了明帝的拒绝。正统六年六月,明帝降敕,谕告凡察、董山说:"往岁冬,因尔一卫存留二印,已尝遣敕,谕尔凡察、董山协同署事,新印进缴。今尔凡察乃奏董山不应署事,都指挥李章加等又奏保凡察独掌卫事,此事朕处置已定,岂容故违。"③

明英宗又令辽东总兵官曹义遣人往察凡察、董山不和的原因及部众的意愿,上报处理的办法。曹义召见了凡察、董山,询问了部众意见后,于正统六年八月上奏朝廷说:"部落意向,颇在董山,而凡察怏怏,终难安靖",应增设建州右卫,"以处凡察"。④ 明帝同意曹义的奏请,于正统七年二月,分建州左卫为二,一为建州左卫,升都督佥事董山为都督同知,掌管建州左卫事务;一为建州右卫,

---

① 《明英宗实录》卷七一。
② 《明英宗实录》卷七五。
③ 《明英宗实录》卷八〇。
④ 《明英宗实录》卷八二。

升都督佥事凡察为都督同知,掌管这一新设的建州右卫事务,并依从二人的奏保,擢升塔察尔等人的官职,又敕谕董山说:"尔奏报都指挥佥事塔察儿等十人,皆尝效劳于边,悉升官职,听尔部分……尔与凡察,旧本一家,今既分设两卫,特遣敕谕尔处大小头目人民,听从所愿分属。自今宜严饬下人,毋相侵害,以保尔禄位,延及子孙。"谕凡察之敕,亦与此敕相同。①

至此,建州女真,分设三卫。三卫之中,建州卫最强,右卫次之,左卫最弱。建州卫第一任掌卫之人,是人丁众多实力强大的酋长阿哈出,其女于洪武年间嫁与燕王朱棣,深得明太祖朱元璋、明成祖朱棣器重,一再擢升。从阿哈出到其孙都督佥事李满住,祖孙三代,没有受到重大打击,四十余年的经营,兵强马壮,属丁众多,是当时女真各部中势力最强的大酋长。建州右卫的凡察,虽遭变乱,在与杨木答兀的战斗中受了伤,但毕竟保全了性命,属下人员伤亡不多,经过一段时间的休养生息,人丁逐渐增多,又独掌了九年建州左卫事务,也成为颇有影响的大酋长。据《李朝实录》的记载,从明宣德八年(1433年)猛哥帖木儿战死,到景泰七年(1456年),二十余年间,朝鲜国王主要注意建州卫李满住和建州右卫凡察的动向,和臣僚们经常商议对策。比如,明正统六年,因明帝遣使来朝,索要被朝鲜扣留的凡察的家族及部众,朝鲜国王于十二月遣使臣去北京,奏辩说:"李满住自宣德七年至于今,凡十年之间,连连作贼。即今诱致凡察、童仓一处聚居。又,凡察、满住等与忽刺温联姻,增添党类,数月之内,累次来犯边境,杀虏人畜,违背敕旨。"②又如,景泰二年(1451年)八月,朝鲜国王谕告平安道官员

---

① 《明英宗实录》卷八九。

② 《李朝实录史料》,第424页。

说:据李满住管下金纳鲁等六人来讨要粮食时禀报:因脱脱兵马袭击海西卫,李满住避乱,迁还至兀喇山城瓮村居住。凡察之子甫下吐则移居瓮村迤北十五里毛水之地,凡察的另一个儿子充尚移居瓮村。"满住管下一千七百余户,甫下吐管下六百余户"。"因今年大水,禾谷不实,吾等为请口粮,受满住印信文引而来。"国王谕称:"满住,充尚、海西野人等密迩境上,连兵作贼",宜加强防御。①

在这段时间,朝鲜边将和国王很少提到董山,显然是因为董山势力很弱,没有引起朝鲜注意。然而,事务多变,昔日被掳苦遭欺凌的幼小孩童,也会长大,更有可能精通骑射,勇猛冲杀,技压群雄,一跃而为威震建州三卫之名酋。

董山除勇悍善战外,在相当长的时间里,还机智明敏,审时度势,采取了正确的对待明朝中央政府和朝鲜国王的策略。大明皇帝辖地辽阔,官兵百万,被尊为"天下共主",是各国各部共同恭奉的"天皇帝"、"大皇帝",建州、海西、"野人"女真皆其藩属,小小的战败而死的女真酋长猛哥帖木儿之子董山,怎能冒犯龙颜,因而招来杀身灭族大祸!明国又物产丰富,人口众多,经济发展,城市繁荣,文化先进,"大皇帝"还抚恤"夷胡",厚加封赏,发放银米,赈济灾民,开市贸易,女真可以得到食盐、帛布、农具、铁锅等等必需的生产工具和生活用品,用以改善生活,提高生产,度过灾荒。因此,恭奉"大皇帝",按时朝贡,遵守国法,听从调遣,保寨安民,不虏人畜,争取明君的信任宽待,是女真酋长发展本部、避免外患的唯一正确的长远之计,是关系到本人、本部盛衰兴亡的根本大计。另一方面,女真与朝鲜连界,朝鲜国力强过女真,又比女真先进,不少女真人还流入其国,为其"藩胡"。朝鲜国既有可能成为建州三

①《李朝实录史料》,第470页。

卫的外患,随时派兵来剿,也有能力满足女真相当数量生产、生活用品的需要,互有裨益,因此,女真酋长也要妥善对待朝鲜国,减少摩擦,有利于己。在上述关系到董山与建州左卫生死存亡的关键问题上,在相当长的时间里,董山是头脑清醒,继承了亡父猛哥帖木儿的正确决策,既依靠"天朝",敬奉"大皇帝",又与朝鲜搞好关系,对明与朝鲜都入贡请封,奏报消息,讨赏互市。

明正统二年(1437年),即猛哥帖木尔战死以后的第四年,董山亲到北京朝贡,明英宗于十一月下敕,"命故掌建州左卫事右都督猛哥帖木儿子董山袭为本卫指挥使"。正统六年正月,因其属下塔察儿等来朝,"为董山乞恩",英宗升董山为都督金事,第二年再升其为都督同知①。董山多次入京朝贡,派遣专人奏报边境消息,恭顺有加,又被升为右都督,得到明廷从优礼遇,厚赐布帛,还允其购买耕牛农具,这对董山的发展,起了很大的作用。

董山也很注意与朝鲜的关系。董山主持事务初期,其父亡故,部属流离,势衰力弱,朝鲜国王乘机一再派兵来攻。正统五年四月,朝鲜军队逼得董山与凡察"皆逃遁极边,窜匿山谷",②"兵仗、牛马、资产"悉被朝军掠夺,董山、凡察不得不于第二月率领部众,逃出朝鲜,前往苏子河口,与建州卫首领李满住合住,朝鲜军队仍在边境驻扎,常有来攻的危险。董山与凡察尽力缓和紧张局势,争取朝鲜减轻压力,多次率人或遣使前往朝鲜国都,贡献方物,求讨封职。朝鲜国王看到董山、凡察已返居明朝旧地,成了天朝"藩胡",如若兴兵,必遭明帝谴责,甚至派遣官兵,前来援助女真,祸就惹大了,不如顺水推舟,笼络"夷人",使其为我所用,一举两得,

---

① 《明英宗实录》卷三七、七五、九七、一二四、一七四、二二五、二六二、二八七、三〇三;《明宪宗实录》卷一三。

② 《李朝实录史料》,第414页。

因此,停止进剿,转而采取以抚为主,防范为辅的策略,纳其贡物,封其职衔,酌给粮食布匹衣物。这在朝鲜国王的一系列谕示中表现得十分清楚。比如,国王谕咸吉道节制使郭连城说:"野人、倭人俱为我范篱,俱为我臣民,王者等视无异,或用为力,或用为声,不可以小弊拒却来附之心"。"黑龙江、速平江兀狄哈、火喇温,建州卫兀良哈李满住、童仓等深处野人,及三卫达子,扣关请朝,则约其从人,厚待上送,一如野人,无所加礼。其余从人,馆待优厚"。①又如,建州卫都督李满住遣子豆里来朝,国王谕:"汝父得罪先王,然今革面归顺,何不容受?"②朝鲜国王初授董山为嘉善雄武侍卫司上护军,后授正宪大夫,"知中枢院事",依例给禄。凡察和李满住的子侄亦封授职衔。双方一拍即合,"自是建州野人来朝者接踵至"。③

建州女真与朝鲜关系的过分密切,引起明朝君臣的注意。适值蒙古也先势力强大,多次进攻明朝,且于正统十四年大举入犯,明英宗率兵50余万,迎战失败被俘,后虽返回北京,但国威大损,海西、建州、"野人"女真的一些酋长乘机滋生事端。为了确保东北边境安宁,明朝政府不能对女真违法私与朝鲜交往坐视不理,遂于天顺三年(1459年)四月遣使臣陈嘉猷赍敕到朝鲜,询问李满住、董山入贡朝鲜受封讨赏情形,重申不许建州女真与朝鲜私相往来的禁令。敕书说:

> 近者边将奏报,闻有建州三卫都督古纳哈、董山等私诣王国,俱得赏赐而回。此虽传闻之言,必有形迹可疑。且王国为朝廷东藩,而王之先代以来,世笃宗贞,恪秉礼义,未尝私与外

① 《李朝实录史料》,第500页。
② 同上书,第490页。
③ 同上书,第434、489、490、494、502、503、504页。

人交通,何至于王乃有此事?今特遣人赍敕谕王,王宜自省,如无此事则已,果有此事,王速改之。如彼自来,亦当拒绝,谕以各安本分,各守境土,毋或自作不靖,以贻后悔。①

钦使陈嘉猷又对朝鲜国王说:"贵国世受礼义,殿下贤明,天下共知……今闻古纳哈、童仓及诸野人受职,又受弓箭鞍马,以此为讶耳……闻古纳哈授正宪大夫职事,董山改名童仓,亦授正宪大夫,如此授职者不止二人,亦须载诸奏本。"②

朝鲜国王李琠立即上奏辩解说:"窃照董山亲父猛哥帖木儿率领伊弟凡察及管下人民,世居本国镜城阿木河地面,臣先祖臣康献王成桂时,授镜城等处万户职事,臣祖臣恭定王芳远时,授上将军职事,附籍当差。至臣父臣庄宪王祹时,授董山上护军职事。其余散处野人前来和顺者,或给米、布、盐、酱,或与衣服鞍马等物,愿受职者,或都万户,或副万户,分等除授,厥数甚多,其来已久。"李满住、凡察、董山等合住以后,又分别前来谢罪求和,故量给衣物鞍马,授与职事,"以塞无厌之欲,以解旧怨,以除边患",并非私交,欺骗朝廷,"在后彼虽恳求欲来,臣当谕以敕旨,拒而不纳"。③

董山对明和朝鲜都入贡受职讨赏互市,不开兵端,使建州左卫得到了大量必需物品,休养生息,人丁增多,实力更加强大,而李满住、凡察俱已年老。不过十来年,董山便成为左右建州三卫女真的名酋了,明和朝鲜都把董山看成是建州女真的首要人物了。

如果照此延续下去,董山和建州左卫必会不断发展。但是,董山没有坚持这一正确策略,而逐渐滑向侵扰边境掳掠人畜财物的危险深渊。

---

① 《李朝实录史料》,第508页。
② 同上书,第508、509页。
③ 《李朝实录史料》,第510、511页;《明英宗实录》卷二一九。

由于女真人处在原始社会末期奴隶制因素已经出现的阶段，人丁较多、剽悍勇猛的酋长经常掳掠其他部落地区的人畜财帛，逼迫俘虏为奴使唤，加上正统十四年蒙古也先一度大败明军，俘虏了女真人视如天神的"大皇帝"明英宗，明朝国威大损，已经拥有众多部属势力强大的建州左卫都督董山，再也控制不住自己的贪婪欲望，和李满住、凡察等建州女真酋长，不断深入明与朝鲜边境，抢掠人畜财帛，勒令为奴使唤耕地牧马。比如，李满住之子李古纳哈都督的奴仆朴右从建州地区逃出，奔往朝鲜，向朝鲜边将供称："我本辽东人，为李满住管下李雄时老所掳，转卖于李古纳哈，至今供役，然小有过失，侵责无已，故不得已逃来"。① 又如，被朝鲜国王封授都万户李满住之子李豆里，被其汉人奴仆汪仲武击杀，汪仲武与妻三姐（亦系被掳汉人）逃入朝鲜。② 朝鲜国王多次将从女真中逃来朝鲜的被掳汉人，解往明朝辽东，从洪武二十五年到景泰三年（1392—1452 年），已解送人口 830 余名。③

董山伙同李满住、凡察子侄，带领建州左卫、右卫、建州卫三卫人马，多次进入明境劫掠人畜，杀害官民，"一岁间入寇者九十七，杀掳人口十余万"，"自开原及辽阳六百余里，数万余家，率被残破"，"辽东为之困敝"。④ 建州女真还多次攻入朝鲜境内，杀掠人畜，有一次竟多达千余人，围攻义州，击败朝鲜军队，杀掠而返。⑤

明帝闻讯大怒，命群臣商议征抚办法。成化三年（1467 年）正月，遣锦衣卫带俸署都指挥使武宗赍敕往谕建州毛怜等卫都督董

---

① 《李朝实录史料》，第 560 页。
② 同上书，第 575 页。
③ 同上书，第 481 页。
④ 任洛：《辽东志》卷七《艺文志》。
⑤ 《李朝实录史料》，第 576 页。

山等人，"责其累叛之罪，令改过自新，因而奖其归顺者，令益效忠义。"①

一向机敏多智的建州左卫右都督董山，错误地估计了形势，以为明廷会宽恕其过，为了避免明军大举来攻，阻其发军，便于成化三年四月，带领家族十余人及建州右卫都督同知纳郎哈等三卫百余头目，"以听抚来朝，贡马及貂皮"。明帝先以"山等尝纵部落犯边"为由，召集女真头人于阙下，降敕训诫说：

> 尔等俱系朝廷属卫，世受爵赏，容尔在边驻牧，朝廷何负于尔，今却纵容下人，纠合毛怜等处夷人，侵犯边境，虏掠人畜，忘恩背义。论祖宗之法，本难容恕，但尔等既服罪而来，朕体天地好生之德，姑从宽宥。今尔回还，务各改过自新，戒饬部落，敬顺天道，尊事朝廷，不许仍前为非，所掠人口，搜访送还，不许藏匿。若再不悛，必动调大军问罪，悔将何及，其省之戒之。②

宫殿周围，武士环列，重兵把守，四面被围的区区数百名女真，怎敢反抗，只有忍气吞声，听其斥骂，还要"顿首输服"。③

出阙之后，董山等人气愤不平，在朝廷赐宴之时，部下指挥使中，有的"出嫚骂语"，"襭厨役铜牌"，明帝又降旨痛责。董山等人更为愤怒，"扬言此还，即纠合海西野人抢掠边境"。成化三年五月，明宪宗令礼部遣人"护送"董山等人出京返部，并赐敕严厉训斥说：

> 尔之先世，僻居荒落，后为部落所逼，远来投顺，我祖宗怜

---

① 《明宪宗实录》卷三八。

② 《明宪宗实录》卷四一。

③ 《明宪宗实录》卷四一。

尔失所,赐与近边地方,使尔住牧,设立卫所,除授官职,父死子代,世世不绝。自尔祖尔父以来,或边方效劳,或岁时进贡,朝廷升赏宴劳,俱有定例。我之所以加恩于尔者不为不厚,而尔之所以享有室家之乐,官爵之荣,数十年间部落莫不听尔约束,邻封不敢辄加以兵,是谁之赐欤?尔等正宜尽心竭力,为我藩屏,以报大恩,乃敢悖逆天道,纠率外夷,寇我边境,掠我人畜……如或执迷不悛,以前寇扰边方,朝廷必调大军征剿,悔无及矣。尔等其省之戒之。①

董山等人接二连三地遭帝斥责训诫,觉得脸上无光,威风扫地,非常不满,不禁口出狂言,声称要"各持佩刀,一齐杀出,还匿妻子,据险拒战"。②

不仅如此,就在董山等"听抚入朝"的同时,他们的部下照样抢掠辽阳以东一带地方。辽东边将于成化三年六月奏称,官兵设伏于西湖屯,大败入掠建州女真,夺回被掠男妇 252 人,马、牛、骡 190 余匹。③

同年七月初一,礼部主事高冈奏陈备边讨贼时宜说:女真世受朝廷爵赏,今乃背恩负义,恃强为恶,抢掠辽东,近虽招抚,然而"在边者寇无虚日",宜命边臣将董山等人拘于辽东,遣人往察地形,命朝鲜助征,计划定下之后,"即将董山等明正典刑",发军往征。廷臣多数亦主张征剿。宪宗从其议,遣使前往辽东,谕靖虏将军、总兵官、武靖伯赵辅将董山等人拘于广宁,派其家属数人返告部落,责令归还所掠人口。④

----

① 《明宪宗实录》卷四二。
② 《明宪宗实录》卷四四。
③ 《明宪宗实录》卷四三。
④ 《明宪宗实录》卷四四。

武靖伯赵辅于成化三年五月受帝命佩靖虏将军印,充总兵官,前往辽东调兵,征讨女真,到任后立即遵敕行事,并于七月二十七日将董山等 115 人押至帅府,宣读敕旨,训诫斥责。董山等人大怒,"逞凶肆虐,袖出小刀,刺伤通事",住在驿馆的"夷人哈塔哈等一百一十五人闻知,亦各持刀,乱刺馆伴兵卒"。赵辅命令甲士擒捕,当场格杀 26 人,其余人员一并捕押入狱。赵辅立即奏报此情,请求征剿。① 帝从其议,随即于辽东调兵二万九千余名,拟于九月进剿,并遣使者赍敕,前往海西、毛怜女真,宣示攻剿建州女真之事说:朝廷厚待建州三卫,而"都督董山等忘恩悖义,辄率丑类,侵犯我边,杀掠人财,不可胜计",今特遣军往征,希尔等擒拿逃来之人,朕必重赏。②

明帝又遣使往谕朝鲜国王说:"建州三卫童山等本以藩臣,世受朝恩,近者阳为朝贡之名,阴行盗边之计,朕宥之而愈肆,不得已用兵致讨",希朝鲜擒捕逃来的建州女真,出兵助征。③

朝鲜国王早就因为建州女真攻掠义州,而于成化三年五月决定遣兵 15000 名,分五道入攻建州,接到明帝敕旨后,立遣中枢府知事康纯为主将,率兵万余,于九月进攻。④

明军于九月二十四日从抚顺关出境,到十月初七日,分兵攻打建州左卫、建州右卫戴咬纳、佟火李赤等寨,大败敌兵,生擒 97 人,斩杀 638 人,俘获男妇 151 人,夺回被掳男妇 1165 人,"获其马牛器仗无算,焚其巢寨,房屋一空"。⑤ 朝军于九月二十六日至十月

① 《明宪宗实录》卷四五。
② 《明宪宗实录》卷四五。
③ 《李朝实录史料》,第 580 页。
④ 同上书,第 576、582 页。
⑤ 《明宪宗实录》卷四七。

初二日攻打建州卫,斩杀都督同知李满住及其子都督同知李古纳哈等 386 人,生擒李满住、李古纳哈之妻等男妇 23 人,获牛马 229 匹,焚烧庐舍 195 座及其积聚 217 所。①

这一次,建州左卫、右卫、建州卫三卫的掌卫都督董山、纳郎哈、李古纳哈和其父李满住以及众多的酋长,或死于战阵,或被明帝诛杀,建州三卫元气大伤,努尔哈赤的祖先遭到了第二次大的灾难。

董山有三个儿子,长名脱罗(又写为拖落或妥罗),次名脱一莫(妥义谟),三名石报奇(锡宝齐篇古)。石报奇就是努尔哈赤的四世祖,其子福满,追尊为"兴祖直皇帝"。成化五年七月,脱罗"悔过来朝",李古纳哈之侄完者秃亦"悔过来朝",建州左卫都指挥佟那和札等人奏请让脱罗、完者秃分袭其父其伯之职。兵部尚书白圭等人奏称:"董山等世受国恩,享有爵土,罔思敬顺,自取诛戮,脱罗等乃叛逆遗孽,法当诛夷,然既听其悔过来朝,待以不死矣,予夺之宜,惟圣明裁处。"明宪宗谕令宽宥,命脱罗降袭都指挥同知,完者秃降袭都指挥佥事,"令统束本卫人民,依前朝贡,再犯不贷"。②

脱罗牢记父亲董山掳掠不法身败名裂的惨痛教训,仿效祖父猛哥帖木儿恭奉"天皇帝"保寨安民而顺利发展的榜样,对明朝中央政府十分忠顺,安分守法,不犯边掳掠,亲自进京朝贡 12 次,并以"在边有传报擒送之功",于成化十四年九月晋升二级,升为都督佥事。③ 弘治十五年(1505)脱罗病故,由其子脱原保袭职,掌管

---

① 《明宪宗实录》卷五〇;《李朝实录史料》,第 586 页。
② 《明宪宗实录》卷六九。
③ 《明宪宗实录》卷一八二。

建州左卫。① 脱原保袭职后,亦恭奉"大皇帝",忠顺安分,朝贡不绝。

考虑到叙述脱罗、脱原保的材料太少,现将《明实录》中有关记载引录列表于下:

脱罗、脱原保进京朝贡简表

时 间	简 况	出 处
成化五年七月乙丑	脱罗来朝,降袭,授都指挥同知。	《明宪宗实录》卷69
成化九年正月乙巳	脱罗来朝,贡马及貂皮,赐宴及衣服、彩缎。	同上书,卷112
成化十二年正月癸丑	脱罗来朝贡马及貂皮,赐宴及衣服、彩缎。	同上书,卷149
成化十四年八月戊午	脱罗来朝,贡马及貂皮,赐宴及衣服。	同上书,卷181
成化十四年九月壬寅	脱罗以"在边有传报擒送之功",升二级(晋都督金事)。	同上书,卷182
成化十九年二月戊寅	脱罗来朝,贡马及貂皮,赐宴及金织衣、彩缎。	同上书,卷237
成化二十一年正月丁亥	脱罗来朝,赐宴及衣服、彩缎。	同上书,卷260
成化二十二年二月乙酉	脱罗来朝,贡马,赐宴及衣服、彩缎。	同上书,卷275
弘治二年二月壬寅	建州左等三卫都督脱罗等259人奏乞袭升,不允。	《明孝宗实录》卷23
弘治六年二月丙午	脱罗来朝,贡马,赐宴及衣服、彩缎。	同上书,卷72
弘治七年正月戊午	脱罗来朝,贡方物,赐宴及衣服、彩缎。	同上书,卷84

---

① 《明武宗实录》卷一二。

时　间	简　况	出　处
弘治十三年十一月甲戌	脱罗来朝,贡马,赐宴及彩缎、衣服。	同上书,卷168
弘治十五年三月丁丑	脱罗来朝,贡马,赐宴及彩缎、衣服。	同上书,卷185
正德元年正月癸亥	令故都督佥事脱罗之子脱原保袭父原职。	《明武宗实录》卷12
正德二年二月戊寅	脱原保来朝,贡马,赐宴,赏金织衣、彩缎等物。	同上书,卷23
正德三年二月己丑	脱原保来朝,贡马,赐宴及金织衣、彩缎。	同上书,卷35
正德四年三月丁酉	脱原保来朝,贡马匹方物,赐纱锭、织金、文绮等物。	同上书,卷48
正德五年四月甲寅	脱原保来朝,贡马,赐纱锭、彩缎等物。	同上书,卷62
正德十年三月己未	脱原保来朝,贡马及貂皮,赐宴及袭衣、彩缎、绢纱。	同上书,卷122
正德十六年三月甲子	脱原保来朝,贡马及貂皮,赐彩缎、纱绢及金织衣。	同上书,卷197
嘉靖元年三月辛未	赐建州左卫都督脱原保纻丝蟒衣,从其请也。	《明世宗实录》卷12
嘉靖元年四月癸未	脱原保来朝贡马,赐缎、绢、纱锭。	同上书,卷13
嘉靖二年六月戊申	脱原保来朝贡马,赐彩缎、纱绢、衣服、靴袜。	同上书,卷28

　　嘉靖二年(1523年)七月以后,《明实录》便无脱原保的记载,也未提到其死以后由其子袭职之事。过去《明实录》记述建州左卫女直各位酋长来京朝贡时,都记为"建州左等卫野人女直都督等官脱罗等来贡","建州左等卫女直都督脱原保等贡马",因为,脱罗和脱原保都是由明帝封授其袭父之职,掌管建州左卫事务的,

是建州左卫的首领。而从嘉靖二年七月以后,《明实录》提到建州左卫酋长们入贡时,领头的却是都督章成。例如,"嘉靖三年六月甲辰,建州左卫女直都督章成等四十七人,入朝贡马,赐缎、绢、衣、纱、靴鞋有差。"[1]嘉靖七年正月壬辰,"建州左等卫、海西亦里察河、斡兰河等卫女直都督章成等一百八十人来朝贡马,宴赏如例。"[2]这表明,脱原保的子孙已经没落,不再掌管建州左卫了。

四、"景祖"与"显祖"

景祖,清《太祖高皇帝实录》称为觉昌安,明人称为叫场或教场或佟教场,是清太祖努尔哈赤的祖父,顺治五年(1648年)追上谥号为"景祖翼皇帝"。显祖,清《太祖高皇帝实录》写为塔克世,是觉昌安第四子,明人称为他失或塔失,是努尔哈赤的父亲,顺治五年追尊为"显祖宣皇帝"。觉昌安之父名福满,追谥为"兴祖直皇帝",其父石报奇,是董山第三子,其长兄是脱罗,脱原保乃其亲侄。

关于觉昌安、塔克世的职衔、身份、势力及其活动,明朝官将和文人有些评述,但说法不一。比如,司业张鼐在其所著的《辽夷略》中讲到,"佟教场,建州左卫都督金事也"。马晋允的《明通纪辑要》说:塔克世因从征响导有功,辽东总兵官李成梁赏授塔克世"为建州卫左卫指挥"。沈国元的《皇明从信录》,陈继儒的《建州考》,黄道周的《博物典汇》,程开祜所辑《筹辽硕画·建夷考》等书,皆未载明觉昌安父子的官衔。一说觉昌安为都督金事,一说塔克世为指挥,姓名有异,官衔又悬殊,指挥,乃指挥使,比都督金事

---

① 《明世宗实录》卷四〇。
② 《明世宗实录》卷八四。

低了四个档次,指挥使之上,依次有都指挥佥事、都指挥同知、都指挥使、都督佥事。应以何说为正?

清廷修的《武皇帝实录》、《满洲实录》、《高皇帝实录》、《满洲源流考》等书,也未提到景祖觉昌安、显祖塔克世的官衔世职。《满洲实录》卷一只是对觉昌安的情形作了如下的叙述:

> (都督)福满生六子,长名德世库,次名瑠阐,三名索长阿,四名觉昌安,五名宝朗阿,六名宝实。德世库住觉尔察地方,瑠阐住阿哈和洛地方,索长阿住和洛噶善地方,觉昌安住其祖居赫图阿拉地方,宝朗阿住尼玛兰地方,宝实住章佳地方。六子六处,各立城池,称为六王,乃六祖也。五城距赫图阿拉,远者不过二十里,近者不过五六里……觉昌安有才智,其子礼敦又英勇,遂率其本族六王将(扰害地方之硕色、加呼)二姓尽歼之。自五岭迤东、苏克素护河迤西二百里内诸部尽皆宾服,六王自此强盛。

这段材料虽然可以说明以觉昌安为核心的“六王”,或“六贝勒”,或“宁古塔贝勒”,或“六祖”,此时是“强盛”的,但也不能据此查明觉昌安、塔克世有无官衔,是何职衔。这样一来,明清文献,或含混其词,不予明说,或人言各殊,莫衷一是。究竟觉昌安、塔克世有无职衔,系何身份,势力强弱,就成了一个需要查明的问题。

明人张鼐等官的记载,都是努尔哈赤兴起以后对明不恭时的追述,难免不夹有偏见,或系道听途说,捕风捉影,清朝的官修之书,有为亲者讳的缺点,皆难完全引以为据,不如当时明朝辽东官员的报告更为可靠。

抚顺马市,是明朝政府开设的建州女真与汉民交易货物的地方。万历六年(1578年)四月初七日,任大顺被委任为定辽后卫经历,前往抚顺城,更替副断事罗厚,负责“抽收夷税银两,抚赏夷人",七月初八日离职。任大顺于八月开具了在任期间"抽收夷税"、"抚赏夷人"的《清册》,上报巡抚。这份《清册》虽有残缺,但直接讲到觉昌安的有三次:

（前残）初三日,落雨。夷人叫场等四十五名到市,与买卖人[等交易,行使]猪牛等物,换过麻布粮食等货。一号起,三……抽税银五两二分四厘。

（五月）初三日,抚赏买卖夷人叫场等二十三名,牛二只,价银七钱五分,猪一只,价银一钱,盐一百五十五斤,价银六钱二分,共用银一两四钱七分。

（七月）十二日,抚赏买卖夷人叫场等二十一名,牛一只,价银二钱八分,猪三只,价银三钱七分,兀剌一双,价银七分,红布四匹,价银四钱八分,盐二百七十斤,价银一两八分,共用银二两二钱八分。①

这是当时万历六年的官方文书档案,经历任大顺经办抽税抚赏,把叫场等"买卖夷人"来到抚顺马市,卖出麻布、粮食等货,买进猪、牛等物,收取税银,给予"抚赏"等情形,记录下来,汇总登记成册,上报巡抚。这样的文书档案,当然具有极大的权威性。而且,这时的努尔哈赤,仅仅是个名不见经传的年轻"夷人",谁也不会预见这个 20 岁的青年女真,会在 40 年以后反叛朝廷,会攻占辽沈,会打败天朝十万大军,会逼死经略大人、巡抚大人。对这个当时与明无仇无恨的普通年轻女真的祖父叫场,任大顺自然不会怀有偏见,存心歪曲事实,任意贬斥,而是客观如实地反映其交易、抚赏的情形。因此,我们认为,这份档案十分真实,是了解叫场身份、

① 辽宁省档案馆藏明档,乙 105,万历六年八月《定辽后卫经历司呈报经手抽收抚赏夷人银两清册》。

经历、活动的最为可靠的原始资料。

根据任大顺撰写的万历六年八月《定辽后卫经历司呈报经手抽收抚赏夷人银两清册》(以下简称《清册》),结合其他文献,我们可以得出三点结论。第一,觉昌安(叫场)是建州女真若干部落的一部之长。建州女真原来有许多个大小不等的部落,明初被成祖朱棣、英宗朱祁镇先后设立建州卫、建州左卫、建州右卫和毛怜卫等卫,辖束各部建州女真。① 猛哥帖木儿、董山、凡察、李满住等大酋长相继分别掌管建州左卫、右卫和建州卫,其他中小部落的酋长分别编入三卫的一卫,入京朝贡或到抚顺马市交易时,建州各部的女真人分别跟随本部酋长而行,明朝官方文书记载他们情形时,只记述领头之人,也即是该部的酋长。像《清册》载录万历六年四月至七月建州女真分批入市和抚赏的领头人,有松塔、来留住、咬郎、付羊公等二十六人,其中有九人可以从《明实录》中找到他们的名字,都带有头衔,都是领头之人。比如,隆庆五年十月癸丑,"建州左等卫女直都督等官来留住等一百七人来朝贡马,给赏如例"。② 万历四年七月丁巳,"毛怜等卫女直都督付羊古等进贡,宴待如常"。③

第二,在建州女真的若干部落里,觉昌安的身份不算显贵,势力不大,地位不高,不过是几十个部落中一个小部的酋长。这从他的部众不多上,反映得十分清楚。女真人进入马市交易,一般是跟

---

① 毛怜卫是于永乐九年设立的,掌卫之人是建州卫始立者阿哈出之弟猛哥不花,他就是宣德到成化时建州卫掌卫都督金事李满住的叔祖父,猛哥不花因忠顺有功,被明帝一再晋升,任至中军都督同知,所以毛怜卫的人员也是建州女真。《明太宗实录》卷一、《明仁宗实录》卷二、《明宣宗实录》卷二〇、卷五二、《明英宗实录》卷三〇。

② 《明穆宗实录》卷六二。

③ 《明神宗实录》卷五二。

随本部酋长前往的,入市人数的多少,基本上可以反映出这个部落的大小和酋长势力的强弱。从万历六年四月十六日到七月初六的八十天里,《清册》开具的建州女真入市酋长有25人(不包括残缺未记的人数),共43次,按每次随行人数多少排列,其顺序如下:

朱长革,三次,一次250名,一次100名,一次80名,共430名。

忙子,一次,165名。

张乃奇,两次,一次150,一次40。

失剌八,两次,一次130名,一次100名。

张海,三次,一次130名,一次60名,一次22名。

色失,两次,一次100余名,一次70名。

绰乞,四次,一次90名,一次25名,一次20名,一次9名。

艾马茶,两次,一次82名,一次16名。

扎力砍,一次,80名。

曹乃奇,两次,一次78名,一次35名。

龙豆,两次,一次72名,一次24名。

宁弓提,两次,一次70名,一次50名。

松塔,一次,50名。

付羊公,一次,50名。

来留住,一次,50名。

叫场,三次,一次45名,一次23名,一次21名。

忽失八,两次,一次40名,一次18名。

小四,一次,26名。

哈屠合,两次,一次23名,一次20名。

勒革得,一次,22名。

咬郎，一次，21 名。

大有，一次，20 名。

三章，一次，19 名。

虎剌海，一次，12 名。

摆法，一次，8 名。

在这 25 名酋长中，叫场居第十六名，他的随行人才 45 名，仅为朱长革 250 名的五分之一，为忙子的四分之一，为失剌八、张乃奇与张海的三分之一，可见其挤不上建州女真各部中十几位大酋长的行列。

第三，觉昌安很可能未曾进京朝贡，至少不是领衔的酋长。努尔哈赤是嘉靖三十八年（1559 年）出生的，这一年，觉昌安大致是40 岁左右，直到万历六年（1578 年），他也不过是花甲之人，如果他来到北京，朝拜明帝，《明实录》应该有所记载，可是从嘉靖四十二年到万历十二年的 22 年里，《明实录》根本没有提到叫场及其子塔克世。特别是《明实录》中记述的建州左卫的先后领头人，只有柳尚、胜革力、王忽、大疼克、章成、八汗、松塔、昂已等八位都督，其中，胜革力于隆庆元年、四年、五年、万历三年四次入京朝贡，松塔于万历六年、九年两次入京朝贡，可见这几位都督才是建州左卫女真中势力最大的酋长，觉昌安（叫场）不过是一个僻处山区、名不见经传的建州左部枝部的小小酋长，部众不多，势力不大，地位不高。

尽管出身不显，先天不足，但觉昌安却并不是得过且过因循苟且才具平凡的庸夫俗子，而是很有奋斗精神力图重振祖业的有为之人。这在记述抚顺马市情形的万历六年八月《定辽后卫经历司呈报经手抽收抚赏夷人银两清册》中，有明确的记载。

虽然这份《清册》已经残缺，记载很不完全，但在它所记录的八十天里,觉昌安(叫场)却来到马市三次,其中的一次,以"麻布、粮食等货",换过"猪牛等物",计三十多号,共抽收税银五两二分四厘。这项记载看起来十分简略,"麻布粮食等货"与"猪牛等物"交换,好像没有什么重要性,五两多的税银,似乎也只是区区小数,不值一提,可是,细加分析,问题便不简单了,交易的商品也不算少。

明代女真与汉民的买卖商品,基本上是女真人以人参、皮张等土特产和马匹出卖,买进汉区耕牛、铁铧、衣、缎、靴等生产、生活用品。《武皇帝实录》卷一也载称,建州女真地区,"有明珠、人参、黑狐、玄狐、红狐、貂鼠、猞猁狲、虎、豹、海獭、水獭、青鼠等皮,以备国用",与明"互市交易"。《清册》也载有,抚顺建州叫场、朱长革等女真酋长出卖的货物,有粮食、麻布、人参、木耳、狍皮、马匹等货。可惜《清册》的记载太简略,究竟"等货"包括哪些货物,数量多少,作用多大,不得而知,只好参照当时记录海西女真在开原广顺关、镇北关入市情形的档案,加以比较分析了。

明代辽东安乐州等衙门于万历十一年九月、十二年三月、十二年八月,造了三份呈报海西女真在开原的镇北关、广顺关马市入市及抚赏情形的官方文书,现选录两段如下:

> 广顺关进入夷人伯羊等七百名,到市与买卖人关世(等易换马皮等物,共)抽银一十六两四钱二分八厘。

> 一、入市货物抽银五两八钱七分:缎四匹,抽银四钱;袄子四件,抽银六钱;铧子二百五十二件,抽银一两二钱园分;锅十一口,抽银三钱三分;水靴十二双,抽银二钱四分;牛十二只,抽银三两;羊二只,抽银四分。

> 一、易换货物抽银一十两五钱五分八厘:马二匹,抽银一两四钱;貂皮一百九十五张,抽银四两八钱七分五厘;木杴四百一十二把,抽银四钱一分二厘;豹皮一张,抽银一钱;狍皮一

百一十五张,抽银五钱七分五厘;鹿皮十二张半,抽银二……木耳六十五斤,抽银六分五厘;参二百五十四斤,抽银二两五钱。①

初七日一起,广顺关进入夷人都督猛骨孛罗、歪卜等五百名,到(市与买卖人李)九羔等易换马皮等物,共抽银一十五(两零九分九厘)。

一、入市货物抽银八两五钱三分:水靴四双,抽银八分;锅九口,抽银二钱七分;羊四十一只,抽银八(钱二分);铧子一百二十二件,抽银六钱一分。

一、易换货物抽银六两五钱六分九厘:马二匹,抽银一两四钱;貂皮二十张,抽银五钱;蜡六十三斤,抽银六钱;蜜一千一百六十五斤,抽银一两一钱六分五厘;狍皮六十一张,抽银三(钱五厘);……蘑菇一千一百四十七斤半,抽银七钱六分五厘;狐皮十六张,抽银(一钱六分);……鹿皮九张,抽银一钱八分;羊皮一百一十九张,抽银二钱三分八厘;(羊皮)袄一件,抽银一分;木耳一百一十斤,抽银一钱一分。②

按照当时广顺关、镇北关的官方定价,铧子一件价银四分,抽税银五厘,人参一斤,抽税银一分,照此推算,觉昌安(叫场)这一次到抚顺马市交易抽的税银五两二分四厘,相当于买进1005张铧子或卖出人参502斤应抽的税银,也就是说他买进和卖出货物的营业额,从铧子算,有四百多两;从人参算,有三四千两或二三千两(当时人参每斤价银七八两到十来两),可见这一次买卖的规模是

① 辽宁省档案馆藏明档乙107号,《广顺、镇北、新安等关易换货物抽分清册》,万历十二年三月。
② 辽宁省档案馆藏明档乙107号,《广顺、镇北、新安等关易换货物抽分清册》,万历十二年三月。

不小的,交易商品的数额是相当大的。

在这八十天里,觉昌安至少有三次来到抚顺马市,进行交易,除了卖出和买进大量物品,可以赚取相当多的钱以外,还通过"抚赏"的形式,领取了好多必需的东西。仅以前面所引两次"抚赏"的材料,觉昌安一行44人共领了牛3只、猪4只、兀剌1双、红布4匹、盐325斤。牛乃耕地所需,盐更是一天也少不得的必需用品(建州地区不产盐),再加上他们卖货所得的银两(每一次少说也有几百两)用以购买大量的铁锅、铁铧、耕牛和绢、缎、袄子等物,对促进他们的生产,满足他们生活的需要,都起了很大的作用。

第二节 癸未起兵

一、父、祖惨死

努尔哈赤的祖父觉昌安和父亲塔克世,披星戴月,长途奔波,屡到抚顺马市,卖出土特产,购进生产生活必需品,成效显著,而且在政治上也能善观风向,临机应变,眼明手快,从征厮杀,发奋图强。觉昌安与嘉靖末隆庆年间称雄建州女真地区的著名酋长王杲结为姻亲,以长子礼敦之女嫁与王杲之子阿台,又娶阿台之女为第四子塔克世之妻,借以为靠,而且还很可能参加了王杲袭掠辽东人丁牲畜财帛的活动。王杲是建州右卫都指挥使,剽悍好乱,多次率众掠扰辽边,嘉靖三十六年掠抚顺,杀守备彭文洙,屡掠东州、会安、一堵墙等堡,四十一年,又大举入掠,初败于明副总兵黑春。王杲率部后退,设埋伏于媳妇山,诱黑春来追。黑春中计入伏,被俘,王杲磔杀黑春,旋即深入辽阳,掠孤山、抚顺、汤站,先后杀戮指挥使王国柱、陈其孚、戴冕、王重爵、杨五美及把总田耕等数十名军

35

官,并将抚顺游击裴承祖剖腹惨杀。明廷大怒,断绝王杲贡市,决定大军征剿。

觉昌安与王杲是双重姻亲,理应站在亲家的立场,跟随王杲,抗敌明兵。可是,天皇帝震怒,要派大军来攻,重兵已经压境,王杲再骁勇善战,但仅区区一千余人,怎能抵挡,觉昌安若盲目追随王杲,一起对敌,必将大败惨败,与亲家共遭斩头之祸。是笃念至戚之谊,共抗明军,与王杲同死战场,还是以本身安危为重,置亲情于不顾,投奔敌营,立功补过,以免家破人亡部灭族尽的大灾,这是两条截然不同的道路,是两个利害悬殊的不同结局。在这决定整个家族和部落生死存亡的关键时刻,觉昌安和塔克世果断地选择了后一条道路,投到明辽东总兵官、都督同知李成梁麾下,报告边情,指引道路,从征厮杀,为消灭王杲竭尽全身之力。

觉昌安、塔克世的这一行动,给王杲带来相当大的威胁。王杲之所以能横行 20 年,屡败明兵,主要依靠两个十分重要的条件,一是联合建州女真各部,并与蒙古土默特部、泰宁部、渠颜部相联,二是靠坚守险寨。王杲虽然黠慧勇悍,但毕竟只是建州女真若干部落中一部之主,直接统辖的部众并不太多,充其量不过千人左右,遇有兵事,必须联合建州女真其他部落。而觉昌安是建州左卫女真中的一部之长,从其一次入市有 45 人来看,可以算是一个中等偏下的部落酋长,再加上他的长兄德世库、二哥刘阐、三哥索长阿、五弟宝朗阿、六弟宝实,合称"宁古塔贝勒",六人各据一寨,最盛之时,"自五岭迤东,苏克素护河迤西,二百里内,诸部尽皆宾服"。[1] 他一归顺明朝,必然会影响其他建州女真部落与王杲的关系,削弱王杲的势力。并且,觉昌安父子久居祖地,深知"夷"情,熟谙路途,又

---

[1] 《满洲实录》卷一。

是王杲的亲家,到过王杲的山寨,知晓王杲的底细和山寨情形,一旦充当明军向导,就使王杲失去了"地利"的有利条件,陷于被动局面。正是在这样的情形下,明军采取行动了。

万历二年十月,明李成梁总兵集兵数万,分屯各处,王杲率各部骑兵三千进入五味子冲,明军从四面八方包围,王杲大惊,率众奔回己寨。寨据险而建于高地,城坚堑深,外树坚固大栅数层。李成梁督师连发火器,砍断大栅,"冒矢石陷坚先登",纵火焚烧,"屋庐、刍荚悉焚,烟蔽天",建州各部大溃,斩首1140余级,"杀掠人畜殆尽"。王杲率残部突围逃走。第二年二月,王杲复纠余众入掠,又被明兵击败,逃匿海西女真哈达部酋长王台处,王台遵依明边将檄令,将王杲擒献,八月于北京磔于市。①

王杲之子阿台图报父仇,屡次纠众入掠,万历十一年二月,已封宁远伯、晋左都督的辽东总兵官李成梁,又率大军,从抚顺出边百余里,围攻阿台据守的古勒寨,又遣兵攻打阿台的同伙毛怜卫女真酋长阿海的莽子寨。古勒寨十分陡峻,三面壁立,壕堑深广。明军猛攻,相继攻克古勒寨、莽子寨,斩杀阿台、阿海等2200余人,"杲自是子孙靡孑遗。"②

觉昌安(叫场)和塔克世(塔失、他失)在明军攻打阿台的古勒寨时死去。对于这一事件,明、清文献所述各异。现先看看《清实录》等官书的记述。《武皇帝实录》卷一载:

> 秃隆城有尼康外郎者,于癸未岁万历十一年唆构宁远伯李成梁,攻古勒城主阿太,……成梁诱城内人出,不分男妇老幼,尽屠之。阿太妻系太祖大父李敦之女,祖觉常刚闻古勒被

---

① 《明神宗实录》卷三一、四〇、四一;《明史》卷二三八《李成梁传》;《清史稿》卷二二二《王杲传》。

② 《明神宗实录》卷一三三、一三四、一三八;《明史》卷二三八《李成梁传》。

围,恐孙女被陷,同子塔石往救之。既至,见大兵攻城甚急,遂令塔石候于城外,独身进城,欲携孙女以归,阿太不从,塔石候良久,亦进城探视,及城陷,被尼康外郎唆使大明兵,并杀觉常刚父子。后太祖奏大明曰,祖、父无罪,何故杀之。诏下,言汝祖、父,实是误杀。

《武皇帝实录》的以上记述,破绽不少。堂堂大明宁远伯、左都督、辽东总兵官李成梁,统辖辽东雄师十万,屡败蒙古土蛮等强敌,诛灭称雄海西女真的仰加奴、逞加奴和横行边外的王杲等强大酋长,身经百战,智勇双全,怎能在发兵征剿这一重大问题上,听信区区一名不见经传、没有官衔的小小建州女真寨长尼康外郎的唆构,而亲统数万大军冒险进攻? 并听其言而击杀觉昌安、塔克世父子? 而且,大军攻剿,重重包围,身为逆酋阿台的外祖父觉昌安又怎能独身进城,怎能携女出围? 塔克世又怎能继入城中? 如此自由出入,与炮火纷飞弹矢如雨的鏖战气氛,怎能协调? 显然这是不可能的。《实录》的撰修者如此编写,用心不为不苦,目的却难以公开,分明是想掩盖一件极不光彩的事实真相。这件大事的真实情形是:觉昌安、塔克世父子为了自己的利益,而背亲弃友,投靠明军,为其向导,死于战中。这在明人的记载中,讲得非常清楚。例如:

王在晋的《三朝辽事实录》总略的《建夷》载:

奴(努尔哈赤),佟姓,建州枝部也。先是李宁远捣阿台,夷其巢,奴儿哈赤祖叫场、父塔失,并从征,为向导。塔失,阿台婿也。叫场、塔失因兵火死于阿台城下。

苕上愚公的《东夷考略》载:

初奴儿哈赤祖叫场、父塔失并从征阿台,为响导,死兵火。

沈国元的《皇明从信录》载:

初，奴儿哈赤祖叫场、父塔失，并从征阿台为响导，死兵火。

黄道周的《博物典汇》内《建夷考》载：

先是奴酋父他失有胆略，为建州督王杲部将。杲屡为边患，是时李宁远为总镇，诱降酋父，为宁远响导讨杲，出奇兵，往返八日而擒杲。

马晋允的《明通纪辑要》载：

初王杲不道，歼我疆吏，李成梁因他失为响导，遂枭王杲于藁街。他失者，叫场之子，杲之外婿也。

彭孙贻的《山中闻见录》中的《建州》载：

初，宁远伯李成梁之诛阿台也……教场子塔失并从征阿台，死于兵。

这些记载虽然在个别情节上有些差异，甚至不够准确，如黄道周说王杲是都督，便系失实，但在根本问题上却是一致的，即努尔哈赤的祖父觉昌安（叫场）、父亲塔克世为明辽东总兵李成梁当向导，进攻王杲、阿台，死于战斗之中。

在早期发展阶段，努尔哈赤自己也曾经承认这一事实，并引以为功，奏请明帝升授自己的官衔，借此"夸耀东夷"，使建州女真各部心服口服地拥戴自己。

沈国元的《皇明从信录》在记述万历十七年努尔哈赤乞请升赏，明帝授其为都督金事时写道："初，奴儿哈赤祖叫场、父塔失，并从征阿台为向导，死兵火。"在万历二十三年升赏努尔哈赤为龙虎将军时，他又追叙道："其祖叫场、父塔失并及于阿台之难。至是，斩克五十以献，乞升赏。又因贡夷马三非，述祖、父与图王杲、阿台，有殉国忠，今复身率三十二酋保寨，且钤束建州、毛怜等卫，验马起贡，请得升职长东夷。时开原参政成逊、辽海参政栗在庭会查本夷原领敕三十道,系都指挥,伊祖、父为向导剿王杲,后并死兵火,良然。今奴儿哈赤屡还人口,且斩克五十有功,得升都督制东夷便。总督侍郎张国彦以闻,报可。是时盖万历十七年九月也。"

这些史料表明,觉昌安、塔克世确是竭尽全力,为明宁远伯总兵官李成梁效劳,在促成亲家王杲及其子阿台失败被杀的事件中,起了重要的作用。若只从姻亲关系来说,他俩不该这样做,这是卖亲弃亲的行动,不可取。但是,如果从大局考虑,边境安宁,女真、汉人通商互市,和平相处,友好往来,互利互助、双方都有好处,那么就应该谴责王杲、阿台图谋私利,擅开兵端,屡次入边,大肆杀掠,就应该配合明军,除去殃及女真、汉人的祸害,剿灭王杲父子,觉昌安、塔克世的从征向导,就是大义灭亲,于民(女真与汉人)于国有功的正当行为,应予表彰。当然,那时的觉昌安、塔克世父子不会有这样的念头,他俩不过是想通过这一活动,讨好明国,免除株连之祸,保全身家性命,避免部落受害,并邀功请赏,扩大自己的势力,如此而已。不料,事与愿违,王杲、阿台固然被磔被斩,他们父子俩却也"并死兵火",重振祖业的幻想毁于一旦,努尔哈赤家族遭到了巨大的灾难。

二、强敌威逼

觉昌安、塔克世在担任向导,随从明军攻打阿台的古勒寨时,"死于兵火",这是一个无需争议的事实,可是,究竟是怎样的"死于兵火"?是在双方厮杀时,被阿台的部下发觉而将其斩首?还是明军将官过河拆桥,故意将觉昌安父子除去?或者是混战之时,难分敌我,为明国士卒误杀?或者是明兵看到觉昌安父子是女真人,以为他俩是阿台的同伙,而将其砍杀,种种可能,皆可存在,现在是很难弄清了。不过,有一点是肯定的,王杲、阿台是明国的大患,是叛酋,祸害辽东 30 年,必须除掉。万历三年王杲被押解京师,明廷大喜,年方 13 岁的神宗御殿宣捷,祭告太庙,行献俘大典,百官恭贺,大赏有功人员,辽东总兵官李成梁由署都督同知晋左都督,由世荫千户升世荫都指挥同知。海西女真塔山前卫都督王台因缚献王杲,加授勋衔,特封龙虎将军,其二子并晋都督金事。阿台之灭,明神宗又御皇极门宣告辽东大捷,祭太庙,封赏功臣,总兵官宁远伯李成梁岁加禄米一百石,荫子为本卫世袭指挥金事,蓟辽总督兼右金都御史周詠升兼右都御史,辽东巡抚李松升兼右副都御史,辽海辽宁参政张崇功升为按察使。其余有功官将分别升赏。①

觉昌安、塔克世既随明军从征,当向导,自然是有功之人,理应升赏,而且二人还为此丢了性命,当然更应赏赐。如果是这样做,按照封赏王台的先例,升觉昌安、塔克世为都督金事,让努尔哈赤及其弟舒尔哈齐袭承,又赏银千两,加赐敕书几十道,那么努尔哈赤一家虽然痛失祖、父,但领到重赏,升官得银,也可聊补损失,处境不至于恶化,并可借此招兵买马,扩大势力,称雄建州了。但是,不知是什么原因,明廷没有这样做,努尔哈赤弟兄竟然陷入了逆境,险遭灭门之灾。

《满洲实录》卷一对努尔哈赤的处境作了如下的叙述:

初,苏克素护河部内图伦城有尼堪外兰者,于癸未岁万历十一年唆构宁远伯李成梁攻古呼城主阿太、沙济城主阿亥,成梁于二月率辽阳、广宁兵,与尼堪外兰约,以号带为记,二路进攻。成梁亲围阿太城,命辽阳副将围阿亥城,城中见兵至,遂

---

① 《明神宗实录》卷三一、四〇、四一;菩上愚公:《东夷考略》;《明史》卷二三八《李成梁传》。

弃城遁，半得脱出，半被截困，遂克其城，杀阿亥，复与成梁合兵，围古呼城。其城倚山险，阿太御守甚坚，屡屡亲出绕城冲杀，围兵折伤甚多，不能攻克。成梁因数尼堪外兰谗构以致折兵之罪，欲缚之。尼堪外兰惧，愿往招抚，即至城边，赚之曰：天朝大兵既来，岂有释汝班师之理，汝等不如杀阿太归顺，太师有令，能杀阿太者，即令为此城之主。城中人信其言，遂杀阿太而降。成梁诱城内人出，不分男妇老幼，尽屠之。阿太妻系太祖伯父礼敦之女，祖(觉昌安)闻古呼被围，恐孙女被陷，同子(塔克世)往救之。既至，见大兵攻城甚急，遂令(塔克世)候于城外，独身进城，欲携孙女以归，阿太不从。(塔克世)候良久，亦进城探视。及城陷，尼堪外兰唆使明兵并杀(觉昌安)父子。后太祖告明国曰：祖、父无罪，何故杀之。明覆曰：汝祖、父实是误杀。遂以尸还，仍与敕书三十道、马三十匹，复给都督敕书。太祖曰：杀我祖、父者，实尼堪外兰唆使之也，但执此人与我，即甘心焉。边臣曰：尔祖、父之死，因我兵误杀，故以敕书、马匹与汝，又赐以都督敕书，事已毕矣。今复如是，吾即助尼堪外兰，筑城于嘉板，令为尔满洲国主。于是，国人信之，皆归尼堪外兰。其五祖子孙，对神立誓，亦欲杀太祖以归之。尼堪外兰又迫太祖往附。太祖曰：尔乃吾父部下之人，反令我顺尔，世岂有百岁不死之人。终怀恨不服。

《满洲实录》的这些叙述，虽然有些地方不够准确，如所谓"给都督敕书"，实际上并无其事，直到六年以后，努尔哈赤才因功、因势、因祖、父"殉国"，才由都指挥进封都督佥事，但是，总的看来，它对努尔哈赤的处境及其行为的表述，还是大体符合实际的，以此为主，结合有关材料，我们可以看出三个问题。

第一，是"误杀"，而非诛戮。觉昌安和塔克世确非王杲、阿台的党羽,确是被明兵"误杀",而非依律问斩。王杲、阿台父子是明帝视为大逆不道的叛酋,是祸害辽东兵民的大患,故发大军予以诛剿,并大杀其同伙及部下,如果觉昌安、塔克世是其党羽,那么,在王杲于万历三年被擒磔于京师之后的第三年,即万历六年,觉昌安便不敢三次进入抚顺马市买卖货物,明抚顺守将就不会听其自由出入,而且还抽收税银,抚赏牛、盐。如果觉昌安和塔克世是因"附逆"而被明兵依法斩杀,那么,身为觉昌安的长孙、塔克世的长子努尔哈赤,便系逆酋的孽子孽孙,要依法连坐俘献,或斩首,或藉没入官为奴,或充发极边。想当年,努尔哈赤的五世祖董山被明帝诛杀后,其亲族、党羽无不依法惩治。比如,《明宪宗实录》卷五十五载:成化四年六月壬子,"建州女直董山余党开原保等四人,法当凌迟;知其谋者纳郎哈等六人并贼弟马母都,俱当斩;幼男十二人,当为奴;无罪当留内地者,七人。狱具,大理寺详审以闻。上以山既诛,(开)原保等十人姑送锦衣卫狱。马母都并幼男俱发充广东边卫军。无罪七人听留内地。"按照此例,努尔哈赤逃还逃不及,哪敢向大明边将诉说祖、父冤曲,讨要说法,请惩仇人,可见他并非逆酋"孽子",祖父觉昌安、父亲塔克世不仅不是"附逆"之党羽,还是于明有功之人,不然,努尔哈赤就是有天大的胆子,也不敢如此行事的。这和前述明人多种文献载述叫场、塔失为明军当向导,从征,死于兵火的情形,是完全吻合的。

第二,开脱"元凶",归罪从犯。为什么努尔哈赤要将祖、父惨遭杀害的事归罪于尼堪外兰?不管是明边将把觉昌安、塔克世的死解释为"误杀",还是努尔哈赤此时所述祖、父是因尼堪外兰的"唆构"而被明兵杀害,原因固有不同,但根本事实是觉昌安、塔克世父子是死于明兵刀下,尼堪外兰充其量不过是无足轻重的"从犯"而已。尼堪外兰、明兵、明国边将乃至明国皇帝,都是努尔哈赤的仇人。更准确地说，其罪魁祸首是明神宗，明宁远伯、辽东总兵官李成梁是第二个大仇人。这一点，努尔哈赤是十分清楚的。在35年后的万历四十六年，努尔哈赤发兵征明时宣布对明国的"七大恨"中，第一大恨就是明国杀害他无辜的祖、父。①

　　既然是这样，为什么此时努尔哈赤不明确提出祖、父为明兵杀害，予以谴责，要求明国君臣赔礼道歉，认过自责，从厚补偿，而要归罪于小小的帮凶尼堪外兰？揆诸万历十一年的客观形势，略加分析，便不难看出，此乃努尔哈赤采取的重大策略，因为，此时的努尔哈赤，实力太弱了。努尔哈赤此时只是一位没有官衔、没有威望、家道贫寒、诸申与阿哈都很少的小部酋长之子，一切全靠其祖觉昌安、其父塔克世顶着，父、祖突然惨死，对努尔哈赤五弟兄来说，等于是遭受了天塌下来的巨大灾难，哪有能力向仇人开战。何况，这个仇人可不是等闲之辈，他是"天下共主"万民恭戴的天朝大皇帝，他拥兵百万，臣民上亿，他一声令下，就能迅速调动数万大军，冲进女真地区，把建州女真骁勇酋长王杲、阿台杀个片甲不留，血流成河。努尔哈赤纵能力拔山兮，英勇盖世，也不能战胜如此强大的敌人，对彼挑战，无异是飞蛾扑火，自取灭亡。不仅是天朝大皇帝威严无比，就是辽东守臣，也是蔑视女真，骄横粗暴，妄自尊大，"自视其身，如在霄汉"。② 直到31年以后，万历四十二年，努尔哈赤已经成为辖地数千里臣民数十万的女真国"聪睿恭敬汗"，他致书明辽东巡抚郭光复时，仍尊郭为"地方之主"，比之为"太

---

① 《满文老档》太祖朝卷六。
② 天聪四年木刻揭榜七大恨原文。引自孟森：《清太祖告天七大恨之真本研究》。女真上奏明朝时，尊明帝为"圣皇帝"，这在《女真译语》二编《女直馆》来文中记述得十分清楚。

阳",自居阿哈(奴仆)。①

这样贵贱悬殊强弱悬殊的局面,微弱小部酋长之子努尔哈赤,敢向天朝大皇帝兴师问罪索报父仇吗?这无异是以卵击石,飞蛾扑火,自取灭亡。怎么办?是忍气吞声,屈于威势,置杀害父、祖之仇不报,而谄事明帝,图求个人安乐,升官晋爵,当一个不孝之子无耻之孙?或者是苟且偷生,过一天算一天,十足的庸夫俗子?还是不畏强暴,怒发冲冠,挺身而起,直斥明朝君臣,披甲上阵,浴血奋战,宁可玉碎,不为瓦全,做一个有血性、有骨气、威武不能屈的大丈夫和笃孝的义子贤孙?这三条道路都不能走,前两条路,太可耻了,后一条路,又太危险,损失太大,也不能报仇,无济于事。正是在这样的形势下,努尔哈赤采取了另外一条道路,既要牢记深仇大恨,又要讲究策略,在力不能及之时,暂时不把矛头指向明国,而将怒火引到助明为恶并图兼并自己的"从犯"尼堪外兰。这样做,既表明了父、祖是无辜被害的,又可击杀尼堪外兰,略释心头之恨,还不致惹怒"天皇帝",得罪威风凛凛统军十万的李成梁大帅,避免明军过早地大举征剿,从而争取到时间,积蓄力量,待机而动,过了十年二十年三十年,自己势力强大以后,再来算总账,向真正的罪魁祸首、真正的最大仇人明神宗讨还血债。这就是努尔哈赤此时只字不提辽东总兵官李成梁和天皇帝明神宗,而仅仅归罪于尼堪外兰这个小小帮凶的原因。

第三,弄巧成拙,带来麻烦。努尔哈赤万万没有想到,明国边将拒绝了这一要求,并指责努尔哈赤无理取闹,威胁要帮助尼堪外兰,筑城于嘉班,使彼成为"满洲国主"(即掌管建州左卫),有权辖治努尔哈赤家族。

---

① 《满文老档》太祖朝卷七四。

为什么明国边将要这样做？原因很简单，双方并非平等的邻国关系，努尔哈赤不是能与明帝分庭抗礼的强国女真大汗，双方是君臣关系，是"天皇帝"与属夷的主奴关系，努尔哈赤哪有资格提出这种要求！何况，此时正是礟王杲，斩阿台，三四千名女真人死于战阵，明帝两次宣布"辽东大捷"，"建州部益弱"，明威大振，"东夷震慑"，明国边将无不骄横跋扈，趾高气扬，蔑视东夷，当然就会说出那样狂妄无理的话，发出那样的威胁。

努尔哈赤对明国辽东地区文官武将的这种心态，此时很不了解，致使他弄巧成拙，惹怒了这些官将，帮了尼堪外兰一个大忙，给自己带来很大麻烦。

尼堪外兰，有时又被《武皇帝实录》写成"尼康外郎"。外郎，乃女真酋长待袭其职的儿子，也就是说，尼堪外兰是建州左卫许多支部的一个候袭父职的小小头人。《满洲实录》称尼堪外兰为"图伦城"之人，即城主。这个尼堪外兰没有多大势力，诸申、阿哈都不多。当努尔哈赤率兵不足百人前往攻打图伦城时，尼堪外兰事先知道消息，"遂遗军民，携妻子，走嘉班"。不久，努尔哈赤又攻嘉班，兵卒也不多，尼堪外兰得知消息，"复弃城逃"。[①] 可见，尼堪外兰没有多少兵马，否则他怎会一逃再逃。

这样一个既不英勇又少谋略的小小头人，本来在建州左卫女真各部中没有什么威望，完全是个无足轻重的庸夫俗子，这时却因明国边将为其撑腰，声称要为他"筑城于嘉班"，令"为满洲国主"，主管建州女真，顿使尼堪外兰身价百倍，威望大增，许许多多女真人信以为真，争相归顺于彼，"于是，国人信之，皆归尼堪外兰"。就连努尔哈赤的大伯祖德世库、二伯祖留阐、三伯祖索长阿、五叔

---

① 《满洲实录》卷一。

祖宝朗阿、六叔祖宝实的子孙也相信了这些话,"对神立誓,亦欲杀太祖以归之"。① 尼堪外兰乘机前来相逼,要"迫太祖往附",俨然以建州女真国君自居。努尔哈赤弟兄陷入了灾难深渊。

三、孤弱危急

《武皇帝实录》《满洲实录》等书,称努尔哈赤的祖父觉昌安等六弟兄为"六祖"、"六王"、"六贝勒"或"宁古塔贝勒"。"六王""各立城池",曾歼灭扰害各处的硕色、呼加二姓,"自五岭迤东、苏克素护河迤西二百里内,诸部尽皆宾服,六王自此强盛"。《满洲实录》等书又称努尔哈赤为"淑勒贝勒"。既然祖父觉昌安六弟兄是"六王"或"六贝勒",努尔哈赤又是"淑勒贝勒",王也罢,贝勒也罢,顾名思义,都是臣民众多、兵强马壮、辖地辽阔的大国大部之主,那么,又何惧乎小小头人尼堪外兰,又何须向明国边将低声下气,干脆散放讨明檄文,公开起兵,斩杀仇敌算了,为何努尔哈赤不这样做?审视当时情形,分析努尔哈赤及其家族的状况,才知道,"六王"也者,虽曾有过一时的风光,但既非真正的大国大部之主,又已经分裂涣散,势已渐衰,而努尔哈赤这位"贝勒",实际上只是一位毫不起眼的青年。

明万历十一年(1583年)初,觉昌安、塔克世父子死于战乱之时,努尔哈赤只有25岁,这位号称淑勒贝勒之人,既无众多的谋臣猛将,也无千军万马,又没有辽阔辖地,更谈不上金山银山马牛上万奴仆如云,而是一个家境贫寒奴仆牲畜很少的困窘之人。这和他早年贫寒大有关系。据《满洲实录》卷一汉文体载:努尔哈赤10岁的时候,母亲喜塔喇氏去世后,其继母对他很不好,常向塔克世

---

① 《满洲实录》卷一。

进谗言。塔克世遂于努尔哈赤19岁时与其分居，"家产所予独薄。后见太祖有才智，复厚与之，太祖终不受"。此处所说"家产所予独薄"，"家产"指的是什么东西，是金银财帛，还是田地房产，或是店铺矿厂，不得而知。查看同书满文体，才知汉文体的"家产"二字，满文却是 aha ulha。aha，音译为阿哈，意为奴仆，当时就是奴隶。ulha，意为牲畜。全句应译为"（分家时，其父）给与阿哈、牲畜甚少。后见子有才智，欲令其取先前未给之阿哈、牲畜，淑勒贝勒不取。"①可见分家之时，努尔哈赤从其父塔克世那里得到的"阿哈、牲畜甚少"。《满文老档》太祖朝卷四追述努尔哈赤早期情形时也说："聪睿恭敬汗从幼贫苦时，其心公正。"公正与否，难以肯定，但其早年生活不甚富裕，却是可以相信的。这从《满洲实录》的另外几段记载，也可以得到证实。

《满洲实录》卷一汉文体载称：万历十一年九月，"贼乘夜阴晦，拔太祖住宅栅木潜入，时有犬名汤古哈，四顾惊吠。太祖觉之，将二男一女匿于柜下，乃执刀大呼曰：何处贼，敢来相犯，汝不入，我即出，毋得退缩。故将刀柄击窗有声，作由窗而出之势，仍由户出。贼见出势勇猛，皆遁去，时有部落帕海睡于窗下，被贼刺死。"这段记载，表明了两个问题。一是努尔哈赤住宅没有"将弁"和练过武功专管护卫主人的家丁，否则他们就会出面，与贼对打，驱杀敌人，而不需努尔哈赤孤身作战。二是所谓"部落"，并非士卒或诸申，或部众，而是奴仆。同书同卷满文体对汉文体所说的"部落"，写为 booi niyalma。boo，意为家，i，是表示所有格的附加成分，意为之。niyalma，意为人。booi niyalma，意为"家之人"或"家人"，

---

① 《满洲实录》卷一满文体。《满洲实录》成书于后金天聪九年（1635 年），以满、蒙、汉三种文字书写，有图，乾隆年间重绘三部。《满洲实录》是依据《满文老档》删写而成，满文体比汉文体更准确。

即奴仆,当时就是奴隶。后来书写时,往往把 niyalma 一字省略了,简写为 booi,汉语音译为包衣。在这次争斗中,只有名叫帕海睡于窗下的奴仆被贼刺死,未见其他包衣出来杀贼。可见此时的努尔哈赤住宅,并无护卫的将士,只有一名包衣,努尔哈赤不得不藏起儿女,孤身迎战了。这时是万历十一年九月,是努尔哈赤起兵之后的第四月,他的人手仍是如此之少。

《满洲实录》卷一汉文体又写道:万历十二年四月,"太祖睡至夜半,闻门外有步履声,即起佩刀执弓,将子女藏于僻处,令后故意如厕,太祖紧随,以后体蔽己身,潜伏于烟突侧,后即回室。是夜阴晦,忽电光一烛,见一贼将近,太祖以刀背击仆,喝令家人缚之。家人洛汉等言:缚之何用,当杀之。太祖暗思,贼必有主,若杀之,其主必以杀人为名,加兵于我,自料兵少难敌,乃佯言曰:尔必来偷牛。其贼答以偷牛是实,并无他意。洛汉又言:此贼实害我主,诈言偷牛,可杀之以戒后人。太祖曰:此贼实系偷牛,谅无别意。遂释之。这时已是起兵之后的第二年,努尔哈赤已经联合嘉木湖寨主噶哈善、沾河寨主常书、杨书,打了几次胜仗,相继攻克图伦城、萨尔浒城、兆嘉城,掠取了一些奴仆牲畜,因此,住宅遇贼时,有"家人洛汉等"出面助主,但还未见"将弁",尤其是担心贼人之主发兵来攻,"自料兵少难敌",而借口其系偷牛,将贼放走,足见此时努尔哈赤人手仍不多,势力不大。

《满洲实录》卷一汉文体又写道:万历十二年五月,努尔哈赤睡觉后,"有侍婢不寐,在灶燃灯,忽燃忽灭"。努尔哈赤见而生疑,起床巡察,发现有贼,将其击昏,"缚之"。"有弟兄、亲族俱至,言挞之无益,不如杀之"。"太祖曰:我若杀之,其主假杀人为名,必来加兵,掠我粮石,粮石被掠,部属缺食,必至叛散,部落散,则孤立矣。彼必乘虚来攻,我等弓箭器械不足,何以御敌。又恐别部议我杀人启衅,不如释之"。遂放其贼回去。此书满文体将此"侍婢"写为 booi hehe,即女奴仆。在"弟兄"后面,还有 booi niyalma(家之人,即包衣),全句应为"有弟兄、包衣、亲族俱至"。可见,这时努尔哈赤的奴仆(包衣),比万历十一年五月起兵时增加了一些,但仍然势单力弱,不敢开罪于遣贼前来行刺的仇敌。

努尔哈赤一共有四位弟弟,三弟舒尔哈齐、四弟雅尔哈齐与他是同母所生。二弟穆尔哈齐和五弟巴雅喇分别是其庶母李佳氏和继母纳喇氏所生。万历十一年时,穆尔哈齐 23 岁,舒尔哈齐 20 岁,雅尔哈齐 18 岁,巴雅喇才两岁。努尔哈赤的五位伯祖叔祖的子孙,即努尔哈赤的堂叔堂伯堂兄弟,此时也很衰落。《满洲实录》卷一载称:先前,努尔哈赤的六叔祖宝实的第二个儿子阿哈纳向巴斯翰部长之妹求婚。巴斯翰拒绝说:"尔虽六王子孙,家贫,吾妹决不妻汝"。后又遭侵袭,"六祖子孙"分裂涣散,"六王之势渐衰"。《满文老档·太宗·崇德》卷二十三载称:崇德元年(1636年)清太宗皇太极追述早期情形说:"先代之上下贫苦时,日行围用兵,则乐,有从仆者少,各自看守马匹,煮饭,敷陈鞍马而行。"一则说"六王子孙家贫",二则说"六王之势渐衰",三又说"先代上下贫苦","有仆从者少",必须自己做"仆从"所干的饲养马匹煮饭备鞍等苦累低贱的活,可见,此时的"淑勒贝勒"努尔哈赤及其弟兄叔侄,家境不好,势单力弱,怎能抵挡强敌来侵!因此部众离散,族人心变,国人"皆归尼堪外兰",五祖子孙"对神立誓,亦欲杀太祖以归之",努尔哈赤弟兄确实陷入孤弱危急的万分险恶局面。

四、三十人兴师

明万历十一年(1583 年)五月,努尔哈赤起兵,攻打尼堪外兰的图伦城,打响了建立后金国、大清国的第一仗。

在这次至关重要的战争中,究竟努尔哈赤有多少人马,三种太祖实录分别作了叙述。《武皇帝实录》卷一载:攻打图伦城时,"太祖兵不满百,甲仅三十副。"《满洲实录》卷一写道:"太祖兵不满百,甲仅三十副,克图伦而回。"《高皇帝实录》卷一说:尼堪外兰遁,"上克图伦城而归。当是时,兵百人,甲三十副而已。"

甲三十副,"兵不满百",或"兵百人",这个数字本身就很少了,但就是这个数字,也不一定属实,很可能还到不了"兵百人"或近百人。前面的记述,已经表明在万历十一年初,努尔哈赤弟兄,以及"六王子孙",仆从很少,家道贫寒,势单力薄,甚至明明知道"贼"系其主派来行刺,但因怕其主子发兵,无法抵挡,而找个借口将其释放,忍气吞声,唾面自干,到了难以形容的地步。这种条件下,努尔哈赤从哪里找来兵卒百人!

如果说这"兵不满百",是包括努尔哈赤弟兄叔侄和其他部长的联合军队倒还说得过去,但是,有个疑问无法解答。《满洲实录》等书,都说道努尔哈赤与几个部长寨主谈妥了联盟对付尼堪外兰之事。《满洲实录》卷一载:苏克素护河部内萨尔浒部长卦喇"被尼堪外兰谮于抚顺将官前责治之,其弟诺密讷与本部内嘉木湖寨主噶哈善、沾河寨主常书、扬书"俱忿恨,相议曰,与其仰望此等人,不如投爱新觉罗六王子孙。遂来附,杀牛祭天立誓。四部长告太祖曰:念吾等先众来归,毋视为编氓,望待之如骨肉手足。遂以此言对天立誓"。① 虽然这三个部的四个部长与努尔哈赤订立了联盟,但努尔哈赤起兵攻打尼堪外兰的图伦城时,萨尔浒寨主诺密纳听信了龙敦(努尔哈赤之从叔)的谗言,"遂背约不赴"。至于嘉木湖寨主噶哈善、沾河寨主常书、扬书是否参与了此次战斗,

---

① 此处汉文体所说的"编氓",满文体是"jušen",音译为"诸申"。

《满洲实录》没有写。但此书卷一紧接着又写道：诺密纳提出无理要求，以不许兵过其边路来相挟。噶哈善、常书、扬书忿恨地对努尔哈赤说："若不先破诺密纳，吾等必附诺密纳矣"。"太祖以同母妹妻噶哈善"。《清史稿》卷二二七《常书传》载称："诺密纳贰于尼堪外兰，常书等请于太祖，诱而杀之。太祖以同母女弟妻扬书、噶哈善哈思虎"。从这两段材料来看，噶哈善、常书、扬书很有可能带领部众参加了攻打图伦城的战斗。

过了15年以后，明万历二十六年二月，朝鲜国王向清国副将李如梅(明宁远伯、总兵李成梁之子)询问努尔哈赤情形时，李如梅说："厥父为俺爷所杀，其时众不过三十。"①"众不过三十"，与"兵不满百"或"兵百人"，显然有很大的差距，可能这是李如梅指努尔哈赤进攻图伦时有甲之人而言，有甲，才能称为兵。这与《满洲实录》所记"甲仅三十副"，是比较吻合的。因此，可以说，努尔哈赤于万历十一年起兵，攻打图伦城时，有甲士30人，可以称之为30甲兴师。

当然，这30甲，并不全是努尔哈赤的，因为，《满洲实录》明确写道："太祖欲报祖父之仇，止有遗甲十三副，遂结诺密纳共起兵，攻尼堪外兰"。诺密纳背约不赴，努尔哈赤仍然率众进攻，克城而归，可见，这30甲中，有17甲是嘉木湖寨主噶哈善和沾河寨主常书、扬书的，至于所谓的"兵不满百"，其中好些人也是噶哈善等三位寨主的。这从后来将其人编立牛录时，可以得到证明。《清史稿》卷二二七《常书传》载称：常书、扬书率众来归后，"常书兄弟事太祖，分领其故部，为牛录额真"。《八旗满洲氏族通谱》卷三二《常舒》载："(常舒)世居沾河地方，国初同弟扬舒来归，编佐领，使统

---

① 《李朝实录史料》，第2476页。

之。又编半个佐领,令其第四子布汉图统之。"《八旗通志初集》卷七载:镶白旗满洲第三参领之第六佐领,"原系国初以占河人丁编立之半个牛录,始令常舒之子布哈图管理。""后增以何勒之半个牛录,编为一整牛录"。"第十佐领,亦系国初以占河人丁编立,始以常舒管理"。由此可见,常书(常舒)弟兄来归努尔哈赤之时,带有一些人丁(亲族、诸申),其中一些人参加了图伦之战。

第二章　淑勒贝勒

第一节　三卫首领

一、群雄争长

明万历十一年(1583年)五月努尔哈赤起兵,攻打图伦城以后,女真各部是什么样的局面? 这是关系到努尔哈赤盛衰兴亡的重要问题,不能正确观察,掌握形势,就不能采取正确的方针、政策、策略和战略战术,便难以战胜敌人,由弱变强,从小变大。

《满洲实录》满文体对此时女真各部的情形,作了总结性的叙述,现译为汉文如下:

> 时各地之国为乱。满洲国之苏克素护河部、浑河部、完颜部、栋鄂部、哲陈部、长白山纳殷部、鸭绿江部,东海窝集部、瓦尔喀部、库尔喀部,呼伦国之乌拉部、哈达部、叶赫部、辉发部,各地盗贼蜂起,各自僭称汗、贝勒、大人,每村每寨为主,各族为长,互相征伐,兄弟相杀,族众力强之人,欺凌、抢掠懦弱者,甚乱。①

《满洲实录》将这时的女真分为"满洲国"、"东海"和"呼伦国"三大系统。"满洲国"就是建州女真,"呼伦国"是海西女真,

---

① 《满洲实录》卷一。

"东海"女真是"野人女真"的一支,另一支是"黑龙江女真",以住居黑龙江流域而得名。

这时的建州女真情形,呈现出五个特点。一是分裂涣散,小部众多。建州女真内部,已经陆续演变为苏克素护河部、浑河部、完颜部、栋鄂部、哲陈部、鸭绿江部、纳殷部、朱舍里部,等等。各部之内,又分为若干小部,如苏克素护河部,有图伦、萨尔浒、嘉木湖、沾河、安图瓜尔佳等等城寨,浑河部包括杭嘉、栋嘉、札库穆、兆嘉、巴尔达、贝欢等城寨。由于王杲、阿台、阿海大败被杀,王兀堂重创溃败之后销声匿迹,建州女真各部实力大损,伤了元气,一般都是人丁稀少,甲仗不全,像沾河寨主常书、扬书弟兄,嘉木湖寨主噶哈善,部众皆只有几十人。界藩、萨尔浒、栋佳、巴尔达四城部长联合发兵,只有兵四百名。当然,也有拥众数百的大部长,如栋鄂部长阿海就有兵四百。但这样的酋长太少。

二是称王争霸,互相残杀。这些族长、寨长、部长,才虽平庸,势虽不盛,可是他们彼此之间却互不相下,称霸争雄,甚至骨肉相残,干戈时起。栋鄂部诸酋长曾聚议兴兵说:"昔六王族众借哈达国兵掠我数寨,今彼与哈达国已成仇隙,我等乘此机会,宜往报仇"。众酋长"遂以蟒血淬箭,以备用",欲攻打努尔哈赤,但"其后部中自扰乱",未成行。①

三是仇敌甚多,众矢之的。不少酋长必欲将努尔哈赤置于死地。萨尔浒部长诺密纳,曾一度与努尔哈赤盟誓,要共同攻打尼堪外兰,但当起兵之时,他竟背约不赴,并向努尔哈赤提出威胁性的要求说:杭嘉、扎库穆二处,不许侵犯,"栋嘉与巴尔达二处乃吾仇敌,尔若攻破,与我则已,不然,吾当阻其边路,不容尔行兵"。

① 《满洲实录》卷一。

玛尔墩城主纳木占,界藩城、萨尔浒城、栋佳城、巴尔达城、托漠河城、章佳城、兆佳城,等等城主,皆与努尔哈赤为敌。努尔哈赤于明万历十四年进攻尼堪外兰所居的鄂勒珲时,"沿途诸部,皆是仇敌"。①

四是好些族人心怀恶意。在当时建州女真各个部寨人丁不太多的情况下,家族人丁众多,族人众多,是该部实力强盛的一个重要的有利因素。昔日硕色纳有9个儿子,"皆强悍",加呼有7个儿子,"俱骁勇,常身披重铠,连跃九牛"。"二姓恃其强勇,每各处扰害","侵陵诸路"。努尔哈赤的祖父觉昌安,与其五弟兄,分居六城,号称"宁古塔贝勒",或"六贝勒",或"六王",亦叫"六祖"。六祖共有22位子侄。觉昌安"素多才智",其长子礼敦"又英勇"。觉昌安遂率"宁古塔诸贝勒,往征之,破硕色纳子九人,灭加虎子七人,尽收五岭迤东、苏克苏浒河迤西二百里内诸部,六贝勒由此强盛"。②

努尔哈赤有五弟兄,此时俱已成年。"六祖"或"六贝勒"之子、孙,这时已过18岁之人,估计人数上百,如果五位伯祖父、叔祖父的子孙,能与努尔哈赤同心协力,能帮助努尔哈赤起兵报仇,助其统一建州女真各部,那么,努尔哈赤弟兄必能迅速渡过难关,家道中兴,进而称雄各部。但是,这样的美景却并未形成,六祖子孙中的绝大多数,不仅不帮助堂兄弟侄努尔哈赤,反而心怀恶意,一再对其陷害谋杀。在万历十一年明国边将威胁努尔哈赤,扬言要帮助尼堪外兰,"筑城于嘉班,令为尔满洲国主"时,"国人信人,皆归尼堪外兰",这时,"五祖子孙对神立誓,亦欲杀太祖以归之"。③

---

① 《满洲实录》卷一、二。
② 《满洲实录》卷一。
③ 《满洲实录》卷一。

努尔哈赤于这一年五月起兵,往攻尼堪外兰,三伯祖索长阿之第四子龙敦竟唆使鼐喀达劝其兄长诺密纳背约不赴。六叔祖宝实之子康嘉,是努尔哈赤的堂叔。康嘉与绰奇塔、觉善合谋,"请哈达国兵",令努尔哈赤的族人兆嘉城主理岱引路,"劫太祖所属之珸济寨"。也就是在这万历十一年,长祖德世库、次祖刘阐、三祖索长河、六祖宝实"之子孙,同誓于庙,欲谋杀太祖。至夏六月晦暝之夜亥时,方竖梯登城",被努尔哈赤发现,众人惊恐逃走。嘉木湖寨主噶哈善与努尔哈赤盟誓,一起攻打尼堪外兰,坚决相助,努尔哈赤以亲妹嫁与噶哈善。三叔祖索长阿之第四子龙敦,一向仇视努尔哈赤,以言挑唆努尔哈赤的庶母之弟萨木占,欲与其同谋,杀噶哈善。萨木占听信其言,不顾努尔哈赤是己外甥,竟"带领族人",将噶哈善"遮杀于路"。努尔哈赤欲聚众寻回噶哈善尸体,"诸族昆弟皆与龙敦谋,无一人往"。努尔哈赤带数名同伴往寻。族叔尼玛兰城主稜敦劝阻努尔哈赤不要前去寻尸说:"族人若不怨汝,焉肯杀汝妹夫,汝且勿往,恐被人害"。[①] 族人之心怀恶意,时相谋害,给努尔哈赤弟兄带来严重威胁。

五是形势有利有弊。尽管不少酋长和族人欲加谋害,这对刚丧父、祖,家道剧衰的努尔哈赤弟兄之生存,带来了极大威胁,但是,也给他们弟兄的发展提供了很好的机遇。既然建州女真部落众多,各部各寨的人丁一般不多,甲仗很少,更未出现文武双全胸怀壮志的能人名汗,各部之间还互相残杀,那么,只要努尔哈赤有勇有谋,正确征战,就能逐个击破,一个一个地兼并邻部弱部,迅速壮大实力,顺利统一建州女真,成为建州女真之王。

海西女真这时的情形与建州女真不同,它已由原先的一二百

---

① 《满洲实录》卷一;《高皇帝实录》卷一。

个卫所基本上合并为四部,即上述《满洲实录》所说的"呼伦国之乌拉部、哈达部、叶赫部、辉发部"。这四部之中,哈达部曾经是最强最大之部。哈达部,以居住哈达河(今清河)流域而得名,也有一部分人住在柴河流域。哈达的著名酋长姓纳喇氏(那拉氏),名万,本呼伦族,姓祖是纳齐布禄,其五世孙都尔机生有二子,长名克什纳,次名古对珠延。克什纳的长子是彻彻穆,次子旺济外兰。至迟从克什纳起,哈达部就采取了忠顺于明帝的基本方针。克什纳在嘉靖初年执掌塔山左卫,称雄诸部,势力最强,对明朝贡不绝,十分恭谨,又捕叛者猛克有功,被明帝晋封左都督,赐金顶大帽,不久,被族人巴代达尔汉杀害。克什纳的长子彻彻穆之子万逃居锡伯部绥哈城。克什纳之次子旺济外兰奔往哈达,为其部长,继续忠顺于明。明以旺济外兰有侦寇之功,授其都督金事,明人称其为王忠。叶赫部长褚孔格多次扰明作乱,旺济外兰将其诛杀,"夺其贡敕七百道,及所部十三寨"。后哈达部众叛,杀旺济外兰。其子博尔坤斩杀仇人,迎请堂兄万为哈达部部长。万有勇有谋,"远者招徕,近者攻取,其势愈盛,遂自称哈达汗"。台与万音相近,故明人称其为王台,又以其由广顺关入贡,地近南,也称其为南关。王台继承了祖父克什纳、叔父王忠忠顺于明帝的传统,事明恭谨,明令其继其祖父克什纳之都督职。王台势力强大,"所领地,东则辉发、乌喇,南则建州,北则叶赫,延袤千里,保寨甚盛","叶赫、乌拉、辉发及满洲所属浑河部,尽皆服之,凡有词讼,悉听处分"。万历三年,王台又以缚献王杲之功,明帝晋王台为右柱国、龙虎将军,封其二子为都督金事,赐黄金二十两、大红狮子绉衣一袭。然而,盛极渐衰,王台年老,"暴而黩货,以事赴诉,视赂有无为曲直","部下效之","贿赂公行,是非颠倒","凡差遣人役,侵渔诸部,但见鹰犬可意者,莫不索取得之","民不堪命,往往叛投叶赫",以是

"诸部尽叛","国势渐弱"。王台长子虎儿罕"尤暴","好残杀",部众离心,剽悍头目虎儿干、白虎赤先后叛投叶赫。叶赫酋长清佳努、扬吉努为明塔鲁木卫都督金事,因其祖父褚孔格为王台的叔父旺济外兰(即王忠)所杀,贡敕及季勒诸寨被占,蓄意报仇,乘机用兵,尽夺季勒诸寨,联合其他部落频行入掠,虎儿罕不能敌,辉发、乌拉、建州各部亦脱离王台铃束,哈达势蹙。万历十年,王台忧愤而死,虎儿罕寻即去世,其五弟孟格布禄袭父王台龙虎将军、左都督之职,但"众未附"。虎儿罕之子歹商、王台"外妇之子"康古鲁,与孟格布禄"析万遗产为三"。三人不顾叶赫之逼,不齐心协力共御外患,反而相互计算,械斗不休。康古鲁还叛投叶赫,娶清佳努之女,纠合叶赫,与孟格布禄合攻歹商,并强占继母温姐为妻(温姐是清佳努之妹,嫁与王台),歹商势危。明以王台忠顺,出兵保其遗孤,万历十五年十月,击败孟格布禄,革其所袭龙虎将军职,十六年,擒康古鲁,责其与侄歹商和好后释放,不久康古鲁病死。歹商"酗酒好杀",部众怨恨解体,形势更加恶化,十九年往叶赫完亲,归途中,被岳父布斋遣人刺杀。孟格布禄遂重新为哈达部长,势益孤弱。[①]

继哈达之后的强部是叶赫部。叶赫部的始祖星根达尔汉是蒙古人,姓土默特氏,所居地为璋,灭呼伦之纳喇姓部,居其地,遂以纳喇(那拉)为姓,后移居叶赫河(今通河)流域,在开原北,便以叶赫为部名,明人因其贡市在开原镇北关,称之为北关。叶赫部酋长与哈达部王台祖孙三代恭谨事明的态度迥然不同,经常侵扰明境,掠夺人畜财帛,叶根达尔汉之孙齐尔噶尼一再侵盗明朝边境,被明

① 《满洲实录》卷一;《武皇帝实录》卷一;《明神宗实录》卷一九〇、二〇三;张鼐:《辽夷略》;茗上愚公:《东夷考略》;海滨野史:《建州私志》。

守臣斩于开原马市。明正德八年(1513年),齐尔噶尼之子褚孔格纠合另一酋长加哈扰乱明边,旋为明招抚,授达喜木鲁卫都督佥事,嘉靖时以一再扰明被哈达部长旺济外兰(王忠)所杀,明赐敕书及所属诸寨皆被王忠夺占。褚孔格之子为台楚。台楚长子清佳努、次子扬吉努(杨吉砮)"能抚诸部","征服诸部",各居一城,相距数里,清佳努居西城,扬吉努居东城,"皆称贝勒",力报杀祖之仇,一再聚兵攻打哈达,夺回被占之寨。明万历十一年,扬吉努弟兄率领本部人马,并纠合蒙古煖兔、恍惚太"所部万骑",袭败孟格布禄,"斩三百级,掠甲胄一百五十",又"借蒙古猛骨太、那木寨兵,焚躏孟格布禄所部室庐、田稼殆尽"。不久,清佳努弟兄又焚烧孟格布禄及其仲兄所分庄各十、歹商庄一,胁其属人百余随己而去。

清佳努弟兄一再侵掠哈达,本已犯了明朝大忌。明王朝对女真是实行分而治之方针,女真各部皆系明帝属部,各部之间的争执,须听明帝裁处,不许各部酋长自相杀戮,更不允许力大势强的酋长吞并其他女真酋长,统一女真各部或许多部,以免其势大称雄,威胁明帝对女真各部的辖治权力。哈达乃系大部,又忠顺于明,在王台称汗的几十年里曾为明帝统辖女真起了很大作用,现在,王台子孙若被叶赫诛灭,哈达部被"二奴"侵占,则叶赫势力必然空前强大,必会威胁明朝边境及明帝对女真的统治。仅仅为了这一件事,明王朝就不会听任叶赫欺凌哈达吞并哈达,就会出面干涉。清佳努弟兄不仅没有认识到这个威胁,想法平息明之疑虑,避免其出兵扶持哈达,反而利令智昏,被胜利冲昏了头脑,竟向明帝提出索要贡敕、令哈达臣服于己的要求。就在万历十一年清佳努弟兄"焚躏孟格布禄田庐、禾稼殆尽"之时,明分巡副使任天祚遣使者"赍布帛及铁釜,犒杨吉努兄弟,谕罢兵"。扬吉努兄弟提出:

"必得敕书,尽辖孟格布禄等,然后已"。不久,扬吉努弟兄又以恍惚太二千骑驰往明让哈达部来市的广顺关,攻下沙大亮寨,俘300人,"挟兵邀贡敕"。这一下,惹怒了明王朝。明辽东巡抚李松与辽东总兵官、宁远伯李成梁见叶赫势大,一再扰乱边境,欲图吞并哈达,已经成为祸明大患,决定除掉清佳努弟兄。明人以译音,称清佳努为逞加奴,杨吉奴(扬吉努)为仰加奴,有时简称"二奴"。按明朝制度,凡诸部入市,筑墙于市场,称为"市圈"。万历十二年,明宁远伯、辽东总兵官李成梁设下诛戮"二奴"的计谋,一面遣使往召扬吉努弟兄,说要"赐敕赏赉",另一方面则调兵遣将,设下埋伏。李成梁亲率重兵,埋伏于距开原城40里的中固城,又于叶赫部入贡互市的镇北关埋下伏兵。辽东巡抚李松率参将宿振武、李宁等坐镇。李松命令宿振武等"夹城四隅为伏。戒军中曰:虏入圈,听抚,则张帜,按甲毋动。不,则鸣炮,皆鼓行而前,急击之勿失"。扬吉努弟兄挟恍惚太二千骑叩镇北关,守备霍九皋责斥扬吉努说:"若来就抚,甲骑数千何为者?"扬吉努弟兄乃请以三百骑入圈。扬吉努弟兄也怕明将暗算,增调人马,"以精骑三千屯镇北关",而带三百骑入市圈,要求明将赐海西女真的999道敕书全部给与叶赫,并让哈达孟路布禄听己辖束。霍九皋对"二奴"严厉斥责,扬吉努弟兄怒睁双目,出言不逊。巡抚李松大怒,"奋髯抵几叱之"。双方争斗,明军鸣炮,"军中炮如雷,伏尽起",斩杀了清佳努、扬吉努及清佳努之子兀孙孛罗、扬吉努之子哈儿哈麻及其骁将,共"斩三百十有一级"。李松领兵出镇北关,李成梁已率兵从中固城赶来,"围击叶赫军,斩千五百二十一级,夺马千七百有三",两军会合,直抵叶赫,合围扬吉努弟兄住寨。叶赫诸酋出寨门投降,愿受哈达部长孟格布禄约束,刑白马攒刀为誓。李成梁乃引兵还。清佳努之子布寨、扬吉努之子纳林布禄继为叶赫贝勒,收拾余部,实力渐强,又谋"倾哈达,报世仇",一再纠约蒙古恍惚太等酋攻打哈达,扰乱明边,并曾挟蒙古以儿邓"数侵掠,阑入威远堡"。"纳林布禄尤狂悖,要贡敕如其诸父"。

明辽东巡抚顾养谦、总兵官李成梁"以南关势弱,谋讨北关以辅翊之","决策讨布寨、纳林布禄"。万历十六年三月,明军征叶赫,"直捣其巢",布寨弃西城,奔入东城,与纳林布禄"并兵以拒",东城共有"城四重"。明军重炮轰打,碎其外部,拔二城,"叶赫兵死者无算,歼其酋把当亥,斩级五百五十四,城中皆号泣"。布寨、纳林布禄"大惧,出城乞降,请与南关分敕入贡","设誓不复叛"。李成梁乃率军回。四月初一,明边臣谕劝叶赫忠顺于明与哈达分敕入贡说:"往若效顺,朝廷赏不薄。江上远夷以貂皮、人参至,必藉若以通。若布帛、米、盐、农器仰给于我,耕稼围猎,坐收木桑、松实、山泽之利,为惠大矣。今贡事绝,江上夷道梗,皆怨若。我第传檄诸部,斩二酋头来,俾为长,可无烦兵诛也。今贷若,若何以报?"①

明臣所说朝贡之利及"江上夷"将遵明谕而进攻海西之事,严格说来,不太符合事实,"江上夷"既远又弱,不会也无力遵谕进攻叶赫,此辞难以打动"二奴"之心。但是,总兵官、宁远伯李成梁坐镇辽东二十余年,灭王杲,诛阿台,斩"二奴",大败王兀堂,屡败蒙古炒花、煖兔、拱兔、黄台吉、把兔儿等酋,"先后奏大捷者十","边帅武功之盛,二百年来未有也"。叶赫连战连败,不降则灭,危在旦夕的布寨、纳林布禄只好遵令乞降罢兵了。于是,布寨、纳林布禄听从明令,与哈达均分贡敕,不再侵凌哈达。明永乐初年,赐海

① 《清史稿》卷二二二《杨吉努传》;《明史》卷二三八《李成梁传》;瞿九思:《万历武功录》卷一一,《卜寨、那林孛罗传》;苕上愚公:《东夷考略》;海滨野史:《建州私志》卷上;《明神宗实录》卷一九〇、一九一。

西女真各部酋长敕书,自都督至百户,共九百九十九道,至是,命哈达与叶赫分领之,以哈达效顺,多赐一道,计哈达为 500 道,叶赫为 499 道。①

按势力强弱排列的海西女真第三个部是乌拉部。乌拉与哈达部的酋长的始祖都是纳齐布禄。纳齐布禄五传至克什纳、古对朱颜兄弟,克什纳的后人为哈达部。古对朱颜的孙子布颜,收服附近诸部,筑城洪尼,滨乌喇河,因而名为乌拉部,布颜自称贝勒。布颜有两个儿子,长布干,次博克多,布干继布颜为部长。布干有两个儿子,长子满泰,嗣为部长,次子是布占泰。明万历二十一年,布占泰奉满泰之命,率部众参加了叶赫布寨贝勒组织的"九姓之师",进攻努尔哈赤,大败被俘,三年后被努尔哈赤派将士护送回乌拉,未到之前,满泰及其子奸淫村妇,被其夫斩杀,布占泰继为乌拉部贝勒。②

海西女真的另一部是辉发部。其先人姓益克得里氏,居住在黑龙江流域尼马察部,后星古礼自黑龙江迁居扎鲁(渣鲁),投附纳喇氏噶扬噶、图墨士弟兄,遂改姓纳喇氏,成为辉发部姓祖。其七世孙旺吉努在隆庆、万历初征服附近诸部,在松花江支流辉发河畔扈尔奇山上筑城,遂名辉发部。旺吉努卒后,其孙拜音达里杀其叔父七人,自立为贝勒,其堂兄弟及族人不服,多投叶赫,部众也有"叛谋",局势很不稳定。③

以上海西女真"呼伦四部"的情形,对刚刚起兵的努尔哈赤来说,是有利有弊,如果处理得当,是利大于弊,设若应对失妥,则是

---

① 《明史》卷二三八《李成梁传》;《清史稿》卷二二三《杨吉努传》。
② 《满洲实录》卷一、卷三;《清史稿》卷二二三《布占泰传》。
③ 《满洲实录》卷一、卷三;《武皇帝实录》卷一、卷二;《清史稿》卷二二三《拜音达里传》。

弊大于利。海西四部，哪一个部都比以甲士三十人兴师的努尔哈赤强，其人丁士卒皆几十倍甚至几百倍于努尔哈赤所辖之部，而且四部都在袭掠邻部，抢掠人畜财帛，兼并弱部，尤其是叶赫部的清佳努、扬吉努弟兄多次领兵出征，攻打哈达，侵扰明边，势力强大。其子布寨、纳林布禄继为贝勒之后，亦连年征战，如果努尔哈赤惹怒他们，使他们提前进攻区区微弱小部酋长努尔哈赤，便不难捣巢擒渠，将尚未壮大的努尔哈赤弟兄置之于死地。但是，一则哈达部诸酋内争激烈，国势剧衰，海西女真四部之中最为骁勇的清佳努弟兄被明军斩杀，军威正壮的宁远伯李成梁几次统兵大败叶赫，叶赫部元气大伤，乌喇部满泰贝勒死于村民之手，辉发部也发生了内乱，这一切，使他们暂时顾不得向外扩张，给努尔哈赤弟兄的生存和发展提供了极为有利的时机。再则从哈达、叶赫的盛衰也给建州支部酋长努尔哈赤以很好的启迪。哈达部王台祖孙三代恭谨事明，为明帝赏识和扶持，从而发展迅速，后来衰败之时，也多次得到明军保护。叶赫部对明不恭，频掠明边，遭致明军进攻，酋死将亡，元气大损，这都为努尔哈赤处理关系到自己身家性命的头等大事，即与明朝的关系，提供了非常有益的借鉴。

东海女真，是"野人女真"的一支，居住在松花江流域及乌苏里江以东至沿海各岛。据《武皇帝实录》卷一载，东海女真分为窝集、瓦尔喀、库尔喀三部，其下又分为安楚拉库、内河、斐优、赫席赫、鄂谟和苏噜、佛纳赫、扎库塔、瑚叶、那木都噜、绥芬、宁古塔、尼马察等村寨屯路。"野人女真"的另一支，是黑龙江女真，以居住在黑龙江流域而得名，主要分为虎儿哈部、萨哈连部、使犬部、使鹿部、索伦部，其中又分为若干小部，如使犬部有奇雅喀喇部、赫哲喀喇部、额登喀喇部，即赫哲人、鄂伦春人、鄂温克人等，使鹿部有费雅喀部、奇勒尔部、吉烈迷部等。"野人女真"部落居住零散，人丁稀少,生产相当落后,以渔猎采集为主要谋生方式,各部之间也常争吵攻伐。

总之,从万历十一年努尔哈赤起兵及其往外扩展的一二十年里,建州女真三遭明军重惩,强酋或擒或斩或逃匿,元气大伤,部落分散,争战不息;海西女真,哈达部内忧外患交迫,国势剧衰;叶赫两受明军围剿,强酋被戮,损兵折将,又与哈达多年构兵,实力消耗过大;乌拉、辉发也是内乱不止,干戈时起;"野人女真"分散零落,势孤力弱。这一切,为努尔哈赤的兴起,提供了十分有利的条件。

二、异军突起

明万历前期,女真各部争吵不休,互相攻伐,固然为智勇双全的能人提供了各个击破扫平群雄的良好机会,但也使微弱小部极易陷入遭人欺凌被人兼并的困难处境。努尔哈赤虽是被《满洲实录》等书恭颂为"武艺超群,英勇盖世,深谋远虑,用兵如神"的"淑勒贝勒"和"英明汗",是位能人强人,但是,他的致命弱点是人马太少了,只有"遗甲十三副","甲士三十人"。而女真各部之中,勇士比比皆是,单就是在建州女真内,就出了不少武艺高强、拼死冲杀的勇将猛将,史称当时"猛士如云"。像苏完部部长索尔果之子费英东,就是能引强弓十余石的善射高手,作战英勇冲杀,"每遇敌,身先士卒,战必胜,攻必克,摧锋陷阵,当者辄披靡",被誉为"万人敌"。像额亦都,"骁勇善战","挽强弓十石,能以少击众,所向克捷"。栋鄂部长何和礼,雅尔古寨长扈喇虎之子扈尔汉,瑚济寨人安费扬古,等等勇士,也是出类拔萃的战将。费英东、何和礼、扈尔汉还有比努尔哈赤更优越的条件,即属下部众都比努尔哈赤多,费英东之父索尔果有部众五百户,何和礼家世为栋鄂部长,

"所部兵马强壮"，扈尔汉之父的部下亦达数百户。至于海西女真，人丁众多、兵马强壮、骁勇善战的酋长和勇士，也不算少。在这样的条件之下，仅仅有甲十三副、甲士三十人的努尔哈赤，要想吞并数倍、一二十倍于己的其他建州部落，打败百倍、数百倍于己的海西女真叶赫、哈达、乌拉大部，降服建州、海西、"野人"数以万计的女真，成为女真之王，确是难而又难，难于上青天。然而，时势造英雄，英雄改变时势，人定胜天，政治风云变幻莫测，军机瞬息万变，这个父、祖惨死、众叛亲离、强敌威逼、朝不保夕的女真青年努尔哈赤，竟能转危为安，异军突起，在三十来年的时间里，削平群雄，统一各部，成为占地数千里辖治各部女真的"承奉天命养育列国英明汗"。

这个令人不可思议的奇迹之所以能够出现，并不是什么偶然的因素或所谓的"天命"，而是努尔哈赤顺应时代潮流，勇于进取，采取了正确的方针、政策和措施，聚集了大批谋臣勇将，艰苦奋斗了几十年，才出现符合规律的必然结果。

首先是努尔哈赤的勇于进取，拼死厮杀。尤其是在创业初期，将少兵少之时，努尔哈赤能够生存下来，能够迅速发展的决定性因素，就是这种不怕死的拼命精神。在明万历十一年（1583 年）五月起兵以后的一二年里，部众离散，族人心变，强敌威逼，杀手一再入室行刺，数部敌酋联合发兵进攻，努尔哈赤身边只有额亦都、安费扬古等少数"古楚"（即朋友，同伴）护卫冲杀，处境十分危险。正是在这生死存亡危急关头，努尔哈赤不畏强敌，勇战刺客，拼死厮杀，才免于一死，击败来敌。他几次夜半闻警惊起，只身持刀带弓，大喝冲杀，吓退敌人，捕获刺客。当族人龙敦等合谋杀害了他的盟友、妹夫噶哈善时，无人敢陪他去寻遗尸，努尔哈赤"大怒"，"遂披甲跃马，登城南横岗，弯刀盘旋，复回城内大呼曰：有杀吾者，可速出。族人皆惧,无敢出者"。① 为了给噶哈善报仇,努尔哈赤率兵攻打玛尔墩城,山势陡峻,战车三辆依次行进,到了城下,城主纳申、完济汉等领兵防守,猛扔石头,砸坏了两辆战车,进攻之兵惧怕击石,"众皆蔽身于一车之后,缩首不能上攻"。在这紧急时刻,努尔哈赤"奋勇当前",发射一矢,正中纳申之面,直贯其耳,又射中城上四人仆倒,最后终取其城。② 有一次,努尔哈赤率50人、甲25副,掠界藩寨,界藩、萨尔浒、栋佳、巴尔达四城部长聚兵四百追来,努尔哈赤"单身拨马","奋力一刀,挥讷申肩背为两段",又射死巴穆尼,敌兵惊恐,"退却而立"。此时,敌众已少,若敌军猛攻,难以抵挡,十分危险。将士们十分担心地说:"马俱疲弱,为之奈何?"努尔哈赤说:尔等徐徐引退,"我自殿后为疑兵计",遂昂然站立于斩讷申的地方,众兵遵令安全撤退,敌兵害怕中计,怕中了埋伏,不敢进攻,努尔哈赤于是"全其赢马而回"。③ 又有一次,努尔哈赤率绵甲50人、铁甲50人进掠哲陈,托漠河、章佳、萨尔浒、巴尔达、界藩五部部长聚兵800追来。敌众我寡,形势危急。五祖宝朗阿之孙扎亲、桑古哩"见敌兵,大恐,解其甲"。努尔哈赤怒斥其懦说:"汝等平昔在家,每自称雄于族中,今见敌兵,何故心怯解甲与人?"话毕,他亲自"执旗先进",欲图带动将士前进,不料无人跟随。在这敌军十几倍于己,将士又惧敌怕战的极端不利条件下,如果胆怯止步,或退回逃跑,必遭敌军围攻,全军覆灭。努尔哈赤显示了大无畏的英雄气概,率二弟穆尔哈齐及延布禄、武凌噶两名包衣阿哈(奴仆)冲上前去,"四人奋勇步射,直入重围,混杀敌兵二十人,遂败其兵,八百人不能抵挡,皆涉浑河而走"。努尔哈赤太

---

① 《满洲实录》卷一。
② 《满洲实录》卷一。
③ 《满洲实录》卷二。

累,暂憩片刻,这时将士们才赶来。努尔哈赤又率军追击,毙敌60人。努尔哈赤大获全胜,收兵时说:"今以四人败八百众,实天助也。"①其实,这并不是什么天助,而是努尔哈赤不畏强敌奋勇冲击拼死厮杀的结果。

后来努尔哈赤回顾数十年戎马生涯时总结说:"吾自幼于千百军中,孤身突入,弓矢相交,兵刃相接,不知几经鏖战"。"两支大军会战之时,让兵士在前面进攻,是不行的。吾本身,吾生之诸子,任用之五大臣,吾等要亲在前面冲杀"。②

正是这种英勇盖世的气概和拼死厮杀的作风,才赢得了兵将的拥戴,建立起崇高的威信,鼓舞将士奋勇向前,夺取胜利。

然而,不惧强敌敢于冲刺拼死厮杀的大无畏精神,箭不虚发刀劈数人的高超武艺,固然能力敌百夫,鼓舞将士勇气,但仅有这勇猛善战的一面,也成不了气候,充其量只能当个别人麾下的一员战将,要想做番大事业,还须智能双全,做好内政外务两大方面的工作。所谓内政,就是壮大实力,拥有一支强大的、精锐的军队,有一套能干的效率高的治理政务的班子,吏治严明,军纪申严,令行禁止,粮饷充足,兵民一心,这样就能攻无不克,战无不胜,军威无比。要想达到这个目的,除了必须制定符合历史发展趋势的正确的路线方针政策以外,最关键的是能够网罗一大批能人,使得猛将如云,谋士似星,群集麾下,同心事主,共建大业。

在关系到一部一国盛衰兴亡的用人问题上,努尔哈赤非常英明,做得很好。他强调了六项原则。其一,必须任用贤人。他反复指出"贤者"的重要性,要求群臣举荐贤人。《满文老档》太祖朝卷

---

① 《满洲实录》卷二。
② 《满文老档》太祖朝卷四;《武皇帝实录》卷一。

四载:"每值会议,汗谓君臣曰:……汝等当念所任之重,有宜于治理汗之大政之贤者,则勿隐。诸事浩繁,汗一人焉能尽理。若贤人甚多,各任以事,倘治理国政管辖众兵之大臣甚少,济事几何……凡为治政,得一材犹难,但系可以资政之人,即荐之可也。"

其二,不论亲疏门第,公正举人。汗谕:"诸大臣,汝等荐人,勿思何故举其他之人而逾尔之亲戚,勿论根基,见其心术正大者而荐之。且莫拘血缘,见有才者即举为大臣。"①

其三,不拘一格,用其所长。他谕示群臣说:"全才之人有几?若长于此,必拙于彼矣……若有临阵英勇者,用以治军。有益于国政之忠良者,用以辅理国政。有知晓古今善规者,用以讲善规。有善办筵宴者,用以宴宾客。无才而能歌者,用以歌之。如是,人各效其所长矣。可于各处网罗有用之人。"②

其四,举贤贬奸。努尔哈赤一再列举女真各部及明朝贪官污吏祸国殃民的事例,训谕诸贝勒要贬斥奸臣,擢用贤者说:"善良公正之人,不举不升,则贤者何由而进!不肖者不贬不杀,则不肖者何由而惩!切勿贪婪,宜秉忠直,勿好财帛,宜好才德。天下大道,莫过于忠直,吾素好忠直……诸子,汝等当记之。"③

其五,奖惩分明,功必赏,过必罚。《满文老档》编写者说:"聪睿恭敬汗……其心公正。……有善行者,虽系仇敌,亦不计较,而以有功升之。有罪者,虽亲不贷,必杀之。"④

其六,赏赐效劳官将。努尔哈赤十分注意臣将的财产和生活情形,不吝赏赐,尽量使其富裕而全力效忠于汗。《满文老档》编

---

① 《满文老档》太祖朝卷四。
② 《满文老档》太祖朝卷四。
③ 《满文老档》太祖朝卷四。
④ 《满文老档》太祖朝卷四。

写者说:"聪睿恭敬汗每日睡卧二三次,不知者以其真眠,实乃非眠也。乃在思考,诸贤臣中,应使谁富?某一贤臣曾效力甚多而家贫困?谁难与所娶之妻同聚,而又不能另娶,因之忧苦。谁之妻死无力续娶而烦闷?役使阿哈、耕牛、乘马、衣服悉皆具备者有几,穷苦之人甚多也!寝后即起曰:赐某以妇,给某以阿哈,赏某以马,与某以衣,赐某以谷。"[①]

努尔哈赤还制定了"厚待功臣"这一重要国策。对于早年来投、率军征战、尽忠效劳的"开国元勋",努尔哈赤特别优待和宠爱。当他们出了差错犯了过失时,常念其功而从轻处治。例如,费英东早在明万历十六年就随其父索尔果率部来投,对增强努尔哈赤实力扩充兵马起了很大作用,被授为大臣,娶努尔哈赤之孙女。费英东忠直敢言,英勇冲杀,军功累累。其姐夫兑沁巴颜"有逆谋",费英东大义灭亲,将兑沁巴颜"擒而诛之"。后金天命四年(1619年)七月,费英东奉命回都城报告夺取铁岭的消息时,于途中"将俘获、牛、骡私自分与同行兵士。"诸贝勒大臣以其"居心骄傲,擅将众人之俘获财物另行分配",拟定革其"大臣职,自取乌拉城以来,各战以大臣得赏之物,尽夺取之"。灭乌拉,是在万历四十一年(1613年),中经掠叶赫,取抚顺、清河、范河,大败明军于萨尔浒等等重大战争,每战均掠获巨量人畜财帛,重赏官将,仅抚顺之战就"获人畜三十万"。如果将自灭乌拉以后各次战争赏赐之物尽行籍没,又革其"大臣之职",则费英东将从"众额真"、"一等大臣"、固山额真这样后金国最高的大将和达官贵人,贬降为贫寒低贱的"闲散"。这是很重的处分,而且似乎已成定论,很难改变,因为,这是诸贝勒大臣一致的意见,在通常情况下,汗往往是依议

---

① 《满文老档》太祖朝卷四。

而行的。可是,这次努尔哈赤却一反常例,拒绝诸贝勒大臣的拟议,下谕说:"贫时得铁,犹胜于金。吾无部臣之时,得彼而以大臣用之,今何以退革!"仅令取消费英东于此次铁岭之战所得的赐物。[1]

"贫时得铁,犹胜于金",这句话说得非常正确。这就是努尔哈赤对待开国功臣的基本态度。这个原则是正确的,是合情合理的。对这些身任要职、负有盛望、军功卓著的"开国元勋",如果他们并无篡位叛逆大罪,仅因些小过失,就不念前劳,忘掉旧情,大显国主威风,滥施君汗之权,将他们革职籍没,严酷惩治,必然自伐栋梁,丧失臣心,引起军队混乱,削弱后金实力。努尔哈赤如此从轻发落,既判定了事件的是非曲直,断定费英东是有过失的,申明了军纪国法,又照顾了功勋旧臣,妥善地解决了问题,安抚了群臣,于人、于己、于国都是很有益处的。

正是由于努尔哈赤重用贤者,厚待有功之臣,擢用能人猛将,因此招来了许多机智忠贞武艺超群的有才有勇之人,猛将谋士云集麾下,奋发图强,各尽其能,经济发展,"民殷国富",国势日强,军威大振,所向无敌。这就在政治上、经济上、军事上为统一女真各部,建立和壮大后金国,奠定了牢固的基础。

另一方面,努尔哈赤在统一女真各部的军事行动上,也显示了高超的指挥才能。明人称,努尔哈赤通晓汉语,"读书识字,好看《三国》、《水浒》二传,自谓有谋略"。[2] 他的所作所为,显示出他精通兵法,运用得相当巧妙。他采取了"恩威并行,顺者以德服,逆者以兵临",以抚为上、以剿相辅、以武力为后盾的方针。这和

---

① 《满文老档》太祖朝卷一一。
② 黄道周:《博物典汇建夷考》。

兵法中所云"攻心为上"是相吻合的。其具体内容有三。一为抗拒者杀,俘获者为奴。对于持刀交锋拒不投降的部落,努尔哈赤遣军大肆屠杀,掠为俘获。因纳殷部七村诸申降后复叛,据城死守,"得后皆杀之"。① 额赫库伦部女真"曾对其周围诸部逞强说:据言满洲兵强勇。若言强勇者乃我也,可捎信告之,遣兵来战"。努尔哈赤遣兵两千往征,到达后派人招降说:"愿降则降,不降即攻之。"城民不降。努尔哈赤之军进攻,"越三层壕,拆毁其栅,攻入城中,歼其城内五百兵。有三百兵逃出,即选精骑追赶,杀之于郊野。是役,俘获一万",灭其部,编户五百,"地成废墟"。②

二是降者编户。努尔哈赤特别重视收编各部降顺的女真,不管是因为大军压境,兵临城下,无路可走,被迫归顺的人员,还是交战失败,城寨陷落,不得不降之人,他都实行"恩养"政策,一律将他们"编户",分别编在各个牛录内,不贬为奴,不夺其财,原系诸申,仍为诸申。原是部长、寨长、城主、路长、屯长、贝勒、台吉,则大多授与官职,编其属人为牛录,归其辖领。比如,取哈达后,既将其"属下人分隶八旗",又命酋长约兰之子懋巴里为甲喇额真,设立牛录,"使统之"。③ 其族人夏瑚率十八户降,亦编牛录,"令其子雅琥统之"。④ 诸申达雅里、哲尔德、喀尼、穆都珠瑚、赫书,等等,仍系诸申,后皆因功封授官职。⑤

就是对长期与己为敌的女真部落,大多数也是"抚恤恩养"。灭乌拉后,努尔哈赤将降顺的酋长、官将、诸申"编万户率回",不

① 《满文老档》太宗天聪朝卷四八。《清实录》删掉了"得后皆杀之"这句话。
② 《满文老档》太祖朝卷四。
③ 《八旗满洲氏族通谱》卷二三。
④ 《八旗满洲氏族通谱》卷二三。
⑤ 《八旗满洲氏族通谱》卷二三。

改变其原有身份。灭叶赫时,努尔哈赤除杀其主金台石、布扬古二贝勒外,对其他的贝勒、台吉、大臣"皆赦之"。"叶赫国中,无论善恶,皆全户不动,不使父子兄弟拆散,不使亲戚分离,俱尽数迁移而来。不淫妇女,不夺男子所执弓箭,各家财物皆由原主收取"。[①]

三是来归者奖。对于主动归顺之人,努尔哈赤特别从厚奖赐。东海瑚尔哈部女真纳喀达部长率百户来投,努尔哈赤专遣二百人往迎,"设大宴",厚赐财物。"为首之八大臣,每人各赐役使阿哈十对、乘马十匹、耕牛十头,冬衣豹皮镶边蟒段皮裘大褂,貂皮帽,皂靴,雕带,春秋衣蟒段无披肩朝衣,蟒袍小褂,四季穿用衣服,布衫、裤、被褥,等等物品,皆厚与之。其次之人,各赐阿哈五对、马五匹、牛五头、衣服五套。再次者,各赐阿哈三对、马三匹、牛三头、衣服三套。末者,各赐阿哈一对、马一匹、牛一头、衣服一套……其居住之宅,盛饭之釜,席子、缸、瓶、小磁瓶、碗、碟、筷子、水桶、簸箕、槽盆,等等家具用品,俱齐备厚赐之"。[②]

努尔哈赤的"恩威并行"、征抚并用、以"恩""抚"为主的政策,起了很大作用。在努尔哈赤的百战百胜军威的影响下,在他大力招抚女真政策的推动下,许多部长带领属下人员前来"归顺",很多诸申自动来投。仅据《八旗满洲氏族通谱》的记载,黑龙江、吉林、辽宁各地女真部落酋长率众来归的就有二三百起,这就大大加速了女真统一的过程,减少了许多不必要的伤亡和损失。

努尔哈赤又采取了由近及远、先弱后强、逐步扩大的用兵顺序,积极争取蒙古,尽力避免和明国、朝鲜国过早地发生正面冲突。

这一切,保证了努尔哈赤由微弱小部酋长迅速转变为大部强

---

① 《满文老档》太祖朝卷一三。
② 《满文老档》太祖朝卷七。

国的汗贝勒。到明万历十六年(1588年),努尔哈赤已经先后降服和招抚图伦、萨尔浒、兆佳、玛尔墩、翁鄂洛、安图瓜尔佳、贝欢、托漠河、鄂勒珲、阿尔泰、巴尔达、洞城等等城寨,即先后取了和招服了苏克素护河部、董鄂部、浑河部、哲陈部和完颜部,"各部环满洲而居者,先后削平",统一了建州女真本部。又过了5年,万历二十一年,夺取了长白山三部之讷殷部、朱舍里部和鸭绿江部,使建州女真各部皆统一隶属于"淑勒贝勒"努尔哈赤的辖治之下。而且,在万历十四年,努尔哈赤遣派的将士斋兰还斩杀了尼堪外兰,报了杀害父、祖的大仇。进展之速,成就之大,令人惊奇。但是,也正因为努尔哈赤的异军突起,改变了女真各部的局面,特别是威胁了海西女真叶赫部称雄各部的图谋,也对哈达部、乌拉部、辉发部给予了重大刺激,从而惹来了九部联军的进攻,险些国灭家破。

第二节 初显雄威

一、大败九部联军

正当努尔哈赤迅速统一建州女真各部之时,明万历二十一年(1593年)突然传来了叶赫、哈达、乌拉等九部联军欲来进攻的消息,将士诸申大惊。

叶赫等部的来攻,虽然并不显得突然,事前已有不少预兆,双方之间的争吵已经相当激烈,但这与10年以前努尔哈赤的愿望,是相矛盾的。那时的努尔哈赤,二十来岁,家事部务由祖父觉昌安、父亲塔克世主管,轮不到他代表本部或大的家庭在外活动,可是,这时已经显出,这位青年绝非凡庸之人,而是一位胸怀大志善于高瞻远瞩长于外交的智者。当时,叶赫部清佳努、扬吉努二位贝勒正是风华正茂、兵强马壮、四处攻掠、声势赫赫之时，努尔哈赤前往拜访。扬吉努“见其相貌非常，言：我有小女，堪为君配，待长缔姻”。努尔哈赤显然是十分高兴，愿意攀上这棵大树，有些迫不及待，便求娶其长女说，“吾愿聘汝长女”。杨吉努说：“我非惜长女不与，恐不可君意。小女容貌奇异，或者称佳偶耳。”努尔哈赤听从其言，遂聘其小女。万历十六年九月扬吉努之子纳林布禄贝勒亲送其妹，来到建州完婚，努尔哈赤设大宴迎婚、成礼，后生下皇太极。努尔哈赤与哈达部万汗之子扈尔罕也立有婚约，聘其女阿敏哲哲为妻。也就是在万历十六年，因阿敏哲哲之父扈尔罕早已故去，其兄歹商送妹来到费阿拉城，与努尔哈赤完婚。就此而论，努尔哈赤是叶赫纳林布禄的妹夫，也是哈达歹商贝勒的妹夫，又是哈达孟格布禄贝勒的侄女婿，双方有着亲密的姻亲关系，本应和好互助互利。不料，随着努尔哈赤的兴起，“日强盛”，招致叶赫、哈达贝勒不满，“布寨、纳林布禄与有隙”，双方矛盾加剧。

万历十九年，叶赫纳林布禄贝勒遣伊勒当阿、拜斯汉二人来到建州，对努尔哈赤说：“乌拉、哈达、叶赫、辉发、满洲总一国也，岂有五王之理？尔国人众，我国人寡，可将额勒敏、扎库木二处择一让我？”①

话虽简单，但杀气很重，类似于强迫对方称臣纳贡的逼降书。此时，努尔哈赤虽然已经转危为安，声势日盛，人丁剧增，已由 8 年前以遗甲十三副起兵的区区几十人的小部弱部酋长，上升为辖寨数十人丁数以千计的“淑勒贝勒”，但建州女真各部尚未完全统一，长白山之珠舍里、纳殷二部还未归顺，与叶赫相比，领地之大小，人丁之众寡，将士、甲仗、战马之多少，悬殊太大，可以说是彼强

① 《满洲实录》卷二。

己弱,打起仗来,恐是凶多吉少。然而,努尔哈赤面不改色,不惧强敌,理直气壮地驳斥对方遣来的使者说:"我乃满洲,尔乃呼伦,尔国虽大,我不得取,我国虽大,尔亦不得取。况国非牲畜可比,焉有分给之理。尔等皆执政之臣,不能竭力谏主,奈何靦颜来相告矣。"①

伊勒当阿二人刚走不久,叶赫、哈达、辉发三部会议后,叶赫纳林布禄贝勒差遣的使者尼喀哩、图尔德,哈达贝勒蒙格布禄的使者岱穆布、辉发贝勒拜音达哩的使者阿拉敏比,一起来到费阿拉城,努尔哈赤设宴款待。图尔德对努尔哈赤说:"我主有命,遣我来言,欲言,又恐触怒见责。"努尔哈赤说:"尔主之言,与尔无干,何为责汝。如彼以恶言来,我亦以恶言往。"图尔德说:"昔索地不与,令投顺不从,两国若成仇隙,只有我兵能践尔境,谅尔兵敢履我地耶?"这番话,比上次伊勒当阿之言威胁性更大,简直是赤裸裸地宣言进攻了,而且也太蔑视建州了,公开讽刺努尔哈赤之兵不敢来到叶赫,只有叶赫进攻,建州惧不能战。当然,图尔德转述纳林布禄的这番话,也并非纯系虚夸,空以大话吓人,比较双方实力,建州远远逊于叶赫,何况哈达、辉发使者与叶赫使者同至,显系三部贝勒合谋,一旦交战,就是三比一,更使建州处于最坏的以弱敌强的恶劣形势,那时,战败亡国的悲剧便难以避免了。

如果是平庸之辈或中等之主,面对这种亡国亡家的巨大威胁,只好举手投降,俯首称臣,可是,努尔哈赤不是这样的人。他毫不畏惧,他怒发冲冠,"掣刀断案",怒斥对方说:

> 尔主弟兄何尝亲与人交马接刀碎烂甲胄经此一战耶!昔蒙格布禄、岱善叔侄自相扰乱,如二童争骨(满洲儿童,每掷

---

① 《满洲实录》卷二。

骨为戏,故云云),尔等乘乱袭取,何故视我如彼之易也。尔地四周果有边垣之阻耶?吾即昼不能去,夜亦能至彼处,尔其奈我何,徒张大言胡为乎?昔我父被明国误杀,与我敕书三十道、马三十匹,送还灵柩,坐受左都督敕书,续封龙虎将军大敕一道,每年输银八百两、蟒段十五匹。汝父亦被明国所杀,其尸骸汝得收取耶?①

努尔哈赤这番话,讲得非常精彩,既显示了他壮志凌云不畏强敌的大无畏英雄气概,又狠狠地讽刺纳林布禄弟兄没有能耐,不曾鏖战,只知乘哈达内争乘虚而入轻易取胜,而面对杀父之仇的大明帝君,却噤若寒蝉,不敢抗争,不敢兴兵报仇,比起自己父祖被明误杀后,明赐与敕书马匹,一再晋封官职,输送年币,真是有天渊之别。把纳林布禄数落得一无是处。

努尔哈赤将这番话写成书信,差阿林察为使者,命其持书前往叶赫,当面向纳林布禄及其堂兄布斋贝勒宣读。

不久,建州女真长白山部之珠舍哩、纳殷二部"引叶赫兵,将满洲东界叶臣所居洞寨劫去"。

过了一年多,万历二十一年(1593年)六月,"叶赫国主布斋、纳林布禄贝勒因太祖不顺,纠合哈达国主蒙格布禄,乌拉国主满泰、辉发国主拜音达哩四国兵马",劫去瑚卜察寨。努尔哈赤闻讯,率兵往追。这时哈达兵已返回其部,建州兵"直抵其国"。努尔哈赤欲设伏胜敌,乃将"步兵伏于中途",自己只率少许兵马前往,掠取哈达部的富尔佳齐寨而回。哈达孟格布禄领兵来追,努尔哈赤"欲诱敌至伏兵处",恐怕敌兵不追,返回其部,乃令随从将士先行,自己"独身为殿,以诱之"。敌兵果然追来,一人迎面举刀砍

———————————
① 《满洲实录》卷二。

来,"三骑并马",从努尔哈赤后方突然进攻,"太祖马惊几坠",势甚危急,幸安费扬古赶到,挥刀砍杀敌方三骑,努尔哈赤亦乘机射中孟格布禄坐骑,孟格布禄落下马来,慌忙跑步奔逃。努尔哈赤率马兵3人步兵20余人击败敌军,杀兵12人,获甲六副、马18匹,返回建州。①

双方矛盾高度激化,终于爆发了九部联军进攻建州的大战。

叶赫布寨贝勒、纳林布禄贝勒与乌拉贝勒等商议说:"老可赤本以无名常胡之子崛起为酋长,合并诸部,其势渐至强大,我辈世积威名,羞与为武。"诸部决定起兵进攻建州,"期于荡灭",灭掉建州。②

就在这万历二十一年的九月,叶赫国主布斋、纳林布禄,哈达国主孟格布禄,乌拉国主满泰之弟布占泰贝勒,辉发国主拜音达哩,嫩河蒙古科尔沁国主翁阿岱、莽古思、明安,席北部,卦尔察部,珠舍哩路路长裕楞额,纳殷路路长搜稳塞克,"九国兵马,会聚一处,分三路而来",进攻建州国主。

努尔哈赤遣派武理堪出东路哨探敌情。武理堪出呼拦哈达新城,行将百里,方度岭,群鸦竞噪,若阻其行。武理堪心中惊异,估计继续前行,必与敌军相左,碰不上对方,便驰归禀报。努尔哈赤遂命其改道,自扎喀路向浑河部前进。武里堪奉命,傍晚来到浑河,入夜看到,"敌方屯北岸会食","敌兵营火如星密"。武理堪巧妙擒获一名叶赫巡逻兵士,彼"言敌兵三万,将夜度沙济岭而进"。武理堪挟逻卒速回,立即"飞报太祖,言敌国大兵将至"。③ 在这敌众我寡,大军压境,兵民惊慌,面临覆围之灾的危急关头,努尔哈赤

① 《满洲实录》卷二;《清史稿》卷二二五《安费扬古传》。
② 吴晗:《李朝实录史料》,第2801页。
③ 《满洲实录》卷二;《清史稿》卷二三〇《武理堪传》。

显示了非凡的指挥才干,很快就击败敌军,转危为安。他在三个方面表现得十分突出。其一,稳定军心,鼓舞士气。两军交战,勇者胜。勇,有其基础。有决心,有信心,才能奋勇冲杀,如果未战先怯,交战必败。在众心畏敌惊慌不安之时,必须使将士树立起必胜的决心和信心,去掉怕字,首先要统帅以身作则,才能身教言教,换怯为勇。当武理堪驰报"敌国大兵将至"时,已近五更,努尔哈赤镇静自若,下令说:"我兵夜出,恐城中人惊,待天明出兵","言毕复寝",而且睡"甚酣"。其妻衮代皇后推醒他说:"今九国兵马来攻,何故酣睡,是昏昧耶,抑畏惧耶?"努尔哈赤十分平静地回答说:"畏敌者,必不安枕,我不畏彼,故熟睡耳。前闻叶赫兵三路侵我,来期未的,我心不安,今日已到,我心始定。我若有欺骗处,天必罪我,我当畏之。我承天命,各守国土,彼不乐我安分,反无故纠合九部之兵,欲害无辜之人,天岂佑之! 言讫复睡,以养精神。"①这种胸有成竹蔑视强敌的大无畏精神,对安定民心,起了很大作用。

当然,敌兵来攻,声势浩大,首脑的泰然自若,固能暂时宽解众心,但仅此亦难持久,还要进一步激励士卒誓死杀敌。天明之后,努尔哈赤率军出发。到了拖克索寨,他谕告全军说:"尔等可尽解臂手顿项,留于此,若伤肱伤颈,惟命是听,不然,身受拘束,难以胜敌,我兵轻便,必获全胜矣。"②臂手,即"蔽手",顿项,系"护项",乃保护项臂的穿戴。两军相战,刀矢交加,手臂受伤则难以继续战斗,颈项被刺,容易丧生,一般情况下是不能解脱蔽手护项的,但是,戴上它,又太笨重,行动不便。努尔哈赤之所以下达这样的命

---

① 《武皇帝实录》卷一;《满洲实录》卷二。
② 《武皇帝实录》卷一;《满洲实录》卷二。

令,实际上是意味着破釜沉舟,决一死战,从绝境找出路,于死地求生存,有此拼死厮杀的决心,就能击败"身受拘束"动作不灵的敌兵,这个命令,很有说服力,军心顿时安定,"众遵令,尽解之"。①

但是,当军队来到扎喀时,加哈守将奈虎山坦报告:"叶赫兵辰时已到圍扎喀关,见势不能克,往攻赫济格城,敌兵甚多"。将士一听大惊,"众皆失色"。当天晚上,叶赫营中一人逃来报告:"叶赫布斋贝勒、纳林布禄贝勒兵一万,哈达蒙格布禄贝勒、乌拉布占泰贝勒、辉发拜音达哩贝勒兵一万,蒙古科尔沁翁阿岱贝勒、莽古斯贝勒、明安贝勒及锡伯部、卦勒察兵一万,共兵三万"。全军闻之,"又皆失色"。军心已经动摇了。这也难怪,此时的努尔哈赤还没有完全统一建州,珠舍哩、纳殷二部尚独立于外,能够调动的建州士卒不过数千人,并且,珠舍哩二部的部长纡楞格、搜稳塞克什还率兵参加了叶赫组织的进攻,从而形成九部联军进攻建州的局面。努尔哈赤也承认"我兵虽少"。双方兵数悬殊太大,交战以后,败多胜少,所以建州士卒一再大惊,惊恐失色。

在这关键时刻,努尔哈赤充满必胜的信心,告诉将士说:

> 尔众无忧,我不使尔等至于苦战。吾立险要之处,诱彼来战。彼若来时,吾迎而敌之,诱而不来,吾等步行,四面分列,徐徐进攻。来兵部长甚多,杂乱不一,谅此乌合之众,退缩不前,领兵前进者,必头目也,吾等即接战之,但伤其一二头目,彼兵自走,我兵虽少,并力一战,可必胜矣。②

这段话讲得很好,精辟地分析了战守形势,指出了制敌之术。敌之长,在于兵多,己之长,在于地利人和,据险设伏,以逸待劳,出

---

① 《满洲实录》卷二。
② 《满洲实录》卷二。

其不意,齐心进攻,定能击败人生路不熟的乌合之众。正是由于努尔哈赤能够根据不同情况,及时谕劝开导兵将,才能不断克服将士畏敌怯战情绪,树立必战必胜的决心信心,从而为大败九部联军奠定了思想基础。

其二,发挥所长,克敌所短。建州处于守势,古勒山一带,地形复杂,崎岖陡峭,草木丛生,道路狭隘,易守难攻,兼之敌军深入异乡,道路不熟。因此,努尔哈赤充分利用了有利地形,"先使精兵埋伏道旁,又于岭崖多设机械以待","而沿江峡路阻隘,故敌兵不能成列,首尾如长蛇而至",建州守兵"所在放石",九部联军"兵马填江而死者不知其数,后军惊溃"。[1] 努尔哈赤又令百战百胜的著名骁将额亦都领兵一百挑战,"敌悉众来犯"。以一百兵面对数万敌兵,众寡太悬殊了,可是,额亦都毫无惧色,英勇"奋击,殪九人",[2]狠狠地煞了敌军威风,长了己军的志气。

其三,抓住战机,猛攻敌军。叶赫九部联军,沿途被建州将士投石打死不少,"后军惊溃",额亦都的"奋击",又挫了联军士气,"叶赫兵稍退"。为振作军心,叶赫国主布斋、纳林布禄和蒙古科尔沁翁阿岱、莽古思、明安贝勒,领兵冲上前来,"合攻一处"。布斋贝勒先入,不知是骑术生疏,还是心中惊恐,或者是过于匆忙,布斋所骑之马竟"被木撞倒",建州兵士武谈立即"向前骑而杀之",叶赫诸贝勒大惊,"皆痛哭","同来贝勒等大惧,并皆丧胆,各不顾其兵,四散而走"。努尔哈赤乘机挥军猛攻,"纵兵掩杀,尸满沟渠","杀至哈达国柴河寨南渥黑运之处",大败九部联军,斩四千,生擒乌拉布占泰贝勒,获马三千匹,盔甲千副。[3]

① 吴晗:《李朝实录史料》,第 2801 页。

② 《清史稿》卷二二五。

③ 《满洲实录》卷二;吴晗:《李朝实录史料》,第 2801 页。

古勒山之战,大败九部盟军,是努尔哈赤迅速兴起的一个里程碑,具有重大意义。其一,避免了亡国之祸。如果"期于荡灭"建州的九部联军得胜,努尔哈赤弟兄家人将尽死无疑,建州女真各部将完全臣服于叶赫贝勒,国破家亡的悲剧必然出现。现在,努尔哈赤大败联军,重创敌军,斩叶赫贝勒布斋,生擒乌拉贝勒布占泰,蒙古科尔沁贝勒明安"马被陷,弃鞍,赤身体,无片衣,骑骣马",狼狈逃跑,联军贝勒、台吉、将领、士卒吓破了胆,从此再也不敢联合进攻,建州自此稳如泰山,不再担心女真其他部落来犯了。

其二,军威无比。战前的建州女真,虽然大多统一于努尔哈赤之卜,势力迅速发展,但人丁毕竟不多,将士数量也远远少于叶赫和乌拉,努尔哈赤自己也承认"我兵虽少"。在各部女真中,建州军力还未被其他女真承认,努尔哈赤不过是被享有"世积威名"的叶赫、乌拉等部贝勒蔑视为"无名常胡之子"而已。现在,经过古勒山之战,建州军队以少敌众,大获全胜,额亦都等骁将之勇,武谈等士卒之猛,顿时名扬诸部,军威之强,令人震服,"满洲从此威名大震"。①

其三,加速了统一女真各部的步伐。努尔哈赤挟大胜之威,于古勒山之战后仅仅一个月,就遣兵招服了曾参加九部联军的长白山之珠舍哩部和纳殷部,完成了对建州女真各部的统一,并随即转向进攻哈达等部,开始了统一海西女真各部的战争。

二、灭哈达

哈达曾一度为海西女真四部之首,建州、叶赫、乌拉等部女真皆曾隶属于哈达名酋万汗之下。以后,万汗病卒,其子争位,内乱频仍,又遭叶赫侵掠,国势日衰。万汗之子蒙格布禄再次掌管哈达

---

① 《满洲实录》卷二。

国务以后,曾于万历二十一年领兵,参加了叶赫布斋、纳林布禄贝勒发起的九部联军进攻建州的战争,战败之后,匆忙逃回本国。万历二十七年秋,叶赫纳林布禄贝勒率兵进攻哈达,蒙格布禄抵挡不住,送三个儿子到建州作人质,请求努尔哈赤发兵援助。努尔哈赤派费英东、噶盖领兵二千,驻戍哈达。叶赫不愿哈达、建州和好,纳林布禄贝勒通过明开原通事,致书哈达贝勒孟格布禄说:"汝执满洲来援之将,挟赎质子,尽杀其兵,如此,汝昔日所欲之女,吾即与汝为妻。"孟格布禄听信此言,约叶赫人于开原相议。① 孟格布禄为何要悔约? 史书未言其因,但估计可能是由于两个原因,一则哈达与建州相邻,双方原已有仇,互略城寨,古勒山之战,哈达、乌拉、辉发三部共出一万兵士参战,结果大败,哈达派去的兵士死伤不会少,孟格布禄可能对此怀恨尤深,且建州势力愈来愈大,哈达很有被其兼并的威胁,故一旦叶赫要与自己同盟,对付建州,他就撕毁了盟誓,改与叶赫合作。再则是美女诱惑。叶赫布斋贝勒之女布扬古贝勒之妹十分美丽,艳名遍闻建州、海西女真及漠南蒙古,不只是哈达部的孟格布禄贝勒,就是乌拉布占泰贝勒、喀尔喀部莽古尔代台吉、宰塞贝勒、辉发拜音达礼贝勒,皆向叶赫布扬古贝勒求婚,争着要娶其妹为妻。先前,布扬古贝勒拒绝了孟格布禄的求聘,现在纳林布禄贝勒提出愿以这绝代佳人下嫁于孟格布禄,岂不令他喜出望外,下决心与建州反目,改与叶赫盟誓。不料,消息走漏,费英东、噶盖侦知叶赫、哈达密谋情形,飞报努尔哈赤。

努尔哈赤大怒,于万历二十七年九月,亲自统兵进攻哈达,直抵城下。哈达兵出城抵挡,城上兵箭矢如雨,努尔哈赤的将士"受伤者甚多"。努尔哈赤不顾城守严密,挥军猛攻,连续围攻 7 天,

---

① 《满洲实录》卷三。

大将扬古利奋勇厮杀,首先登上城头,众将紧跟,打下了哈达城。扬古利擒获孟格布禄,向主禀报,努尔哈赤令将孟格布禄召来,孟格布禄跪下叩见。努尔哈赤把自己的貂帽及豹裘赐给孟格布禄,免其一死,带回费阿拉城养着,"哈达国所属之城尽招服之。其军士器械民间财物父母妻子俱秋毫无犯,尽收其国而回。"[①]

努尔哈赤一度宣称要以第三个女儿莽古吉格格嫁与孟格布禄,但这只是从暂时的政治需要出发,并不是真心要爱护于彼。一则因为哈达王台汗一贯忠顺于明,明视哈达为可靠的屏障,故多次出兵保护王台遗孤,不许叶赫侵占哈达,这时努尔哈赤势力还不够强大,还得利用明朝对自己的支持,特别是竭力避免引起明朝的怀疑出兵攻打建州,表面上装得对明帝非常忠顺,毕恭毕敬,"忠顺有年",从而不敢公然杀害孟格布禄,明目张胆地占领哈达,故扬言要以公主下嫁于彼。再则哈达立国已逾百载,王台祖孙世为国主,孟格布禄也已主持哈达国政十年,如果骤然将其杀害或幽禁,难免会在哈达台吉、官将、士卒、诸申中引起波动,招致哈达人不满,不如将其待之以礼,且以公主相婚。所以努尔哈赤才作出了这样一种政治表态。

但是,这个宣称是虚伪的,公主下嫁与孟格布禄之言,迟迟未能兑现,而且孟格布禄还是难逃斩首之祸。据《满洲实录》卷三载称:攻占哈达后,"太祖欲以女与蒙格布禄为妻,放还其国。适蒙格布禄淫恶不法,又与噶盖通谋,欲篡位,事泄,蒙格布禄、噶盖与通奸女俱伏诛。"[②]

《满洲实录》上述孟格布禄淫恶不法、欲谋篡位因而伏诛的记

①　《满洲实录》卷三;《清史稿》卷二二六《扬古利传》。
②　《满洲实录》卷三;《清史稿》卷二二八。

述,是难以令人信服的,至少有两点是可以质疑的。一是"淫恶不法"有何具体内容?被淫之女是谁,有几个,情节怎样?"不法"的具体情形如何?人证物证旁证为何不公布?孟格布禄在其为哈达国主期间,并无"淫"之记载,为何来到建州却一反常态?孟格布禄此时并非辖兵上万威风凛凛的一国君汗,而是一名战败被擒的实际上的阶下之囚,他有什么权势可以淫人之女,害人之父,横行不法?建州国中贝勒、台吉、官将、士卒、诸申又有谁会畏惧这个亡国之主,听其鱼肉,而不予反抗?不予制止?二是"与噶盖通谋,欲篡位"之说,更是破绽百出。被囚的亡国之主,怎能在异国之中拥有能使敌国将领为己效劳共谋篡位的权势?孟格布禄与噶盖既非旧交,又无大恩大德于彼,而且其与叶赫密谋反对建州之事,还是噶盖与费英东发现的,并禀告其主,努尔哈赤才领兵灭了哈达,为何此时噶盖要与孟格布禄密谋篡位?噶盖并非一般官将,而是颇受汗贝勒宠信的大臣。噶盖是呼纳赫人,很早就投奔努尔哈赤麾下,当上了扎尔固齐这样很有势力的大臣,仅仅"位亚费英东"。他还能征惯战。就在万历二十一年九月九部联军古勒山大战之后的一个多月,努尔哈赤"命额亦都、噶盖扎尔固齐、硕翁科罗三人领兵一千",围攻纳殷部部长搜稳塞克什聚守的佛多和山寨,连续围攻三个月,才克其寨,斩杀搜稳塞克什。万历二十六年正月,努尔哈赤又"命幼弟巴雅喇台吉、长子褚英台吉与噶盖、费英东扎尔固齐等领兵一千,征安楚拉库","取其屯寨二十处,其余尽报服之,获人畜万余而回"。第二年二月初一,努尔哈赤召见"巴克什"额尔德尼和噶盖,"使制国书",二人遵命创制了满文,"行于国中,满洲有文字自此始"。[1] 这样一位颇受汗委以重任的大臣怎会与

---

① 《满洲实录》卷三;《清史稿》卷二二八《额尔德尼传、噶盖传》。

阶下囚之孟格布禄密谋篡位？查看《清史稿》卷二二八《噶盖传》才知，噶盖并未干此灭门大事，而是疏于防范。该传说："孟格布禄有逆谋，噶盖坐不觉察，并诛"。后努尔哈赤"念噶盖旧劳"，授其子武善为牛录额真。

由此可见，孟格布禄的被斩，不是由于什么"淫恶不法"和密谋篡位，而是努尔哈赤"诬之以罪"，以便牢固控制哈达人。[①]

努尔哈赤杀了孟格布禄以后，为了安定哈达人，便将其子武尔古岱收养起来，并于万历二十九年把女儿莽古吉格格嫁与为妻。明帝对努尔哈赤侵占哈达十分不满，遣使来谴责说："汝何故破哈达，掳其人民，今可令武尔古岱复国。"努尔哈赤此时还不敢公开违抗明帝谕旨，迫不得已，"乃勉从其令"，于抚顺关外，"刑白马，誓抚吾答保寨"，"仍令武尔古岱带其人民而还"。但是，努尔哈赤无论如何也不能将辛苦夺来的国土人口弃之于人，不久，他即以叶赫频掠哈达，哈达国中发生了灾荒为借口，将哈达灭亡，带回武尔古岱，委授官职，尊称"额驸"，初授副将，后升为总兵官和督堂。[②]

努尔哈赤吞并了哈达，是他统一女真各部进程中的一块重要里程碑。哈达是海西女真的一个大部，人丁众多，牲畜财物不少，归入建州后，给建州增加了广阔的土地和众多的士卒人畜。在此之前，努尔哈赤攻掠各部，一般出兵数百名，最多也不过二千名，吞并哈达后，士卒大增，遇有较大战争，派兵动以千计，军威雄壮。明人也称努尔哈赤灭哈达后，"自此益强"。[③]

从古勒山大破九部联军起，到灭哈达，连战连胜，增强了建州国力，加速了努尔哈赤向海西女真叶赫等部攻略的步伐。明万历

---

① 《明神宗实录》卷三六六。

② 《满洲实录》卷三；《满文老档》太祖朝卷二一、二二、四一。

③ 《明神宗实录》卷三六六。

三十二年,努尔哈赤以爱妻孟古哲哲病危之时欲与其叶赫之母相见,被纳林布禄拒绝为借口,于正月初八日率兵往攻,十一日至叶赫国的璋城和阿奇兰城,攻下二城,"收二城七寨人畜二千余"。①

第三节 "女直国主"

一、初定国政

明万历十五年(1587 年),努尔哈赤率领部众,于苏子河畔筑城,定国政。对于这时的情形,《满洲实录》卷二汉文体作了如下的记述:

> 丁亥年,太祖于硕里口呼兰哈达下东南河二道,一名嘉哈,一名硕里加河中一平山,筑城三层,启建楼台。六月二十四日,定国政,凡作乱、窃盗、欺诈,悉行严禁。

《高皇帝实录》卷二对此的记述是:

> 丁亥春正月,庚寅朔。上于硕里口虎拦哈达东南加哈河两界中之平岗,筑城三层,并建宫室。夏六月,己未朔。壬午,上始定国政,禁悖乱,戢盗贼,法制以立。

《满州实录》卷二满文体对此的记载,更准确一些,译成汉文,其意为:"丁亥年,太祖淑勒贝勒在从硕里口呼兰哈达东(太阳升起的地方)南,嘉哈河两(河)之间的山岗上,建造了衙门楼台。六月二十四日,定国政,禁革作乱、窃盗、欺诈,立禁约法制。"

以上记载叙述了努尔哈赤于万历十五年筑城建衙和定国政的情形,这是建州女真历史上一件非常重要的事,也是努尔哈赤个人

---

① 《满洲实录》卷三。

征程中的一件大事。尽管此时努尔哈赤只征服了十来个小部，还未完全统一建州女真，领地狭窄，人丁不多，仅仅是辖众千余的一部之长，与臣民亿万疆域辽阔的明国相比，与兵强马壮人口数以万计的叶赫、哈达、乌拉大部相比，显得十分弱小，但是，他却胸怀壮志，高瞻远瞩，开始定辖区之政。这个"国政"，首先是禁止作乱，禁止悖乱。"乱"，其意之一为"叛乱"，"悖"者，混乱或违反，悖乱二字连在一起，其意显然也是指的叛乱。简而言之，禁止作乱、叛乱，就是要维持社会现状，维护现存秩序，不许将现在的社会状况予以破坏和改变。"国政"的另一内容是禁欺诈，不许作伪、欺骗和敲诈勒索。"国政"的第三个内容是严禁"窃盗"，这是建州女真历史上第一次以法令的形式，来维护私有制，保护各人的私有财产不被他人窃取抢夺。除此之外，"国政"还有"立禁约法制"一句话，也就是《高皇帝实录》所说的"法制以立"，即还制定了其他禁令法例，还要禁止其他一些行为，还有一些规定必须要人们遵守，可惜《满洲实录》未具体载明，令人难以察知了。

值得注意的是，第一次出现了 yaman（衙门）一词。yanman，是从明朝政府的衙门二字借用，音译转引而来。明王朝的"衙门"，在其官方文献和官员言谈中，称之为"衙署"，老百姓将它叫为"衙门"，乃系统治者用来发号施令、行使权力、辖治四民的地方，中央吏、户、礼、兵、刑、工六部的"大堂"，各省总督、巡抚、巡按、布政使、总兵官的"公署"，知府、知州、知县的官衙，哪怕是房间不多，地盘不大，门面不广，都是衙门。而一般的民居，包括大盐商、大财主、大富翁，甚至是曾经当过宰相、尚书、总督、巡抚、将军、总兵官但已经致仕回家闲住的原文武大臣，居住之房再宽，庭院再广，楼台亭阁再多，修建再华丽，也只是一般的房屋和宅院，只能算是"民居"，不能称之为"衙门"。努尔哈赤仿照明朝政府的制度，兴建了行使权力统治诸申、阿哈的公堂,并且搬用明国的称呼,命名为"衙门"。这个词一直延续下去,直到天命十一年努尔哈赤去世以前,后金国汗、贝勒办公的地方,都叫衙门,或叫大衙门,而不是称为宫殿。

国政的初定和衙门的兴建,集中反映出努尔哈赤辖区的建州女真发生了巨大的变化。看看女真中各类成员境况的差异,便可知道这个变化是何等的巨大,影响是何等的深刻和剧烈。这个变化主要体现在诸申身份、地位的下降及其与"贝勒"之间关系的变化两个方面。

建州女真虽然分成许多部落,各个部落的人丁众寡,牲畜多少,实力强弱,辖地大小,不尽相同,但各个部落的成员,总的来看,不外是三大类别,一类是酋长及其子弟叔侄,名目繁多,有部长、寨长、路长、屯长、城主等等叫法,亦有僭称"贝勒"、"汗"、"大人"的。第二类成员是诸申。第三类成员是阿哈(奴仆),亦叫包衣阿哈。酋长和阿哈数量都少,诸申的人数最多,在部落中影响最大,是各个部落的主体。除了这三类成员外,还有一些"gucu","固楚",这是满文的音译写法,其意为同伴、朋友。固楚人数很少,仅止一些酋长有一两个或三几个固楚。

在努尔哈赤于明万历十一年(1583年)起兵以前的几十年甚至一二百年里,诸申是自由的平民,准确一点说,是任意耕猎、行止自由的氏族成员。"初定国政"以后,诸申的处境恶化了,身份和地位也下降了。这在下述一位诸申对比前后处境变化时概括的两句话,可以看得很清楚。万历二十四年,朝鲜南部主簿申忠一进入努尔哈赤辖区,一位诸申对他讲:"前则一任自意行止,亦且田猎资生。今则既束行业,又纳所猎。"①

---

① 申忠一:《建州图录》。

诸申所说"前则一任自意行止,亦且田猎资生",是和后一句"今则既束行止,又纳所猎"对比而言,它指的是过去能自食所获,不交所猎,现在才要交纳所猎。为什么过去不交? 看来这是取于两个因素。一是因为过去围猎的山场和耕田的所有权并不是属于某一个人某一位酋长所有,而是公有的。那时,谈到财富或"家产"时,都没有讲到土地。例如,《满洲实录》卷一汉文体载称:努尔哈赤19岁时(万历五年),其父听信继妻谗言,与子分居,家产所予独薄。《高皇帝实录》卷一对此事亦记述为:努尔哈赤的继母纳喇氏对子"抚育寡恩","俾分居,予产独薄"。此处所说的"家产"和"产",指的是什么东西,是金银财帛,还是田宅店铺,或者是人口牲畜,不得而知。查看《满洲实录》卷一满文体,才知汉文体的"家产"二字,满文却是"aha ulha"。aha,音译为阿哈,意为奴仆,当时就是奴隶。ulha,意为牲畜。全句应译为"(分家时,其父)给予阿哈、牲畜甚少"。此例有力地说明了土地还未成为私有财富,如果已确立土地私有权,则分析家产,遗授子孙时,必然要写明将土地、奴仆、牲畜分与儿孙。还有其他例证,此处就不一一引录分析了。土地既为公有,不是个人私产,不能倚靠占有土地而迫使劳动者纳租交赋,那么,耕种土地或围猎山场禽兽的人,不管是诸申,还是所谓的"贝勒",都可得到自己田猎的全部收获了。

但是,联系到女真的长期历史实际,仅仅这个因素,还不能说明诸申过去不交所获,现在却要"又纳所猎"的问题。因为,田地山场公有,只能决定耕猎之人不向他所耕猎地段的所有者交租,并不能排除第二个因素,即国家政权或代表国家的一国之主"贝勒"向他们征赋金役。建州诸申正是由于过去"一任自意行止",无人管束他们,而可以"田猎资生",初定国政后则因为"既束行止",便不得不"又纳所猎"了。

诸申的行止被束,是被谁所束?《满洲实录》讲得很清楚,他们是被"淑勒贝勒"努尔哈赤所束,是"太祖"定的"国政",是"太祖"禁止叛乱、欺诈、窃盗,是"太祖"建立的"衙门"。今日的"贝勒"已与定国政之前僭称的"贝勒"有了本质的区别,贝勒的身份大大提高了,贝勒与诸申之间的关系发生了重大的变化。

　　昔日,努尔哈赤的祖父觉昌安及其五位弟兄被称为"宁古塔贝勒"或六贝勒,以及《满洲实录》称努尔哈赤为"淑勒贝勒",都是他们自己或其子孙"尊称"的,是"僭称",而不是说他们就是辖土治民的一国之主的"贝勒"。因为,从觉昌安到塔克世,再到"初定国政"之前的努尔哈赤,甚至还可以再推前几十年一二百年,建州女真各部的酋长,亦即僭称的"贝勒",与其部内成员中人数最多的诸申之间,并无严格的君民之间的隶属关系,诸申是自由的氏族成员,"贝勒"是氏族社会的酋长。朝鲜因女真人常入境内采挖人参,有的官员建议通告各部酋长,令其管辖禁止,但这一建议遭到另外大臣的反对,因为这些头目虽名为酋长,却与其同部人员并没有"君臣上下之分",无权禁约,不能禁止。[1] 这种情形一直延续下来,直到万历二十四年,努尔哈尔辖区的诸申还对朝鲜南部主簿申忠一说:"前则一任自意行止,亦且田猎资生"。所谓"任意行止",指的是诸申可以自由行走、迁移、定居、耕田、打猎,不受任何约束,不受那些僭称"贝勒"的酋长辖束和惩罚。这不只是就"前则一任自意行止"的史料作出如此的分析,历史事实也可以证明这一点。万历十二年春,也就是努尔哈赤起兵后的第二年,努尔哈赤知悉自己的亲密盟友和妹夫噶哈善被族人谋杀后,虽然十分愤怒,但并未对参与谋杀的族人也就是诸申施加惩罚。同年,努尔哈赤"率兵

---

① 《朝鲜成宗实录》卷一七三。

四百",往攻玛尔墩山城时,守兵飞扔石块木头,兵皆胆怯,"众皆蔽身于一车之后,缩首不能上攻",战后,努尔哈赤对这些畏险怯战的兵(披甲的诸申)也没有惩治。第二年努尔哈赤以四骑大战敌兵八百获胜之后,也未对随同惧战不前的将士治罪。①

可是,"初定国政"以后,"贝勒"与诸申之间的关系就发生了重大变化。这时的诸申,已行止被束,被淑勒贝勒努尔哈赤所束,既要"纳所猎",又要听从贝勒的驱使,遭受贝勒的惩罚。这在万历二十四年进入努尔哈赤辖区的朝鲜南部主簿申忠一所作的《建州图录》里显示得十分清楚。过去诸申可以自由行止,不受管辖,现在必须遵从"王子"努尔哈赤的约束,听其指挥。例如,申忠一列举以前女真经常越边进入朝鲜的例子,努尔哈赤的"次将"("副将")马臣反驳说,那是过去的事,"今则王子统率诸胡,号令进退,岂有违越之理"。一则曰"统率",再则曰"号令进退",三则曰"岂有违越之理",充分表明了诸申被"淑勒贝勒"、"王子"努尔哈赤辖治、约束、驱使的情形。

过去,诸申可以自由地前往朝鲜卖皮张,买耕牛,购农具,现在须经努尔哈赤批准才能去。诸申汝可乙向马臣说,欲将熊皮、鹿皮带到朝鲜满浦去卖,买牛耕田,请马臣"言于王子"。马臣上报后,努尔哈赤不准,令其等待一段时间。

过去,诸申不受惩罚,自由度日。现在,努尔哈赤握有生杀予夺大权,制定各种禁令和规定,对听从命令的诸申,奖赐以酒,"违令者,斩头"。诸申童海老等违令潜入朝鲜渭原境内采挖人参,努尔哈赤命属将清查,查出后,每名罚牛一头,或交银 18 两,"以赎其私自越江之罪"。如因贫困不能缴纳牛银,"则捉其家口,令充

① 《满洲实录》卷一、二。

苦役"。努尔哈赤还亲自对申忠一说,今后若再有女真违禁私往朝鲜,朝鲜捕捉送回,"则我将极法斩之"。对于诸申一般的违令和犯下轻罪,努尔哈赤也要处治,或脱其衣,以鸣镝箭射其背,或者"打腮"以惩。①

正是在努尔哈赤淑勒贝勒辖治诸申、惩罚诸申的条件下,也就是诸申对申忠一说:"今则既束行止"的条件下,努尔哈赤才能让诸申"又纳所猎",才能迫使诸申"纳所猎",主要是要诸申屯田、当兵、服役,诸申必须屯垦田地和充当士卒。努尔哈赤在各地建堡驻兵,其兵"以各堡附近部落调送,十日相递云"。遇有征战,努尔哈赤规定各部酋长派兵数目,"传箭于诸酋,各领其兵","军器、军粮使之自备"。诸申还须轮流到烟台服役,瞭望守卫,并且携带家口,"满一年递番"。"粮饷于各处部落,例置屯田,使其部酋长掌治耕获"。②

初定国政以后,不只是诸申和"贝勒"的处境及其相互之间的关系发生了根本性的变化,就是淑勒贝勒努尔哈赤与来归、来投的其他女真部长之间的关系也有了显著的改变。《满洲实录》卷一汉文体载:万历十一年努尔哈赤与萨尔浒部长诺密纳、嘉木湖寨主噶哈善、沾河寨主常书、扬书商议联合进攻仇人尼堪外兰时,"杀牛祭天立誓"。"四部长告太祖曰:'念吾等先众来归,毋视为编氓,望待之如骨肉手足'。遂以此言对天盟誓"。此处的"编氓"二字,查看同书满文体,系"诸申"。随后,诺密纳"背约不赴",努尔哈赤只好与噶哈善、常书、扬书率诸申往攻图伦城。不久,诺密纳又暗中遣人往告尼堪外兰,泄露努尔哈赤再次用兵的机密,尼堪得

① 申忠一:《建州图录》。
② 申忠一:《建州图录》。

以逃走。不仅如此,诺密纳还遣人威胁努尔哈赤不许侵犯栋嘉与巴尔达城。噶哈善、常书、扬书三位部长对此十分"忿甚","谓太祖曰:若不先破诺密纳,吾等必附诺密纳矣"。[①] 以上记述,一则说四部长与努尔哈赤立誓之词为"待之如骨肉手足","毋视为诸申",再则说诺密纳可以背约不赴,还遣人威胁努尔哈赤,三则说噶哈善等三位部长要努尔哈赤袭击诺密纳,否则"吾等必附诺密纳矣",这一切表明,诺密纳等四位部长与努尔哈赤之间,是平等的联合关系,而非投归努尔哈赤麾下,尊其为主。可是,初定国政以后,情形就不一样了。

明万历十五年六月,努尔哈赤初定国政。第二年上半年,苏完等三部部长来归。《满洲实录》卷一对此事载述说:

> 三部长率众归降。时有苏完之部长索尔果率本部军民归,太祖以其子费英东为大臣。又栋鄂部部长克辙孙何和里亦率本部军民归,太祖以长公主嫩哲妻之,授以大臣之职。又雅尔古部长扈拉瑚杀兄弟族众,率军民来归,将其子扈尔汉赐姓觉罗,为养子,亦授大臣之职。

将这三位部长率众前来的情形,与诺密纳等四位部长的盟誓相比较,便可看出有三点重大区别。一是诺密纳等明确提出,不当诸申,而是"骨肉手足",努尔哈赤同意,并以此为誓。而索尔果等三位部长则没有这种要求。二是《满洲实录》对索尔果等之来归,明确地加上小标题:"三部长率众归降"。三是努尔哈赤对苏完等三部长之子孙皆"授以大臣之职",诺密纳等人无此情形。集中到一点,即索尔果等三位部长是"率众归降",是向已经初定国政身为辖区之主的"淑勒贝勒"努尔哈赤归降,双方之间是有着上下隶

---

① 《满洲实录》卷一。

属的君臣关系。

综合以上"初定国政"的内容、诸申与"贝勒"身份、处境的变化及二者之间关系的变化，以及努尔哈赤与苏完三部长之间君臣关系的确立，这一切，归根到底，说明了一个十分重大的问题，即建州女真的国家萌芽形态已经出现，并在迅速发展，诸申已从自由的氏族成员下降为奴隶占有制国家统治的穷苦平民，努尔哈赤从原来僭称"贝勒"的氏族制度下的酋长，上升为分授大臣辖兵治民的君主，当时的女真人称他为"王子"。

二、创制满文

从明万历十一年（1583 年）起兵，十五年初定国政，十六年三部长来归，以及随之而来的"招徕各部，环满洲而居者，皆为削平"。[①] 接着，万历二十一年古勒山大破九部联军，努尔哈赤的辖区迅速扩大，归并的部落越来越多，人口大量增加，与周边国家的交往也更加频繁。这时，女真人没有自己的文字一事，日益阻碍着社会的进步和国家的发展。

四百多年以前，金国太祖完颜旻命完颜希尹"仿汉人楷字，因契丹字制度，合本国语，制女直字"，叫"女直大字"，于天辅三年（1119 年）颁行。后来金熙宗完颜亶于天眷元年（1138 年）制成"女直小字"。随着金亡元兴，女真文逐渐衰落下去。明朝初年，官方文书还用女真文，如明成祖朱棣招抚女真吾都里、兀良哈、兀狄哈时，"其敕谕用女真书"。[②] 但是，明朝中叶以后，女真人虽然仍旧说女真话，但已经不识女真文了。明英宗正统九年二月甲午，

---

① 《满洲图录》卷一。

② 《李朝实录史料》，第 189 页。

95

女真"玄城卫指挥撒升哈、脱脱木答鲁等奏:臣等四十卫无识女直字者,乞自后敕文之类,第用达达字。"明廷同意其求。① 达达字就是蒙古文字。

努尔哈赤兴起以后,仍然沿用蒙文,"时满洲未有文字,文移往来,必须习蒙古书,译蒙古语通之"。女真人说女真语,写蒙古文,这种语言与文字的矛盾,日益成为阻碍社会发展和满族共同体形成的一个重大障碍,必须尽快解决。

努尔哈赤深知此事的重要,决定创制满文,命额尔德尼与噶盖办理此事。《满洲实录》卷三载称:

> (己亥年,万历二十七年,1599 年)二月,太祖欲以蒙古字编成国语。巴克什额尔德尼、噶盖对曰:我等习蒙古字,始知蒙古语,若以我国语编创译书,我等实不能。
>
> 太祖曰:汉人念汉字,学与不学者皆知。蒙古之人念蒙古字,学与不学者亦皆知。我国之言,写蒙古之字,则不习蒙古语者不能知矣。何汝等以本国言语编字为难,以习他国之言为易耶?
>
> 噶盖、额尔德尼对曰:以我国之言编成文字最善,但因翻编成句,吾等不能,故难耳。
>
> 太祖曰:写阿字,下合一玛字,此非阿玛乎(阿玛,父也)。额字下,合一默字,此非额默乎(额默,母也)。吾意决矣,尔等试写可也。于是,自将蒙古字编成国语颁行,创制满洲文字,自太祖始。

额尔德尼、噶盖根据努尔哈赤的指示,仿照蒙文字母,根据满语发音特点,创制的满文,没有圈点,后来叫作"无圈点满文"或

---

① 《明英宗实录》卷 113。

"老满文"。从此女真——满族有了自己的文字,对促进满族共同体的形成和后金国的发展,起了重大作用。

三、整编牛录

整编牛录,是在明万历二十九年(1601年)进行的。对于这一在军事上、政治上都很重要的事件,以及在此以前建立了多少牛录,文献和近人论著都未专门涉及,《清史稿》等书对早期某某牛录的编立,往往以"国初"二字来含混表示,难以弄清准确时间及牛录编立的具体情形,现根据《清史稿》、《清史列传》、《八旗满洲氏族通谱》、《八旗通志初集》等文献,以及一史馆藏存的《历朝八旗杂档》,钩剔排比综合分析,将努尔哈赤于万历十一年兴兵以后到二十九年之前建立的牛录,尽可能地列叙于下。

牛录,系满文 niru 的音译,意为射兽用的"大披箭"。额真,是满语 ejen 的对音,意为"主"。很久以来,女真人"凡遇行师出猎,不论人之多寡,照依族寨而行。满洲人出猎开围之际,各出箭一枝,十人中立一总领,属九人而行,各照方向,不许错乱,此总领呼为牛录额真"。① 这是以族寨为基础凑编而成的临时性的武装组织,遇到打仗行围时,自由组合,参加兵猎的诸申民主推立一人为"牛录额真",兵猎完毕,此牛录便解散,任"牛录额真"的诸申也就不是牛录额真了。这种各依族寨、自由凑编、临时性的氏族制度的武装组织,既是女真部落分裂涣散各自为主条件下的产物,又反过来延续、助长了女真的分裂,如不加以改革,完全照搬,即使暂时能将许多小部混在一起,也难长期统一,更不能使这些部落融合成为一个牢固的共同体。努尔哈赤敏锐地、及时地认识到这个问题的

---

① 《满洲实录》卷三。

严重性，采取了既继承、利用这种古老的传统制度，又加以改革发展和扩大的方针，使古老的牛录制转化和演变为符合时代潮流的新的牛录制度，最后还在牛录制的基础上发展为八旗制度。在这个建立、发展、改革的过程中，明万历二十九年（1601年）的整编牛录，是一个重要的里程碑。

在万历二十九年以前，已经编立了不少牛录。牛录的建立和牛录额真的设置，大体上有两种方式，一是以某部、某地来归之人"编立"，即以率众而来的酋长或其子侄为牛录额真，"使辖之"。这种情形的牛录，占牛录中的多数。二是将分散的诸申凑编为牛录，赐与有功之臣或能干之人辖领。牛录后来改称为佐领，现先讲述率部来投编立的牛录。

从努尔哈赤于万历十一年起兵以后，便陆续编立带众来投的牛录，最早的当数常书弟兄所辖牛录。常书，姓郭络罗氏，与弟扬书同为苏克素护河部之沾河寨主。在十一年五月以前，常书弟兄与嘉木湖寨主噶哈善、萨尔浒部长诺密纳议定，"来附"努尔哈赤。据《清史稿》卷二二七《常书传》载："常书兄弟事太祖，分领其故部，为牛录额真。"《清史列传》卷四《达尔汉传》载："父扬舒，为沾河寨长，太祖高皇帝时率所部来归，尚长公主为额附……达尔汉为长公主所出，初任佐领。"《满洲名臣传》卷八《察哈喇传》载："父常舒为沾河寨长，太祖高皇帝时，与其弟扬书率众来归，命分辖其众为佐领。"《八旗满洲氏族通谱》卷三十二载："常舒，镶白旗人，世居沾河地方，国初同弟杨舒来归，编佐领，使统之。"这些记载表明，常书、扬书弟兄各自分辖率之而来的"故部"，编立两个牛录。

与常书、扬书的牛录大体相同时间编立的是旺吉努的牛录。《清史稿》卷五十五《米思翰》传载："先世居沙济。曾祖旺吉努当太祖时率族来归，授牛录额真。"这段记述未说明旺吉努是在"太祖"的哪一年来归的,是天命前,还是天命后,不得而知。《八旗满洲氏族通谱》卷二十五《旺吉努》载:"世居沙济地方,国初率族众属下人等来归,初编半个佐领,使统之。"这个"国初",一般指的是天命元年(1616年)以前,但到底是天命元年之前的哪一年,亦不能确定。还好,旺吉努的后裔呈述其牛录来源的档案对此作了准确的叙述。三等侍卫保住呈述其牛录缘由说:

> 厢黄旗满洲乾清门三等侍卫保住牛录缘由:本姓傅查氏,沙吉地方人,祖那书、谭图兄弟二人滋育子孙甚众,在沙吉地方处筑土城居住。于大明万历年间,明兵突然而来,取我叔祖阿海章京居城,杀阿海章京。伊妻子投我高曾祖汪几努,正遇太祖皇帝兴兵复仇,我高曾祖汪几努带领弟兄、族及属下人等投归太祖皇帝后,将我族中人等及领来壮丁编为半个牛录,着我高曾祖汪几努管理。

这份文件所说的"大明万历年间"明兵杀阿海(阿亥)章京之事,《满洲实录》卷一记为明军于万历十一年二月攻"沙济城主阿亥",城中人"弃城逃,半得脱出,半被载困",城被明兵攻破。可见,阿海(亥)妻子投奔汪几努(旺吉努)率众投附努尔哈赤的时间是在万历十一年。

清朝开国元勋"五大臣"之一的费英东,随其父索尔果来归时,亦率了不少属下人员。《满洲实录》卷二载:万历十六年,苏完部长索尔果"率本部军民归,太祖以其子费英东为大臣。"《清史列传》卷四《费英东传》载:"太祖高皇帝创业之初,随其父苏完部长索尔果首率所部军民五百户来归,太祖嘉之,授一等大臣,尚主。"这两部文献皆未言及费英东父子率来的军民编立牛录与否,也未谈及任谁为牛录额真之事。此事只有靠档案和其他文献来解决。《历朝八旗杂档》第2包48号载:"镶黄旗满洲都统下,佐领雅尔赛之始祖,名索尔活,酸地方人,卦尔佳姓,太祖高皇帝时,比众俱先率领十子、五百户满洲来归时,故将索尔活长子费英东授为头等大臣,五百户初编五个佐领。"《八旗通志初集》卷三载:镶黄旗满洲都统第二参领之"第七佐领,系国初以苏完地方来归人丁编立,始以索尔果第五子吴尔汉管理"。"第八佐领,亦系国初以苏完地方编立,始以索尔果之第九子盛京八门总管卫齐管理"。由此可见,索尔果率本部军民五百户来归后,被努尔哈赤编立五个牛录,授其五子为牛录额真。

"五大臣"之一的扈尔汉,世居雅尔古寨,其父扈喇虎为寨长,因与族人相仇,于万历十六年"率军民来归"。《满洲实录》、《清史稿》、《清史列传》等书皆只记努尔哈赤以扈尔汉为养子,授为大臣,未涉及编立牛录之事。《八旗通志初集》卷五对此作了较为明确的叙述:"(正白旗)第三佐领,系国初以雅尔虎地方来归人丁编立,始以扈拉祜次子胡什他管理"。"第五佐领,亦系国初以雅尔虎地方人丁编立,始以达尔汉辖第三子三等精奇尼哈番浑塔管理"。浑塔缘事,革退,以其弟阿拉密管理。"第七佐领,亦系国初以雅尔虎地方人丁编立,始令达尔汉辖第四子固山额真准塔管理"。《历朝八旗杂档》的记载更为具体和准确。阿拉密之孙一等子、散秩大臣、太常寺少卿关保,袭其祖之佐领,呈述佐领缘由说:"太祖高皇帝时,岁在戊子(明万历十六年),身曾祖原任五大臣达尔汉下(虾),从身高祖扈喇虎,于雅尔祜地方率所属军民来归,初设佐领时,将身祖所带军民编为佐领。"正白旗满洲都统三扎栏(即三甲喇)三佐领之佐领佟柱呈述佐领根基说:"系雅尔虎地方达尔汉辖户尔汉之父户拉虎,于太祖高皇帝时带领人民来归,编为三佐领"。此佐领即系其中之一,是从胡什他往下传的。经过四次更替后袭任准塔牛录的达冲阿佐领,"即达尔汉辖之父扈尔祜带领人民来归编为三牛录之一"。①

第一位名列"五大臣"的开国元勋何和礼,是一位家资富豪、人丁众多的部长。其祖父克徹巴颜、父额勒吉、兄屯珠鲁巴颜,"世为"栋鄂部部长。何和礼在26岁时,代替其兄屯珠鲁巴颜,当上了栋鄂部长。努尔哈赤起兵初期,"闻何和礼所部兵马强壮,乃加礼招致之"。戊子年(1586年),努尔哈赤纳哈达女为妃,"何和礼率三十骑卫行。比还,遂以所部来附","太祖以长公主嫩哲妻之,授以大臣之职"。② 按照与他同时来归的费英东、扈尔汉的例子看,费英东弟兄五人分任将其率来的五百户编成的五个牛录的牛录额真,扈尔汉子孙分任三个牛录的牛录额真,那么何和礼率来的"本部军民"也必然编立了牛录,由他或其儿子分任牛录额真,只是目前尚无具体文献予以说明。

被追封为武勋王的超品公扬古利,世居浑春。《清史稿》卷二二六《扬古利传》载:其父郎柱,"为库尔喀部长,率先附太祖,时通往来","命扬古利入侍"。"郎柱为部人所戕",其妻负幼子纳穆泰逃出,"以其族来归"。"部人寻亦附太祖。扬古利手刃杀父者,割耳鼻生啖之,时年甫十四"。扬古利后来于崇德二年(1637年)战死,享年66岁。据此推断,扬古利手刃杀父之仇人,是在明万历十三年(1585年),可见其部归附之早。扬古利也有牛录。当其去世后,清太宗皇太极"命(扬古利之)本牛录护军为之守门"。正黄旗满洲都统第二参领之第五佐领,即系以"超品公、额驸扬古利之满洲编立"。③

官阶权势比费英东、扈尔汉、何和礼、扬古利略低一些的开国

① 一史馆藏《历朝八旗杂档》,第4包147号,第1包2号。
② 《满洲实录》卷二;《清史稿》卷二二五《何和礼传》。
③ 《八旗满洲氏族通谱》卷四。

功臣,如西喇布、博尔晋等人,也是率部来投,编立牛录,辖治旧部。《清史稿》卷二二六《西喇布传》载:西喇布,世居完颜,以地为氏。"太祖初起兵,率所部来归,常翼卫太祖,授扎尔固齐。岁癸巳,略富尔佳齐,哈达人西忒库抽矢射贝勒巴雅拉,西喇布以身当之,中二矢,遂卒,邮赠游击。"略富尔佳齐是在癸巳年,即明万历二十一年,可见西喇布来归时间很早。《清史稿》只说西喇布率部来归,来说明编牛录之事。这一遗漏,由《八旗满洲氏族通谱》补上了。《通谱》卷二十八载,西喇巴(布)于"国初率部属来归,预五大臣之列,初编佐领,令其长子噶鲁统之",后战死于癸巳年。

西喇布之族兄博尔晋,世居完颜。《清史稿》卷二二七《博尔晋传》载:"太祖初起兵,有挟丁口来归者,籍为牛录,即使为牛录额真,领其众。""博尔晋领牛录,隶满洲镶红旗,寻授侍卫"。这里虽未直接点明博尔晋是率丁来投编立牛录,但从上下文看,还是可以这样理解的。《八旗满洲氏族通谱》卷二十八《博尔晋》便将这一含混之处叙述明确了。它载称:"(博尔晋)世居完颜地方,国初率属下来归,授侍卫,初编佐领,使统之。"这里明确了博尔晋是"率属下来归",编立牛录,使"其统之"。对于这件事,《博尔金祖孙七人作大臣同一门档》,也有记载并说:"佐领阿尔图、佐领富昌、一等阿达哈哈番兼佐领赫尔寿等家中,私记录得噶尔锡等之高祖十扎尔虎气、侍卫博尔金,太祖初年,率领满洲来归,授为侍卫,初立佐领时,得为佐领。"①后来万历二十一年博尔晋从征富尔佳齐时,射死哈达西忒库,为族弟西喇布报了仇。可见,博尔晋与其族弟西喇布,都在努尔哈赤起兵不久,即率属下来归,编立牛录,成为牛录额真。

---

① 《历朝八旗杂档》第3包63号。

雅希禅,任至扎尔固齐、副将。《清史稿》卷二二七《雅希禅传》载:"雅希禅,先世居马佳,以地为氏。父尼马禅,当太祖兵初起,从其兄赫东额率五十余户来归,任牛录额真"。《八旗满洲氏旗通谱》卷七《马佳地方马佳氏》载:"赫东额,镶黄旗人,世居马佳地方,国初同亲弟尼玛禅率满洲五十五户来归,赫东额授为扎尔固齐,尼玛禅授为备御。赫东额从征哈达、辉发、乌喇、扎鲁特、叶赫等处,每战皆捷"。灭哈达,是万历二十七年,可见赫东额是在万历二十七年以前率属人来归的,其弟尼玛禅是在二十七年前当上牛录额真的。这个牛录后来隶属于镶黄旗满洲第二参领下,为第二参领的第三佐领。①

库尔缠,努尔哈赤的外孙,清初有名的巴克什。《清史稿》卷二二八《库尔缠传》载:"库尔缠,钮祜禄氏,世居长白山。祖曰赖卢浑,父曰索塔兰。赖卢浑先为哈达都督。索塔兰及所部来归……太祖以女妻索塔兰,生子四,库尔缠其次子也。天命元年召直左右。"《八旗满洲氏族通谱》卷五载:"赖卢浑都督……移居英额地方。……国初率本地方人来归,编佐领,令其孙库尔缠统之。"《八旗通志初集》卷八载:镶红旗满洲第二参领之第五佐领,原系国初以英格地方来归人丁编一牛录,令赖卢浑之孙库尔缠榜式管理。这三部文献说明了赖卢浑率英额地方人来归,编牛录,由其孙库尔缠当牛录额真。虽然文献所说"国初",大体上是什么时间并未明确记述,但仔细推敲,还是可以推论出来的。库尔缠是其父索塔兰与努尔哈赤之女结婚后所生的第二个儿子,而库尔缠在天命元年即万历四十四年,已能工作,被努尔哈赤"召直左右",足见此时他应当有二十来岁,他的兄长应比他大一二岁或二三岁,加

① 《八旗通志初集》卷三。

上十月怀胎的时间,则其父索塔兰与努尔哈赤之女结婚,应在天命元年之前二十多年(很有可能是二十四五年左右),也就是万历二十年左右。这样一来,可以推定库尔缠的祖父赖卢浑都督是在万历二十年或二十二三年左右率英额地方之人来归,从而编立了牛录。

洪尼雅喀,任至甲喇额真。世居噶哈里。《八旗满洲氏族通谱》卷三十四载:洪尼雅喀,"国初偕弟萨苏喀、萨穆唐阿率家属四十人来归,授骑都尉"。《八旗通志初集》卷八载:镶红旗满洲第五参领之第八佐领,"系国初以噶哈里地方来归人丁编立,始以洪尼牙喀管理。"这两部文献所说的"国初",大致是什么时间? 这从《清史稿》可以判断出来。《清史稿》卷二二七《洪尼雅克传》载:"洪尼雅克,吴扎库人,世居噶哈里。太祖初起时,扈伦诸部方强,乌喇尤横肆,闻洪尼雅克以材武豪于所部,劫其孥,迫使归附。洪尼雅喀既偕往,念乌喇贝勒不足事,中途弃走,与弟萨苏喀、萨穆唐阿率其族四十人归太祖,授牛录额真,俾领其众。"这里既点明是"太祖初起时",又说当时"扈伦诸部方强",还说"乌喇尤横肆",可见应在万历二十一年努尔哈赤于古勒山大破叶赫、乌喇九部联军生擒乌拉布占泰贝勒之前,洪尼雅喀即率其族40人来归,编牛录,授牛录额真。

英俄尔岱,是清初能臣,任至户部尚书,封二等公,娶努尔哈赤之孙女,尊称额附。《清史稿》卷二二八载:英俄尔岱,"世居扎库术,太祖时,从其祖岱图库哈里来归,授牛录额真"。《八旗通志初集》卷五载,正白旗满洲第一参领之第四佐领"原系国初以查昆地方来归人丁,编为半个牛录,令岱图库哈里之长子讬波管理。讬波故,以其弟之子户部尚书、三等公英俄尔岱管理。寻增五十丁为一整牛录,仍以英俄尔岱管理"。这两段材料只写是"国初"或"太祖时",究竟岱图库哈里是否带人丁来归,编佐领与否,何时来,还不清楚。这一缺陷在《通谱》里得到了补充。《八旗满洲氏族通谱》卷十一载:"岱图库哈里,正白旗人,世居扎库木地方,国初率子孙族人及本地方五十户来归,编佐领,使其次子多罗额驸诺裔谟多之子英俄尔岱统之。时界凡人来犯疆圉,英俄尔岱奋勇迎敌,于撒尔湖地方横击破之。"《通谱》不仅明确记述岱图库哈里率子孙族人及扎库木地方五十户来归,编佐领,使其孙"英俄尔岱统之",而且还写明英俄尔岱在撒尔湖击败入侵疆圉的界凡人。撒尔湖就是萨尔浒,与努尔哈赤的赫图阿拉同属苏克素护河部,界凡属哲陈部。哲陈部是苏克素护部的左邻,这两个部都是建州女真。万历十六年,努尔哈赤已先后统一了苏克素护河部、哲陈部、董鄂部、浑河部,基本上统一了建州女真本部。因此岱图库哈里应在万历十六年以前哲陈部合并于努尔哈赤麾下之时带人丁来归的,其牛录应是很早的牛录之一。

阿兰珠,曾任扎尔固齐,战死疆场。《清史稿》卷二二六载:"阿兰珠,栋鄂氏,世居瓦尔喀什。父阿格巴颜与其兄对齐巴颜并为屯长。太祖攻杭佳城,守城者为阿格巴颜妻父,令助守。阿格巴颜不可,曰:'以德诛乱,宜也。吾安能助乱而拒有德乎。'寻与对齐巴颜各率所属归太祖,旗制定,隶满洲镶红旗。对齐巴颜子噶尔瑚齐、阿兰珠皆授牛录额真,分辖所属。"从这段记载,好像阿格巴颜与其兄对齐巴颜率之来归的部众只编了两个牛录。《八旗通志初集》卷八载,镶红旗满洲第四参领之第十一佐领,"系国初以瓦尔哈什地方来归人丁编立,始以郎格管理。"第十四佐领,"亦系国初编立,始以阿格巴颜之长子扎尔固齐阿兰柱管理"。郎格是阿格巴颜亲兄之子,是对齐巴颜之侄。《通志》所载虽与《清史稿》相同,都是讲两个牛录,但又写了三个牛录额真的名字,即噶尔瑚齐、阿兰珠与郎格,是何原因？是否有错？查看《八旗满洲氏族通谱》,才知这三个牛录额真的名字都没有错,只是前两部文献少写了一个牛录,因为,对齐巴颜与阿格巴颜所带之人,系编了三个牛录,以噶尔瑚齐等三位堂兄弟担任。《通谱》卷八载:兑齐巴颜,"世居栋鄂地方,国初同亲伯之子阿格巴颜率领部属来归,编三佐领,令兑齐巴颜第三子噶尔呼机、阿格巴颜之子阿兰珠、阿格巴颜亲兄之子郎格各统一佐领"。

罗屯,曾任五大臣,"世居安楚拉库地方,国初率八百户来归,居五大臣之列,编二佐领,一令其次子艾唐阿统之,一令其亲叔祖卢库布之曾孙安充阿统之"。安充阿统领的牛录后来编录正红旗满洲第五参领下,为第十三佐领。①

鲁克素,其曾孙女为顺治帝爱妻孝献皇后。素克素,栋鄂氏,世居栋鄂地方,原名伦布,"国初时,同弟屯布率四百人来归",努尔哈赤赐其名鲁克素,"编佐领,令其次子库尔泰统之"。后将此佐领编为正白旗满洲第一参领之第六佐领。②

编立牛录的第二种类型是赐人丁与有功之臣或能臣勇将,将其人丁编立牛录,如额亦都、劳萨、安费扬古等人的牛录,即系此例。额亦都乃清初"五大臣"之一的开国元勋,任至众额真、固山额真、一等大臣。额亦都的祖先本系富豪之家,"世居长白山,以赀雄乡里"。祖父阿陵阿巴颜移居英峨峪。额亦都年幼之时,父母被杀,家道中落,依姑为生,十九岁时(万历八年)投奔努尔哈赤,此后随从努尔哈赤南征北战,军功累累,多次蒙汗重赏,"前后赏赉衣裘弓矢人户牲畜无算",将其人丁编立三个牛录,以额亦都

① 《八旗氏族通谱》卷十一;《八旗通志初集》卷六。
② 《八旗氏族通谱》卷八;《八旗通志初集》卷五;《清史稿》卷二四一《鄂硕传》。

的三个儿子超哈尔、敖德、遏必隆为牛录额真。[①]

武理堪，"太祖初起"时来归。万历二十一年大败叶赫九部联军于古勒山之役，武理堪立下殊功，努尔哈赤"嘉其绩，赐佐领，使统之"，令其"为牛录额真"。武理堪的这个牛录后来编隶为正白旗满洲第一参领之第八佐领。

噶盖，世居呼纳赫，"国初来归"，努尔哈赤授其为扎尔固齐，万历二十一年与额亦都率兵攻取纳殷佛多和山寨，万历二十六年伐安褚拉库路，又与额尔德尼同创满文。努尔哈赤编立牛录，令其子武善为牛录额真。这个牛录后来编隶为镶红旗满洲第二参领之第十一佐领。

安费扬古，"五大臣"之一，军功卓著。安费扬古，世居努尔哈赤所属瑚济寨，"少事太祖"。从明万历十一年攻图伦城开始，安费扬古身经百战，攻萨尔浒，克兆佳，拔玛尔墩，下章甲，破九部联军，灭哈达，努尔哈赤为其编立牛录，授安费扬古及其子硕尔惠为牛录额真。后来这两个牛录分别编隶为镶蓝旗满洲第一参领之第一佐领和第三佐领。[②]

吴巴海，瓜尔佳氏，原居乌喇，很早就投归努尔哈赤，参加了攻打尼堪外兰的战争，因功被努尔哈赤授为牛录额真。

鄂尔果尼、洛科二人是翁鄂洛城的勇士。《满洲实录》卷一载：万历十二年努尔哈赤攻打翁鄂洛城时，被鄂尔果尼与洛科各射一箭，受了重伤。后来打下该城，努尔哈赤以二人为主勇战，赦而不杀，并"赐以牛录之爵（属三百人），厚养之"。《满洲实录》所说"属

---

① 《八旗满洲氏族通谱》卷五；《清史列传》卷四《额亦都传》；《八旗通志初集》卷二；《满文老档》太宗天聪朝卷四十八。

② 《清史稿》卷二二五；《八旗通志初集》卷十。

三百人",即每位牛录额真辖三百人,是不准确的,此时努尔哈赤属下不过只有三几百人,要给鄂尔果尼、洛科各自三百人设立牛录,是根本不可能的,但是,至少他俩每人有了一个牛录,人数不多而已。

综合以上所述,常书、扬书弟兄有 2 个牛录,费英东弟兄 5 个牛录,扈尔汉家 3 个,何和礼至少有 1 个牛录,西喇布、博尔晋、尼马禅、库尔缠、洪尼雅科、英俄尔岱、鲁克素、各有一个牛录,阿兰珠弟兄 3 个,罗屯 2 个,旺吉努半个,共有 23 个牛录和一个半分牛录是编佥率众来投的,另外额亦都 3 个,安费扬古 2 个,噶盖与吴巴海各一个,计 7 个牛录,是有功之臣辖领的牛录。这样一来,加上鄂尔果尼与洛科的 2 个牛录,以及噶哈的一个牛录,在万历二十九年整编牛录时,可以列举出来有名有姓的牛录,共有 31 个牛录和一个半分牛录。

噶哈的牛录之所以要单独叙述,是因为噶哈的后裔追述牛录缘由情形的档案,提供了一个重要数字。噶哈,"世居佟佳,以地为氏","太祖时来归,授牛录额真"。其后裔长生、渣亲佐领呈述本佐领始立来源的一份呈文说:

> 佐领长生、渣亲等现管佐领,原系职等高祖带领兄弟并一处之人投太祖皇帝始集成一佐领,着职高祖噶哈管理。(此后历经沿袭,现由长生管理。因壮丁蕃庶,分出一佐领,由渣亲管理。)

长生、渣亲另一份补充呈文说:

> 天命元年以前二十年,长生之高祖噶哈从佟家地方带领兄弟并一处之人投太祖皇帝,创制四十佐领时,将职祖带来壮丁编成一佐领,着职高祖噶哈管理。①

---

① 《历朝八旗杂档》第 8 包 276 号,第 9 包 308 号。

天命元年是明万历四十四年,公元 1616 年,天命元年以前二十年,是万历二十四年,1596 年,可见噶哈是在万历二十四年率众来投并任编立的牛录之牛录额真。而这一年,或在万历二十九年之前,又是努尔哈赤"创制四十佐领时"。

由此看来,万历二十九年(1601 年)整编牛录之时,努尔哈赤辖有的牛录已有 40 个之多。

《满洲实录》卷三记载了努尔哈赤整编牛录的情形:

> 是年,太祖将所聚之众,每三百人内立一牛录额真管属。前此,凡遇行师出猎,不论人之多寡,照依族寨而行。满洲人出猎开围之际,各出箭一枝,十人中立一总领,属九人而行,各照方向,不许错乱,此总领呼为牛录(汉语大箭)额真(额真汉语主也)。于是,以牛录额真为官名。

这段记载至少说明了三个问题。一是大致划一了各个牛录的基本丁数。过去,各个牛录之间,丁数多少不一,有的还悬殊很大。像罗屯,"率八百户来归",编两个牛录,苏完部长索尔果,率军民五百户来归,编五个牛录,赫东额与亲弟尼玛禅领"五十五户来归",编一个牛录,洪尼雅喀率四十人来归,编一个牛录,岱图库哈里带族人"及本地方五十户来归",编一个牛录,鲁克素、率四百户来投,编一个牛录。经过这次整编,牛录的丁数大致划一在三百丁左右了。二是牛录额真从原来参加兵猎的诸申民主推立的临时指挥者,变成了正式的官将,成为官名。三是牛录由临时凑集的兵猎小组,变成了正式的基层组织。三者集中为一点,整编后的牛录制已失去了古老的氏族传统性质,转变成"初定国政"之后迅速发展的国家政权的基层单位,在政治、军事、经济及民族共同体的形成等等方面,产生了强烈影响。

四、费阿拉城与赫图阿拉城

明万历十五年(1587年),努尔哈赤率领部众,在"硕里口呼兰哈达下东南河二道,一名嘉哈,一名首里,两河中一平山,筑城三层,启建楼台"。① 这座城就是费阿拉城(佛阿拉城),也被人们称之为"旧老城"。

呼兰哈达是满语 hulan hada 的音译。呼兰 hulan,意译为烟囱,哈达 hada,意为峰,山峰之峰。呼兰哈达就是汉语的烟囱山或灶突山。该山位于苏子河上游,依山傍水,地势险要。

费阿拉城筑在呼兰哈达(灶突山)下。早期,费阿拉城的城垣和宫室建筑比较简单,规模也不太大。万历二十四年朝鲜南部主簿申忠一进入努尔哈赤辖区,在费阿拉城会见了努尔哈赤。申忠一在其《建州纪程图录》(简称《建州图录》)中记述了费阿拉的情形:

一、奴酋家在小酋家北南向造排,小酋家在奴酋家北向造排。

一、外城周仅十里,内城周二马场许。

一、外城先以石筑上数三尺,又布缘木,如是而终,高可十余尺,内外以粘泥塗之,无雉、堞、射台、隔台、壕子。

一、外城门以木板为之,又无锁钥,门闭后以木横张,如我国将军木之制。上设敌楼,盖之以草。内城门与外城门同,而无门楼。

一、内城之筑,亦同外城,而有垣堞隔台,自东门过南门至西门,城上设候望板屋,而无上盖,设梯上下。

一、内城之内又设木栅,栅内奴酋居之。

---

① 《满洲实录》卷二,《武皇帝实录》卷一。

110

一、外城中胡家才三百余,内城中胡家百余。外城底四面,胡家四百余。

一、内城中亲近族类居之,外城中诸将及族党居之,外城底居生者皆军人云。

一、外城下底,广可四五尺,上可二三尺,内城下底,广可七八尺,上广同。

一、城中泉井仅四五处……

一、胡人木栅如我国垣篱,家家虽设木栅,坚固者每部不过三四处。

从申忠一的《图录》看,费阿拉城的城防并不严谨,筑城的方法也很简陋,是相当原始的夯土布椽式筑城法。

努尔哈赤居住的所谓宫室殿宇也十分简陋。努尔哈赤的宫室殿宇在栅城之内台地正中的最高处,有两个门,大门朝东,小门面西偏南。在栅城正中有一道砖墙分成东西两院,中间有盖瓦中门相通。东院为殿堂衙署,有房屋六所,三十余间,多数为丹青盖瓦房,也有草房。努尔哈赤用来处理政务、宴飨宾客以及祀神祭祖的"客厅"(即一般称之为殿堂衙署)亦为"五间盖草"的草房。在"客厅"东北的八间"行廊"和"客厅"及正前方的三间"行廊",均以草盖顶,并作为"召集臣属,议事宴饮之地"。砖墙的西院,为"宫",是努尔哈赤及其福晋子女的"后宫",有九所建筑,房舍楼阁有二十余间,努尔哈赤常居之"宫",不过是三间草舍。西院的楼阁都建在高台之上,或于"高可十余尺上设二层楼阁,或于高台八尺许上设一层楼阁",这些楼台殿阁,上盖丹青鸳鸯瓦,墙塗石灰,柱椽饰以彩绘,为努尔哈赤逸乐之所。

努尔哈赤在费阿拉城居住了 16 年。在这里他率领将士进行了多次战争,统一建州女真各部,古勒山大败叶赫、乌喇九部联军,灭哈达，又定国政，创满文，整编牛录，建州国力迅速增强。为了更好地扩展强大，他于明万历三十一年（1603年），率众从呼兰哈达南岗的费阿拉城，移居5里之外的赫图阿拉处，"筑城居住，宰牛羊三次，犒赏夫役"。过了两年，又"于城外复筑大郭（即外城），宰牛羊犒赏夫役五次"。① 此城叫赫图阿拉城，后来追尊为"兴京"。

赫图阿拉，乃满语 hetu ala 的音译，意为横岗，本系努尔哈赤的祖父觉昌安住居之地，努尔哈赤也出生于此，成长于此，明万历十一年他在这里以遗甲13副起兵，攻打仇敌尼堪外兰居住的图伦城，直到万历十五年才筑费阿拉城，在那里住了16年。这次努尔哈赤之所以要由费阿拉城迁住赫图阿拉城，主要是适应形势发展的需要。

努尔哈赤兴起初期，势单力薄，仇敌众多，费阿拉城是山城，地势险要，依山傍水，东、西、南三面分别有鸡鸣山、灶突山、凤凰岭、哈尔撒山为其三面天然屏障，索尔科河与嘉哈河从山岗前流过，是一座易守难攻的山城。但是，城建于平山上，"两河夹一平山"偏处一隅，比较狭窄，内城外城仅居八百余户，与已经和即将辖有兵民数万的大国强部所需广阔地盘的要求相距太远。而且由于城在山上，水源不足，"城中泉井，仅四五处"，且"源流不长"，"故城中之人伐冰于川，摇输入，朝夕不绝"，八百余户居民的饮水用水都如此困难，哪能供应数万之众的食用！

努尔哈赤建的赫图阿拉城，处于苏子河与加哈河之间，苏子河从城的前面流过，既是护城河，又能提供充足的水源。城中遗留下来的一口井，至今水势仍很旺盛，当地人誉为"千军万马饮不干"的井。赫图阿拉城的前面、东侧、西侧都是开阔地带，既开阔，又平坦，可容众数万，是很好的天然的演兵场。赫图阿哈城也是易守难

---

① 《满洲实录》卷三。

攻之城。赫图阿拉是横岗,岗者山脊也,横岗者,横的山脊也。赫图阿拉城建在今辽宁省新宾县永陵镇南面一条东西走向的山岗上,它处于灶突山之西,正南为羊鼻子山,正北隔河与头道堡山相对。赫图阿拉城的外城东南因山起筑,余为平地,内城建于羊鼻子山向北延伸的一个自然突起的台地上,建于横岗之中,城墙筑于横岗四周的陡崖之上,也是"依山作寨",可守可攻。

赫图阿拉城分内城外城,内城南北约长 512 米,东西宽 550 米,占地约 25 万平方米。内城有四门,门宽 3 米,进深 9 米,城墙基宽 10 米,高 4 米,墙外有宽约 4 米的马道一周。内城筑有尊号台及汗王居所,东南、西北各有一座望楼。内城有协领衙门、民衙门等。万历四十三年又于"城东阜上建佛寺、玉皇庙、十王殿,共七大庙,三年乃成"。① 外城南北约长 1350 米,东西宽 1330 米,共有 9 座城门,即"南三门,北三门,东二门,西一门"。城东南二里建堂子,西北二里许设教坊(练兵场)。赫图阿拉城也是"木石杂筑"。

尽管赫图阿拉城比起明国的辽阳、沈阳、开原等城都小得多,简陋得多,但在勇于进取的淑勒贝勒、聪睿恭敬汗、英明汗努尔哈赤的统率下,建州国、后金国却发展迅速,将坐镇辽阳等城的经略、巡抚、总兵官、副将打得一败涂地。

第四节　龙虎将军

一、都督佥事

明万历十一年(1583 年)五月努尔哈赤起兵,攻打尼堪外兰以

---

① 《满洲实录》卷四。

后,他所处的局面十分恶劣,不仅是建州女真内部不少部长寨主视其为仇敌,必欲将其置之于死地,海西女真叶赫、乌哈、哈达、辉发也是一再对其施加压力,甚至发动了九部联军大举进攻的战争,就是其邻境的朝鲜国,对其也是十分不善,还有蒙古宰赛、林丹汗等汗贝勒,也是虎视眈眈,随时可能率军来攻,可以说是环顾皆敌,四面楚歌。但是,比这些部落的威胁更大、更为严重、甚至是不可避免的致命威胁,却来自天朝大皇帝,来自明国。

明朝的一些文武官员对努尔哈赤一直怀有戒心,常常提出遏制努尔哈赤消灭"奴酋"的意见。尤其是辽东的一些总督、巡抚、副将、游击,以及见识较高颇有预见的京城官员,对努尔哈赤更是十分警惕,更想将其铲除,因为,问题很简单,他们认为努尔哈赤与明朝有着杀父杀祖之仇,迟早必要报复,努尔哈赤奸诈枭勇,野心勃勃,必为边境大患。

觉昌安、塔克世为明引导,进攻阿台,死于明兵误杀后,明朝边将曾因努尔哈赤索要尼堪外兰而大发雷霆,指责努尔哈赤不识抬举,声称要立尼堪外兰为"满洲国主",也就是说,努尔哈赤从与明朝官将办交涉之日起,一开始就得罪了大明官将。紧接着,努尔哈赤一再追击尼堪外兰,甚至将俘获的尼堪外兰的部下6人,插箭于其身上,令其"带箭往南朝传信:可将仇人尼堪外兰送来,不然我必征汝矣"。[①] 不久又派遣将士往索仇敌,斩尼堪外兰于明国城外台下。这些行动,怎能不引起明国边臣注意。因此,尽管努尔哈赤早期只在建州女真内部征抚并行,致力于统一建州女真的事业,对明国十分恭顺,但一些官将还是紧紧盯着努尔哈赤,并在万历十五年处理哈达问题时,一再涉及努尔哈赤。

---

① 《满洲实录》卷二。

哈达名汗王台去世以后，其长子扈尔干（虎儿罕）继为贝勒，不久病故。王台第五子孟格布禄（猛骨孛罗）系王台娶取叶赫清佳努贝勒之妹温姐所生，与王台的私生子康古陆及扈尔干之子歹商（带善）共分王台遗产。因王台的长、二、三、四等四个儿子皆已死去，故孟格布禄袭其父王台之职左都督及龙虎将军，主管哈达部，以"众心不附"，遂依靠母亲娘家叶赫贝勒。康古陆取后母温姐为妻，亦亲叶赫，和孟格布禄联合，与歹商为敌。叶赫纳林布禄（那林孛罗）、布斋贝勒借此力图吞并歹商。明朝以歹商是王台之孙，对明忠顺，便支持歹商，并于万历十五年商议征抚叶赫之事。

万历十五年上半年，叶赫纳林布禄、布斋、孟格布禄等围攻歹商，明兵往救，叶赫等兵退走。辽东巡抚顾养谦以开原道参政王缄抚剿不妥，于八九月份，上疏参劾其过说：

> 逆酋那林孛罗等结连西夷恍忽太等并属夷猛骨孛罗，领达贼四五千骑攻围歹商夷寨，随该官军出关救援，猛骨孛罗随带家属赴投北关那林孛罗去讫。在阵擒获夷人一骑，并收猛骨部夷八百余名口。其猛骨原授龙虎将军抚赏应革除，其遗下田产部落合应将歹商收管。兵备王缄抚处失宜，制驭失策，应当议罚……至猛骨孛罗已叛而从逆，奴儿哈赤益骄而为患，乞行巡抚按相机处分。[①]

兵部对此议覆说：

> 逆酋结连丑类，明肆侵陵，而东夷奴儿哈赤且同北关之谋，在歹商为木之有蠹，在二孽（叶赫纳林布禄、布斋贝勒）为虎之有翼，王缄应降调，以为他备之戒。其猛骨孛罗封赏合行尽革，并将其母温姐及奴儿哈赤、那林孛罗等，行抚镇便宜相

① 《明神宗实录》内阁文库本，卷十五，万历五十年十月丁丑。

机剿处。① 得旨："逮治王缄。余如议。"②

一些官员，如结事中彭国光、吴之佳，蓟辽总督张国彦，皆以对王缄处罚过严，建议只应按巡抚所奏将王缄降调，不应逮问。辽东巡抚顾养谦亦于十一月上疏，申救王缄，请求只将其降调，不要拿问。顾养谦之疏说：

> 环辽之虏，岁为两河大患者，皆先年所称三卫属夷，惟开原海西王台吉一枝世效忠顺，为我藩篱，故东夷若奴儿哈赤之横，尚不得与西北诸酋合，而开原以南辽阳以东建州之夷，尚名之日属夷，小为边患而不敢逞。今王台之孙歹商孤立，而贰奴之子侵于北，奴儿哈赤于南，康古陆与猛骨孛罗变于内，若歹商不守而无海西，则东夷又合于西北诸虏，而河东益多事矣。③

以上几段史料，说明了四个问题。一是努尔哈赤之名首次见之于明臣奏疏，在此之前，没有任何奏疏涉及他，原因很简单，他是一个名不见经传、无足轻重的小小属夷。二是不鸣则已，一鸣惊人，不仅辽东的开原、抚顺的游击、参政知道有"奴酋"其人，而且辽东巡抚、蓟辽总督、京师的言官，甚至至高无上的大明皇帝，也从奏疏里知道有了一个"奴酋"，名气真大。三是这个名声并非好事，并非言其乐善好施，亦非说其忠顺效劳，守边安境，而是讲其凶横，讲其与叶赫贝勒等人合谋，图吞歹商。四是定其为祸边之患，应予相机剿杀。四者集中为一点，明政府已将努尔哈赤定为应当剿灭的逆酋。

---

① 《明神宗实录》内阁文库本，卷十五，万历五十年十月丁丑。
② 《明神宗实录》内阁文库本，卷十五，万历五十年十月丁丑。
③ 《明神宗实录》内阁文库本卷十五。

紧接着,万历十六年初,辽东巡抚顾养谦又参劾王缄说:"奴儿哈赤者,建州黠酋也,骁骑已盈数千",乃王缄却说其是"奄奄垂毙"。① 这更具体说明了"奴酋"势力之大,必须早图。

眼看着乌云密布,明军就要重兵压境了,不料,万历十七年九月竟发生了明帝授努尔哈赤为都督佥事的重大事件。

《明神宗实录》卷二一五载:万历十七年九月乙卯,"始命建州夷酋都指挥奴儿哈赤为都督佥事"。

明帝之此授命,系听从蓟辽督抚按臣的建议,督抚按臣的建议又是根据开原参政成逊等官对努尔哈赤请求的审查结论而作出来的。在此之前不久,努尔哈赤擒斩掠明"夷酋"克五十,献于明,"又因贡夷马三匹,述祖、父与图王杲,阿台,有殉国忠,今复身率三十二酋保寨,且钤束建州、毛怜等卫,验马起贡,请得升职长东夷"。开原参政成逊、辽海参政栗在庭会同审查后向上司呈请说:"本夷原领敕三十道,系都指挥,伊祖、父为向导剿王杲,后并死兵火,良然,今奴儿哈赤屡还人口,且斩克五十有功,得升都督制东夷便。"②

蓟辽总督张国彦、辽东巡抚顾养谦、辽东巡按徐元根据开原参政成逊等人的呈文,会议后,联名上疏,奏请封授努尔哈赤为都督佥事说:

> 惟建州奴酋者,势最强,能制东夷,其在建州,则今日之王台也,既屡送回被掳汉人,且及牛畜,又斩犯顺夷酋克五十,献其级,慕都督之号益切,则内向诚矣。及查其祖父又以征逆酋阿台,为我兵乡导,并死于兵火,是奴儿哈赤者盖世有其劳,又

---

① 《明神宗实录》卷一九四。
② 沈国元:《皇明从信录》。

非小夷特起而名不正者也。查得大明会典内一款：建州毛怜三大卫夷人，如有送回抢掳男妇者，止许给赏，不愿赏，量升千百户指挥，存留都督名色，以待能杀犯顺夷首，及执缚为恶夷人与报事引路杀贼有功者，此盟府之典用以信外夷而安封疆者也。若录奴酋父祖死事之功，即当与之都督，亦不为过，而献斩逆酋之级，则又与明例合矣。①

明神宗批准了蓟辽总督等官的建议，授努尔哈赤为都督金事。

张国彦、成逊等人的奏疏和呈文，讲了应授努尔哈赤为都督金事的理由有三条，一是其"内向诚矣"，二是其"势最强，能制东夷"，三是其父、祖"有劳"，并"死于兵火"。理由虽有三条，但最关键、最根本的理由却是第一条"内向诚矣"。因为，在此之前，包括辽东巡抚顾养谦在内的一些官员，皆认定努尔哈赤追随叶赫图谋歹商，而将其定为"从逆"、"合伙"，欲图相机剿处，那时"奴酋"之"势最强"及其父祖死于兵火这两条理由照样存在，为什么不升其职还欲剿处？何况"势最强"，就可能形成对哈达部、对歹商的严重威胁，致有"歹商孤立，而贰奴之子侵于北，奴儿哈赤于南"的局面。而且"奴酋"势强，还可能吞并邻部，侵扰明境。所以，归根到底，升授努尔哈赤的根本原因是因其"内向诚矣"这一条，其余两条不过是借口而已。

辽东巡抚顾养谦在一两年以前还大讲特讲"奴酋"势横，"同北关之谋"，危害歹商，"益骄而为患"，奏请对其相机处分，兵部亦复议，要求辽东巡抚、总兵官对"奴儿哈赤、那林孛罗等"，"便宜相机剿处"，现在为什么他却拐了一个大弯，要升授"奴酋"之职呢？看来是努尔哈赤的英明决策和正确措施起了作用。

---

① 《明神宗实录》内阁文库本卷一七。

努尔哈赤在"内向诚矣",即对明恭顺有加上做得非常好。努尔哈赤心里对明朝皇帝和辽东官将是十分不满的,是非常痛恨的,祖、父为明效劳,不仅不予封赏,反而死于明兵刀下,杀父之仇,害祖之恨,不共戴天,何况明将又骄横跋扈,贱视女真,凌辱女真,更激起他满腔怒火。30年以后他率军伐明时公布的"七大恨"中,第一恨就是"朝廷无故杀其祖、父"。此仇不报,此恨不雪,枉为男人。但是,区区小部弱部酋长,怎能对抗百万明军,那简直是以卵击石,自取灭亡。在与明帝、明朝的关系上,正反两方面都有非常有力的例证,远的,如其始祖"肇祖原皇帝"都督孟特穆,即猛哥帖木儿,对明帝忠顺效力,蒙帝嘉奖赏赐。其五世祖董山因对明不恭,扰边掠人,被明帝斩杀,建州三卫也遭明军和朝鲜军征剿,伤亡惨重,这且不说。就在这二三十年来说,建州枭酋王杲,乃努尔哈赤的外曾祖,因屡掠明境,袭杀官将士卒,被辽东总兵官李成梁击败,寨破人逃,后被王台执送北京。叶赫扬吉努贝勒是努尔哈赤的岳父,也因掠明,与其兄清佳努贝勒被李成梁斩杀。就在升授努尔哈赤职衔之前一年多,明军还因保护歹商而围攻叶赫,重炮轰打,破其重城,纳林布禄、布寨贝勒畏惧投降,发誓不侵歹商,"争先向顺"入贡,才保全了身家老小性命。而哈达汗王台,则因恭谨事明,不扰边,不掠人畜,且屡次送还其他女真酋长掳掠的人畜,献送王杲,多次得到明帝嘉奖,晋授龙虎将军,死后其孙歹商还一再得到明军的保护。

聪明绝顶的努尔哈赤从这些事例中受到启发,记取了经验教训,把仇恨埋在心灵深处,尽力去做显示自己忠顺于明的事情。他采取的一条很重要的措施就是不侵扰明边,不掠明境人畜财帛,不与明军为敌。这一点,在众多的女真酋长中,除了王台,还没有哪一个能这样做,可是努尔哈赤做到了,保证了他的辖区与明国边境相连的地区得以安宁,也就是他所说的"今复身率三十二酉保寨",真是鹤立鸡群。

努尔哈赤的第二条措施是"验马起贡"。努尔哈赤虽然在一段时间里没有亲自贡马入朝,但在统一建州女真过程中,仍以原来执有敕书的女真酋长的名义,遣人献马入贡。这就是他所说的"钤束建州、毛怜等卫,验马起贡"。

努尔哈赤的第三条措施是送还其他女真酋长从明境掠取的人口牲畜。当时好些女真酋长都以掠取明境人畜财帛为重要的收入来源,努尔哈赤将这些被掳的汉人,经常送还明国。史料载称:"太祖时于抚顺二关诸堡,送所掠人口,自结于中朝。"[①]明国边臣也称其"屡送回被掳汉人,且及牛畜"。

努尔哈赤另一条很能获取明朝欢心的措施是擒斩侵扰明境的"犯顺"夷酋。"夷酋"克五十等,"掠柴河堡,射杀追骑指挥刘斧"。"朝廷宣谕建州",努尔哈赤"即斩克五十头,及被虏人民以献"。[②]

另外,努尔哈赤还采取最为有效的措施,那就是对明国边区官将毕恭毕敬,竭力交纳,送礼献银,以博其欢心,庇护自己,这也是其他女真酋长办不到的。像王杲,像清佳努、扬吉努弟兄,都是在自己略有势力之时,便狂妄骄横,对明国官将不够尊敬,桀骜不驯,侵边掠人,致遭明军征剿,惨败命丧。在这个问题上,努尔哈赤比他们高明千百倍,收到了很大效果。

简而言之,努尔哈赤能扭转被明国认定为叶赫贝勒图谋歹商的"从逆",欲加以剿处的危险局面,一变而为恭顺事明应予嘉奖

---

① 彭孙贻:《山中闻见录·建州》。
② 彭孙贻:《山中闻见录·建州》。

和依靠的"顺酋",消灾免祸,晋升职衔,完全是他努力施行正确的对明策略、行动的结果,这为他统一女真各部提供了十分有利的条件。《明实录》编写者说,"此奴贼受我殊恩之始也"。[1] 彭孙贻的《山中闻见录》对此事评论说:"太祖自领祖、父遗众,蚕食诸部以自强。今骤跻崇阶,与南关埒,借中朝名号以耀众,势愈强。"[2]曾任兵部尚书和辽东经略的王在晋亦评议此事说:"十七年,建州夷酋奴儿哈赤以姻歹商,先入贡,且以斩叛夷克五十乞升赏,加都督秩,以此遂雄长诸夷。"[3]

二、龙虎将军

龙虎将军,是明朝武官的二品散阶。《明史》卷七十二《职官志》载:"凡武官六品,其勋十有二,散阶三十。勋阶内,正一品为左右柱国……散阶内,正一品,初授特进荣禄大夫,升授特授光禄大夫。从一品,初授荣禄大夫,升授光禄大夫。正二品,初授骠骑将军,升授金吾将军,加授龙虎将军。"

女真数以百计的酋长中,受封龙虎将军的仅有两人,一为海西哈达名酋王台,一为努尔哈赤。王台初袭祖职为右都督,后因忠顺于明,屡次送还人口,擒斩掠边女真,又于万历三年缚送"建州逆酋王杲",明帝大喜,加授其"龙虎将军"勋衔。这个龙虎将军封号,比其他女真所封都督更为显赫,实际上意味着王台地位高于其他女真酋长,成为女真之中最高职衔之人,大大抬高了王台的地位。因此,努尔哈赤非常想得到这一勋阶。

为了达到升授勋阶的目的,为了利用明朝的势力以及避免与

---

① 《明神宗实录》内阁文库本卷一七。
② 彭孙贻:《山中闻见录·建州》。
③ 王在晋:《三朝辽事实录》,《总略·建夷》。

明朝发生冲突,引起征战,努尔哈赤确定的基本策略方针和过去是一样的,即竭力表示忠于明帝,顺于明朝,甘为臣仆,永作顺夷。他主要采取了以下五个方面的措施和行动。一是保境安民,不掠不盗。努尔哈赤于万历二十四年对明朝游击胡大受派遣的差官余希元总述此情说:"保守天朝地界九百五十里,俺管事后十三年,不敢犯边。"①此处所谓的"俺管事后十三年",即指其于万历十一年起兵以后的十三年内,都"不敢犯边"。

二是一再送还被其他女真蒙古酋长掳掠的汉人以及朝鲜被日本军队进攻避乱逃往建州的汉人。朝鲜兵曹判书李德馨向国王奏述明宁远伯、总兵官李成梁厚待努尔哈赤的原因说:"渠多刷还人口于抚顺所,故成梁奏闻奖许。"②

三是亲自入京朝贡。努尔哈赤除了用一些女真酋长原有的敕书以他们的名义,遣人入京朝贡外,从万历十五年起,也以自己的名义派人进京朝贡,并且自己还带领随员,贡献马匹,亲自长途跋涉,来到北京,向大皇帝朝贡。《明神宗实录》卷二二二载:万历十八年四月庚子,"建州等卫女直夷人奴儿哈赤等一百八员名进贡到京,宴赏如例。"谈迁的《国榷》卷七五也载:万历十八年四月庚子,"建州等卫□□□□入贡"。

第二次入贡是万历二十年八月丁酉。《明神宗实录》内阁文库本卷二〇载:八月丁酉,"建州等卫都督等官奴儿哈赤等进上番文,乞讨金顶大帽服色及龙虎将军职衔。下所司议行"。《明神宗实录》卷二五一载:八月丁酉,"建州卫都督奴儿哈赤等奏文四道,乞升赏职衔、冠服、敕书,及奏高丽杀死所管部落五十余名。命所

①　吴晗:《李朝实录史料》,第 2228 页。
②　同上书,第 2182 页。

司知之,并赐宴如例"。

第三次入贡是万历二十一年闰十一月。《明神宗实录》内阁文库本卷二一载,闰十一月丁亥,"建州卫夷人奴儿哈赤等赴京朝贡,上命宴赏如例"。短短4年之间,努尔哈赤亲自进京朝贡3次,这在海西、建州的众多女真酋长中,还是唯一的一位,当然会取得明朝君臣的好感。

四是奏请出兵,抗倭援朝。万历二十年四月,日本国关白平秀吉出兵侵略朝鲜,五月陷王京,朝鲜向明帝求救。七月,明副总兵祖承训率军援朝,战于平壤,为日军击败。明廷大震,命兵部侍郎宋应昌"经略备倭军务",诏天下督抚荐举将才,令都督李如松提督蓟辽、保定、山东诸军,"尅期东征"。努尔哈赤认为,这是立功邀赏取信明廷的好机会,立即遣使进京,奏请出兵援朝。《朝鲜宣祖实录》载,万历二十年九月,明兵部令辽东都司移咨朝鲜说:

> 今据女直建州贡夷马三非等告称:本地与朝鲜界限相连。今朝鲜既被倭奴侵夺,日后必犯建州。奴儿哈赤部下原有马兵三四万、步兵四五万,皆精勇惯战,如今朝贡回还,对我都督说知,他是忠勇好汉,必然威怒,情愿拣选精兵,待严冬冰合,即便渡江,征杀倭奴,报效皇朝。据此情词,忠义可嘉,委当允行,以攘外患。(命朝鲜考虑是否可行。)①

努尔哈赤派遣的"贡夷"马三非的奏述中,讲了一句很不真实的话,即努尔哈赤拥有精勇的马兵三四万、步兵四五万,合计当有马兵步兵七八万、八九万,此数过于夸大。万历二十年,努尔哈赤还未完全统一建州女真,还只是一个不大不小的部落之长,人丁并不太多,很难超过一万丁,观其第二年与叶赫九部联军大战古勒山

---

① 吴晗:《李朝实录史料》,第1597页。

之时,因听说九部联军多达 3 万,兵卒惊恐万状,"众皆失色",努尔哈赤只好力言敌兵虽多,但"杂乱不一",拼死一战,亦可获胜,以此来安定军心,如果有七八万、八九万精兵,建州将士怎会惊恐畏惧。当然,努尔哈赤派遣之"贡夷"讲的八九万马兵步兵,这句假话,并不是贸然地脱口而出,而是经过考虑有意而发的。其一,此时朝鲜大败,王都失陷,明军仓促出援,又受重创,一时调不到兵,难以立即大举征剿,努尔哈赤说自己有八九万兵马,仅仅这支军队,就可与日兵交锋,旗鼓相当,说不定有可能击败日军,至少也可以暂时稳住局势,争取到相当多的时间,便于明朝征调援兵。明廷想到这一点,定会欣喜若狂,对建州奔赴国难,"报效皇朝"的忠心予以赞扬。尤其是其他女真酋长,如海西叶赫"强酋"纳林布禄、金台石、乌拉满泰、布占泰、哈达蒙格布禄等等酋长,此时实力都比建州更强,却坐山观虎斗,视而不见,听而不闻,噤若寒蝉,不做任何表示,这样,更显示出努尔哈赤对明帝的忠心耿耿,因而深受朝廷嘉奖,誉其"忠义可嘉"。其二,努尔哈赤既然拥有八九万将士,敢与兵强马壮所向无敌的日军交锋,那就自然可以逾越叶赫、乌拉、哈达、辉发和其他各部女真酋长之上,成为女真"诸夷"中最强之"酋",并且忠于朝廷,听从明帝驱使,可与王台媲美,甚至超过他,为明可靠藩篱,这样的酋长,难道还没有资格封授龙虎将军吗?因此,虽然朝鲜害怕建州军队进朝之后,酿成日后大患,坚决反对,明廷最后没有批准努尔哈赤援朝的请求,但是却对其深有好感。这一招,在政治上给努尔哈赤带来了很大好处。

五是笼络明朝官将,表示忠顺谦卑。远在北京深居九重的大明天子,很难知道属夷真情,全凭边将的上奏。"属夷"的是否忠顺,是否安分守边,除了大举进掠攻城占地难以隐瞒以外,关键在于他们与明朝边将的关系,明朝边将对他们是怎样看的。如果招致边将不满、厌恶和怀疑,这个酋长就会被判定为心怀叵测,僭谋叛逆,就会遭到惩处和征剿。设若取得了他们的信任和偏爱,这位酋长便会博得忠顺美名,就能晋升职衔,多领抚赏财帛,互市贸易。努尔哈赤幼习汉书,常入马市,多次进京朝贡,深知此事的重要,花了很大力气,想了很多办法,送了很多礼,极力笼络明朝辽东官将,获得了巨大的成功。这在其与李成梁的关系上,显得非常突出。李成梁征剿阿台时,觉昌安、塔克世为明军向导,死于兵火,被明军误杀。按说,兵有过,将为主,责任主要在将领身上,李成梁是致死努尔哈赤父、祖的仇人。这一点,努尔哈赤十分清楚,李成梁父子也是知道的。万历二十六年二月,李成梁之子御倭副总兵李如梅,在与朝鲜国王会见时,问朝鲜国王:"老罗赤近无作贼声息耶?彼虽为乱,麻提督回军时,与广宁提督及贵国之兵腹背夹击,则蔑不胜矣。"老罗赤,即努尔哈赤。朝鲜国王说:"在数年之前,(老罗赤)有作梗声息,数年之后,顿无形影,未知此贼终当梗化作乱者耶?敢问(老罗赤)形势与强弱。"李如梅说:"此贼精兵七千,而带甲者三千。此贼七千,足当倭奴十万。厥父为俺爷所杀,其时众不过三十。"①杀害父、祖之仇,不共戴天,努尔哈赤应该立即起兵报仇,应该誓死诛杀李成梁,灭其满门,报仇雪恨。可是,李成梁何许人也。李成梁英毅骁健,身经百战,强酋王杲、阿台、清桂努皆死于其手,王兀堂、纳林布禄、布寨是其刀下败将,前后坐镇辽东三十年,身任辽东总兵官,封宁远伯,大破"诸夷",屡建奇勋,"威振绝域","边师武功之盛,二百年来未有",子如松、如柏、如祯、如樟、如梅皆任至总兵官,"子弟尽列崇阶,仆隶无不荣显"。对于这样一位统兵 10 万势焰熏天的大帅,小小努尔哈赤能奈其

①　吴晗:《李朝实录史料》,第 2476 页。

何,不要说兴兵问罪,就是稍露复仇之意,辞色不逊,也会被李成梁发军征剿,家破人亡。相反,如若暂埋深仇大恨,对彼奉承恭维,卑辞逢迎,馈送厚礼,倒可获其欢心,擢升奖赏,发展自己实力,扩大在女真各部的影响。聪明过人的努尔哈赤,明智地选择了后一条道路,对李成梁百般奉承,力表忠顺,屡送厚礼,甚至后来以亲弟舒尔哈赤之女,嫁与李成梁之子李如柏为妾。这样一来,赢得了宁远伯李成梁的信任,得到了李的关照,因而利用其权,势力愈强。时人皆认为,建州之兴,与李成梁受努尔哈赤之骗,受其之贿,从而对其关照、提拔和庇护,有着密不可分的关系。明兵科给事中宋一韩连上奏疏,痛斥李成梁"结连建州","建酋与成梁谊同父子","诛成梁而建酋自不敢动"。① 朝鲜君臣亦以李成梁"与老酋亲","厚待""老酋"所差"胡人","而坐卧不安"。② 兵曹判书李德馨甚至向国王说:"助成(努尔哈赤)声势者李成梁也,渠多刷还人口于抚顺所,故成梁奏闻奖许"。③

对于辽东巡抚、副将、游击、兵备道等官将,努尔哈赤也十分恭顺,竭力笼络。

由于努尔哈赤"年年向帝叩拜",忠顺恭谨,保守边疆,送还人口,乞讨职衔,笼络官将,因此,在万历二十年八月其求升龙虎将军职衔未被允准之后的第三年,即万历二十三年,他的这一目标终于实现了,明帝允准了他的要求,"加(其)龙虎将军,秩视王台时"。④ 这使努尔哈赤成为女真各部中官阶最高、职衔最显的大酋

---

① 《皇明经世文编》卷四六七,宋一韩:《抚镇弃地唊房请查勘以正欺君负国之罪疏》。
② 吴晗:《李朝实录史料》,第2816、2865页。
③ 同上书,第2182页。
④ 王在晋:《三朝辽事实录》,《总略·建州》。

长，对提高他的地位，扩大势力，加速统一女真的过程，都起了促进作用。

三、游击宣谕

此处所说的“游击宣谕”，讲的是明朝游击胡大受遣人持书，前往建州，宣谕努尔哈赤，不许进攻朝鲜。

由于日本军队侵略朝鲜，一些朝鲜人和汉人为避战火，或被倭寇掠为奴仆后设法逃出，或被其他女真掠俘后，逃到建州，努尔哈赤将逃人送回朝鲜，要求朝鲜国王与建州和好。不料，一些建州女真进入朝鲜境内采挖人参，被朝鲜官员斩杀，努尔哈赤十分愤怒，一面于万历二十年（1592年）八月向明帝奏述“高丽杀死所管部落五十余名”①，一面又与朝鲜交涉，并调集兵马，声称要攻打朝鲜，为被杀女真报仇。

朝鲜正被日本军队侵占王京及许多州县，将士伤亡惨重，哪有力量抵挡建州进攻，十分惊恐。

万历二十三年（1595年）十月，朝鲜备边司奏报国王，引录明辽东马都督致朝鲜的咨文说：“今见马都督移咨，老乙可赤部下㺚子赴市，密说于唐人曰：我家㺚子前往朝鲜地方刨参，朝鲜官兵将㺚子杀死许多。今我家都督凑了许多精兵，要去朝鲜地方报仇抢掠。”备边司据此奏称：“当初此贼刷还我国被掳人民，累送书契，似若输其款诚，而边将处置失宜，捕斩采参胡人，彼贼执此为说……咨内报复之言，必非虚传。若于合冰之后，举众来犯，则以我国兵力，决无抵当之势，极为可虑。”②

① 《明神宗实录》卷二五一。

② 吴晗：《李朝实录史料》，第2148、2149页。

左议政金应南亦就此事上奏国王说："臣伏见近日西边驰报，其忧亦大。盖此胡崛起于辽金旧疆，拥兵十万，治练有素，其桀骜雄强，中国之所畏矣。边臣无良，启衅已多，若于合冰之后，乘其愤怨，率其部落，百千为群，冲犯我界，则区区一带之水，已失其险，长驱直捣之患，安保其必无乎。"[1]

朝鲜国王左思右想，认为"老乙可赤事其情叵测，所关非轻"，于万历二十三年八月提出，请明朝派遣来朝鲜教练兵士的胡大受游击遣人宣谕建州，劝谕和威胁建州不得胡来。朝鲜国王还拟了游击宣谕书的基本说辞，其意是：责以天下封疆彼此截然。汝不畏天朝，逾越鸭江，私与朝鲜潜自相通，是则非但汝不可为，而朝鲜亦不得为也。余受军门严命，领精兵三万防守平壤等处，教练朝鲜之兵。鲜兵之来授予节制而练习者，已过五六万矣。余闻汝之所为，不任怪讶，深责朝鲜之私相交通，传令于朝鲜总兵官，凡胡人之越江采参者，并皆诛斩，申天朝之法。汝须恪守界限，毋得犯法相越。汝若不悛，余当报于军门，奏于天朝，汝岂不有悔乎。[2]

胡大受游击接受了朝鲜的请求，决定派其属下生员余希元，由朝鲜通事河世国等随从，前往建州，宣谕努尔哈赤罢兵。

余希元、河世国一行于十月十八日从朝鲜满浦出发，进入建州，十一月初二日回到满浦。努尔哈赤对余希元来宣谕一事，起初并不相信，问余希元："若唐官宣谕，则当自抚顺所为之，何故至于满浦哉？"

余希元回答说：

> 游击教练朝鲜八道官兵，而俺乃差委平安道练兵官也。

---

① 吴晗：《李朝实录史料》，第 2144 页。
② 同上书，第 2137 页。

天兵八万七千余人,驱逐倭贼之后,分屯朝鲜八道,而余兵则扈卫王京。朝鲜控弦精勇之士又过十五六万,弓矢火器,山积无数。朝鲜欲以二十余万兵进入满浦等镇,剿灭犯境狄子。游击闻其言,称谓:朝鲜于天朝,属国也,尔狄子于天朝,亦属国也。我当宣谕讲解,狄子若不从我言,则当奏闻天朝,一面将朝鲜兵入屯江边,一面将天兵从抚顺所剿灭尔狄子无遗。俺于是蒙游击差委而来。①

余希元这样一说,"则胡人果为信服",相信其是明国游击胡大受派来的差官。②

朝鲜通事河世国向朝鲜满浦金使柳濂报告此行见闻说:"老乙可赤常时所住之家,麾下四千余名,佩剑卫立,而设坐交椅,唐官家丁先为请入拜辞而罢,然后世国亦为请入,揖礼而出。小乙可赤处一样行礼矣。老乙可赤屠牛设宴,小乙可赤屠猪设宴,各有赏给"。河世国又说:询问夷人童大吉,童大吉"潜言曰:因朝鲜作为仇仇,来正二月间,必为起兵报复设计,故诸部落胡人等方为调聚练兵,而朝鲜如是送人和亲,别无起衅"。③

经过余希元将游击胡大受之书交与并宣谕后,努尔哈赤答应不起兵攻朝报复,愿与朝鲜和好,并致书胡大受游击,还派次将马臣、佟羊才随余希元前往朝鲜,交涉和好。

建州女真童海老等人因入朝鲜渭原采参,被罚。童海老潜告朝鲜通事河世国说:"我亦前日渭原境内采参事人归,而同郡之人,要路隐伏,射斩二十七名,吾身艰难游泳生还。而老乙可赤以

---

① 吴晗:《李朝实录史料》,第 2179 页。
② 同上书,第 2179 页。
③ 同上书,第 2167、2168 页。

犯入朝鲜之境,家口并为捉来,炊饭汲水定罚。"①

努尔哈赤还专门就此事对余希元说:"前日童海老冒入朝鲜之境,同类之胡多至二十七名被杀而仅还,故捉家口定苦役,今后犯于朝鲜城底,朝鲜不为射杀而捉送,则我极法斩之。朝鲜之人犯于我地方,我捉送,则朝鲜亦可处置。然则彼此无仇矣。"②

余希元告退后,努尔哈赤又特地召见朝鲜通事河世国说:"两国别无仇怨,只缘我狫子冒入你境,自取杀死,故已将其辈妻属拿致于此,为你辈设供而辱之也。今后如前和好,则往来之人,只持马箠行走可也。天朝之人寻常往来,不是异事,你国之人古无来此者,今之杀牛供馈,专为你也。"③

努尔哈赤让余希元带回给游击胡大受的"诉状",并遣次将马臣、佟羊才随行,来到朝鲜满浦。

满浦金使柳濂设宴行礼。次将马臣等说:"朝鲜人抢在他卫狫子者,则我王子计虑长远,故前后并十余名无遗刷还。朝鲜则没有邻好之意,无知狫子冒入采参者不为拘迫解送于我,尽杀无余,至今子丧其父,弟失其兄,妇哭(其)夫,号呼冤痛,惨不忍闻。我王子不堪目前悲苦之状,将起兵报仇。适有天朝宣谕告示,带朝鲜人来到。我王子以为死者已矣,既承委遣,则不可不面(回)话,故差送我等告以相好之意,且要互相行走往来。"④

朝鲜深恐建州来攻,又求明游击胡大受再遣余希元持书往谕努尔哈赤,谕其不得进攻朝鲜。胡大受同意,差余希元持宣谕之书,由朝鲜译官李亿礼与通事河世国陪同,于万历二十四年二月初

① 吴晗:《李朝实录史料》,第2168页。
② 同上书,第2168页。
③ 同上书,第2168页。
④ 同上书,第2168页。

二日过江,进入建州。译官李亿礼对朝鲜国王呈奏此行经过,首先讲了路程及建州兵马迎接情形:

> 臣与余希元二月初二日越江,宿仇郎哈洞。初三日行到初部落,男女持酒肉路中来接,向晚宿满车地佟巨于哈家。初四日宿所难地王骨赤家。初五日行到路中,老乙可赤先遣胡人康古里问安,又令中军张海及其婿忽乎里领骑兵三百,张海等路中跪见,仍随行。余希元说与张海曰:俺见都督厚情,若远路随行,草料非便,兵马不要随行。张海领兵散罢。日晚宿清水地和罗家。初六日行到路中,老乙可赤令胡将八名领骑步兵六七千迎接道路,后兵马如前即散。日晚宿佟大家。初七日距建州城三十里许,于老乙可赤农舍,老乙可赤兄弟领骑兵三四千迎接。余希元于马上举手相揖后,下马设酌,行三杯酒,即起身。行到二三里,骑兵四五千左右成列随行,行到十五里,步兵数万,分左右,列立道傍者,至建州城而止。入城,老乙可赤兄弟即设下马宴。①

紧接着,李亿礼的呈文着重叙述了努尔哈赤与余希元的会谈情形:

> 老乙可赤说:保守天朝地界九百五十里,俺管事后十三年不敢犯边,非不为恭顺矣,而杨布政无端说我不顺,今方欲题本征我部落。将此暧昧情由,欲呈文于广宁都御史,则杨布政拦阻不送。无计奈何。俺与朝鲜本无衅端,而朝鲜之人被倭追逐,走过胡地,俺各供衣食,刷还满浦,我之学好明矣。上年胡人采参于渭原地,非则非矣,朝鲜缚送于我,待我杀之可也,而朝鲜人擅杀胡人四十名,是则非矣。若无老爷宣谕,我之无

---

① 吴晗:《李朝实录史料》,第 2228 页。

礼,岂待今日。俺图名不图财,老爷此等事情禀报于军门,使之题本,圣上知我恭顺,则心愿足矣。

余希元曰:俺此等事情,岂有不报之理。回到满浦,即差人禀报于孙老爷……

初八日,老乙可赤于楼上参旗时向天说誓曰:俺管事后十三年,只有恭顺之心,别无二心。①

李亿礼又接着呈述说,初八日,努尔哈赤接受了余希元带来的胡大受游击的赏赐物品,余希元说是"军门"犒赏的。努尔哈赤设宴招待余希元一行。初九日,小乙可赤亦设宴招待。初十日,余希元一行辞行,其随行的人员,建州给与马匹,而对朝鲜的译官、通事及随从人役,建州却不给马。余希元为他们争取马匹说:"我是朝鲜练兵游击将军,朝鲜之人随我而来,皆是我之人,岂分彼此?""老乙可赤使胡人马信传曰:若提起朝鲜之言,却想渭原事,心甚痛愤,何以给马骑!"余希元劝努尔哈赤不要再提渭原之事,并说:"朝鲜亦天朝属国也,尔建州亦天朝属国也,而我之此来,专为此事而来,若分彼此,何有讲和之道。""老乙可赤曰:依老爷之命,并朝鲜人给马"。努尔哈赤及舒尔哈齐各给与余希元一行缎衣、貂皮等物。余希元等离开时,"老乙可赤兄弟卫诸将四五十名,城外一二里设帐幕饯宴,往返一路,皆杀牛设酒,如是厚待"。②

从明游击明大受遣余希元两次进入建州宣谕之事,可以看出许多问题,如努尔哈赤愿与朝鲜和好,往来贸易,此时建州地区政治、军事、经济及社会状况,朝鲜对待建州的态度,等等,特别是努尔哈赤对明朝的态度,在这个交涉过程中,表现得十分清楚,那就

① 吴晗:《李朝实录史料》,第 2228、2229 页。
② 吴晗:《李朝实录史料》,第 2229、2230 页。

是努尔哈赤对大明天子的毕恭毕敬，恭顺无比，将明国使者奉为钦差，自居奴仆。胡大受不过区区一位前往朝鲜训练兵士的游击，一位中等将官而已，余希元更不过是明国千万生员中的一个小小生员，这样一位中等将领差遣的一名普普通通没有职衔的生员，竟被堂堂辖兵数万威风凛凛的建州“王子”淑勒贝勒努尔哈赤尊为“老爷”，奉为上司，设宴款待，迎来送往，听其训斥，遵从其令，其对明帝和明朝官将之无比崇敬和恭顺，达到了无以复加的程度。

更能体现这种情形的是游击的宣谕书和努尔哈赤的诉状。

游击胡大受第一次派余希元进入建州时的宣谕书，《李朝实录》未曾载录其文，只叙述了努尔哈赤遵从游击的宣谕，答应不攻朝鲜。胡大受派余希元第二次到建州宣谕之书，《李朝实录》载录了这道宣谕书，现将其部分内容摘录如下：

> 照得本府因朝鲜倭警未息，奉命镇守，统练八道官兵。顷以尔两国构怨，不忍坐视，故差官余希元前来宣谕。尔奴儿哈赤果能恪奉指谕，改心易虑，其志可嘉。且鉴及诉状，节据送还人口，历历有据，以全邻好，其功可尚。天朝知尔忠顺，岂肯薄尔。……(不得对朝进攻)尔猺子若不量而妄动，则所欲如缘木求鱼，所为如以肉投虎。况皇灵震叠，敌国议后，一举足间而他日之大祸判焉。……本官据差官余希元所禀，深嘉尔等效顺之诚，一面禀报经略军门量备金段等物，即差本官颁给，以示褒异。当敬承恭命，体领至意，传谕各众头目，自此以后，务要各守封疆，永遵禁约，毋得仍前紊乱，越境起衅。①

① 吴晗：《李朝实录史料》，第2186页。

一个中等武将，一则竟然如此大模大样地叫什么"宣谕"，大摆天朝神将的威风，再则既贱称努尔哈赤为达子，还要在达之字旁加个犬旁，视其如禽兽，三则勒令其遵守国法，服从命令，否则大军征剿，从内容到形式，自事情，到称呼，皆令人难以忍受，辱人太甚了。但是，建州国"王子"努尔哈赤居然能够忍受，居然会万分恭顺地听从其命，而且，更使人们难以相信的是，努尔哈赤还会向这位游击呈上诉状，求其垂怜，代诉冤曲。

当余希元第一次进入建州宣谕时，努尔哈赤表示遵从游击宣谕，不起兵攻朝，并托余希元带回自己的"诉状"，呈送胡游击。其"诉状"说：

> 游击宣谕莫与高丽为仇，我并无违法，只是遵守国法，保守九百五十余里之边疆，学好。上年高丽避乱狆子地方，收留在家，将一十二名回送满浦，其五名送还天朝，两家为一家，往来行走。狆子违法，进入边境，杀了，全是无有为仇……衔冤在诉，请游击转上抚部……达担国、海西及建州必直有好人，而把好人作歹人，以为违法之罪，难当接受。今将冤曲情由诉禀游府老爷，将老乙可赤忠顺情由奏与朝廷。①

努尔哈赤呈给游击胡大受的这份"诉状"，一则说遵守国法，保守边疆，学好，再则说自己是好人，不要把好人当作歹人，三则尊称游击为老爷，四则叩求游击老爷将己忠顺情由，转达巡抚，上奏朝廷，读来确实令人深感其身怀忠顺之心，对天朝大皇帝百依百顺，无比恭谨，当然天朝官将会"嘉其效顺之诚"了。

这一切，显示了努尔哈赤高超的外交技巧，收到了很好的效果。

---

① 吴晗：《李朝实录史料》，第 2165 页。

四、坐得六堡

这里所说的"六堡",是与建州邻近的宽奠、大奠、长奠、永奠、新奠、张哈喇佃子等六城堡。六堡垦地的弃掉,是万历中年的一件大案。

明万历二年(1574年),兵部侍郎汪道昆阅视辽东,辽东总兵官李成梁建议,移建孤山堡于张其哈刺佃,移险山堡于宽佃,移江沿台、宁东堡、新安堡、大佃子等四堡于长佃、长岭等处,仍以孤山、险山二参将驻戍,"可拓地七八百里,益收耕牧之地"。①

汪道昆认为这个建议很好,遂上奏于朝廷。万历三年正月甲寅,兵部复议汪道昆的奏疏时,议准:将孤山堡军移驻张其哈刺佃子,险山参将部军移驻宽奠子,江沿台备御部军移驻长佃子,宁东堡军移驻双堆儿,新安堡军移驻长岭,大佃子军移驻散等,"各修筑城堡",任副使翟绣裳,"以董其事"。宽奠:"控五堡之中,尤为要地",以参将傅廷勋加副总兵职衔管参将事,"以重责成"。②

过了六天,户部复议蓟辽总督杨兆条陈修筑宽奠子六堡未尽事宜时,又议准:军夫修作塞外,远赴良苦,重加口粮盐酱。"各堡山林丛密,土地膏腴",堡成之日,先佥移住军士,"每军给地五十亩,听其开垦耕种,永不起科"。将官、堡官的养廉菜地,"量行拨给,不许多占"。如有剩余地方,许军丁及附近居人给帖领种,三年之外,照屯田纳粮事例以科,"以备军士月粮支用"。③

各堡修成驻兵以后,军丁、民人纷纷来到各堡外面开垦土地,耕种居住,"生聚日繁"。到万历三十二年,"宽奠等处城堡,开拓

---

① 《明史》卷二三八《李成梁传》。
② 《明神宗实录》卷三四。
③ 《明神宗实录》卷三四。

新疆围环者八百余里，逼邻东房（建州），汉夷接壤，军民苦役，往往逃匿其中"，"至六万余户"，"生齿益繁"，"成家乐业"。①

这时，精明能干善于计算的淑勒贝勒努尔哈赤，看中了这片"广袤八百余里"的膏腴沃土，欲图侵占，便向李成梁的女婿参将韩宗功行贿，疏通关节，韩宗功大肆活动，劝说岳父。李成梁已是八旬老翁，暮气沉沉，看到建州正在崛起，此地"逼邻东房"，"争扰时起"，"易起边衅"，将来建州必会对此兴兵侵占，难以抵挡，为了杜绝边患，并借此"援招回之例，冒邀封赏"，遂以"奴酋索地为名"，与总督蹇达、巡抚赵楫议定，于万历三十三年，尽弃其地，"凡种地之家，概作逃户"，调遣官兵，强行将这些"逃户"押解入内地，不少人户逃往建州，迁入内地的有六万余户。努尔哈赤拱手坐得八百余里沃土，还以参与"招徕"逃民之功，蒙受明帝奖赏。②

六堡弃地发生在万历三十三年，第二年八月，糊涂的明神宗还以此为功，嘉赏有功之人，加蓟辽总督蹇达太子少保，升辽东巡抚赵楫为右都御史兼兵部右侍郎，各荫一子入国子监读书，加辽东总兵李成梁太子太傅，荫一子本卫百户。③

但是，这种大事的真相是难以长期掩盖的，仅仅过了一年多，万历三十六年六月，兵科都给事中宋一韩特上《抚镇弃地啖房请查勘以正欺君误国之罪疏》，劾奏抚镇之罪说："先年辽东开拓宽奠等六城堡，军民住种纳粮，近抚臣赵楫、镇臣李成梁概作逃民，给帖驻逐六万四千余家，未几而奴虏残蹂矣"。请差官查勘。④

---

① 《明神宗实录》卷四二四;《明史》卷二三八《李成梁传》。
② 《明神宗实录》卷四二四、四五五;《明经世文编》卷四六七，宋一韩:《抚镇弃地啖房请查勘以正欺君误国之罪疏》;海滨野史:《建州私志》。
③ 《明神宗实录》卷四四七。
④ 《明神宗实录》卷四四七。

一石激起千层浪,言官纷纷上疏,"台省交论辽抚赵楫交镇臣李成梁,弃辽地东西三百余里媚房,养成奴贼桀骜之势",要求严惩,"以儆边臣"。兵部尚书肖大亨亦疏请派官往勘。这时,明神宗可能清醒一些了,降旨批示说:"这所奏弃地界夷,事情重大",着即差巡按御史勘明以闻。过了半年,万历三十七年二月,奉旨勘地的辽东巡按熊廷弼,以查明抚镇弃地啖房事,上奏说:

抚臣赵楫、镇臣李成梁弃与夷界者,宽奠等六城堡延袤八百余里。其概作逃民为韩宗功驱逐者,六万四千余众。自清河之鸦鹘关,以至一堵墙之盘岭各墩弃,而七十里之边失矣。自张其哈喇佃子弃,而八十里之边失矣。自瑷阳界起赛儿疙疸迤东,至横江一带尽弃,而三百里之边又失矣。此弃地之大略也。

居民告垦,自万历十三年间已有之,二十八年间,复委官传调夷人公同踏勘,以居民现住为界。楫与成梁欲以此数万人援招回之例,冒邀封荫,遂假通事董国云之口,以奴酋索地为名,驱迫人民,渡江潜避,此驱回人口之大略也。奴酋既安坐而得数百里之疆……① 明国朝中群臣纷争,而淑勒贝勒努尔哈赤却"安坐而得数百里之疆",这是他的一大杰作。

---

① 《明神宗实录》卷四五五。

第三章　聪睿恭敬汗

　　聪睿恭敬汗之称呼,系因蒙古恩格德尔台吉为努尔哈赤恭上尊号而来。明万历三十四年(1606年)十二月,漠南蒙古内喀尔喀五部之巴约特部台吉恩格德尔,"引蒙古喀尔喀部五贝勒之使,进驼马,来谒,尊太祖为昆都仑汗"。"昆都仑",系汉语"恭敬"之意。从这个时候起,《满文老档》便将努尔哈赤尊写为"聪睿恭敬汗",不再用"淑勒贝勒",直到万历四十四年正月努尔哈赤被尊为英明汗,才不用"聪睿恭敬汗"这个尊称了。

第一节　女真之汗

一、亡辉发

　　努尔哈赤率领将士,于明万历二十一年(1593年)九月在古勒山大败叶赫、乌拉、哈达、辉发等九部联军之后,"威名大震",加速进行统一女真各部的工作。当年十月,招服曾参加九部联军的长白山之珠舍哩部,又于闰十一月进攻长白山之纳殷部,围攻其佛多和城三个月,斩其部长搜稳克什,取其城,完成了统一建州女真各部的事业。

　　紧接着,努尔哈赤一方面征剿招抚东海女真,一方面向海西女真地区扩展,从万历二十七年占据哈达后,下一个目标就是辉发。

辉发部居住在松花江支流辉发河流域,在"扈伦四国"中势力最弱。其部酋长旺吉努曾竭力图强,招服邻近部落,于辉发河畔呼尔奇山筑城,负险坚峻。蒙古察哈尔国土门扎萨克图汗亲自统兵来攻,失利撤走。旺吉努去世后,其长子先已亡故,其孙拜音达里杀了七个叔父,自立为贝勒。这一行动,招致其族内十分不满,族人纷纷投奔叶赫,部属也"有叛谋",部内形势动荡不稳。

辉发部西邻哈达,北接乌拉,西北是叶赫,南面和东面是建州,哈达被建州吞并后,东、南、西三面皆是建州,辉发处于建州与叶赫之间。叶赫的纳林布禄、金台石贝勒欲图吞并辉发,拜音达里遂向建州王子努尔哈赤求救,以七臣之子为人质,入质建州,借兵。努尔哈赤接受其求,派兵一千进入辉发,击败"谋叛之辉发人"使其不能叛投叶赫,平息了叛乱。叶赫纳林布禄贝勒闻悉后,施用计策,遣人往骗拜音达里说:"尔若撤回所质之人,吾即返尔投来族众。"拜音达里不辨真伪,信以为真,沾沾自喜地说:"吾将安居于满洲、叶赫之间矣。"遂撤回入质建州的七臣之子,并将自己的儿子送往叶赫,作为人质。不料,纳林布禄竟不遣返投入其部的拜音达里的族人。

拜音达里便转而恳求建州,遣人往告努尔哈赤说:"我曾为叶赫纳林布禄所骗,今欲永赖聪睿恭敬汗谋生,请将尔许嫁常书之女改适与我为婚。"努尔哈赤允诺其请,但拜音达里背约,不娶努尔哈赤之女,加紧筑造城池,"修筑三层以自固"。

努尔哈赤愤怒,于万历三十五年九月九日率兵征讨,十四日抵达辉发,"即时克之",杀拜音达里父子,"屠其兵","招服其民","携其人而还"。[1] "至此,呼尔奇山世代相传之辉发国乃灭"。

---

[1] 《满文老档》太祖朝卷一;《满洲实录》卷三。

二、灭乌拉

（一）布占泰其人

乌拉部，居住在乌拉河流域，在建州之北，海西女真四部中，它离建州最远。乌拉贝勒所住之城为乌拉城，在乌拉河东岸，今吉林市北。努尔哈赤征服乌拉的过程中，主要是与布占泰交锋。明万历初至二十四年，乌拉部贝勒是满泰。满泰曾派其弟布占泰贝勒率兵，参加了以叶赫贝勒纳林布禄、布斋为首的九部联军，进攻建州。万历二十一年九月，布占泰在古勒山战败被俘。据《满洲实录》等清朝官书载称：生擒布占泰的将士禀告努尔哈赤说："我得此人，欲杀之，彼自呼毋杀，许与赎货，因此缚来。"努尔哈赤问被俘之人："尔何人也?"其人叩首答曰："我乃乌拉国满泰之弟布占泰，今被擒，生死只在贝勒。"努尔哈赤命解其缚，"赐猞猁狲裘养之"。万历二十四年七月，努尔哈赤放布占泰回乌拉，令图尔坤黄占、博尔坤蜚扬古二臣护送。行至途中，满泰贝勒及其子在所属村中，因淫村内二妇，被二妇的丈夫杀死。布占泰到达乌拉后，其叔兴尼雅贝勒欲谋杀布占泰，夺贝勒位，图尔坤黄占二位大臣"保守门户甚严"，兴尼雅不能加害布占泰，叛投叶赫，于是布占泰继其兄位，当上了乌拉国主。布占泰"感太祖二次再生，恩犹父子"，将妹送与舒尔哈齐贝勒为妻。布占泰"因与叶赫通，将满泰妻都都祜氏所珍铜镟遣使送与纳林布禄"。二十六年十二月，布占泰带从者三百人来建州拜谒，努尔哈赤以弟舒尔哈齐贝勒之女额实泰嫁与布占泰。万历二十九年十一月，布占泰送其兄满泰之女阿巴亥，嫁与努尔哈赤为妃。不久，布占泰又求准，努尔哈赤以己女穆库什及舒尔哈齐之女娥恩嫁与布占泰。尽管努尔哈赤对布占泰恩逾泰山，布占泰先后与努尔哈赤五次联姻，多次盟誓，但布占泰还是"变了心"，与努尔哈赤作对，密遣大军，拦路劫杀舒尔哈齐、褚英、代善护送东海瓦尔喀新附部众，在乌碣岩双方大战，乌拉兵败。①

　　以上《满洲实录》等书对布占泰的描述，有可信者，也有失真之处。可信者是布占泰曾被俘，被"恩养"，后释放回国，当上乌拉部贝勒，与努尔哈赤、舒尔哈齐联姻婚娶，后来在乌碣岩双方交战，布占泰兵败撤走，这些叙述，符合事实，可以相信。但《满洲实录》等书对布占泰及其与建州，与努尔哈赤关系的描述，失真之处、故意含混之处却也不少。比如，努尔哈赤为什么要对布占泰赦而不杀，予以"恩养"？只是如书中所说淑勒贝勒发了善心吗？显然不是。对战阵被俘者，只要不是与淑勒贝勒不共戴天的仇人，或是对其统治有严重威胁且敌对到底的部长、贝勒、台吉、官将，努尔哈赤一般都是"恩养"，是诸申者，编入牛录，照样是诸申，是部长、台吉、官将，则授与职衔，或为牛录额真，或为大臣，有的还将自己的公主和弟弟之女儿嫁与该部长、贝勒、台吉为妻，如像哈达贝勒蒙格布禄之子乌尔古岱，便娶了努尔哈赤之女，成为额驸。布占泰被俘后，愿意降顺，口称"生死惟贝勒命"，努尔哈赤当然会允准布占泰的要求，赦而不杀。并且，这样做，与乌拉及布占泰在努尔哈赤统一女真各部的进程中所占据的地位，也不是没有关联的。当时，阻碍建州发展的最大的敌国，是叶赫，而不是乌拉，努尔哈赤此时势力还不够强，不能同时进攻叶赫与乌拉，乌拉离建州又远，足足有七八天的途程，而叶赫距建州只三四日途程，努尔哈赤当然要明智地实行远交近攻的策略，先置乌拉于不问，且与之交往和好，以

---

① 《满洲实录》卷一、二、三；《高皇帝实录》卷一、二、三；《清史稿》卷二三三《布占泰传》。

争取时间，积极扩大辖地，招兵买马，待统一建州女真部落，招抚和征服部分东海女真，吞并邻近的哈达、辉发以后，再来考虑乌拉的问题。还要看到，努尔哈赤是位善识人才的"伯乐"，对人的才干、武艺，是认得清的。布占泰被俘后留在建州"恩养"的将近四年里，努尔哈赤定会看出布占泰不是平庸之辈，如能将其收为己用，或是争取其为邻部之友，必有利于建州的发展，何况布占泰还是乌拉国主满泰贝勒唯一的亲弟弟，他能归顺于己，定会在乌拉发挥有益于建州的影响。因此，努尔哈赤不仅"恩养"布占泰，放其回国，还与其五次联姻，将一个女儿两个侄女嫁其为妻，自己又和亲弟舒尔哈齐分别娶了布占泰的妹妹和侄女，并且自己娶的布占泰之侄女，后来成了后金国的大福金，生了阿济格、多尔衮、多铎三位"全旗之主"的大贝勒。这些内在因素，《满洲实录》等书都有意无意地忽略了。

再如，按照《满洲实录》等书的叙述，布占泰是个胆小如鼠贪生怕死之辈，没有什么本事，且品质恶劣，忘恩负义，经常变心，甚至埋伏大军，要劫杀岳父和女婿舒尔哈齐贝勒一行。这样的描述，太失真了。先以有恩而言，《满洲实录》所举"太祖"有恩于布占泰之"恩"，不外三个方面，一系俘后赦而不杀，恩养四年，二是遣人护送回国，使布占泰当上了乌拉国主，三是下嫁三位公主。俘而不杀，可以算是有恩，下嫁公主就不一定够得上"恩"的标准。男婚女嫁，各有所求，布占泰并未因娶了努尔哈赤的女儿、侄女，带来成百上千的人户兵士和牲畜，带来数以百里计千里计的陪嫁土地，或者是遇逢天灾人祸而得到岳父大人的援兵，避免了亡国之难，这些情形皆未出现，怎能说是有恩。

至于让布占泰当上了乌拉国主之事，乍一看来，似乎的确对布占泰有恩，而且恩重于山，努尔哈赤应被布占泰供奉为"恩逾再生"的大恩人,然而,略加推敲,此说又似有破绽。《满洲实录》卷二说:满泰父子二人淫其村妇,被二妇之夫杀死。布占泰回到乌拉后,"满泰叔父兴尼雅谋杀布占泰,欲夺其位",因努尔哈赤派遣图尔坤、煌占二位大臣护送布占泰回国,"二大臣保守门户甚严,不能加害,于是兴尼雅投叶赫而去"。这段短短几十个字的记述,不禁使人们产生了三个疑问。一是为什么努尔哈赤要派两位大臣护送布占泰。此时建州辖区已扩大到与乌拉联界,布占泰是淑勒贝勒的女婿,建州辖区的兵民将官自然不敢对其加害,布占泰是乌拉国主满泰贝勒的唯一亲弟,乌拉人也不会、不敢对其劫杀,那么,为什么要派两位大臣护送,而且这两位大臣必然统领了相当多数量的兵士,这样做,企图为何?真的是为了保护布占泰的安全,还是借护送为名,派遣一支军队进驻乌拉,待机行动?

疑问之二是兴尼雅贝勒要夺乌拉国主之位。满泰贝勒及其子被杀之后,乌拉国主之位理应有三个继承系列,第一系列应是满泰的其他儿子,《满洲实录》等书没有提到这一继承系列,可能是满泰没有另外的儿子,或者是儿子太小,不能承担国主重任。第二系列应是满泰的亲近家族,即满泰的唯一亲弟弟布占泰。第三个系列是满泰的亲叔亲伯。兴尼雅贝勒既是满泰的叔父,他完全可以提出来,布占泰被俘建州,关押四年,很难保证不被建州王子控制,很有可能与努尔哈赤签订有不利于乌拉的秘密协定,出卖了乌拉的主权,因此布占泰没有继承国主的资格,应由他兴尼雅来当新的乌拉国主,这样一来,兴尼雅就是合法的当然的新的乌拉部贝勒,就谈不上是什么夺位了。

疑问之三是兴尼雅为何要投奔叶赫?真的是兴尼雅要图谋杀害亲侄子布占泰吗,证据何在?而且从所谓兴尼雅因图尔坤、煌占保守门户甚严,"不能加害",可以看出图尔坤、煌占两位大臣统领的建州将士相当多,兴尼雅的人马动弹不得,为避攻杀,兴尼雅才被迫出走。

三个疑问集中为一点,这就是努尔哈赤借"护送"为辞,遣军进入乌拉,图谋在乌拉部扶植起对己有利的亲建州的势力,恰逢满泰被杀,便乘机支持布占泰,夺了乌拉国主之位,为加速统一海西女真准备了有利条件。

努尔哈赤的如此设想和安排,不能不说是相当高明的。处于这样形势下的布占泰,照说应该感谢努尔哈赤的大恩,从此紧跟建州王子,让自己辖治的乌拉部成为建州的附庸国。一般来说,外在强大的建州威胁之下又是被建州大臣扶立为新国主的人,十有九个是会这样做的,既惧其威,又感其恩,这样做是符合逻辑的。可是,布占泰没有走这条路,努尔哈赤对布占泰的判断出了差错。

的确,当时建州军力确实相当强大,打败了九部联军三万,斩杀布斋贝勒,灭了哈达,亡了辉发,统一了建州女真各个部落,还吞并了不少东海女真部落,当时的乌拉元气大伤,很难抵挡建州军队的进攻。努尔哈赤对布占泰又十分关照,扶植他登上了乌拉国主的宝座,布占泰对此大恩是不应该忘记的。可是,恩可以报,应该报,但怎样报,报到什么程度,却是一个必须认真对待和正确解决的重大问题。在对待建州的态度这一关系到乌拉存亡兴衰的关键问题上,布占泰显示了非凡的才干和巨大的勇气,表明了他决不像《满洲实录》等书所描述的那样胆小怕事,而是一个身处逆境拒不屈服发奋图强的有为之主。

(二)收取六镇藩胡

从布占泰继为乌拉国主以后的行动看,布占泰的基本目标是要振兴乌拉,强大乌拉,不受建州的控制,形成建州、叶赫、乌拉三部"鼎立之势"。布占泰采取的基本策略有二,一是竭力与建州和好,他与努尔哈赤曾先后五次联姻,七次盟誓。万历二十四年布占泰继位之后,即于当年十二月,以"感太祖二次再生,恩犹父子,将妹滹奈送太祖弟舒尔哈齐贝勒为妻"。① 另一方面,他大力扩展辖区,尤其是特别努力征服招抚朝鲜境内六镇"藩胡"和东海女真,增加人丁士卒。

元末明初期间,许多女真进入朝鲜地区,耕牧居住,一些酋长还向朝鲜国王纳贡称臣,被朝鲜官府称为"藩胡",依靠他们作为藩篱。努尔哈赤于明万历十一年起兵以后,一方面争取与朝鲜和好,另一方面又努力争取招服"藩胡",增加人丁,并且取得了很大成效。布占泰留住建州四年,可能也看到了这个问题,便大力进行收服"藩胡"的工作。

布占泰多次遣兵入朝。明万历三十一年,乌拉军队大举入朝,围攻钟城、潼关,劫掠"藩胡"。朝鲜咸镜北道兵使李用淳向上奏报钟城被攻情形说:八月十四日,"竹基洞、门岩、双洞三处洞口贼骑不知其数,自乌碣岩至金京伦滩二十余里之地,弥满驰突,直渡江水"。钟城府使登城观看,"贼兵充满,戈甲眩耀,直至城下"。围攻一阵,敌兵渐退,但"探观贼势,则大设艾幕,似有久留之计,仍焚荡藩胡,烟火冲天"。"藩胡等依高峰设木栅,以为防御之计。贼乃作层楼,一时越栅,其击杀之声,惨不忍闻"。"大概此贼形势,据其目前,参以此地将士之言,则其进退合战之状,颇有纪律,有非昔年杂胡之比。将帅二名,各设红形名,号令之际,吹螺之声,远闻府城。甲胄、戈剑、战马极其精健,曾所未见"。

潼关金使权梦龙呈报潼关被围情形说:"八月十九日,贼胡大军四面围抱",守兵力战,敌方退去。"忽贼焚荡钟城三部落,男女

---

① 《满洲实录》卷二。

牛马尽数虏去"。

稍后，北兵使李用淳又呈报说："今此胡贼兵分三卫而来，一卫兵留丰界部落，二卫兵先突钟城，焚荡藩胡，得牛马几五百头，掳男女千余口，大喜欲退。一卫兵说，我无所得，不可空退。有酋胡诱之曰潼关兵尽入钟城为守城兵，今若直冲其虚，所获必多。遂自前导，又围潼关"。"钟城以上藩胡一空"。

备边司综合各处呈报后，向国王启奏敌情说："此贼必是焚荡藩胡，而虑我国出战，先为耀兵于钟城，而厮杀藩胡部落也。第忽刺温乃深处之虏，而其众盛多"。[1]

布占泰是万历二十四年秋才主持乌拉国务，经过他的努力振作，到这次进入朝鲜时，不过只经过了短短六七年，军力已有很大提高，士卒增多，军械精良，"甲胄、戈剑、战马极其精健，曾所未见"，"其进退合战之状，颇有纪律，有非昔年杂胡之比"。连过去曾与乌拉兵多次交锋的朝鲜"接战将士等皆曰：前与忽温相战已熟。今见此贼，则长甲大剑，铁骑奔驰，旗麾进退之状，大非忽温"，"疑是兀胡兵相杂而来"。[2] 可见乌拉军队进展之快。布占泰的这次进兵，收获很大，掳掠了大量"藩胡"及牲畜。

仅仅过了两个月，布占泰又亲率大军入朝，围攻县城，掳掠藩胡。咸镜北道兵使李用淳呈述战情说："忽酋自将出来，兵势甚盛"。十月十四日，"贼胡犯境，先运则下去于美钱境中里部落。藩胡等走至美钱城底，美钱金使艰难保护，开门许入。后运则府境（稳城府）项浦部落屯聚，戌时末撤军水下下去。大概观其军马之数，自巳时至未时，马尾相连，不下五六千名矣"。"稳城（藩胡）部

---

① 吴晗：《李朝实录史料》，第 2724—2728 页。
② 同上书，第 2727 页。

落尽数焚荡",又转向庆源府。十五日,敌军"追逐胡人,越江至长城门外",在庆源府内掳掠,"忽贼酋阿叱耳(即布占泰)自领大军攻击藩胡,所向无敌,如庆源境夫汝只等七部落胡居弥满,未可猝犯,而一举焚荡,又复分兵旁行杀掠"。"忽贼无数出来,深处夫汝只、毛老部落,将之罗耳、时钱大、南罗耳、厚乙温、黄古罗耳等七部落"于十五日被"忽贼"围抱,"攻击冲火,杀掠人畜,不知其数"。①

万历三十三年,布占泰又领大军再次入朝,三月中旬攻陷潼关。咸镜北道兵使金宗得、宣传官李瑞龙、宣传官罗德宪以及宪府等启呈乌拉攻战情形说:"潼关乃六镇咽喉之地,一道成败所系,顷日全城陷落,极其惨酷"。"忽酋"何叱耳(即布占泰)"挟二爱妻出来",亲领大军进攻。三月十五日,"大军近城","忽贼几至八九千,一齐围城",攻下潼关,斩杀金使,"城内外枕尸相连","军器则贼徒尽数载去,仓谷则大半散失","而被掳之数,无从诘问","潼关男女老弱尽于杀戮之中"。②

潼关之陷,震惊朝野,咸镜道巡察使徐渻、兵使金宗得等几次奏请发兵,攻打忽温何叱耳(乌拉布占泰)留驻件退的五百余名马军步兵。徐渻、金宗得说:攻下潼关后,何叱耳"领大军"回,"只留骑步五百余名于件退",吩咐部下说,"吾当于四月旬前更来","侵伐朝鲜地方"。件退距乌拉七日程,距朝鲜境130余里。今宜聚本道精锐之兵数千,以及"藩胡"卓斗等酋长的部下,进攻件退,全歼乌拉驻兵。朝鲜国王批准其奏说:"此贼终无不讨之理。"金宗得率军数千,以及"藩胡"卓斗的三百余骑和石乙将介酋长的部下,于五月初六日渡江,攻打件退乌拉驻兵,抵达之时,见其"似无

①　吴晗:《李朝实录史料》,第2732、2733、2734页。
②　同上书,第2765—2768页。

出兵拒战之状。边兵、藩兵贪其虏获"争先冲入"胡庐,抢掠人畜之际",乌拉兵突然出击,勇战十倍于已的敌军,"挥剑俯斫,驰突出入"。朝鲜军队大乱,溃退逃窜,"一败涂地","许多精锐尽歼于凶贼之手","生还之卒,数不满千",而且也是"金枪满身,已为无用之物"。①

对于乌拉军队的多次入朝掳掠藩胡,并且攻陷潼关,大败进攻件退的朝鲜军队,朝鲜国王一再召集边臣、大臣,了解情况,商讨对策,得出了四点重要看法。一是布占泰的情况。平安兵使成允文说:"忽温酋名夫者卓古,或称夫者汉古,或单称卓古、汉古,年可四十,体中面暂缚,悍勇无双,与老少酋、罗里等寻常通使讲和,而以二女妻之。然而卓古与罗里所居地方稍近,两酋原为四寸兄弟,最为亲厚。"②

二是布占泰吸取了努尔哈赤收服"藩胡"从而兴盛的经验。体察使韩孝纯对朝鲜国王说:"向者老酋(指努尔哈赤)崛起,胁掠诸部,会宁以西藩胡尽为所制,或移于近地,或以为麾下,由此遂强。而今此胡温(指布占泰)亦踵老酋之事,此皆近日胡虏所未能之事也。观其凶谋,将欲合并六镇藩胡尽入于麾下而后已。军多则其势日强,势强则终为我国之患矣。"③

三是建州、叶赫、乌拉鼎立之势及其相互关系。平安兵使成允文驰启说:往年叶赫、乌拉等联兵进攻建州,癸巳年大败,"于是罗里兄夫者(指布寨)战死,忽酋卓古亦被擒而来。老酋解缚优待,拘留城中作为少酋女婿。老酋欲为远交近攻之计,始乃遣还卓古。卓古虽以不杀为感,而其惭愤之心久而犹存,今之通信实为外亲内

---

① 吴晗:《李朝实录史料》,第 2762—2765、2775、2776、2780 页。
② 同上书,第 2801 页。
③ 同上书,第 2806、2807 页。

忌。罗里痛其兄夫者之死,锐意报复,至今兵连祸结。三酋虽有鼎立之势,而其中老酋似为孤危。"①

四是乌拉势力强大,已经构成对朝鲜的严重威胁。朝鲜国王十分担心地对群臣说:"忽贼、老可赤前所未有之贼,于予身当之,不幸莫甚,若西北有警,则若之何!"②

乌拉布占泰能与建州王子"聪睿恭敬汗"努尔哈赤相提并论,可见其势已经相当强大了。然而,风云突变,正当布占泰迅速发展的时候,却遭到了突然打击,损失惨重。这一重大打击,不是来之于外人,而是其岳父大人兼妹夫的努尔哈赤。这就是乌拉与建州在万历三十五年三月的乌碣岩大战。

(三)乌碣岩大战

乌碣岩在朝鲜钟城府境内,又被称为门岩或文岩。明万历三十五年(1607 年),乌拉与建州在乌碣岩进行了一场生死搏斗的大战,乌拉军队惨败溃逃。《满洲实录》等书对这次战争的描写,皆归罪于布占泰忘恩负义,拦路劫杀。这些书写道:东海女真瓦尔喀部的斐优城主策穆特赫来到建州,请求努尔哈赤收纳说:"吾地与汗相距路遥,故顺乌拉国主布占泰贝勒,彼甚苦虐吾辈,望往接吾等眷属,以便来归。"努尔哈赤遂命舒尔哈齐、褚英、代善与费英东等,"率兵三千,往斐优城搬接"。到了斐优城,"收四周屯寨约五百户",返回时,于万历三十五年三月二十日,在乌碣岩遇到乌拉布占泰领兵一万拦劫,双方交战,乌拉大败。

如果完全相信这些叙述,那么,必然会得出布占泰忘恩负义,偷袭建州,欲杀害岳父老大人舒尔哈齐贝勒和褚英、代善两个小舅

① 吴晗:《李朝实录史料》,第 2801、2802 页。
② 同上书,第 2774 页。

子的结论,这个布占泰真是奸险卑鄙、无耻之极的小人。然而,《满洲实录》等官书,并未全面、如实地反映这次战况,只是片面之辞,不足为信,《李朝实录》的记述,倒还更为客观,更能真实反映战况。

根据《李朝实录》的记载,结合《满洲实录》等书对努尔哈赤多次遣兵收服东海女真的叙述,可以得出六点意见。其一,建州力收藩胡。努尔哈赤一直在努力收服包括朝鲜"藩胡"在内的东海女真。早在万历二十九年,朝鲜备边司即已根据平安兵使李箕宾等将的报告,向国王启奏说:"以李箕宾所料观之,老酋声势已行于北地,本处藩胡几半归服,使我藩篱日至撤去。"朝鲜国王赞成备边司对努尔哈赤势力的评估说:"老酋声势已张,威行于西北,诸胡莫不慑伏。"①此后努尔哈赤更加紧进行收服朝鲜藩胡的计划。

其二,乌拉后来居上。布占泰吸取了建州的经验,屡次遣兵入朝,收取藩胡。明万历三十三年三月攻陷潼关和五月在件退大败朝鲜数千官兵以后,布占泰一方面要求朝鲜授与职衔,除了给他以"金知"的职牒以外,还得到了百张"职牒",分给属下将领。② 另一方面,他又不断攻掠藩胡。他对朝鲜官员宣称,"藩胡皆其管下"。③ 他派兵进攻曾随从朝鲜军队征剿件退的"藩胡"卓斗与石乙将介两位酋长,两位酋长"被围既久,粮饷将绝,牛马尽为所掠",卓斗归顺乌拉。布占泰又遣兵围攻钟城境内的"伊乙巨大部落,及有原老部落","尽数杀掠"。④ 万历三十五年正月,备边司总论忽温兼并藩胡的情形说:"忽贼之势渐至鸱张。水上下诸部藩

---

① 吴晗:《李朝实录史料》,第 2684 页。
② 同上书,第 2804 页。
③ 同上书,第 2788 页。
④ 同上书,第 2796、2804 页。

胡并皆号令,县城必欲吞噬而后已。且论庆源、训戎等地城池难易,显有欲犯之状。"①布占泰在收服藩胡这个问题上,比其岳父兼女婿的努尔哈赤取得了更大的成效。

其三,建州、乌拉必为争夺藩胡而战。建州聪睿恭敬汗努尔哈赤,过去从收服藩胡中获效极大,增加了人丁士卒,壮大了军力,必将继续收服藩胡,而乌拉国主布占泰贝勒也因兼并藩胡而声势大振,也要将此行动延续下去。朝鲜体察使韩孝纯向国王呈述此情说:"向者老酋崛起,胁掠诸郡,会宁以西藩胡尽为所制,或移于近地,或以为麾下,由此遂强。而今此胡(指忽温何叱耳)亦踵老酋之为事,此皆近日胡房所未能之事也。观其凶谋,将欲合并六镇藩胡尽入于麾下而后已。军多则其势自强,势强则终为我国之患矣。"②

其四,乌碣岩之战,乃系建州有备而发。《满文老档》、《满洲实录》等书,皆把乌碣岩之战说成是乌拉布占泰贝勒设下埋伏,蓄意劫杀建州将士和岳父舒尔哈齐,而建州军队对此一无所知,突遇拦劫,被迫应战。此说与事实相距甚远。这次战争,建州早有准备,决非突遇意外,遭遇而战。这在朝鲜一些大臣的奏文中,反映得十分清楚。《李朝宣祖实录》载称:万历三十五年二月,即乌碣岩大战之前,北道兵使李时言向上奏报说:

庆源府使驰报内:"老乙可赤差麾胡三名说称:我是蒙古遗种,专仰中国。兀良哈则向化于朝鲜。忽温则本以凶奴无属处作屯居生,而朝鲜归顺藩胡,杀掠无忌,至于流散,未知其由。……"

① 吴晗:《李朝实录史料》,第 2828 页。
② 同上书,第 2806、2807 页。

李时言根据庆源府使的上述驰报,向备边司报告说:"而藩胡等为忽酋所侵,无有纪极,到今尤甚,不胜其苦,相继涣散,投入老土者颇多,或因渠辈之族类,转相诱引,稳城以上诸胡,多数移去。而县城之胡,毒(素)被忽胡侵害之说,传播于远近,故诱引设计,至于差胡委送,欲为率去之计。且僭称王号,致书于我之边官,其凶谋极为叵测,实为可虑。"①

李时言的上述启文,系当时朝鲜国内的行文方式和用词习惯,今日读来,不太通顺,但是也可以清楚看出,努尔哈赤利用乌拉布占泰(即忽酋)对藩胡的扰侵,而极力"诱引设计",招抚藩胡,藩胡纷纷摆脱"忽酋"控制,归顺"老酋","老酋"便"差胡委送"文书与六镇边将,言明欲将归顺的藩胡"率去"。这是乌碣之战的一个月以前之事。

《李朝宣祖实录》的"修正",就上述事描叙说:建州与乌拉大战于乌碣岩,乌拉败。"初老乙可赤设一部落于南略耳(胡地),诱纳山外水下诸胡,尽令来附。诸胡苦忽剌温之侵暴,多归之,兵势寝甚。至是举兵由南略耳路直抵县城(胡地),声言收取藩胡,留屯作农。且谓'忽贼杀掠藩胡,寇犯朝鲜,我实痛之。'以此行文于六镇列邑。"②这段史料,以及咸镜道观察使李时发的启文③,十分有力地说明了,努尔哈赤早在万历三十四年以来,就派兵驻于藩胡之南略耳地,大肆收引藩胡,藩胡"多归之",现在又宣称要"收取藩胡",致书于六镇官将,说明痛恨"忽贼""杀掠藩胡,寇犯朝鲜",显然要向"忽贼"开刀,为朝鲜除害。

在乌碣岩交战之前,三月庚辰,朝鲜咸镜道观察使李时发就建

---

① 吴晗:《李朝实录史料》,第2829页。
② 同上书,第2829页。
③ 同上书,第2829页。

州"老酋"招引藩胡之事评述说：

> 臣近观老酋所为，自去年以来，设置一部于南略耳，囊括山外，以为已有，其志实非寻常。今又诱胁水下藩胡，欲令远近之胡尽附于己。江外诸胡积苦于忽胡之侵掠，无不乐附于老胡，故去冬以后，投入于山外者其数已多，而此后尤当望风争附。此胡举措，实非忽胡之比，前头大段之忧，实在于此。[1]

过了三天，三月甲申，李时发又援引稳城府使郑沆的驰报说：浦项居住之胡人阿乙被"老兵"俘虏后，"老兵"将领将"印信文书"授与阿乙，令其送与稳城镇说："庆（源）、训（戎）两镇已送此文，汝当持给此文于稳城镇"。该将领又说："天朝、朝鲜、我国，此三国是一体，相顾礼义，而忽贼剪除藩胡，侵掠朝鲜，极为痛愕。其藩种我当率去镇定，事知通事及可信藩胡率来议处为和。"这也表明，努尔哈赤决定要"使远近之胡尽附于己"，并欲除去"剪除藩胡、侵略朝鲜"的"忽贼"（乌拉布占泰）。既要尽收藩胡，又斥责"忽贼"虐胡扰朝，努尔哈赤能不防备"忽贼"来袭吗？他当然会做好与乌拉布占泰交战的准备。

这在派兵进入朝鲜的将士上，也反映得十分清楚。《高皇帝实录》卷三载：万历三十五年正月初一，东海瓦尔喀部蜚悠城长策特穆黑来朝，告称遭乌喇布占泰贝勒虐害，"乞移家来附。上命弟贝勒舒尔哈齐、长子洪巴图鲁贝勒。褚英、次子贝勒代善、一等大臣费英东、侍卫扈尔汉率兵三千，至蜚悠城徙之"。这次遣兵，有两点显得十分突出。一是领兵主帅和大将之多及其身份地位之显赫，是以往历次遣军出征所未有的。除了努尔哈赤亲征以外，以往多次的派军出征，都未曾有一次便派三位贝勒领兵，而且大将有费

---

① 吴晗：《李朝实录史料》，第2832页。

英东、扈尔汉、扬古利三位开国元勋。尤其是舒尔哈齐贝勒，他系汗之亲弟弟，麾下将士兵马众多，在国中地位高，权力大，在明朝政府的心目中，仅次于兄长努尔哈赤。另一显著的特点是士卒之多，亦为前所未有。除古勒山与九部联军厮杀及汗亲征以外，历次出兵都未超过两千人，像额亦都、噶盖、安费扬古进攻纳殷，兵为一千，褚英、巴雅喇、噶盖、费英东征安褚拉库路，兵士亦为一千。将帅的配备及兵士之多，足以表明努尔哈赤的这次遣兵入朝，不只是应蜚悠城主的叩请，移其眷属，而是要尽收藩胡，准备与乌拉布占泰交战。

其五，乌拉惨败。《满文老档》太祖朝卷一载，万历三十五年三月二十日，建州军与乌拉布占泰的一万名军队交战，大败乌拉军，"生擒常住贝勒父子及其弟胡里布贝勒三人"，"斩其主将博克多贝勒父子"，"斩人三千，获马五千匹、甲三千副"。其败逃之将士，"冻死颇多"。朝鲜北道兵使李时言启报此次战情说："忽贼大败，尽弃器械马匹，奔忙逃遁"。备边司说："见此巡察使（观察使兼）、北兵使启，则老、忽两军大战于江边，忽兵不能抵敌，其北走之状，如天崩地裂云。"①《李朝实录》之"修正实录"就此记述说：老乙可赤"举兵由南略耳路直抵县城（胡地），声言收取藩胡，留屯作农。且谓'忽贼杀掠藩胡，寇犯朝鲜，我实痛之'。以此行文于六镇列邑。仍进军于钟城乌碣岩，遇（与）忽剌温相遇。大战良久，忽剌温大败，尽弃器械牛马而走。老军又从庆源城外而还。老贼此举虽曰为我除患，而盛张兵马穿过我境，如入无人之地，藩胡之强盛始此。"②过了两年，乌拉大败之情更加清楚。万历三十七

---

① 吴晗：《李朝实录史料》，第 2837 页。
② 同上书，第 2829、2830 页。

年三月备边司总述乌拉之败说:"门岩之败,一军塗地,僵尸相枕于我边境,本国边臣亲计其数,亦且二千六百余名,而舆尸远遁,老兵追奔逐北,深入而还,其死于胡地者,边人皆言五六千云。故至今传者,咸以为忽兵之败死不下七八千。"①

其六,收获极大。努尔哈赤派遣弟、子和将领士卒进行的乌碣岩之战,得到了很大收获。一是掠获大量马匹军械甲胄,《满文老档》记述说获马五千匹、甲三千副。《李朝实录》说,乌拉的一万军队,战败之后,"尽弃器械马匹"而逃,老兵则仍留战场,散遣军马,收拾忽兵遗弃杂物,这些马匹器械除倒毙损坏外,当然都成了建州的胜利品。二是收服了大量藩胡。《满洲实录》说,建州军队"进至斐优城,收四周屯寨约五百户",但《李朝实录》却说藩胡被"老酋"收服了很多,远远超过五百户。朝鲜备边司一则说"大概老酋以率去江外藩种为言,分送文书于各镇",再则又说,"六镇全依藩胡为外蔽,今者老酋尽撤,使六镇孤立",②可见建州收取藩胡数量之多,决不仅只五百户。三是扩大了建州影响,大大增强了建州国力。在此之前,乌拉在朝鲜境内横冲直撞,抢掠藩胡,攻打城池,还逼迫朝鲜国王发给"职牒",俨然成为威胁朝鲜安危的大国强国。经过乌碣岩的惨败,乌拉几乎全军覆没,在朝鲜人面前丢尽了面子,出尽了丑,而建州则军威大振,实力激增。万历三十七年三月备边司评论门岩之战对乌拉、建州产生的不同影响说:门岩之败,乌拉士卒"败死不下七八千人","忽胡在今,可谓积败之余,而亦所以不得不归服于老酋也。其势如是,故摧沮消退缩,不敢与诸酋有所抗衡"。"至于老酋兵力,比忽贼差盛,而一自门岩之捷,其

---

① 吴晗:《李朝实录史料》,第2860、2861页。

② 同上书,第2833、2837、2850页。

势大盛,雄于诸部,故远近部落几尽服属。而所未及吞并者,惟汝许、海东、海西数贼而已。"①过了九个月,咸镜道监司张勉又进一步叙述建州在乌碣岩之战获胜的巨大影响说:"臣接北兵使李守一驰报,则奴酋兵马方在水下,攻掠诸部云。此贼自得利门岩之后,威行迤东诸部。上年间尽撤藩胡,得精兵五六千作为腹心之军。今又孤军远来,悬入数千里之外,而忽温等胡不敢窥望其去留。兵锋所指,无敢谁何,而得志西北之间,概可想矣。前行远交近攻之术,只撤藩胡,海上诸部使一介缓颊,暂行羁縻。而及今劫以兵威,又为掠去,得军之数,必与藩胡同,又或过之。自其巢穴东至北海之滨,并为其所有。"②

由此可以看出,乌碣岩之战,及五年多以后的灭乌拉,是努尔哈赤及其辖治的女真国、后金国、金国发展史上的第三个里程碑。在此之前,是罗里(叶赫纳林布禄贝勒)、卓古(乌拉布占泰贝勒)和老可赤(努尔哈赤)"三酋虽有鼎立之势,而其中老酋似为孤危"。③ 而经过乌碣岩之战大胜以后,"其势大盛,雄于诸部","忽胡"成为"积败之余",灭亡在即,"汝许"(叶赫)败象凸显。

(四)两征乌拉

乌碣岩之战,至少会给努尔哈赤带来两点启发,一是布占泰必与建州为敌。古勒山战败被掳之威胁,联姻婚娶之笼络,都不能改变布占泰振兴乌拉、摆脱建州控制的决心,早晚必然再次交锋。二是乌拉必败。舒尔哈齐、褚英率领的三千将士,千里跋涉,深入朝鲜,被朝鲜官员称之为"深入疲劳之师",竟然能在突遇拦劫之时,从容应战,大展雄威,将三倍于己的一万乌拉军队打得七零八落,

---

① 吴晗:《李朝实录史料》,第2861页。
② 同上书,第2870页。
③ 同上书,第2802页。

溃不成军,死伤大半,这就自然而然地令人感到,将来再与乌拉开战,建州必能稳操胜券。但是,由于死敌叶赫势力仍然很大,是努尔哈赤统一女真的主要障碍,辉发尚未归顺,因此,努尔哈赤一方面借大胜之威,加速统一东海女真的行动,另一方面还未把矛头主要对准乌拉,既慑之以威,又继续远交近攻策略,对布占泰有打有拉。

万历三十五年(1607年)三月大败布占泰于乌碣岩之后,努尔哈赤连续出兵,五月,命幼弟巴雅喇贝勒、额亦都、费英东、扈尔汉率兵一千,往征东海窝集部,取赫席赫、鄂谟和苏鲁、佛讷赫三处,获人畜二千而还。九月,努尔哈赤亲征辉发,灭其国。第二年三月,努尔哈赤命褚英、阿敏领兵五千,攻克乌拉宜罕山城,"杀千余人,获甲三百副,尽收人畜而回"。此后,连续征服、招服窝集部内那木鲁、绥芬、宁古塔、尼马察、雅兰、乌尔古宸、木伦等七路,以及东海瑚尔哈部路之扎库塔城及其相近各路。

布占泰在褚英、阿敏于万历三十六年二月攻打宜罕山城时,曾与蒙古科尔沁部翁阿岱贝勒合兵,出乌拉城,欲往援救,见建州之兵势难抵挡,只好返回城中,心中大惧,于当年九月擒叶赫50人,交与建州使者,又遣使臣到建州,向努尔哈赤认罪道歉,并求娶其女说,"若得恩父之女与我为妻,吾永赖之"。努尔哈赤将亲生之女穆库什嫁与布占泰。[①] 但布占泰又违背盟誓,两次攻掠已附建州的窝集部内的瑚尔哈路,以鼿箭射其妻努尔哈赤的亲侄女娥恩哲,并欲娶努尔哈赤早已聘定的叶赫布斋贝勒之女。

努尔哈赤大怒,于万历四十年九月二十二日领兵往征,二十九日至乌拉国,攻下金州城等六城,在乌拉都城外安营扎寨,"遣兵

---

① 《满洲实录》卷三。

四出,尽焚其粮"。乌拉兵昼则出城,与建州军对垒于河边,夜则入城歇息。莽古尔泰与皇太极贝勒欲率兵过河,攻击乌拉军。努尔哈赤批评两个儿子轻率出言说:"欲伐大木,岂能骤折,必以斧斤伐之,渐至微细,然后能折"。"欲一举灭其势均力敌之大国,岂能尽灭之? 先剪除其外围部众,独留其大村(都城),如此,则无仆何以为主,无民何以为君"。遂"毁所得之城,焚其房谷"。① 布占泰对其过失予以辩解,恳求不要烧焚粮食,努尔哈赤严厉谴责,命其送子入质后,班师。

　　第二年,万历四十一年正月,努尔哈赤再征乌拉,"发兵三万",十七日至乌拉。次日,布占泰率兵三万前来迎敌。诸贝勒、大臣奏请进攻,努尔哈赤再次讲述"势均力敌之大国"不能一次或两次就可灭亡的理由。代善、阿敏、费英东等贝勒、大臣力请进攻;努尔哈赤同意。双方交战,乌拉大败,"布占泰仅以身免,投叶赫国去"。②

　　5 年多以前的乌碣岩大胜及由此发展而来的乌拉之灭,是努尔哈赤及其创建的女真国、后金国发展史上的第三个里程碑,影响很大。《满文老档》记述此役的收获说:"是役,破敌三万,斩杀万人,获甲七千副",灭了乌拉,"获其全国",分俘获,"编一万户,携之以归"。③

　　《满洲实录》说:"获马匹盔甲器械无算,乌拉国所属城邑皆归附","乌拉兵败后,有觅妻子投来者,尽还其眷属,约万家。其余人畜,散与众军"。④

---

① 《满文老档》太祖朝卷二;《满洲实录》卷三。
② 《满洲实录》卷三。
③ 《满文老档》太祖朝卷二。
④ 《满洲实录》卷三。

《实录》《老档》所说此战的主要收获有二,一为灭了乌拉国,二系掠获了巨量人畜甲械,收编了一万户诸申,这是事实,但此役意义、影响远不仅此。这在朝鲜官员的评述中,说得非常清楚。万历四十一年二月,即乌拉灭亡后不久,朝鲜咸镜北道兵使李时言向上启报乌拉之灭及其对建州之影响说:

> 胡人进告,奴酋率军兵进围忽剌温部城,以云梯陷之,忽酋脱身北走。忽温、老士皆豆满江外女真也。二部吞并诸部,为六镇大梗。及老酋起于建州,吞并二部,收其兵甲,始强大,有窥辽左之志矣。[①]

第二年万历四十二年六月,移任平安道兵使的李时言回答国王询问"老酋"情形时说:

> 闻虏情,则老酋大胜忽贼后,深处胡人几尽掠去,故酋势日炽,于我西北,似不好矣……老酋兵数,臣未的知,而本部精兵几至万余,至计其所掠忽贼骑卒,则不下数万人矣。此贼自丁未年到处战胜,始得炽大。[②]

丁未年,系万历三十五年,即乌碣岩之战的那一年。李时言上述的两次评述,除说明了努尔哈赤灭了乌拉,收取大量乌拉士卒及朝鲜境内藩胡几尽收去的情形外,还着重指出了"老酋"之强大,得力于丁未年大败乌拉于乌碣岩和五年以后的灭乌拉,以及收取藩胡,这样一来,增加了数万兵士,军力急剧壮大,努尔哈赤乃能"到处战胜",强大到可以窥视和侵占辽左的力量,始"有窥辽左之志矣"。可见努尔哈赤打败布占泰及灭掉乌拉,在努尔哈赤的发展史上,在后金国的发展史上,起了多么大的作用。

---

① 吴晗:《李朝实录史料》,第2895页。
② 同上书,第2902页。

第二节　建立新制

一、牛录屯田

牛录屯田,指的是聪睿恭敬汗努尔哈赤命令每牛录出 10 丁,于旷野屯田。《武皇帝实录》与《满洲实录》和《高皇帝实录》均将此事记于乙卯年,即明万历四十三年(1615 年)。《武皇帝实录》卷二载:乙卯年六月,努尔哈赤以"素无积储",不能出兵,而欲多垦田地,积储粮谷,"乃谕各牛录,每十人出牛四只,于旷野处屯田,造仓积粮"。《满洲实录》卷四的载述与此相同:乙卯年六月,努尔哈赤以"素无积储","乃谕各牛录,每十人出牛四只,于旷野处屯田,造仓积粮"。

这两部文献所述,"乃谕各牛录,每十人出牛四只",屯垦荒地,其意令人难以知悉准确实情。是各牛录每 10 人出牛 4 只吗?这个数字未免太大,一个牛录,有丁 300 名左右,如果每 10 人出牛 4 只,则 300 人当出 120 只,牛录之人怎能承担这一重负!查看《满文老档》,始知乃系每一牛录出 10 丁 4 牛。《满文老档》太祖朝卷四对此事记述为:

> 因取赋谷于部众(国人),将苦部众,始命一牛录出男丁十人、牛四头,于荒地耕种。自此,不征赋谷于部众(国人),部众(国人)亦无所苦,谷物丰足,粮库充裕,前此无有粮库矣。

《满文老档》太祖朝卷四又于乙卯年(万历四十三年)总结国内情形及叙述八旗制度时写道:

> (太祖)又念国人(部众)苦于粮赋,特令一牛录出男丁十

人、牛四头，以充公役，于闲地垦田。自是，粮谷丰登，修建粮库，并委大臣十六名、巴克什八人，以掌记录库粮，收发赈济事宜。

以上记载，可以说明四个问题。其一，这是努尔哈赤对所辖全部地区的规定，涉及面广，地域辽阔，不是仅指个别牛录，不是一次性的临时规定，这样大规模地遣派众多男丁屯垦田地，必将会在社会经济生活中产生很大的影响。

其二，《武皇帝实录》所说"乃谕各牛录，每十人出牛四只"，乃系每牛录出男丁10人、牛4只，是每个牛录都要出10人4牛，而这个"人"，不是一般意义的人，而是指特定的人。因为，如果泛泛地说"人"，则这个"人"，可以是贝勒、台吉、官员、将领，也可以是诸申、阿哈，还可以理解为奴隶主、农奴主，或者是老翁、老妪、少妇、男人、姑娘，等等，太含混了。而《满文老档》所记的部众或国人，含义就十分明确了，它就是指当时的诸申。因此，可以肯定，牛录屯田的人，就是诸申，是努尔哈赤命令每牛录出10名诸申、4头牛垦种荒地。

其三，金派诸申屯田的原因是，过去"素无积储"。努尔哈赤兴起初期，辖地不大，人口不多，遇有开支，或由各位将领及其辖属临时凑备，或从俘获物中提取，但是，随着统一女真各部的顺利进行，辖地已经十分广阔，人口越来越多，到万历四十一年，已经统一了建州女真及海西女真的哈达、辉发、乌拉，以及相当多的东海女真和朝鲜境内的许多"藩胡"，必须开支的粮米数量就越来越多，一遇灾荒时期，更是狼狈万分，缺乏急需粮米，迫使许多穷人流入朝鲜境内乞讨度日。努尔哈赤要对效忠于己的文臣武将赏赐粮米，也无从支出。这就需要建立起正规的长期的赋谷收入来源制度，使国有库谷，以备开支。牛录屯田满足了这个要求。《满文老档》虽未写明到底收了多少粮食,但还是可以分析出大致情形。按照努尔哈赤的命令,一牛录出 10 丁 4 牛屯垦闲地,按照以后计丁授田的规定,每丁给地 6 日,1 日为 6 亩,计 36 亩。照此推算,1牛录 10 丁,可屯垦田地 36 亩。乙卯年定八旗制时,有牛录 200个,此后增至 400 个牛录。这样,八旗共有屯垦荒地的诸申2000—4000 丁,可耕田 7—14 万余亩,以每亩收谷 1 石计算,可收赋谷 7—14 万余石,数量够大了。因此,《满文老档》编写者说,自每牛录佥派 10 丁 4 牛垦田以后,"谷物丰足,粮库充裕",可见牛录屯田制对保证国家的固定收入,对女真国、后金国实力的加强、军粮的供应,都起了重要作用。

其四,对诸申的身份地位产生了重大的负面影响。在此之前,虽然遇逢筑城等事,努尔哈赤要佥派诸申服役效劳,如像万历二十四年初扩建费阿拉城时,佥派诸申缴纳木材,驾牛运送,于外城之外修建木栅,"每一户计其男丁之数,分番赴役,每名输十条"。[①]但是,并未正式制定诸申交纳赋谷的条例,牛录屯田的汗谕,既规定每个牛录必须佥派 10 丁垦田,而且明确说明,这是"以充公役",是交纳"粮赋"的一种代替方式,实质上是诸申向国家交纳的"粮赋",从而在使诸申从努尔哈赤起兵以前的自由的氏族成员,下降为奴隶占有制国家统治的穷苦平民的过程中,发挥了重大影响。

二、八旗定制

八旗制度是清朝特有的重要制度,在近 300 年的时间里,对清朝的军事、政治、民族、文化等方面,都发挥了独特的影响,而这一

---

① 申忠一:《建州图录》。

制度的创立者,正是大清国的始祖太祖武皇帝努尔哈赤。

从明万历十一年(1583 年)努尔哈赤以遗甲十三副起兵以来,经过三十来年的南征北战,"恩威并用",抚剿兼行,聪睿恭敬汗的辖区已经十分辽阔,人口众多,牛录数以百计。这些女真人,原来散处辽宁、吉林、黑龙江各地,还有流入朝鲜境内的六镇"藩胡",他们习俗不一,制度悬殊,有的捕鱼捉貂,渔猎为生,有的室居耕田,役使阿哈,"饮食服用,皆如华人",如果没有统一、正确的管理制度,取代旧日分散的、各自为政的方式,就很难真正地统一起来,这个各有特色、复杂松散的混合体便将是昙花一现,不能长期延续下去,也无法对付实行"分而治之"政策压制女真的明王朝大军的进剿。正是在这错综复杂、危机四伏的严峻形势下,雄才大略的努尔哈赤明智地在牛录制的基础上,创立了八旗制度。

《满文老档》太祖朝卷四和《满洲实录》卷四载述了八旗制创立的基本情形,现将几段重要记载引录如下:

> (万历四十三年),太祖削平各处,于是每三百人立一牛录额真,五牛录立一甲喇额真,五甲喇立一固山额真,固山额真左右立梅勒额真。原旗有黄、白、蓝、红四色,现镶之为八色,成八固山。行军时,若遇广地,则八固山并列,队伍整齐,中有节次。地狭,则八固山合一路而行,节次不乱。军士禁喧哗,行伍禁纷杂……又立理国政听讼大臣五员,扎尔固齐十员……凡事,扎尔固齐先审,次达五大臣,五大臣鞫问,再达诸王。如此循序问达,令讼者跪于太祖前,先闻听讼者之言,犹恐有冤抑者,更详问之,将是非剖析明白,以直究问,故臣下不敢欺隐,民情皆得上达矣。①

---

① 《满洲实录》卷四。

(万历四十三年)聪睿恭敬汗将聚集之众多国人,尽行清点之,均匀排列,每三百丁编一牛录,一牛录设一额真。牛录额真之下,设代子二人、章京四人、村拨什库四人。将三百男丁以四章京之份额编为达旦,无论做何事、去何地,四达旦之人按班轮值,共同劳动,同差,同行走。若军用甲胄、弓箭、腰刀、枪、长柄大刀、鞍辔等物恶劣,则贬降牛录额真。倘俱修整良好,军马肥壮,则擢升牛录额真,诸事豫为立法,俾得遵循。①

(汗)又念国人苦于粮赋,特令一牛录出男丁十人、牛四头,以充公役,垦荒屯田。自是粮谷丰登,修建粮库,并委大臣十六名、巴克什八人,以掌记录库粮,收发赈济事宜。②

遴选审理国事之公正善良贤能人士为八大臣,再委四十审事官,不贪酒,不索金银。每五日召集诸贝勒、大臣入衙门一次,协议诸事,公断是非,著为常例。③

英明汗又言:……诸贝勒大臣,尔等与其只求一身之福,不如对下面众伊尔根教以善言,使其摒弃恶念,众心皆明而善,不为主上所罪,尽执忠良之心,则尔等今生名声大著,传闻于后世,是乃功德矣。吾思,生者,善理上天委任大国之事,审断公正,平盗贼,止恶逆,贫苦之人尽皆养之。如此,合天意,养贫乏,使国家太平,此则极天之大功,己身之大福也。④

根据上述资料,结合有关文献,对努尔哈赤创立的八旗制度,可以看出六个问题。其一,牛录数目。乾隆十二年敕撰的《皇朝

---

① 《满文老档》太祖朝卷四。
② 《满文老档》太祖朝卷四。
③ 《满文老档》太祖朝卷四。
④ 《满文老档》太祖朝卷四。

文献通考》载称："甲寅年定八旗之制,以初设四旗为正黄、正白、正红、正蓝,增设四旗为镶黄、镶白、镶红、镶蓝……合为八旗,统率满洲、蒙古、汉军之众。每三百人设牛录额真一人,五牛录设甲喇额真一人,五甲喇设固山额真一人,每固山设左右梅勒额真二人。时满洲牛录三百有八,蒙古牛录七十六,汉军牛录十六。"乾隆三十二年敕撰的《八旗通志》二集卷三十二《兵制志》对此的记述,与《通考》大致相同,但略有差异。其记述为:"甲寅年,始定八旗之制,以初设四旗为正黄、正白、正红、正蓝,增设镶黄、镶白、镶红、镶蓝四旗,为八旗。每三百人设牛录额真一,五牛录设甲喇额真一,五甲喇设固山额真一,每固山设左右梅勒额真各一,以辖满洲、蒙古、汉军之众。时满洲、蒙古牛录三百有八,蒙古牛录七十六,汉军牛录十六。"两书皆认为八旗有 400 个牛录。这两部文献都是皇帝下敕编修的,撰写者都是当时有名的学者,是很有权威的重要官书,它对此时八旗牛录的数量作了这样明确的结论,影响是很大的,近人的不少论著都照样引用了这个数字,但是,我认为,此数有误。一则此 400 个牛录的数字,与其前述 300 丁为一牛录,五牛录为一甲喇,五甲喇为一固山的数字有矛盾,照牛录、甲喇、旗的关系看,一旗有 25 个牛录,八旗为 200 个牛录,怎么会得出 400 牛录之数? 再则,此书所说的 400 个牛录中,有"满洲牛录三百有八,蒙古牛录七十六,汉军牛录十六",按每牛录 300 丁计算,满洲牛录 308 个当有男丁 90024 丁,此时,刚灭乌拉,海西女真四部之中人口最多的叶赫部还与努尔哈赤对抗,这 9 万多丁从何而来? 蒙古牛录 76 个,当有男丁 22000 余丁,此时漠南蒙古各部皆系独立之部,没有率众归顺努尔哈赤,那么这二万多蒙古人又是怎样钻出来的? 就在第二年天命元年(1616 年)努尔哈赤欲造舟备战时,"令一牛录出三人造舟,共遣六百人"造舟。可见,此时,万历四十二年或四十三年定八旗制时，八旗只有牛录200个左右。

其二，编丁入旗。努尔哈赤明确规定，所有人员，"汗之聚集之众多国人"，"尽行清点之，均匀排列"，分隶各牛录，禁止隐匿丁口脱漏不报，不准离旗外逃。这样就将来自不同地区的、分散的数十万人口统一编制起来。

其三，三级管理。每三百丁编一牛录，设一牛录额真，其下又设代子、章京、村拨什库，牛录额真管辖本牛录人员、五牛录设一扎拦额真。扎拦，亦称甲喇，乃满文 jalan 的译音，原意为"草节、树节、竹节儿之节，骨节之节。"此处是将"甲喇"（扎拦）作为承上启下的中间机构，下是牛录，上为固山（旗）。此时甲喇额真又称五牛录额真，管辖五个牛录，后来各甲喇辖的牛录多了起来，不尽一致，有的甲喇多达十几个牛录。甲喇额真既管所辖的牛录，又受治于固山额真。固山额真听命于本旗旗主贝勒。各旗旗主贝勒、固山额真又归汗辖治。八旗人员悉听汗主宰。于是，原来分散的几百个牛录被统一编制起来，分级管理，克服了过去由汗直接约束各个牛录的不便，管理上既严密，又灵活，对加强国家的集中统一领导起了很好的作用。

其四，军事制度。八旗制是后金国的军事制度。八旗的诸申（即汗谕的"国人"或"部众"）是兵民合一，平时耕猎为民，战则披甲当兵，每个诸申皆有出征厮杀的任务。各个时期金丁披甲的比例不尽相同。天命三年（1618 年）四月努尔哈赤以"七大恨"兴师伐明时下令："一牛录五十甲，以十甲之人守城，四十甲从征。"[1]后来规定一牛录出一百甲，有段时间每牛录金丁披甲多达一百五十名。总的看来，大体上是三丁抽一。这样，就建立起一支拥有精兵

---

[1] 《满文老档》太祖朝卷六。

数万的八旗劲旅。征战之时,固山额真、甲喇额真、牛录额真分率本旗本甲喇本牛录士卒,在汗和本旗旗主贝勒的指挥下冲锋陷阵,攻城夺寨。天命三年四月进攻抚顺时,努尔哈赤发布军令,命甲喇额真、牛录额真须领兵厮杀,并将"汗之言语、法令教训于众",若不向兵丁下达,则予以惩处。战后,以牛录额真苏塞"率一牛录之人,于陷阵得俘获时则来",贝勒令其往前迎敌拼刺时,"苏塞牛录之人皆不来",乃革其职,"裁其俘获"。①

其五,财经职能。八旗制还包含有征赋金役等财经职能。天命元年七月,因征东海瑚尔哈部女真,"令一牛录出三人造舟,共遣六百人,往兀尔简河上游之森林,造刳舟二百"。② 后金国的官用粮谷,亦系八旗各个牛录提供,每牛录出十丁四牛于空闲地方屯垦田地,所获粮谷全部纳入新修的粮库,每年能有八九万粮食的收入,这对保证后金官粮的供应起了很大作用。后金国的其他费用,包括临时征战急需的军马,努尔哈赤也金派各牛录备办。天命元年,为征取瑚尔哈部女真,命"一牛录选骏马六匹,共马一千,牧于田谷之中,使肥之"。③ 朝鲜人记述后金征战开支费用情形时说:"凡有杂物收合之用,战斗力役之事,奴酋令于八将,八将令于所属柳累将,柳累将令于所属军卒,令出不少迟缓,绝无呈诉辨理争讼曲直之事云。"④

其六,政权组织。八旗制还包含了政、刑职能,是后金国进入辽沈以前国家政权的特殊组织形式。牛录是基层政权组织,上为甲喇,再上为固山(旗)。八旗的固山额真、梅勒额真、甲喇额真、

① 《满文老档》太祖朝卷六。
② 《满文老档》太祖朝卷五。
③ 《满文老档》太祖朝卷五。
④ 李民寏:《栅中日录》。

牛录额真,除了执行汗的谕令金派人夫屯田筑城披甲当兵外,还要遵照汗和本旗旗主贝勒的命令,治理属下人员。努尔哈赤一再谕示各级额真严格管辖旗下兵民。他降谕说:"汗所任有之诸大臣,自众额真以下,牛录章京以上,尔等当各自谨慎恪守职责,坚持法令,严加管辖……管教国人。"此谕中的"众额真",是官职,有两位,分管左翼右翼,地位在固山额真之上。努尔哈赤责令众额真、固山额真、梅勒额真、甲喇额真、牛录额真、牛录章京和村拨什库,皆要遵照此谕,书写誓言,呈汗阅后录入档子。"日后尔等背誓犯罪,则以尔等之誓言判之"。甲喇额真以上各官共呈誓文说:"汗所降谕旨及各项法令,定牢记不忘,且勤加宣谕。若置诸贝勒及大臣之命于脑后,玩忽职守,不辨良莠,为诸贝勒、大臣见责,我等甘受贬黜。"众章京和各村拨什库的誓文说:"诸贝勒、大臣已将各项法令下达于牛录额真。我等定不忘牛录额真传谕之言,召之即至,不违其时,遇有差委工役之事,定不避亲族,身先承当。若谎称此言,并不兑现,为牛录额真见责,报诸贝勒大臣,我等甘愿伏诛。"①

在辖治旗人的问题上,努尔哈赤谕示诸贝勒、大臣,要他们做到以下四条。一为"审断公正",即维护奴隶主阶级的利益,按照统治者的意志裁处各事,重惩违令的诸申、阿哈以及影响汗贝勒利益的个别官将。遇有词讼,审事大臣(都堂或督堂)先审,次达五大臣,再达诸贝勒,然后由汗裁定。二是"平盗贼,止恶逆",遇逢诸申、阿哈反抗,则严厉镇压,捉获逃亡的阿哈,立即处死。三系"遍济贫乏",施用小恩小惠,如赐点食盐给筑城夫役,赏给穷民布匹,以示宽厚,企图使诸申、阿哈感恩戴德,"虽劳苦从事而无怨

---

① 《满文老档》太祖朝卷十一。

言"。四为"教以善言",使劳动者之心"皆明而善",不怀恶念,不为"盗贼之行",俯首帖耳,甘作顺民。这样,就可达到"国家太平",汗、贝勒便能坐享诸申、阿哈的劳动果实了。

以上六条,十分清楚地表明了,努尔哈赤创立的八旗制度,不只是一个单纯的军事制度,而是包含了军、政、财、刑等各方面职能的根本制度,也是进入辽沈以前后金国政权组织的特殊形式。

努尔哈赤创立的八旗制度,对后金国,对辖区的各个阶级阶层,对女真——满族,都产生了强烈影响。八旗制度的建立,将分散的女真人严密地编制起来。分则弱,合则强,早在几百年以前的宋朝,便有女真"兵若满万,则不可敌"的说法。现在,数以万计的女真男丁,以及老幼眷属,统一编制起来,可金选精兵数万,加上粮草充足,器械精良,战马10万,成为具有极大威力的强大军队。努尔哈赤率领八旗劲旅,用兵三十余年,战必胜,攻必克,连下明国重镇,大败明军于萨尔浒,俘获人畜数百万,辖地数千里,扩大了奴隶制剥削范围,对后金国的巩固和扩展起了非常大的作用。

努尔哈赤创立的八旗制度,对辖区的各个阶级阶层,带来了不同的但又是强烈的影响。八旗设置二三百个牛录额真和二千余名牛录章京、代子、村拨什库,还有几十位甲喇额真和二三十位固山额真、梅勒额真。各级额真之上,每旗有一位旗主贝勒,还有不是旗主贝勒的贝勒、台吉。聪睿恭敬汗、英明汗努尔哈赤封子侄孙代善、阿敏、莽古尔泰、皇太极、豪格、杜度等为固山贝勒(亦称旗主贝勒)或贝勒,各为一旗之主或若干牛录之主,努尔哈赤是八旗之主。曾经是小部酋长之子家道不丰的努尔哈赤,现在成为八旗之主,成为国家的最高统治者,也是国内获利最大和最富之人,他占有的阿哈、牲畜、金银布帛之多,无人能比。曾经是家境贫寒没有阿哈或阿哈很少的努尔哈赤之弟侄,现在贵为贝勒,阿哈成百上千,其富仅在汗之下。费英东、额亦都等几百位固山额真、梅勒额真、甲喇额真、牛录额真,分辖所属固山、甲喇和牛录,领取汗之厚赏,分得战争俘获,大都成为阿哈牲畜众多的贵人和富人。汗、贝勒和各级额真是建立八旗制的获利者。

至于当时正身旗人之中人数最多的诸申,却因八旗制的建立,处境大为恶化了。努尔哈赤起兵以前,诸申可以"任意行止,亦且田猎资生",现在不行了。按照努尔哈赤关于八旗制度的规定,诸申必须编入牛录,三百丁分编四达旦,"无论做何事,去何地,四达旦之人按班轮值,共同劳动,同差,同行走"。这样,诸申被八旗制束缚起来,便不得不为汗、贝勒效劳了。过去,诸申无拘无束,现在则辖治于牛录额真,遭受汗、贝勒和各级额真的压榨,诸申必须自备军装战马,甲胄弓箭鞍辔等物一律要"整修良好",军马要肥壮,否则将被惩办。诸申必须披甲当兵,每牛录金甲若干名,连年征战,四处厮杀,许多人腿断臂折,遍体鳞伤,不少兵士还血尽命丧,横尸异乡。[①] 屯田筑城,运送粮盐,披甲从征,官将勒索,差重役烦,严格束缚,这一切使得许多诸申倾家荡产,贫困不堪,后金国内出现了"穷苦之人甚多也"的局面。[②] 诸申已经下降为奴隶占有制国家统治的贫苦平民。

努尔哈赤创立的八旗制度,还有力地促进了满族的形成和发展。全部人员,各按旗分、甲喇、牛录居住,原系一族一寨之人往往分隶不同的旗或不同的甲喇牛录。一旗、一甲喇、一牛录之内,又有不同地方、不同部落、不同村寨的人丁,基本上打破了女真各依

---

① 《满文老档》太祖朝卷四、二〇、六二。
② 《满文老档》太祖朝卷四。

族寨居住的旧习,这就使八旗以女真为主吸收汉人、蒙古等人参加的几十万不同地方、民族、部落的人员,居住在同一地区,密切了彼此的联系。

八旗人员在汗、贝勒和各级额真的管辖下,耕田种地,纺花织布,牧放马牛,猎捕兽禽,采松摘果,生产迅速发展,改变了部分女真旧日渔猎为生的落后习俗。八旗人员大体上达到了"耕田食谷为生"的水平。[①]

在此之前,有的女真人任意行止,自由谋生,过着原始社会末期的生活,有的地方女真人已进入奴隶社会,辽东地区的汉民却又处于封建社会后期,编入八旗以后,各地各部人员,被俘为奴者降为阿哈,有功者上升为奴隶主,归顺者成为诸申,家主剥削阿哈的奴隶制发展为占居八旗统治地位的生产关系。

八旗人员皆须遵守国家法令。所有八旗人员,不管是女真,还是汉人,言谈交际,文移往来,必须使用满文满语,服装发式亦须一律,依照女真习惯剃发,不许妇女缠脚。八旗人员同居共处,互通婚姻,血缘关系更加密切。

这样一来,在八旗制度的辖束下,经过广大八旗人员的长期辛勤劳动和共同做事,以女真为主体的来自不同民族和地区的几十万人上百万人,在生产力、生产关系、赋役负担、国家法令、语言文字、服饰发式和风俗习惯等等方面,大体上达到了同样的水平,旧有的差异迅速消失,一致性愈发增多,逐渐形成为一个在居住地区、经济条件、语言文字、心理状态等方面基本一致的新的民族共同体——满族。在满族的诞生和成长过程中,努尔哈赤创立的八旗制度发挥了重要的促进作用。

① 《满文老档》太祖朝卷一三。

第三节　幽弟斩子

一、达尔汉巴图鲁贝勒之死

随着女真国——后金国的建立和发展,统治集团内部对权力的角逐,也就相应地激化了,相继出现了几起严重影响政局的大事,发生了重大疑案。达尔汉巴图鲁贝勒之死,即为首案。

达尔汉巴图鲁贝勒是舒尔哈齐的封号。舒尔哈齐是清显祖宣皇帝塔克世的第三子,与努尔哈赤同为宣皇后喜塔腊氏所生。舒尔哈齐生于明嘉靖四十三年(1564年),比努尔哈赤小5岁,死于万历三十九年(1611年)。《满洲实录》卷三对舒尔哈齐之死,仅简单地写了一句:"(万历三十九年)八月十九日,太祖同胞弟达尔汉巴图鲁薨,年四十八岁。"48岁,正是年富力强之时,万历三十九年又是努尔哈赤辖治的女真国迅速扩展之时,为什么舒尔哈齐会突然去世? 他既被兄汗封为达尔汉巴图鲁的英勇嘉号,必然战绩可观,军功累累,《满洲实录》为何一字不提? 显然其中必有奥妙。

查看《满文老档》,它在记述舒尔哈齐之去世时写道:

聪睿恭敬汗之弟舒尔哈齐贝勒,因系同父同母所生之弟,故凡国人、贤良僚友、敕书、阿哈,以及一切诸物,皆同样使之承受专主。虽使之如此同享国人、僚友及一切物品,然弟贝勒于出征之时,向无殊功,于大国之政道,亦未进一善见,令然才能矣。然虽无才能,因系汗之惟一亲弟,诸凡物品皆同样给与养之。如此供养,弟贝勒尚不知足,成年累月,怨其兄长。兄聪睿恭敬汗曰:弟,汝之所得家业及国人、僚友,非我等之父所

172

遗留之国人、僚友,乃为兄我所赐也。斥其过恶之后,弟贝勒悍然曰:此生有何可恋,不如一死。遂背弃使其同等承受专主国人僚友之兄,携其部众,出奔他路异乡以居。聪睿恭敬汗怒,遂于己酉年,聪睿恭敬汗五十一岁,弟贝勒四十六岁,三月十三日,尽夺昔赐与弟贝勒之国人、僚友及一切物品,使为孤子之身,斩不谏其弟并挑唆弟贝勒之族人阿萨布,焚杀大臣乌尔昆蒙兀。如此羞辱弟,使其孤立后。弟贝勒自责曰:多蒙兄汗赡养,吾欲另住,洵属狂妄,实乃我之过也。于是翻然归来。聪睿恭敬汗乃于是年将夺去之国人、僚友悉数归还弟贝勒。然弟贝勒不满足于兄聪睿恭敬汗之恩养,不惬于安享生计之天恩,辛亥年八月十九日,弟贝勒卒,享年四十八岁。①

《满文老档》太祖朝卷一还描述了舒尔哈齐于乌碣岩之战时的畏惧怯战情形。

以上《满文老档》所述,讲说了舒尔哈齐的七个问题。其一,与兄并尊并富。舒尔哈齐拥有与兄汗努尔哈赤同等多的"国人、僚友、敕书、阿哈以及一切诸物"。舒尔哈齐应是国内与汗并列或仅仅略次于汗的大贵人、大奴隶主和大富翁。其二,无德无功。舒尔哈齐于出征之时,"向无殊功","于大国之政道","未进一善见","全无才能矣"。其三,汗之恩养。舒尔哈齐拥有的国人、僚友、阿哈、敕书等物并非其父塔克世所遗,而是兄汗努尔哈赤所赐,是汗之恩养。其四,恨兄别居。舒尔哈齐怨恨其兄,携带部众弃兄奔往他路异乡居住。其五,籍没孤立。努尔哈赤大怒,尽行籍没弟之国人、僚友、阿哈、敕书等物,使弟成为"孤子之身"。其六,被迫归来。舒尔哈齐被籍没和成为"孤子之身"后,被迫回来,自责己

---

① 《满文老档》太祖朝卷一。

过。其七,壮年去世。兄汗虽将籍没诸物一并归还与弟,但舒尔哈齐不满足于兄汗之恩养,48岁时死去。

《满洲实录》、《武皇帝实录》、《高皇帝实录》对舒尔哈齐的记述和评论,基本上与此相同,似乎舒尔哈齐将因这些文献,而被定为无德无才无功之庸人和忘恩负义之小人,永被鞭挞羞辱,恶名远扬了。但是,经过查看其他资料和具体分析,便可看出,《满文老档》等书对舒尔哈齐的叙述和评价是不公正的,与历史实际相距太远,舒尔哈齐的基本情形应该包括以下六个方面。其一,名见天朝,威传朝鲜。虽然《满文老档》、《满洲实录》等书对舒尔哈齐极尽贬抑和有意遗漏,顺治、康熙以来设立的国史馆撰《开国诸王公诸大臣传》时,不为舒尔哈齐立传。乾隆年间撰《宗室王公功绩表传》时,谕将《实录》本无记载之通达郡王雅尔哈齐、武功郡王礼敦、慧哲郡王额尔衮、宣献郡王斋堪各自补写一传,亦不提及曾于顺治十年被追封为惟一亲王的庄亲王舒尔哈齐,任其继续消失在国史馆之王公传外。舒尔哈齐排行第三,其弟兄共有四人,长兄努尔哈赤为汗,二哥穆尔哈齐系庶母所生,顺治十年追封贝勒,四弟雅尔哈齐,系同母所生,顺治十年追封郡王,五弟巴雅喇,继母所生,顺治十年追封贝勒。穆尔哈齐、雅尔哈齐、巴雅喇皆有传,独舒尔哈齐无传。尽管清帝对舒尔哈齐的排挤贬抑到了无以复加的程度,不让国人知道他、想起他,但舒尔哈齐仍然是名扬国外,明国和朝鲜当时都把他与其兄相提并论,或仅次于其兄努尔哈赤。

明国人常将舒尔哈齐与其兄努尔哈赤并称,其在外之名声,除努尔哈赤外,无人能比。《明神宗实录》将努尔哈赤、舒尔哈齐皆称为都督,称努尔哈赤为"都督奴儿哈赤",舒尔哈齐为"都督速儿哈赤"。朝鲜实录则分别称二人为"老乙可赤"、"小乙可赤"、小哈赤,或"老酋"与"小酋"。它在记述乌碣岩之战时曾写道:"今者小酋领军穿过我境"。①

其二,人多势众。朝鲜国王命通事河世国随同明国驻朝鲜训练兵士的游击胡大受之使者余希元,于万历二十三年八月前往建州,对努尔哈赤宣谕,令其不得进攻朝鲜。河世国一行于十一月初二日返回朝鲜。河世国禀报所见所闻说:先到努尔哈赤处行礼,然后又到"小乙可赤处一样行礼"。"大概目睹,则老乙可赤麾下万余名,小乙可赤麾下五千余名,常在城中"。"老乙可赤战马则七百余匹,小乙可赤战马四百余匹"。② 此时离万历十一年起兵才十二年,舒尔哈齐麾下就有将士五千余名,战马四百余匹,可见其人马数量之多和发展之快。

其三,多次进京朝贡明帝。按照《明实录》的体例,女真酋长们进京朝贡明帝时,只记其领头的、职衔最高、势力最大的酋长名字,其余酋长的名字则不予书写,而被《满文老档》等书埋没了的舒尔哈齐(速儿哈赤)的大名却三见于《明神宗实录》里。第一次是万历二十三年,《明神宗实录》内阁文库本卷二十三载:"八月丙寅,建州等卫夷人速儿哈赤等赴京朝贡,命如例宴赏。"过了两年,万历二十五年七月,《明神宗实录》卷三一二载:"戊戌,建州等卫夷人都督都指挥速儿哈赤等一百员名、纳木章等一百员名,俱赴京朝贡,赐宴如例。"《明神宗实录》卷四五三又载,万历三十六年十二月甲戌,"颁给建州右等卫女直夷人速儿哈赤等一百四十名,贡赏如例"。谈迁的《国榷》卷八十还载称:万历三十四年十二月,"建州卫都督都指挥速儿哈赤等入贡"。《明实录》对努尔哈赤入贡的记述,与言其弟的体例文字相同。比如,就在万历三十六年十

---

① 吴晗:《李朝实录史料》,第 2840 页。
② 同上书,第 2167 页。

二月舒尔哈齐领贡赏之时,《明神宗实录》卷四五三载:十二月乙卯,"颁给建州等卫女直夷人奴儿哈赤、兀勒三百五十七名贡赏如例"。可见,明朝政府是将努尔哈赤与舒尔哈齐并列的,都是建州女真的领头酋长。明朝一些朝野人士,也是这样看待舒尔哈齐的。黄道周的《博物典汇·建夷考》称舒尔哈齐为"三都督"。马晋允的《明通纪辑要》、彭孙贻的《山中闻见录》等书亦将努尔哈赤与舒尔哈齐一起叙述。

其四,朝鲜尊称"两都督"。朝鲜对努尔哈赤与舒尔哈齐是基本上同等对待的。因为他们所见这两弟兄的势力地位都相差无几。通事河世国于万历二十三年八至十月进入建州期间,看到努尔哈赤与舒尔哈齐是并肩之王,动辄兄弟相提并列。他禀报说在老乙可赤处行礼后,"小乙可赤处一样行礼","老乙可赤屠牛设宴,小乙可赤屠猪设宴,各有赏赐"。城内正在"造作老乙可赤兄弟所在家舍,则盖瓦。各以十坐分为木栅,各造大门,别设楼阁三处"。① 朝鲜国王将河世国的禀报移咨明朝副总兵说:据河世国报说,"看得奴儿哈赤及伊弟速儿哈赤各坐一城",调集兵士训练,欲攻朝鲜。② 南部主簿申忠一进一步了解到努尔哈赤与舒尔哈齐是同等地位,共见使臣。他记述万历二十三年十二月二十二日至第二年正月初六日入使建州的情形说:"奴酋家在小酋家北南向造排,小酋家在奴酋家南北向造排"。正月初一是"奴酋"请申忠一赴宴,到奴酋住处,申忠一及"奴酋女族在西壁,奴酋兄弟妻及诸将妻皆立于南壁炕下,奴酋兄弟则南行东隅地上向西北坐黑漆椅子"。初二日,"小酋送马三才来请"申忠一赴宴,申忠一前往小酋

① 吴晗:《李朝实录史料》,第 2167 页。
② 同上书,第 2183 页。

家，"凡百器具不如其兄远矣"。在建州期间，双方互送礼品。奴酋送"黑段团领三件、貂皮六令、蓝布四匹、绵布四匹"，"小酋亦送黑段团领各三件、黑鞍精具三件"。申忠一辞谢说："我以满浦军官只持文书往复而已，有何勾干，膺此两都督府重礼。"①"两都督"就是舒尔哈齐与兄长努尔哈赤在朝鲜人中的印象，两兄弟是相提并论，并尊于建州。

其五，业系已创，非兄所赐。《满文老档》宣称，舒尔哈齐拥有的众多国人、僚友、阿哈、敕书，皆系兄汗太祖所赐，此乃颠倒黑白之弥天大谎。尽管《老档》等官书蓄意贬抑舒尔哈齐，抹杀其功勋，但也不得不写其曾经参加灭哈达、战乌碣岩之事，虽言其怯战，但试问，乌碣岩之战，乌拉布占泰统兵一万来攻，褚英、代善二人只有兵一千，舒尔哈齐若不参战，怎能大败强敌！何况，战后努尔哈赤还赐舒尔哈齐以"达尔汉巴图鲁"之嘉号，舒尔哈齐如不英勇冲杀，建立功勋，此号从何而来！明国之人的评述，倒可显示事实之真相。黄道周的《博物典汇》之《建夷考》载："初酋（指努尔哈赤）一兄一弟，皆以骁勇雄部落中。兄弟始登垅而议，继则建台，策定而下，无一人闻者。兄死，弟称三都督。"黄道周所说"一兄一弟"，不准确，努尔哈赤为长子，二弟穆尔哈齐，三弟舒尔哈齐，此"兄"可能系穆尔哈齐之误。但黄道周说"一兄一弟，皆以骁勇雄部落中"，遇到用兵，努尔哈赤与舒尔哈齐先是"登垅而议"，后在所建之台上密议，决定后，才下台实施。可见，舒尔哈齐既是以"骁勇雄部落中"之勇将，又是与兄汗密议军国大事的领导者，弟兄二人共主国事，同创大业，当然他就会得到仅仅少于兄汗之众多国人、僚友、阿哈、敕书了，这是舒尔哈齐凭本事凭功勋挣来的，焉能说是兄汗所赐。

---

① 申忠一:《建州图录》。

其六,怨兄出走,遭兄幽死。《满文老档》说,舒尔哈齐埋怨兄长,率众出走,据地称雄,遭兄籍没,认过返回后而死。舒尔哈齐为什么要埋怨同父同母之亲兄? 怨从何来? 弟兄为何不和? 老档未明说,但上述朝鲜河世国、申忠一叙述两弟兄各有成千上万兵马,弟兄二人地位同等,并肩称王,以及申忠一初住努尔哈赤部将家中,四天以后,舒尔哈齐邀请申忠一移住其属将之家说:"军官不但为兄而来,我亦当接待",遂将申忠一安排在其将多之的家中。"小酋""服色与兄一样矣"。① 可见,舒尔哈齐人丁兵将势力之大,地位之高,及其与兄长比高低,争平等,引起兄汗之忌妒和担心,才是这两位亲兄弟不和的主要原因,是舒尔哈齐怨恨其兄的真正根源,也是努尔哈赤限制舒尔哈齐、夺其人畜、孤立其身的唯一原因。舒尔哈齐并非如《老档》等官书所说是因病善终,而是被兄幽禁而死。沈国元的《皇明从信录》载:"奴儿哈赤杀其弟速儿哈赤,并其兵。"王在晋的《三朝辽事实录》之《总录》载:万历三十九年,"奴酋忌其弟速儿哈赤兵强,计杀之"。张鼐的《辽夷略》载:"奴之祖曰佟教场,建州卫左都督金事也。生佟他失,有二子,曰奴儿哈赤、速儿哈赤……速儿为兄奴儿囚杀"。彭孙贻的《山中闻见录·建州》载:万历三十九年,"太祖忌其弟速儿哈赤兵强,计杀之"。马晋允的《明通纪辑要》与海滨野史的《建州私志》亦说舒尔哈齐为兄所杀。黄道周的《博物典汇》之《建夷考》,叙述较为详细,该书写道:"酋疑弟有二心,佯营壮第一区,落成置酒,招弟饮会,入于寝室,锏铛之,注铁键其户,仅容二穴,通饮食,出便溺。弟有二名裨,以勇闻,酋恨其佐弟,假弟令召入宅,腰斩之。"《清史稿》卷二一五《舒尔哈齐传》载:乌碣岩之战后,"自是上不遣舒尔

① 申忠一:《建州图录》。

178

哈齐将兵。舒尔哈齐居恒郁郁,语其第一子阿尔通阿、第三子扎萨克图曰:吾岂以衣食受羁于人哉。移居黑扯木。上怒,诛其二子。舒尔哈齐乃复还。"

综合《满文老档》、朝鲜调查和明人评述,可以看出,舒尔哈齐确系为兄所羁幽禁而死,成为清宫最早发生的第一个疑案和第一个冤案。

二、阿尔哈图图门贝勒被诛

阿尔哈图图门贝勒是努尔哈赤的长子褚英。褚英是努尔哈赤第一个大福金佟佳氏所生之子,生于明万历八年(1580 年),这时其父 22 岁。

褚英骁勇多谋,能征惯战,军功累累。万历二十六年正月,努尔哈赤命幼弟巴雅喇、褚英与噶盖、费英东领兵一千,往征东海女真安楚拉库路。此时,褚英只有 17 岁,但他不畏艰险,"星夜驰至",取"屯寨二十处",其余屯寨"尽招服之",获人畜万余,胜利回师。[①] 努尔哈赤以这位尚未成年的长子出征英勇,赐以"洪巴图鲁"的美号。巴图鲁,乃满文 baturu 的音译,意为英勇。

这次出征,是努尔哈赤创业建国过程中的一个重要里程碑。从万历十一年以遗甲十三副起兵以后,相当一段时间,主要是努尔哈赤亲率士卒,奋勇鏖战,以身作则,三弟舒尔哈齐与二弟穆尔哈齐参与谋划,随同征伐,一些族人跟从攻战,额亦都、费英东等将领各率士卒英勇冲杀。从这次出征起,开始进入由努尔哈赤的子、弟、侄等贝勒台吉统兵辖将转战四方的新阶段,虽然五大臣等开国元勋仍是战阵厮杀的主要将领,但统军大权则由汗(亲征)和贝勒

---

① 《满洲实录》卷二。

台吉直接掌握,这对提高汗的地位,增强汗的专制权力,促进宗室贵族的形成,都发生了相当大的影响。

万历三十五年三月,舒尔哈齐、褚英、代善、费英东、扈尔汉、扬古利率兵三千,往接蜚优城归顺女真,在乌碣岩大败来攻的乌拉一万军队。此时,舒尔哈齐、褚英、代善各领兵五百,扈尔汉、费英东各领兵三百,纳齐布虾与常书各领兵一百,扬古利的兵数不详。在关系到努尔哈赤盛衰的这次战争中,三位贝勒领兵之数占了金军总数的一半,可见他们在战争中所起作用之大。

努尔哈赤以褚英"遇逢大敌,率先冲击","奋勇当先",赐其"阿尔哈图图门"嘉号。阿尔哈图图门,是满语音译,阿尔哈,乃arga,意为计、计谋,图门,tumen,意为万,阿尔哈图图门,直译为"万计",即足智多谋之意,故清人称褚英为"广略贝勒"。可见,褚英的多谋善断,英勇顽强,为女真国的发展,为汗父势力的增强,作出了重大贡献。

令人奇怪的是,从万历四十一年以后,这位连战连捷的皇长子,竟突然消失了,在三部清太祖的《实录》中,再也找不到关于褚英的记载,他有无任职,有何功过,何时去世,是病逝善终,还是战死疆场,或是因罪诛戮,皆无记述。努尔哈赤去世时,如果褚英还在人世,他是汗之第一位大福金所生之长子,是嫡长子,最有继承汗位的条件,为什么未见其参与汗位的角逐?这些都是人们无法理解的疑问。直到35年以后,《清世祖实录》卷三十七才第一次提到,"太祖长子,亦曾似此悖乱,置于国法"。又过了60年,康熙帝指出:"昔我太祖高皇帝时,因诸贝勒大臣讦告一案,置阿尔哈图土门贝勒褚燕于法。"[1]以后,《清史列传》才简略地写道:"乙卯

---

① 《清圣祖实录》卷二三四,第13页。

闰八月,褚英以罪伏诛,爵除。"①但"悖乱"为何?"讦告"何事?罪犯哪条?皆讳而不述。查看《满文老档》,才了解到此事的真相。由于这是记述褚英生平的罕见珍贵材料,特翻译引录如下。《满文老档》太祖朝卷三载:

> (丑年万历四十一年)聪睿恭敬汗承天眷佑,聚为大国,执掌金国之政。聪睿恭敬汗思曰:若无诸子,吾有何言,吾今欲令诸子执政。若令长子执政,而长子自幼褊狭,无宽宏恤众之心。如委政于弟,置兄不顾,未免僭越,为何使弟执政。吾若举用长子,专主大国,执掌大政,彼将弃其褊心,为心大公乎。遂命长子阿尔哈图图门执政。

> 然此执政之长子,毫无均平治理汗父委付大国之公心,离间汗父亲自举用恩养之五大臣,使其苦恼不睦。并折磨聪睿恭敬汗爱如心肝之四子,谓曰:诸弟,若不拒吾兄之言,不将吾之一切言语告与汗父,尔等须誓之。令于夜中誓之。又曰:汗父曾赐与尔等佳帛良马,汗父若死,则不赐贵尔等财帛马匹矣。又曰:吾即汗位后,将杀与吾为恶之诸弟诸大臣。

> 如此折磨,四弟、五大臣遭受这样苦难,聪睿恭敬汗并不知悉。四弟、五大臣相议曰:汗不知我等如此苦难,若告汗,畏执政之阿尔哈图图门。若因畏惧执政之主而不告,我等生存之本意何在矣。彼云:汗若死后,不养我等,我等生计断矣。即死,亦将此苦难告汗。

> 四弟、五大臣议后告汗。汗曰:尔等若以此言口头告吾,吾焉能记,可书写呈来。四弟、五大臣将被虐情形各写一书,呈奏于汗。汗持其书,谓长子曰:此系汝四弟、五大臣劾汝过

---

① 《清史列传》卷三《褚英传》。

恶之书矣,汝阅之。长子,汝若自以为是,亦可上书辩驳。长子答曰:我无言可辩。

聪睿恭敬汗曰:汝若无言可辩,汝实错矣。吾非因年老,不能征战,不能裁决国事秉执政务,而委政于汝者。吾意,若使生长于吾身边之诸子执政,国人闻之,或有诸子弃其父而主国当政之议。然吾不顾国人议论,仍令尔掌政权矣。夫掌政之国主、汗、贝勒,须宽大为怀,秉公治国。如此虐待同父所生之四弟及为父我擢用之五大臣,使彼此不睦,则吾为何使汝执政耶?先曾思曰,使尔同母所生之二子执政,赐国人大半,乃因多与兄长,弟虽不得,可向兄长求取……因此,赐尔同母所生之长兄弟第二子各国人五千户、牧群八百、银一万两、敕书八十道。对于吾之爱妻所生诸子,国人、敕书等物皆少赐之也……汝若以所得国人、敕书、牧群、财物为少,而持褊狭之心,则将赐汝专有之国人、牧群等物,皆与诸弟合而均分之。

待秋季往征乌拉时,知晓长子之心褊狭,不可置信,令其同母所生之弟古英巴图鲁留下守城。春天再征乌拉时,亦不信赖长子,命其二弟莽古尔泰台吉、四贝勒留守。两征乌拉,皆不携长子,令其留于家之后,长子与其四位亲信之臣议曰:若以吾之国人与诸弟均分,吾不能生,愿死,尔等愿与吾共死乎?此四臣答曰:贝勒汝若死,我等亦从尔而死。汗父出征乌拉后,长子对汗父出征如此大国,胜败与否,毫不思虑,并作书诅咒出征之汗父、诸弟及五大臣,祝于天地而焚之。继而又对亲信诸臣说:愿出征之吾兵败于乌拉,战败之时,吾不许汗父及诸弟入城……(其臣上告于汗)聪睿恭敬汗以若杀长子,恐为后生诸子引以为例,乃不杀。长子阿尔哈图图门三十四岁时,癸丑年三月二十六日,监禁于高墙之屋。两年后,见其毫无改悔,遂诛杀。

分析上述记载,可以了解褚英一生的基本状况,即军功累累,立为嗣子,执掌国政,争夺汗权,对父不满,被父斩杀。第一,功勋卓著。褚英对女真国、后金国的创立和扩展,建立了重大功勋。他年方17岁,就因出征安楚拉库路之功而被父汗赐予"洪巴图鲁"之嘉号,26岁时,又因在以少败多的乌碣岩之战中,大显威风,奋勇当先,再被父汗赐予"阿尔哈图图门"(足智多谋)嘉号,被称为"广略贝勒"。老档一开始便讲到,努尔哈赤自思,"若无诸子"就不能聚成大业,执掌全国之政。这里明白无误地表述了,努尔哈赤的建国兴邦,是与诸子的征战效劳分不开的。此时是癸丑年,即万历四十一年(1613年),努尔哈赤已有14个儿子。在这14位皇子中,第十子德格类、十一子巴布海只有17岁,十二子阿济格8岁,十三子赖慕布2岁,十四子多尔衮1岁,这五位皇子在万历四十一年以前没有军功。第三子阿拜、第四子汤古代、第六子塔拜、第九子巴布泰,分别在天命十年(1625年)及天聪年间才有出征之记录,而且他们一生皆未立有大的军功。第十一子巴布海虽然此时已有24岁,但未见有出征记录,终生未树军功,且无政绩。这几位皇子很难说是为汗父建国立有殊勋之人。第七子阿巴泰虽然骁勇善战,此时已是24岁之勇将,但见于《满洲实录》之出征记录,也只是于辛亥年(万历三十九年)才与费英东、安费扬古领兵一千往征东海窝集部之乌尔古辰、穆棱二路,俘千余人而回,只是小的战争。至于被努尔哈赤誉为"爱如心肝之四子",即代善、阿敏、莽古尔泰、皇太极,倒都是智勇皆有的贝勒,但阿敏乃舒尔哈齐之子,系汗之亲侄。莽古尔泰此时26岁,壬子年(万历四十年)才"从太祖伐乌喇"。皇太极此时21岁,也是在壬子年始从汗父首攻乌拉。从这些皇子的年岁及出征时间和军功看,努尔哈赤所说助其聚成大业执掌全国之政的"诸子",虽从表面上看,可以说是已有 14 位,但真正起了作用的,只有褚英、代善、莽古尔泰、皇太极四位皇子,还有一位皇侄阿敏,其中特别起了大作用的,只是褚英和代善这两位同父同母的亲兄弟,尤以褚英更为突出。

第二,立为嗣子,执掌大政。《清太宗实录》等书皆说,"太祖初未尝有必成帝业之心,亦未尝定建储继位之议",为皇太极理应继位为汗埋下伏笔,但是,上述《满文老档》的记载,有力地证明了《太宗实录》的说法是错误的,与历史实际相距甚远。老档明确写道,努尔哈赤考虑到,"吾若举用长子,专主大国,执掌大政,彼将弃其褊狭之心,为心大公乎!遂命阿尔哈图图门执政"。一则让褚英"专主大国",再则让他"执掌大政",三则"遂命阿尔哈图图门执政",可见褚英确系被汗父立为执政者。老档又写道,褚英这个"秉政长子"对诸弟说,"吾即汗位后,将杀与吾为恶之诸弟诸大臣"。努尔哈赤斥责褚英过错时也说,"吾不顾国人议论,仍令尔掌政权矣"。这都表明,褚英已被汗父立为嗣子,"执掌大政",将来汗父死后,他就要继位为汗。

第三,争夺大权。老档说,褚英个性褊狭,故虐待四弟和五大臣。其实,这不是什么心胸狭窄的问题,而是褚英与汗父、四弟争夺军国大权。所谓"四弟",是代善、阿敏、莽古尔泰和皇太极,都是有权有势的贝勒。他们辖有大批人丁兵将,经常领军出征,甚受汗父、汗伯父宠信,是汗"爱如心肝之四子"。努尔哈赤幽禁舒尔哈齐以后,各旗皆为他所有。他将一些旗和牛录分赐子侄,使其承受专主,让他们成为牛录之主固山之主。但是,努尔哈赤握有最高权力,他可以赐与子侄,也可以调换牛录,还可以收回。他这位聪睿恭敬汗是全国之主,是各旗之主,有权惩治或擢升各位贝勒台吉。褚英的情况就不一样了,权力就没有父汗那样大。褚英奉父之命执政,本身又是第一位大福金所生的"皇长子"和汗位的继承人,亲辖国人五千户,一再领军出征,立有军功,因此,他可以折磨四个弟贝勒,"使其苦恼"。但他毕竟不是汗,不是继父而立的国汗,还只是奉命执政和将来可以继承汗位的嗣子,因而不能如汗父那样握有最高之权和最后决定权,不能支配其他弟弟所有的牛录和固山。老档载称,褚英说,汗父死后,他将不赐赏财帛马匹与弟弟,他即位后要杀与其成仇的弟贝勒大臣。这正表明,此时奉汗父之命执政的褚英还没有这个权,既不能籍没汗父已经赐予兄弟的财物(实际上也包括国人将士),又无权赏赐大量财帛人丁与弟贝勒大臣,因为此时他还只是汗父赐与他的国人之主,不是全国之主,没有这样大的权,而且他还不能诛杀违命的贝勒大臣,汗父没有把这个权交给他。正因为是这样的局面,所以"四弟五大臣"把褚英对他们的施压叫作"虐待",如果是努尔哈赤,他们就不能这样叫了,他们的生死荣辱,全凭汗之定夺。所以,褚英虽然可以背着汗父"折磨"弟贝勒,弟贝勒却不心服,反而联合上告,如果这些"折磨"是努尔哈赤做的,他们怎敢违命,怎敢上告。上有全国之主的汗父努尔哈赤,下有势力强大并曾经长期与己平行并列的"四弟",还有汗父亲自擢用的亲信五大臣,褚英的位子很难坐稳,统治权力受到了很大限制。褚英要想牢固掌握军国大权,万无一失地继承汗位,就必须限制、打击四位兄弟和五大臣,这样一来,就可架空汗父,逐渐掌握全部权力,而这一点,正是四位弟贝勒和五大臣不能接受的。因此,褚英的褊狭和虐待,四弟、五大臣的联合上告,实质上是褚英与汗父争权,与四位弟贝勒争权,这是一场争夺汗权、削弱旗主权力与反夺权、反限制的激烈的政治斗争。

第四,不满被斩。四位弟贝勒和五大臣上诉于汗,控告褚英的虐待和封锁消息,不让他们将褚英的所作所为向汗报告。努尔哈赤从万历十一年以遗甲十三副起兵,南征北战三十年,好不容易才建立起一个地广人众的强国。他深悉创业的艰辛,更知晓人心难测和权力角逐的残酷无情,怎能容忍长子的如此心态和行径,因而十分生气,对褚英厉声斥责,严加防范。褚英感到难继汗位,大祸将至,愤怒不平,忧虑万端。但是,褚英是否真的犯下如老档所说那样焚书告天,诅咒汗父、四弟、五大臣,祈愿征战失败,并要在战败之后,不许汗父及诸弟入城等等罪行,那倒不一定。一则,这是所谓参与诅咒的四名褚英属下人员事后追告,并不是当场捉拿,人证物证俱获,其真实性令人难以完全相信。再则,焚书诅咒只是诅咒而已,其效果并未显现,怎能断定这是确有其事,还是属员诬陷褚英。三则并未查出褚英有调兵遣将,或暗下毒药,以图谋害汗父及四弟的行为,怎能仅据属人追告之诅咒、祈愿等辞,就将褚英定为欲图弑父杀弟危乱国政的特大罪行,并将其先幽后斩! 未免太偏听偏信,轻率处置了。努尔哈赤唯恐"后生诸子引以为例",故曾一度只把褚英幽禁起来。这一顾虑确有先见之明,后来这类事例一再出现。过了 22 年,天聪九年(1635 年),莽古济格格属员冷僧机向天聪汗皇太极首告:已死三年的和硕贝勒、正蓝旗旗主莽古尔泰,与刚刚去世的亲弟正蓝旗旗主贝勒德格类,以及莽古尔泰之亲妹莽古济格格,"盟誓怨望",将对皇太极不利,皇太极遂兴大狱,斩莽古济格格及莽古尔泰之子额必伦,将正蓝旗夺为己有。又过了 18 年,顺治八年(1651 年),逝世只有月余的皇父摄政王多尔衮之属臣苏克萨哈、詹岱,讦告故主死时,侍女潜置帝袍于棺内,以及其他过恶,顺治帝遂追罪多尔衮,削其爵位,籍没其正白旗及人丁财产府第,严惩其亲信人员。可见,对褚英的定罪及惩治,努尔哈赤确实开了一个不应开的坏例。年方 36 岁骁勇善战的阿尔哈图图门贝勒(广略贝勒)褚英,就这样离开了人世。清宫发生了第二件大的疑案。

第四节　阳尊明帝

一、两次入京朝贡

是否按时朝贡,尤其是酋长是否亲自来到京师,叩拜明帝,是判定女真酋长是否忠于"天皇帝"安分守法的一个重要标志。努尔哈赤深知此事的重要,按期派遣使臣,携带贡物,运送马匹,向明朝政府进贡,他自己也曾多次进京,叩拜"天皇帝"。直到誓师伐明以后,他仍不止一次地宣扬自己曾经长期忠于明帝,其主要的论据就是:"忠于大明,心若金石","看边进贡","年年向帝叩拜"。①

"年年向帝叩拜"一词虽然略有夸张,并没有年年都跑到北京,朝拜天子,但是,他到北京进贡的次数的确不算少。根据各种文献的记述,可以肯定的数字是 8 次。其中,在他被尊称为"聪睿恭敬汗"(万历三十四年)以前有六次:万历十八年四月,万历二十年八月,万历二十一年闰十一月,万历二十五年五月,万历二十六年十月,万历二十九年十二月。此后,努尔哈赤只进贡两次,一次是万历三十六年(1608 年)十二月丁卯,"颁给建州等卫女直夷人奴儿哈赤、兀勒等三百五十七名贡赏如例"。② 第二次是万历三十九年十月戊寅,"颁给建州等卫补贡夷人奴儿哈赤等二百五十名,各双赏绢匹银钞"。③

这两次入京朝贡,非比寻常,影响不小,作用颇大,是努尔哈赤

---

① 《满文老档》太祖朝卷六、卷二〇。
② 《明神宗实录》卷四五三。
③ 《明神宗实录》卷四八八。

与明交往高超技巧的再一次体现。这两次叩拜"天皇帝"，包含了三个方面内容。其一，形势不妙。这两次进京，不是一般的按时朝贡，而是在特定的历史背景下进行的，主要是明国朝廷对建州疑虑加深，主张对彼用兵之议越来越多。万历三十五年十二月，辽东巡按肖淳上疏条陈六事，力言建州势横，主张加强兵备，时机成熟，则发兵征讨。他说，"奴、速二酋，勾连蓄祸"，"明肆桀骜，勾连西夷煖兔、伯耍，强耰开原送之出境，而又缔婚于忽剌温（乌拉），借粮于朝鲜，声势叵测"。应当简练兵马，待其来掠之时，"伏兵以歼之"。如彼以纠众犯边相胁，则"整旅以讨之"，"兵发五路"，"期如昔年剿处仰、逞二奴、杲酋父子故事，诚为消患未萌料敌制胜之奇策"。"兵部覆议从之"。①

过了一个多月，万历三十六年二月，蓟辽总督蹇达奏上隐忧可虑疏，详言"建酋日渐骄横，东方隐忧可虑"。他说，"奴儿哈赤"先前还算"忠顺学好，看边效力"，故于万历二十三年加升其为龙虎将军。但是，"嗣后生聚日众，志气渐骄，计杀猛酋，（凭）险负固"，"乃今蓄养精兵三万有奇，恃势倔强，蚕食诸夷，意欲侵扰朝鲜，交通西虏，浸浸乎渐萌反侧之念"。近来又于"各处关市，强栽参斤，逼索高价，借口衅端，诛求无已。近又打造器械，操练兵马，狡谋叵测，窥其情形，殆有不轨之谋"，须增兵防备。②

第二月，万历三十六年三月，礼部亦上奏疏，言及建州势横须防。奏疏说，将近两年，建州未贡，"近辽东镇抚官会题本内有奴酋不肯进贡，抢了罢等语"。"今建州夷酋奴儿哈赤，既并毛怜等卫，取其敕印，又举海西南关一带卫所酋目若卜占吉，若猛骨孛罗

---

① 《明神宗实录》卷四四一。
② 《明神宗实录》卷四四三。

等卫而有之,虽婚姻亦所不恤,惟北关一带,若那林孛罗与弟金台竭力死守,苟延旦夕"。"且开原止许市马,并无市参之令,乃强栽参斤,倍勒高价"。"更闻奴儿哈赤与弟速儿哈赤,皆多智习兵,信赏必罚,妄自尊大,其志不小。臣阅金、辽二史,辽人尝言,女直兵若满万,则不可敌。今奴酋精兵业已三万有奇",而今日辽镇,"堪战亲兵,不满八千,思之可为寒心"。宜"整顿兵饷,以耀威武而防侵暴"。①

同年五月,兵部上疏,奏述建州兵马进入朝鲜,掠取藩胡,侵占回波,攻击"忽酋"(乌拉布占泰)。奏准命辽左督抚镇臣遣官,"宣谕奴酋各守边疆,毋相侵扰"。②

短短一年半的时间,辽东巡按、蓟辽总督、礼部、兵部都奏述建州势横,心怀叵测,应该加强兵备,形势需要之时,发军征剿"奴酋"。真是大有山雨欲来风满楼的样子。

万历三十七年五月,兵部尚书李化龙奏称,"今为患最大,独在建奴,将并北关以图开原"。③

辽东巡按熊廷弼、兵科都给事中宋一韩皆上疏奏述"奴酋难制,甚于宰赛"。万历三十七年十一月,帝以兵部尚书李化龙所覆督臣建夷塘报一疏,令辅臣票拟。内阁首辅大学士叶向高特上奏疏称,"今日边事,惟建夷最为可忧","度其事势,必至叛乱"。④

巡按、言官、总督、兵部尚书、礼部尚书、内阁首辅都视建州为大患,都在考虑加强兵备防御建州,不少人还想派兵前往征讨,面对此情,努尔哈赤怎么办?

① 《明神宗实录》卷四四四、四四六。
② 《明神宗实录》卷四四四、四四六。
③ 《明神宗实录》卷四五八。
④ 《明神宗实录》卷四六四。

其二,果断决策。努尔哈赤长于用间,对明朝情形,尤其是明朝对建州的态度,更是关注和相当了解,这些内外大员的主张,自然会令他认真考虑,是继续"强裁参斤","勒索车价",迟迟不贡,从而逼使明朝孤注一掷,派军来剿,还是设法缓和紧张关系,争取更多的时间? 采取什么措施,关键是要看看双方的力量对比,特别是要考虑自己的实力。此时,建州固然正处在蓬勃发展阶段,并哈达,亡辉发,攻取叶赫二城,坐得六堡之外八百里沃土,大败乌拉兵于乌碣岩,势力不为不强,但人马毕竟不多,明臣称其"有精兵三万",此数有些夸大,其实没有这么多兵,一旦与明国拉下脸来,公开对抗,未必能操胜券。并且,更为重要的是,打乱了顺利进行统一女真各部的进程,不吞并乌拉,只靠建州、哈达、辉发的女真两三万丁,要想报杀害父祖之仇,打败明军,灭掉叶赫,攻占辽东,是办不到的。正是在分析了双方力量对比的形势下,为缓和与明的紧张关系,避免明军过早征剿,叩拜大明天子,就成为最有效的办法,这是以前六次朝贡一再证明了的。

当然,入京朝贡也有风险。目前明国君臣已对努尔哈赤产生了怀疑,正如蓟辽总督薎达疏中所说,奴酋先前是"忠顺学好,看边效力",现在则"志气渐骄","渐萌反侧之念",有的官员已建议要发军征剿建州,万一努尔哈赤进京朝贡,明国仿效先年对待努尔哈赤五世祖董山的办法(斩杀进京朝贡的董山,征剿建州),将入京叩拜的努尔哈赤及其随行大小酋长拘押斩杀,并乘机进剿,那时建州恐就难逃灭国之灾了。是否亲自到北京叩拜万岁,确是各有利弊,如何决断,就看努尔哈赤的能耐了。当时努尔哈赤究竟是怎样想的,史无明文,但从最后的事实看,他是作出了果断的正确的决策,亲自入京朝贡,不仅在三年之内(万历三十六年至三十九年)两次来到京师,并且被明人称为"三都督"的努尔哈赤之亲弟弟舒尔哈齐,也于万历三十六年十二月带领随员 140 名,进京朝贡。①

其三,成效显著。努尔哈赤两次亲自率众来到北京,叩拜"圣天子",摆出一副恭顺听命忠于大明的样子,起了很好的作用,减少了明国君臣对建州的疑虑。曾经奏述建州心怀叵测,为辽东大患的兵部尚书李化龙,新任蓟辽总督王象乾,辽东巡抚杨镐,以及辽东巡按熊廷弼,均于万历三十九年六月奏称,建州已经遵守朝廷命令,"车价已听裁革,夷众十减七八",应当允其进贡,"许贡以安地方",并且,"科臣有疏,欲释建州为外惧,仍许贡以示羁縻"。兵部便奏准,允许建州入京朝贡。② 此后几年,明国君臣很少谈及建州不轨,为辽大患,更没有商议发兵征剿之事,建州与明国的关系缓和了,这为努尔哈赤以后攻占乌拉,统一女真各部,练军备战明国,争取了时间,他的高超的应付明国的技巧,再一次显示了风采。

二、致书"马法"

明万历四十二年(1614 年)春,明辽东新巡抚郭光复到任。六月,郭光复遣人赍书,送与建州左卫都督努尔哈赤,指责建州收容明国逃人,盗窃牛马,谕令送回人畜,解押盗贼。

努尔哈赤立即回书,辩解说:

> 马法尔曰:我来之前,我等之汉人已逃往尔处。莫言收容此逃来之一二光棍。有六万人因畏惧高太监之赋役,而来到边境告曰:汝若收容,则我等将出境而至汝处矣。吾曰:于尔光棍,吾有何福耶? 吾若将尔收取,则受谴于帝。因而不予收

① 《明神宗实录》卷四五三。
② 《明神宗实录》卷四八四。

纳。不收纳六万人之人,吾岂收容一二名逃亡的光棍乎!

又曰:有于近边地方盗取牛马而携走者。吾曾亲自盟誓[原档残缺]岂有偷盗之理……至于盗摘边境之草木,我已有盟誓。居心贼恶之人,何能侥幸!因我心之正直而蒙受天汗眷佑之身,岂能附合如斯之盗贼……

又曰:我等汉人之盗贼,窃取牛马后送尔。汉人之贼,汉人查之,女真之贼,女真查之耳。吾岂能查出尔等汉人之贼乎?万历三十六年,吾闻汉人之二贼给我等女真送来五头牲畜,查出后,擒此二贼,遣刚古里将其盗来之五头牲畜,尽行送与抚顺王备御。嗣后,汉人盗贼如何,吾不得而知也。吾若知之,则将如是捕擒,送往尔方矣。

又曰:此皆显系新债矣。吾遣通事赍书,令尔查究送来,尔佯作不知,未还一人一畜,尔不查出尔之女真杀人之盗贼。若有盗贼,则查获捕送耳,无盗贼时,吾将捕谁送来耶!

万历三十九年,尔等将我等之五百道敕书裁削一道。此被裁削敕书之主巴哈多朵之孙,前往抚顺,于夜间杀死汉人一男童,带回一马,汉人不知,未能查究。吾闻悉之后,自动(将其)捕捉捆缚。吾曰:大国之人,若违誓言,则违之矣。汝何为毁坏吾誓,杀人牵马而回。我方之人带此人往抚顺教场斩之。该被带往抚顺教场斩杀者之父,以我之数代相传之敕书被削而怨恨,不令人见,黑夜斩杀明人,明国不知不查。彼因怨削敕书及杀其子,乃携五人五马逃走。我方女真追之,清河地方之人出而迎接该(被吾)追于边境欲捕之人,将逃走之五人五马收容于汉人之村后,汉人出来,与来追之女真对敌射杀,汉人、女真皆受伤。如若亲见被逐带走之逃人尚不归还,吾焉能信赖。今年五月,眼见我方六人六马逃走,进入抚顺口台,却云不知而不归还,吾今复能信赖谁!

何时能见云散日出。不管边境之人如何说我,我确曾视地方之主马法尔为太阳,凡事皆信赖于尔,如今吾无信赖之人矣。

我以为,天若以我如阿哈之忠正,而眷爱于我,亦定将眷爱于尔大国之人矣。开原之人,以种种恶言诬吾,吾思"我地方之主马法何时到来"而曾信赖于尔,尔却以开原人诽谤之言为是,长期不助我。如斯不归还我之逃人,吾复信谁……如蒙马法慈悲,望将该逃走之人马给还。①

这封信,是迄今所知努尔哈赤致明辽东督抚的唯一保存下来的信,内容丰富,十分珍贵,说明了很多问题。第一,尊巡抚为上司,自居属下。从信的用词和行文方式看,完全是下级对上司的谦卑口气,是微员末吏对主管长官毕恭毕敬的态度,是地方属臣对"天皇帝"委派的钦差大臣的顺从表情。此时的辽东巡抚是郭光复,刚从山西布政使加右副都御史,就任本职。辽东巡抚,不过是明朝类似于内地一个省的长官,并非京师的中央政府的宰相,也不是主管全国某一方面的尚书,官阶为从二品或正三品。而这时的努尔哈赤,已自称女真国"聪睿恭敬汗",吞并了哈达、辉发、乌拉,重创了叶赫,基本上统一了女真各部,确定了八旗制度,再过一年半,就登上"承奉天命覆育列国英明汗"的宝座。这样一位言出令行、叱咤风云、臣民数十万、辖地几千里的强大的女真国汗,对官阶从二品的辽东巡抚郭光复却如此恭敬备至,连称马法(马法,乃满文 mafa 的音译,是女真满族下辈对长辈的尊称,意为爷爷、长老、祖辈),尊之为"地方之主",甚至把巡抚比作"太阳",一切一切皆

① 《满文老档》太祖朝卷七四。

信赖于巡抚。努尔哈赤自己则甘居下辈,自比为阿哈(奴仆),一再表白"我心如阿哈之忠正",辩解别人加之于己的罪名,申诉冤屈,盼望巡抚不要听信谗言,请求对己予以关照。这样的称呼,这样的口气,清楚地表明了努尔哈赤仍然以明帝的臣仆身份行事,仍然是辽东巡抚的下属,仍然承认二者之间是上下级关系、隶属关系。

第二,服从君敕,拒收逃人。明帝多次敕谕女真卫所,索要逃亡军民,不许收容汉人。这次辽东巡抚亦来查寻。努尔哈赤极力辩解,坚称未曾容留逃亡的汉人,并举逃避高太监赋税而来的六万人为证。所谓高太监,就是万历帝遣往辽东开矿征税的尚膳监监承高淮。高淮借口矿税,肆意勒索,鱼肉小民,无恶不作。辽东军民异常愤怒,大批逃走,在接近建州的宽奠六城堡所属地带,数以万计的辽民逃聚其中,耕垦田地,明辽东巡抚赵楫、总兵官李成梁遣兵逼令居民归还故里,努尔哈赤既拱手坐得八百里沃土,又常以此表明不会收容逃人,宣称"不收取六万人之人,我岂收容一二名逃亡之光棍"?

第三,遵守"朝廷法度",不掠人畜财物。女真各卫必须遵守大明法典,不许入边抢掠人口牲畜,扰乱地方安宁。这次巡抚因为有人报称女真常来掳掠,杀人夺财,责问努尔哈赤,令其送交盗贼,不许胡作非为。努尔哈赤反复强调,立誓之后没有偷盗之理,以此为辩解。所谓"立誓",系指万历三十六年之事,当年六月二十日,努尔哈赤"刑白马",盛血一碗,与辽东吴副将、抚顺王备御,"皆以不越帝境为誓",违者,杀违誓之人。努尔哈赤现在就援引此誓,坚称未越边境,"无盗摘境草之心",连草都不拿取,怎会盗窃财畜!他还援引万历三十九年主动捕捉前往明国行窃的巴哈多朵之孙,斩于抚顺教场之事为例,表明决不纵容部下劫掠,始终是遵守大明国法的。

第四,为帝效劳,查捕汉人盗贼。辽东巡抚命令努尔哈赤,将窃取牛马逃入女真地区的汉人盗贼押送归还,努尔哈赤乘机表功,列举万历三十六年查获两名汉人盗贼送往抚顺之事,说明自己确是信守誓言,忠于明帝,又保证要继续侦察,一有所知,立即照样擒捉押解。

努尔哈赤对明朝官员如此尊崇,美词相奉,婉言申辩,力称忠于明帝,遵守国法,无盗贼之心,无抢掠之行,这样当然会对明臣施加强大的影响,容易被他说服,被他麻痹,从而下不了征剿建州的决心,延缓了兴师问罪的期限,为努尔哈赤加快统一女真的事业,提供了良好条件。

第四章　承奉天命养育列国英明汗

第一节　后金国汗

一、王号和国名

从明万历十一年(1583 年)以遗甲十三副起兵以后,虽然在《满洲实录》、《满文老档》等书中相继用"淑勒贝勒"、"聪睿恭敬汗"、"英明汗"来尊称努尔哈赤,但实际上,随着女真各部的逐渐统一,辖区的不断扩大,人丁兵马的迅速增多,军威的增强,他在辖区内及与朝鲜的联系中所用的头衔以及他的辖区之名称,却在不断地改变。

《满洲实录》和《满文老档》一直把万历三十四年以前的努尔哈赤尊称为"淑勒贝勒",但是,至少在万历十七年,他已经自称为"王"。这一年的七月,朝鲜平安道兵马节度使援引归顺的建州女真童海老等 82 人的报告说:"左卫酋长老乙可赤兄弟,以建州卫酋长李以难等为麾下属,老乙可赤则自中称王,其弟则称船将。……胁制群胡,从令者馈酒,违令者斩头。"[1]

过了几年,大败九部联军,征服朱舍哩、纳殷二路,辖地人口成倍增长,努尔哈赤的口气也就大了,在与朝鲜的联系中,竟使用了

---

① 吴晗:《李朝实录史料》,第 1350 页。

国家的"国"之一字,还提出了国名。万历二十三年十月,被明帝封为建州女直都督、龙虎将军的努尔哈赤,对进入辖区的朝鲜通事河世国说:"两国别无仇怨,……今后如前和好。"十一月初,其部将马臣等来到朝鲜,对满浦金使柳濂说:"我王子计虑久远",归还被掠入女真的朝鲜人,而朝鲜却斩杀进入渭原采参的女真,"至今子丧其父,弟失其兄,妇哭其夫,号呼冤痛,惨不忍闻,我王子不堪目前悲苦之状,将起兵报仇"。①

第二年正月,努尔哈赤令马臣告诉入使建州的朝鲜南部主簿申忠一说:"继自今两国如一国,两家如一家,永结欢好"。其族兄多之亦说:"我王子与你国将欲结为一家",故归还人口。努尔哈赤致书朝鲜说:"女直国建州卫管束夷人之主佟奴儿哈赤禀,为夷情事。蒙你朝鲜国我女直国二国往来行走学好,我们二国无有动兵之理。"申忠一观看书中印迹,"篆之以建州左卫之印"。②

这些事实表明,此时努尔哈赤对朝鲜已自称"王子"、"王",自称是"女直国"或"女直国建州卫",即包含了建州国、建州国主的含义,但毕竟还不十分明确,还不敢称"汗",只能沿用明朝政府对女真的称呼"女直",不敢恢复祖俗,引用"女真"之本名。他既僭称女直国、女直国之主、王子,又不得不加上建州卫,又只能钤盖明朝政府颁发的"建州左卫之印",没有铸造建州国主的印玺,不敢以建州国王、建州国汗的名义与朝鲜交涉。这说明,努尔哈赤既有雄心大志,要称孤道寡,又很明智,在势力不够强大之时,暂且委屈一下,使尊称、国名与实力相应,不过分狂妄。几年以后,情况就不一样了。

---

①　吴晗:《李朝实录史料》,第 2168 页。
②　申忠一:《建州图录》。

万历二十九年,灭哈达,努尔哈赤"自称女真国龙虎将军"。①万历三十三年十一月十一日,努尔哈赤致书朝鲜边将说:"建州等处地方国王佟,为我二国所同计议事,说与满浦官镇节度使知道。"②这里,第一次出现了"建州等处地方国王",即"建州国王"。这个"建州国"、"建州国王"的称号,在朝鲜一直延续了二十多年。

尽管努尔哈赤很早就在辖区内及与朝鲜的联系中,僭称国、女直国、女真国、王、王子、建州国王、聪睿恭敬汗,万历四十四年又尊称英明汗,随后又自称"后金国",但明朝中央政府却全不知晓。造成这种局面的因素有三。一是朝鲜不敢讲。朝鲜是明之属国,建州是明之属卫,皆为明国属下,"人臣无私交",明政府严格禁止朝鲜与建州私自往来互通书信,违者将按律重惩,故朝鲜国王在政治上极力避免与建州正式联系,有所往来,皆暗中进行,不让明朝知晓。因此,努尔哈赤书信中的"僭称",朝鲜不敢奏告。再则建州不能讲。努尔哈赤与明联系时,一直以建州左卫都督和龙虎将军身份进行的,自居臣仆,尊明帝为天,为天皇帝,从来没有使用过建州国、建州国汗、女直国王等类称号。三则明朝君昏臣暗,文官爱财,武将怕死,他们忙于交结权贵,盘剥兵民,哪肯花时间花精力去侦察建州内情,一向让努尔哈赤牵着鼻子走。朝鲜不敢报,建州不能禀,明朝君臣糊涂昏庸,因而建州的国名和汗王称号几经改变,努尔哈赤足足"僭称"了二十多年的女真国王、建州国王、聪睿恭敬汗、英明汗,昏聩的明朝政府却一点也不知晓。

---

① 吴晗:《李朝实录史料》,第 2684 页。
② 朝鲜《东国史略事大文轨》卷四六,第 29 页,转引自《清史论丛》第 1 集,文海出版社,第 23 页。

二、称汗大典

明万历四十四年(1616 年),努尔哈赤已经吞并了哈达、辉发和乌拉,重创叶赫,疆域扩展,延袤数千里,人丁众多,兵强马壮,又于上一年(乙卯年,万历四十三年)创立和确立了八旗制度,一派蓬勃发展的大好形势。在这样局面下,八旗贝勒、大臣便给努尔哈赤奉上了新的尊号。《满文老档》太祖朝卷五说:

> 丙辰年,聪睿恭敬汗五十八岁。正月初一日,申时,国中诸贝勒、大臣及众人会议曰:我国从无立汗,其苦殊深,天乃生汗以安国人矣。汗既天生,以恩抚贫困之国人,豢养贤达者,应上尊号。议定后,八旗诸贝勒、大臣率众列成四面四隅,立于八处。八固山八大臣持书,自八旗出,跪于前,八固山诸贝勒、大臣率众跪于后。阿敦虾立于汗之右侧,额尔德尼巴克什立于汗之左侧,各自前迎受八固山大臣跪奉之书,放置于汗前御案。额尔德尼巴克什立于汗之左前方,宣书咏诵:"承奉天命养育列国英明汗"。宣毕,诸贝勒、大臣起,继之,各处之人皆起。于是,汗离座,出衙门,向天三叩首,叩毕,还座。八固山诸贝勒、大臣各依年岁,向汗三叩首。

《满洲实录》卷四记述了尊上汗号仪式以后写道:颂太祖"为列国沾恩英明皇帝,建元天命"。

这次称汗大典,定下了两个问题。第一个问题是汗称,努尔哈赤被尊为"承奉天命养育列国英明汗",简称"大英明汗"或"英明汗"。这个汗号,与在此之前的"聪睿恭敬汗"的汗号,有着明显的区别。区别之一是,"聪睿恭敬汗"指的是汗乃聪睿之汗,恭敬之汗,在当时国家林立称汗之人甚多的形势下,拥有这样嘉号之汗固然高于没有这种嘉号的其他汗王,但毕竟是众多的汗王之一,排起座位来,这些汗都在一排,只是有此嘉号之汗比无此美称之汗略前一点,坐在这群汗的第一张椅子上,其余汗王坐在第二第三第四张椅子上,但总是坐在一排。而"承奉天命"之汗就不一样了,他这位汗,是"承奉天命"而来的,奉天之命而生,承天之命而为汗,当然比其他未奉天命的汗更加高贵,不是一列,而是鹤立鸡群,另坐一排。

区别之二是,聪睿恭敬汗也罢,英勇汗也罢,多智汗也罢,这些称号之汗,只是一国之汗,一部之汗,只在本国本部中是君主,而努尔哈赤这位汗却远非如此,却广阔得多,他是管辖"列国"之汗,其他女真国家或部落之汗都将隶于他这位"养育列国"之大英明汗之下,都将在他这位英明汗的"养育"之下。

区别之三,也就是最大的区别和尊号最重要的意义,是其与明国之间的关系不同了。从这个尊号确定之日起,它就标志着努尔哈赤与明朝皇帝的关系,努尔哈赤辖区与明朝的关系,发生了深刻的本质变化。这个尊号有十一个字,"承奉天命养育列国英明汗"。这十一个字包括了三层含义。第一层含义是"汗"。这个尊号里的"汗",与过去"聪睿恭敬汗"、"建州国王"之汗、王有很大的差异,因为那些桂冠都是在本辖区里的僭称,只在本区使用,对外特别是对明朝,是不能用,不敢用的。过去,努尔哈赤进京朝贡或是与明朝交涉时,都是用建州卫都督头衔,那时的"汗""王"是假的。这次不一样了,天命元年正月初一定的尊号中之"汗",不只在本地区用,而且在与明朝的交往中也用,它表明双方都是一样的地位,你明朝皇帝是帝,我后金国汗也是帝,彼此彼此。

尊号十一个字中的前四个字"承奉天命",十分重要,也显示了后金国之汗与明朝之帝是同等身份之人。你明朝的皇帝(如万历帝朱翊钧)是承奉天命之君,诏书的开头就是"奉天承运皇帝诏曰",我努尔哈赤也是承奉天命之汗,两人皆系天命之汗、天命之君,没有高低之分贵贱之别,没有隶属之关系,又是一个彼此彼此。

尊号十一个字中的"养育列国"四个字,既表明英明汗努尔哈赤是建州、海西、"野人"三大系统中各部女真之主,是"养育各国"的英明汗,又显示出努尔哈赤要取消各部女真为明帝臣仆的旧规,埋葬明帝对女真实行"分而治之"的旧制,你明帝不许女真各部统一,我努尔哈赤偏要将大小不等的几十、几百个女真部落城寨通通放在我的管束之下,成为"养育列国英明汗"。这一点,明朝决不允许,我努尔哈赤硬要这样做,因为我努尔哈赤与你明朝皇帝都是同等身份的君汗,各自统治自己的国土。

简而言之,"承奉天命养育列国英明汗"尊号的确立,宣布了努尔哈赤要正式建立独立的、自主的、摆脱明帝辖束、不隶属于明朝的后金国,他要当一个与明帝并列、不是其臣仆的"养育列国"的英明汗。

称汗大典还定下了年号为"天命",丙辰年这一年就称为天命元年,是明万历四十四年。至于国名,照说应该随着汗号的改变和年号的确定而相应改变,"女真国"、"建州国"皆系偏处一隅之名称,尤其是"建州国",更含有明朝属国的因素,因"建州"一词,乃系明成祖所赐,由封授努尔哈赤之先祖猛哥帖木儿为建州左卫都指挥使而来,在努尔哈赤被尊为"承奉天命"并要"养育列国"之"英明汗"时,这个女真国名、建州国名是太不相称了,太过时了,必须更改。所以,我认为,此时已将国名改定为"后金国",但由于种种原因,这个新的国名和新的"承奉天命养育列国英明汗"以及天命年号,尚未对外立即宣布,待到时机成熟,它们就要向明国、朝鲜公开了。

三、四大贝勒与和硕贝勒

努尔哈赤既然被诸贝勒、大臣和国人尊为"承奉天命养育列国英明汗",他自然也应该提升贝勒、大臣的爵位官职。因为,一则水涨船高,你努尔哈赤由一国一部之普通一汗,上升为承奉天命的养育列国之汗,那么,我们这些贝勒、台吉、大臣当然也要相应上升。再则英明汗要开疆拓地,征服叶赫及其他尚未归顺的女真,袭取明国城乡,也就需要子侄贝勒台吉、大臣和八旗各级额真率兵冲杀,效劳征战。三则随着辖地的开阔,人口的增多,就需要增加新的官将。此时八旗牛录总数不过 200 个左右,几年之后增加到 400 个,仅牛录额真就要增加两百位。因此,努尔哈赤在登上英明汗宝座以后,大力擢升各级官将,提高和扩大贝勒台吉的地位与权力。首先便是钦封子侄为和硕贝勒及大贝勒。

和硕贝勒,乃满文 hošo i beile 的音译。hošo(和硕),意为"四方之方,东南、西南、东北、西北四角之角"。beile,音译为贝勒。hošo i beile 按字直译,应译为"一方之贝勒",即一方之主。《满文老档》有时又将 hošo i beile(和硕贝勒)写为 gūsai beile,或 gūsai ejen beile,前者译为"固山贝勒",后者为"旗主贝勒"。[①] 和硕贝勒就是固山贝勒,就是旗主贝勒。

和硕贝勒(旗主贝勒)的人数和姓名,随着时间的推移,旗主的年岁增长、死亡及功过升迁而相应变化。乙卯年(万历四十三年)定八旗制之前,是四旗,即"黄、白、蓝、红"四旗,这四旗的旗主是谁? 是哪几位? 史无明载,但是我们可以作些分析推测。《满文老档》太祖朝卷一载称,舒尔哈齐未被兄汗惩治之前,拥有同兄

---

① 《满文老档》太祖朝卷一七。

汗一样多的"国人、僚友、敕书、阿哈",可见,舒尔哈齐至少应是一旗之主,是位旗主贝勒。《满文老档》太祖朝卷三又载,万历四十年以前,努尔哈赤赐与褚英、代善各"国人五千户、八百牧群、银万两、敕书八十道"。一户按二丁计,五千户有一万丁,可编三四十个牛录,即可达一旗之数,这表明万历四十年以前,褚英、代善各是一旗的旗主贝勒。另一位旗主贝勒当然是努尔哈赤兼任了。

天命元年(万历四十四年)正月初一日努尔哈赤登上承奉天命养育列国英明汗的宝座时,是否封授子侄为和硕贝勒,《满文老档》、《满洲实录》、《武皇帝实录》这三部文献,均未记述。蒋良骐的《东华录》太宗朝却就此事写道:"丙辰年,太祖建元天命,以上(指皇太极)及长子代善、第五子莽古尔泰、弟贝勒舒尔哈齐之子阿敏,并为和硕贝勒。国中称代善大贝勒,阿敏二贝勒,莽古尔泰三贝勒,上四贝勒。"《清史列传》卷一《代善传》对此记述相同,它写道:"丙辰,太祖建元天命,封代善及舒尔哈齐长子阿敏、太祖第五子莽古尔泰与太宗文皇帝并为和硕贝勒。国中称代善为大贝勒,阿敏为二贝勒,莽古尔泰为三贝勒,太宗文皇帝为四贝勒。"

《东华录》与《清史列传》的上述记述虽不见于《满文老档》等书,但这两部书均是从早期《清实录》中摘录编写而成,是有根据的,何况其所说的四位和硕贝勒,按其地位、战功、势力来说,也是够资格的。早在丙辰年之前的三年,努尔哈赤惩治褚英时,断定其所犯之大罪便是虐待汗父"爱如心肝之四子"的四位弟贝勒。此四位弟贝勒显然便是丙辰年封的代善等四位和硕贝勒。按人丁和出征,在此之前,代善早就被汗父赐与"五千户国人",且统兵一战乌碣岩,再征乌拉。阿敏系舒尔哈齐之第二子,丙辰年是其不惑之年,曾一征乌拉宜罕山城,再征乌拉。舒尔哈齐被兄汗幽禁后,阿敏的大哥阿尔通阿、三弟扎萨克图先已被斩,其父拥有的大量人丁、将士、阿哈、马匹，皆由阿敏袭承，实际上已是一旗之主，他与代善自然顺理成章地被封为和硕贝勒。莽古尔泰是此时努尔哈赤的大福金富察氏所生，比阿敏小一岁，皇太极是努尔哈赤已故爱妻叶赫那拉氏所生，比莽古尔泰小5岁，皆曾领兵出征，当然也应封为和硕贝勒。这在下述朝鲜人的观察中，也可以得到印证。

天命四年(万历四十七年)，在萨尔浒之战被俘进入建州的朝鲜从事李民寏，对八旗情形作了如下叙述：

> 胡语呼八将为八高沙。奴酋领二高沙，阿斗、于斗总其兵，如中军之制。贵盈哥亦领二高沙，奢夫羊总其兵。余四高沙，曰红歹是，曰亡古歹，曰豆斗罗古(红破都里之子也)，曰阿未罗古(奴酋之弟小乙可赤之子也。小乙可赤有战功，得众心，五六年前为奴酋所杀)。一高沙所属柳累三十五，或云四十五，或云多寡不均。一柳累所属三百名，或云多寡不均，共通三百六十柳累云。……旗帜(有五色之大小不同者。奴酋黄旗，贵盈哥黑旗，红歹是白旗云)。[①]

根据李民寏的记载，八旗(八高沙，八固山)之中，努尔哈赤亲领两黄旗，代善(贵盈哥)也有二旗，阿敏(阿未罗古)、皇太极(红歹是)、莽古尔泰(亡古歹)、杜度(豆斗罗古)各有一旗。阿敏之旗，是舒尔哈齐死后遗传给儿子阿敏的。杜度之旗，应是继承其父褚英(红破都里)所遗之旗，代善、皇太极、莽古尔泰之旗，是其汗父努尔哈赤所赐。

稍晚一点，朝鲜满浦金使郑忠信，于天命六年八月入使后金，这时努尔哈赤已大败明军占据了沈阳、辽阳等辽东地区。郑忠信记述八旗情形说：

---

① 李民寏：《建州闻见录》。

其兵有八部。二十五哨为一部,四百人为一哨……一部兵凡一万二千人,八部大约九万六千骑也。老酋自领二部,一部阿斗尝将之,黄旗无画,一部大舍将之,黄旗画黄龙。贵盈哥领二部,一部甫乙之舍将之,赤旗无画,一部汤古台将之,赤旗画青龙。洪太主领一部,洞口渔夫将之,白旗无画。亡可退领一部,毛汉那里将之,青旗无画。酋侄阿民太主领一部,其弟者哈将之,青旗画黑龙。酋孙斗斗阿古领一部,羊古有将之,白旗画黄龙。[①]

　　这段史料表明,努尔哈赤自领正黄旗、镶黄旗,代善领正红、镶红二旗,皇太极领正白旗,莽古尔泰领正蓝旗,阿敏领镶蓝旗,杜度领镶白旗。

　　就领旗之主而言,李民寏与郑忠信所述相同,也就是说,在天命六年(或六年以前)左右,八旗的旗主贝勒是:正红旗、镶红旗是代善,莽古尔泰为正蓝旗旗主贝勒,皇太极是正白旗旗主贝勒,阿敏是镶蓝旗旗主贝勒,杜度是镶白旗旗主贝勒。努尔哈赤既是八旗之"共主",又亲领正黄、镶黄二旗。

　　此后,旗主贝勒有了变化。这个变化主要是在努尔哈赤亲领的两个旗及杜度领的一个旗上展现的,代善的两个红旗也有些改变。

　　朝鲜李民寏、郑忠信所言天命六年左右努尔哈赤亲领两个黄旗,从年岁看,此时努尔哈赤已是六十五岁的老翁,他还能亲领两旗多久?从儿子看,他有 16 个儿子,其中塔拜等 8 人是侧妃庶妃所生,另外褚英等 8 人是先后 3 位大福金和一位爱妃所生。褚英已被诛,第一位大福金佟佳氏所生的代善、第二位大福金富察氏生

---

　　①　吴晗:《李朝实录史料》,第 3146 页。

的莽古尔泰、爱妻那拉氏生的皇太极,在此之前已封为和硕贝勒,各为一旗或两旗的旗主贝勒。莽古尔泰之亲弟德格类虽系第二位大福金所生,但富察氏已于天命五年因罪被休,德格类当然也不会得到大福金之子的优待了。此时的第三位大福金乌拉那拉氏阿巴亥正受夫汗宠爱,她所生的三个儿子阿济格、多尔衮、多铎,当然应当受到汗的垂爱,应当成为与代善、莽古尔泰、皇太极一样的和硕贝勒、旗主贝勒,而努尔哈赤也正是这样考虑和安排的,这在其令阿济格三位亲兄弟为"全旗之子"上显示得十分明白。

顺治年间世祖福临敕命编修的《清太宗实录》稿本四十卷中的卷二第55、56、57页,在议处阿巴泰贝勒之罪时写道:天命十一年十二月初八日,因阿巴泰耻于与众小贝勒列于一行,代善、阿敏、莽古尔泰三位大贝勒及众贝勒斥责阿巴泰之过说:"汝当初尚不得随五大人之列,得格垒、跡儿哈郎、都都、姚托、勺托早已随议事之列。阿布太,汝因随汗,幸得六牛录人民,方入贝勒之列,今将欲谁欺乎!阿吉格阿格、多里洪阿格、多躲阿格,乃父汗分掌整个固山之子,众兄弟又先入贝勒之列。"

《满文老档》太宗天聪朝卷八对此事的记述,与实录基本相同,其中说道:"阿济格阿哥、多尔衮阿哥、多铎阿哥,皆系父汗分给全旗之子。"

《清史列传》卷一《阿巴泰传》亦载称,大贝勒代善率众贝勒斥责阿巴泰之过时说道,"阿济格、多尔衮、多铎,皆先帝分给全旗之子。"

据此,阿济格、多尔衮、多铎皆系汗父封授的"全旗之子",是各自拥有一旗的旗主贝勒、和硕贝勒。

但是,据朝鲜人郑忠信的叙述,天命六年努尔哈赤只亲领正黄、镶黄二旗,代善之二旗,阿敏、莽古尔泰、皇太极之一旗皆往下传续,未被父汗拿走,那么,努尔哈赤所说欲分给阿济格三兄弟之三个旗,就只有调遣杜度之镶白旗了。在调镶白旗之前,努尔哈赤已封授阿济格、多铎分领自己的正黄旗和镶黄旗,各自成为一旗之主。这在天命九年正月初一的元旦庆典之礼仪上体现了出来。

《满文老档》太祖朝卷六十载:

> 甲子年元旦卯时,汗往祭堂子,之后还家,叩拜神主。辰时,出御八角殿,大贝勒先叩头,其次恩格德尔额驸率众蒙古贝勒叩头,第三阿敏贝勒,第四莽古尔泰贝勒,第五四贝勒,第六阿济格阿哥,第七多铎阿哥,第八阿巴泰阿哥、杜度阿哥,第九岳托阿哥、硕托阿哥,第十抚顺额驸、石乌礼额驸率众朝鲜官员及汉官叩头,第十一吴讷格巴克什率八旗蒙古叩头。礼毕,饮茶,汗入。至巳时出宴于八角殿,未时散。

老档的记述,既详细,又具体,还十分准确,谁在先,谁在后,谁与谁并列第八或第九,层次清楚,明晰不乱。为什么19岁的阿济格能排在第六,仅次于大、二、三、四四大贝勒?为什么年方9岁多的多铎能位列第七,仅次于阿济格?为什么比阿济格大16岁比多铎大25岁的阿巴泰要屈居阿济格、多铎之后,且系与杜度并列第八,不能单独叩头?为什么岳托、硕托并列第九,也在阿济格、多铎之后?这些问题集中到一点,那就是因为阿济格、多铎是汗父分授与全旗之子,是和硕贝勒,是一旗之主,而杜度虽曾为一旗之主,现在已经不是了,因此阿巴泰、杜度、岳托、硕托等四位虽然也是贝勒,也拥有若干牛录,但不是旗主贝勒,自然只能屈居旗主贝勒阿济格、多铎之后,而且是两人并列。可见,阿济格、多铎已分别是正黄旗、镶黄旗的旗主贝勒,而曾经是镶白旗之主的杜度现在已被汗祖父努尔哈赤取消了,他这一旗显然是准备分与多尔衮的。

至此,天命九年八旗的旗主贝勒分别是:代善为正红、镶红二旗之主,正蓝旗是莽古尔泰,镶黄旗为阿敏,阿济格与多铎是两个黄旗之主,皇太极系正白旗之主,杜度之镶白旗是努尔哈赤准备封授与多尔衮的,但此时还未授与。

此后,天命十一年八月努尔哈赤病逝,皇太极继位为汗,皇太极就将杜度管辖的准备授与多尔衮的旗据为己有,并将旗的颜色变更,自己所辖二旗称为正黄、镶黄旗,阿济格为正白旗,多铎为镶白旗。代善亲辖正红旗,将镶红给与长子岳托。阿敏、莽古尔泰仍分别拥有镶蓝旗与正蓝旗。

和硕贝勒、旗主贝勒的权力非常大,是本旗之主,与旗下人员之间,是君臣关系、君民关系。《满文老档》在记述和硕贝勒与旗下官兵的关系时,用了一个很特别、很有趣也很准确的词汇 salibumbi。salibumbi 是动词 salimbi 的强制态和被动态。salimbi 意为"承受家产之承受,擅,专"。salibumbi 意为"使承受,使专主"。这就是说,八旗人员包括各级额真,都是国汗"专主"之人,由国汗努尔哈赤赐给各旗主贝勒,使旗主贝勒承受、专主。

《满文老档》有时也用 salibumbi 一词来表述家主与阿哈的关系。比如,大贝勒代善怀疑次子硕托有叛逃之心,而向汗父奏请说:如我听信后妻谗言,"不将我之僚友国人给与吾子,不将包衣阿哈、马牛牧群使其承受专主,则杀后妻。"[1]可见,和硕贝勒有权将为其专主的旗下大臣、国人,像阿哈、马牛一样赐与子孙,连用的词汇都相同,都用 salibumbi 一词。

和硕贝勒还是本旗其他贝勒台吉之主。当时的贝勒,都是努尔哈赤的子、侄、孙,都拥有汗父或汗伯父、汗祖父给与的牛录、诸申、阿哈,与议国政,带兵出征,有的还是"十部执政贝勒",常以

---

① 《满文老档》太祖朝卷一六。

"执政贝勒"名义代表后金国，与蒙古各部贝勒盟誓议和。但是，贝勒并不都是和硕贝勒，进入辽沈地区以前，只有代善、阿敏、莽古尔泰、皇太极和杜度是和硕贝勒，其他如努尔哈赤之第七子阿巴泰、第十子德格类，舒尔哈齐之第五子斋桑古、第六子济尔哈朗，代善之长子岳托、次子硕托，均已成年，都是有权有势的贝勒，但都不是和硕贝勒，他们不能独立成旗，必须附入身为和硕贝勒的父兄旗下，听从本旗和硕贝勒辖治，仰其供给，对旗主贝勒十分敬畏。阿敏与其弟斋桑古之间的关系，就是一个很好的例证。

镶蓝旗和硕贝勒阿敏怀疑其弟斋桑古行为不轨，"对其诸弟之衣食生计，供给便不充裕，厚薄不均。斋桑古向大贝勒、四贝勒再三陈诉，大贝勒、四贝勒以若将弟诉之言告于父汗，则似诬谤并肩而行之阿敏台吉，将招外人之言，因而不告。斋桑古欲将苦情告于汗伯父，则惧兄阿敏台吉，若不告，生计无着，困苦忧愁"。后斋桑古与硕托分别前往自己的拖克索和牧群，诸贝勒、大臣听说后，疑其欲逃往明朝，发兵堵截。阿敏奏告汗伯父，建议说："将吾等弟兄置于众人之前审之，若吾为非，则辱吾，若弟斋桑古为非，则将弟交与吾，吾将杀之。"努尔哈赤拒绝其议，决定从轻了结此事，下令说："若斋桑古愿与其兄阿敏台吉合居，听之。若不愿与阿敏台吉合居，欲与他兄合居，则归入于他兄之固山下。"①

这件事表明了五个问题。其一，斋桑古虽是拥有牧群、诸申、阿哈、拖克索（庄、庄园），领兵辖民有权有势的贝勒，但并不能独立为旗，而是依附于兄长阿敏，归属和硕贝勒阿敏的镶蓝旗下，后因弟兄之间关系恶化，难以合居，亦不能独立于八旗之外，必须"归入"另一和硕贝勒的固山之下。其二，斋桑古等弟贝勒，衣食

---

① 《满文老档》太祖朝卷一六。

方面,仰赖于兄长和硕贝勒阿敏供给,阿敏刻薄寡恩,则其弟"生计无着,困苦忧愁"。其三,本旗的其他贝勒,对自己固山的和硕贝勒阿敏十分畏惧,虽受其虐待,亦不敢直接反抗,甚至还不敢越过阿敏,向一国之汗努尔哈赤诉苦。其四,和硕贝勒对本旗人员有权支配,除汗父(汗伯父)可以干预外,其他旗的和硕贝勒无权过问该旗的内部事务。像上述辅父执政的大贝勒代善,为父宠爱的四贝勒皇太极,也不敢、不愿干涉与己"并肩同行"的和硕贝勒、二大贝勒阿敏旗内之事。其五,身为和硕贝勒的阿敏竟要奏请斩杀本旗的弟贝勒斋桑古。这一切,充分表明了,和硕贝勒对本旗属下人员统治之严及其支配权力之大,二者之间存在着严格的君臣、君民隶属关系。

和硕贝勒之外,后来又出现了"大贝勒"一词。前述《清史列传》卷一《代善传》曾讲道,丙辰年,太祖建元天命,封代善等四人为和硕贝勒。"国中称代善为大贝勒",称阿敏、莽古尔泰、皇太极为二、三、四贝勒。《清史稿》卷二百一十五《阿敏传》载,"天命元年,与代善、莽古尔泰及太宗,并授和硕贝勒,号四大贝勒,执国政。阿敏以序称二贝勒"。这两部书都把和硕贝勒与大贝勒等同起来,都断定是天命元年封授的。查看《满文老档》,并无这样的记载。老档中第一次出现四贝勒,是在天命二年十月。这一月,英明汗以"子四贝勒专主之大臣伊拉喀巴图鲁"怨恨其主四贝勒,将伊拉喀斩杀。[1] 天命三年三月十五日攻下明国抚顺后,明兵追来,哨卒禀"报大贝勒、四贝勒"。[2] 以后大贝勒、四贝勒等词遂不断出现在老档之中,而正式将四位大贝勒一一列举,则是在天命四年五月

---

[1] 《满文老档》太祖朝卷五。
[2] 《满文老档》太祖朝卷六。

初五日。《满文老档》太祖朝卷九载:为庆贺萨尔浒大败明军,设大宴。"五月初五日辰时,汗出坐于衙门,衙门左右,设凉棚八座,八固山之诸贝勒、诸大臣坐于八处,大贝勒、阿敏贝勒、莽古尔泰贝勒、四贝勒、朝鲜二元帅等6人,皆赐矮桌以坐,设大宴。前此筵宴,诸贝勒皆不坐于桌,席地而坐"。在这里,一则第一次正式书写了大贝勒代善等四位和硕贝勒的名字;再则将代善等四位和硕贝勒与其他的八固山之贝勒区别开来,四位贝勒坐于汗前,其他贝勒在凉棚就座;三则其他贝勒中有朝鲜李民寏所记与领二高沙之贵盈哥(代善)、领一高沙之红歹是(皇太极)、亡可退(莽古尔泰)、阿未罗古(阿敏)并列的豆斗罗古(杜度),杜度这时已是领有一旗的和硕贝勒,为什么他只能和阿巴泰等八固山之贝勒坐于凉棚,而不能与"大贝勒代善"并坐于汗前桌上。可见,代善、阿敏、莽古尔泰、皇太极既是和硕贝勒,又是比其他和硕贝勒地位更高的四位大贝勒。

出现这样的局面,不难理解,它是国内政局变化的结果。在天命元年称汗大典时,代善、阿敏、莽古尔泰、皇太极已是各主一旗(或二旗)的旗主,被英明汗封为和硕贝勒。这时,除庶妃所生阿拜等人外,第三位大福金之子阿济格才10岁,多尔衮、多铎仅是4岁2岁乳臭未干的幼童,没有其他旗主贝勒,到了天命四年,情况有了变化,努尔哈赤之孙杜度已成为领有一旗的固山贝勒、和硕贝勒,阿济格长了4岁,岳托、硕托、济尔哈朗、斋桑古、德格类、阿巴泰等汗之子、孙和侄子,皆已是领兵厮杀辖兵治民拥有若干牛录的贝勒,有权有势,因而代善、阿敏、莽古尔泰、皇太极四位和硕贝勒地位更高,成为高于其他贝勒之上的四大贝勒了。这样一来,四大贝勒之辞,便成为高于普通贝勒及和硕贝勒的尊贵称呼了。康熙帝敕修,经雍正帝命儒臣校订的六十五卷《清太宗实录》卷五第三页载称:"天命六年二月,英明汗努尔哈赤又规定:命四大贝勒按月分直,国中一切机务,俱令直月贝勒掌理。"顺治年间修的四十卷《清太宗实录》稿本卷四第 2 页的记载,与此基本相同。它写道:"太祖辛酉年二月内,四大贝勒轮流直月,国家一切事务,俱在直月贝勒掌理。"四大贝勒具体主管军国大政,成为英明汗一人之下的最高统治集团。

四、"五大臣"

"五大臣",是清初特有的一个常用词,指的是一种官职和担任此职的五位大臣。由于尚无专文或专节对其研究论述,因而人们对其也不很了解,现从几个方面予以考证和评述。

其一,设立时间。各种文献对"五大臣"设立的时间记述不一。《皇朝文献通考》载,甲寅年(万历四十二年)(1614 年),置理政听讼大臣五人。《满洲实录》卷四载,乙卯年,"立理国政听讼大臣五员",《武皇帝实录》、《高皇帝实录》记载与此相同。《满文老档》对此没有记述。《清史稿》卷二百二十五则将它记在天命元年,称"天命建元,置五大臣,以命额亦都,国语谓之'达拉哈辖'。"同卷《何和礼传》亦载,"天命建元,旗制更定,何和礼所部隶正红旗。置五大臣,何和礼与焉"。《清史列传》对此事的记载则比较含混。此书卷四《费英东传》写道:癸丑年(万历四十一年),"从太祖征乌拉"。"寻,命与何和哩、额亦都、扈尔汉、安费扬古为五大臣,佐理国事"。从这些书的记载看,五大臣设立的最早的时间为万历四十一年,其次为四十二年、四十三年,最晚的是四十四年。但是,我认为,五大臣的设立,比这四个年头都早。

《满文老档》太祖朝卷三载:阿尔哈图图门贝勒褚英心胸狭窄,受汗父之命执政以后,不以公诚之心治理汗父交付之大国,

"结怨于（汗父）所擢用之身同父汗之五大臣，使之彼此不睦。"又"施虐于""汗爱之如心肝之四子"。"如此虐待四兄弟及五大臣"。四子和五大臣联合上告。努尔哈赤大怒，斥责褚英说：汝"如此虐待同父所生之四弟及为父我所擢用之五大臣"，"安容尔执政耶"。因此，在壬子年（万历四十年）秋天征乌拉时，令褚英留守，第二年再征乌拉时，仍不让褚英从征。

这段记载表明了三个问题。一是"五大臣"一词出现于壬子年（万历四十年）。二是"五大臣"因遭受执政的皇长子褚英之虐待，而于壬子年上告于汗，可见"五大臣"在壬子年之前已经设立。三是"五大臣"乃汗亲自擢用和十分宠信与倚任的五位大臣，当汗认定褚英虐待"四子"及"五大臣"时，即重责褚英，足见"五大臣"在国中地位之高、职责之重和权势之大。简而言之，五大臣设立的时间，应在万历四十年以前，至迟不晚于万历四十年秋天。

其二，最早来投。《清史列传》卷四《费英东传》载称，癸丑年，费英东"从太祖征乌拉"。"寻命与何和哩、额亦都、扈尔汉、安费扬古为五大臣，佐理国事"。额亦都等五位，都是最早跟随或投奔努尔哈赤的人员。额亦都，姓钮祜禄氏，生于壬戌年（明嘉靖四十一年，1562年），比努尔哈赤小三岁，于庚辰年（1580年）19岁时"从太祖行"。安费扬古，觉尔察氏，世居努尔哈赤家辖属的瑚济寨，其父"完布禄，事太祖"，是努尔哈赤家的诸申。安费扬古"亦少事太祖"。额亦都和安费扬古都在努尔哈赤起兵以前为其诸申或古楚（古楚，即伙伴）。当努尔哈赤于明万历十一年（1583年）起兵攻图伦城时，从征诸申、古楚、族人才三十人，而额亦都、安费扬古都是这三十人中之一。费英东、扈尔汉、何和礼则是于万历十六年随父率部或亲率所部投奔努尔哈赤，开创了率部来归的先例。

其三，功勋卓著。额亦都等五人，不仅最早来归，而且勇猛过人,拼死冲杀,攻城略地,屡败敌兵,为女真国、后金国的建立和扩展,建下了奇功殊勋,成为清朝的开国元勋。额亦都参加了万历十一年攻打图伦城的起兵之战,奋勇杀敌,首先登城,立下第一功。努尔哈赤起兵初期,六祖中之长祖德石库、二祖留阐、三祖索长阿、六祖宝实的子孙,"同誓于庙,欲谋杀太祖"。万历十一年六月、九月,十二年四月、五月,刺客四次夜袭,额亦都竭力护卫努尔哈赤,拼死反击。《清史稿》卷二二五《额亦都传》讲述此时情形说:"太祖为族人所恚,数见侵侮,矢及于户,额亦都护左右,卒弭其难。"额亦都骁勇善战,能挽强弓十石,以少败众,所向无敌。万历十五年秋攻打巴尔达城时,于晚间率骁卒先登,守兵力战,发箭射中额亦都股上,透股钉于城堞,欲下不能。额亦都挥刀砍断身上的箭,"战益力",受伤达五十余处,全身无一完好,仍然勇猛冲杀,夺取了此城。万历二十一年,叶赫等九部联军三万来攻,敌众我寡,军心动摇。在这紧急关头,额亦都奉命,以百骑挑战,"敌悉众来犯",额亦都"奋击",毙九人,"敌却",乘机冲杀,大破九部兵,为努尔哈赤建立又一特大功勋。此后,征东海,灭辉发,取乌拉,并叶赫,下抚顺,额亦都皆领军从征,史称其"为军前锋,用兵垂四十年,未尝挫衄"。[①]

安费扬古,参加了万历十一年攻打图伦城等一系列起兵初期的战斗,屡败敌兵,攻取城堡。万历十二年六月,努尔哈赤为报妹夫噶哈善被杀之仇,率兵四百,进攻玛尔墩城,守兵力拒,连攻三日不克。第四日,安费扬古奉命,乘夜率兵,自间道,跣足攀崖而上,拔其寨,立下大功。万历二十一年六月,努尔哈赤带领少数士卒,往掠哈达富尔佳齐寨,师还,追兵赶来,努尔哈赤令兵前行,己身一

人殿后。哈达贝勒孟格布禄率骑追来,一骑在前,三骑在努尔哈赤之后,前后夹攻,努尔哈赤坐骑受惊,几乎坠倒,势甚危急。安费扬古赶来救援,尽杀四人,努尔哈赤亦射中孟格布禄坐骑,敌军败走。努尔哈赤盛嘉安费扬古英勇,"赐号硕翁科罗巴图鲁"。此后征服女真各部,取抚顺、沈阳、辽阳,安费扬古皆立军功。《清史稿》赞称:"当日猛士如云,而二人(安费扬古、劳萨)尤杰出云。"①

费英东、扈尔汉、何和礼都是在万历十六年来归的。这一年,费英东之父苏完部长索尔果"率本部军民归"。扈尔汉之父雅尔古部长扈拉瑚"率军民来归"。栋鄂部长何和礼"亦率本部军民归"。这时,努尔哈赤虽然起兵五年,多次征伐,相继攻取了兆嘉、图伦、萨尔浒、王甲、玛尔墩、翁鄂洛、安图瓜尔佳、贝欢、托漠河、鄂勒珲、巴尔达、嘉班、阿尔泰等城寨,但皆系小部,降服的诸申不多,人丁并未大增,一次出征,往往只有几十人、一二百人,最多也不过只有马步兵五百。费英东、扈尔汉、何和礼的来归,顿使局面大为改观。费英东之父索尔果带来的五百户,按两户三丁计,有750丁,编了五个牛录。扈尔汉之父带来的人丁,虽未说明有多少,但编了三个牛录,估计也在300至450丁左右。何和礼带来的人丁数目不详,可是,从"太祖初起兵时,闻何和礼所部兵马强壮,乃加礼招致之"来看,人丁也不会少。这样一来,三部长的来归,一下子就使努尔哈赤增加了两三倍的人丁,出征将士可达一两千,顿时声势大振。仅这次的来归,年方13岁的扈尔汉,25岁的费英东以及何和礼,就为努尔哈赤大展鸿图、创业建国,立下了大功。此后三人更加大显身手,屡树奇勋。费英东智勇双全,忠贞刚直,转战南北,"身先士卒,战必胜,攻必克,摧锋陷阵,当者辄披靡",被努

① 《清史稿》卷二二五《安费扬古传》。

215

尔哈赤誉为"万人敌"。何和礼,身经百战,灭乌拉,大战萨尔浒,下沈阳,取辽阳,屡立军功。扈尔汉,骁勇猛狠,"战辄为前锋",勇战乌碣岩,伐窝集,征乌拉,决战萨尔浒,克沈阳,一再建功。

五大臣还在治理国政方面做出了贡献。五大臣的官名就是"理国政听讼大员",又叫"理政听讼大臣"。后金国初期,裁断诉讼是执政者的一个重要内容,经常有讼案发生。努尔哈赤规定:"凡事,扎尔固齐先审理,次达五大臣,五大臣鞫问,再达诸王",最后由汗审断。① 至于军国大事,五大臣有责任也有权参与议论,奏述己见,常蒙君汗采纳。比如,万历四十一年二征乌拉时,努尔哈赤本来不愿与布占泰决战,不允攻其都城,代善、阿敏及费英东、何和礼、扈尔汉、额亦都、安费扬古五大臣"奋然"直谏说:"初恐布占泰不出城,尚议设计赚之,今彼兵既出,舍此不战,兴兵何为? 厉兵秣马何用? 布占泰倘娶叶赫女,其耻辱当何如,后虽征之,无益矣。今人强马壮,既至此,可与一战。"话说得够尖锐了,激得努尔哈赤下不了台,只得下令进攻,遂大败乌拉三万兵,取都城,灭了乌拉。② 五大臣的力谏,在此战中起了很大作用。五大臣中,尤以费英东最为敢谏。史称其"国事有阙失,辄强谏,毅然不稍挠,佐太祖成帝业,功最高"。③

费英东等五大臣统兵征战,治理国政,对后金国的建立和扩展,立下了不朽功勋,不愧为开国元勋。《清史稿》编修者对此作的总结性评述说:"国初置五大臣以理政听讼,有征伐则帅师以出,盖实兼将帅之重焉。额亦都归太祖最早,巍然元从,战阀亦最多。费英东尤以忠谠著,历朝褒许,称佐命第一。何和礼、安费扬

<hr>

① 《满洲实录》卷四。
② 《满洲实录》卷三。
③ 《清史稿》卷二二五《费英东传》。

古、扈尔汉先后奔走,共成筚路蓝缕之烈,积三十年,辅成大业,功施烂然。"①

其四,高官勋爵。努尔哈赤对于额亦都等五位开国元勋给予了很高的回报,对他们极为优待和厚赏,封授高官崇爵。额亦都、安费扬古原系贫寒诸申,费英东、扈尔汉好一些,是三几百户的部长之子,何和礼乃系一部之长,所辖亦不过三几百人,经过几十年的南北征战,后金国汗努尔哈赤将他们一一封授为辖治兵民成千上万的国中最为尊贵的一等大臣。额亦都任至固山额真和"众额真"、一等大臣,初封一等总兵官(后之一等子)。英明汗努尔哈赤封赏额亦都的敕文说:"额亦都巴图鲁,独取舒勒格布占,克巴尔达城,败萨克寨之来兵,奋战于尼玛兰城前,著为一等大臣,授总兵官之职,其本身及子孙三世,食百人之钱粮。"②额亦都死后不久,追封"弘毅公",后连续晋升,晋至一等公世袭。费英东任至"众额真",封三等总兵官,卒后初追封"直义公",后晋至一等公世袭。何和礼任固山额真,封三等总兵官,卒后晋三等公世袭。扈尔汉任固山额真、都堂,封三等总兵官。安费扬古也有世职。

其五,联姻婚娶,贵为皇子。五大臣中有三位与汗、贝勒相互婚娶,结为亲家。额亦都初娶汗之族妹,后"尚和硕公主",其次子达启、第八子图尔格皆娶汗之女和硕公主,额亦都之女亦嫁与四贝勒皇太极,后封为元妃。费英东娶褚英之女,是汗之孙女婿。何和礼娶太祖第一位大福金佟佳氏之女固伦公主,其第四子又系大贝勒代善的女婿。扈尔汉被汗父努尔哈赤收为养子,位列皇子之列。

其六,人畜众多,家赀富豪。英明汗对效忠功臣除了封官赐爵

① 《清史稿》卷二二五。
② 《满文老档》太祖朝卷六二。

217

以外,还大量赏赐人畜财帛。经过三十多年的四处征战,从各部女真及明国城乡掠夺了上百万人口、牲畜,甲仗、兵器、金银布帛堆积如山,努尔哈赤以论功行赏和按职分赐的方式,将掠取的人畜财帛大量赏赐给各级官将。五大臣的官职最高,立功最大,当然领取最多。现以额亦都早期立功受赏为例,引录其子呈述父亲立功领赏之情如下:

　　随汗往攻图伦城时,彼率先毁城克之。念彼前进克城骁勇,以班达喜之母赐与。

　　巴图鲁姑夫专攻舒尔赫布占城,克之。所得城中诸物,尽赐与彼。随彼前往之人,彼视其效力,酌情赏之……

　　巴图鲁姑夫独攻巴尔达城,克之……于该城所获敕书、户口、诸申,尽赐与彼。其离城逃往哈达后来归附于汗之户口……(亦)尽赐与彼……又以巴尔达城备鞍辔之栗色名马赐与彼……

　　随汗攻取尼玛兰城时,巴图鲁姑夫率先进击,克之,赐人、马、牛甚多……

　　随汗攻取章嘉城时,命巴图鲁姑夫率扬书姑夫、腾垮往夺城门,该二人未夺,彼独入攻下城门,乃克其城,以诸子之母姑赐之,又赐七人,敕书三道……

　　以噶哈善为哈斯胡所杀,随汗攻克索尔瑚山城,巴图鲁姑夫首先进战,该城男女尽与彼杀之。此次中伤两处。将兄哈姆胡之家产、阿哈、诸申及敕书,尽赐与彼……

　　嘉木湖之贝衮巴颜、沙济的旺吉努马法二族之人合谋,欲以计谋杀汗,叛往哈达……(汗)谕巴图鲁姑夫曰:贝衮巴颜为尔兄,尔往杀之。言毕即遣之,尽杀其一父四子,以巴衮巴颜之人户、阿哈、诸申、敕书,尽赐与彼……

九姓部落会兵来战,我先众出击,(赐布寨贝勒所乘之栗色鞍马、所佩撒袋、明安贝勒之驼一头及其所服貂镶皮裘,共计马十四匹,又赐汗乘之小红马)……

　　纳殺七寨人反叛,巴图鲁姑夫及噶盖同往……克之。尽杀俘获之人。将谭太墨尔根、杜楞额二族赐与彼……

　　我自十九岁时正值国人少之时,归汗效力。[①]

　　从上所述,努尔哈赤多次大奖额亦都,赏赐巨量人畜财物。仅据额亦都之子追述的早期征战,努尔哈赤便赐给额亦都战马24匹及本人"御乘"良马三匹。舒尔黑布占城的所有物品及巴尔达城的全部敕书、人户及诸申,皆归额亦都所有。巴尔达城不小,人丁相当多,它曾与界民等三城合兵四百,与扎漠河等四城合兵八百,与努尔哈赤交战。《满洲实录》载有额亦都攻打巴尔达城的战图,图上,巴尔达城又高又大,城的附近,有二十来名巴尔达人惊慌逃跑。可见巴尔达城的人口、牲畜、财帛不会少,这些都归属额亦都所有了。

　　哈斯胡是索尔瑚寨主。当努尔哈赤于万历十二年连打胜仗之时,哈斯胡居然敢率兵劫杀其妹夫嘉木湖寨主噶哈善,而且努尔哈赤虽然十分愤怒,亦不能立即发兵报仇。这表明索尔瑚寨不小,哈斯胡的家产、人口、阿哈、财帛、牲畜及诸申是不少的,不然努尔哈赤就不需积蓄力量而未立即出兵了。

　　巴颜,是满文 bayan 的音译,意为"富翁"。嘉木湖寨的巴衮巴颜,既系本族之长,又是富翁,其财产、人口也不会少。这两位寨主巴颜的人户、阿哈、敕书、诸申尽行归于新主人额亦都了。

　　打下尼玛兰城,汗又赐给额亦都"人、马、牛甚多",又赐"妇女

　　① 《满文老档》太宗朝天聪卷四八。

三人、人八名、敕书四道"。

这还只是努尔哈赤赏赐额亦都的部分人畜财帛,没有包括额亦都直接抢掠纳入私囊的,其数量也不少。

这样一来,仅仅在万历十一年至二十一年的十年内,额亦都就从一个依姑为生的贫寒诸申,一跃而为占有众多阿哈、牲畜、财帛和辖治大量诸申的富翁显贵了。以后再经过灭哈达、亡乌拉,并叶赫,袭占明国抚顺、清河、开原等城,掠得的人畜财帛更多,额亦都拥有的诸申、阿哈、牲畜和财帛,也就自然而然地急剧增多了。

值得注意的是,额亦都所得的众多阿哈,是怎样安排的?按照当时女真习俗,阿哈是主人的奴隶,为主耕田牧马,采参打猎。从汗、贝勒到八旗官将,都拥有大批拖克索,役使阿哈耕田种地。天命四年被俘进入建州的朝鲜从事李民寏叙述汗、贝勒、大臣庄田之多的情形说:"自奴酋及诸子,下至卒胡,皆有奴婢(互相买卖)、农庄(将胡多者至五十余所)。奴婢耕作,以输其主。"[①]额亦都在天命六年三月后金军进驻辽沈地区以前,究竟有多少拖克索不得而知,但可以肯定,是很多的。一则他是固山额真、"众额真",名列五大臣,应当是李民寏所说"将胡多者至五十余所"这一类人员了。再则还有两条材料可以作为旁证。第一条材料是英明汗努尔哈赤赐与额亦都使其专主牛录的敕书。该敕书说:"汗曰:额亦都巴图鲁,独取舒尔黑布占城,取巴尔达城,破萨克扎之人来兵,于尼玛兰城前率先而战,有功,为第一等,给与三牛录,使之专主。"[②]为什么这三个牛录会由额亦都"专主"?在八旗的几百牛录中,像这样由汗赐与"专主"的牛录并不多,额亦都怎么会如此例外?这种

---

① 李民寏:《建州闻见录》。

② 《满文老档》太祖朝卷六三。

情形是否和牛录中的人员本身的特殊情形有关？对此,第二条材料可以解释以上疑问。《额宜都家传》称:"太祖……前后赏赉弓矢皮裘人户牲畜无算……初设佐领之制,诏以公所俘获者,益以赏给户口,为三佐领,隶公家,俾无预上役,为公私属,供田虞,并采人参,备药物,以奉公,下及诸子,各有分赡,盖异数也。"①这条材料表明,额亦都在三十多年征战中,掠获了大量人丁,又得到汗赐的许多阿哈、人口,将其中部分人员编为归额亦都"专主"的三个牛录为其私属,"不预上役",叫他们为主子"供田虞","采人参,备药物"。连编为牛录的人员都要为额亦都打猎采参,备药,那么,未编入牛录的其他阿哈,当然更要为主子耕田种地服役了。额亦都已经成为占有众多庄子和阿哈的大奴隶主。

额亦都效忠于汗,拼命厮杀,建立"军功",论功按职分领汗之赏赐人畜财帛和直接掠取,因而发家致富,成为显贵富翁,这也就是五大臣及固山额真、梅勒额真等等官将走过的途程。

其七,时间不长。"五大臣"设立的最早时间是在万历四十年以前,这个"以前"并不能太长,最多是前两三年三四年而已。"五大臣"制延续到何时,史无明文讲述,但可以肯定,时间不太长。"五大臣"之中,费英东死得最早,天命五年三月去世,享年57岁。额亦都次之,卒于天命六年六月,60岁。第二年七月,安费扬古卒,64岁。扈尔汉于天命九年正月去世,48岁。七个月后,何和礼逝世,64岁。此后,没有任何官员正式担任过"五大臣",可见,"五大臣"之制,只是从万历四十年之前不久设立为时仅仅十年左右的短暂的重要官职,它起过重要作用,发挥过重大影响,但只是一个空前绝后的短暂之职。

---

① 爱必达:《开国佐运功臣弘毅公额宜都家传》,《清代碑传全集》卷三。

为什么会出现这种情况？揆诸当时政局形势，不难了解。原来，起兵初期，努尔哈赤的儿子、亲侄子年岁都不大。设立"五大臣"之时（姑且按万历四十年计），努尔哈赤已经出生的 14 个儿子中，只有褚英等 9 个儿子是成年之人，其中，皇八子皇太极刚刚 20 岁，皇三子阿拜等 5 位阿哥是庶妃所生，皇长子褚英于第二年即被罢革执政幽禁高墙，两年后处死。努尔哈赤所能倚靠和使用的仅有代善、莽古尔泰和皇太极三位皇子，在这种形势下，努尔哈赤当然只能倚靠额亦都等五位开国元勋和皇亲国戚了，所以才设立辅汗理政听讼用兵的"五大臣"。此后，儿子、侄子逐渐长大，才干日益显现，一个个封为贝勒、和硕贝勒、大贝勒和议政贝勒，辅佐汗父治理国政，统兵征战，"五大臣"之制便失去延续和存在的价值，因而便自然而然地消失了。

《清史稿》编纂者对此评论说："国初置五大臣以理政听讼，有征伐则帅师以出，盖实兼将帅之重焉……太祖建号后，诸子皆长且才，故五大臣没而四大贝勒执政。"[1]

这个评述，还是颇有见地的，但需作些补充和修改，即自天命元年和稍后一点出现了"四大贝勒"起，"五大臣"的职掌和影响就开始逐步减少和削弱，到天命六年二月，努尔哈赤设立四大贝勒轮流直月制，"命四大贝勒按月分值，国中一切机务，俱令直月贝勒掌理"。[2]"五大臣"之制实际上已被取消了。

五、八固山额真

固山额真，是满文 gūsai ejen 的音译，直译为固山之主或旗之

---

① 《清史稿》卷二二五《论》。
② 顺治年间修的《清太宗实录》卷五，第 3 页。

主,但从一设立开始,它就不是一旗之主,而只是管理本旗的最高官将,真正的一旗之主,是本旗的和硕贝勒,或称为固山贝勒与旗主贝勒。

固山额真的职衔,是乙卯年(万历四十三年,1615 年)努尔哈赤正式确立八旗制度时设立的。这时,努尔哈赤将聚集之众多国人,"每三百人立一牛录额真,五牛录立一甲喇额真,五甲喇立一固山额真,固山额真左右立梅勒额真。原旗有黄白蓝红四色,将此四色镶之为八色,成八固山。"[①]

天命六年三月以前,八旗的固山额真是哪些人? 有必要先作些考证。

固山额真的职衔虽然是在乙卯年确立八旗制时才正式设立的,但是,在此之前,已有四旗存在,那么,这四旗自然也有主管之人,这个主管之人,按其职责权力而论,也就应当是相当于乙卯年的固山额真。这几人是谁虽不能尽知,但可以断定,其中之一人是何和礼。《清史稿》卷二二五载:何和礼很早就率本部军民来归,"太祖以长女妻焉"。"旗制初定,何和礼所部隶红旗,为本旗总管"。"天命建元,旗制更定,何和礼所部隶正红旗,置五大臣,何和礼与焉"。这段记载,表明了旗制初定时,四旗之中,何和礼已是红旗总管,相当于后来的固山额真。至于其他白黄蓝色三旗的总管,估计是额亦都、费英东的可能性更大,因为这两人都是当初最勇猛且多次领兵出征的大将,后来又是固山额真和众额真。可是由于资料的缺乏,目前难以作出绝对肯定的结论。

乙卯年(万历四十三年)定八旗制时的八位固山额真,是哪八位? 亦无明文记载,不好断定。稍晚一点,天命四年(1619 年),被

---

① 《满洲实录》卷四。

俘进入建州的朝鲜从事李民寏,在其《建州闻见录》中叙述八旗情形说:

> 胡语呼八将为八高沙。奴酋领二高沙,阿斗、于斗总其兵,如中军之制。贵盈哥亦领二高沙,奢夫羊古总其兵……

此处说的阿斗,指的是阿敦,奢夫羊古指的是扬古利。

再晚一点,天命六年九月朝鲜满浦佥使郑忠信入使建州,见到的八旗情形是:

> 一部兵凡一万二千人,八部大约九万六千骑矣。老酋自领二部,一部阿斗尝将之,黄旗无画,一部大舍将之,黄旗画黄龙。贵盈哥领二部,一部甫乙之舍将之,赤旗无画,一部汤古台将之,赤旗画青龙。洪太主领一部,洞口渔夫将之,白旗无画。亡可退领一部,毛汉那里将之,青旗无画,酋侄阿民太主领一部,其弟者哈将之,青旗画黑龙。酋孙斗斗阿古领一部,羊古有将之,白旗画黄龙。

李民寏和郑忠信的记述,因是其在建州的所见所闻,比较真实可靠,故被作为基本材料和权威性史料被学者广泛引用,作为可信的史料。但是,我认为,二人均是朝鲜人,不太了解建州国情,且一人被俘,一人为使者,难免不受到限制,故其所记见闻亦难免有失实之处,错误也不少。仅以上述材料而言,二人所记的八旗旗主姓名,是符合实际的,但就八旗的固山额真而言,则有五点是不合适的,是道听途说误以为真的。一是李民寏说,贵盈哥(代善)领二高沙,"奢夫羊古总其兵"。奢夫羊古极可能是指额驸扬古利,可是代善辖有的是正红旗和镶红旗,而正红旗的固山额真,在乙卯年(1615 年)定旗制之前,即已是何和礼,他一直担任此职,直到天命九年去世。

二是郑忠信说努尔哈赤的正黄旗,是"阿斗尝将之",阿斗是阿敦。阿敦的确当过固山额真,但不是正黄旗的固山额真,而是镶黄旗固山额真。《满文老档》太祖朝卷六载:天命三年四月攻克抚顺城,抚顺游击李永芳降,"镶黄旗固山额真阿敦引之见汗"。

三是郑忠信说,代善的正红旗固山额真是甫乙之舍,镶红旗固山额真是汤古台,甫乙之舍极可能是博尔晋。但是正红旗固山额真应是何和礼,镶红旗固山额真才是博尔晋。《清史稿》卷二二七《博尔晋传》载:博尔晋很早来归,隶满洲镶红旗,授虾(辖,侍卫)。《满文老档》太祖朝卷十载:天命四年六月,以"二等固山额真博尔晋虾"私自藏匿开原之战中掠取的金银布帛而被汗处罚,夺其藏匿之物。

四是郑忠信说洪太主(皇太极)之正白旗的固山额真是"洞口渔夫",洞口渔夫极可能是栋鄂额驸,即何和礼,而何和礼一直是正红旗固山额真。

五是郑忠信说杜度之镶白旗的固山额真是"羊古有"。羊古有极可能是扬古利,他是固山额真,但不是镶白旗,而是正黄旗固山额真。《清史稿》卷二二六载:扬古利从小就"入侍"太祖,"旗制定,隶满洲正黄旗",屡立军功,天命六年三月攻辽阳时,"扬古利拔刀挥本旗兵先登"。

可见李民寏与郑忠信记述的八旗固山额真的姓名及其旗分,有些是不准确的。

《满文老档》太祖朝卷十八载述天命六年闰二月二十六日八旗的牛录驻地时,作了如下的记述:

> 达尔汉虾之旗,在尼雅满珠者七个半牛录,在费依德尼者七个牛录,在爱依喀、西伯里者五个牛录。

> 阿敦阿哥之旗,在德立石者甲兵三百七十人,在呼兰路者二十八个牛录,在托兰、章吉者十七个牛录。

穆哈连之旗,在扎库穆者十个牛录,在德特赫者六个牛录,在鄂和者五个牛录。

济尔哈朗阿哥之旗,在温德痕者甲兵一百二十五人,在包外赫者七个牛录,在费阿拉者五十四个牛录。

汤古岱之旗,在扎克丹者甲兵二百五十人,在扎喀者九个牛录,在欢塔、劳利、占比干、呼兰等处者十六牛录。

博尔晋之旗,在法纳哈者十牛录,在毕鲁者六个半牛录,在赫扯木、杭嘉者十个牛录。

栋鄂额驸之旗,在浑河、英额者五个牛录,在贝欢者五个牛录,在雅尔古、苏完者八个牛录,在尚间崖者甲兵二百五十人。

阿巴泰阿哥之旗,在柴河者五个牛录,在木虎觉罗者五个牛录,在鄂尔多哈达者五个牛录。

这段材料十分重要,说服力非常强,较之朝鲜人李民寏和郑忠信的见闻及记述,其真实性、准确性更高,更有权威性。这段材料记述天命六年闰二月的八旗固山额真是达尔汉虾(即扈尔汉)、阿敦、穆哈连、济尔哈朗、汤古岱、博尔晋、栋鄂额驸(即何和礼)、阿巴泰。

由于官将年龄的老化、生病、去世或因过受罚建功升迁,担任固山额真的人员也就常有变动。除了上述天命六年闰二月的八旗固山额真是阿敦等八人以外,进入辽沈地区以前,还有多弼、额亦都、费英东、扬古利、巴笃理等人,也担任过固山额真。多弼是努尔哈赤的族弟,当时被尊称为多弼贝勒。《八旗通志初集》卷六旗分志载:正红旗满洲第一参领之第一佐领,“系国初编立,始令固山额真觉罗多弼管理,多弼年老辞退,以其子纛章京布尔海管理。”其实,多弼不是年老致仕,而是因过被革。《满文老档》太祖朝卷九载,天命四年三月萨尔浒大战之时,"以汗之族弟多弼贝勒率领旗下之人不至,革其固山额真之职"。

《清史列传》、《清史稿》的《额亦都传》都未言及额亦都任过固山额真之职,仅《清史稿》说额亦都"屡官至左翼总兵官"。但是,从这个"左翼总兵官"的职衔,不禁使人们产生疑问。左翼总兵官,当时又叫"众额真"。众额真之众,是满文 geren ni 的意译,乃"众人之"的意思,加上 ejen(额真),意为"众人之额真"。既然额亦都能屡官至统辖左翼四旗的众额真(左翼总兵官),那么他是否也当固山额真? 或者既是一旗的固山额真,又兼任统辖四旗的众额真? 不然,岂有未当过固山额真之人,会坐上"众额真"的金交椅? 在当时官将地位的排列上,"众额真"是排在固山额真之上,写为"一等,众额真","二等,固山额真"。查看《满文老档》,才解答了这个疑问。《满文老档》太祖朝卷十六载:天命五年八月进击沈阳城外明军时,努尔哈赤"命左翼一旗之主莽古尔泰"往追。"莽古尔泰奉汗命,率其精选之一百巴牙喇兵进击明兵",过了城东,渡过城南的浑河。"如此之远,而本旗大营之总兵官衔主将额亦都巴图鲁竟未率众紧跟其贝勒",却"在后徐行,未渡河而还"。这里,标明了"本旗大营之总兵官衔主将额亦都",可见额亦都乃是本旗的固山额真(而且,当时的总兵官,基本上就是固山额真)。

《清史稿》卷二二五《费英东传》称:"岁乙卯,太祖将建号,设八旗,命费英东隶镶黄旗,为左翼固山额真"。这短短的"为左翼固山额真"7 个字,竟犯下两个错误。一是根本没有"左翼固山额真之职",只有"左翼总兵官"或"右翼总兵官"的称呼,二是费英东是"右翼总兵官",而不是"左翼总兵官",这时的"左翼总兵官"是额亦都。《满文老档》太祖朝卷二〇一载,天命六年五月十四日,

"左翼总兵官额亦都巴图鲁卒。"同书卷十六载,天命五年九月十九日,努尔哈赤"至费英东墓,哭泣一回,下跪奠酒三杯"。"费英东前为右翼总管、一等大臣"。费英东既当过"右翼总管",即"右翼总兵官",也必然当过固山额真。这在《清史列传》卷四的《费英东传》中可得到印证。本传写道,费英东隶满洲镶黄旗。"天命四年二月,明兵四路来侵,一军据萨尔浒山岭,费英东率本旗兵进击,破之"。可见,费英东确实当过固山额真。

《满文老档》太祖朝卷七十八载有总兵官扬古利、巴笃理、图尔格对汗发誓的誓书,皆写明"我所辖之一旗兵"。如扬古利誓书为:"总兵官扬古利,定以汗之法秉公管理我所辖之一旗兵"。这三位都是总兵官,都辖领自己的一旗兵,可见都是固山额真,但因此档未标明何年何月,难以确定具体是天命哪一年哪一月了。

八旗军进驻辽沈以后,固山额真的人员有了一些变动。《满文老档》太祖朝卷三十八载:八旗奉汗之命前往运粮之车,于天命七年三月初七日运到牛庄,向汗报告说:

> 达尔汉虾之旗,车五百五十七辆,粮八百三十石;舅阿布泰之旗,车六百一十辆,粮八百二十石;汤古岱阿哥之旗,车三百七十二辆,粮四百九十石;博尔晋虾之旗,车三百八十辆,粮五百零五石;穆哈连之旗,车三百零二辆,粮四百石;苏巴海之旗,车二百六十五辆,粮三百八十石;栋鄂额驸之旗,车二百六十两,粮三百一十一石;阿巴泰阿哥之旗,车六百一十五辆,粮八百一十五石。共车三千三百六十辆,粮四千五百五十一石。

这时八旗的固山额真是达尔汉虾(扈尔汉)、舅阿布泰、汤古岱、博尔晋虾、穆哈连、苏巴海、栋鄂额驸(何和礼)、阿巴泰。与天命六年闰二月的固山额真大员相比,少了阿敦和济尔哈朗,改由舅阿布泰和苏巴海接任。

总计在天命年间先后担任过固山额真的有额亦都、费英东、何和礼、扈尔汉、扬古利、阿敦、济尔哈朗、汤古岱、阿巴泰、多弼、博尔晋、穆哈连、苏巴海、巴笃理、图尔格、舅阿布泰,共十六人。其中,额亦都、费英东、何和礼、扈尔汉是"五大臣"之成员,又是皇亲国戚或皇子。济尔哈朗、汤古岱、阿巴泰是汗之皇子或皇侄,多弼是汗之族弟,阿敦也是汗之族弟。舅阿布泰是乌拉国国主满泰贝勒的第三子,是英明汗努尔哈赤第三位大福晋阿巴亥之弟弟,是阿济格、多尔衮、多铎三位"全旗之子"的舅舅。扬古利娶英明汗之女,尊号"额驸"。巴笃里、博尔晋很早就各率部众来投。图尔格是额亦都第八子,娶和硕公主。这些固山额真都为后金国的建立和扩展,建下了功勋。

关于固山额真的职责和权力,《满洲实录》等书没有集中表述,但是从乙卯年确立八旗制度时,正式规定,"三百人立一牛录额真,五牛录立一甲喇额真,五甲喇立一固山额真,固山额真左右立梅勒额真",固山额真之满文 gūsai ejen,意为"旗之主"、"固山之主",由此看来,固山额真应是统辖本旗的最高官将,很显然应拥有包括辖治本旗官民率领本旗官兵征战的政治军事权力和职责。这不仅是推论,而且有不少事例可以为此作为佐证。

天命四年六月,努尔哈赤下达汗谕,命令八旗各级额真监视官兵征战时的表现说:

> 统辖绵甲兵之牛录额真、五牛录额真,统辖红色巴雅拉之牛录额真、五牛录额真、梅勒额真、固山额真、众额真,尔等宜监视军士攻战尽力与否,……凡有奋力攻战,善于破城,智巧谋略之良者,即上告于诸贝勒。……谎报小事,则治罪降职,谎报大事,则定杀身之罪也。和硕贝勒,众额真,固山额真,若尔等凡见临阵不杀敌,留后取财者,即以汗赐之四棱钺砍之,

或以大披箭射之。既管前方作战,亦应善理后方事宜。①

在这里,固山额真既负有征战之时监视官兵攻战表现,举贤劾劣的责任,又握有以钺砍以箭射,惩罚作战不力、私掠财货的官兵之权力,即领军出征,"既管前方作战",又"善理后方事宜"的军事方面职责。

过了一个月,天命四年七月初八日,努尔哈赤下达责令诸将发誓的汗谕说:

> 奉天承运英明汗谕曰:皇天佑我,授以基业,为国君者,惟恐有失天授之基业而兢兢业业固守之。汗委任之诸大臣等,自众额真以下,牛录章京以上,尔等应勤敏恪慎,殚心厥职,严守法度,严束部下人。此次出兵,皆偷乘开原之马匹,……。天既佑我,其负管理之责者为何不稽查而约束之……(令作誓言)。若系众额真,则各书己见,以为誓言。固山额真,亦抒己见,立为誓言……日后,尔等若变心犯罪,即依誓言审断。②

第二天,四月初八日,汗谕各臣限于二十日将所写誓言呈达于汗。群臣遵谕立誓上呈。"统兵之一等大臣以下,五牛录额真以上各官誓曰:汗所降谕旨及各项法令,定牢记不忘,且勤加宣谕。若置诸贝勒及大臣之命于脑后,玩忽职守,不辨良莠,为诸贝勒大臣见责,我等甘受贬黜。"③

这份誓词,因系自统兵之一等大臣以下,五牛录额真(即甲喇额真)以上,包括固山额真在内的各官之共同誓言,故比较原则,只强调要牢记汗谕法令,勤加宣谕,不得玩忽职守良莠不分。下面

① 《满文老档》太祖朝卷十。
② 《满文老档》太祖朝卷一一。
③ 《满文老档》太祖朝卷一一。

再引一份固山额真的誓言。

《满文老档》太祖朝卷七十八载有总兵官扬古利、巴笃理、图尔格三位固山额真的誓言。三份誓言基本相同，现将扬古利的誓言列举如下：

> 总兵官扬古利，定以汗之法，秉公管理我所辖之一旗兵。不因好恶而徇情，不因亲戚而袒护，不因仇敌而欺压，善即为善，恶即为恶，皆告于汗。若不如此秉公约束，而行邪恶之道，则汗知其过必罪之，以致家破身亡。若不违训谕之公正法典，则我子孙世代将因汗之慈爱而享富贵。

这道誓书，表明了三点，一是总兵官扬古利是管辖一旗之最高官将，二是他这个固山额真必须"以汗之法秉公管理"其所辖之一旗，三是若不秉公治旗，则必遭汗处治，家破身亡。三点合而为一，即固山额真是英明汗委任，以汗之法令，"秉公管理"本旗的最高官将。

《满文老档》太祖朝卷七十六、七十七又载录了巴都虎等四十多位副将、参将、游击、备御的誓书。按天命五年三月努尔哈赤的规定，副将相当于梅勒额真，参将、游击大都担任甲喇额真，备御就是牛录额真。各位副将、各位参将游击、各位备御的誓书基本相同，现各引一份如下：

> 副将巴都虎，受领汗牌，我所辖之一翼兵不离总兵官。若离总兵官，则将我巴都虎杀之，若不离，则由总兵官以未离而告于汗。①

> 参将伊勒慎，受领汗牌，我所辖之一甲喇五牛录兵，不离

---

① 《满文老档》太祖朝卷七六。

副将。若离副将,则将我伊勒慎杀之……①

　　游击雅尔纳,受领汗牌,我所辖之一甲喇五牛录兵,不离副将。若离副将,则将我雅尔纳杀之。②

　　备御布兰泰,受领汗牌,我所辖之一牛录兵,不离游击、参将。离时,则杀我布兰泰。③

　　这些誓言特别强调副将所辖之兵不离总兵官,参将、游击所辖之兵不离副将,备御所辖之兵不离参将、游击,否则斩杀。可见副将、参将、游击、备御各官,悉由总兵官、固山额真辖束,违则重惩。

　　总的来说,八旗的八位固山额真,既是全面管辖本旗人员的最高官将,又是征战之时率领本旗官兵出征的统帅。当然,固山额真既是管辖一旗的最高官将,又大都是皇亲国戚开国元勋,还有些人是汗之子侄贝勒,自然在军国大事上也有议事之权。重大用兵,努尔哈赤都要和"诸贝勒、大臣"商议,这"大臣"之中,既有"五大臣",也有固山额真。进入辽沈地区后,因"五大臣"之制已逐渐消失,努尔哈赤委付给八旗额真的权力更大了,职责更重了。简而言之,固山额真享有议政之权,率本旗军出征之权,审理本旗案件之权,傅导规谏本旗旗主贝勒之权。到天命十一年九月,新继位为汗的天聪汗皇太极更进一步明确规定:"立八固山额真……国家政事,令其肩任料理。与贝子偕坐,共议。出猎行师,各领固山而行。凡事皆听稽察。"④固山额真的权力和职责更大更重了。

---

　　① 《满文老档》太祖朝卷七六。
　　② 《满文老档》太祖朝卷七六。
　　③ 《满文老档》太祖朝卷七七。
　　④ 顺治年间修《清太宗实录》卷一,第7、8页。

六、两位额驸

这里说的两位额驸,指的是"抚顺额驸"李永芳和"石乌礼额驸"佟养性,他们两人是负责管理汉民事务的高级官将。

佟养性,辽东人,先祖世居佟佳地方,以地为姓氏。明朝时,其祖达尔汉图墨图与东旺、王肇州、索胜格等,"往来近边贸易,遂寓居于开原",后又迁往抚顺。佟养性在抚顺继商,见努尔哈赤建元天命,"日益盛强",便暗地与努尔哈赤联系,通报明朝情形,被明朝守将发觉,捕押于狱。佟养性越狱潜逃,进入建州,努尔哈赤甚喜,"妻以宗女,号施吾礼额驸",有时又写为"石乌礼额驸"或"西屋里额驸"。在汉人之中,佟养性是最早主动归顺努尔哈赤的,因此受到汗的信任,授三等副将。① 副将一职,相当高贵。乙卯年(1615年)定八旗制时,五甲喇设一固山额真,固山额真左右,设梅勒额真。天命五年三月,努尔哈赤参照明制,设立总兵官、副将等世职,"论功序爵,列总兵之品为三等,副、参、游亦如之。其牛录额真俱为备御"。② 总兵官、副将等名,既是官衔,又是封爵和世职。总兵官既相当于固山额真之职,又系后来的子爵。副将相当于梅勒额真之职,是后来的男爵。一旗设两位梅勒额真(副将),为固山额真之左右两位副手,各辖本旗左右二翼兵丁,八旗一共只有十六位副将(梅勒额真),已经进入"大臣"行列,地位相当高了。由于天命年间尚未编立汉军八旗,因此佟养性这个三等副将和别的满洲副将不一样,满洲人当副将的,都有具体的旗分,管辖本旗一翼之兵丁,而佟养性这个副将,则无此实际之职,只是一个官衔和

---

① 《八旗满洲氏族通谱》卷二〇,《佟养性》;《清史稿》卷二三一,《佟养性传》。
② 《满洲实录》卷六。

封爵而已。佟养性从征辽东，立下功劳，进为二等总兵官。

李永芳，辽东铁岭人，明万历四十一年任备御，守抚顺，第一次见到了努尔哈赤。这一年的九月，努尔哈赤率兵四万，进攻叶赫，收取璋城、吉当阿城等19处。叶赫金石什贝勒大惊，奏请明帝出兵相助。明派游击马时楠、周大岐率练习火器者千人，为叶赫守东西城，且遣使入建州，谕令努尔哈赤不得侵占叶赫。努尔哈赤于十二月亲自修书，前往抚顺。李永芳出抚顺城，在城外三里相迎，马上拱揖，将努尔哈赤接入教军场，收下其上呈明朝的"诉状"，转呈兵部。第二年，李永芳升为游击。

天命三年四月十五日，努尔哈赤率领大军，以"七大恨"誓师伐明，围抚顺，派遣边内擒俘之汉人，命其持"汗书"，招劝李永芳投降说：

> 因尔明兵越边驻守，我乃征伐。尔抚顺城主游击，即战亦不能胜也。我欲即日深入，尔若不降，误我深入。倘尔不战而降，则不扰尔兵众，不损尔之大业，仍照原礼，予以豢养。尔乃博学聪明之人也，我已擢拔多人，以女妻之，结为亲家，况且对尔，岂有不超升尔原职，不与我一等大臣等并列豢养之理乎！望尔勿战，战则我兵所发之矢，岂能识尔？若为无目之矢所中，必亡矣。即战则力不敷，虽不降而战死，亦何益焉！若出城迎降，则我兵不入城，尔所属兵众皆得保全也。若不出降，我兵攻入，城中妇孺必至惊散，假使如此，于尔不利也。尔勿以我言为无信，不得尔此一城，我岂能罢兵乎，失此机会，悔无及矣。倘城中大小之官吏军民人等献城归降，妻子亲族俱无离散，亦乃尔等之大幸也。降与不降，尔等应熟思为好，勿以一时之小忿而无信于我，勿失时机，出城降可也。①

---

① 《满文老档》太祖朝卷六。

234

这道"汗书"讲了四点。一是败局已定,抚顺城无力抵挡,"即战亦不能胜"。二是诱以高官和格格,许诺将像过去擢升多人任以高官,嫁以格格,结为亲家之例,要超升李永芳之职,与己之一等大臣一样豢养。三是秋毫无犯,献城归降,则"妻子亲族俱无离散","所属兵众皆得保全"。四是胁之以祸,若拒不降顺,则"妇孺必至惊散",将士必然战死。讲得非常清楚,战则死,降则生,且能升官娶主,飞黄腾达。

李永芳虽知敌强我弱,战必败死,乃"身着袍服,立于城南门上,声言投顺",但"又令兵士备兵器以战"。努尔哈赤挥军进攻,"不移时即登其城",李永芳始"乘马出城来降"。

努尔哈赤召见李永芳后,传谕恩养降人说:"城中之人,攻城时战死者,任其死,克城后,忽杀","皆令抚养之",遂编降民一千户,迁回赫图阿拉居住。①

努尔哈赤优待降民,下令对"自抚顺城来降之千户,未分其父子、兄弟,未离其夫妇。因战事而失散之兄弟、父子、夫妇、亲戚、包衣阿哈及一应器物,尽查还之"。并"再给以马、牛、阿哈、衣服、被褥、粮食等"。"又给牛一千头,以供食用。每户分给大母猪二口、犬四条、鸭五只、鸡十只,以供饲养,并给与器皿等一应物件"。努尔哈赤又命令,"仍依明制,设大小官员,交与其原主李永芳管辖"。②

以李永芳乃明朝官将之中第一个降于后金军者,努尔哈赤不违许诺之言,决定对其特别优待,"与诸臣商议曰:当尽心供养该抚顺城游击,以使其生活有趣"。遂授李永芳以三等副将,将皇七

---

① 《满文老档》太祖朝卷六;《清史列传》卷七八《李永芳传》。
② 《满文老档》太祖朝卷六;《清史列传》卷七八《李永芳传》。

子阿巴泰贝勒之女嫁与彼为妻,尊号"抚顺额驸"。

努尔哈赤之特别优待李永芳和佟养性,显示了他胸怀雄才大略,善于高瞻远瞩果断决策,领导才干十分卓越。佟养性,不过区区一名商人,而且还不是大商富商,在抚顺商界中属于无名之辈,这样一名越狱而出、赀财全无、在政界军界商界没有什么影响的明朝逃犯,到了建州,得到收容,有了活路,已是大幸特幸,此时建州也非大富之国,给予佟养性一些牲畜粮食,让其能够生活下去,已经可以算得上大恩大德了,不需授与官职。即使是念其有"禀报明情"之功,一则"功"并不大,再则时间也不长,多给一点银子布帛,也就可以了,为什么既要授与三等副将的大臣之官职,还要将"宗女"嫁彼为妻? 李永芳,官既不大,刚从备御升为游击,辖兵一二千名,也非名门望族,当时后金兵好几万人,小小抚顺焉能抵挡,并且李永芳还不是一接"汗书"就立即投降,而是命令兵士应战据守。这样一名被俘之将,不斩其首,不灭其部士卒,不杀城中降民,对李永芳他们来说,已是汗恩浩荡了,为什么还要授彼为官,辖其旧部,且晋升其职,并妻以公主? 简直到了无比优厚地步,不要说一般人不能理解,就是那些固山额真、甲喇额真、牛录额真也是瞠目结舌,难知其故。殊不知,这才正是努尔哈赤高出任何女真汗贝勒、蒙古汗贝勒之处,平庸君汗焉能出此特招,下此妙着。

看看此后几年形势,便知努尔哈赤此招,确系远见卓识。此时努尔哈赤攻下和招服抚顺、东州、玛根丹等三城和台堡五百余座后,并未长期占领,而是掠取人畜财帛后退师。四个月之后攻下清河,第二年六月下开原,七月克铁岭,皆是掠财之后即撤兵回归,好像无意进占明地。那么,厚养李永芳这样一位降将,又有何用? 设若如此盘算,那就没法理解努尔哈赤用兵之妙了。因为,就在攻打抚顺之时,努尔哈赤便很可能已有了进占辽东的想法,否则,他便不会书写"七大恨",誓师伐明,并在下抚顺后,遣被俘汉人携带"七大恨"书,送往明朝,也不会特别优遇佟养性和李永芳了。因为,女真与以汉人为主的明朝,民族有别,国家各异,制度不同,习俗悬殊。明朝之辽东都指挥使司(简称辽东都司),辖领二十五卫,面积有十几万平方公里,实际人口数百万,还有马步屯军十余万,以汉人为主。建州、海西女真地区,山多田少,人口不多,难以发展,努尔哈赤要大展鸿图,就必须进取辽东。攻还容易,但要想长期占领,辖治汉人,减少明军抵抗和汉民反抗,必须有得力的降顺汉人,用其为官,委以重任。这样做,可以在三个方面发挥影响,一是有利于招诱明将降顺,减少击败明军进占辽东的阻力。二是有益于辖治辽东归顺地区的汉民,征赋收税,筑城修路,金派汉民当兵服役。三是了解明情,为对抗明军,参仿明制提供条件。总而言之,是有利于后金国的扩展和进驻辽东。

努尔哈赤以优遇李永芳、佟养性为例,多次诱劝明将投降,争取汉官归顺。天命四年六月取开原后,明守备蒙古人阿布图因妻子被俘,带二千总及蒙古兵二百来降。明开原千总金玉和、王一屏、戴集宾、白奇策和守堡戴一位等,率二十余人,因子女被俘,"觅妻子,来降"。努尔哈赤大喜,说:"明国人从无逃往他国之事。彼等顺应上天佑我之势,又闻我豢养国人,故来投也。凡有来者,皆善加豢养之。"[①]努尔哈赤决定重奖他们,特赐阿布图守备"人一百名、牛马一百匹、羊一百只、驼五头、银百两、绸缎二十匹、布二百匹"。金玉和等六位千总"各赐人五十、牛马五十、羊五十、驼二只、银五十两、绸缎十匹、布百匹"。守堡、把总等官,"各赐人四十、牛马四十、羊四十、驼一只、银四十两、绸缎八匹、布八十匹"。

① 《满文老档》太祖朝卷十、一一。

"从者,皆列等,赐妻奴牛马财物田舍"。① 努尔哈赤又擢升守备阿布图为副将,授千总金玉和为甲喇额真,后给予三等副将世职。

努尔哈赤对阿布图、金玉和等人的赏赐够优厚的了。就在这次赏赐的前几天,为了庆贺攻克开原,英明汗重赏八旗将士,"赐一等众额真大臣各银二百两、金五两;二等固山额真大臣,各银百两、金二两;三等大臣,各银三十两……七等牛录额真,各银三两;八等精锐巴牙喇兵之小旗额真及牛录章京,各银二两"。②

两相比较,除去人、畜、绸缎、田舍不算外,仅赏银一项,阿布图领银百两,相当于固山额真之数,比管辖三百丁之牛录额真的赏银多了三四十倍。金玉和等6位的赏银比牛录额真多了20倍。可见英明汗对阿布图、金玉和等的赏赐是何等之多。

虽然《满文老档》、《满洲实录》没有写明给予阿布图、金玉和等降将多少田地房屋,但既然对其从者都"赐妻奴牛马财物田舍",自然也会赐予金玉和等官大量房地。

这里还要着重指出的是,阿布图、金玉和等将各自领有"人"几十名至一百名,还有大量牛马田地,这些"人",显然就是阿哈(奴仆),他们当然会被主子编隶拖克索,耕田种地,供养家主。金玉和、阿布图等人也就因此而成为占有众多阿哈的奴隶主了。

李永芳、佟养性、金玉和、王一屏等降金汉官(佟养性是降后由民升官),蒙受汗恩,受宠若惊,一个个忘尽旧君恩情,竭力效忠新汗,通报军情,禀告明俗,用计行间,率兵厮杀,煽诱和威胁明国兵民降顺,效尽了犬马之劳。尤其是在进驻辽沈地区以后,他们发挥的影响更大,起到了满洲将领不能起到的作用,证实了努尔哈赤

---

① 《满文老档》太祖朝卷一一;《满洲实录》卷五。
② 《满文老档》太祖朝卷十。

确实不愧为有远见卓识的英明汗。

七、包衣阿哈

(一)阿哈激增

阿哈,乃满文 aha 的音译,有时又写为包衣阿哈(booi aha)。boo(包),意为家,i 意为之,aha(阿哈)意为奴仆。包衣阿哈,就是"家之奴仆"。在女真——满族早期时,大多数场合用的是阿哈或包衣阿哈,入关以后,一般就简称为包衣了。

明初以来,女真地区即已有阿哈存在,但人数不多,酋长、部长、寨主或巴颜(富翁)才占有少数阿哈。努尔哈赤也有几名阿哈。经过三十多年的南征北战,淑勒贝勒、聪睿恭敬汗、英明汗努尔哈赤及其子侄大臣,掠夺了巨量阿哈。对这个庞大数量的人群,作为国家之君汗,他也需要采取措施来加以统治了。

这三十多年,究竟掠取了多少阿哈,总数难以确知,但可以肯定,其数量很大。现将《满文老档》、《满洲实录》所记这三十多年战争中掠获人畜的情形,简要介绍如下:

万历十一年(1583 年),努尔哈赤起兵,取图伦城。此后几年之内攻占或招服了建州女真各部。

万历二十一年九月,大败叶赫、乌拉九部联军三万,击杀敌兵四千人,获马三千四、甲一千副,生擒布占泰贝勒等人。

万历二十六年正月,征服安楚拉库,取屯寨二十余处,余皆招服,获人畜万余。

万历二十七年,灭哈达,"尽收其国"。

万历三十二年正月,收叶赫璋城、阿奇兰城二城七寨人畜二千余。

万历三十五年三月,收蜚优城及其四周屯寨,编五百余户。于乌碣岩大败乌拉一万军队,杀三千,获马五千四、甲三千副。五月,取赫席赫、鄂谟和苏噜、佛纳赫拖克索,获人畜二千。九月,灭辉发,"屠其兵,招服其民"。

万历三十六年三月,取乌拉宜罕山城,杀千人,得甲三千副。

万历三十八年二月,灭瑚叶路,获俘二千。十二月,取雅兰路,获人畜万余。

万历三十九年七月,取乌尔古辰、古伦路,获俘一千。十二月,取瑚尔哈部扎库塔城,杀千人,获俘二千。

万历四十年九月,攻乌拉,取六城,尽焚六城人家和粮食。

万历四十一年正月,灭乌拉,杀守兵万人,分俘获,编万户带回,获甲七千副,"尽得其国"。九月,攻叶赫,尽取璋城、吉当阿城子女,又取十九城,"尽焚其房谷",编三百户带回。十一月,攻雅兰、西林,获俘一千,编二百户。

万历四十三年十二月,灭额赫库伦,杀兵八百,获俘一万,编降户五百。

后金天命元年七月,尽取东海萨哈连部及瑚尔哈部四十七寨,招服使犬部、诺垒部、实喇忻部。

天命三年四月,征明,取抚顺等三城及台堡五百余,分俘获人畜三十万,编降民千户,又击杀援兵万人,获马九千四、甲七千副。五月,取范河、三岔儿等十七城,尽取其谷,在三岔儿停留六日,"犒赏三军,均分所得人畜"。七月,下清河,杀守兵万人,分俘获。九月,掠会安堡,获人一千。

天命四年正月,取叶赫克伊特城、尼雅罕寨,夺大小二十余屯寨,尽掠十里外屯寨之人、马、牛。三月,大败明兵于萨尔浒,收取大量俘获财物,三日未尽。六月,收东海瑚尔哈部遗民,得一千户二千丁六千口。下开原,大杀守兵,掠巨量人畜财帛。七月取铁岭,杀守兵,收俘获,"人畜尽散三军"。八月,灭叶赫,将其人户尽数迁来。

天命五年八月,取懿路、蒲河二城,"俘获百姓、马、牛甚多"。

从以上《满文老档》、《满洲实录》所记数字看,攻打女真各部时,有明确数字的俘获人畜是四万一千。此系大大缩小之数。这四万人畜基本上是从东海瓦尔喀部女真屯寨抢来的。灭掉小小一个额赫库伦部,便俘获人畜一万,那么兼并哈达、辉发、乌拉、叶赫这样几倍几十倍于额赫库伦的四个大部,所获人畜岂不是要数十倍于此数吗!

在对明战争中,掠取的人口牲畜更多。以伐明过程中的第一仗攻抚顺来说,打下抚顺及其附近城堡时,"俘获人畜三十万"。① 明兵科给事中薛凤翔弹劾败事边臣的奏疏说,抚顺失陷,"军民之骈死者、掳去者,各数万"。② 可见掠民之多。

清河比抚顺大,八旗军打下清河时,"杀卤军丁男妇以万计",努尔哈赤特地留驻四日,以分俘获,这也表明掠得的人畜是很多的。

开原是明朝辽东重镇。明经略熊廷弼上奏后金军掠取情形说:"开原为河东根底",是"古之黄龙府而元之所谓上都也。城大而民众,物力颇骁。贼住城中,用我牛马车辆,运金钱财货,数日未尽,何止数百万"。③《满文老档》太祖朝卷十也载述说:取开原后,"所获金、银、绸帛、蟒缎等物甚多"。汗特下令,"将人口、财帛、金、银、牛、马、驴、骡,搜集于各立营处",驻三日。"其俘虏财物,收之不尽,军马驮之不完,乃以所获之驴骡马匹驮运,以牛车装载,

---

① 《满文老档》太祖朝卷六。
② 《明神宗实录》卷五八五。
③ 《明神宗实录》卷五八三。

仍有剩余"。"分俘获论功行赏"。足见掠夺人畜财帛数量之巨。

总的看来,努尔哈赤率军掠取的人畜,为数多达数百万。这样一来,阿哈的数量就急剧增多了,几十倍于起兵以前,因为,阿哈的主要来源就是掠夺来的人口,努尔哈赤一贯实行"抗拒者杀,俘者为奴"的政策,这几百万俘获人畜之中的人,自然就沦为阿哈了。

天命六年三月八旗军进入辽沈地区之前,阿哈数量之多,还可以从努尔哈赤于万历四十年九月率军出征乌拉时的讲话,十分清楚地显示出来。

万历四十年九月,努尔哈赤亲"领大兵",往征乌拉时,其子莽古尔泰、皇太极建议直取乌拉都城歼灭乌拉军队。努尔哈赤拒绝其议说:

> 尔等勿作如此浮面取水之议,当为探源之论。如伐粗木,岂能遽折乎? 必以斧砍刀削,方可折矣。欲一举灭其势均力敌之大国,岂能尽灭之乎? 必先剪除其外围部众,独留其大村。若无阿哈,其主(ejen,额真)何以能生! 若无诸申,其贝勒何以能生?①

《满洲实录》卷三对此次谈话记述为:

> 汝等出言,毋若浮面取水之易也,须探其底里耳。欲伐大木,岂能骤折,必以斧斤伐之,渐至微细,然后能折。相等之国,欲一举取之,岂能尽灭乎? 且将所属城郭尽削平之,独存其都城,如此,则无侪何以为主! 无民何以为君!

努尔哈赤讲的这段话十分重要,不仅可以作为概括当时社会面貌的总纲,而且也充分反映出了此时阿哈数量众多的情形。这可从三个方面来看。第一,与以往相比,努尔哈赤从来没有发表过

---

① 《满文老档》太祖朝卷二。

专门讲述阿哈的汗谕,相反,他却对诸申十分注意,不止一次地讲到诸申的问题,这岂不是说明诸申是以往女真社会的主要成员,而阿哈却是人数不多,值不得引起汗的重视。现在,局面不一样了,阿哈成为努尔哈赤经常谈论的话题,这就是说,阿哈已是人数众多,在社会上发生了强烈影响,汗、贝勒不能对他们闭目不视了。

第二,本来是莽古尔泰和皇太极建议攻打乌拉都城,并未涉及阿哈,完全是风马牛不相及的两回事,而努尔哈赤却偏偏援引阿哈与家主的关系,来反对其建议,为自己先取外部村寨城堡,孤立都城的主张作根据。如果阿哈人数很少,不为众人熟悉,家主依赖阿哈为生的行为不是普遍的现象,努尔哈赤怎会这样讲,众人怎能理解! 正是因为此时的阿哈已经很多,从事生产劳动,家主依赖阿哈为生的情形已经相当普遍,所以努尔哈赤才列举这种社会上公认的、常见的、习惯的事情,作为比喻。

第三,这段话把阿哈与诸申同时并提,且置阿哈于诸申之前,若无阿哈,则主不能生,若无诸申,贝勒也不能生,改变了过去只说诸申,不提阿哈的古老习惯。社会在发展,时代在前进,昔日以诸申为主体的局面业已消失,诸申与阿哈并重的社会已经到来了。

三点集中为一,它表明了阿哈增加了很多,已经形成为一个庞大的人群。

对此,朝鲜从事李民寏的观察和记述,也可以作为佐证。李民寏叙述天命四年五年后金阿哈和庄田情形说:"自奴酋及诸子,下至卒胡,皆有奴婢(互相买卖)、农庄(将胡则多至五十余所)。奴婢耕作,以输其主。"①汗、贝勒、大臣、八旗官将,乃至"下至卒胡",皆有奴婢、农庄,可见奴婢(阿哈)之多。

---

① 李民寏:《建州闻见录》。

243

就在这次讲话之前不久，努尔哈赤斥责长子褚英之过时说道：先前曾"对汝之同母所生兄弟二子各给予国人五千户、八百牧群、银万两、敕书八十道"。① 虽然这里没有提到赐与多少阿哈，难知其确数，但肯定不会少，就以分得的"八百牧群"来说，每一牧群都需要一定数量的阿哈照管。清军入关以后规定，每一马群设牧丁八至十四名，可见需要几百几千阿哈才能照管八百牧群。

天命三年的一次打谷行动，也可以表明汗贝勒的阿哈之多。《满洲实录》汉文体载：这年的八月，努尔哈赤命纳璘、音德二人"率四百众，往嘉木湖收获"。这个"四百众"，在《高皇帝实录》卷五里写为"四百人"。不管是"四百众"，还是"四百人"，这个"众"和"人"是什么身份？ 具体说，是诸申，还是阿哈，不清楚。查看《满文老档》太祖朝卷七，它记为，努尔哈赤遣纳璘、音德二人，"率诸贝勒之拖克索包衣八百人"打谷。原来，《满洲实录》所谓的"四百众"和《高皇帝实录》写的"四百人"，却是"八百人"，而且是"诸贝勒之拖克索"中之"包衣八百人"。一次就能派遣诸贝勒拖克索中的八百阿哈打谷，可见诸贝勒拥有的阿哈之多。

以上资料，十分有力地表明了，阿哈已经成为一个人数众多的劳动者阶级。

(二)阿哈的性质

后金国中阿哈的激增，与其国之主英明汗努尔哈赤的决策和措施是分不开的，没有他和诸贝勒大臣率军统一女真各部，袭击明国城乡，掠夺数百万人畜，阿哈不会比过去增加几十、几百倍，如果他不实施论功行赏按职分领的政策，大量赏赐各位贝勒、大臣、各级额真以及有功士卒，就不会出现"自奴酋及诸子，下至卒胡，皆

---

① 《满文老档》太祖朝卷三。

有奴婢农庄（将胡则多至五十余所）"的局面。但是，紧接着随之而来的是发生了新的麻烦，即怎样才能使"奴婢耕作，以输其主"？因为，这些奴婢即汗、贝勒、大臣称之为阿哈的汉人，绝大多数原来并不是阿哈，他们生活在长期封建化的辽东地区，或耕田务农，或经商行贾，或读书应试，或应募当兵，被掳为俘，沦为阿哈，自然不会心甘情愿，一有机会，就冒险逃走，未逃之前，也不会尽力效劳，侍奉家主，从而纠纷繁多，事故迭起。

作为一国之主的努尔哈赤当然不能听任事态扩大，便从两个方面采取措施。一是血腥镇压，捕捉逃亡阿哈，处以极刑，另一方面就是劝诫家主要善待阿哈。为此，他于天命六年（1621 年）闰二月下了一道十分重要的汗谕，专门讲述此事。金梁的《满洲老档秘录》对此记载说：汗谕："仆夫力耕，以供其主，不敢自私。家主于战阵田猎之际，苟有所获，必赉其仆，无所吝惜，则上下相亲矣。"这段译文很含混。所谓"仆夫力耕，以供其主，不敢自私"，可以有三种不同性质的解释：一是"仆夫"是奴隶，生产的粮食须全部交给家主，不敢私自食用和处理；二系"仆夫"是遭受分成制剥削的封建佃农，米谷须由主人监督收割，按比例征收地租，佃农无权私自多分；三是"仆夫"是经营地主使用的封建性质的"雇工人"，领工钱，在地主家吃饭，劳动产品尽归雇主所有。"仆夫"可能具备这样三种不同性质的身份，引者无法作出正确的选择。

《满洲实录》卷六汉文体对这道"汗谕"是这样记述的："汗曰：至于王宜爱民，民宜尊王，为主者宜怜仆，仆宜为其主。仆所事之农业，与主共食，而主之所获之财，及所获之物，亦当与仆共之。如是，上下相亲，天悦人和，岂不共成豫庆哉！"

这段记述，也很含混，十分模糊。查看本书的满文体，它应译为："主宜怜阿哈，阿哈当敬主。阿哈之耕田之谷，应与主共食，主

245

之征战所得俘获,打猎所获之肉,宜与阿哈同食。"

这比汉文体清楚一些,它说明阿哈从事农田劳动,耕种所获粮食,与主共食。但是,怎样共食,仍不明确。从字面看,好像是阿哈收获粮食后,请主人来"共食",阿哈似乎是有自己私人经济的农奴或封建佃农。可是,家主兵猎所得俘获与兽肉和阿哈共食,这又该作何解释? 不得而知。

查看《满文老档》,才知道《满洲老档秘录》和《满洲实录》的编译者纂修者把"汗谕"删掉了一段非常重要的内容,以致难解真意。现根据《满文老档》太祖朝卷十七的记载,将此汗谕全文译录如下:

> (天命六年闰二月)十六日,汗谕下:天命之汗,恩养属下诸大臣,诸大臣亦应有尊敬汗而得生计之理矣。贝勒当爱诸申,诸申须爱贝勒。阿哈应爱主子,主子宜怜阿哈。阿哈之耕田之谷,须与主子共食,主子之征战得获财帛,应与阿哈同着,打猎所获之肉,应与阿哈同食。申年(天命五年)曾下令曰:"著勤种棉花织布,以衣包衣阿哈,见有着陋衣者,即取之而给与善养之人。"兹已过矣。今兹酉年(天命六年),播种棉谷尚未收获之前,勿论,若收新棉新谷后,复以衣食为劣而上诉后,则从虐养之主收之,转而给与善养之主。贝勒与诸申,阿哈与主子,若皆互相慈爱,则天嘉之,人皆喜好矣。汗之如斯互相爱恤度日之言,无论是谁,皆不得违!

这道"汗谕"是十分重要的珍贵资料,也可以说是迄今为止发现的唯一的能说明阿哈的处境、身份、性质及其与主子之关系的关键材料。根据此谕,可以说明六个问题。第一,阿哈是由家主供食。《满洲实录》汉文体记载的奴仆与主共食,《满文老档》记为 aha i weilehe usin i jeku be ejen i emgi uhe jefu。这是命令式的句

246

子,被命令的对象 aha(阿哈)被省略了。aha i weilehe usin i jefu,意为"阿哈之耕田之谷",在这里是作为及物动词 jefu(吃)的宾语。jefu 是动词 jembi 的命令式,意为叫人吃、使人食、令食。be是表示及物动词和强制式动词的直接客体的附加成分。全句应译为"(阿哈)须与额真(主)同食阿哈之耕田之谷"。这句话虽然说明了阿哈辛勤耕耘,所收粮谷须与家主共食,但怎样共食? 是粮食由阿哈支配,邀请家主同食,还是谷归主子所有,仅给阿哈口粮,或者是阿哈交纳一部分,余谷自己食用,尚不清楚,须看下一句。

汗谕说:"若收新棉新谷之后,复以衣食为劣而上诉后,则从虐养之主取之,转而给与善养之主"。这里,衣的满文是 etubure,是动词 etumbi(穿)的被动式和强制式,意为"给人食、食之"。所谓使穿、使食、食之,必有主语,即使穿之人、使食之人,这个人便是ejen(额真),便是家主。是家主给阿哈吃饭,使阿哈穿衣。这句话应直译为:"若收新棉新谷之后,[阿哈]复以[家主]给予衣食为劣而上诉后,则从该虐养之主取出,转而给与另外善养之主。"

这就清楚了,所谓阿哈与主"共食",原来却是阿哈由家主供食,是家主使阿哈食之。

《满文老档》还记录了努尔哈赤的另一段话,也有助于说明阿哈是由家主供食。天命六年四月初五日,后金军打下辽沈、沈阳已逾半月,对于是否迁都,是否入驻和定居辽沈地区,诸贝勒尚犹豫不决,担心明军反攻,难以长住。努尔哈赤力主自萨尔浒迁都辽阳,很重要的一条理由就是可以获得食盐,能吃到足够的盐。他说:"昔我国之包衣阿哈逃亡者,皆因无盐得食耳。"[①]把阿哈的逃亡,完全归诸于没有盐吃,固然是太简单了,但也不是毫无根据。

① 《满文老档》太祖朝卷二一。

建州地区不产盐,当时食盐来源稀少,与明交战前,主要靠从开原、抚顺马市领取赏盐,直到天命五年六月,"始遣人往东海煮盐",熬好之盐运回国中,"计国中男丁数散给"。[①] 一般民众,甚至是一些小奴隶主,都很难吃到适量的盐,当然不会给阿哈吃多少盐。因此,努尔哈赤的这句话,可以作为重要的佐证,它说明,阿哈确由家主供食,而且吃得很坏,往往连盐都吃不上。

第二,阿哈穿的衣服,是由家主供给。这有汗谕中的两句满文为证,译成汉文是:"[家主]应与阿哈同着主子之征战得获之衣服。""[家主]须勤种棉花织布,以衣包衣阿哈。"可见,阿哈穿的衣服是由家主供给。

第三,阿哈耕种所获粮谷,全被家主霸占。汗谕责令阿哈须与家主同食"阿哈之耕田之谷",既然阿哈本身都由家主供食供穿,那么,很明显,阿哈生产的粮食全部交与家主了,不然的话,不要说一切粮食归阿哈支配,即使是一半或三分之一由阿哈所有,阿哈也不会衣食于主了。

第四,阿哈是奴隶。这道汗谕的真正含义是,广大阿哈披星戴月,辛勤耕耘,生产的粮食全被家主攫夺,家主虐待阿哈,给以劣衣恶食。这样的阿哈是遭受奴隶制方式剥削的奴隶,主子则是奴隶主。

第五,汗谕"善待"阿哈。长期以来,家主虐待阿哈的情况十分严重,给阿哈吃得很坏,穿得很差,甚至不给盐吃。阿哈十分愤怒,奋起反抗,或大批逃亡,或向汗评告,矛盾十分尖锐。所以,英明汗努尔哈赤特地下达专门汗谕,既责令阿哈要与家主同食阿哈之耕田之谷(即家主霸占阿哈全部生产之谷),又劝诫大小奴隶主

---

① 《满文老档》太祖朝卷一五、一七。

不要饿死阿哈,命令他们家中多织布,给阿哈吃,给阿哈穿,以图缓和一下矛盾,稳定社会秩序。

第六,这次"汗谕",是英明汗努尔哈赤对后金全部辖区宣布的,它概括了整个后金国中阿哈的处境及其与家主关系的基本情况,重申禁令,强调必须在全部辖区贯彻执行,不准阿哈、家主违抗。

综上所述,并结合有关资料,我们可以得出两个论点。一是阿哈激增,主要在汗、贝勒、八旗官将的拖克索中耕田种地,家主完全占有阿哈人身,阿哈衣食于主,劳动成果尽被主子霸占,这样的阿哈就是奴隶,这样的家主压榨阿哈的剥削方式是奴隶制生产关系,而且已经发展成为当时社会中占居统治地位的生产方式。二是努尔哈赤在奴隶制生产关系扩展的过程中,发挥了强大的影响,对促进它成为国中统治生产方式上起了很大作用。女真——满族的社会发展进入了一个新的阶段。

八、休妻贬子

(一)休离大福金

正当努尔哈赤大显身手,在内确立八旗制度,举行称汗大典,优遇和硕贝勒、固山额真,下谕"善待"阿哈,对外以"七大恨"誓师伐明,下抚顺,克清河,取开原,大败明军于萨尔浒,擒宰赛,并叶赫,所向无敌,后金国蓬勃扩展的大好时刻,他却遇上了妻、儿生事的两大麻烦,发生了休妻贬子两件大案。这两大案子发生在天命五年(1620年)。

努尔哈赤先后有三位大福金。第一位大福金是其元配佟佳氏,生下褚英、代善两个儿子和一个女儿,女儿嫁与何和礼。佟佳氏在万历十一年(1583年)努尔哈赤起兵后不久去世。

第二位大福金富察氏，名叫衮代（滚代），原来嫁与景祖觉昌安的三哥索长阿之孙威准，大约在万历十三四年再嫁与努尔哈赤，生下莽古尔泰、德格类和女儿莽古济。富察氏嫁来之后的一段时间，努尔哈赤正是不好过的时候。他起兵初期，将少兵寡，族人心变，强敌威逼，处境十分艰难，常有兵败家亡的危险。尤其是万历二十一年九月叶赫等九部联军来攻，以三万之众的大军进击只有几千士卒的建州，消息传来，军心动摇，"众皆失色"。在这生死存亡关头，富察氏与丈夫风雨同舟，患难与共。《满洲实录》卷二载称，当努尔哈赤第一次得知警讯时，因天尚未明，怕带军夜出御敌，会震惊城中人们，便下令等待天明之后出兵。"言毕复寝。衮代皇后推醒太祖曰：今九国兵马来攻，何故酣睡，是昏昧耶，抑畏惧耶？"

这位与努尔哈赤曾经长期共患难创业建国的衮代皇后（滚代皇后），在此以后很长时间内，《太祖实录》中找不到她的材料，何时去世，亦不知晓。直到天命九年四月叙述景祖、孝慈高皇后等陵从赫图阿拉迁至辽阳安葬时，《满洲实录》卷八才顺便写道："其继娶衮代皇后及皇子阿尔哈图图门灵榇亦同移于此。"

这位皇后何时去世？是年老病逝？还是因罪贬革？按其记述而论，既是"继娶衮代皇后"，仍冠以皇后的尊称，又书其"灵榇"亦移于此，应是病故，是善终。真情究竟如何，还需研究。

第三位大福金是被《清史稿》称之为"大妃"的乌拉那拉氏，名叫阿巴亥，及乌拉国主满泰贝勒之女，辛丑年（1601年）"归太祖，年十二"。《满洲实录》卷八载：天命十一年八月十一日，"（帝）崩……帝后原系叶赫国主杨机努贝勒女，崩后复立乌拉国满泰贝勒女为后。"照此记述，叶赫那拉氏是皇后，其死之后，立阿巴亥为后。《清史稿》卷二二四亦就此写道："孝慈皇后崩，立（阿巴亥）为大妃"。这两部书都写错了,扬吉努(杨机努)之女从未被努尔哈赤立为"大福金",即《实录》与《清史稿》所谓之"后"。阿巴亥虽是大福金,但并不是在"孝慈皇后"死后就立为"后",而是过了好些年。这在《满文老档》关于天命五年三月休离大福金的记述中,可以找到"衮代皇后"等人情形的珍贵资料。

《满文老档》太祖朝卷十四载:

(天命五年三月二十五日,汗之小妾)代音察又告汗曰:不仅此事,更有要事相告。汗询有何言。代音察曰:大福金曾两次备办饭食,送与大贝勒,大贝勒受而食之。又一次,送饭食与四贝勒,四贝勒受而未食。且大福金一日二三次遣人至大贝勒家,如此往来,谅有同谋。大福金自身,深夜出院,亦已二三次矣。汗闻此言,遣达尔汉虾、额尔德尼巴克什、雅逊、蒙哈图四位大臣,往问大贝勒及四贝勒。送四贝勒饭未食,属实。送大贝勒二三次饭食,受而食之,属实。又,所告诸事,俱属实情。

对此,汗曰:"吾曾言曰,吾身殁后,将吾诸幼子及大福金交由大阿哥抚养"。以有此言,故大福金倾心于大贝勒,虽无任何事情,却无故地一日二三次遣人至大贝勒家。

每逢诸贝勒大臣在汗屋聚宴会议之时,大福金即以金珠饰身,斜视大贝勒。诸贝勒大臣皆觉而非之,欲告汗,又因畏惧大贝勒、大福金,而不敢告。

汗闻此言,不欲加罪于其子大贝勒,乃以大福金窃藏绸缎、蟒缎、金银财物甚多为辞,定其罪。遣人在界藩山上居室查抄。大福金恐汗见其物多而加重惩罚,急使人分藏各处,送往各家。将三包财物送至达尔汉虾山上之家。查抄之人返回汗屋后,大福金即遣人往取送于达尔汉虾之财物。该差人未到山上，误至达尔汉虾所住西屋取之。达尔汉虾即与差人同来见汗说：我既知之，岂有收藏福金私藏财物之理……（汗）遂杀（达尔汉虾山上之家）受纳财物之女阿哈。

继之又查。蒙古福金告曰：阿济格阿哥家中之两个柜子，藏有绸缎三百匹，大福金常常为此担忧，惟恐遭火焚水淋，甚为爱惜。闻此言，即往阿济格阿哥家查看，查出绸缎三百匹。又至大福金母家查看，查出存放于暖木大箱中之银，大福金又告曰：蒙古福金处尚有东珠一串。遣人问蒙古福金，蒙古福金答曰：此乃大福金给与，令藏之也。

又闻，大福金曾给与总兵官巴笃理之二妻一整匹精美之宝石蓝色倭缎，以作朝衣。又给与参将蒙噶图之妻绸缎朝衣一件。又报，大福金背汗，私自将财物给与村民者甚多。

汗大怒，唤村民至，令将大福金所赐之物尽数退回。又将大福金之罪，告于众曰：此福金奸狡诈伪窃盗，人之邪恶，彼皆有之。吾以金珠饰尔全身，又以人所未见之美帛，与汝穿着，汝乃不念汗夫之恩养，蒙蔽吾眼，置吾于一边，而勾引他人，岂不可杀耶？然若念此罪而杀，则吾爱如生肝之三子一女，将何等悲泣，设若不杀，则该福金欺我之罪太多。言时，十分悲愤，因曰：“杀大福金何为，幼子患病，令其照看，吾不与彼同居，将其休离。嗣后，此福金给予之物，无论何人，皆不得收受，无论何人，皆勿听其言，若违此命，无论何人，听从大福金之言，领其给予之财物，则不论男女，皆杀之。

于是，废大福金，与大福金别离。

《满文老档》花了这样大的篇幅来讲大福金的情形以及与大贝勒代善、四贝勒皇太极的关系，这是任何其他文献都未谈到的，确系非常难得的珍贵资料。但是，人们读过之后，不禁要产生三个疑问,即这位"大福金"是谁？努尔哈赤对大福金定的罪和惩治是否妥当？休离大福金的案子性质为何？

先说大福金其人。《老档》虽然不止一次提到大福金,但并未写明大福金的名字,按照《满洲实录》、《武皇帝实录》、《高皇帝实录》及《清史稿》的记述,第一位大福金佟佳氏,早在起兵不久即已去世,叶赫那拉氏亦于癸卯年(万历三十一年、1603年)病逝,自然不是《老档》所讲的大福金。除去这两人外,《清史稿》卷二一四《后妃传》载称,努尔哈赤有伊尔根觉罗氏等四位侧妃、兆佳氏等五位庶妃和一位妃子博尔济吉特氏,乃蒙古科尔沁贝勒孔果尔之女,这些人都没有势力挤入大福金行列。这样一来,《老档》说的大福金便只能是富察氏和那拉氏阿巴亥二人之一了,那么,是谁呢？我在过去的拙著中认为这个大福金是富察氏,但未论证细说,现在予以分析如下。

我认为,《老档》所讲的大福金,就是富察氏,理由和根据有四。一是《清世祖实录》卷三载:顺治元年二月戊子,"以大妃博尔济锦氏祔葬福陵,改葬妃富察氏于陵外,以富察氏在太祖时,获罪赐死故也"。这是文献中第一次写明富察氏是在太祖时获罪赐死。既然是赐死,又是在太祖时赐死,能够赐"衮代皇后"死的只有一人,即"太祖"努尔哈赤自己。而阿巴亥之死,却是在"太祖"死后第二天殉葬,可见不是阿巴亥。

二是《清史稿》卷二一四《后妃传》载:"继妃富察氏,归太祖亦在孝慈皇后前……天命五年,妃得罪,死。"这里也表明,富察氏因得罪而死,是汗命其死。

三是唐邦治编辑的《清皇室四谱》卷二载:"继妃富察氏,名叫衮代……天命五年二月,以窃藏金帛,迫令大归,寻,莽古尔泰弑之。"这次更写明了衮代是因盗藏金帛而被"迫令大归",即休离,除时间略有一点差异外(不是二月,是三月),与老档所载相符,可见老档所说的大福金就是富察氏衮代。

四是清太宗皇太极亦曾讲到莽古尔泰弑母之事。顺治修的《清太宗录》稿本卷七第25页载称:天聪五年八月十三日,皇太极对侍臣说:"后伊(指莽古尔泰)希宠于先汗,弑其生母,倖为己功。"为什么莽古尔泰为了讨得汗父欢心而杀亲母?显然是因其母为汗所逐之故也。这是最早讲到富察氏被儿子杀死的资料,而且出之于天命五年的四贝勒之口,很有权威性。可见大福金确系富察氏。

除了这些史料足可说明富察氏就是老档所说因罪被休离的大福金外,还可以想想阿巴亥死之情形。如果说大福金是阿巴亥,她比富察氏和大贝勒都小,以当时三十一岁的风流美丽来勾引代善,代善又没有拒绝其馈送之美食,那么代善是被美人所惑而迷恋上了继母了,可是,为什么努尔哈赤去世之时,代善却不念美人旧情,不推立阿巴亥之子,而拥戴皇太极为汗?为什么先汗尸骨未寒,以大贝勒代善为核心的"诸贝勒"要迫令阿巴亥殉葬先汗?难道这不可以从另一个角度佐证阿巴亥不是老档所说的大福金吗!还有,如果说阿巴亥是天命五年三月的大福金,那么人们不禁要问:阿巴亥既已因为背弃汗夫,私恋他人,有悖妇道,被汗休离,怎么又会在不久之后,又回到汗的身边,成为第三位大福金,且一直陪着汗夫"诣温泉坐汤",同舟返亲,舟上送终呢?

弄清楚大福金是何许人也之后,就必然接触到第二个大问题,即努尔哈赤对大福金定的罪和惩治是否妥当?

《老档》所述情形,加于大福金富察氏头上之罪,共有四条,即:勾引大贝勒代善;窃藏金帛;赏赐衣帛与两位将官;私赐财物与村民。看起来,很生动,很具体,有原告,有调查,人证物证皆备,似乎铁证如山,无懈可击了。但是,联系政局,深入分析,便可发现,这几条罪状,都不能成立。

这里着重讲讲与代善关系的问题,这是大福金富察氏的主要罪状。老档写道,努尔哈赤相信了小富金代音察的控词,认为大福金与代善关系暧昧,以此为主,将其休离。但是,此说疑点有四。一是代音察只讲到大福金曾两次备饭,送与代善,代善吃了,她还陆续遣人到代善家,"谅有同谋",大福金又曾深夜出院二三次。常言捉贼捉赃,捉奸捉双,送两次饭,有什么了不起的过错,身为继母,备菜送与儿子吃,此乃司空见惯的通例,怎能以此定为奸罪!所谓遣人至代善家,就"谅有同谋",为什么继母不能遣人到儿子家,为什么去了就必然是策划阴谋,或者是密议奸淫之事?"谅有"二字,本身就是揣测之词,以此为据,则"莫须有"论就可以成立了。至于深夜出院二三次,出去没有?到了何处?做了何事?与代善私会私通没有?等等,怎能在未查清这些疑问之前,就断定是大福金与代善幽会!凭这几条"风闻之词"、推测之论,定不上通奸之罪。

其二,调查者与代善和皇太极二人的关系,有必要论证一下。努尔哈赤派人调查,查后报告,皆属实。大福金送饭之事,比较容易查证,找厨子、守门、送饭者,代善、皇太极府中之守门人,等等人员,一问便知,但代善吃没吃,皇太极"受而未食",又怎样确定呢?此事全在代善、皇太极二人的"口供",本来是难以定案的,可是调查人却断定代善"受而食之",皇太极未吃。为什么会得出这样不利于代善、有利于皇太极的结论?看来需考察分析这四位钦差调查大臣的身份及其与代善、皇太极的关系了,也许能解开其中之谜。名列第一的调查大臣是达尔汉虾,即努尔哈赤的养子扈尔汉。扈尔汉与代善的关系很不融洽,代善曾专门向汗父进奏不利于扈尔汉的"谗言"。第二个调查大臣是额尔德尼,此人既是努尔哈赤重用的亲信近臣,又竭力私下拉拢皇太极,是皇太极争夺汗位小集团的重要成员。第三位调查者是副将雅逊,此人好弄权术,爱作谎言,曾上书向汗"求功",即求升职,经审查,皆是将他人之功"伪为己功",被定死罪,后免死,"单身给与四贝勒"。最后一位调查大臣是蒙噶图。四个调查大臣之中,一人与代善有怨,一人是皇太极的属下,一人是皇太极小集团成员,且系《满文老档》的主要撰修者,他们的调查结论,显然有强烈的倾向性,缺乏客观性,自然对代善不利。

其三,大福金这样行事,目的为何?属于什么性质?这是一个关键问题,也是一个很易判明的问题,但又是一个无法得出符合实际结论的难题。问题本身,并不复杂,努尔哈赤自己也清楚,因为他曾经宣布,自己去世以后,由大阿哥"善养"大福金及其他幼子,这就是说,代善已被立为嗣子,将要继位为汗。在这种条件下,大福金自然就会想到,应与代善搞好关系,博其好感,因而备办佳肴,送与代善,常遣人前去问候,这也是人之常情,没有什么可以非议的。但是,首告之人偏要小题大做,调查大臣又从中兴风作浪,硬给大福金、代善二人扣上了关系暧昧的帽子,激怒了君汗。大福金和代善对此还无法反驳,因为,这个"私通"之罪并未公开宣布,并未告诉代善,弄得二人想申辩和解释都不可能。

其四,努尔哈赤以"窃藏财帛"为名而休离其妻,根据是不充分的。此时,从明国抚顺、清河、开原、铁岭等城掠来的金银布帛,多得不得了,堂堂一国的国母,至高无上的君汗之大福金,收藏的财帛多一点,有何不可!何况,老档只言其多,没有总的数字,唯一的一个数字是从小阿哥家中查出帛三百匹。三百匹,并不算多。赐与总兵官巴笃理及其弟蒙噶图一二件衣服,不过是一点小小的礼物。至于赏赐给村民的财物,更谈不上有什么不妥,这应算是争取民心宣扬汗恩的好办法,对后金国,对英明汗,并无损害。可以肯定地说,大福金富察氏有权收藏金帛,有权赏赐臣将,也有权施恩于村民,这根本谈不上是什么罪。唯一欠妥的是,大福金未将这些事向汗言明而已。

弄清事实真相以后,就可以解答第三个疑问了,即休离大福金的案子性质为何? 我认为,大福金富察氏没有患下努尔哈赤所说"勾引他人"之大罪,所谓"窃藏金帛"的罪名也难以成立,她之被休离,是一件冤案,而且可以说是一件经人精心策划的政治阴谋案件,其目的是通过陷害大福金和代善来整垮大贝勒代善,夺取后金国未来的最高统治权。

这从下述代善被贬,废其太子之位的事情,可以看得更为清楚。

(二)废革太子

乾隆四年(1739年)定刊的《清太宗实录》卷一说:"太祖初未尝有必成帝业之心,亦未尝定建储继立之议"。这就是说,"太祖"努尔哈赤没有立过嗣子。这在前述褚英的执政及被废革,已经证明这个说法是不符合历史实际的。其实,努尔哈赤不仅曾经委任长子褚英执政,指定其为汗位继承人,并且在处死褚英之后,又立了第二个嗣子,还明确称为"太子"。这个太子,不是《清太宗实录》宣扬的"(太祖)圣心默注,爱护独深"的皇八子皇太极,而是褚英同母所生之弟皇二子代善。努尔哈赤的这样安排,是有其特定历史背景的,也与代善本人的才干、功勋分不开的。

代善原是皇二子,褚英处死之后,他成了现有的十五个皇子之中最为年长之人,生母又是业已去世的第一个大福金佟佳氏,论嫡庶,他是中原所谓正宫皇后之子,论年岁,他为长,就此而言,立为太子,代善是够资格的。何况,更为重要的是,直至天命五年被废去太子之前,代善是十五位皇子中军功最为卓著之人,也是权势最大的贝勒。

代善第一次领兵出征,是在万历三十五年(1607年),此时他只有24岁。这一年的正月,代善随叔父舒尔哈齐、兄褚英,率兵三千,往接蜚优城归顺女真,返回时,乌拉布占泰率兵一万,于乌碣岩突然冲出,拦路劫杀。敌兵三倍于己,早有准备,以逸待劳。己军远道跋涉,仓促应战,兵数悬殊,军心不稳。在这关键时刻,褚英、代善"策马愤怒"说:

> 吾父素善征讨,今虽在家,吾二人领兵到此,尔众毋得恐惧。布占太曾被我国擒捉,铁锁系颈,免死而主其国,年时未久,布占太犹然是(其)人,其性命从吾手中释出,岂天释之耶?尔勿以此兵为多,天助我国之威,吾父英名夙著,此战必胜。①

话虽不多,然而相当精彩,十分中肯。此时建州军队,面对强敌,以少对多,最需要的是必战必胜的决心和信心,尤其是必定能够打败乌拉军队的信心。褚英、代善正是看准了这一点,所以着重从两个方面来讲。一是反复宣扬汗父为天所佑,百战百胜,威名远扬,敌军闻之无不丧胆,"此战必胜"。二是大讲布占泰战败被擒,降顺于汗父,送彼回国的历史,丑化、贬低其人,从而使出征将士毫不畏惧这个曾被铁链锁身乞求活命的刀下败将,信心倍增,勇气十足。他们齐声叫喊说:"吾等愿效死力",遂奋勇进击,大破乌拉兵。努尔哈赤因代善"奋勇克敌",斩杀敌军统兵贝勒博克多,赐其"古英巴图鲁"美号。古英,乃满文Guyeng的音译,意为"刀把

---

① 《武皇帝实录》卷二。

顶上镶钉的帽子铁",巴图鲁为英勇,是勇士的美称,既英勇,又硬如钢铁,更是勇士之最。这个尊号,有清一代,仅为代善所独有,可见努尔哈赤对代善的英勇给了高度的嘉奖。

万历四十一年,努尔哈赤统兵三万,进攻乌拉,连取三城,围攻乌拉都城,布占泰率军三万出城迎击。努尔哈赤重申去年的战术,以乌拉是"同等之大国",只能逐步攻取都城之外其他城寨后,才能力攻都城,拒绝了诸贝勒大臣与乌拉决战灭国的要求。努尔哈赤这样做,是不妥的,犯下了没有必战必胜的决心和信心的错误,去年的进攻,即因同样的汗谕而中途停止,俘获不多,这次再蹈前辙,必将影响士气,大大延缓统一女真各部的进程。努尔哈赤一向是言出令行之人,一经作出重大决定,很难更改,说不定还会惩办违令者。可是,不讲,不进攻,就贻误了战机。在这紧要关头,代善冒险,率群将力争,尽管努尔哈赤听后,十分生气,但还是听从了以代善为首之人的建议,下令冲杀,顷刻之间,击溃敌军,杀一万人,获甲七千副,灭了乌拉国。① 代善为后金国的建立又立下一大功。

天命三年四月十三日,努尔哈赤以"七大恨"誓师伐明,进攻抚顺。第二天在斡珲鄂谟之野宿营,"是夜忽晴忽雨",他决定停止前进,回还建州,对"诸王大臣曰:阴雨之时,不便前进,可回兵"。

代善认为不妥,停进班师,将带来严重危害,遂"谏阻"说:

> 我与明和久矣,因其不道,故兴师。今既临境,若遽旋,将与明复修和乎? 抑相仇怨乎? 兴兵之名,安能隐之! 天虽雨,吾军士皆有制衣,弓矢亦有备雨具,何虑霑湿。且天降此雨,以懈明边将心,使吾进兵,出其不意耳! 是雨利我不利

---

① 《满文老档》太祖朝卷二;《清史列传》卷一《代善传》。

彼也。①

代善的"谏言"，是冒着很大风险的。汗父因雨果断决定回军的决定，皇子和群臣只有服从的义务，哪能违反汗谕，抗拒执行！这是大不敬之罪，很易引来杀身之祸。何况天已下雨，道路泥泞，行走不便，士气将因此而沮丧，进攻之时，困难亦多，万一不能取胜，难逃危害军机重惩不贷之灾难。因此，包括素以机智多谋著称的四贝勒皇太极在内的随汗从征的诸贝勒，以及费英东等大臣，都不敢出言阻挡，只有代善以大局为重，置个人安危而不顾，毅然谏阻，实属难能可贵。

代善的"谏言"，话语不多，却讲了三个重要问题。一是与明和好，还是对抗为敌。这是一个关键问题。代善所说的"和好"，不是说平等的两国互利互助友好往来，而是讲建州女真为明帝臣仆受明将欺凌的封建隶属关系。如果因雨回兵，与明"和好"，那么，努尔哈赤就要放弃"覆育列国英明汗"的尊号，照旧充当被明国视为夷酋的建州卫都督，就必须按时朝贡，遵守国法，以辽东巡抚为父，听任边将勒索压迫，也就必须把已经兼并的哈达、辉发、乌拉等女真部落一一吐了出来，任其各自为主，取消已经建立起来的强大的后金国，35年奋斗的丰硕成果，全部付之东流。这是具有雄才大略的英明汗努尔哈赤绝对不能接受的，也是长期南征北伐血染战袍的八旗贵族将领不能忍受的。此路不通。

二是军机泄漏，后患无穷。代善说"兴兵之名，安能隐之"，这是不可忽视的紧要之事。几万人马，浩浩荡荡，直奔抚顺，这是难以掩盖的。兵贵神速，尤以出其不意为上，走漏风声，敌方知觉，抚顺之兵必然严加防备，援兵也可能飞速赶来，就很难击败对方，攻

① 《清史列传》卷一《代善传》。

克城堡了。努尔哈赤也深知走漏消息的重要,早在两个月以前,他已与诸贝勒大臣议定征明雪恨,要砍伐树木以造云梯,又怕明国发觉,遂通告众人说:"诸贝勒伐树,修建马厩",派七百人砍树。过些时候,又怕明国通事来到建州,看见造梯子的木材,便下令将木材做成拴马的栅栏。做梯子都怕人发觉,这几万大军的行进,明国能不知晓? 一旦获悉建州反叛,明朝必然要调兵遣将,赶运枪炮粮食,加强防守,那时再来进攻,困难就大了。

三是有备无患,乘雨突袭,变不利为有利。代善指出,天虽下雨,兵士有"制衣",弓箭有备雨用具,可以照样前进。当然,道路泥泞,行走不便,但是,正因为这样,敌军可能松懈,哪有冒雨远道跋涉进攻城堡的? 因此,利用下雨之机,突然偷袭,犹如自天而降,敌方必然措手不及,全军覆没,所以"此雨有利于我,不利于彼"。

代善的这段话,虽然不长,但从政治决策到战略战术,以及思考方法,都讲得很清楚,必须前进,不能中止,更不能后退,战必胜,攻必克,抓住了关键,根据充足,论证清晰,有辩证法,说服力很强。因此,一向很少改变已作决定的英明汗,这时也"善其言",撤销了回兵的决定,于当夜亥时,下令前进。天公也作美,"军士方起行,云开月霁","众兵连夜进抚顺边",第二日(四月十五日),取了抚顺等城堡五百余,获人畜 30 万,取得了征讨明国的第一个大胜利。在这关系到后金国发展的重要关头,代善又建奇勋。

不仅如此,当八旗军得胜回归之时,明国广宁总兵张承荫、辽阳副将颇廷相、海州参将蒲世芳等率兵一万,来援抚顺,见城已陷,后金军回兵,便追踪而来,可是"不敢逼近,但蹑后观视"。四月二十一日,哨兵见明兵追来,禀报殿后的大贝勒、四贝勒。此时,后金军已离明边 20 里。两位贝勒"令众兵备甲,至边迎之",并遣人向汗禀报。努尔哈赤遣额尔德尼巴克什传谕,令二贝勒"停兵",不要与明军交战。代善认为此令不妥，叫额尔德尼回奏汗父说："彼若待我，我则与战。若不待，则是（彼）逃也"，"当乘胜追袭"。"否则，我寂然而归"，（彼）必认为"我不能敌，畏惧而逃也"。①

努尔哈赤听后，赞同其议，遂率兵返回，会合代善、皇太极之兵，进攻明军，大获全胜。代善又立了一功。

在第二年震惊全国的萨尔浒之役中，代善发挥了更大作用。天命四年三月初一日，明军10万余人，兵分四路，直扑赫图阿拉，欲图一举踏平建州，消灭努尔哈赤家族。此时努尔哈赤已经年过花甲，虽然身经百战，经验丰富，善于用兵，但毕竟年岁不饶人，百发百中的万夫之勇，已成往事，只能发号施令，作出战略决策，具体的率领诸将统兵冲杀，主要由代善负责了。第一仗是先打明国西路军杜松部，代善率领诸贝勒大臣领兵先行，定下作战计划，报汗父批准后，即挥军冲击，尽杀明兵。第二日，代善又统兵大败明北路军马林部。明东路军主将刘铤，勇猛善战，进军迅速，努尔哈赤留家驻守，代善挥军击溃敌军，斩杀刘铤。明南路军李如柏部闻风遁回，后金大获全胜。② 在这场关系到后金盛衰、爱新觉罗家族生死存亡的关键战役中，代善又建殊勋。

正因为代善是中宫之子，军功累累，佐父治国，因此倍蒙汗父重用，位居四大贝勒之首，拥有正红、镶红二旗，亲侄杜度主管镶白旗，长子岳托、次子硕托亦已年长，领兵征战，辖有牛录，有权有势，因此，努尔哈赤决定立他为嗣子，谕告众人，代善成为具体主管后金军国大政的太子。

正当代善春风得意，享受"太子"殊荣，宠逾诸弟，几年之后就

---

① 《满文老档》太祖朝卷六；《清史列传》卷一《代善传》。
② 《满文老档》太祖朝卷八；《清史列传》卷一《代善传》。

将继位为汗的极顺之时,突然遭遇了十二级以上台风,把他从太子宝座上刮了下来,而且差点被汗父斩首或幽禁。这就是发生在天命五年九月的"太子之废"大案。

为什么尊为太子、佐父理政、执掌军政大权、亲辖二旗的代善,会惹怒汗父,被汗赶下太子宝座?总观这一后金政局的重大问题,就可发现,在"太子"尊号被革之前,代善便经历了几次政治风暴的冲击,好不容易才跟跟跄跄连爬带滚地渡过了三个难关。第一关,是有人精心设计策划而筑成的,那就是代善被加上了与继母第二位大福金富察氏关系暧昧的罪名。这个阴谋非常厉害,本可将代善置于死地,幸好努尔哈赤比较明智,没有追究代善,放他一马,代善总算是侥幸地过了第一道很难逾越的关口。

第二关,可是代善自己亲手给自己设置的,完全是自找麻烦,自作自受,他竟敢一而再地和汗父争夺大宅。天命五年三月,因要从界凡迁居萨尔浒,努尔哈赤亲往视察,指定各贝勒兴建府宅的地址。各贝勒将各自建宅之地整修完毕后,代善见长子岳托住地比自己整修的地更好,奏请汗父住彼之地。努尔哈赤看见此地确实比自己的更好,便同意其请求,并下谕说:"可令大贝勒住我整修之地,我住大贝勒整修之地"。代善嫌汗父的住地狭窄,欲重修岳托整修之地,而于此地建房。三贝勒莽古尔泰未与其他贝勒大臣商议,即向汗父奏请说:"大阿哥建房之地,可由众人助建。请拨役夫千人修建之"。汗批准其奏,发役夫一千,"掘地破石,动工修建"。代善又以此地优佳,请汗父居住。努尔哈赤看过该地后,下谕说:"我原整修之住地,赐与大贝勒居住"。第二次欲居之地(即代善之地),建大衙门,为诸贝勒聚会和筵宴之用。我住原来岳托整修之地。诸贝勒以汗要居住,又拨役夫千人修建。三处住宅修好之后,代善又以汗父原先所居之地(即汗赐彼之地)狭小,"不便

263

居住,欲居他处"。二贝勒阿敏向汗报告。努尔哈赤说:"若嫌彼处狭小,则我仍居我整修之地。既然以为尔所整修之地优佳,尔可携尔诸幼子于该优佳之地,整修居住"。于是,努尔哈赤仍住自己原来整修的狭窄住地,而将三次整修的宽广佳地给予代善。①

　　从这次府宅之争看来,此时的代善,与两年前力主进攻抚顺和迎战广宁总兵的代善,好像不是一个人了。那时的代善,以巩固、扩大后金国为重,进取心强,果断勇敢,不考虑自己个人安危,冒险直谏献计;而今日的代善,却寸土必争,斤斤计较,总想建好安乐窝,这本身就显示出其气量之狭小,目光之短浅,而且反反复复,一请汗父改居己房,二请父汗住其佳地,好像真是贤孝之子,对父百般孝顺,关怀备至,可是一旦将地整理好,修建完毕,又舍不得,又和汗父争地,全未想到,刚刚休离大福金,自己幸免于祸,完全应以韬晦为上,哪能和汗父争执,再加新罪,被定上欺君罔上的罪名。而且众人已经看到,英明汗确实生气了,汗宫不如大贝勒府宅宽阔优良,显然有损汗的颜面,而且儿子朝说夕改,不遵父命,有意戏耍汗父,争居佳地,确系不孝,因此努尔哈赤带怒宣布,将宽广府宅给予代善,自己仍居旧地。这表明,此时努尔哈赤虽未公开发怒,大发雷霆,处罚代善,但也明确表示出了对其不满,父子之间,又增加了一道裂痕。代善总算是稀里糊涂地混过了第二关。

　　第三关,也是代善自己给自己筑造的,他在对待硕托的问题上犯了大错。硕托排行第二,与兄长岳托是代善前妻之子,代善此时的福金纳喇氏,是萨哈廉、瓦克达、巴喇玛之母。硕托与莫洛浑之姐私通,二贝勒阿敏之弟斋桑古与莫洛浑另一妹私通。天命五年九月初三,有人告发斋桑古、硕托及莫洛浑夫妻欲逃往明国。十三

---

① 《满文老档》太祖朝卷一四。

日,努尔哈赤传斋桑古,回告斋桑古与莫洛浑同往牧群,又传硕托,硕托亦不在家,已往拖克索。努尔哈赤认为,三人均不在家,同一方向前往,"恐合谋叛逃",集诸贝勒大臣议定,"发兵堵截通往明国之路"。到了晚上,三人各返其家,询其是否合谋图逃,三人均矢口否认,遂幽禁斋桑古、硕托,杀莫洛浑夫妇。代善五六次跪乞汗父说:若听从继妻之言,虐待硕托,子是父非,则杀继妻,如子"萌奸宄,行悖乱,可将子交我,我当杀之"。阿敏亦再三跪请斩弟斋桑古。努尔哈赤不允,二十日又下令说,释放斋桑古、硕托,斋桑古愿与兄长阿敏完聚,听从其便,如不愿意,可自行归入另外贝勒旗下。"硕托愿随其父则罢,不愿,则来依祖父我也"。①

在硕托一案的处理上,代善太笨拙也太狠心了。硕托亲为汗孙,斋桑古是汗之亲侄,贵为贝勒。莫洛浑是哈达国主孟格布禄贝勒之子,兄长乌尔古岱娶大福金富察氏衮代之女莽古济格格,是太祖的亲女婿,莫洛浑又娶阿敏贝勒、斋桑古贝勒之妹,也算是皇亲国戚了。两位贝勒、一位皇亲国戚欲图叛逃明国,此乃空前未有的丑事,虽然努尔哈赤不予深究,但心中亦不免有所怀疑,不然,为何要斩杀莫洛浑夫妇。而且就算不再追查硕托是否叛逃之事,但其与叔父斋桑古之姨妹通奸,也是违犯法纪,有伤风化,伦理不容,国法当惩,作为硕托之父的代善,既可能因子出走而蒙受瓜田李下之嫌(遣子或纵子私通明国),也必然要定上管教不严纵子悖乱的罪名,还可能因宠信继妻虐待前妻之子而遭众人非议。处于这样尴尬的局面,代善最好是不动声色,潜施影响,尽量大事化小,小事化无,否定叛逃之嫌,搁置通奸之事,使硕托无罪释放,自己也就摆脱了困境,不受株连了。可是这位曾经是精明过人的大贝勒代善,却

---

①　《满文老档》太祖朝卷一六。

因听信继妻谗言,厌恶硕托,丧失了理智,再三以硕托"萌奸宄,行悖乱"为辞,要杀掉亲生儿子。他就没有想想,若将硕托定上"萌奸宄,行悖乱"和叛逃之罪,他自己怎能不受株连,面子岂不丢尽,将来怎能执掌国政,慑服诸贝勒大臣!真是私念蔽目,既愚蠢,又歹毒,并为自己设置了另一难关。幸好努尔哈赤顾全大局,妥善地处理了此事,代善才解脱了自作之茧的束缚,侥幸地混过了第三关。

但是,代善此时已被继妻的谗言完全迷住了,成见太深,十分厌恶硕托,只想置其于死地,并未冷静下来,深入分析从天命五年三月休离大福金的案件到现在一系列事情。他就没有想想,自己尊为太子,位列四大贝勒之首,几年之后就要登上君汗宝座,这种情形能不叫人眼红嫉妒!功高震主,权大逼君,声势赫赫之时,也就是成为众矢之的之日,君汗之尊,谁不喜爱,太子之位,谁不动心。为什么一个小小妾妃代因察就敢于首告大福金,敢于将众人畏惧的大福金、大贝勒加上暧昧之辞?为什么四位调查大臣敢于肯定代因察的控词,太岁头上动土?为什么汗父要听信此言,将大福金休离?为什么汗父既同意自己争夺佳房的无理要求,又要说一些气话?为什么汗父不接受自己诛子的请求而将硕托无罪释放且愿将其收入汗之旗下,倚祖为生?这些疑问集中到一点就是,努尔哈赤对代善是怎样看的,代善的处境是万事如意,还是危机重重,大祸即将临头?被谗言和私念蒙蔽了双眼昏头昏脑的代善,不清醒地观察严峻形势,采取正当的对策,反而笨拙地一意孤行,硬要致硕托于死地,终于招来了险些丧身灭门的大祸。事情的进程就是这样一步一步发展的。

释放硕托后,努尔哈赤调查岳托、硕托领有的诸申,知道两人所属部众比其他异母之弟(也就是代善现在继妻所生的儿子)更差,便下令和济尔哈朗的诸申交换。努尔哈赤质问代善给予硕托的诸申名称,代善不正面回答,反而说硕托与自己的妾通奸,有喀勒珠为证。

代善这样回答,是十分愚蠢的。他不想想,为什么日理万机的一国之汗竟然要问起给与硕托的诸申之名?如果说自己给与前妻之子的诸申很好,比给继妻之子的诸申好,就应该如实回答,设若不好,也得想想此题问及的原因,可能是父汗已有调查,真情已露,更应该据实禀报,找些借口,加以搪塞,表示认错之意,以免过上加过,怎能拒不正面回答,反而倒打一耙,指责硕托与其庶母通奸,这不是公开顶撞汗父吗!难道不怕汗父发怒,怪罪下来?

果然,努尔哈赤勃然大怒,召集诸贝勒大臣,对代善痛加斥责说:

> 汝亦系前妻所生,何不想想吾之对汝?汝为何听信妻之言语,虐待长大成人之子?……再者,吾选择优良诸申赐汝专主矣,汝为何不效法吾,将优良像友给予岳托、硕托?汝系被妻欺压,而将次劣诸申给予年长之子……将优良诸申归与自己和继妻所生之幼子专主吧!

这时,在场的诸贝勒大臣"皆沉默无话",独莽古尔泰说:"父之言语诚是,我等诸弟、子及国内诸大臣皆畏惧兄嫂。"

努尔哈赤问:"设若如此,为何诸贝勒大臣皆不言语?"

莽古尔泰说:"吾乃代表众人而言。"①

诸贝勒大臣的"沉默无话",本来就是不正常的,哪有君汗斥

---

① 《旧满洲档》之《昃字档》。《旧满洲档》,是《满文老档》天命、天聪、崇德元年的40册原本,现存台湾故宫博物院,业已影印出版。本书所用《旧满洲档》中关于太子废黜一案的材料,系摘译日本冈田英弘教授用罗马字转写的档子,又参考了冈田的《清太宗继位考实》一文。

责一人之时,诸贝勒大臣不出来顺着汗意,指责被斥之人的道理,这不是明明显示出被斥之人权势太大,君汗之威已经削弱了吗!就此而言,努尔哈赤已经够生气的了,而莽古尔泰却在这时跳了出来,直言诸贝勒大臣"皆畏惧兄嫂",故不敢说话,更将努尔哈赤激怒了。

紧接着,代善说硕托与己妾通奸之事被查清了。这个代善真是被继妻迷惑太深,以致愚蠢之极。他不想想,通奸之事,很难查获,只靠喀勒珠一人的口供和揭发,是很难将案定死的,那时岂不是引火烧身,自食其果。局势正是这样发展的。努尔哈赤亲自审讯,喀勒珠只好承认,没有见到硕托与代善的两个妾通奸的现场,只是推测之词。紧跟着与硕托之妻、代善的二妾同行的二十人,皆与喀勒珠原先上告之词相反,从而断定了硕托是被诬陷,喀勒珠是依照代善继妻的指使而作伪证。

努尔哈赤大发雷霆,严厉谴责代善,并斥责诸贝勒大臣说:"莽古尔泰我们父子(发觉)大阿哥听妻(谗言而犯过错时)……尔等诸贝勒大臣窥伺大阿哥之脸色,竟一言不发……尔等之心……若以我们之言为非,皇太极、阿敏台吉、达尔汉虾……就应发誓,莽古尔泰我们两位会认错……设若尔等不发誓,为何还坐在阿哥那边(徒事敷衍),快离开吧。"皇太极、阿敏、达尔汉虾听到汗的严辞,立即起立,移到努尔哈赤这边。[①]

接着,努尔哈赤痛斥代善,并宣布废黜其太子之位,说:

汝妻之密谋诬陷,使喀勒珠(出其口)……汝就听信了。设若硕托因诬陷而杀,则(汝)又将怎样对待岳托?岳托、硕托(皆汝之子),若听汝妻之诬陷言词而杀亲子,又将怎样对

---

① 《旧满洲档》之《昃字档》。

待其他兄弟？若听妻（之谗言）……而欲全杀亲子、诸弟之人，哪有资格当一国之君，执（掌大政）！

先前（欲使代善）袭父之国，故曾立为太子，现废除太子，将使其专主之僚友、部众尽行夺取。[①]

努尔哈赤又下令将喀勒珠凌迟处死。

曾经贵为太子、气焰万丈、势可炙人的大贝勒代善，就这样被废为庶人，一无所有，军国大权及部众僚友悉被汗父收回了。这时的代善面前，摆着两条路，一条路是固执己见，坚持错误，拒不悔改，并因怨生恨，不满父汗，顽抗到底，走上其兄褚英的死亡之路。另一条路是痛改前非，乞求汗父宽恕。汗父所发五雷轰顶的巨大压力，震醒了失去理智昏迷不醒的代善，他恢复了过去的机智和果断，决定走认错改悔的道路。九月二十八日，代善亲手杀死他曾经十分宠爱的继妻，遣人向汗父奏述，要求"若蒙父汗不处死刑而得再生"，希望汗父允己叩见请罪。

代善这样将自己"置于死地"而图新生的改悔态度，及其手刃继妻的果断的悔过行为，果然奏效了。努尔哈赤没有采用处治褚英的方式，而是欢欣地表示了宽厚的态度，并调解代善与莽古尔泰之间的敌对关系，令代善与诸弟发誓。代善遵命，誓称因"误听妻言，丧失汗父交付之大权"，故手刃恶妻。今后如再为非，怀抱怨恨，甘愿受天地谴责，不得善终。"八和硕贝勒、众大臣亦立誓书，对天焚化。"誓书指责了代善的过失，又宣布"立阿敏台吉、莽古尔泰台吉、皇太极、德格类、岳托、济尔哈朗、阿济格阿哥、多尔衮多铎为和硕额真"，今后大事由八和硕额真裁决。[②]

---

① 《旧满洲档》之《昃字档》。
② 《旧满洲档》之《昃字档》。

虽然"八和硕贝勒、众大臣"立的誓书中之"八和硕额真"没有代善的名字，但观其后来几年的情形，代善仍然是和硕贝勒、大贝勒，且仍然位居四大贝勒之首，可见努尔哈赤确实原谅了这位屡立功勋佐汗治国的大贝勒代善。重新倚任代善统兵治政。

代善之贵为太子，权势之大及其为诸贝勒大臣之畏惧，与当年荣为嗣子、执掌大政的褚英的情形十分相似，代善与汗父争地、与大福金有染之嫌，对父隐瞒虐待硕托之事及为此而顶撞汗父，是连褚英也没有的，为什么努尔哈赤会幽禁及处死褚英，而在痛斥代善废其太子之位和夺取部众僚友之后，代善有了改悔之情时，就对其宽恕，还其部众，恢复其大贝勒、和硕贝勒之位和权力，仍然倚其治国？如此地额外宽厚，可以说是宽厚无边，原因为何？虽然努尔哈赤对此没有明说，但揆诸当时形势，还是可以对其中奥妙有所了解的。大致有五个方面的因素在起作用。一是代善无谋逆之心。褚英之被处死，根本原因在于他有贰心，心怀不轨，要抢班夺权，置汗父于死地，而代善虽然一再顶撞汗父，权势也大，但并无叛逆野心和言行，没有对父怀有叵测之心。试问，一个已被立为太子具体处理军国大政的人，斤斤计较于府宅兴建之宽广优佳，贪图享受，宠信继妻，虐待前妻之子的人，他哪有图害汗父抢登汗座的野心和毅力！要夺位，就需花出全部精力，苦心经营，忙得不可开交，哪有时间和精力去抢府宅基地！有如此庸俗之心和行为的人，不会叛逆，当然也不必要按褚英之例来处置了。

二是代善确有悔改之心，还有实际行动。代善能手刃过去十分宠爱甚至是对其迷恋之极听其唆使的"爱妻"，这本身就是最能说明代善已彻底改悔的有力证据，他还叩求汗父宽恕和接见。对于知过痛改的儿子，作父亲的怎能不因此而感动和宽恕！

三是代善有勇有谋，功勋卓著，汗父需要这样能干而又可靠没

270

有野心的儿子来辅导。

四是形势需要,努尔哈赤即将进行夺取辽东地区的大规模军事行动,为此需要特别保持统治集团的内部团结,尤其是各位贝勒之间的团结,至少不能闹纠纷,如果处死或幽禁代善,则代善的儿子岳托、硕托、萨哈廉、亲侄子杜度等四位有权有势领兵辖民的贝勒,情绪必然大为波动,正红旗、镶红旗的高级官将也会因旗主代善的处死或幽禁,而忐忑不安,其他贝勒官将心情也难平定。对于建有殊勋之人,仅因"小过"(虐待儿子总比谋逆之罪小吧)而将其全部抹杀,难免不对其他开国元勋有功之臣带来消极影响。

五是心中内疚,为了争夺军国大权,努尔哈赤已经弄死亲生弟弟舒尔哈齐贝勒,处死亲生儿子褚英,由于父子不和兄弟纷争,代善要求斩杀硕托,阿敏奏请处死自己的弟弟斋桑古,如今设若要将代善处死,那么十几年内连续发生五起手足相残父杀儿子的悲剧,此例一开,此风不止,今后爱新觉罗家族就将陷入混乱纷争互相残杀的恶劣局面,江山怎能保持,家族怎能兴旺!

可能是由于这些因素,所以努尔哈赤对代善特别宽恕吧。

天命六年正月的一次立誓,也许对此事的了解颇有帮助。

《满洲实录》卷六载:

> 天命六年正月十二日,帝与代善、阿敏、莽古尔泰、皇太极、德格类、济尔哈朗、阿济格、岳托诸王等对天焚香祝曰:蒙天地父母垂佑,吾与强敌争衡,将辉发、乌拉、哈达、叶赫同一语音者,俱为我有,而征明又得其抚顺、清河、开原、铁岭等城,又破其四路大兵,皆天地之默助也。今祷上下神祇,吾子孙中,纵有不善者,天可灭之,勿令残害,以开杀戮之端。如有残忍之人,不待天诛,遽兴操戈之念,天地岂不知之,若此者,亦当夺其算。昆弟中,若有作乱者,虽知之,不忍伤残,惟怀理义

之心,以化导其愚顽,似此者,天地佑之,俾子孙百世延长,祈祷者,此也。自此之后,伏愿神祇不咎既往,惟鉴将来。

此誓表明,努尔哈赤对既往骨肉相残之悲剧,已有追悔之意,更不愿今后子孙再有同室操戈之事发生。这次立誓,谅必有助于了解努尔哈赤宽恕代善的原因吧。

第二节　明满关系的变化

一、伐木之争

丙辰年(明万历四十四年、后金天命元年、1616年)正月初一日举行称汗大典,努尔哈赤被尊为"承奉天命养育列国英明汗",年号天命。"承奉天命养育列国英明汗"尊号的确立,标志着努尔哈赤与明朝皇帝、后金国与明国的关系发生了深刻的本质的变化,建州不是明国的卫所,努尔哈赤不是明帝臣仆建州卫都督,双方之间是平等的、互不隶属的两个国家的君汗。这样一来,努尔哈赤对明朝的政策也就要相应地改变,取消过去长期以来以夷酋事君恭听"大皇帝"驱策的效忠帝君的政策,不再毕恭毕敬,悉听裁处,改为平等的两个国家之间的政策,遇事据理争辩,维护本国利益,决不屈服。这个改变是顺理成章的,但也是根本性的,真要做到,也不容易。就在称汗大典举行以后的第五个月,努尔哈赤与明国政府之间便因采伐木材之事,闹了一场震惊朝廷的纠纷。事情的经过是这样的。天命元年六月,明国清河游击冯有功遣人出边,进入建州地区,采伐木材,努尔哈赤派兵劫杀,双方为此发生争执。

这件事情,双方的叙述不尽相同,有的地方还相差太远。先看看明国方面的记述。《明神宗实录》卷五五二载:

（万历四十四年十二月辛亥）敕辽东巡按御史提问清河游击冯有功,责其启边衅之罪也。初清河与奴酋邻,以金石台为界,旧禁不许汉人出境。有功以协营采木孤山堡,茸军丁房,遂私纵军民出金石台,采运木植,奴酋瞰之,邀杀四十余人。辽东督抚移文诘责之,奴酋悔罪认罚,献生事部夷十人,枭斩汉境上。至是,督抚诸臣以奴酋阳顺阴逆,为祸方深,但有功营利启衅,当正其罪,上是之。

这个叙述过于简略,另一部文献讲得多一些,且附载了巡按参劾冯有功的奏疏,现录于下。《明神宗实录》内阁文库本卷四十四载:

先是,清河游击冯有功遣军出边,深入夷地,采取木植,为奴贼部夷所觉,先伏贼众三百余人于林莽,以十余贼要挟财物,我众不与之,群贼齐出,将军丁及同行商民五十余人杀伤殆尽,有张通者得脱走入报。巡抚李维翰檄令奴酋速献生事部夷正法,奴贼遵谕,缚献生事部夷打喇汉等十名,及罚处牛马,悔罪罚伏。①

对于这次事件,《满文老档》卷五作了更为详细的记述,有的情节与《明实录》还有差异。现摘录其文如下:

六月,闻边境汉人皆越境进入女真（诸申）地方。汗曰:每年越边刨银采参,搜寻松子、蘑菇、木耳,扰害者甚多,为杜绝混扰,立碑宰白马为誓,今食其誓言,每年经常潜越帝境,我等杀之,亦无罪矣。遂遣达尔汉虾,将越边之汉人杀之,约五十余人。嗣后,闻新任巡抚至广宁,遣刚古里、方吉纳二人往

① 《明神宗实录》内阁文库本,转引自田村实造编纂《明代满蒙史料·明实录抄》《满洲篇四》。

见,明国捕刚古里、方吉纳及其他九人,以铁索系之,遣人来告曰:若我等之人出边,尔擒捕解回,何得杀之。英明汗曰:昔碑誓曰:若见出帝境之人不杀,殃及于不杀之人,今何不顾其言而如此强为之说也。明人不从曰:尔等将为首之达尔汉虾执来,我杀之,不然,事将扩大。以言挟之。英明汗拒而不答,不从。明人曰:此事已闻于上,不得隐矣。尔将有罪之人献之,持至吾边上,斩以示众,此事即了结矣。英明汗欲得其遣去之十一人,即将潜往叶赫因而捕置狱中之十一人,解至边上杀之。明国乃释其所拘之十一人遣回。

明与后金双方的记载,虽然有所差异,都讲有利于己的话,建州尽量删去与明交涉的卑顺情节,《明实录》则炫耀天朝神威,贱视"东夷",但对基本事实的叙述,即明人违禁出边,潜入建州伐木,被其斩杀,建州被迫献斩"生事部夷",两者还是大体一致的。根据上述记载,我们可以得出三点结论。

第一,此次纠纷,曲在明国。为了减少边境争执,万历三十六年六月二十日,努尔哈赤与明国辽阳副总兵吴希汉、抚顺王备御商议决定,"刑白马,以血、肉、土、酒各一碗,削骨而盟誓:各方勿越帝之边界。无论汉人、诸申,若有偷越帝之边界者,见者杀之。若见而不杀,殃及不杀之人。明若渝盟,则明帝之广宁都堂、总兵官、辽东道、副将、开原道、参将等六大衙门之官员,均受其殃。""若满洲国负此盟,满洲必受其殃"。将此誓辞刻于碑上,立于沿边诸地。① 这次,明清河游击冯有功违背誓言,遣派军丁,私出边界,潜入建州地区采伐木植,完全是非法的,为利忘誓,侵犯了建州利益,努尔哈赤依据碑誓,劫杀明兵,是遵誓而行的合法行为,是有理的,

---

① 《满文老档》太祖朝卷一;《满洲实录》卷三。

并非胡作非为。

第二，明国倚势逼人，欺压建州。尽管明国自知理屈，却硬要维护"大皇帝"的威严，强辞夺理，威逼"东夷"。巡抚李维翰摆着威严上司的架子，"移文诘责"，檄令建州献送"生事部夷"达尔汉虾，要行正法，否则，"事将扩大"。明明是自己边将违誓胡来，并非女真无理拦劫，杀人夺财，怎能说成是建州"生事"？怎能逼令建州交出"生事部夷"打喇汉？这个打喇汉可非无名之辈市井小人，他乃是达尔汉虾，即努尔哈赤的养子，五大臣之一，固山额真，清朝的开国元勋。这样一位后金国屈指可数的高级将官，怎能随便缚送听明斩杀。何况，此次劫杀，并非达尔汉虾个人的任意行为，而是遵奉汗命，依据碑誓而行，有法可据，有理为凭，杀了达尔汉虾，就意味着惩治了努尔哈赤，杀了他的替身，叫其脸面怎样下台。这个要求真是横蛮到了极点，实在是欺人太甚。

第三，努尔哈赤被迫从命，委曲求全。努尔哈赤虽然有着十分充足的理由，从道义上、法律上完全驳倒辽东巡抚，但是他不能不考虑"事将扩大"的威胁。所谓"事将扩大"，所谓明人"以言挟之"，虽不具体，但含义是十分清楚的，那就是停止贡市，调兵遣将，兴师问罪。明朝一些将相对建州对努尔哈赤的看法，努尔哈赤是十分清楚的。虽然他一直阳尊明帝，进京入朝，贡献马匹，对辽东巡抚尊称"马法"，自己屈居奴仆（阿哈），竭力逢迎奉承，遇有吩咐，听从其命，尽量装出恭顺、效忠的模样，但不少明朝大臣已经断定奴酋乃是辽东大患。远的不说，就拿一年多以前辽东巡抚郭光复议处建州之疏来说，虽然努尔哈赤对郭光复尽力逢迎，伪装恭顺，但郭光复已经认定建州将给明国带来大祸。他于万历四十三年正月奏上《为直述建夷始末之情急图内地防御之策疏》，详述"奴酋"由"孑然一孤雏"，而"渐长"，败叶赫，斩布寨贝勒，并南关

（哈达），图谋北关，"以为窥伺内地之渐"的情形。他说，并哈达后，"奴酋""地日广，而部落日众，渐有跋扈飞扬之意。故今日攻兀喇，明日攻朝鲜，今日纠西虏，明日攻北关（叶赫），诚欲吞并诸夷，尽归统摄，以称雄东海，目中似不复知有中国矣。故每藉婚媾为名，种地为由，必欲将北关一鼓而吞之，是蚕食诸夷者，乃他日窥伺内地之渐也"。郭光复力言，"今日筹辽，必以救北关为主"，当急为建置敌楼火器，修补城堡墩台，选练将士。辽东总督薛三才也和郭光复一样主张必保北关，"缓则用守救"，派兵助叶赫（北关）防守，"急则用战救"，出兵攻打建州袭击北关之军，绝对不许建州吞并北关。①

这时，努尔哈赤虽然已登上英明汗的宝座，决定要取消为明帝臣仆的旧规，但仍然没有充足的必战必胜的信心，时机尚未成熟，一旦拒绝明国命令，恐将招致明军大举进剿，胜负难卜。权衡利弊，努尔哈赤果断决定，接受明臣命令，"悔罪认罚，献部夷十人，枭斩境上"，从而消弭了这场争端，又一次麻痹了明国君臣，争取到训练将士不日大破明军的时机。当然，努尔哈赤也因"伐木之争"而愤怒异常，旧仇之外，又添新恨，他和八旗贝勒官将更加痛恨明国，一定要报这个仇，雪这个恨，新账旧债一起清算，两年之后，便以"七大恨"誓师，征伐明国了。

二、"七大恨"

天命三年（明万历四十六年，1618 年）四月十三日，努尔哈赤以"七大恨"誓天，发军征明，十五日攻下抚顺。

"七大恨"，是明满关系发生根本性变化的重要标志。"七大

---

① 《明神宗实录》卷五二八、五三五。

恨"的具体内容,在明国、后金国,双方对此都有记载,但却又有些差异,就连后金自己的几部文献,也不完全相同。现先将《满洲实录》卷四所记引录于下:

四月十三日,壬寅,巳时,帝将步骑二万征明国,临行书七大恨告天曰:吾父、祖于明国禁边,寸土不扰,一草不摘,秋毫无犯,彼无故生事于边外,杀吾父、祖,此其一也。虽有祖父之仇,尚欲修和好,曾立石碑誓曰:明国与满洲,皆勿越禁边,敢有越者,见之即杀,若见而不杀,殃及于不杀之人,如此盟言,明国背之,反出边卫叶赫,此其二也。自清河之南,江岸之北,明国人每年窃出边入吾地侵夺,我以盟言,杀其出边之人,彼负前盟,责以擅杀,拘我往谒巡抚使者纲古里、方吉纳二人,挟令吾献十人于边上杀之,此其三也。遣兵出边,为叶赫防御,致使我已聘之女转嫁蒙古,此其四也。将吾世守禁边之叙哈(即柴河)、山齐拉(即三岔)、法纳哈(即抚安)三堡耕种田谷不容收获,遣兵逐之,此其五也。边外叶赫,是获罪于天之国,乃偏听其言,遣人责备,书种种不善之语以辱我,此其六也。哈达助叶赫侵吾二次,吾返兵征之,哈达遂为我有,此无与之也,明国又助哈达,必令反国,后叶赫将吾所释之哈达,掳掠数次……先因呼伦部(即前九部)会兵侵我,我始兴兵,因合天意,天遂厌呼伦而佑我也,明国助天罪之叶赫,如逆天然,以是为非,以非为是,妄为判断,此其七也。欺凌至极,实难容忍,故以此七恨兴兵。祝毕,拜天焚表。

《满文老档》太祖朝卷六对此事的记述,与《满洲实录》基本相同,可能是因《老档》记写于天命年间,天聪修实录时大体上将其抄录而成,但在征明之兵数上,却有很大的差别。《实录》认为"步骑二万",老档则写为"八固山十万兵征明国"。

277

12 年后,金国汗皇太极于天聪四年(明崇祯三年,1630 年)散发木刻黄榜,晓谕关内外军民,追述了先年"七大恨"的内容。木刻榜文写道:

金国汗谕官军人等知悉:我祖宗以来,与大明看边,忠顺有年。只因南朝皇帝高拱深宫之中,文武边官,欺诳壅蔽,无怀柔之方略,有势利之机权,势不使尽不休,利不括尽不已,苦寒侵凌,千态莫状,其势之最大最惨者计有七件。我祖宗与南朝看边进贡,忠顺已久,忽于万历年间,将我二祖无罪加诛,其恨一也。癸巳年,南关、北关、灰扒、兀剌、蒙古等九部,会兵攻我,南朝休戚不关,袖手坐视,伏庇皇天,大败诸部。后我国复仇,攻破南关,迁入内地,赘南关吾儿忽答为婿,南朝责我擅伐,逼令送回,我即遵依上命,复置故地。后北关攻南关,大肆掳掠,南朝不加罪。然我国与北关,同是外番,事一处异,何以怀服? 所谓恼恨二也。先汗忠于大明,心若金石,恐因二祖被戮,南朝见疑,故同辽阳副将吴希汉,宰马牛,祭天地,立碑界铭誓曰:汉人私出境外者杀,夷人私入境内者杀。后沿边汉人,私出境外,挖参采取,念山泽之利,系我过活,屡屡申禀上司,竟若罔闻,虽有冤怨,无门控诉,不得已遵循碑约,始敢动手伤毁,实欲信盟誓,杜将来,初非有意欺背也。会值新巡抚下马,例应叩贺,遂遣干骨里、方巾纳等行礼,时上司不究出[边]招衅之非,反执送礼行贺之人,勒要十夷偿命。欺压如此,情何以堪! 所谓恼恨者三也。北关与建州,同是属夷,我两家搆衅,南朝公直解纷可也,缘何助兵马,发火器,卫彼拒我? 畸轻畸重,良可伤心! 所谓恼恨者四也。北关老女,系先汗礼聘之婚,后竟渝盟,不与亲迎。彼时虽是如此,犹不敢轻许他人,南朝护助,改嫁西虏,似此耻辱,谁能干心? 所谓恼恨者五也。我部看边之人,二百年来,俱在近边住种,后前朝信北关诬言,辄发兵逼令我部远退三十里,立碑占地,将房屋烧毁,[ ]禾丢弃,使我部无居无屋,人人待毙。所谓恼恨者六也。我国素顺,并不曾稍倪不轨,忽遣备御肖伯芝,蟒衣玉带,大作威福,秽言恶语,百般欺辱,文[ ]之间,毒不堪受。所谓恼恨者七也。怀此七恨,莫可告诉,辽东上司,既已尊若神明,万历皇帝,复如隔于天渊,踌躇徘徊,无计可施。于是告天兴师,收聚抚顺,欲使万历皇帝因事询情,得申冤怀,遂详写七恨,多放各省商人。①

此木刻榜文虽然刻写于天命三年"七大恨"誓师以后,又很可能出自汉官(如范文程等人)之手,故文字比12年前的"七大恨"要高雅一些,但从其对明国的表述看,词句比老档之七大恨还更卑顺,如"先汗忠于大明,心若金石","新巡抚下马,例应叩贺","辽东上司,既已尊如神明",等等,老档皆无此类文句,第七恨肖伯芝的作威作福,老档亦未写明其人,可见木刻榜文的真实性,不逊于老档和实录,是件珍贵资料。

明国对此也有记述。《明神宗实录》卷五六八载:

（万历四十六年四月甲寅）建酋差部夷章台等执夷箭印文,送进掳去汉人张儒绅、张栋、杨希舜、卢国士四名进关,声言求和,传来申奏一纸,自称为建国,内有七宗恼恨等语,言朝廷无故杀其祖、父;背盟发兵,出关,以护北关;瑷阳、清河汉人出边,打矿打猎,杀其夷人;又助北关,将二十年前定的女儿,改嫁西房;三岔、柴河、抚安诸夷邻边住牧,不容收禾;过听北

---

① 北京大学研究所藏天聪年间木刻榜文,转引自孟森:《清太祖告天七大恨之研究》,载《明清史论著集刊》。

关之言,道他不是;又南关被他得了,反助南关,逼说退还,后被北关抢去。及求南朝官一员,通官一员住他地,好信实赴贡罢兵,等言。

曾任明兵部尚书、经略的王在晋,在所编著的《三朝辽事实录》卷一中就"七大恨"写道:

(万历四十六年)闰四月,奴儿归汉人张儒绅等赍夷文请和,自称建州国汗,备述七宗恼恨(七宗恨),呈按院陈王庭。内云先年李成梁、李如松父子无故杀我祖父教场,夺我土地,一恨;又差部达围猎界上,杀我人,抢马匹,二恨;私自过界,盗斫粮草,三恨;求婚北关,赖我亲事,四恨;又将大兵五百名,助北关交战,五恨;纵放辽民越地,盗去参种,六恨;我与北关、朝鲜同为藩臣,他厚我薄,七恨。故因动发兵马,叛抢是实。

《明实录》、《满洲实录》、《满文老档》、木刻榜文,虽然详略不一,次序有先有后,用词、语气也有所差异,但基本内容大体上是一致的,可以作为评论的依据。首先,对努尔哈赤所讲的"七大恨",需要做些考证核实工作,看看哪些是真恨,哪些不能称之为恨。

努尔哈赤所说第一恨,杀其父祖,这既是事实,但又必须加以补充说明。觉昌安、塔克世确实是死于明兵之手,可是需要加上其他一些事实,一系觉昌安父子是为明军当向导,助其袭杀亲家阿台;二是他俩是在明军攻打阿台城寨的混乱情形下,被明兵误杀,明兵不是故意杀人;三是明军系因惩治掠边"夷酋"阿台,因而出边,并非"无故生衅于边外";四则事后明臣即承认是误杀,送还遗尸,给与敕书三十道,使努尔哈赤承袭祖职,当上了都指挥使,后又以其父祖有"殉国忠",晋其为都督佥事,"长东夷",蒙受"殊恩",这也可算是了结了此事,弥补其过了。

第二恨为明国违誓出边,护卫北关(叶赫),这一恨有些强辞夺理,难以成立,根据有三。其一,明军不是违誓派兵出边。所谓违誓之"誓",乃是努尔哈赤与辽阳将军吴希汉为杜绝越边而立的盟誓,仅仅是指建州人不得私自越边,进入明境,明国汉人不得进入建州地区采参伐木,以免因此引起争端,是禁止明国辽东汉人,并不是规定明兵不能逾越边境一步,不能出边,不能进入女真地区,须知,努尔哈赤也罢,海西女真叶赫也罢,哈达也罢,其地区皆是明朝"天皇帝"的辖地,建州、海西女真各卫都是明帝钦封的,是明国辽东都指挥使司辖治的卫所,普天之下,莫非王土,女真各卫都督、都指挥皆是明帝臣仆,明国当然可以派兵出边,进入女真地区,调解纠纷,惩治掠边违法之人,这与努尔哈赤所说之誓,风马牛不相及。其二,明国并不是一直祖护叶赫。努尔哈赤在万历十九年,即言"七大恨"之前的 27 年,讽刺叶赫纳林布禄贝勒遭受明帝欺凌不敢申诉杀父之事时说道:"昔我父被大明误杀,与我敕书三十道、马三十匹,送还尸首,坐受左都督敕书,续封龙虎将军大敕一道,每年给银八百两、蟒缎十五匹。汝父亦被大明斩杀,其尸骸得收取否?"[1]努尔哈赤列举纳林布禄之父仰加奴(扬吉努)、伯父卿加努被明总兵李成梁斩杀之事,对比自己父、祖被"误杀"后的优待,来羞辱叶赫贝勒,这固然是事实,但由此不是更清楚地表明,明朝政府并不是存心偏袒叶赫亏待建州。其三,明国为什么要派兵出边,"以护叶赫"? 答案很简单,但也会令努尔哈赤难堪。因为,正是由于努尔哈赤,并哈达,亡辉发,吞乌拉后,图谋叶赫,于万历四十一年统军四万,进攻叶赫,夺取了兀苏等大小十九城寨,叶赫奏报明帝,明派游击马时楠率兵千人,携带火器,帮助叶赫守卫东城西城。可见,罪魁祸首乃是英明汗努尔哈赤,不是明国君臣违誓

---

① 《武皇帝实录》卷一。

派兵出边。

第三恨,伐木之争,此事曲在明国,确系欺人太甚,实为一恨。

第四恨,助叶赫,致已聘之女改嫁西房。这就是当时轰动于世的"老女之争"事件。万历二十一年建州大败九部联军,之后,第五年叶赫、乌拉、哈达、辉发共同遣使,请求"更守前好,互相结亲",愿以布寨之女布扬古之妹许与努尔哈赤,以纳林布禄之弟金台石之女许与代善,努尔哈赤备办鞍马盔甲等物为聘礼,又杀牛设宴,宰白马,盛酒、血,与四国"歃血会誓",定下了这门亲事。纳林布禄是努尔哈赤爱妻叶赫纳喇氏(皇太极之生母)之兄,努尔哈赤是其妹夫。不久,纳林布禄与侄布扬古贝勒违背誓言,将布扬古之妹改许哈达国主孟格布禄贝勒,孟格布禄死后,又改许辉发国主拜音达礼贝勒,万历三十五年辉发亡国后,此女又许与乌拉国主布占泰贝勒。乌拉亡国后,布扬古于万历四十三年将妹许与蒙古喀尔喀部巴哈达尔汉贝勒之子莽古尔岱台吉。布扬古之妹,艳丽多姿,是当时名传满蒙的美女,然而佳人命薄,由于政治角逐,年方 15 即许聘于比她大 24 岁的努尔哈赤,中经多次改聘,直到 33 岁仍未婚娶,成为"老女",最后嫁与蒙古台吉,一年而亡,实为可悲。①

已聘之女,并且是十分漂亮的美女,不能迎娶到家,当然是一大恨事。但是,这应该怪谁?是努尔哈赤责备的明国君臣吗?不是,明国在这个问题上没有过错,不该承担责任。以第一次悔婚改聘来说,这时明国不仅不援助叶赫,反而因叶赫数侵哈达而申斥叶赫。叶赫纳林布禄及其侄布扬古之所以悔婚,原因有二。一为杀父之仇。九部联军战败时,布扬古之父布寨被建州士卒武谈"掩而杀之",战后叶赫索要遗体,努尔哈赤竟将布寨尸体剖为两半,

---

① 《武皇帝实录》卷一、卷二;《清史稿》卷二二三《杨吉努传》。

仅归还一半与叶赫。① 既杀其身,又辱其尸,这样不共戴天之仇焉能不报,布扬古怎能忘此切齿大辱,其妹怎能委身事敌,同床共枕。二是此聘乃系政治策略。许聘之时,叶赫想借此美女来拉拢建州,消除其敌意,让其放弃吞并哈达的目的。叶赫纳林布禄贝勒弟兄骁勇善战,兵精将勇,素怀并南关(哈达)灭建州之志,怎能与建州永结丝罗之好,不过是以许聘作为暂时的权宜之计,策略而已。改聘之因,亦是如此,初许哈达,再许辉发拜音达礼,是想将其笼络过来,共同对付建州,继许乌拉,最后许与蒙古,亦是同一缘由。这三次改聘,都与明国没有任何关系。

至于万历四十三年,"老女"许与蒙古,此时明朝政府,经过多次商议,确实已经定下了支持叶赫的方针,但这也是努尔哈赤逼出来的。明朝政府曾经在相当长时间里,因努尔哈赤尊崇明帝,"忠于大明",而对其加官晋爵,使其"长东夷",又因哈达万汗忠顺而护其遗孤压抑叶赫,保护哈达,为此一再兴兵,击杀"二奴"(仰加奴、逞加奴,即纳林布禄之父扬吉努与伯父卿加努),征剿叶赫,多次训诫纳林布禄弟兄安分守法,不得轻举妄动,侵占哈达。可是,努尔哈赤异军突起,扩展迅速,兼并诸夷,尤其是灭哈达亡辉发以后,更使辽东边外形势大变,明朝政府开始认识到建州才是真正的隐患大害,此时叶赫也已变为依靠明国保己安全而柔顺听话,因此,明国乃转而采取扶持叶赫,使其免于灭亡,牵制建州,为辽东屏障,万历四十二年九月辽东巡按翟凤翀"救北关,以固藩篱"的主张,第二年正月辽东巡抚郭光复疏中所说"今日筹辽,必以救北关为主",②即是此时明朝政府的方针之体现。而且此时明国政府是

---

① 《明神宗实录》卷五二八。
② 《明神宗实录》卷五二四、五二八。

反对叶赫将"老女"许与蒙古。辽东巡抚张涛、郭光复都认为叶赫此举,实属错误,"是曲在北关矣"。万历四十三年五月,布扬古将妹("老女")许与蒙古莽古尔岱时,明辽东边将派专人前往叶赫,谕令停止,叶赫"不听",于七月成婚。① 可见"老女"之改婚,与明国无关,此一恨不能成立。其实明国辽东抚按皆认为,努尔哈赤以"老女"为辞,责备叶赫,并非纯从"美女"考虑,不过以此为攻打叶赫并吞北关之借口。辽东巡抚郭光复就曾明确指出,"婚媾两事,曲在北关,而奴酋未必直也"。"奴酋以婚媾为名,并吞为实,北关不与其婚媾,正不欲遂其并吞"。

第五恨为明国不容收割柴河、三岔儿、抚安三路庄稼,此恨与事实出入很大。所谓柴河、三岔儿、抚安等地,原来都是哈达部万汗及其子孟格布禄辖区,努尔哈赤并吞哈达后,遣派人丁,大量耕种哈达旧地,但是明朝政府不承认建州攻灭哈达的行动,认为这是叛逆不法行为,而且因为这些地方邻近叶赫,易起争端,威胁叶赫安全,威胁明境安全,故一直不允许建州人员住种。万历四十二年四月辽东巡按翟凤翀的奏疏,对此讲得十分清楚。他的奏疏,先援引开原道薛国用的呈文。薛国用呈称:"奴儿哈赤差部夷五百名来本边汛河口刘家孤山地名住种,又地名仙人洞,有种田达子四十四名,去年宣谕数次,令彼撤回。三见题疏,两经部覆,奉有明旨,奴投有不收种之甘结,讵意倏忽变幻时来,以善言谕之,不肯去,以逐杀畏之,各夷云,我只怕我都督,就死在这里,也不回去"。

翟凤翀的奏疏,接着就讲这些土地是哈达旧地,不应允许建州霸种。他说:

    备查南关地界,至台存日,自威远堡起,至三岔儿止。后

———————————

① 《明神宗实录》卷五二八;茅瑞征:《东夷考略》。

王台故后,猛骨孛罗在时,至抚安堡龙潭冲止,三岔儿一处,已为侵占矣。迨猛骨孛罗故后,俱属之建州,旧种之田,昧斯语矣,又侵占抚安堡矣。分遣人牛,临边住种,万万当亟行驱除,不可一日容者。……今不论新垦旧垦,但系南关之地,则不当容建州住种,有五利焉:一不得逼近内地,侦我虚实;二不得附近北关,肆其侵扰。①

万历四十三年正月,辽东巡抚郭光复亦对此上奏说:

至如柴河、靖安、三岔、抚安四堡边外地,原系南关旧地,奴酋立寨开种有年,而上年驱令退柴河、靖安二堡地者,谓其逼近北关,以杜窥伺耳,但未曾立界,所以令春复来耕种。今奴酋遵我约束其文,愿照界镌碑,惟讨秋收将熟之禾,以后再不敢越种。随行两道,待镌碑后许之,即今将柴河、靖安、三岔界碑上镌番字书,自四十三年春起,不许来种。②

两道奏疏讲得十分明白,柴河等堡边外之地,是哈达旧地,明国不许建州侵垦,因为明朝政府从来不承认建州侵占哈达,把这件事看作是建州叛逆不忠的一件大罪。建州也一再具结,立碑于石,保证不来耕种,但说归说,做归做,不管具的甘结,还是立碑为誓,都不管用,仍然年年派人侵垦收获。就此而言,这个不许收谷的第五恨,又是强辞夺理,缺乏根据,难以成立。

第六恨为偏听叶赫之言,遣人侮辱建州。此事乃指万历四十二年二月明使进入建州而言。《满文老档》太祖朝卷三载:"(甲寅年)四月,明万历帝遣其肖备御伪称大臣,乘八抬轿赍书至,乃命叩接帝旨,故做丑态相威胁。并以种种恶言奢谈古今成败之例。

---

① 《明神宗实录》卷五一九。
② 《明神宗实录》内阁文库本,卷四三,转引自《明代满蒙史料·明实录抄》。

聪睿恭敬汗曰:对尔恫吓之书,我为何叩拜耶!遂以恶言对恶言,善言对善言,未览其书即遣回之。"《武皇帝实录》卷二亦载称:万历帝遣守备肖伯芝来,"诈称大臣,乘八抬轿,作威福,强令拜旨,述书中古今兴废之故种种不善之言。"但究竟作何不善之言,宣谕何事,建州接受与否,二书未写明,不得而知。观看第二年正月兵部覆辽东巡抚郭光复的奏疏,才对此事有些了解。兵部复议说:"今日筹辽,必以救北关为主。惟是奴酋反覆靡常,顷抚臣提兵出寨,遣羁酋佟养性为间谍,遣备御肖伯芝为宣谕,谕之退地则退地,谕之罢兵则罢兵,而察其情形,实怀叵测。"①这下清楚了。原来老档和实录所谓的"不善之言",是备御肖伯芝奉了巡抚之命,责令建州退出侵占、耕垦柴河等堡的边外哈达旧地,谕令建州不得以索要"老女"为借口攻打叶赫,命其尽快撤军。照此看来,肖伯芝没有什么大错,他是巡抚之使者,当然有其使者的威风,他宣谕的命令,是巡抚的命令,明朝政府从来就认为建州吞并哈达是非法的叛逆行为,根本不该耕垦其地,也不该以"老女"为辞,一再进攻叶赫。努尔哈赤把肖伯芝的宣谕说成是对他欺凌侮辱的切齿大恨,理由并不充分。

第七恨为明国责令建州退还哈达旧地,恢复其国,保护叶赫不被消灭,此恨也不能成立,建州、叶赫、哈达都是"大明"的卫所,首领皆系明帝之都督臣仆,哪能让建州吞并叶赫、哈达。

总之,从当时建州是明之卫所、努尔哈赤是明帝之都督臣仆这一特定历史前提下,来检验"七大恨",则第三恨伐木之争,明国全无道理,第一恨冤杀父祖,明国应负其责,但不是无故蓄意杀害,而是"误杀",并且还承认其错,有所抚恤和封赏,这两恨,可以算得

---

① 《明神宗实录》卷五二八。

上是恨。至于其他五恨,理由都不充分,根据十分薄弱,都难成立。

"七大恨"的具体仇恨,虽有很多并不准确的地方,但努尔哈赤利用这七大恨来说明的主要论点,来表达女真——满族对明朝政府暴政的愤怒,却不是没有根据的,而且可以说理由是相当充分的。"七大恨"集中反映了女真满族十分痛恨的两大问题,一是明朝政府欺凌女真,二是明国反对女真各部的统一,这是千真万确的,是为两百多年双方交往的历史反复证实了的。明朝的所有皇帝,哪怕是花天酒地荒唐绝伦的正德皇帝朱厚照,沉湎酒色二十多年不上朝的万历皇帝朱翊钧,都自命为奉天承运的真命天子,要女真尊他为"天皇帝"。辽东文武官将,也是高不可攀,贱视"诸夷",称努尔哈赤为"奴儿哈赤"、"奴酋",一切少数民族都是"蛮夷",都是卑贱之人,对之任意欺凌,百般盘剥。查收贡品时,辽东边将勒令女真献纳珍珠、豹虎,"验其方物,貂皮纯黑马肥大者,始令入贡,否则拒之"。① 建州女真进入抚顺马市贸易,"例于日晡时开市,买卖未毕,遽即驱逐胡人,所赍几尽遗失",②实为公开抢夺。

至于建州与明国之间的来往,更是一在天上,一在地下,贵贱悬殊。前面曾经提到,万历二十三年十月,已经自称"王子"的努尔哈赤,对于一个明朝区区游击胡大受,竟尊敬其为"游府老爷",求其将"老亦可赤忠顺情由奏与朝廷"。就是这个游击,第二年又差人持书,宣示建州守法,不许攻打朝鲜。其"宣谕文"说:"尔狨子若不量而妄动,则所欲如缘木求鱼,所为如以肉投虎。况皇灵震叠,敌国议后,一举足间,而大日之大祸判矣"。尔当"务要各守封疆,永遵禁约",否则,"圣天子在上,顺抚逆剿"。③ 一则大模大样

① 《明宪宗实录》卷三五。
② 李民寏:《建州闻见录》。
③ 吴晗:《李朝实录史料》,第 2186 页。

287

地叫什么"宣谕",二则贱称为达子,还要加个犬旁,视如禽兽,三则勒令遵守国法,服从命令,否则大军征剿,从内容到形式,自事情到称呼,皆令人难以忍受,辱人太甚了。这还只是小小游击的所作所为,至于威慑东北的辽东总兵官征虏将军,辽东巡抚,蓟辽总督,中央兵部尚书,以至"天皇帝",其贱视女真的恶劣态度,更是不说自明了。

对于这种极端贱视的待遇,女真痛心疾首,万分愤恨。天聪汗皇太极于天聪元年(明天启七年,1627年)致书辽东巡抚袁崇焕,追述此情说:"我两国之所以构兵者,先因尔驻辽东、广宁各官,尊尔皇帝,如在天上,自视其身,犹如神人,俾天生诸国之君不得自主,不堪凌辱,遂告于天,兴师征讨。"①

天聪四年皇太极向关内外汉族官民士卒发布木刻榜文,宣示"七大恨"说:

> 金国汗谕官军人等知悉:我祖宗以来,与大明看边,忠顺有年。只因南朝皇帝高拱深宫之中,文武边官,欺诳壅蔽,无怀柔之方略,有势利之机权,势不使尽不休,利不括尽不已,苦害欺凌,千态莫状。②

《满文老档》还具体地总括了明满交往中,明朝官将侮辱女真人的情形说:

> 昔日,太平时期,女真与尼堪(明国)贸易往来之时,不仅明国官员之妻子,就连小人之妻子,也禁止女真看到,且藐视女真诸大臣,欺凌侮辱,用拳殴打,不许站立于其门。而明国的小官,无职之人,到达女真地方时,随便进入诸贝勒、大臣之

---

① 《满文老档》太宗天聪朝卷一。
② 木刻榜文原件藏北京大学,转引自孟森:《清太祖告天七大恨之真本研究》。

家,同席饮宴,恭敬设宴款待。①

这三段材料,有力地谴责了明朝昏君贪官劣将自比天高贱视凌辱女真的横暴行为,尤其是榜文所说,明国官将"势不使尽不休,利不括尽不已",更是十分准确,异常生动,感人肺腑。

明朝君臣之可恶,还在于他们制定了对待女真"分而治之"的方针。"七大恨"反映了努尔哈赤及整个女真族的另一主要目标,就是反对明朝破坏统一女真的正义事业。"七大恨"的第二、四、五、六、七恨,虽然不够准确,根据薄弱,但它所讲的,都是明朝政府干涉女真事务,阻碍努尔哈赤统一女真各部的行动。明代两百多年的历史证明,女真只有克服涣散分裂状态,联合起来,统一起来,才能强大,不怕他族侵袭,摆脱明朝官将的盘剥欺凌,抵制明朝政府的民族压迫政策,生产才能发展,民族才能迅速前进。而这正是明朝政府担心的事,它一定要执行"犬牙相制"、"以夷制夷"的分而治之的政策,为此不惜重金收买,巧言欺骗,调兵遣将,武力镇压。从董山到王杲,从仰加奴、逞加奴到纳林布禄和布寨,以及对努尔哈赤的多方刁难,甚至准备兴师问罪,都是一个目的,不许女真各部统一起来。分则弱,为明所喜,是女真之忧;合则强,女真之愿,却为明所惧,双方在这个问题上,针锋相对,不可调和,互不相让。努尔哈赤就是要用"七大恨"来表达他和全体女真——满族坚决反对明朝政府的统治,鞭挞其"分而治之"政策,他要维护本族人民的正当权益,他要当统一女真各部的强大的女真国汗,不再隶属于明帝之下,双方形成平等交往的关系,仅此而已,并没有与明为敌,取而代之,入主中原的想法。

"七大恨"所要表达的基本思想和主要目标,是正义的,是合

---

① 《满文老档》太祖朝卷六四。

情合理的,女真就是应该统一起来,这是时代的潮流,民族的希望,应该予以充分肯定,它对激励女真——满族的奋发图强,英勇冲杀,艰苦创业,反抗明朝政府的压迫,起了很大作用。

三、下抚顺

后金天命三年(明万历四十六年,1618 年)四月十五日,无论是对于明国的皇帝,还是后金国汗,这一天都是一个载入史册的重要日子,因为这一天明国的抚顺城落入了后金国汗努尔哈赤之手,标志着明满关系发生了根本变化。

抚顺之取,充分体现了努尔哈赤具有卓越的军事指挥才干,不愧为智勇双全所向披靡的英明统帅。这在七个方面显示得非常清楚。其一,目标不大。努尔哈赤在四月十三日以"七大恨"祭天誓师,大事张扬的"伐明",为何不将目标定得更高一些,如攻开原,袭沈阳,夺取半个辽东,而只看上一个小小的抚顺千户所? 按照明国政区军情的编制和划分,内地是省府厅州县,设有布政使、按察使、都指挥使三位"封疆大吏",辽东则废州县,设辽东都指挥使司,简称辽东都司,下辖定辽中卫、沈阳中卫等二十五卫,卫之下设所。抚顺是千户所,辖于沈阳中卫。努尔哈赤既要浩浩荡荡地"伐明",为何不去袭取辽东巡抚、辽东总兵官、广宁卫等四卫指挥使所在地广宁城? 不去袭取仅次于广宁的辽东都指挥使、辽东巡按及定辽中卫等六卫指挥使所在的辽阳城? 再往下降一点,为何不去进攻沈阳中卫指挥使所在地的沈阳城或北路参将所在地开原城? 或者是眼光更大一些,去夺取半个辽东? 这些大城,都不去,偏偏看上小小千户所的驻地抚顺城,可见努尔哈赤虽在誓师祭天之时,激昂慷慨,豪气可上九霄,壮志敢吞日月,但具体落实在进攻目标,却慎之又慎,选中有百分之百把握的小小抚顺城,以免久攻不下,兵败于广宁、辽阳等大城总兵副将之手。

其二,选中抚顺之由。将抚顺定为"伐明"第一个目标的原因,虽然努尔哈赤本人未曾明说,明、清《实录》,明国辽东督、抚、总兵、副将与中央兵部尚书侍郎,以及论述边事的能人学士和近人著作,也未对此评论,但经过分析,还是可以了解其中奥妙的。主要因素有二,一是很有必要,二是又很有可能。之所以有必要,这是由于抚顺的战略地位十分重要,它与建州女真地区相邻,努尔哈赤及其子皇太极一再声称为"大明看边",明辽东巡抚张涛所言"东奴所守九百余里之边也",①就是讲抚顺在地理上的重要性。

抚顺,在今辽宁省东南部,今为抚顺县,城濒临浑河,是明朝辽东都司沈阳中卫抚顺千户所地区。明朝实行卫所制,在各省要害地方,系一郡者设所,连郡者设卫,卫之上为都指挥使司,简称都司。大体上1120人为千户所,5600人为卫。明代共有"都司二十一,留守司二,内外卫四百九十三","千户所三百五十九"。抚顺千户所属于辽东都司沈阳中卫,原来设有备御一员。抚顺千户所之城系明洪武时建,"周围三里有奇,池深一丈,阔二丈",在沈阳城的东北,离沈阳八十里。抚顺城东三十里设有抚顺关马市,为建州女真人市贸易之处。

抚顺千户所肩负招抚、接待、震慑建州女真各部的重任,辖有新河口台、土台墩等二十二座边台及会安堡,嘉靖末年设"城堡墩台障塞操守官军一千六百七十一员名",其中驻在本城的官军为"一千一百八员名",兵数并不算少。但是,随着明朝军政的腐败,抚顺军力亦衰落不堪,无法应付建州吞哈达、并乌拉、图谋叶赫的蓬勃发展局面。万历四十二年九月,辽东巡按翟凤翀上疏言及抚

---

① 《明神宗实录》卷五一七。

顺一带败坏情形说:"开原东鄙一带边堡,如抚安、三岔、柴河、靖安等处,闻俱圮坏,而守道所属偏东会安、东州、齑场、孤山、一堵墙、马根单等堡,近多坍塌"。抚顺仍设备御,仅有"马步羸卒五百",无力防范。经他奏请,抚顺才由备御改为游击,以原备御李永芳充任,并添兵 600 名。①

抚顺既是明国与建州的贸易之地,又是明国震慑、防范和进攻建州的军事要地和前沿城市,正如辽东巡抚翟凤翀所指出:"奴酋所最贪者清(河)抚(顺)之市,所最怕者清抚两处之捣巢。"②兼之抚顺兵马单弱,有可乘之机,因此攻取抚顺,既有必要,又有可能,这就是伐明之战从抚顺开始的原因。

其三,准备充分。明国疆域辽阔,人口上亿,大军百万,枪炮众多,区区几万女真,怎能轻易取胜! 因此,努尔哈赤对"伐明"之举,准备工作作得非常充分。一是确立八旗制度,加强训练,组成精兵数万。二是以"七大恨"祭天誓师,激励将士奋勇冲杀。三是制定用兵之法,宣示"统兵诸贝勒、大臣"。他颁布的用兵之法包括作战方针、野战、攻城及军纪等几个方面。方针是:"用兵之道,以我军不受损而克敌制胜为上","以智巧谋略,不劳己、不顿兵为贵"。野战之法:若敌众我寡,兵宜潜伏低洼之地,勿令敌见,遣少许兵士诱之,使其中计。如果诱而不来,则追击敌兵于城下,"俟敌拥集于门而斩杀之"。若敌兵甚多,己方只有一旗或二旗兵,则勿与接近,先退后,急请大军来会合,再行计议。攻城之法:能取则取,不能取则勿攻,以免攻之不克而后退,"反损名矣"。军纪禁令:自出征之日到班师,禁止离蠹,擅离者,论死。五牛录额真及牛

① 《明神宗实录》卷五二四;李辅:《全辽志》卷一。
② 《明神宗实录》卷五二四;李辅:《全辽志》卷一。

录额真"不以汗所颁法令宣谕于众",罚马一匹。攻城之时,"不在争先竞进","先破城者,方为先进之功"。① 努尔哈赤此时特别强调不要虐待俘获之人,谕令:"凡阵获之人,勿剥其衣,勿淫其女,勿离其夫妻。因抗拒而死,听其死,不抗拒者勿杀"。② 四是严格保密,不让敌方发觉。在此之前,努尔哈赤一向装作忠于明帝恭顺听命的样子,麻痹了明国,没有想到他会起兵入边掠城攻堡。这时,为了制造登城的云梯,怕被明国发觉,他宣布要建造诸贝勒的马厩,以此为名,"遣七百人伐木"。不久,又怕明国通事因事入使建州,被其发觉,便命令将造云梯之木,"用以盖马厩"。③ 由于保密严格,尽管从赫图阿拉到抚顺足足有二百三四十里,军队整整走了两天,从四月十三日巳时出发,十五日晨到达,明国边将居然没有发觉。五是设计相诱。虽然抚顺城小兵少,但它西距沈阳才80里,南距清河北距铁岭、开原也不很远,或一天途程,或两日之路,应援之兵上万,除了严格保密不使师期泄漏外,必须速战速决。抚顺虽然兵马不多,但若据城死守,枪炮齐放,也很难立即攻克,固守几日,援军赶到,问题就麻烦了。努尔哈赤深知此情,故决定以计相诱,再乘机猛攻。《明神宗实录》卷五六八载述建州计袭抚顺情形说:四月十五日,"建酋奴儿哈赤诱陷抚顺城,中军千总王命印死之,李永芳降。先一日,奴于抚顺市口言,明日有三千达子来做大市。至日寅时,果来叩市,诱哄商人军民出城贸易,随乘隙突入,掳杀据住。"

王在晋的《三朝辽事实录》卷一的记载,与此类同:"四月十五日,奴儿哈赤计袭抚顺(抚顺陷)。佯令部夷赴市,潜以精兵踵后,

① 《满文老档》太祖朝卷六。
② 《满文老档》太祖朝卷六。
③ 《满文老档》太祖朝卷六。

突执游击李永芳,城遂陷。永芳降奴,去须发为夷。"

明游击岳坦致票文与朝鲜义州官员说:"奴酋向来与抚顺互市交易,忽于前面四月十[五]日假称入市,遂袭破抚顺。"①

这些记述,基本上符合实际,但也有一些出入,因为,马市并不在抚顺城内,建州商人不是在城内与汉商交易,而是在城外几十里处。明辽东巡按李辅编纂的《全辽志》卷一载称:"抚顺马市,城东三十里,建州诸夷人于此交易买卖。"努尔哈赤是以做"大市"相诱,使明国边将误认为八旗军前锋不是将士,而是"夷商",允其进入马市,努尔哈赤遂乘机快马加鞭,30 里地瞬息赶到,包围了抚顺城,遗书劝降,守城游击李永芳虽声称愿降,却"又令城上备守备"。努尔哈赤下令攻城,八旗将士奋勇攀梯,很快就"登其城",李永芳只好"着袍服,策马出城来降","于是攻取抚顺和东州、马根单三城及小堡、台、屯共五百余",获人畜 30 万,编降民千户。②

其六,大破援军。努尔哈赤于四月十五日攻下抚顺后,折毁其城,押送人畜财帛,回归建州。四月二十一日,他又率兵返回距明国 20 里的建州边地。这时,明国辽东总兵张承胤、副总兵颇廷相、参将蒲世芳领兵一万追来,见建州兵已出明边,不敢逼近,只蹑后观视。哨卒飞报,大贝勒代善、四贝勒皇太极命令将士尽披甲胄迎至边境。努尔哈赤起初不愿交锋,遣人命令两位贝勒停兵,两位贝勒力主进攻,汗同意,遂率兵往击,大败明兵,斩张承胤、颇廷相等总兵副将参将等官五十余员,明兵"十损七八","获马九千匹、甲七千副、器械无算"。③ 明兵部奏报,此次战争,阵亡总兵张承胤等

<hr />

① 吴晗:《李朝实录史料》,第 2943 页。
② 《满文老档》太祖朝卷六;《满洲实录》卷四。
③ 《满洲实录》卷四。

将官 49 员、兵士 3158 名。①

其七,战果辉煌,影响巨大。下抚顺,败张承胤,紧接着又于五月连克抚安、三岔儿等十余堡,七月又攻克清河,斩守城游击邹储贤、副将张旆等。攻取城堡之多,斩杀将官士卒之众,连佩带征虏将军印的辽东总兵张承胤,颇廷相、张旆两位副总兵,以及几位参将、游击,皆死于八旗军之刀下,这是女真历史上从未有过的,自然大大地鼓舞了八旗将士士气,也震惊了明朝君臣。明内阁首辅方从哲、署兵部尚书薛三才、蓟辽总督汪可受纷上奏疏,各官多次集议对策,长期不上朝的万历皇帝也不得不连下敕旨,责令群臣提出对策,调兵遣将,加强边关防卫,并决定征调重兵,进攻建州。

简而言之,抚顺之役,建州大胜,明国损失惨重,明满关系发生了本质性的变化,金(满洲)明关系进入新阶段。

第三节　萨尔浒之战

一、欲灭建州

抚顺之陷,辽东总兵张承胤、副将颇廷相等将官阵亡,一万军队覆没,震动了明国,"朝野震惊"。连一贯懈怠荒淫的万历皇帝,也在接到蓟辽总督汪可受、辽东巡抚李维翰呈报抚顺失守军情紧急"相继告急调兵请饷"的奏疏后,当天就降旨批示防剿发饷和征剿事宜说:"狡虏计陷边城,一切防剿事宜,行该地方官相机处置,军饷着上紧给发,其调发应援,该部便酌议具奏"。"其大举征剿

---

① 《明神宗实录》卷五七一;《明史》卷二三九《张承胤传》。

事,还着九卿科道会议"。① 紧接着,群臣会议,各官上疏,最后决定,调兵四方,议兵十万,议饷三百万,起用杨镐为经略,委任李如柏等为总兵官,克期进取。

论兵数,明军多于建州。《满洲实录》卷五载,明兵"二十万",号称"四十七万",进攻建州。经过考证分析,明军没有这样多。在各种不同文献的记述中,王在晋的《三朝辽事实录》比较真实可信。王在晋当时任山东巡抚,后历任兵部尚书、辽东经略,熟悉辽事。他遍查邸报奏疏后,详细记述萨尔浒之战时官军兵数和死亡将官姓名。他写道:"以上各路除丽兵外,主客出塞官军共八万八千五百五十余员名"。丽兵,指的是朝鲜兵。早在万历四十六年四月,辽东巡抚李维翰即移咨朝鲜国王,令其"操练兵马七千",以备征讨之时与明军"合剿"。不久,蓟辽总督又咨会朝鲜,令"急拨数万军兵,依期听候"。朝鲜国王遣使臣前往广宁,于六月初一日晋见经略杨镐,禀报已备兵7千,杨镐大怒,厉声斥责。经使臣再三叩头恳请,杨镐才令再增3千,共派兵1万。朝鲜只好应允,并于六月下旬移咨杨经略,告诉已派议政府左参赞姜弘立为都元帅,平安道节度使金景瑞为统领大将副元帅,调集"炮手三千五百兵"、"射手"六千五百名。杨镐责令再"选精兵五六千或三四千"。朝鲜国王恳求不允,只好再增3000,共13000名。万历四十七年正月,"都元帅姜弘立、副元帅金景瑞领三营兵一万三千人,自昌城渡江",于大瓦洞与明东路军会合。② 至此,朝鲜共派兵13000名从征。再加上叶赫出兵2000名,明国进攻建州的军队总数为10.3万余名。

---

① 《明神宗实录》卷五六八。
② 吴晗:《李朝实录史料》,第2943、2975、3017、3020页。

后金的兵数,据明经略杨镐三月十一日的奏疏说:"据阵上共见,约有十万"。① 实际上,后金军没有这样多,杨镐所言,不过是把战败的原因归之于敌众我寡,以推卸自己指挥谬误之责耳。努尔哈赤于万历四十三年确定八旗制度时,一牛录三百丁,每旗25个牛录,八旗共200牛录,总共是6万丁,迄至萨尔浒大战时,后金只于天命元年七八月派兵2千,征东海萨哈连部,取47寨,招服使犬路等路路长40人,天命四年正月袭攻叶赫,"取大小屯寨二十余",并未增加大量人丁,即使八旗牛录人人皆兵,也不过6万名,哪来的10万之数! 此战之中,后金军约有五六万。

明朝发兵10万,号称47万,筹饷300万两,在对女真用兵的历史上,兵数之多,军费之巨,规模之大,是空前的。这是因为,明朝政府的这次大军进剿,并不仅仅只是为了打退建州的进犯,将其逐回旧地,护卫辽阳、沈阳,保证辽东安全,而是欲图诛戮"元凶",彻底消灭建州。

征虏将军、辽东总兵官李如柏在万历四十六年七月移咨朝鲜国王的咨文中,对此讲得非常明白。他说:

> 盖夷人之性,大类犬羊,负义忘恩,无所顾忌。近如建州夷人奴儿哈赤,数十年来受我天朝豢养之恩,许开市通贡,养成富强。及羽翼甫成,遂生心背叛,袭破我城堡,戕害我将士,此乃王法所必诛,天讨所不赦者也。今已有明旨,选精兵百万,勇将千员,分路进讨,务擒元恶,枭首藁街,献之九庙,灭此而后朝食也。②

过了五个月,十二月,经略杨镐奏上"擒奴赏格",经兵部尚

---

① 《明神宗实录》卷五八〇。
② 吴晗:《李朝实录史料》,第2994页。

书黄嘉善复奏,万历帝批准,颁示天下及海西、朝鲜。"赏格"规定:

> 有能擒斩奴儿哈赤者,赏银一万两,升都指挥世袭。擒斩奴酋八大总管者,赏银二千两,升指挥使世袭。擒斩奴酋十二亲属伯叔弟侄者,赏银一千两,升指挥同知世袭。擒斩奴酋中军、前锋暨领兵大头目者,赏银七百两,升指挥佥事世袭。擒斩奴酋亲信领兵中外用事小头目者,赏银六百两,升正千户世袭。以上应赏功级,皆自军卒言之。……北关金、白两夷,擒斩奴酋,即给与建州敕书,以龙虎将军封植其地。其朝鲜擒斩,照中国例一体封赏。①

"赏格"中的八大总管,是指努尔哈赤的子孙,即"贵营捌兔(代善)、忙谷太(莽古尔泰)、阿卜太(阿巴泰)、黄太住(皇太极)、把布亥(巴布海)、羊羔儿太、汤哥太(汤古岱)、堵堵(杜度)"。"十二亲属伯叔弟侄",指阿敏等人。中军韦都为额亦都,前锋阿堵是阿敦,书记大海是达海,女婿火胡里系何和礼。② 这个"赏格",既悬赏擒杀努尔哈赤,又要诛其子孙叔伯弟侄,已经是全家全族问斩了,还要杀其女婿、大将,连书记也不放过,所有大小头目都在劫难逃,这比一人犯罪,株连九族更残酷。不仅如此,建州一般女真也要遭殃,因为赏格规定,叶赫"金白二夷"(金台石贝勒、布扬古贝勒)如果擒杀了努尔哈赤,他们就取得了建州敕书和龙虎将军之位,占了建州地区。简而言之,这次大军征剿,既要将努尔哈赤家族斩尽杀绝,又要把整个建州(实即整个满族)全部消灭,这就是明廷出兵的基本目的。

---

① 《明神宗实录》卷五七八。
② 《明神宗实录》内阁文库本卷四七。

二、腐朽明朝

经过 10 个月的紧张筹备,兵、将、粮、马、甲、炮大体备办完毕,明万历四十七年(后金天命四年,1619 年)二月十一日,辽东经略杨镐、蓟辽总督汪可受、辽东巡抚周永春、辽东巡按陈王庭,在辽阳演武场,集合征辽官将,誓师讨敌。议定兵分四路,西路为抚顺路,以山海关总兵杜松为主将,保定总兵王宣及原任总兵赵梦麟为副,分巡兵备副使张铨监军,按察司经历左之似赞理,官兵二万余,由抚顺关出,从西进攻。北路为开原、铁岭路,以原任辽东总兵马林为主将,下辖管开原副总兵事麻岩等将官,开原兵备道金事潘宗颜监军,岫岩通判董尔砺赞理,官兵 2 万余人,从靖安堡出,由北路进攻赫图阿拉,叶赫出兵 2 千从征。南路为清河路,以辽东总兵李如柏为主将,管辽阳副总兵事参将贺世贤等随从,分守兵备参议阎鸣泰监军,推官郑之范赞理,兵 2 万余,从鸦骨关出边,由南进攻。东路为宽奠路,以总兵刘铤为主将,海盖兵备副使康应乾监军,同知黄宗周赞理,兵 1 万余,朝鲜都元帅姜弘立、副元帅金景瑞领兵一万三千余从征,由亮马佃出边,从东进攻。四路兵共十万零三千余人,号称 47 万,从东南西北四个方面进击,企图于同一天合围赫图阿拉,擒斩"元凶",消灭建州。

十万大军,千员上将,枪炮数万,四路合击,好像是军威雄壮,声震山岳,看来小小建州难敌天朝,要遭灭顶之灾了。然而,这仅只是表面现象,实际上,出师之前,明朝政府的腐朽,已经决定了明军必然惨败的命运。

以至高无上的"天皇帝"明神宗朱翊钧而言,此人不文不武,因循苟且,沉湎酒色,厌理国务,二十多年不上朝,开创了懒君的记录。这个昏君还爱财如命,广括公私财帛,仅以祸国殃民的矿税一项,每年就额外征银几百万两,有一年竟多达五百余万两,全部纳入内库。朱翊钧骄奢淫逸,挥金如土,仅采伐楠木、杉木于四川、贵州、湖广,就费银930余万两,御用袍服岁费数十万两。册立太子,单是采办珠宝,就下诏户部要取银2400万两,而每年"天下赋税之额,乃止四百万"。① 其子福王就封河南,括河南、山东、湖广田地为王庄,多达400万亩。② 这样的昏君懒帝,怎能富国强兵,怎能处理消灭新兴后金强国的军机要务。

君如此,相也差不多。此时明朝政府的中枢——内阁,正由庸臣方从哲独理国政。此人才具平庸,柔懦媚上,"顺帝意","昵群小",既无治政用兵之才,又缺乏匡时救弊奋发图强之志,也无识人任贤之眼,凡事敷衍塞责,苟且度日,当然也担当不起击败强敌巩固边疆的重任。

君昏相庸,政务必然废弛。官多缺员,六部堂官只有四五人,都御使数年空署。给事中、御史按制应有一百五六十员,可是六科止有6人,其中五科无掌印之官,十三道亦止5人,一人身兼数职。督抚监司亦屡缺不补。文武大选、急选官和四方教职,积数千人,以吏、兵二科缺掌印官,"不画凭","久滞都下,时攀执政舆哀诉",真是"职业尽弛,上下解体"。③

万历年间,本来已是民贫国穷,矛盾激化,人心思乱,贪婪的明神宗还从万历二十四年起,派遣豪横太监,分赴各省,开矿收税,大兴"矿税之祸"。这批矿监税吏,横行霸道,无恶不作,到处"树黄旗,揭圣旨","吮人之血,吸人之髓,孤人之子,寡人之妻",甚至"伐冢毁屋,刳孕妇,溺婴儿",致使全国"公私骚然,脂膏殚竭",

---

① 《明史》卷八二《食货六》;《明史》卷二四〇《朱国祚传》。
② 《明史》卷七十七《食货一》。
③ 《明史》卷二一八《方从哲传》。

"贫富尽倾,农商交困,流离迁徙,卖子抛妻,哭泣道途,萧条巷陌"。① 朱翊钧的暴行,激起军民公愤,从东北的辽河平原,到西南的云贵高原,自长城内外,到南海之滨,由边疆的"夷寨",到京畿重地,民变烽火到处燃烧,十余年间,大的"民变"多达数十起。

就全国而言,赋重役烦,国库空虚,军政废弛,兵变频仍,民穷财尽,人心思乱,而首当建州其冲的辽东,危机更为严重。要打大仗,必须有兵,而且必须有精兵,有得到辽民支持的精兵,可是,此时辽东,既无精兵,更无受到民众拥护的好兵。辽镇马步官军"原额设九万四千六百九十三人",万历三十七年,"已实少二万二千人","除见在老弱,其精壮不过二万有奇,而散布于三大营两协七参将十二游击二十五守备之间,单弱已甚"。②

士兵之所以逃亡和衰疾残弱,主要在于官将的科派掊尅。万历中期,兵科都给事中侯先春"阅视辽东"以后,上奏极言辽镇元气大伤。总的是:

> 今辽虏患频仍,民生涂炭,权归武弁,利饱囊中。狐假虎以噬人,狗续貂而蠹国。钱粮冒破,行伍空虚,民脂竭于科求,马力疲于私役,法令不行,将不用命,民不见德,远迩离心。③

他还具体地叙述了官将勒索士卒的详细情形:

> 迩来私役百端,科索万状。即如镇静之夷马,开原之貉皮,抚顺、宽奠、瑗阳之人参皮张松果等类,无论其把持夷市,压买商贾,而牧放夷马,治料参斤,以至搬运百货,约用军士不止千名也。其采取木植,而清河等堡之军,昼夜皆居塞外。烧

① 《明神宗实录》卷三三一、三七六;《明史》卷二三七《冯应京传》。
② 《明神宗实录》卷四五七。
③ 《明经世文编》卷四二八,侯先春:《安边二十四议疏》。

炒铁斤,而宽奠等城之军,终发不得宁家。盖州之布帛,长奠之金银,海州之海参,……如此之类,难以枚举,凡可谋利生财,无非军士取办,其包赔之苦,服役之劳,盖万万不可言也。如春发银五钱,秋收参一斤。(笔者按,人参一斤,市价为银十两左右。)春发银一厘或一卵,夏索鸡一支。……又以弓矢衣物鞍辔皮张等类,势给各军,而厚收其利,皮袄一则,索银七钱或五六钱,皮裤一则,索银四钱或三钱五分。披肩段一块,长不满尺,阔不及半,则索银一钱……夫辽左之军,惟家丁选锋月银一两二钱耳,更叠科剋,所余几何。逼之以不得不从之威,而挟之以不敢不扣之势,何怪乎营军之家十九为之悬罄也。既疲其力,又夺其财,则安望其出死力抗强虏哉。①

既是弱军,难御强敌,又是暴军,鱼肉民众。侯先春尖锐地指出:

大将军遣各将领,提兵屯驻各城堡,近者一月,远者两三月,或更番往返,岁以为常。每丁军阶至,城堡骚然,酒食尽出于民家,妇女多遭其淫辱,一家倾竭,蚕食别室,稍不如意,尽行毁虏。马蹄经过,鸡犬一空,弓刀悬门,人皆丧魂。且领率将官,尽是娄秽之辈,非惟不知禁戢,又身先导之,被害者安所控诉乎。其丁军未必御虏,而先遭一强虏也。民谣有云:若遭大虏还有命,若遭家丁莫得剩。盖深苦之也。②

辽东本已民穷财尽,兵戈时起,又加上矿税太监高淮的骄横跋扈,掊剋万端,草菅人命,更闹得天怒人怨,民不聊生。高淮从万历二十七年到辽东,至三十六年被辽东军民赶走,祸害辽东十年。他

---

① 《明经世文编》卷四二八,侯先春:《安边二十四议疏》。
② 《明经世文编》卷四二八,侯先春:《安边二十四议疏》。

带领家丁数百名,自前屯起,辽阳、镇江、金州、盖州、复州、海州一带,"大小城堡,无不迂回遍历,但有百金上下之家,尽行搜括,得银不下十数万,闾阎一空"。① 他"扣除军士月粮",散发赢马给军,"收好马之价十倍",又将"布、鞭、香、袋、米、面诸货","无不派勒各营及民间",勒收高价。② 当时辽东军民编了一首民谣,刻画高淮的贪婪和狠毒:"辽人无脑,皆淮剡之。辽人无髓,皆淮吸之"。③这种"生命戕于鞭敲,脂膏竭于咀吮","十室九空","辽民极困","痛心饮血"的局面,怎能使军民一致,齐心抗敌!

因此,开战之前,明军已是败局已定。

三、明军惨败

萨尔浒,位于后金都城赫图阿拉西 120 里,今辽宁省抚顺市东大伙房水库附近。天命四年(明万历四十七年,1619 年)三月初一日,八旗军大败明西路杜松军于此,随即击破明北路、东路军,史称此战为"萨尔浒之战"。

明经略杨镐原定于二月二十一日分道出师,兵分四路,分进合击,攻打赫图阿拉,因十六日降大雪,改为二十五日出发,但各路军具体出发日子却不尽相同。主力西路杜松军于二十八日从沈阳开拔,二十九日至抚顺关,夜半出关,"日驰百余里",直抵浑河岸。杜松,系历任保定、延绥、宁夏总兵官、右都督的勇将杜桐之弟。杜松,"有胆智,勇健绝伦",军功累累,由舍人相继升守备、游击、参将、副总兵、总兵。在当时军纪松弛、将多贪婪、武官怕死的情形下,杜松却"为将廉","不惜死",实属难能可贵。史称其,"守陕西

---

① 《明经世文编》卷四三六,朱赓:《论辽东税监高淮揭》。

② 《明史》卷三〇五《高淮传》。

③ 《明经世文编》卷四六七,宋一韩:《直陈辽左受病之原疏》。

与胡骑大小百余战,无不克捷,敌人畏之,呼为杜太师而不名。被召过潞河,裸示人曰:杜松不解书,第不若文人惜死。体创如疹,潞人为挥泪"。① 这样的勇将和廉将,当时实为罕见。可惜其"尚气不能容物",曾"因小忿","薙发为僧",被削职返乡,后出任辽东总兵,又因与抚按争执,"数欲自经,尽焚其铠胄器仗,置一切疆事弗问",再次被勒令归里。几年以后,蓟、辽多事,起用杜松为山海关总兵。这次出征,杜松"欲立首功",抵达浑河岸后,坚欲立即渡河,继续迅速前进,担任监督的分巡兵备副使张铨"止之不听",总兵赵梦麟竭力谏阻,车营将官恳求,杜松刚愎自用,拒而不听,还喝酒大醉,趣令进兵。此时浑河"水势汹汹",将士淹死不少,车营、枪炮无法渡河,留在原地。杜松驱军急行,"生擒活夷十四名,剋二栅",乘胜追剿,兵分三部,主力由他率领,进攻吉林崖的后金兵,另一部在萨尔浒安营,辎重部分在斡珲鄂谟扎驻。②

努尔哈赤从侦探的密报,得知明军四军来攻的消息后,于二月二十四日"尽征各路屯寨之兵集城中,戒严以待"。三月初一日早晨,哨探飞报,昨日(二十九日)夜间见明军"执灯火出抚顺关",南方哨探亦报,昨日明军自栋鄂进。聚于大衙门的诸贝勒禀告汗父,努尔哈赤断定,南方之兵是引诱我军向南,"其大兵必从抚顺开来",立即命令大贝勒代善与诸贝勒领兵迎敌明西路军。正行进之时,哨探又报,清河方向来兵。代善认为,清河一路,地势狭险,一时到不了,仍先迎战抚顺兵。军队继续前进,过了扎喀关,得知明军一部进攻吉林崖,一部在萨尔浒山上结阵,代善遣兵一千,往助吉林崖。努尔哈赤赶到,令六旗兵攻萨尔浒明军,另二旗兵驰援

---

① 《明史纪事本末》,中华书局1977年版,第1413页。

② 《明神宗实录》内阁文库本卷四十七;《明神宗实录》卷五八〇。

吉林崖。努尔哈赤指挥六旗兵以压倒多数的优势,猛攻萨尔浒明军,很快就歼灭其军,立即转向吉林崖,会合崖上坚守的后金将士,上下夹攻,杜松、王宣、赵梦麟虽然率军奋勇厮杀,但敌兵太多,八旗将士又勇猛冲击,无力抵挡,明军大败,三位总兵俱皆阵亡,"明兵死者漫山遍野,血流成渠"。①

杜松曾移咨朝鲜国王,派来炮兵四哨,随军前进。平壤炮手李守良战败溃逃返国后,向上禀报此战情形说:

> 二十九日随总兵到一处,前有大江,水深没肩,艰关得渡。又过一江,即其上游,而水又深,军半渡。贼自东边山谷间迎战,又一阵从后掩袭,首尾齐击。汉兵收兵结阵,贼大噪薄之,汉兵亦呐喊齐放,贼中丸中马者甚多。方谓酣战,贼一大阵自山后下压,汉兵大败。我等团聚一处,分队迭放。汉兵争来投入,皆祝手哀乞曰:'活活人人',充满前后,不得庄(装)药,又随而溃,争坠绝壁。贼从山上乱下矢石,我军百余人及汉兵数千皆死。贼四面合围,厮杀无余。②

这一天,三月初一日的晚上,明北路马林军已抵达萨尔浒西北30余里的尚间崖,闻听杜松军败,"林军遂哗"。马林急忙率主力部队于尚间崖扎营,布阵,环营凿壕三道,壕外列大炮,炮手立大炮之外,又密布骑兵一层,前列枪炮,其余众兵皆下马,于三层壕内布阵。另一支部队由开原兵备佥使、监督潘宗颜统领,于马林营西三里的斐芬山扎营,与马林营结成"牛角阵"。杜松的余部辎重部分由参将龚念遂统领,在斡珲鄂谟扎营,凿壕列炮,与尚间岩马林营相距数里。这样一来,三支部队营地形成品字形,互为犄角。

---

① 《满洲实录》卷五;《明神宗实录》卷五八〇;魏源:《圣武记》卷一。
② 吴晗:《李朝实录史料》,第 3028 页。

努尔哈赤仍然采取集中兵力,各个击破方针,于三月初二日以四倍袭念遂营的兵力,首先猛攻其营,明军发炮,四贝勒皇太极率骑兵奋勇突入,摧毁战车,大败其军,斩杀龚念遂。这时,大贝勒代善禀报,尚间崖有明兵。努尔哈赤急忙飞速驰至尚间崖,下令全军进攻,明兵发炮,阻击无效,八旗将士发矢挥刀,大败明兵,"死者漫山遍野","血水分流,如阳春辉雪,尚间崖下,河水皆赤"。副将麻岩等阵亡,马林慌忙带领少数士卒,匆促逃走。努尔哈赤又移军进攻斐芬山的潘宗颜营,瞬息即破,潘宗颜战死,"全军覆没"。叶赫金台石、布扬古贝勒奉旨领兵随马林从征,来到中固城,闻听明国兵败,大惊退回。①

努尔哈赤收兵,于三月初二日下午申时(三至五点)在古尔本方安营。侦探禀报,明(刘𫟷路)军由宽甸进入栋鄂路,清河路军(李如柏军)进入呼兰,两军皆向都城走来。努尔哈赤令扈尔汉领兵一千,先行前往迎敌栋鄂路明军,第二天,三月初三日,又遣二贝勒阿敏带兵一千,继扈尔汉之后前去。他本人率大军回师,至界藩,安营,以破敌祭旗谢天。大贝勒代善、四贝勒皇太极奏准,扮作哨探,探听信息,当日初更时分,抵达赫图阿拉。宫中诸福金及公主慌忙告诉:闻有两路明兵前来,"奈何"?代善、皇太极述说大败明抚顺、开原二路明军喜讯,安慰后妃,随即出城迎接汗父。初四日早晨,努尔哈赤进入都城,遣派四大贝勒领兵迎敌刘𫟷军,他自己率兵四千留守都城,以防清河明军。

明东路军主将刘𫟷,乃猛将都督刘显之子,"勇敢有父风",自万历初随父征讨"九丝蛮"起,身经百战,军功累累,尤其是在平定

① 《满洲实录》卷五;《满文老档》太祖朝卷八;《明神宗实录》卷五八〇;《明史》卷二九一《潘宗颜传》。

"播酋杨应龙"、援朝征倭之战中,更立下殊勋,历任守备、游击、参将、副总兵、总兵,封授至左都督,久镇四川。史称其用镔铁刀,重120斤,"马上轮转如飞,天下称刘大刀","于诸将中最骁勇,平缅寇,平罗雄,平朝鲜倭,平播酋,平俸,大小数百战,威名震海内"。①但是,刘铤"性骄恣",官风不谨,既索人之贿,又行贿于上司,"御下无法",故数被黜抑,一再罢官。为征建州,朝廷始以其勇,起用为总兵,统东路军。刘铤久镇四川,习用土兵,征倭平播等役,皆借其力,故奏请"调各土司马步兵丁通计二万有奇,皆本官统驭旧人,矫捷善战",但经略杨镐只允其"征调汉土官兵共九千八百二十九名"。② 杨镐又将刘铤派任东路主将,道路既远,地形又险,"大川萦行"兵马还少,刘铤十分不满。率兵13000名从征的朝鲜都元帅,于二月中向朝鲜国王奏报刘铤情形说:往见都督(刘铤),"问各路兵数。答曰:西南路大兵齐进,东路兵只有俺自己亲丁数千人,且有各将所领,要不出满万耳。臣问曰:然则东路兵甚孤,老爷何不请兵? 答曰:杨爷与俺自前不相好,必要致死。俺亦受国厚恩,以死自许,而二子未食禄,故留置宽田矣"。"臣问曰:进兵何速也? 答曰:兵家胜筹,惟在得天时得地利顺人心而已。天气尚寒,不可谓得天时也。道路泥泞,不可谓得地利,而俺不得主柄,奈何! 颇有不悦之色"。"臣等就见其营壁,则器械龃龉,且无大炮火器,专以我师为恃耳"。③

统兵主将刘铤与大帅经略杨镐之间的关系如此之坏,刘铤心情如此之糟,哪能克敌制胜!

刘铤于二月二十五日刚出宽甸,"风雪大作,三军不得开眼,

① 《明史》卷二四七《刘铤传》。
② 《明神宗实录》卷五七二。
③ 吴晗:《李朝实录史料》,第3021页。

山谷晦冥,咫尺不能辨"。"大雪中行军,各营兵所持军装衣服悉为霂湿"。沿途路狭山峻,树木参天,后金又设置路障,"新斫大木,纵横涧谷,使人马不得通行"。明军、朝鲜兵劳累饥饿,"疲惫已甚",朝鲜兵所带的十日米粮,"亦已垂尽"。人疲粮缺,行进缓慢,从牛毛寨到深河,仅60里,却走了三天,三月初二日才走到,与后金少许兵士交战。连破四寨,击溃后金驻防兵五百,刘铤遣人向经略报捷,声称"生擒斩获共二百一名颗"。这时,杜松、马林两路兵马俱已败没,深入建州三百里的刘铤却毫不知晓,继续前进。大贝勒代善等贝勒领兵赶到,以前听说刘铤"节制严整,军行皆持鹿角,止即成阵,炮车火器甚练",不易攻袭,不会遇袭即溃。因此,后金贝勒决定诱敌入伏,遣派降卒持杜松令箭,往告刘铤,"言西军已薄敌城,促之速进"。刘铤诘问降卒,为何未见先前与杜松约定的号炮?降卒诡词应付后,急返大营,诸贝勒"急令传炮"。刘铤听到炮声,担心杜松军将独占首功,己军无功可建,"下令弃鹿角而进"。三月初四日,刘铤率精锐部队来到阿布达里岗,距赫图阿拉城约70里,监军康应乾带领步兵和朝鲜兵来到富察,离阿达布里岗约10里,距赫图阿拉约60里。后金军兵分三路,一路从山上往下冲击,一路由山西进攻,另一路从后面杀来,很快就大败明军,"明兵大溃",刘铤及其养子勇将刘招孙等将战死,"全军覆没"。后金军移师,进攻康应乾,瞬息即破,将敌兵"掩杀殆尽","康应乾仅以身免"。又击破监理朝鲜兵的明游击乔一琦营,乔一琦逃入朝鲜兵中营。后金军进攻,很快就击破朝鲜兵左营和右营,左营兵"死亡殆尽",右营兵"俱被歼灭"。朝鲜都元帅姜弘立惊恐万分,遣使投降,大贝勒代善令其献出明朝官将士卒,姜弘立遵令,乔一琦见势危急,自缢身亡。第二日,三月初五日,姜弘立率中营兵5000投降。至此,刘铤军全军覆没。

朝鲜平安监使向国王呈报此役战情说：

> 天朝大兵及我三营兵以初四日败绩于深河。时游击乔一琦领兵前行,都督居中,我国左右营继进,元帅领中营在后。贼既败开铁、抚顺两路兵,回军东出,设伏于山谷。乔游击卒遇奴伏于富车地方,一军败没,仅以身免。都督见前军不利,督兵进薄,贼大兵奄至,弥满山野,铁骑蹽突,势莫敢敌,蹂躏厮杀,一军就尽。都督以下将官坐于火药包上,放火自杀。我国左营将金应河继进,布阵于野次,设拒马木,兵才数千……贼以铁骑蹙之,左营兵遂败,死亡殆尽……右营兵未及排阵,俱被歼灭。元帅将中营登山据险,形孤势弱,士卒不食已两日,贼悉众合围……翌朝弘立着便服,景瑞脱盔甲,竖胡旗下诣虏阵(降)[1]

明经略杨镐听闻杜松、马林兵败,急檄李如柏、刘铤回师,李如柏胆怯畏敌,行进缓慢,三月初一日才出鸦鹘关,接到檄令后,急忙回军,遭后金 20 名哨卒追袭,忙乱溃奔,自相践踏,死者 1000 余人。刘铤因未接到退兵命令而战死。

至此,明朝 10 万大兵征讨建州之役,以明军惨败而结束。

四、胜败之因

萨尔浒之战,以后金大胜明军惨败而结束。论兵数,明兵 10 万,超过五六万后金军队的一倍,论火器,明军枪炮众多,八旗军只靠弓箭,弓箭当然没有大炮枪铳威力大,为什么明军会大败呢？此事明金双方各有评论。

明辽东巡按陈王庭疏陈明军失利之因说:杜松西路军失败之

---

① 吴晗:《李朝实录史料》,第 3025、3026 页。

因有六,一系杜松"欲贪首功,违期先时出口";二是刚愎自用,不听巡道镇官劝阻,强令渡河,人马损失;三为队伍错乱,遭敌攻击;四系被敌诱骗,致入敌伏;五是将兵不习,背水而战;六为轻骑深入,撇弃火器车营,师无老营。杜松"智不能料敌,谋不能驭众,致二万余官军一时并遭陷溃"。马林军则"应援后期",守备不设,一遭虏袭,营兵即溃。①

经略杨镐所述,与陈王庭基本相同,也是将失败的责任主要归之于前线主将。

《满文老档》主要撰写编辑人额尔德尼巴克什则认为是明帝逆天意,颠倒是非,攻击心术善良的英明汗,致天助后金,使明军惨败。②

这些说法,不如明御史杨鹤的分析更为确切。杨鹤疏陈应该承担兵败责任之人说:"辽事之失,不料彼己,丧师辱国,误在经略;不谙机宜,马上催战,误在辅臣;调度不闻,束手无策,误在枢部,至尊优柔不断,又至尊自误。"③

杨鹤所言朝廷之谬误,系失败的主因,是颇有见解的。明军之失利,固然与前线将领的指挥不当和怯战惧敌分不开的,但更重要的因素是明王朝的腐败。除了前面讲到朝廷暴政乱政,盘剥欺凌兵民,丧失人心,使征战难以获胜的这一根本前提外,明政府用兵方针、策略、任命将帅的谬误,是导致"辽事之误"的主要原因。首先,任帅非人。被廷臣赞称"熟谙辽事"特别起用为经略、兵部右侍郎的杨镐,实际上却是一个不谙兵法、胆怯怕死,以权谋私、谎报战功、贻误军机的庸帅。杨镐曾任朝鲜经略,集兵 4 万,加上朝鲜

① 《明神宗实录》卷五八〇。
② 《满文老档》太祖朝卷九。
③ 《明史》卷二六〇《杨鹤传》。

兵,进攻屯驻岛山的倭寇,因其援兵赶来,"镐大惊,狼狈先逃,诸军继之,贼前袭击,死者无算"。史称"是役也,谋之经年,倾全国之力,合朝鲜通国之众,委弃于一旦,举朝嗟恨"。杨镐却不知羞耻,隐瞒败将,将这次"士卒死亡殆二万"的大败,"诡以捷闻",遭人揭发,差点被斩。① 这样一个贪生怕死、丧师辱国、讳败冒功的劣官,竟被文武大臣捧为克敌制胜、安国定国的大帅,从一个闲官提升为兵部左侍郎兼右佥都御史,荣任辽东经略,怎能不贻误军机?

庸帅必用劣将。放纵声色的纨绔子弟李如柏,因系已故宁远伯、辽东总兵官李成梁的第二个儿子,在辽东总兵张承荫战殁之后,为"文武大臣英国公张惟贤等合疏荐",被帝起用为辽东总兵,杨镐即委其为南路主将。贪生怕死的李如柏,畏惧强敌,行进迟缓,致杜松孤军深入败殁。② 北路军主将原任总兵马林,乃一虎父犬子的不肖子孙,马林之父马芳,行伍出身,"有胆智,谙敌情,所至先士卒",身经百战,军功累累,"擒部长数十人,斩馘无算,威名震边陲,为一时将帅冠",任至左都督、总兵。马林恃父之威,历任参将、副总兵、辽东总兵,"时誉藉甚,自许亦甚高",明廷信其虚名,用为主将。监理马林北路军的开原兵备佥使潘宗颜看出马林庸懦本相,上书经略杨镐说:"林庸懦,不堪当一面,乞易他将,以林为后继,不然必败。"杨镐拒其建议,致作战之时,马林慌恐万分,"一战而败,策马先奔"。③ 东路军主将刘铤勇猛过人,杨镐却对其百般压抑,少拨兵马,督其速进,致其全军覆没。

兵科给事中薛凤翔于万历四十七年八月上疏,痛斥经略杨镐、

① 《明史》卷二五九《杨镐传》。
② 《明史》卷二三八《李如柏传》。
③ 《明史》卷二一一《马林传》,卷二九一《潘宗颜传》。

巡抚李维翰贻误军机祸害辽东之罪,奏请将二人问罪斩首说:

> (杨镐)迂腐执拗,委君命于草莽,视将士若弁髦,刘、杜二帅,国家倚为干城,而镐实杀之。援辽万卒,国家视为精锐,而镐实杀之。开原、铁岭数十万无辜之生尽,镐实尽掷而杀之。祖宗栉风沐雨开拓之疆土,镐几拱手而弃之,律以杀人必死,律以弃地必死,臣曰杨镐之必可斩也。……至去任抚臣李维翰者,平时尽抑武备,临阵徒持令箭红旗,逼张承胤不旋踵而死,杀一大将,杀八偏裨,失陷一城三堡,军民之骈死者、掳去者各数万,(该斩)。①

明军的用兵方针和基本策略也是错误的。其谬有二。一系不该大举进剿。明廷不谙敌情,昧于知己,确定了大举进剿的错误方针。明军枪炮众多,利于守城和远攻,发炮毙敌,短于野战近战,后金兵使用弓矢刀剑,长于骑射,利于突袭决胜,不利于缓慢厮杀攻打坚城。明军远来,人地生疏,粮饷难继,建州则生长于斯,险易尽晓,行动便捷,为了保家卫部,摆脱亡国亡族灾难,拼死反抗。如果后金国小力弱,明军倒还可以冒险一试,如像150余年前的征剿建州三卫,可以大获全胜,但是今日的后金,正是蓬勃发展军威雄壮之时,明朝又腐朽不堪,此战怎能取胜。二是兵分四路,势孤力薄。10万明军虽然倍于建州,但一分为四,每路只有二万余人,每路又分为几营,每营只有三几千人或一万来人,每营自然兵力不多,容易遭受敌军分割包围,各个击破。并且,原定四路出兵,届时齐抵赫图阿拉,10万大军将其团团围住,一齐进攻,可是,实际进展却远非如此,西路军三月初一日上午已到萨尔浒,战败之后,当天晚上马林北路军才到尚间崖,离萨尔浒30里,南路军在这一天的九

---

① 《明神宗实录》卷五八五。

至十一时左右才出鸦鹘关,离萨尔浒还有近百里路程,东路刘铤三月初四日才到达阿布达里岗,距萨尔浒约180里左右。这四路军怎能一时齐到赫图阿拉,又怎能互相支援。

此外,将帅不和,将不习兵,四路主将,或像杜松,有勇无谋,又刚愎自用,不纳忠谏,贪图首功,陷入敌伏;或像刘铤,怕被杜松独建殊勋,匆忙前进,为敌所乘;或像李如柏,纨绔子弟,贪生怕死,见敌即溃,这也促进了明军的失败。

至于后金,情形就大不相同了。后金正在蓬勃兴起,反抗明朝野蛮统治、保家卫国的正义战争性质,激励八旗将士奋勇冲杀,拼死决战,为大败明军奠定了坚实基础。努尔哈赤的正确决策,英明指挥,又为取胜起了重大作用。努尔哈赤的高超指挥艺术主要体现在四个方面。一是确定了"凭你几路来,我只一路去"①集中兵力各个击破的正确方针。明军20万(后金一直认为明兵是20万,号称47万),枪炮数万,八旗军只有五六万、六七万,兵数上处于劣势,只有乘明军兵分四路的机会,集中兵力,攻其一路,进袭之时,又集中攻其一营,这样一来,每次进攻,都是三四倍于敌人,以四五万三四万八旗军围攻三四千或万把人明兵,兵数上占据绝对优势。二是,铁骑冲突,飞速进攻,使敌兵措手不及,来不及布阵,或已布之阵被后金军突破后,无法补救,很快便将敌军消灭。三是采纳良计,不坚持己见。与北路马林军交战时,努尔哈赤命令下马步战,大贝勒代善奉命前往左边二固山,叫众兵下马,将士遵命,刚有四五十人下马,明兵已来迎战。时机紧迫,如果下马步战,不能发挥八旗将士铁骑威风,代善当机立断,"谓帝曰,吾当领兵前进","即策马迎敌,直入其营",诸贝勒亦不顾汗之命令,与二固山

---

① 海滨野史:《建州私志》。

将士"并力杀人",另外六个固山将士亦飞奔袭击,此时,努尔哈赤并未坚持下马步战命令,听任代善挥军冲杀,终于迅速大败马林军。四是判断正确,对策妥善。当三月初一日早晨,哨探禀报明兵分别从抚顺关路和从栋鄂路而来时,努尔哈赤果断判定,明国令我预见南方之兵,"是诱吾军南敌,其大兵必从抚顺关来,当先战此兵",①遂下令八旗将士迎敌抚顺明军,而南方只留原已安排的五百名兵士防御。这个判断和决定,非常英明,如果判断失误,以为栋鄂路之明兵是其主力,八旗军前往迎战,则抚顺路杜松军便可乘虚而入,直捣赫图阿拉了。

总的来说,一边是腐败的明朝政府,赋重役烦,国穷民贫,君昏相庸,帅劣将怯,士气不振,人心思乱,指挥谬误,另一边是新兴后金,统帅英明,用兵有方,将士奋勇,因此萨尔浒之战,自然是只能以明军惨败后金大胜来结局。

五、战争影响

萨尔浒之战,影响巨大。这一仗,给予明朝政府以重大打击。明朝政府人马物资损失惨重,共有总兵、副总兵、参将、游击、都司、守备、中军、千总、把总、道员、通判等官"三百一十余名"阵亡,"阵亡军丁共四万五千八百七十余名",马、骡、驼死亡2.8万余匹,枪炮火药丢失无数。①明兵部尚书黄嘉善于万历四十七年(后金天命四年,1619年)三月中旬奏述损失之大时说:"向奴酋发难以来,奉旨后先起六七宿将,调募精锐几十万余","不虞其大帅殒者四,道臣死者一,士马物故亦复过半,器械刍粮其折而入于奴者,又不

---

① 王在晋:《三朝辽事实录》卷一。

知凡几".①

这一仗,大煞明朝君臣威风,使其谈"奴"色变。努尔哈赤取抚顺,击杀总兵张承胤,攻克清河以后,明国感到建州已成辽东大患。万历四十六年闰四月,管山海关主事邹之易奏述"奴酋"之势及其危害辽东说:"奴儿哈赤"据有宁宫塔、哈喇赛之地,"富饶狡黠",又并有猛骨哱啰、宰赛等,"拥众五万,绵亘四千余里","万一勾引西北,骚然并驰,全辽岂为我有"。② 明廷急调各路兵马赴辽援助,但"调到援兵,皆伏地哀号,不愿出关"。"钻刺将领,见奴氛孔亟,都哭而求调"。③ 战前已经对"奴"有所畏惧,战后更是惊恐万状。三月十一日,内阁首辅方从哲得悉杜松、马林军败消息后,立即上疏说:"东事危急,京师万分可虞"。④ 过几天,又获刘铤全军覆没噩耗,更是朝野大震。方从哲于三月十五日奏述官民惊慌情形说:"大小臣工,无不骇愕,而民间尤甚","讹言四起,各思奔窜。官吏士民,以及商贾,向寓京师者,率多携家避难而去"。从此明朝君臣皆以建州为国家大患,君相将帅无不畏惧八旗军威,根本不敢再提出边讨伐之事,只是增兵防御,乞求皇天保佑,金兵不要再来进攻,明朝完全转入被动挨打的危险局面了。

这一仗,又让努尔哈赤正式打出了"后金国汗"或"后金国皇帝"的国名汗号,公开宣布与明国分庭抗礼,并肩称朕。天命三年四月打下抚顺,努尔哈赤遣被俘汉人送致明国"七大恨"文书时,自称建州国汗。《明神宗实录》卷五六八载:万历四十六年四月甲寅,"建夷差部夷章台等","执夷箭印文",送进掳去汉人张儒绅等

---

① 《明神宗实录》内阁文库本,卷四十七。
② 《明神宗实录》卷五六九。
③ 《明神宗实录》卷五七一。
④ 《明神宗实录》卷五八〇。

四名进关,"声言求和,传来申奏一纸,自称为建国,内有七宗恼恨等语"。茅瑞征的《东夷考略》载称,努尔哈赤下抚顺,"赍番书请和,自称建州国汗"。王在晋的《三朝辽事实录》卷一亦载,"赍夷文请和,自称建州国汗"。海滨野史的《建州私志》也说,努尔哈赤自称"建州可汗"、"建州国汗"。朝鲜亦说此时的努尔哈赤,自称"建州王"。《满文老档》太祖朝卷六载额尔德尼评述天助我兵时说:"诸申国英明汗得道,故天地祐之"。这些文献表明,此时努尔哈赤已经敢于用"建州国汗"、"建国"来与明帝、朝鲜打交道,也就是说正式宣布不再是明帝臣仆,废除了过去隶属明帝的君臣关系。但是,这时还是"建国","建州国",而"建州"之词,来源于明永乐帝敕封的"建州卫",还是有些遗痕。因此,过了一年,天命四年三月萨尔浒大捷之后,努尔哈赤就自称"后金国"、"后金国汗"、"后金国皇帝"了。

天命四年四月,努尔哈赤遣使致书朝鲜国王,其书称:"天命二(四)年后金国汗谕朝鲜国王,枚数七宗恼恨"。国王传示备边司:"奏文中后金汗宝,以后金皇帝陈奏,未知如何"? 备边司回奏:"胡书中印迹,令解篆人申汝櫂及蒙学通事翻解,则篆样番字,俱是后金天命皇帝七个字"。[①] 这里第一次出现了"后金国汗"、"后金天命皇帝",而且既有书信,自称"后金国汗",还有"汗宝",有"后金天命皇帝"之印,可见,这时努尔哈赤才开始在对朝鲜交涉中,第一次抬出了"后金国"的国号和"后金国汗"、"后金天命皇帝"的汗号。

朝鲜立即将建州僭称向明朝报告,明人大惊,纷记其事。王在晋在《三朝辽事实录》卷一中写道:"朝鲜咨报,奴酋僭号后金国

---

① 吴晗:《李朝实录史料》,第 3038、3042、3043 页。

汗,建元天命,指中国为南朝,黄衣称朕,词甚侮嫚。"

茅瑞征的《东夷考略》载:

> 奴儿哈赤……传檄朝鲜,僭称后金国汗,黄衣称朕……朝
> 鲜方咨报,奴酋移书声吓,僭号后金国汗,建元天命,斥中国为
> 南朝,黄衣称朕,意甚恣。

海滨野史的《建州私志》亦载:

> 建人建国号曰后金皇帝,建元天命,指中国为南朝,意
> 甚恣。

以上是明人根据朝鲜的报告,记下努尔哈赤僭称后金国汗之
事。稍晚一点,努尔哈赤攻下开原、铁岭,灭掉叶赫以后,遍发招降
榜文,劝诱辽民归顺。明经略熊廷弼于万历四十八年六月戊申上
奏说:

> 奴贼招降榜文一纸,内称后金国汗,自称曰朕,皆僭号也。

大略贼自言为天所佑,中国为天所怪,谕各将率城堡归降。①

努尔哈赤第一次对辽东军民使用了"后金国汗"的称号,抬出
了"后金国",意义重大。

在此之前的"建州国汗",虽然已有了国名和汗名,但毕竟还
是自"建州三卫"演变而来,可以理解为努尔哈赤是辖领建州女真
之汗,只是割据边外僭称为王为汗的一部酋长,最多不过像蒙古察
哈尔部林丹汗而已,在当地称孤道寡,有时进边抢掠人畜财帛,并
未对明朝直辖版图有领土野心。可是,"后金国"、"后金国汗"、
"后金国皇帝"的含义却显然不同了。后金国,意味着此乃金国之
后裔建立的国家,其祖先是金国。昔日的金国,可非中原正统王朝
之边外小部,而是大军南征,掳去北宋徽宗、钦宗二帝,随即形成南

---

① 《明神宗实录》卷五九五。

宋与金对峙,占有半个中国的大金国,宋朝的燕云十六州悉皆变为金国领地,北京成为金帝之国都。努尔哈赤将其辖地命名为"后金国",自称"后金国汗"、"后金国皇帝",岂不是表明要与明帝分庭抗礼,相提并论,且称明国为南朝,照此下去,不要说辽东都司应该为其吞并,就是包括北京在内的华北地区也应隶于彼之辖领之下,号称"天朝天皇帝"的明神宗,只好逃往黄淮之南,迁都杭州或南京了。这可是天大的噩耗! 难怪明经略熊廷弼在奏报"奴酋"僭号招降榜文时,因其榜文"辱我君父"而"愤怨忧郁",致"忽尔昏仆"。万历皇帝也愤怒惊恐交加,"谕中外臣工曰:逆贼出榜招降,横肆诟侮,朕心深切愤恨"。① 努尔哈赤自称"后金国汗"、"后金国皇帝",显示了其有进占辽东甚至侵入关内的意图,使明朝君臣大为惊恐。

这一仗,又为 3 个月以后攻取开原、铁岭,提供了有利条件。六月初十日,努尔哈赤统兵四万,往攻开原。开原东邻建州,西接蒙古,北与叶赫相连,是辽阳所恃"以断夷虏之路",联络北关的军事重镇。开原是"古之黄龙府而元之所谓上都",城大且坚,军民十余万,"物力颇饶",金银财帛数百万。总兵官马林镇守,士卒上万,火器众多,又有辽东总兵李如桢、总兵贺世贤率兵万余,随时准备应援,照说是可以据城固守,抵挡后金军进攻的。但是,萨尔浒惨败,严重影响了士气,"人心不固,兵气不扬",且清河抚顺数百里之地,烽堠全虚,侦探尽陷,"以故贼兵一入,如蹈无人之境"。加上,此时摄开原道事的推官郑之范,一贯贪婪横暴,盘剥军民,"赃私巨万,天日为昏",以致"丧失民心"。这个贪官,既爱钱如命,又胆小怕死,四路出征时,郑之范是南路李如柏部"赞理",见事

① 《明神宗实录》卷五九五。

不妙,随李如柏狼狈逃回。这时眼看开原危急,他却置敌不顾,继续克扣军饷,勒索士民。备御罗万言以高价买到军马,到郑处支领草豆饲料,郑拒而不给,以致一日饿死军马 249 匹。把总朱梦祥到开原领取钱粮,郑也不给,"一月不给,各军衣物尽变,马倒人亡"。上万马匹,缺少饲料,只好散牧于百里之外,"贼至猝不急收"。①

努尔哈赤早就派有"奸细",潜入辽地,伏于开原城中,探悉明情,遂命八旗将士奋勇冲杀,"不数时而城陷"。总兵马林、副总兵于化龙等将官"并城中士卒,尽歼之"。时任山东巡抚的王在晋评述努尔哈赤用计遣谍智破开原说:"开原未破而奸细先潜伏于城中,无亡矢遗镞之费,而成摧城陷阵之功。奴盖斗智而非徒斗力也。"②开原一破,后金军抢掠了巨量人畜财帛,"收人畜财物,三日犹未尽"。"其俘获财物,收之不尽,军马驮之不完,乃以所获之骡驴马匹驮运,以牛车装载,仍有所余"。③ 王在晋记述此情说:"贼四下焚掠,士民男妇不下十余万口,生逃者,仅约千余人"。新任辽东经略的熊廷弼说:开原"城大而民众,物力颇饶,贼在城中,用我牛马车辆,运金钱财货,数日未尽,何止数百万。"④

努尔哈赤乘胜之威,稍作休整后,即于七月二十五日进攻铁岭,城内守兵不多,辽东总兵李如桢、援辽总兵贺世贤应援迟缓,直到二十五日申时才在新兴铺合营,而铁岭已于当天三个时辰前被后金兵攻克了,士卒尽皆被杀,大量人畜财物被努尔哈赤分与将士。⑤ 蒙古额尔喀部名酋斋赛贝勒领兵应援明军,遭努尔哈赤生

① 《明神宗实录》卷五八三;王在晋:《三朝辽事实录》卷一。
② 王在晋:《三朝辽事实录》卷一。
③ 《满文老档》太祖朝卷十;《满洲实录》卷五。
④ 《明神宗实录》卷五八三。
⑤ 《明神宗实录》卷五八五。

擒,其军溃逃。

连战连胜,军威大振,士气高昂,努尔哈赤想乘胜攻灭叶赫,集诸贝勒大臣商议后决定,命四大贝勒各率本旗护军,声称袭击蒙古,绕道前行,进攻叶赫布扬古贝勒驻地西城,他自己亲统大军,攻打金台石贝勒驻地东城。八旗将士奋勇进攻,很快攻破东城的外城内城,金台石携妻、子退守禁城八角楼,无力抵挡,自杀未死,被俘后遭缢而死。西城守兵闻听东城已陷,惊恐万分,几经交涉,布扬古不得不出城投降,但心仍未甘,见努尔哈赤时,不甚恭顺,如止一膝跪,不拜即起。努尔哈赤发怒,将其缢杀。对于叶赫其他贝勒、台吉、将官、士卒,努尔哈赤实行"恩养政策","其诸贝勒、大臣,均加豢养","其叶赫国人,不论善恶,皆不损其家产,父子、兄弟、亲戚不令离散,尽行带来",不剥妇人之衣,不收男人弓箭,"各户之财帛器皿等一切物件,仍由原主收取之"。徙来之后,给与"房田粮谷等物",编户万余。[①] 至此,建州、海西各部及相当多的东海女真部落,皆归努尔哈赤辖治。史称:"自东海至远边,北自蒙古、嫩江,南至朝鲜鸭绿江,同一语音者,俱征服。是年,诸部始合为一"。[②] 后金军威,声震天下,眼看就要攻克沈阳、辽阳,进据辽东了。

---

① 《满文老档》太祖朝卷一二。
② 《满洲实录》卷六。

第五章　辽东新主

第一节　坐失良机

一、辽沈"无兵无马"

后金天命四年(明万历四十七年,1619 年),努尔哈赤于三月在萨尔浒大败明军,六月取开原,七月下铁岭,八月灭叶赫,所向无敌,进展神速。可是,从此就按兵不动,直到天命六年三月才进攻沈阳、辽阳,足足有 20 个月之久,没有发动大的进攻。出现这样的情形,并非是由于汗、贝勒看到明经略熊廷弼调度有方,不易攻取,因此明智地暂时克制,集军待变,而是号称"英明汗"的努尔哈赤,在此时刻,不够英明,不太聪睿,决策上出了差错,贻误了战机,延迟了君临全辽的时间,对以后攻取辽阳、沈阳带来了不少困难。

天命四年六月下开原、七月取铁岭、八月灭叶赫以后的几个月里,是努尔哈赤挥师西征,攻取辽阳、沈阳的最佳时机,这时明国的窘困局面,为他成为辽东新主提供了最好的机会,无需动用巨大的兵力,不必花费多少代价,不会遇到强有力的抵抗,就能轻取沈阳、辽阳,可以说是乘胜前进,势如破竹,易如反掌。这主要是由于以下三个因素。

首先,明廷惊慌失措,调度无方。萨尔浒之战的惨败,开原、铁岭的失守,使得"朝野震动"。身兼军政要务的庸相方从哲,拿不

321

出好的对策,只是再三呈述"东事危急,京师万分可虑","京师之危,真在旦夕",恳请神宗视朝,召集君臣会议军务,发给内帑,委任新人。内库金银堆积如山的昏君朱翊钧,听凭百官跪奏,却假称"头目眩痛,心腹烦懑",不上殿理政,不召见群臣,还指责户部拖欠内库"金花银"百余万两,又诡称"内库空虚,搜刮无遗",拒绝发放内帑。① 这样一个醉生梦死、爱财如命、腐朽荒淫的老皇帝,配上一个顺从帝旨的庸相,怎能制定出拯救辽东危局的大政方针,怎能应付瞬息万变的军机要务。

其次,无兵无马无甲仗器械。万历四十六年三月萨尔浒之战,四路出兵,三路覆灭,虽然官府多方招聚,到六月,勉强凑有"败残新集士卒四五万人,皆有名无实",开原之陷,损失又逾万数。七月铁岭失陷,八月叶赫被灭,明兵更加怯战思逃。八月底,辽东经略熊廷弼题报辽阳、沈阳情形说:

> (奴酋),及开原、铁岭不战自下,懿、蒲、辽、沈不攻自逃,而谋夺辽沈之计决矣。虽有总兵李如桢等专守沈阳,帮以河西李光荣之兵,共有万计,而堪战者不过一二千人。总兵贺世贤专守虎皮驿,应援辽沈,兵虽数千,而堪战者不过二千四五百人。总兵柴国柱专守辽阳,虽有川兵及残兵零杂之众二三万人,然皆无甲无马无器械,既不能战,而守城又无火器,将领、中军、千把总等官,俱贼杀尽,各兵无人统领。辽至今日,直可谓之无兵。②

熊廷弼后又补充说,大败之后,无车无牛无脚夫,没法运送粮草,致使全军严重缺粮,兵仗器械亦荡然无存,"军无片甲,手无寸

① 《明神宗实录》卷五八〇。
② 《明神宗实录》卷五八五。

铁"。① 沈阳重镇,能战之兵只有一二千,辽阳要城,巡抚驻地,只有残兵二三万,且无甲无马,无将无粮,无器械,无火器,"可谓无兵"。一向被誉为兵强马壮的辽东军事重镇,竟落到如此地步,真是可悲可叹。

二、畏敌如虎　军民思逃

辽左危急难守的第三个主要因素,就是残兵败将畏敌如虎,军民离心,动辄溃逃。兵少将缺,粮饷不继,守具缺乏,自然更加强了将官的怯战情绪。他们逗留不前,战守不力,畏敌如虎,一战即溃。就连被熊廷弼推崇为大将的甘肃总兵官李怀信,虽然久经沙场,屡立军功,史称其"勇敢有谋","威名著河西",然而当其被委任为援剿总兵官,率军赴辽时,尽管经略连上奏疏,特地奏请皇上命李急行出关,帝令其立即赴援,"兵部马上差人守催",限于九月初八日出关,十二日抵沈阳,可是,限期已过,李怀信却仍然安坐甘肃,且投文兵部,要钱要马要兵,寸步未行,究其内心,"不过惮于援辽,另寻枝节"而已。② 号称勇将大将之人,尚且如此,其他将官之贪生怕死,临阵溃逃,更是不言而喻了。

这样一来,士气不振,人心惶惶,军民思逃。萨尔浒之战,十万大军,三路尽没,开原坚城,顷刻覆灭,在心理上给予辽东军民沉重打击,兼之旧经略杨镐昏庸笨拙,束手无策,领兵将官畏敌如虎,使得辽民心惊胆战,昼夜不安,一有风声鹤唳,便仓皇逃散。早在万历四十七年六月末,开原刚一失陷,中固、铁岭、懿路、汛河数城,"妇女老幼,空国而逃",永奠、新奠、大奠、叆阳、孤山、抚安、柴河

---

① 《明熹宗实录》卷一。
② 《明神宗实录》卷五八六;《明史》卷二三九《李怀信传》。

等数十堡,不战自弃,"沈阳之民又逃,军亦逃矣"。① 七月初一日,大学士方从哲根据辽东经略、监军的题本,上奏说:"铁岭、沈阳人民,逃窜几空,辽阳之危,只在旦夕"。赞画刘国缙费了很多心血,好不容易招募了新兵17400余名,分发镇江、宽奠、瑷阳、清河等处防守,十二月,清河之兵"陆续尽逃",镇江、宽奠、瑷阳"亦有尽队而逃者",总共只剩了3000余名老弱残军。②

由于以上原因,六月开原失守,七月铁岭被占,八月叶赫灭亡,沈阳、辽阳真是危如悬卵,朝不保夕,这一点,在新任辽东经略熊廷弼和大学士方从哲等人的奏疏中,讲得非常清楚。九月初,熊廷弼特上长疏,极言"辽左大势已去,战守已无可支,备陈兵马军民器械将领不堪战守之状,以祈省览"。吏部等衙门尚书赵焕等官,以"奴酋攻陷北关。经臣报言辽左危急之形,无将无兵无马无器械,军民离心,不能战守,倘奴乘胜长驱,必薄都城之下","无限忧惶",因而会合"大小衙门官员",诣文华门,"直陈辽左垂危,京师立蹙",恳乞神宗临朝。③

首辅方从哲,虽然平时一向顺从帝意,庸碌因循,这时也因形势十分险恶,特上《辽左溃败人心离散疏》,奏称:

> 昨晚接经略熊廷弼揭,报陈辽左溃散之形,人心离散之状……夫国家所恃以捍御寇贼保守边疆者,全在人心,人心不固,即金城汤池,甲士如林,刍粟如山,亦不能守。况该镇丧败之后,盔甲器械马匹,件件不备,火器全无,虽有几万伤残之卒续到赴援之兵,然皆露顶赤身,空拳徒步,以此当大敌御强虏,

---

① 《明神宗实录》卷五八三。
② 《明神宗实录》卷五九〇。
③ 《明神宗实录》卷五八六。

岂有幸乎。以是,上自将领,下及军民,无一人不为逃走计,无一念无一刻不为逃走计,目前若此,猝遇贼兵临近,仓皇急迫之秋,岂经略一人所能整齐而约束者哉。今日辽阳之势,真累卵不足喻其危,山海、蓟门之患,真剥肤不足喻其急……廷弼自以势不可为,力不能支,请皇上早作区处,其情亦甚迫矣。"①

正因为辽左危在旦夕,难御后金,熊廷弼苦心思索,找不到救急良策,无可奈何,于九月初提出了放弃沈阳,专守辽阳的建议,上奏朝廷说:"自奴陷北关以来,人心逾溃,沈阳空垒,独力难支。据道臣韩原善、阎鸣泰及该城官生人等,咸欲归并辽阳,还兵自保,揆之人情事势,实不得不然。退缩自固,差愤何言,倘邀皇上之灵,守得辽阳,俟明春二三月间,大兵原集,再图恢复"。②

这个方案并不可取。辽阳离沈阳只有 120 里,后金军进入空城沈阳之后,一天即可包围辽阳,几万无马无器械无火器无甲仗的残兵败将,怎能抵挡八旗劲旅,这一计划,实属下策,可谓无策,但既然缺少兵将,也就只有这条绝路了。

综上所述,可以绝对肯定地说,在万历四十六年六月取开原,七月下铁岭,八月灭叶赫之后的三四个月里,是后金军夺取沈阳、辽阳进驻辽东的最好时间,不需花费多大力气,就可达到这个目的。但是,不知出于什么考虑,努尔哈赤并未挥师西征,而是安坐建州,按兵不动,错过了轻取辽东的绝好良机,一年半以后,只是在率军猛攻、伤亡累累的情况下,才将沈阳、辽阳打下,付出了本来可以避免的重大代价。

① 《明神宗实录》卷五八六;《明神宗实录》内阁文库本,卷四十七。

② 《明神宗实录》卷五八六。

第二节　明之"金汤鼎峙"

一、新经略熊廷弼

政治风云变幻莫测,军机战情瞬息万变,努尔哈赤本来可以乘胜进军,轻取辽沈,但他没有率军继续前进,停了一段时间,这样一来,战守形势发生了重大变化,这就是明国辽东新经略熊廷弼整饬兵备,加强边防,阻碍了后金的进军。

熊廷弼,字飞白,江夏(湖北武昌)人,万历二十六年(1598年)进士,授保定推官,擢御史。熊廷弼身长7尺,才华横溢,秉性刚直,不畏权贵。他虽然身列文班,却因边患孔亟,积极钻研兵法,苦练骑射,连清朝官修的《明史》也赞其"有胆知兵,善左右射",有"盖世之材",实为文武双全之能臣。万历三十六年,廷弼任辽东巡按,覆勘原辽东总兵、宁远伯李成梁与巡抚赵楫丢弃宽奠等六堡新疆八百里之事,查明二人弃地驱民之过,疏劾其罪。廷弼早就看到建州扩展迅速,必为大患,连上奏疏,大声疾呼,奏请核边地,兴屯田,饬营伍,增士卒,联络南关北关,"防边以守为上,缮垣建堡,有十五利",所言皆中时弊。"在辽数年,杜馈遗,核军实,按劾将吏,不事姑息,风纪大振"。① 后转为督学南畿,因事与巡按相讦,听勘归田。万历四十七年三月初萨尔浒大败后,当月,给事中赵兴邦、祝耀祖、御史杨鹤等,奏称熊廷弼熟谙边事,"料事指掌",请予起用,任为辽东巡抚。明帝下旨,于三月末起用熊廷弼为大理寺左寺丞兼河南道监察御史,宣慰辽东,六月又擢兵部右侍郎兼右佥都

---

① 《明神宗实录》卷四五五、四五六、四五九;《明史》卷二五九《熊廷弼传》。

御史,代杨镐任辽东经略。

熊廷弼面对敌强我弱、危在旦夕的险恶形势,毫不畏惧,在大学士、兵部尚书等达官大僚畏敌成疾纷纷引病告退的浪潮冲击下,他毅然挺立,逆流而进,力挽狂澜,担起了拯救危辽的艰难重任,在短短一年里,彻底扭转了危局,稳定了辽东,巩固了边防,增强了军力。这个奇迹之所以能够出现,主要有以下三个原因。

其一,熊廷弼不畏艰险,亲自巡视边境城堡,收拾残局。廷弼尚未出京,开原失陷,刚出关,铁岭又失,沈阳及诸城堡,"军民一时尽窜,辽阳汹汹"。他虽然仅仅带了几百名疲弱士卒,却并不畏难而退,反而兼程前进。八月刚"抵辽",即令佥事韩原善往抚沈阳,但韩"惮不敢行"。继命佥事阎鸣泰去,阎至虎皮驿(沈阳城南),不敢前行,"恸哭而返"。廷弼乃躬自巡历,自虎皮驿,抵沈阳,复乘雪夜赴抚顺,总兵贺世贤以抚顺离建州太近,恐有危害,力行谏阻。廷弼泰然自若地说:"冰雪满地,敌不料我来",遂击鼓吹奏,堂而皇之进入抚顺。这时,"兵燹之后,数百里无人迹",廷弼祭悼死难兵将士民,"招流移,缮守具,分置士马","耀兵奉集",相度形势而还,这对稳定民心,振作士气,起了很大作用,因而"人心复固"。① 几个月以后,为了巩固东南防务,廷弼又从奉集至咸宁,历瑷阳、宽奠,缘鸭绿江岸抵镇江城,复迂道看险山旧边,转渡夹河,登凤凰山寻莫利支屯兵处,再从镇夷、镇东、甜水站而归,往返十三日,行走千余里。②

其二,制定正确的抗敌方针。早在万历四十七年六月,熊廷弼

① 《明史》卷二五九《熊廷弼传》;《熊襄愍公集》卷八。
② 《明神宗实录》卷五九六。

即上疏,力言辽左为京师肩背,欲保京师,辽镇必不可弃,河东(辽沈)为辽镇腹心,欲保辽镇,河东必不可弃,开原为河东根本,欲保河东,开原必不可弃。① 十一月,熊廷弼在巡视边城、观察形势并反复思考以后,上呈《敬陈战守大略疏》,提出"以守为稳着","守正以为战"的保卫辽东的根本战略方针,以及几项重要措施。一是分布险要。以敌之出路为我之入路,此路有四,东南路为叆阳,南路为清河,西路为抚顺,北路为柴河三岔儿之间,每路设置重兵,以为今日防守和他日进攻之备。每路设兵三万,设裨将十五六员、主帅一员。每路军布为前、后、左、右、中五营。在镇江设兵二万、裨将七八员、副总兵一员。再于辽阳设兵二万,海州、三岔河设兵一万,金州、复州设兵一万。共设兵十八万。

二为守战之法。每路军,"首尾相应,小警自为堵御,大敌互为应援"。"如与贼对垒",前锋迎战,中军继之,左右营"横击之",后军殿之,使各路自为一分合奇正,以当一面。"如贼与一路相持",在西路相持时,则南路、北路军出奇以击之,东南路军全力以捣之。若在南路相持,则东南路、西路军出奇以击之,北路全力以邀之。使各路总为一分合奇正,以成全局。

三是马匹粮草。十八万兵,一兵岁计饷银18两,共该饷银324万两。其中,每军月给本色粮5斗,该粮108万石,每马日给豆3升,马9万匹,该豆97.2万石,草2160万束。运输粮草的水陆运费、车牛人工费,不在军费324万两之内。

四是战车火器盔甲弓箭等等"军中必不可少之物",需尽力备办。②

---

① 《明神宗实录》卷五八三。
② 《明神宗实录》卷五八八。

万历皇帝览疏后降旨批示："览奏,审度贼势,分布战守方略,颇合机宜,防守既固,徐图恢复进剿,尤是万全之策。所有兵马粮饷,着该部多方措处,毋致缺乏"。各省镇应调兵将,着从速遣发,挑选精锐,不许以瘦弱搪塞。①

这套战略方针及布置,是比较正确的,发挥己长,克敌所短。后金军善骑射,士气高昂,惯于猛冲猛打,交战之时,万马飞驰,"铁骑冲突,如风如火",瞬息而至,箭射刀劈,敌不及防,片刻即亡。萨尔浒之胜,即系一例。但是八旗军缺乏火器,长于野战,短于攻坚,遇逢深堑宽濠高墙坚城,骑兵难以施展,只有使用计策,诱敌出战,乘机歼灭,或纵间入城,开门内应,趁乱而入。开原之失,就是智取的成功。明军大败之后,斗志不旺,弓箭不佳,但火器众多,凭借坚固城池,据险扼守,以逸待劳,便可克服不善野战的短处,发挥枪炮的威力,依靠人多地广资源丰富的优越条件,打一场比资源、拼物力人力,以守为主,由守而战的持久战,就能抵消敌之长处,暴露对方弱点,发挥自己的优势,挡住后金军的进攻,守住城池,稳定战局,再伺机而进。美中不足的是,没有突出凭借大炮枪铳闭城固守的关键因素,"守为稳着"。这是对的,是此时对付后金的正确方针,充分发挥火器之威力,是能守的重要依据,但是,怎样才能守住? 怎样才能充分发挥火器威力? 最好的办法,也是唯一行之有效的办法,就是固守坚城,大炮枪铳齐放,才能守得住,才不致被敌军冲垮,在城外设营防御,靠营的火力,是挡不住后金军铁骑冲击的。后来沈阳、辽阳之失守,宁远闭城固守之成功,从正反两个方面证实了这一点。

其三,征兵调将,赶制器械,修建城堡。详情见下述。

<hr>

① 《明神宗实录》卷五八八。

二、广调兵马　修建城池

虽然熊廷弼的议兵 18 万、马 9 万匹、饷 324 万两的战守方案得到了明神宗朱翊钧的批准，但兵马饷银并不会凭空而降，各方横加阻挠，援兵饷银迟迟不来。熊廷弼心急如焚，不断上疏，恳请皇上降旨催促，明神宗对此倒还不算糊涂，多次谕令兵部、户部、工部从速办理，解往辽东。万历四十七年（后金天命四年，1619 年）十二月，熊廷弼上疏催兵说："兵部所调援兵，俱是纸上虚数，十无一二到辽阳者"。兵部陆续来咨，大约说是自征剿失利按臣报阵亡者 4.5 万余名，见存 42360 余名，续到川兵 10532 名，巡抚招募兵 14258 名，先调已发未出关的湖广兵 15000 名，兵部续调兵 17500 名，其中已出关兵 7060 名，已发未出关兵 2700 名，见催未发兵 7740 余名。"总计辽左见在已到兵共七万四千二百余名"。再议调蓟、宣、真、保、延、大各省镇及祁、鲁二家兵"一十万一千六百五十名"，又于大同、延绥、宣府、山西、宁夏、固原、昌平各镇"共募兵二万名"。此系兵部六月三十日题过清数。但是，自七月到十一月止，大同、保定、河间、山西、蓟镇、真定、天津、宣府、甘肃、山东、青州各镇兵到辽阳者，"总计一万五千一百二十八员名"，扣除留存广宁的 3140 名及逃敌 138 名外，实到辽阳的止有"一万一千七百二十七员"。并且，兵部咨文中所说巡抚招募兵 14258 名，其中汰去 1984 名，逃去 2300 余名，一部分存广宁，实到辽阳者，只有二千人。

熊廷弼又说，辽阳与自在州南北连城九门二十余里，共"三千余垛"，除民兵摆守外，每垛需贴步兵二名，共"应贴六千余名"。每二十五垛扎兵一队为游兵。两项应置兵"一万二千余人"，今止有残兵 8000 余人，"贴守尚少三千余人"。城内每面"应置马兵二千人为游骑",四面为 8000 人,今止有兵 5000 余人。城外扎营,止有川兵 11000 余人。此外,总兵贺世贤领马步兵一万余人,总兵柴国柱领马步兵一万余人,总兵李怀信领马步兵七千余人,分驻虎皮驿、三块石等处。

兵马实在太少。熊廷弼恳请皇上严敕兵部急速催督各镇将奉调兵将限期赶到辽东。①

堂堂辽东军事重镇的辽阳,九个城门,周长二十余里,城内只有步兵八千余人、马兵五千余人,城外有兵一万一千余人,合计共两万五千人,怎能防御后金劲旅?

万历皇帝读过熊廷弼奏疏后,下旨说:"据奏,前此议调援兵,多未出关,凭何调遣防御",着"兵部即便马上差官严催",违命者,"领兵官依律治罪。抚镇道臣一并查参"。②

兵部见经略一一举出到辽之兵实数,不敢再隐瞒,只好立即回奏,承认咨报出关兵九万八百一名中,"已经起程兵共一万一千八百九十二名","见调未经起程兵四万六千余名","此外尚少三万余名","急宜选发"。③

经过熊廷弼多次上疏督催,兵部奉旨紧急招募调集,很快就改变了兵少又弱的状况,从区区二三万败残之卒,增加到拥兵近二十万的庞大军队。

熊廷弼深知火器战车尤其是大炮御敌威力之大,于万历四十八年正月上疏,请造战车运送大炮说:"奴贼战法,死兵在前,锐兵在后。死兵披重甲,骑双马冲前","锐兵从后杀之","此必非我之弓矢决骤所能抵敌也,惟火器战车一法,可以御之"。现在正在赶

---

① 《明神宗实录》卷五八九。
② 《明神宗实录》卷五八九。
③ 《明神宗实录》卷五八九。

331

造"双轮战车"三四千辆,"每车载大炮二位,翼以步军十人,各持火炮,轮打夹运,行则冲阵,止以为营"。现在存有的大炮,不及所需之数十之一二,且要留为守城之用,奏请将京师"各厂局、戎政府存贮大炮,查发三千位",并敕命蓟辽总督查发蓟镇、昌平、保定三镇四关各府大炮1500位。万历帝降旨,京师大炮供保卫京师之用。"这所请大炮等炮,著各衙门酌量发与"。①

二月二十八日工部奏,经略疏讨大炮,已由兵仗局查发铜炮二千位,正在装载时,经略又来咨称,"铜炮率多崩炸",此次必发铁炮,不炸不坐不倒者,随即从盔甲、王恭两厂"简出涌珠铁炮二千位、连珠铁炮五百位,一一演放,甚皆堪用",即将这批炮运往辽东,兵仗局的铜炮留京。经略"所讨建铁四十万斤、真铜一万斤及牛皮等项",亦一并解往。② 经过一年的紧张造车造炮,原来萨尔浒惨败之后"军无片甲,手无寸铁"局面,已一去不复返。除了京师运来数千门大炮外,熊廷弼又造了几千门,又打造枪铳、弓箭,制造了双轮战车五千辆,每辆安灭虏炮两三门,以及"火箭火轮之类,无所不备",弓箭亦多。大炮上万,枪铳数方,自此军中"始有弓矢","军士始有攻守具"。③

与此同时,熊廷弼又大修城池,濬濠缮城。辽阳城垣,"城高厚壮,屹然雄峙",城外挑濠三道,每道宽3丈、深2丈,濠外复筑大堤潴水。沈阳亦修缮加固,"城颇坚,城外浚濠,伐木为栅,埋伏火炮"。城外挖有与人身相等的陷阱10道,井底密插尖木桩,陷阱之后挖有4道大濠,插满尖木桩,又树立用一二十人抬的大木头修筑的栅栏,沿内濠排列楯车,每车安置大炮2门、小炮4门,两车中

① 《明神宗实录》卷五九〇。
② 《明神宗实录》卷五九一。
③ 《明熹宗实录》卷二;《熊襄愍公集》卷四。

间又放置大炮5门。奉集堡、虎皮驿亦开河建闸,修缮坚固。时人称四城犹如"金汤鼎峙。其他要地,亦各加固"。①

熊廷弼又整军纪,斩逃将刘遇节、王捷、王文鼎,以祭死节官兵,诛贪将陈伦,劾罢庸懦怕死的辽东总兵李如桢。

在熊廷弼多次恳求和催督下,爱财如命的万历皇帝不得不谕令户部赶运饷银,天启皇帝继位以后也连发内帑,增发户部库银。据天启元年(1621年)正月户部尚书李汝华奏:"辽饷之数,自万历四十六年闰四月二十五日起,至泰昌元年(1620年)十月十七日止,共发银一千九百九十三万二千五百六十两"。② 银数之多,空前罕有,保证了增兵备粮、筑城、铸造大炮枪铳等等的用费。

经过熊廷弼精心安排,半年多后,兵、马、将、粮、火器、大炮、军械无所不备,城池坚固,人心安定,士气有所振作,令严法行,"守备大固",辽东转危为安了。③

泰昌元年(万历四十八年)十月,熊廷弼为辩解被人诬劾而连上二疏"自理",疏中概括了上任之时辽东危急情形,在任之时战防措施,以及辽东转危为安的基本情形,现摘录部分内容如下:

> 辽师三路覆没,再陷开原,职始驱羸卒数百人跟踉出关,至杏山,而铁岭报失。当是时,河东士民谓辽必亡,纷纷夺门而逃也。文武官谓辽必亡,各私备马匹为走计也。各道谓辽必亡,遣开原道韩原善、分守道阎鸣泰往沈,皆不行,而鸣泰且途哭而返河西,谓辽必亡,议增海州、三岔河戍,为广宁门户也。关西谓辽必亡,且留自备而不肯转饷也。通国谓辽必亡,不欲发军器火药而恐再为寇资也。大小衙门谓辽必亡,恐贼

---

① 《明熹宗实录》卷三、七、八;《满文老档》太祖朝卷一九。

② 《明熹宗实录》卷五。

③ 《明熹宗实录》卷五。

遂至京师,而昼夜搬家眷以私也。中外诸臣谓辽必亡,不议守山海。都门则议戍海州为辽阳退步,戍金、复为山东搪牌也。即奴贼谓辽必亡,而日日报辽阳坐殿,以建都也。其间苍惶之状,不能以旦夕待。而今何以转亡为存,地方安堵,举朝帖席而卧也。①

自去岁开、铁连陷,辽城非长(常)破碎,士民知不可守,而欲谋先去,贼亦知不可守,而谋速来,今内外巩固,壮哉一金城汤池也。去年无车牛脚夫运粮,臣与各道处办本地牛至三万余头,车至二万余辆,昼夜攒运,而军中始有粮草。三路覆没之后,军无片甲,手无寸铁,臣调宣大各匠役改造,又增造大炮数千、枪炮一二万,而军中始渐有器械。采桑削斡,买角易觔,各镇弓箭匠尽夜制造,而军中始有弓矢。又调各镇木匠,制造双轮战车五千辆,每辆安灭虏炮二位或三位,以至火箭火轮之类,无所不备,而军士始有攻守具。自斩贪懦三将,而将之(知)畏,斩逃叛数卒,而卒知惧。不时捆责不喂马不操军者,而营伍知收拾。寒夜有赏,久戍有赏,时节有赏,而军士知鼓舞……辽已转危而致安,臣且生之而致死,天地鬼神实共怜鉴。②

熊廷弼所言,确系实情。

奉旨行勘熊廷弼功过的兵科给事朱童蒙,出关调查后,于天启元年闰二月,虽然处在言官纷纷参劾熊廷弼的强大压力下,仍然客观地上疏力言廷弼之功说:"开、铁初陷,辽阳之人束装思涉者,以城不足为凭也。廷弼葺其外,筑其内,绕掘两河,引水建闸,城之上

---

① 王在晋:《三朝辽事实录》卷三。
② 王在晋:《三朝辽事实录》卷三;《明史》卷二五九《熊廷弼传》。

密布火车、火器,分兵防守,稽闲杂,绝奸细,心思之巧,经营之周,有才人所不能到者。至沈阳、奉集、虎皮驿大小三城,修工如是,守具亦复如是","曾几何时,而金汤鼎峙"。"任事才十余月耳,而辽阳之颓城如新,丧胆之人复定,至奉集、沈阳二空城,今且俨然重镇也。迄于今,而民安于居,贾安于市,商旅纷纷于途"。"臣入辽阳,民士庶垂泣而思,遮道而为之鸣,谓数十万生灵皆廷弼一人之所留"。①

天启皇帝阅后降旨批示:"辽事会勘已明,熊廷弼力保危城,功不可泯。"②

后金国英明汗努尔哈赤及诸贝勒,看到熊廷弼的经营,使辽东"守备大固",知道难以取胜,只好按兵不动,等待时机,转而开展征、抚蒙古工作。

第三节 攻占沈阳

一、乘机征沈

明国本可利用熊廷弼经略辽东所取得的重大成效,继续增强实力,巩固边防,但明王朝已经腐朽至极,竟自毁长城。尽管熊廷弼竭尽全力保卫辽东,功高过人,但他办事认真严格,求成心切,性格刚直,不徇私受贿,不逢迎权贵,不受压于科道,招致了一批夸夸其谈自命能人的言官不满,惹怒了因循苟且的文武官将,内阁、兵部对其颇有意见。给事中姚宗文疏诋廷弼"废群策而雄独智",御

① 王在晋:《三朝辽事实录》卷三;《明史》卷二五九《熊廷弼传》。
② 《明熹宗实录》卷七。

史顾慥劾廷弼"出关逾年,漫无定画","尚方之剑,逞志作威"。御史顾三元接着上疏,弹劾廷弼"无谋者八,欺君者三",言不罢其官,"辽必不保"。御史张修德更诬劾"其破坏辽阳"。虽然廷弼连上奏疏辩解,并伤心地说:"辽已转危为安,臣且之生致死",缴还尚方剑,求去,但朝议仍定,于泰昌元年(1620年)十月允廷弼去,以辽东巡抚袁应泰代为辽东经略。

袁应泰,万历二十三年(1595年)进士,历任知县、工部主事、兵备参议、右参政、按察使,泰昌元年九月擢右佥都御史,巡抚辽东,第二月擢兵部右侍郎兼右佥都御史,代廷弼为辽东经略。袁应泰为官"精敏强毅",善于治政,但"用兵非所长",持法太宽,且于九月刚入辽东任巡抚,随即转晋经略,对辽事并不熟悉。他是抱有保辽安辽的决心,一受命,即刑白马祀神,"誓以身委辽",并上疏说:"臣愿与辽相终始,更愿文武诸臣无怀二心,与臣相终始。有托故谢事者,罪无赦。"① 熹宗下诏对袁褒奖,赐尚方剑。袁应泰乃诛贪将何光先,汰大将李光荣等十余人。但是,光有决心,没有才干,也是于事无补的,身为保辽安辽的大帅,袁应泰做了危害甚巨的两大错事。一是谋取抚顺。袁应泰上任伊始,即奏请于明春进取抚顺。天启元年正月更上取抚方略,力言抚顺为敌我必争之地,会同巡抚、巡按、道臣、诸将商议,"皆曰宜复抚顺、清河",议兵十八万,抚顺大将(总兵、副总兵)六员,兵六万,清河大将三员,兵三万,宽奠、暧阳大将各一员,兵二万,以二万兵守辽阳,大将二员,旧兵一万守沈阳,一万守蒲河,七千守奉集,另外备兵一二万为临时调遣之用。议饷八百万。"兵马钱粮须齐集于二月之前",齐集之后,即进取抚顺,将其城修筑坚固,屯兵驻守,相机进攻。天启皇帝

---

① 《明史》卷二五九《袁应泰传》。

批准了这个方略。① 这个谋取抚顺的计划,是绝对错误的。后金正在蓬勃发展之时,将勇兵精,士气高昂,早就在等待时机进取辽沈,明国则是惨败大逃之后,刚刚稳定,民心军心尚未恢复元气,凭借辽阳、沈阳城坚炮利,也许还能固守一段时间,如果弃此不用,进袭80里以外的抚顺,凭借这座周长只有三里的小小旧城,要想打败后金,那真是白日作梦,这六万大军恐怕又会像两年前的杜松、刘铤、马林三路六七万军队一样,尽行死于后金军之刀斧之下,再演一次萨尔浒大败之悲剧了。不仅如此,袁应泰及辽东官将全力以赴,欲图实现取抚方案,从而放松了对沈阳、辽阳的继续加固和防守,客观上为后金军的克城,提供了有利条件。

当时有识之士就认为袁应泰贸然进取抚顺的计划是错误的,将招来战败大祸。吏科给事中周朝瑞上疏,力言此举不当说:读经略袁应泰受任一疏,欲于明春进屯抚顺,心切壮之。“惟是奴酋非疥癣小疾也,累岁之所训练,数胜之所收集,今其众已不下十余万,且器极犀利,马闲驰逐,即以一兵当一贼,势恐不胜,况我兵合之不少,分之不多乎”。“向者沈阳、奉集之间,守备略具,贼来不敢攻,营不能久,非示弱也,苦于糗粮之间,恐一旦食尽,为我所乘耳”。若进屯抚顺,粮草不足。“兵法云,五则攻之,无攻人之兵,而久处围地,一鼓成擒矣”。“功难立就”,目前当“计军计饷,俾兵足而民安”,“勿更堕贼谋而认为易与也”。② 朝廷对此,置之不理。

二是广纳“降夷”。当时,“蒙古诸部大饥,多入塞乞食”。袁应泰说:“我不急救,则彼必归敌”,是为敌方增兵也,“乃下令招降”。蒙古纷纷来降,“归者日众”。袁应泰将“降夷”安插在沈阳、

① 《明熹宗实录》卷五。
② 《明熹宗实录》卷三。

辽阳,多至六千余人。沈阳主将贺世贤总兵收纳的蒙古降夷就多达三千余人。总兵李光荣不收"降夷",并上报,兵科给事中肖基等言收降过多,"或阴为敌用,或敌杂间谍其中为内应,祸且叵测",袁应泰拒而不听,反"自诩得计"。后果中其祸,[①]为后金遣人诈降用间,城中内应,提供了十分难得的好机会。

另外,袁应泰因不谙兵法,"规画颇疏",又对熊廷弼之安排部署,改动颇多。廷弼"持法严,部伍整肃,应泰以宽矫之,多所更易"。[②]

二、一日夺城

辽东新经略袁应泰的种种错误,为后金哨探一一探明,禀极汗、贝勒。努尔哈赤知悉明朝辽东经略易人,新经略不谙兵法,部署谬误,决定大举征明,天命六年(明天启元年,1621 年)三月初十日,亲率大军出发,十二日晨,到达沈阳,在城东七里河的北岸造木城屯驻。此时,沈阳有贺世贤、尤世功两位总兵官,各将兵万余。总兵官陈策、董仲揆引川浙兵万余自辽阳来援,十三日下午行至浑河,离城七里扎营。守奉集堡总兵李秉诚、守武靖营总兵朱万良、姜弼领兵三万来援,十三日下午来到白塔铺,在浑河南五里外扎营。就军队总数而言,明军还略多于后金兵。兼之,沈阳城坚濠宽堑深,枪炮众多,贺世贤、尤世功据城死守,只要一天的时间,陈策、董仲揆、李秉诚、朱万良、姜弼等军就可赶来,应援城外,本来是不会轻易被攻陷的。

《满洲实录》卷六叙述沈阳城池坚固情形说:城外有深堑,内

---

① 《明熹宗实录》卷六;《明史》卷二五九《袁应泰传》。
② 《明史》卷二五九《袁应泰传》。

338

插尖桩,上覆黍秸,以土掩之。又壕一道,于内边树栅木,近城复有壕二道,阔五丈、深二丈,皆有尖桩。内筑拦马墙一道,"间留炮眼,排列战车枪炮。众兵绕城卫守甚严"。"城上兵亦登堞坚守"。

努尔哈赤知道,单凭硬攻,难以奏效,战事拖延,辽阳明军大批来援,更为不利,遂采取了智取与力攻同时,快速解决战斗的方针,进攻沈阳。十三日清晨,努尔哈赤先派赢卒数十骑侦探,尤世功家丁出击,斩获四级。行伍出身有勇寡谋的辽东总兵官贺世贤"勇而轻,谓奴易与,遂决意出战"。在此之前,守军本因"沈阳城颇坚,城外浚壕,伐木为栅,埋伏火炮",决定"为固守计"。此时贺世贤见敌疲弱,执意出战,先"取酒引满",痛喝一阵,随即率家丁千余,出城冲杀,声称必"尽敌而返"。努尔哈赤一见敌入伏中,下令包围,"精骑四合",贺世贤兵败返回,身中十四矢,城中闻贺战败,军民大惊,"汹汹逃窜",后金先前派遣蒙古诈降入城,此时乘机内应,砍断吊桥,截断归路,贺世贤不能入城,战死城下,后金军乘势猛攻,尽歼守兵,总兵尤世功、参将夏国卿、张纲、知州段展、同知陈柏等,"俱斩于阵",打下了沈阳。①

此时,哨探禀报,浑河南有兵至。努尔哈赤率军往迎。原来,这是明总兵陈策、董仲揆领川浙兵万余来援,到浑河桥南,闻沈阳失守,陈策、童仲揆下令返回辽阳。游击周敦吉固请进战,"诸将皆愤曰:我辈不能救沈,在此三年何为"?要求攻敌。石柱土司副总兵秦邦屏与参将吴文杰、游击周敦吉等诸将率川兵渡河,扎营于桥北,董仲揆、陈策、副总兵戚全等统浙兵三千营于桥南。努尔哈赤挥军数万先猛攻川兵,秦邦屏等奋勇抗击,"将卒殊死战,杀奴二三千人"。"贼却而复前,如是者三",秦邦屏等将士"饥疲不

---

① 《明熹宗实录》卷八;《明史》卷二七一《贺世贤传》。

支"，与周敦吉、吴文杰等皆战死。余将进入浙兵营。努尔哈赤又率八旗劲旅猛攻三千浙兵，重重包围。朱万良、李秉诛、姜弼领兵三万离浑河川浙兵只有几里，刚开始，观望不前，及浙兵被围，始领兵来援，遭后金军阻击，一战即逃。后金军遂全力进攻，浙兵支持不住，火药用尽，短兵接战，杀敌二千余人后大败，全军覆没。[①] 一日之内，努尔哈赤率军击败明兵六七万，斩杀三万余人，攻下了沈阳要镇。

第四节　力克辽阳

一、城坚兵众

努尔哈赤打下沈阳后，屯兵五日，论功行赏，将所获人畜财帛分与官兵，先行押回建州。三月十八日，努尔哈赤召集八旗贝勒大臣，商议去向。他提出："沈阳已拔，敌兵大败，可率大兵乘胜长取，以取辽阳。"诸贝勒大臣一致拥护，议定，即统军前进，至虎皮驿，明国军民弃城逃走，遂于此地安营立寨。

努尔哈赤决定乘胜进取辽阳，固然是十分正确的，但这也表明，在此之前，他没有制定出迅速夺取辽、沈的全盘计划，不然就不会打下沈阳足足五天之后，才召集八旗贝勒大臣议定下一步行动，而这一失算，又放过了轻取辽阳的良好战机。

沈阳一失，辽阳真是危如累卵。巡按张铨遣人飞报明廷辽阳危情说："辽之战将劲兵，半萃于沈、奉，半分应援，见今辽城，兵不

---

① 《明熹宗实录》卷八；王在晋：《三朝实录》卷四；《明史》卷二七一《贺世贤、董仲揆传》；《满洲实录》卷六；《满文老档》太祖朝卷十九。

满万,皆真、保、山东之兵,身无甲胄,器不精利,以守二十余里之城,分城布列且难,况于捍敌"。"今贼克沈阳,无数枪炮火药,皆入其手,万一用以攻城,更可忧也"。"辽阳以北,居民逃走一空,烟火断绝,胡骑充斥"。"人情惶惑,争思南徙"。[1] 军民逃散,兵不满万,如果努尔哈赤于十三日攻克沈阳后,不休整,不忙着分俘获,立即挥师西南,十四日围辽阳,一天之内,即可轻取。但努尔哈赤计未出此,耽误了五天,明经略袁应泰、巡按张铨利用此机,飞速征调援兵,撤虎皮驿、奉集堡兵回辽阳,五日之内,凑集了十三万大军。

此时,论兵数,明多于金。论地形,明防守,得地利。熊廷弼在任时,大修城池,辽阳城墙十分坚固,又高又大,高达三丈三尺,又引入太子河水,灌满护城深壕。熊廷弼还准备了上万门炮,其中七门大炮,是兵部"协理戎政尚书"黄克缵专门招募能铸吕宋大铜炮的高超工匠来京铸造的,最重的炮重三千斤,其余的炮重千余斤、二千余斤,一发可击毙敌兵数百人,威力很大。[2]

十三万大军,战将百员,枪炮众多,城坚壕深,防守相当严密。《满洲实录》卷六叙述辽阳城守备说:"(明官)放太子河水于壕,塞其西闸,内列火器于城上,排兵四面,守御甚严"。朝鲜文献甚至记述了后金军望城生畏的情形,指出:"(八旗军队)至辽阳,望见城池险固,兵众甚盛,虏皆意沮欲退"。[3]

如果明经略袁应泰熟谙兵法,调度有方,据城死守,辽阳是不会轻易失陷的。设若努尔哈赤不讲策略,不使用正确的战略战术,一味蛮攻,以弓矢对枪炮,用血肉之躯强登高城,伤亡必大,难以取

① 王在晋:《三朝辽事实录》卷四。
② 《明熹宗实录》卷九。
③ 吴晗:《李朝实录史料》,第3147页。

胜。在这场势均力敌的战争中,统帅决策的正确与否,就成为决定胜负的主要因素。

二、三日下城

面对坚固高大枪炮众多守御甚严的辽阳城,努尔哈赤在这样严重的关键时刻,发挥了非凡的军事指挥才干,夺取了胜利。首先是让将士树立死战胜敌的决心。他针对士卒有畏难情绪,"意沮欲退",严正宣布必战死战的决心,声色俱厉地谕告将士说:"一步退时,我已死矣。你等须先杀我,后退去。"言毕,"即策马先进"。①这样斩钉截铁无所畏惧的英雄气概和以身作则身先士卒的榜样行动,对八旗将士发挥了强大影响,使他们转怯为勇,知难而进,军心大振,为打败明兵攻取辽阳奠定了精神基础。

其次,发挥所长,克服所短,发扬骑射野战的长处,尽量诱使明兵出城入伏,合歼敌军,同时遣派"细作",混入城内,待机响应。三月十九日,他派遣少数人马横渡太子河,引诱敌人,果然,明军中计了。明辽东经略袁应泰,本来已与诸将议定,"畏敌多,主守",这时看到后金兵马太少,"其骑可数",遂因"见贼少而主战",亲督侯世禄、李秉诚、梁仲善、姜弼、朱万良五位总兵,率兵五万,出城五里,在教场扎营。明监军御史方震儒叙述此情说:"沈阳陷后,我兵尚十三万人精壮未尽亡也。贼从代子河渡,其骑可数,而不知贼从三处渡,以少兵诱我耳"。"始畏贼多主守,既见贼少又主战"。②

《明熹宗实录》卷八记述辽阳失守情形也说:"先二日,奴过代子河,向辽阳,经略袁应泰、巡按张铨皆登埤,应泰出城督战,留铨

---

① 吴晗:《李朝实录史料》,第 3147 页。
② 《明熹宗实录》卷一三。

居守。"①

明军原已畏敌,现在又忽战忽守,"军心不定,且饥疲已甚,比开门放军,一时散走"。② 努尔哈赤乘机指挥大军"奋力冲杀","明兵大溃而走","军败多死",追杀六十里,至鞍山始回。另一营兵从西门即武靖门出,被后金两红旗兵击败,退入城内,"人马自相踩践,积尸不可胜计"。努尔哈赤收兵,回至城南七里安营。③袁应泰也住于城外明军扎营之处。

第二日,三月二十日,努尔哈赤遣左翼四旗兵攻城的小西门,亲率右翼四旗兵攻东门。明军三万出城,在东门外安营,"列枪炮三层,连发不已"。经略袁应泰督战,并派号称虎旅军的家丁助阵。努尔哈赤亲率右翼四旗兵猛攻东门外明军,双方激战,明兵败走,后金兵"乘势驱杀",明兵"溺水而死者满积,壕水尽赤"。明总兵梁仲善、朱万良战死,袁应泰退入城内。此时,左翼四旗兵攻打小西门,阿敏、莽古尔泰、扬古利等领兵奋勇冲击,夺取了西门桥,近城强攻,守军"放炮发矢,联绵不断","放火箭、火炮,掷火罐"。后金军拼死冲突,"竖梯登城",驱杀守兵,夺了西城一面,"据其西角楼"。努尔哈赤立即停止攻打东城,带兵转往西城,八旗军合兵猛攻。当天晚上,"城内兵举灯火",与后金军"拒战达旦"。城中官员兵民"丧胆惊溃,往来奔走",监军道牛维曜、高出、邢慎言、胡嘉栋等官,"并军民等,多坠城而逃"。第二日,三月二十一日,黎明,"明兵复布车大战,又败"。努尔哈赤率领八旗将士猛攻,沿城追杀,明兵大败。先前后金派入城内的"细作"乘机放火骚扰,后

① 《明熹宗实录》卷一三。
② 《明熹宗实录》卷八;《满洲实录》卷七;王在晋:《三朝辽事实录》卷四。
③ 《明熹宗实录》卷八;《满洲实录》卷七;王在晋:《三朝辽事实录》卷四。

金军攻占了辽阳城。明经略袁应泰自焚而死,巡按张铨拒绝逃走,端坐衙署,被俘之后,不屈而死。[①] 其余官民"皆薙发降",辽阳城落入后金国汗之手。

努尔哈赤带领八旗贝勒大臣,进入城内,驻于经略衙门,谕令其他城堡汉人归顺。辽河以东的宽奠、镇江、汤站、武靖营、长静、长宁、三河、十方寺、永宁、镇夷、威远、孤山、甜水站、草河、奉集、平房、蒲河、懿路、鞍山、海州、耀州、盖州、熊岳、复州、凤凰镇东、威宁营、岫岩等大小七十余城官民"俱削发降"。[②]

这两次攻打沈阳、辽阳,后金虽因先前误失轻取良机,不得不挥军猛攻,伤亡不小,费了很大力气,但毕竟是胜利了,打败明军二十万,取了辽阳、沈阳两大军事重镇及辽东最富之城,获得的金银财货堆积如山,掠夺了巨量人口牲畜,得了大批火器(明人说丢失火器两万),尽占辽河以东广阔土地,努尔哈赤当上了"辽东王"、辽东汗,开始了进驻辽沈地区的新局面。

第五节　轻取广宁

一、再失机会

天命六年(明天启元年,1621年)三月十三日取沈阳,二十一日下辽阳,八旗军进驻辽河以东十四卫广阔地区,后金汗、贝勒忙于遣派士卒,分戍各地,清查丁口,征收赋税,没有乘胜西征,攻取广宁,席卷河西州县,在决策上又犯了一个大错误,失去了轻取广

① 《明熹宗实录》卷八、一三;王在晋:《三朝辽事实录》卷四;《满洲实录》卷七。
② 《武皇帝实录》卷三。

宁的好机会。

辽沈惨败,大军被歼,城池失陷,明国官将畏敌,士卒纷逃,民无固志。辽阳一失,"河西军民尽奔,自塔山至闾阳二百余里,烟火断绝,京师大震"。"京师戒严"。① "辽阳溃兵约三四万,桴河而渡,官兵拒之,辄援弓相向,声言直奔山海(关)"。② 明朝帝王将相文武百官拿不出应变办法,找不到抵抗后金军固守河西的出路,严重影响了河西十一卫的防守。他们唯一的希望是守住广宁,拖延时间,再集军应战。

广宁,本系辽东都会,巡抚、总兵、镇守太监的官署皆设于此。河西十一卫中,以广宁命名的就有广宁卫、广宁中卫、广宁左卫、广宁右卫、广宁右屯卫、广宁后屯卫、广宁中屯卫、广宁左屯卫、广宁前屯卫等九卫,其中,广宁卫、广宁中卫、广宁左卫、广宁右卫皆在广宁,一向设有重兵驻防。但是,开战以来,明军群集辽阳、沈阳,"河西兵马之精劲,及糗粮器具之转输,无一不为河东竭蹶从事",辽阳、沈阳失守,河西财力兵力俱尽。四月初三日,辽东巡抚薛国用上奏说:河西之精锐兵马及糗粮器具俱派遣运往河东,"今俱尽矣。臣虚拥空城,欲募兵,而居民俱窜,欲措饷,而帑藏如洗,盖岌岌乎难之也"。③ 堂堂辽东数千里之军事重镇广宁,"存城之兵,不满千人,又半系创残之余"。新任辽东巡抚王化贞虽竭尽全力招募,但一月已逾,"所招残兵亦万余人",且"皆赤身徒手,马匹械仗无处寻觅"。"其望援兵,不啻眼穿"。明臣唯一倚以阻敌的是狭窄水浅的三岔河,而这长达150里的河防,竟只有1000兵戍守,实

---

① 《明史》卷二五九,《熊廷弼传》;《明熹宗实录》卷八。

② 《明熹宗实录》卷八。

③ 《明熹宗实录》卷九。

际上等于无人。①

刑科给事中熊德阳奉命往辽,祭告医无闾山之神,回京后,于五月中上奏,叙述耳闻目睹的辽东情形说:

> 若关外一线之路,寄于海与西虏之间,村落残破,驿递萧条……至广宁虽稍成城镇,然实不及江南一中县也。城在山隈,可俯首窥,聚族几何,可屈指而尽,所恃三岔河,而黄泥洼可褰裳而渡,日望援兵,不啻拯焚救溺……辽陷一月,援兵尚未至广宁,虽有不弃广宁之名,已有弃广宁之实矣。②

熊德阳的这份奏疏,道明了广宁危如累卵和明已实弃广宁的真情,无兵无将无粮无饷,甲仗火器荡然,地形不利,援兵不至,广宁怎能坚守?因此,明人皆谓"河西必不可保"。③ 监军御史方震孺更指出:辽阳失守消息传到广宁,军民官绅万分惊恐,"人又奔散,生员缢于学宫,推官缢于衙宇",巡抚亦欲逃窜。④ 从辽阳逃出来的监军高出,竟上揭明廷,力言"广宁不可守,请捐以予西虏,资其扞御"。⑤

如果努尔哈赤打下辽阳之后,立即挥师西进,全歼这千余残兵,攻取防守不严的广宁城,尽占辽河以西广阔土地,可以说是易如反掌,他就能够轻而易举地成为君临全辽的英明汗了。但是,他计不出此,忙于掠人畜,征粮赋,按兵不动,重蹈覆辙,失去了轻取广宁的极好机会,为明朝政府调兵遣将,加强防御,提供了有利条件。

---

① 《明熹宗实录》卷十。
② 《明熹宗实录》卷十。
③ 《明史》卷二五九《熊廷弼传》。
④ 《明熹宗实录》卷一三。
⑤ 《明熹宗实录》卷九;王在晋:《三朝辽事实录》卷四。

二、君昏帅庸 "经抚之争"

为了挽救危局,拯救辽西,明朝政府在辽阳、沈阳失陷以后的几个月里,采取的重大措施还是对的,这就是起用熊廷弼,允其所请,大量增兵筹饷制办器具。

天启元年(后金天命七年,1621年)三月十三日沈阳失陷,十九日报至京师,朝野震动,帝即传谕内阁速上应急长策。二十日,大学士刘一燝立上奏疏,极言"熊廷弼守辽一年,奴酋未得大志,不知何故,首倡驱除,及下九卿科道会议,又皆畏避,不敢异同,而廷弼竟去,今遂有沈阳之事"。他又说,昨辽东巡按张铨遗书京师,"谓今日急着,非旧经略熊廷弼不能办此事"。① 二十五日,帝命起用熊廷弼为兵部左侍郎,"马上差官守催",令其即来任职。二十六日,辽阳失守消息至京,"京师戒严",诏令廷臣集议,无有良策。二十九日,帝特遣专使捧敕,往谕廷弼来京任职。其敕说:

> 朕惟尔经略辽东一载,威慑夷虏,力保危城,后以播煽流言,科道官风闻纠论,敕下部议,大臣又不为朕剖分,听令回籍,朕寻悔之。今勘奏具明,已有旨起用,适辽阳失陷,堕尔前功,思尔在事,岂容奴贼猖獗至此。尔当念皇祖环召之恩,今朕冲年,遘兹外患,勉为朕一出,筹画安攘,其即日叱驭前来,庶见君臣始终大义,特令该部赍敕召谕,如敕奉行。②

此敕高度赞扬了熊廷弼"威慑夷虏"保全危辽的卓越才干和特殊功勋,谴责了言官和兵部乱发议论排挤能臣的过失,责备了自己误听闲言的错误,恳请廷弼出山,为君分忧。这最有力地表明了

① 《明史》卷二五九《熊廷弼传》。
② 《明熹宗实录》卷八。

虚龄才16岁的天启皇帝特别是内阁大学士知道熊廷弼是保全危辽的能臣,既有才干,又树立了功勋,因而重新起用,特予恩宠。

四月初二,帝又谕部院说:"熊廷弼守辽一载,未有大失,换过袁应泰,一败涂地,当时倡议何人,扶同何官,将祖宗百战封疆,袖手送贼,若不严核痛稽,何以惩前警后"。① 随即将弹劾熊廷弼的御史冯三元、张修德、给事中魏应嘉、郭巩、阅视辽东的给事中姚宗文等分别议处。

五月,熊廷弼入朝,六月初一日上抗金保辽的三方布置策,主张守广宁,出舟师入辽南。初六日,明帝升熊廷弼为兵部尚书兼都察院右副都御史,驻扎山海关,经略辽东等处军务。在此之前,辽东先后用了杨镐、熊廷弼、袁应泰三个经略,都是兵部侍郎兼佥都御史,侍郎是正三品,佥都御史是正五品,而此次廷弼升为兵部尚书,官阶正二品,右副都御史是正四品,皆比过去的经略官品更高职衔更崇。七月初三日,以廷弼将离京赴任,帝从阁臣请,以经略尚书奉命专征,"宜重事权","隆礼数",除专敕外,加赐敕书一道、尚方剑一把,将士"不用兵者",副总兵以下,先斩后奏,又特赐大红麒麟服、彩币四。按明制,武官一品二品的官服是绣的狮子,公、侯才能绣麒麟,这也表明廷弼是蒙受殊宠的。明帝又赐宴廷弼于都城外,命五军都督府及六部、戎政、都察院、翰林院等部院堂上掌印官陪宴。②《明史》评述此事说,"此乃异数也"③,即熊廷弼受到明帝的特别宠遇和优待。因此,熊廷弼所奏请议兵三十万、饷1200万两的兵马粮饷器械,户部、兵部都奏准照办,在短短几个月里,筹集了巨量银两,招募了大批兵士。明朝政府下了最大的决

---

① 《明熹宗实录》卷九。

② 《明熹宗实录》卷十二。

③ 《明史》卷二五九,《熊廷弼传》。

心,花了极大的气力,也可以说是竭尽全力,来对付后金的进攻。

熹宗朱由校即位以后 3 个月里,就连发两次内府帑银,共二百余万两,用于辽东军务,天启元年三月、十月,又两次拨发内府帑银二百万两。① 一年之内,就从皇帝私库发银四百余万两,作为辽东军费,其数量之大,空前未有。

明廷竭力征调兵马。天启元年三月二十一日辽阳失守,四月初三即募兵于通州、天津、宣府、大同,十三日又募兵于陕西、河南、山西、浙江,又擢参议王化贞为辽东巡抚。到七月末,除河西额设旧兵及留守山海关官兵外,广宁有援辽出关官兵 39000 余人,召集残兵 29000 余名,招募乡兵 16000 余名,共 84800 余人。出关军马26000 余匹。工部解过紫花布铁甲 3 万副、选锋梅花甲 3400 副、帽儿盔 6 万顶,以及大批刀斧弓箭钢铁和枪炮。② 九月底,广宁旧兵及新募征调兵士,已达 14 万余人,有马 5 万余匹。工部解过紫花甲等 84000 副、纸甲 3000 副、盔 8 万顶、刀枪斧等兵器 78600余,"弓矢铳炮火药称是"。海运米豆 100 余万石。熊廷弼还亲统京兵 5 千、战马 6 千匹出关。③ 明军的火器很多,仅由京解运出关的灭虏炮、虎蹲炮就有 510 门,运至广宁的硝磺火药有 21 万余斤,还有 22 万斤留驻永平。④ 到交战前夕的十二月,援辽官兵出关总数已达 20 万。⑤ 其中,广宁有兵 13 万,熊廷弼领兵 5 千,驻右屯卫。

就兵数而言,明军超过金兵,以武器而论,明兵火器众多,粮饷

① 《明熹宗实录》卷十、一五;王在晋:《三朝辽事实录》卷五六。
② 《明熹宗实录》卷一二。
③ 《明熹宗实录》卷一二、一四、一五;王在晋:《三朝辽事实录》卷六。
④ 王在晋:《三朝辽事实录》卷六。
⑤ 《明熹宗实录》卷一六。

也十分充足,照说应该能够守住广宁,保住辽西十一卫的。但是,明军存在着致命的弱点。明朝政府已经十分腐朽,君昏相庸,承担不了抵御后金的重任,兵再多,将再广,武器再好,饷银再巨,也挽救不了它必然失败的命运。这集中反映在"经抚之争"上。

"经抚之争","经抚不合",是当时明国朝野中十分流行的一个专用名词,指的是辽东经略熊廷弼与辽东巡抚王化贞二人意见相左,势如仇敌,争得十分厉害。熊为经略,应当总理辽东军务,应是主管辽东军事、政治、经济等各方面的最高官员,王化贞是辽东巡抚,理应为熊属员,听其指挥,归其节制,但实际上却完全是另一回事。明廷,主要是内阁大学士和兵部尚书张鹤鸣,对王化贞言听计从,宠信备至,授予军事指挥大权,对熊廷弼则多方遏制,屡出难题,驳其主张,而且纵容科道对彼纠参。王化贞独镇广宁,拥兵 13万,而号称经略的最高长官熊廷弼,只有官兵 5 千,对军事行动没有决策权,进止悉由王化贞独专,熊则困坐山海关,"徒拥经略虚号而已"。交战前夕,帝命群臣集议战守大计,除太仆寺少卿何乔远、御史夏之令、给事中赵时用主张与熊相同外,"余多右化贞",兵部尚书张鹤鸣更力主专用王化贞,撤掉熊廷弼。①

为什么明廷会从初期特别重用熊廷弼,将保住辽西的重任寄希望于彼,而现在又转为冷落熊廷弼,倚任王化贞呢? 明臣和清修《明史》的史官,大都是从门户之见,以及熊廷弼好胜负气,得罪了言官和兵部尚书张鹤鸣来解,近人亦多持此议。我认为,此论虽不无道理,可是并不完全符合历史实际,没有抓住关键问题。熊廷弼的失宠和受排挤,王化贞的得势及其独专辽东兵权,根本原因是二人的主张互不相同,而王化贞的意见符合了腐朽明廷的愿望。

---

① 《明史》卷二五九《熊廷弼传》;《明熹宗实录》卷一八。

王化贞，万历四十一年进士，由户部主事历右参议，任宁前道，分守广宁。三月二十一日辽阳失，"河西军民尽奔"，广宁仅系孤城，人皆谓广宁必失，而王化贞却招集流亡，得万余人，"提弱卒，守孤城，气不慑"，后金军又未来，故把广宁守住了，立下大功，因此甚得朝野称赞，"时望赫然"。明廷认为王化贞有胆有识，才干超群，倚以为重，四月初五日，升其为辽东巡抚兼右佥都御史。王化贞遣都司毛文龙率兵二百余人，从海上进取镇江（今辽宁丹东市），七月二十日突袭，镇江原中军陈良策等从中内应，生擒后金游击佟永真及其子佟来年等"贼党"60余人，镇江"民皆大悦，羊酒迎劳者几万人，数百里之内，望风来降者络绎不绝"，汤站堡、险山堡兵民闻风起义，捕捉后金守将，交与毛文龙，后来押送北京，斩首示众。辽南四卫群情激奋，"南卫震动"。八月初，捷音至京，"举朝大喜"。①

大学士刘一燝等立即上奏说："屡败之余，有此奇捷，皆由国家德泽深厚，人心原不忍背"，应立即调兵往援。帝从其议。②

总理户、兵、工三部军需的左侍郎王在晋紧接着就此事上奏说：

> 迩闻辽东抚臣王化贞，密委都司毛文龙，收复镇江，擒缚叛贼，四卫震动，人心响应。报闻之日，缙绅庆于朝，庶民庆于野。自清、抚失陷以来，费千百万金钱，萃十数万兵力，不能擒其一贼，此一捷也，真为空谷之音，闻之而喜可知也。③

天启皇帝也对此战给予了极高评价，于八月初七、初八两次降

① 《明熹宗实录》卷九、一三；《满文老档》太祖朝卷二四；《明史》卷二五九《袁崇焕传》；王在晋：《三朝辽事实录》卷五。
② 《明熹宗实录》卷一三。
③ 王在晋：《三朝辽事实录》卷五。

谕兵部说:"朕览文书,见辽东抚臣王化贞本内称,毛文龙收复镇江……甚著奇捷,朕心忻慰,有功人员,着即查明优叙。"接着又谕兵部:"镇江奇捷,辽左恢复有机"。随即升毛文龙为副总兵,再晋总兵,后累加至左都督,挂将军印,赐尚方剑。[①]

镇江之捷,为王化贞增添了莫大光辉,朝野一致认为他是保全危辽的卓越人材。王化贞有了守广宁、取镇江这两大功勋,固然为他独专兵权总管广宁军务创造了有利条件,但仅此还不能挤掉熊廷弼,实现独专军权的目的,因为熊廷弼也曾立下大功殊勋,也是朝野公认的保辽大帅。论功勋,熊、王二人不相上下。论才干,论胆识,二人亦难分高低,都曾经是藐视强敌,敢挑重任,力挽狂澜,为他人所不敢为的勇者。明廷之所以由二人并重,转化为重王轻熊、专任王化贞的根本原因是,二人用兵的方针不同,王化贞的主张适应了明廷的需要,符合了它的愿望,因而他赢得了明廷的信任。

王化贞主战,主速战,极言可以不用多少兵马钱粮,就可迅速获胜,收复辽河以东十四卫,夺回辽阳、沈阳。他用以制敌之策主要有三项。一为用西虏,以西虏制东夷,即用蒙古打后金。早在天启元年三月辽、沈失陷前夕,身任宁前道的王化贞就上奏说:"奴氛益恶,辽势将墟,亟救燃眉,惟有用虏一着",请发帑金百万,宣谕蒙古各部,有能讨奴者,赐金银,有能灭金者,"有其地,仍比顺义王例,岁赏若干"。如此则蒙古各部"未有不争赴者","奴不敢复深入矣"。五月二十四日,兵部从已升任辽东巡抚的王化贞之请,发帑金一百万,以抚赏蒙古,招其抗金。[②] 九月,王化贞又上揭

---

① 王在晋:《三朝辽事实录》卷五;《明史》卷二五九《袁崇焕传》。

② 《明熹宗实录》卷八、十。

兵部说："虎墩兔汗调兵四十万,助攻奴酋,先遣夷使伯言顾哈等报知,随后齐到",请发帑金30万,作为赏功之用。① 这个虎墩兔汗就是蒙古察哈尔部的林丹汗,他一贯与努尔哈赤为敌,曾致书谕令努尔哈赤不要进攻广宁,否则,"将威制于尔"。②

王化贞的第二取胜之策是用降臣,依靠李永芳等降将的反正,里应外合,击败金兵,收复失地。王化贞认为,李永芳等降将久怀内附之心,连续遣人秘密入辽沈,诱劝归顺,李永芳亦佯为允诺,伪愿内应。王化贞信以为真,对其寄予厚望。

三为倚靠辽民,等待辽东十四卫辽民武装起义,迎接官兵。王化贞一直认为河东辽民痛恨后金,明兵一渡河,"河东人必内应",可以作为明军抗金御敌的重要支柱。他曾上疏讲述辽民情形说:后金搜掠民间米粟牛羊,将堆积如山的财货尽运旧寨,大杀辽民,辽民恨之入骨,等待官军往征。"河东之人引领以望,以日为岁,吾使人所至,望屋而室,则至则匿之,去则导之,及河则泣送之。豪杰聚众,则共执伪将以降,虽多有事漏被杀,不悔也"。③

因此,王化贞"轻视大敌","好谩语","欲以不战取全胜"。甚至,直到天启元年十二月广宁势危,官民思逃的时候,王化贞还上疏明帝,狂妄宣称:"愿请兵六万,一举荡平。臣不敢贪天功,但愿从征将士厚加叙赉,辽民赐复十年,海内除去加饷","臣愿足矣。即有不称,亦必杀伤相当,敌不复振,保不为河西忧"。④

熊廷弼则与王化贞相反,力主固守,主持久战,强调征集大军,广储粮饷,备足器械。六月初一日,廷弼即上恢复辽左的三方布置

---

① 《明熹宗实录》卷一四。
② 《满文老档》太祖朝卷一三。
③ 《明熹宗实录》卷十、一三。
④ 《明熹宗实录》卷一七;《明史》卷二五九《熊廷弼传》。

策,初六日就任辽东经略,十七日就奏请抽选各镇各省精兵二十余万,催促赶到山海关,兵必精,饷必足,弓矢器械硝黄布匹必备,如有差错,户、兵、工部当负全责。[①] 帝从其请,寻即议准,调兵30万,年需兵饷一千余万两。[②] 廷弼坚决反对王化贞的错误主张,力言蒙古不可恃,李永芳不可信,"辽人不可用";"广宁多间谍可虞",不能浪战,玩师必败,必须以守为主。[③] 论兵法,观战局,熊廷弼的方针是对的,史称廷弼与化贞,"无一事不一力争,无一言不奇中"。[④]

但是,当时,明帝和文武大臣,以及显要太监,多以王化贞之言为是,多主进攻,多主速胜。形成这种"群议皆是化贞"的局面,主要有以下三个因素。第一,精神上的压力太大。区区建州,弹丸之地,竟敢反叛朝廷,兴兵作乱,与幅员百万里臣民上亿的大明对抗。二百年来先祖世为臣仆,本身又受明帝封赐,为帝阿哈的建州"夷酋"努尔哈赤,居然忘掉殊恩,背弃臣节,黄衣称朕,指责朝廷,与君临四海的天皇帝分庭抗礼,甚至屡败官军,连克重镇,逼得威严无比的明帝下诏罪己,真是奇耻大辱,令人羞惭万状。不雪此恨,熹宗难慰皇祖亡灵,阁臣九卿愧对君民,一向健谈好议的科道也是妙笔难书,巧口难言。要雪国耻,要出兵,要速胜,成为明朝君臣的共同愿望。王化贞的主战以求速胜的方针,正迎合了这种愿望,当然会得到明廷的信任。

第二,辽东之失,威胁明都。辽东邻近蒙古、女真,内接关内州县,是京师的藩篱,如若失陷,对都城影响太大。因此,辽阳一失,

① 《明熹宗实录》卷一一、一三。
② 《明熹宗实录》卷一一、一三。
③ 《明史》卷二五九《熊廷弼传》。
④ 《明史》卷二五九《熊廷弼传》。

"朝野大惊","人心震动","京官皆思借差避兵","京师士民亦多逃避",京城立即戒严。①

第三,战事持久,费用浩繁,民心思乱,江山难保。这是决定"经抚之争"中熊廷弼失势王化贞得宠的最主要因素。从万历四十六年四月抚顺失守,中经萨尔浒交锋和辽沈之战,迄至天启元年十二月,三年多的时间,全国都为"东事"担忧,都受到"东事"的损害。征兵各地,赶运粮草,打造器械甲仗,凑办兵马,人力、财力、兵力俱损。天启元年八月,总理户、兵、工三部的兵部左侍郎王在晋,上疏奏述辽事影响之大以及其危害全国各个方面的情形,对此作了总结性的概括,现摘录如下:

> 我国家幅员万里,声息赫濯,祇缘逆酋为难,致开、铁、辽、沈、南卫相继陆沉……各城遽尔丘墟,殚天下之财力,不能力制狂酋之死命,目前五空八竭之状,有匪一言可悉者。盖自金钱尽输于塞外,上颁转散于行间,决如壅泉,去如流水,而帑藏空。赋税既溢额以加编,旱潦又相仍而不已,烟寒环堵,月照逃亡,而田野空。少壮金名以应募,丁夫僇力以从戎,比屋靡宁,穷乡滋扰,而闾阎空。强者毕命于戈矛,弱者惊魂于风鹤,抱头鼠窜,暴骨如林,而行伍空。青闺有劳人之梦,黄沙有夜泣之鬼,妇子凄其,藁砧寂寞,而家室空。三路北,而正偏裨将领死者三百一十余员,迨辽沈沦亡,不知凡几,而将材竭矣。抚顺开铁破,而姓名登鬼录者五万六千五十余人,又杀戮人民不可胜算,而生命竭矣。宽奠败而马骡驼死者二万八千六百余匹只,又东运买牛倒死数万,而牲畜竭矣。飞輓飘寒于渤

① 《明熹宗实录》卷八、十、一七;王在晋:《三朝辽事实录》卷四;《明史》卷二五九《熊廷弼传》。

瀣,转输汗漫于沧冥,括同珠玉,委若泥沙,而刍粮绝矣。雇募则索舟艎于海滨,打造则倩材木于江皋,飓风时侵,水滨莫问,而舟航竭矣。火药利器,极万输边,大铳神枪,累千藉冠,我失其御,彼得其资,而器械竭矣。芜湖之铜商不至,武库之建铁已穷,炉冶空悬,采办莫继,而五金竭矣。熬骨之诛求未已,剜肉之偿补堪怜,渔泽无遗,焚林几尽,而民间之膏血竭矣。似此五空八竭之形,海内可胜惫顿乎。①

王在晋所说帑藏空、田野空、闾阎空、行伍空、家室空之"五空",将才竭、生命竭、牲畜竭、刍粮竭、舟航竭、器械竭、五金竭、民间膏血竭之"八竭",全面、准确、深刻地概括了此时明朝国穷民贫、公私交困、军弱卒疲、危在旦夕的基本情形,现对其中所提兵器、军饷二项,引录具体数字,作一补充。

天启二年三月十四日,工部开列自万历四十六年到天启元年,三年零八个月中,"发过援辽军需",运到广宁的军需火器等物数目,向帝呈报,计有:"天威大将军十位(一位重一二千斤,每发一炮,可毙敌数百人),神武二将军十位,轰雷三将军三百三十位,飞电四将军三百八十四位,捷胜五将军四百位,灭虏炮一千五百三十五位,虎蹲炮六百位,旋风炮五百位,神炮二百位,神枪一万四千四十杆,威远炮十九位,涌珠炮三千二百八位,连珠炮三千七百九十三位,翼虎炮一百一十位,铁铳五百四十位,鸟铳六千四百二十五门,五龙枪七百五十二杆,夹靶枪七千二百杆,双头枪三百杆,铁鞭枪六千杆,钩枪六千五百杆,快枪五百一十杆,长枪五千杆,三四眼枪六千七百九十杆,旗枪一千杆,大小铜铁佛郎机四千九十架。清醋一百三十万零六千九百五十斤,硫黄三十七万六千二百八斤,火

---

① 王在晋:《三朝辽事实录》卷五。

药九万五百斤,大小铝弹一千四万二千三百六十八个,大小铁弹一百二十五万三千二百个"。还有"盔三十六万二百九顶","紫花梅花等甲二十六万一千五百八十九副","棉纸甲一万四千副","腰刀、斩马刀""十二万四千七百六十一把","角弓四万二千八百张","箭二百四十六万四千枝","黑铅六十万斤","真钢四万斤","建铁、西铁、不堪炮甲代铁"共"九十八万一千二百五十斤",以及几十万斤(疋、刀抉)牛角、牛觔、鱼鳔、纸、丝绵、棉花,等等。①这还不包括辽东经略、辽东巡抚在本地备办的火器甲仗。这些数字真是大得惊人,单是大将军、灭虏炮等炮就超过"一万门",枪铳多达"三万四千杆",还有大小佛郎机"四千零九十架",有这样巨大数量大炮枪铳装备起来的军队,在当时,只要是统帅有方、将士奋勇,不要说一个建州,就是十个建州,也是可以一举消灭的。但是,明军反而大败特败,可见明王朝腐朽之至。

再从军费开支看。从万历四十六年闰四月起,至泰昌元年九月止,户部共发过"辽东新饷一千零五十一万七百二十三两"。泰昌元年十月初一日至十七日,十七天内,户部又发过"辽东新饷九百四十一万六千八百三十七两"。② 两项相加,两年半的时间,辽东新饷共发过"一千九百九十三万一千五百六十两"。到天启元年十二月,又是一年多的时间,又将发放上千万两,这还不包括熹宗皇帝一年内从私库拨出的"内府帑银四百万两"。户部每年太仓岁入银才四百余万两,加上"辽饷"每年加派五百二十万两,也不到一千万两,而熊廷弼要调兵三十万,年需兵饷一千二百万两,从何而出?明臣多因饷费兵冗苦累全国而担心,纷上奏疏。御史

---

① 《明熹宗实录》卷二〇。
② 《明熹宗实录》卷一、五。

徐景濂奏称:"如兵必满三十万,饷必盈千余万,而后大举,几阅春秋,恐点铁乏术,饥寒溃散,更可寒心。"①刑科右给事中孙杰疏言:"且往年兵议十八万,饷议七百万,尚苦不凑,今兵需三十万,饷需一千二百万,恐竭中国财力不足供也。"②

庞大的军费,怎样筹办?天启元年九月,署户部事左侍郎臧尔劝,奏上理财疏,提出十项建议,主要是从皇帝、王公贵族及军民身上打主意,要将年供内库的金花银一百万两,每年拿出一半,解充辽饷,要叫岁禄八千石以上的亲王,岁禄六千石以上的郡王,将其超过的禄米捐助辽饷,要增加崇文门、北新关等关所收税银,等等。③ 这直接损害了帝王的私人利益,熹宗当然不会采纳。

军饷浩繁,民力难支,广征兵士,亦祸害无穷,四川、贵州相继发生征兵激变之事。天启元年七月,科臣明世举捧橛起土司兵援辽,"诛索无厌"。四川永宁宣抚使奢崇明令土目带兵一万,诣重庆点阅,巡抚徐可求置之不理,谩言兵少,土兵伺候月余,"汹汹思乱",而可求却滥施淫威,杖责头目,并欲"尽黥土兵之面,以别记验",土兵忍无可忍,杀巡抚、道臣和知府、推官及总兵、参将一百五十余员,奢崇明随即兴兵,踞重庆,围成都,"川东、川西、川南四十九州县望风瓦解"。④

十二月,内阁首辅叶向高,以熊廷弼经略主守,反对速战,力言必集兵30万,才能进军,致书廷弼,十分忧虑地说:"承教,辽事未可战,自是确论。然须当讲求三十万兵,势必不能集,海内坐此,骚动已极,若征调不止,其祸变恐不但蜀中,即使保得广宁,复得辽

---

① 《明熹宗实录》卷一四。

② 《明熹宗实录》卷一六。

③ 《明熹宗实录》卷一四。

④ 王在晋:《三朝辽事实录》卷六;《明史》卷三一二《四川土司》。

阳,而天下事亦已去矣。"①果然,第二年二月,水西土同知安邦产起事于贵州(延续了 17 年),五月,白莲教徐鸿儒举义旗于山东,各地兵变频仍。不久,又爆发了李自成、张献忠领导的明末农民大起义,明王朝即将衰亡崩溃,叶向高担心的事终于发生了。

正是由于以上原因,确有真才实学,熟知敌情,善于用兵的熊廷弼,所上主守的战略方针得不到朝廷的支持赞同,反因直言,得罪了言官及兵部尚书张鹤鸣,失宠于明廷,被排挤,被非议,一筹莫展。夸夸其谈,巧言诡辩,腹中空空,不知用兵为何物的王化贞,却以速战速胜论,骗取了明廷的信任,独掌辽东军务大权,终于导致广宁失守。这场"经抚之争",以及王化贞的得势,熊廷弼的闲置,最集中、最有力地表明了,明王朝的确是腐朽之极,不能挽救辽东危局,无法抵挡后金军的进攻了。

三、平阳大捷

正当王化贞欢庆蒙受朝廷独宠、专主辽事大权之时,他的死期也快到了,因为,他的克星,后金国英明汗努尔哈赤已经统率大军,向广宁杀来了。

天命七年(明天启二年,1622 年)正月十八日,努尔哈赤率军征取广宁,留宗弟铎弼贝勒等人守辽阳。二十日辰时至辽河,明防河兵士遁逃,申时,大兵围西平堡。后金与明的又一次大战开始了。

此次交战,论兵数,明军超过了后金军。明辽东经略熊廷弼有兵 1 万,驻右屯卫,辽东巡抚王化贞有兵 13 万。后金军的确切数字虽难查明,但可以肯定,数目不会太大。10 个月以前,八旗一共

---

① 王在晋:《三朝辽事实录》卷六。

才二百三四十个牛录,按一牛录300丁计,约7万丁左右。进入辽沈以后,没有什么增加。新编了一批汉兵,人数不多,装备不良,而且很不可靠。兼之,辽民激烈反抗,必须留下相当多的军队,驻戍各地。照此算来,后金军只有几万人。辽东巡按方震儒根据参将周守廉的塘报上奏说:攻西平的"奴兵五万,又益以新练辽兵四五万"。① 后金军5万之数,比较可靠,至于"新练辽兵四五万",显然是过分夸张。

至于武器装备、粮草供应,明军更是远远超过后金,明军有大炮小炮几千门,枪铳上万杆,米豆百多万石,相比之下,后金可差得远了。

然而,讲到士气民心,讲到统帅决策和将领征战,在这决定战争胜负的根本因素上,腐朽至极的明王朝可就是必败无疑了。

由于"经抚不合"与"经抚之争",早在交战前夕,明国朝野,"中外举知经抚不合,必误疆事"。②

独专辽事军权的辽东巡抚王化贞,拥兵13万,却"素不习兵,轻视大敌,好谩语",对文武将吏的进谏,一概拒绝,专与熊廷弼"牴牾"。他"妄意降敌者李永芳为内应,信西部言,谓虎墩兔助兵四十万","遂欲以不战取全胜","一切士马甲仗、糗粮、营垒俱置不问"。广宁重镇未加固,镇武、西平要塞未扩建,海运米豆百余万石、青草一千数百万束,分置右屯卫和觉华岛,未运至广宁,致兵士缺粮。军纪不整,"各兵沿村乞食,弓刀卖尽",骑马倒毙。③

统帅的昏庸无能,以及由此造成战不能战守不能守的危险局面,在精神上严重打击了广宁军民,人心不定,将无固志,士气不

---

① 王在晋:《三朝辽事实录》卷七。
② 《明史》卷二五九《熊廷弼传》。
③ 《明史》卷二五九《熊廷弼传》。

振,纷欲逃走。

天启元年十月,辽东巡按监军御史方震孺叙述广宁情形说:

> 河西兵将,见河冰不开,夷情紧急,人人备好马思逃,而又恐经臣把住关门不放,于是有差人看一片石者,有差人看觉华岛者,臣密查之,情状甚真,而监军道亦数为言之也。[1]

同月,辽东经略熊廷弼根据方震孺的说法,上疏说:

> 顷得监臣方震孺揭言,河西兵将见夷情紧急,备马思逃。广宁城中,富家大户尽数西奔。提督王威又中风不起,一切兵马,漫无头绪。且各兵沿村乞食,弓刀卖尽,虽臣有挑兵之谕,而至今未挑,以兵马逐村就食,不便挑也。抚臣心慵意懒,三监军俱杜门,河西安得不危。[2]

总理户、兵、工三部军需的兵部侍郎王在晋亦上奏说:

> 今河西兵十余万,全无固志,一望虏兵,即思逃遁。[3]

督运军器至辽的工部主事张廷玉,"亦以出关所见人无斗志,纷纷思逃情形入告"。[4]

由于朝廷独宠王化贞,"经抚之争"时,右王抑熊,而实际上是辽东统帅的王化贞又昏庸、虚夸、轻敌、浪战、无能、懒散,"一切士马、甲仗、糗粮、营垒俱置不闻",致人人皆知河西必陷,民无固志,将士思逃,这就决定了明军必然败于后金,广宁必失。

在指挥这次战争的战略战术上,熊廷弼特别是王化贞的错误部署,也促进了明军的失败。天启元年十月,王化贞奏称,"议以大兵屯镇武,为北路最冲,以罗一贵、刘征、江朝栋、杜学伸守之。

---

[1] 《明熹宗实录》卷一五。
[2] 《明熹宗实录》卷一五。
[3] 王在晋:《三朝辽事实录》卷六。
[4] 《明熹宗实录》卷一五。

而以黑云鹤守西平堡,扼奴来路,总兵刘渠统之,副使高出为监。以杜家堡为南路,姜弼守之。总兵达奇勋驻闾阳为援"。① 随着形势危急,王化贞没有办法了,只好放弃速战主战方针,求熊廷弼出主意,同意以守为主的方针。熊廷弼会集巡抚、巡按、总兵官等商议,提出"以重兵内护广宁,外扼镇武、闾阳"的方针,令总兵刘渠"以二万人守镇武",总兵祁秉忠"以万人守闾阳",副总兵罗一贵(又作罗一贯)"以三千人守西平",巡抚王化贞坐镇广宁,"居中调度"。并且下令:"敌来,越镇武一步者,文武将吏诛无赦。敌至广宁,而镇武、闾阳不夹攻,掠右屯饷道,而三路不救援者,亦如之"。② 王化贞等抚按镇道皆同意,遂照此布置。

天启二年正月二十日,后金国英明汗努尔哈赤指挥八旗将士猛攻西平城,明参将黑云鹤欲出城迎战,副总兵罗一贵竭力谏阻,黑云鹤不听,出城交战失败,被逐回城中。第二日,黑云鹤又出城迎战,被后金军斩于城下。八旗将士奋勇攻城,战车、云梯、铁钩一齐用上,努尔哈赤又命"抚顺额驸"、副将李永芳劝降。罗一贵大骂李永芳,拒城死守,"用炮击伤(后金将士)者无算","杀贼数千人","用火器杀贼,积尸与墙平",敌箭射中一贵一只眼睛,"不能战","外援不至","火药亦尽",一贵自刭殉国,守兵全部死难,西平失陷。③

闻听西平遇敌,辽东经略熊廷弼发令箭催督辽东巡抚王化贞发兵往援,又檄令总兵刘渠撤镇武营兵,赶往西平援助。王化贞听信中军游击孙得功的意见,"尽发广宁兵,付祖天(大)寿、孙得功",往会总兵祁秉忠,率闾阳兵进援西平。三路兵共十万余人,

---

① 《明熹宗实录》卷一五。
② 《明熹宗实录》卷一七;《明史》卷二五九《熊廷弼传》。
③ 《明熹宗实录》卷一八;《明史》卷二七一《罗一贯传》;《满洲实录》卷七。

超过后金军一倍,火器又多,如果将士奋勇,完全可以与敌军决一死战,击退敌兵。但是,将无斗志,士卒疲弱,兼之王化贞倚为心腹的中军游击孙得功早已暗"怀异志"。三月二十二日双方军队相遇于平阳桥,交战之时,孙得功大呼"兵败了,兵败了",带领手下掉头就跑,副将鲍承先等亦逃,"后军见之亦奔",明军"遂大溃,总兵刘渠、祁秉忠、副将刘征等战死,"全军尽没",总兵李秉诚等逃走。①

孙得功等人逃回城里,到处散布敌兵快到广宁城的谣言,城内大惊,士民思逃,城中大乱。昏聩透顶的王化贞,还急召孙得功至衙署,委其以守城重任。孙得功正中下怀,刚"出衙门,即发炮,堵城门,封银库,封火药","备龙亭",等待后金军队入城。一向自命为精明练达有经国纬世之才的辽东大帅王化贞,在这兵民溃逃,叛贼猖獗,危在顷刻之时,却如在梦中,一无所知,静坐室内,观书自娱,不是参将江朝栋闯入衙内,挟王急逃,就将成为后金俘虏,斩首教场了。巡按方震儒等官也随即逃走。

三月二十三日,孙得功、黄进(明守备)等把守广宁城门,遣七人请降。努尔哈赤开始还不大相信,并未即往广宁,先在西平堡分赏官兵,二十三日离西平,侦悉广宁确已迎降,二十四日才到广宁。孙得功等率士民于城东三里外望城岗,抬龙亭,设鼓乐,执旗张盖,叩见"太祖",迎入城中,驻巡抚衙署。② 平阳、西兴、锦州、大凌河、右屯卫、松山、杏山等四十余城官将兵民俱降。

王化贞于三月二十二日逃出广宁后,第二天,三月二十三日与熊廷弼相遇于大凌河,熊将自己率领的 5000 兵交与王化贞作殿

① 《明熹宗实录》卷一八。
② 《明熹宗实录》卷一八;王在晋:《三朝辽事实录》卷八;《满洲实录》卷七;《清史稿》卷二三一《孙得功传》。

后,他带领溃散兵民撤退,向山海关前进,并将"所过宁远、宁前诸屯堡,悉纵火焚之",辽人随熊廷弼进入山海关者多达数十万人。明与后金的这次交锋,以广宁失陷、明败金胜而结局。

二月十七日,努尔哈赤命诸贝勒统兵守广宁,他带领部分将士返回辽阳,"将河西一带所降之官民移于河东"。第二年,天命八年,全部运回广宁的战利品,放火焚城,"尽成灰烬"。努尔哈赤下令撤离广宁、义州等城,守军全部返回辽阳。

第六章　社会剧变

第一节　辽东时局

一、两次迁都

天命六年（明天启元年，1621 年）三月下沈阳、辽阳，第二年正月取广宁，八旗军进驻辽沈地区，历称淑勒贝勒、聪睿恭敬汗、英明汗的努尔哈赤，从区区建州左卫枝部的小小酋长，登上了君临辽东的新汗宝座，这位勇于进取、善于果断决策的"承奉天命养育列国英明汗"，面临新形势，该怎么办？是固守建州女真落后习俗，留恋祖居故地，不进而退，像两三年前打下抚顺、清河、开原、铁岭之后，那样，大肆抢掠人畜财帛，运回老家，放弃辽沈，回归故土，继续在女真地区称王称霸，局限于偏僻山区，几十年后锐气一失，重新被天朝大明国或蒙古大汗征服，沦为其君之臣仆？或是既不退，也不进，虽不撤兵，留驻辽东，但停滞不前，不求改革，硬要将女真旧制强加于以汉人为主的辽东军民，闹得天怒人怨，全民抗金，坐不安稳，终于得而复失，被逐回老家？还是力图进取，根据新形势，锐意改革，顶着困难，继续前进，不仅要站稳脚跟，守住辽东，将来还要更上一层楼，打进关去？这是摆在后金国汗、贝勒、大臣面前三条不同的道路，也将由此出现不同的结局，如何抉择，这可是关系到后金国兴衰存亡的大问题。在此紧急关头，努尔哈赤作出果断的也是正确的决策,选择了走后一条勇于进取不断改革的光明大道,首先是决定迁都辽阳。

努尔哈赤于明万历十五年(1587年)于呼兰哈达筑费阿拉城,启建楼台,定国政,在此居住了16年。到万历三十一年,迁至5里之外的赫图阿拉,筑城,兴建衙署,成为清朝在关外兴建的第一个都城,后来尊称为兴京。为了便于对明作战,天命三年(明万历四十六年,1618年)九月初四日,努尔哈赤召集诸贝勒大臣商议于界藩筑城之事。他说:今与明为难,我仍居国内之地,西向行师,则迤东军士道远,马力困乏。"须牧马于沿边之地,近明界,筑城界藩居之。"众人赞同,遂于此营基址,运木石,不久天寒停工,第二年四月初三日,努尔哈赤又谕告诸贝勒大臣:"战马羸弱,当趁春草喂养,吾欲据界藩筑城,屯兵防卫,令农夫得耕于境内。"他亲往卜基筑城。"据险筑城五所,数旬而毕,各屯兵马,且耕且守"。到了六月,"帝行宫及王臣军士房屋皆成"。①

天命五年九月二十六日,努尔哈赤又从界藩移居于萨尔浒,"筑军民庐舍,至十一月乃成"。此城实际上是从三月兴建,第二年(天命六年)闰二月"筑撒儿浒城毕"。努尔哈赤将界藩和萨尔浒城作为"居住之所",或"帝行宫"。

天命六年三月二十一日打下辽阳,努尔哈赤进驻经略衙门。当日,努尔哈赤即召集诸贝勒大臣商议去留之事。他说:"辽阳乃天赐我者,可迁居于此耶,抑仍还本国耶?"此话表明,努尔哈赤虽在征求诸贝勒大臣意见,是去是留,让众人各抒己见,但已有倾向,所谓"辽阳乃天赐我者",意味着他倾向于留此不归,不然,为何要抬出"天赐我者"来表述,既为"天赐",当然应该遵奉天意,安居于

---

① 《满洲实录》卷五。

此,岂能逆天之命,弃而返回故土。因为,辽阳之下,可以有多种表述方式,可以说是将士奋勇克城,也可以炫耀军威,说成是轻取辽阳,还可以据为己功,讲成为本汗之英明指挥。这些方式皆不用,独独抬出"天赐",言下之意,自是不言而喻了。以往汗之种种暗示,诸贝勒大臣早已心领神会,一般是按汗之意旨,表示赞同和服从,可是这次却不一样了,众人皆故意不理会汗之倾向性的表述,"诸王大臣俱以还国对"。①

"诸王大臣俱以还国对",虽只区区9个字,含意可够多的了。首先,它表明了"诸王大臣"留恋故土保持旧俗的心态根深蒂固。这时的"诸王大臣",应该是主要包括四大贝勒、和硕贝勒、非旗主的贝勒和"五大臣"及八固山额真,其中,有勇有谋文武双全者,不乏其人,如像四贝勒皇太极、岳托贝勒、阿巴泰贝勒、费英东、额亦都、何和礼、扬古利等等,都是聪睿过人,无所畏惧,敢冲敢拼,以少胜多,勇于进取,为什么他们也力主"返国"? 这必然与女真祖俗旧习有关。不管是建州女真的枭酋董山、王杲,还是海西女真哈达万汗和叶赫的"仰逼二奴",他们势力强大之时,可以并吞其他女真部落,也可以进入明边,抢掠人畜财货,但没有一个"骁酋"占夺明国城镇屯堡,久据不归。就连努尔哈赤下抚顺,克清河,大败明军于萨尔浒,夺开原,取铁岭,也是大抢一通后,返回老家。他们可以在女真地区,或者胆子更大一点,在一些弱小蒙古部落地区,称王称霸,却不敢并吞明国领地。正是由于祖俗旧习在人们脑中根深蒂固,所以连后来一心想打入关内占领明国土地的皇太极贝勒,此时也站在"诸王大臣俱以还国对"的行列中。

其次,"俱以还国对",给倾向于留驻辽阳的英明汗以强大压

---

① 《满洲实录》卷七。

力。坚持留驻,违反众人心愿,如果贝勒、大臣都想回家,其他将领士卒更会心向故乡,这样一来,即使以汗之威严,强迫他们留下,也必然影响斗志士气,怎能动用他们的力量来安定辽东。

尽管面临强大的反对留驻的浪潮,努尔哈赤毕竟不愧为"英明汗",他顶着压力,列举理由,巧言劝解,坚持留驻。他谕告诸贝勒、大臣道:

> 若我兵一还,则辽阳必复固守,凡城堡之民必逃散于山谷,不为我用矣。弃所得之疆土而还国,后必复烦征讨。且此处乃明国、朝鲜、蒙古三国接壤之地,天既与我,即宜居之。①

诸贝勒见汗意已决,且理由充分,遂表示"此言诚然",拥护汗的决定,并遣人回建州,迎诸福金及诸子来辽阳居住。她们一行于四月初五日来到辽阳。② 关系到后金盛衰的迁都辽阳大问题,就这样因努尔哈赤的果断决策而做出了决定。

但是,有些大臣仍然留恋故土,担心不能站住脚跟,长据辽阳,因此将儿子遗骸送回萨尔浒安葬。四月十一日,努尔哈赤以扬古利额驸欲将其子归葬萨尔浒,于衙门召集诸贝勒,再次详述迁都辽阳的必要。他说:

> 何必归葬于萨尔浒,彼处之尸骨亦将移葬于此矣。天既眷我哉,尔等诸贝勒大臣却不欲居此辽东城,劝尔等毋存疑虑。昔日吾国阿哈之遁逃,皆以无盐之故也! 今且有之。自辽河至此,各路皆降,何故舍此而还耶? 昔日,我处境困窘,犹如出水之鱼,呼气艰难,困于沙石之上,苟延残喘,遂蒙天佑,授以大业。昔金国阿骨打汗兴兵征宋及蒙古,未尽征服,后为

---

① 《满洲实录》卷七。
② 《满洲实录》卷七;《满文老档》太祖朝卷二○。

其弟乌齐迈汗将其国尽征服之。蒙古成吉思汗征而未服之余部,亦由其子鄂格德依汗悉行征服之。为父我为诸子创业而兴兵,尔等诸子岂有不能之理。①

在努尔哈赤这样苦口婆心的劝说下,在汗父的坚持下,诸贝勒当然只能遵从汗父的意旨,"乃定居辽东城"。②

迁都辽阳之后不久,努尔哈赤又提出于辽阳城东兴建东京的意见。《满洲实录》卷七载,天命七年三月,努尔哈赤召集诸贝勒、大臣商议筑城之事。他说:

> 辽阳城大,且多年倾圮,东南有朝鲜,西北有蒙古,二国俱未服。若舍此而征明国,难免内顾之忧,必另筑城郭,派兵坚守,庶能坦然前驱,而无后虑矣。③

诸贝勒、大臣以劳民力而谏阻说:

> 若舍已得之城郭弃所居之房屋,而更为建立,毋乃劳民乎?④

努尔哈赤不听谏言,坚持修建新城说:

> 既征明国,岂容中止,汝等惜一时之劳,我惟远大是图,若以一时之劳为劳,前途大事何由而成! 可令降民筑城。至于房屋,各自建之可也。⑤

诸贝勒大臣只好服从汗谕,"遂于城东五里太子河边筑城,迁居之,名其城曰东京"。⑥ 努尔哈赤此举甚为不妥,在评述筑城之是非以前,先讲讲筑城的时间及宫殿。

---

① 《满文老档》太祖朝卷二一。
② 《满文老档》太祖朝卷二一。
③ 《满洲实录》卷七。
④ 《满洲实录》卷七。
⑤ 《满洲实录》卷七。
⑥ 《满洲实录》卷七。

《高皇帝实录》卷八的记述，与《满洲实录》大同小异，只是把时间记于三月初三日。康熙、雍正、乾隆《盛京通志》和康熙《辽阳州志》等书，则均载天命六年筑建东京城，"同时建宫殿"。

以上说法，都不太确切。东京既不始建于天命七年三月，也不是建成于天命六年，而是于六年中开始，到天命七年三四月筑成。《满文老档》太祖朝卷二十三载，天命六年六月十五日，"汗（从原岗）回城。修筑辽东城内汗居住之小城，已于十三日施工"。同书卷二十五载："（八月）二十八日，汗率众福金、诸贝勒、众汉官及其妻室诣筑新城之地。八旗宰八牛，各设筵十席，大宴之。又每旗各以牛十头赏筑城之汉人。八旗八游击之妻，各赏金簪一枝。"

虽然《老档》说六月十三日开始施工的小城，系"筑辽东城内汗居住之小城"，似乎不是在辽阳城外五里（或八里）的东京城，但是，至今为止，并未在辽阳城内发现有"汗居住之小城"，很可能这是老档编写者的笔误，把城外误写为城内。联系到第二条材料所记八月二十八日汗率众福金、贝勒、众汉官前往"筑新城之地"，写的是"新城"，而非小城，可以说明，这个新城就是从六月十三日开始施工的小城，是在城外筑建的东京城。

最能说明问题的是《满文老档》太祖朝卷二十六的一段记载。它在叙述天命六年八月十四日致爱塔副将的汗谕和十五日致新城游击书的中间，(即意味此记载是十四日)记述了汗、贝勒大臣关于筑东京城的对话，以及汗的决定和施工。这段记载是这样的：

汗曰：该辽东城年代久远，业已老朽，且城垣广大，我若出征，必致守城之人陷于危难矣。东有朝鲜，北有蒙古，此二国皆与我陌生，若舍此西征大明，则必有后顾之忧。需更筑坚城，酌留守兵，以解后患，即可安心南征。

诸贝勒大臣谏曰：若弃所得城郭所居之室庐，于新地筑城建房,恐力所不能,劳苦国人也。

汗曰:我与大国搆兵,岂能即图安逸乎? 尔惟虑一时之小劳苦,而我所图者大也,若惜一时之小劳,何能成将来之大业耶? 可令汉人筑城,至于庐舍,可令各主营建,如此,其劳无几也!

自八月始,于太子河北岸山岗建城池。

这段记载,与前述《满洲实录》卷七所记天命七年三月汗、贝勒大臣议建东京之事基本一样,唯一不同的是,老档在记完汗决定建东京之后,又明确写道,"自八月始,于太子河北岸山岗建城池"。可见"东京城"的确是在天命六年八月开始兴建的,(也许六月是准备施工),《满洲实录》卷七的记述,是把时间写错了。

《满文老档》太祖朝卷三十八又载:"(天命七年三月)初四日,汗与众福金率蒙古来归之贝勒、福金,前往新移之地宴劳之。汗命将为诸贝勒修房舍、喂养官牛之人放还耕田,当差人留之。"可见此时东京城已经修建完毕,才能将为贝勒修房之人"放还耕田",而不是如《满洲实录》等《太祖实录》所记此时方才议修新城。同书卷四十又载:四月初四日,"汗于筑新城之地,召集察哈尔、喀尔喀前来之诸贝勒,及广宁之官员等,大宴之,赐蒙古为首之九贝勒各伞一柄、旗四面。汗于筑城之前,由辽阳城迁来。"这更说明在此之前东京城已修建完毕了。

东京城在太子河东,离辽阳城 8 里。"城周围六里零十步,高三丈五尺,东西广二百八十丈,南北袤二百六十二丈五尺"。有 8 个城门,东、南、西、北各两个城门,东门叫抚近门、内治门,西门是怀远门、外攘门,南门为德胜门、天祐门,北门系福胜门、地载门。①

---

① 杨镳:康熙二十年《辽阳州志》卷一《京城志》。

东京城内有汗宫及贝勒、大臣府第。汗的宫和殿分设两处。汗的殿堂,即办事的"大衙门",为八角形,俗称"八角金殿"或"八角殿",内外有排柱十六根,殿顶系用黄琉璃瓦镶绿釉瓦边的黄绿两色琉璃瓦铺成,殿内和丹墀铺满六角形绿釉砖。汗宫在距八角殿西一百余米处的全城制高点上,它建立在人工修建的高约七米面积约 256 平方米的土台之上。据海城县黄瓦窑世袭盛京工部五品官的掌窑主的《侯氏宗谱》记载,其曾祖侯振举曾"随任关东,以辅大清高皇帝兴师丰伐以得辽阳,即建都东京。于天命七年修造八角金殿,需用琉璃龙砖彩瓦,即命余曾祖振举公董督其事,特受夫千总之职"。[①] 龙砖彩瓦由于出自黄瓦窑的琉璃厂,才使东京城的宫殿辉煌壮观。

简要叙述了东京城兴建的时间及其基本情形后,可以评论一下努尔哈赤兴建此城的是非得失了。努尔哈赤所举建城的理由是因为辽阳旧城处于朝鲜、蒙古、明国之间,形势不好,必修坚城,才能放心伐明。这个理由,初看起来,似乎说得头头是道,根据充分,但略加推敲,便知此说犹如水上浮萍,完全站不住脚。不错,蒙古、朝鲜、明国都很讨厌后金,都想削弱其力消灭其国,但是,他们有这个力量吗? 有这样的行动吗? 没有,朝鲜既小又弱,蒙古各部分裂互斗,明王朝腐朽之极,自保尚且不暇,哪能派遣大军进攻、歼灭金国? 进驻沈以后十几年的历史实践,证明了努尔哈赤的推测是错误的,没有必要舍弃旧城,另建新城。

何况,后金军入占辽沈,本已引起辽民反抗,再加上筑城大工,金派役夫成千上万,残酷鞭打督责,害得多少百姓家破人亡,阶级矛盾、民族矛盾更加尖锐。这个劳民伤财祸害辽民的新城兴建,实

---

① 沈阳故宫博物院编:《盛京皇宫》,紫禁城出版社 1987 年版。

在是既无必要,也得不偿失,促进了民心的背弃。努尔哈赤之所以要建新城,不过表明此时他的信心不够,进取精神差了一些,故采取保守、守卫政策而已。

东京建好后,不到4年,努尔哈赤又提出迁都沈阳的主张。天命十年三月初一日,努尔哈赤欲迁都沈阳,与诸贝勒大臣商议。诸贝勒大臣皆不同意,谏阻说:"迩者筑城东京,宫室既建,而民之庐舍尚未完缮,今复迁移,岁荒食匮,又兴大役,恐烦苦我国。"①

努尔哈赤很不高兴,"不允"诸贝勒大臣之谏,宣布决定迁都沈阳说:

> 沈阳,四通八达之处,西征明国,从都尔弼渡辽河,路直且近。北征蒙古,二三日可至。南征朝鲜,自清河路可进。沈阳浑河通苏克素护河,于苏克素护河上流处伐木,顺流而下,材木不可胜用。出游打猎,山近兽多,且河中水族亦可捕取矣。吾筹虑已定,故欲迁都,汝等何故不从?②

三月初一日,努尔哈赤宣布迁都沈阳,初三日,"辰时,出东京,谒父、祖之墓,祭扫清明"。祭扫完毕,前往沈阳,宿于虎皮驿堡。初四日未时(中午1至3点),进入沈阳城。③

五年之内,三易其地,一由赫图阿拉迁都辽阳城,再由辽阳旧城迁住东京城,又由东京移都沈阳。迁移虽三,原因和意义却有所不同。第一次迁都辽阳,充分体现了努尔哈赤胸怀大志,要长期驻镇辽东,且要继续前进,占据明国更多领地。第二次迁居东京,则主要着眼于守住辽东,没有进取关内的想法。这次要迁都沈阳,则和第一次迁都辽阳有相同之处,这就是67岁的努尔哈赤宝刀不

---

① 《高皇帝实录》卷九。

② 《满洲实录》卷八。

③ 《满文老档》太祖朝卷六四。

老,壮志凌云,想要尽据全辽,并要打进关内,他很可能是想仿效老祖先金国太宗皇帝完颜晟,赶走明国天启皇帝,定都燕京,君临北部中国,这从他10个月以后大举进攻宁远上可以看得出来。因此,他力排众议,很可能是板起面孔,带怒宣布"吾筹虑已定,故欲迁都,汝等何故不从",显然是对贝勒大臣加以斥责了。并且,不等沈阳宫殿是否修建及完工,便于第三天,三月初三日即率领福金、贝勒、大臣军民人等出发,初四日进入沈阳,仅仅三天的时间,就从商议到移居,完成了迁都的工作,可见其决心之大,办事之果断。这样勇于进取的精神,远远超过了当时的诸贝勒大臣。努尔哈赤此举是十分正确的,对金国的发展起了重大作用。

努尔哈赤迁都沈阳后,住居的汗宫在沈阳城北的镇边门里,并非盛京皇宫大内的清宁宫。汗宫是一座长方形两进院落组成的建筑,南向,正南为山门,入门为第一进院落,东西无对称建筑。第二进院落的建筑是筑在高台之上,正面是一座三间的正殿,殿顶由黄、绿两色琉璃瓦铺成。正殿东西两侧各有面阔为三间的配殿一座。汗的办公殿堂是大政殿与十王亭。[①] 与此同时,四大贝勒、和硕贝勒、贝勒等也都在沈阳城修建了府宅。

二、原制旧俗

努尔哈赤定都辽阳以后,首先需要关注的是了解辽东时局,不了解辽东的历史和当前的民情、形势,是很难管理和辖治辽东军民的。

辽东地区,久已开发。商、周时肃慎人在此居住,战国归燕管辖,秦设辽东、辽西两郡,汉初沿袭。魏置辽东五郡,隶平州。唐置

---

① 沈阳故宫博物院:《盛京皇宫》,紫禁城出版社1987年版。

盖州、辽州及九都督府,统于安东都护,后为渤海国。辽、金为东京。元改为辽阳路,设辽阳行中书省。明置辽东都指挥使司,设定辽等二十五卫及安乐州、自在州。按每卫编制 5600 名兵士计算,有 14 万名,连带随营的余丁家属,约有数十万。明又令军卒屯垦,大体上是三分之二守城、三分之一屯田。洪武、永乐年间,辽东军屯多达 250 余万亩,每年征收屯粮 71 万余石。①

辽东资源丰富,手工业也很发达。各卫皆有盐场、铁场,辖领盐军、"炒铁军"数千名,年征额盐 377 万余斤,岁收额铁 39 万余斤。还有大批兵民私自开办的民营矿场。明辽东经略熊廷弼上奏抗金计策时,力主招募矿徒,"将一呼而应,一二万兵可立致也"。②一下子就能从矿徒中招兵一二万,可见矿徒之多和民营矿业的发达。

《辽东志》总述明初到明中叶辽东社会生产发展情形说:"辽物产之丰,由来尚矣。国初疮痍新愈,民习勤苦。百余年来,兵戢不试,事简俗质,是故田人富谷,泽人富鲜,山人富材,海人富货,其得易,其值廉,民便利之。""故往时人给家足,都鄙廪庾皆满,货贿羡斥,每岁终,辇致京师,物价为之减半。"③

商业也兴旺起来,城市经济相当繁荣。以中小城市抚顺来说,它专与建州女真贸易,商贾较多。努尔哈赤打下抚顺后,以"七大恨"书付给在抚顺的"山东、山西、涿州、杭州、易州、河东、河西等处商贾",叫他们带回明国,可见抚顺商业的发达。比抚顺更富的城市,还有很多,像金州、复州、盖州、海州,素为"膏腴之地",开

① 《明太祖实录》卷八七、一七九、二三二;《明宪宗实录》卷一七二、三四四;《明经世文编》卷一九八,潢潢:《会议第一疏》。
② 《明熹宗实录》卷一○、一一、一三。
③ 明嘉靖十六年重修《辽东志》卷三。

原,"城大而民众,物力颇饶"。沈阳、辽阳两大重镇,兵民百万,商贾云集,十分繁华。明经略熊廷弼说,如努尔哈赤"全有辽镇,所获金钱财货,何止数千万"。明宁前道王化贞说,金兵攻下辽阳,大杀兵民,"辽之商贾,死者四五万人"。礼科给事中周士朴亦上奏说,"奴杀西兵二万,复杀商贾四五万人"。① 财富之多,商贾之多,充分表明了辽东诸城的富庶和农、工、商业的发达。

辽东居民,以汉人居多,也有一些女真和朝鲜族人。明嘉靖十六年重修的《辽东志》,论述辽东人丁情形说:明朝代替元朝以后,"始以四方之民,来实兹土",汉人"十七",朝鲜族及女真"十三"。这时,辽东都司的 25 个卫和安乐州、自在州,"户口共二十七万五千一百五十五","寄籍民七千一百九名","马步额军、招集军、屯田军、煎盐军、炒铁军共十二万四千七百二十九名"。② 这还只是官府州籍所载用以征赋的数字,实际的人口数量比这个大得多。到天启元年(即后金军进入辽沈时),全辽居民至少有数百万。

辽东地区,久已实行封建制。屯军领种官地,交纳屯粮,充当夫役,遭受封建国家和军官的封建剥削。地主阶级猛烈兼并土地,田连阡陌,役使佃农耕种。民人或系佃农,承种官将豪绅田土,交纳私租,或系自耕农、半自耕农,上交国赋,从事力役,皆摆不脱繁重的封建租赋徭役的剥削。

赋重差繁,官将贪酷,豪强欺凌,实难容忍,辽东民军奋起反抗,发生了多次大规模地反对封建剥削压迫的"兵变"。万历中期,更爆发了反对矿税太监高淮的多次大规模的"民变"。万历三十六年五月,大学士朱赓叙述此情说:"夫激变之事,不数月间,一

① 王在晋:《三朝辽事实录》卷十;《明熹宗实录》卷九;《明经世文编》卷四八〇;熊廷弼:《河东诸城溃陷记》。
② 《辽东志》卷一、三。

见于前屯,再见于松山,三见于广宁,四见于山海关,愈猖愈近"。前屯卫"各营男妇数千人",愤怒打死高淮党羽汪政,"歃血摆塘,誓杀高淮而后已"。山海关内外军民"聚众数千攻围,高淮窘急",狼狈逃入关内,滚出了辽东。①

综上所述,明代辽东农、工、商业进展较快,封建经济相当发达,地主阶级广占田地,役使佃农耕种,进行封建剥削,辽东军民坚决反抗明王朝的残酷压榨,反对封建制度的沉重剥削。这就是明末辽东地区的基本情况,也就是天命六年三月以后,满汉人民激烈反对奴隶制、农奴制剥削,反抗后金国统治的强大斗争的历史背景。

三、全民反抗

天命六年(1621年)三月后金军进驻辽东以后,掠民为奴,扩大奴隶制剥削范围,加深了辽民的苦难,辽东士农工商挺身而起,英勇反抗。

辽东军民反对后金国统治的斗争,显示了两大特点。一是全民反抗。参加反金斗争的,不仅有农民、手工业者和兵士,还有大量生员参加,原任明国中军、都司、守备等将官,也有不少投入反金行列,这在天命六年七月的"镇江起义",显示得十分清楚。明辽东巡抚王化贞遣都司毛文龙率兵220余人,由海上进袭镇江,船到朝鲜弥串岛,侦知后金游击佟真真将所辖士兵派往"抄杀"黄嘴、商山等处,"城中空虚"。这时,右卫生员王一宁往朝鲜借兵,未成,返回之时,与毛文龙相遇,遂决定袭取镇江。先遣千总陈忠乘夜渡江,潜与镇江中军陈良策商议,陈良策等人愿为内应。陈良策

---

① 《明神宗实录》卷四四五、四四六、四四七。

与居民潜通于明将毛文龙，"令别堡之民"数百人在镇江城外呐喊，"诈称兵至"，"大呼噪"，陈良策等在城内响应，"大呼明大兵至"，"城中惊扰"，陈良策等"乘乱"，率众擒获守城游击佟养真及其子佟丰年等"贼党六十人"，送往毛文龙。毛文龙在镇江"收兵万人"，"南卫震动"。汤站、险山二堡民亦执守堡官陈九阶、李世科"叛投文龙"。"长甸守堡自愿往投（文龙）"。[①] 此次起义，右卫生员王一宁为军师，镇江中军陈良策组织和指挥，堡民踊跃参加，长甸守堡自愿投顺毛文龙，可见是士农工商兵齐起反抗后金国。

二是斗争方式多种多样，但以起义逃亡为主。金国汗遣降将陈尧道为宽奠参将，同守备郭彦光、吕端招降四卫，行至镇江，古河屯民陈大等人，"不受伪命"，刺杀陈尧道三贼，"聚集三千人，歃血共盟"。马虎山民任九，锡头山民金国用，马头山崔天、王恩绍、秦卓山等，"及东山矿徒"，"不肯降奴，各聚众以待大兵（明兵）"。[②] 盖州生员李遇春及其弟李光春等，"聚矿徒二千余人以守，奴使六人降之，遇春杀五人，其一人逸"。[③] 清朝官修的《明史》卷二五九也载称："时金、复诸卫军民及东山矿徒，多结砦自固，以待官军。"广宁附近山区居民三万余人坚守山寨，拒不降金。复州民集议反金，约请明兵来援。各地武装斗争风起云涌，蓬勃开展。

逃亡，是辽东军民采取的又一主要斗争方式。被掠为俘虏沦为阿哈的汉人，愤怒反抗野蛮的奴隶制剥削，为金国汗贝勒强制编户的汉民，痛恨金兵的屠杀掳掠，他们纷纷大批逃走。有的逃往朝鲜，待机返明。天命六年五月，"逃入朝鲜者，亦不下二万"。[④] 七

---

① 《明神宗实录》卷一三；《满洲实录》卷七；《满文老档》太祖朝卷二四。

② 《明熹宗实录》卷一〇。

③ 《明熹宗实录》卷一一。

④ 《明熹宗实录》卷一〇。

月,镇江兵民起义遭汗贝勒镇压下去后,三万余人渡江,逃入朝鲜。① 努尔哈赤为此致书威胁朝鲜国王遣回辽民说:"据闻我所获得之辽东之民,多有逃往尔国者",务须送还,否则将结下仇怨,对朝鲜不利。②

逃往沿海岛屿及渡海进入山东的也很多。天命六年五月,仅山东登州、莱州,就接渡辽左金州、复州、海州、盖州四卫官民男妇三万四千余名。③ 毛文龙据皮岛,辽民"多逃岛中",众达十余万。其他长鹿岛、石门岛等岛,也有大量逃民。

逃入关内的兵民更多,到天命七年七月,已多达 280 余万人。④ 此后,逃者仍然络绎不绝,姑以天命八年为例,这一年,沙安峪等四村民众 3000 人,向明国逃去,清河、岫岩和瑷河,都发生了大批逃亡的事件,复州城民 18000 余丁欲尽数逃入朝鲜。⑤

辽东军民还采取了投放毒药等方式进行斗争。不少村民投毒于井水,以毒药饲养牲畜,放毒于食品之中,以图毒死汗、贝勒和八旗官兵。⑥ 努尔哈赤不得不多次下达汗谕,告诫八旗官兵谨慎小心,明确指出,有人投毒于水,在盐中放药,以药养猪出售,谕令官兵不要在买猪当日宰杀,须过几天药毒散尽以后,才能宰食。用水用盐,都要格外小心,仔细检视,对于买来的葱、瓜、茄子以及鸡、鸭、鹅等,也要谨慎查看,防止中毒。他还下达严谕,命令店铺主人必须将店主姓名刻于石头或木板上,立在店前,违令不办者,治以

---

① 王在晋:《三朝辽事实录》卷六。
② 《满文老档》太祖朝卷二四。
③ 王在晋:《三朝辽事实录》卷一〇、一一。
④ 王在晋:《三朝辽事实录》卷一〇。
⑤ 《满文老档》太祖朝卷四九、五四。
⑥ 《满文老档》太祖朝卷二二、二三。

重罪,又禁革沿街流动售卖的小商贩,因为这些人常用毒药谋害八旗官兵。① 堂堂一国之君,竟要下达这样的谕旨,历史上是极为罕有的,可见汉民以投毒来进行斗争的行为是十分频繁的,已经对汗、贝勒的统治造成相当严重的威胁。

辽东兵民还采用了其他方式,反抗后金斗争,有的私藏兵器,违令不交,为起义作准备;有的藐视汗谕,收留逃亡的包衣阿哈,清点时又隐瞒不报,对抗搜捕逃人的严令;有的打死为非作歹的八旗官将,惩治欺凌民众的暴徒;有的还张贴书文,斥责努尔哈赤是"说尧舜之话,而心是桀纣之心"。②

《满文老档》载录了两条辽东民众反抗后金斗争的总结性材料。一条是着重讲逃亡问题。天命九年正月二十一日,努尔哈赤下达大杀"无谷之人"的汗谕,怒气冲冲地说:"应以无谷之人为仇敌",因为,"盗牛马而杀者,火焚积谷及村中房宅者,皆系不耕田、无谷,不定居于家,欲由此地逃往彼处(明国)之光棍也"。《满文老档》编写者解释说:"得辽东后,汉人不定居,常逃走,从事奸细,而不勤力耕田,故发怒而言也。"③

这是得辽东以后第四个年头时的局面,不管汗、贝勒如何巧言诱惑和严格控制残酷屠杀,包衣阿哈和一般汉民就是不定居,就是要逃走,逃、逃、逃,不断地逃,大批地逃,根本无法控制。

另一条总结性材料是讲武装反抗问题。天命十年十月初三日,努尔哈赤下达长谕,列举辽民武装斗争说:

> 我等得辽东之后,不杀尔等,不变动住宅耕田,不侵犯家中谷物而养之。如斯育养,不从。古河之人,杀我所遣之使而

① 《满文老档》太祖朝卷二三、四二、五二。
② 《满文老档》太祖朝卷五二。
③ 《满文老档》太祖朝卷六。

叛。马前寨之人,杀我所遣之使而叛。镇江之人,捕我任用之佟游击,送与明国而叛。长山岛之人,捕我所遣之使,送往广宁。双山之人,约期带来彼方(指明朝)之兵,杀我之人。岫岩之人叛行,为魏秀才告发。复州之人叛,约期带来明国之船。平顶山之人,杀我四十人而叛。

不念我养育之恩,仍向明国,故杀有罪地方之人。若令无罪地方之人,仍居其地,恐乱将不绝,因而移之,带来于北方。带来之后,住宅田谷,悉皆给与而养之。虽如此育养,仍放入奸细,受其札付,叛逃而行者不绝。今年,川城之人,耀州之人以被令带其户来,遣人往明国,约期率兵前来。彰义站之人,以明兵来时将棒打女真,而准备棍棒。又鞍山、海州、金州、首山,其周围各堡之人,皆放入奸细,约期引兵前来携之而去。①

这道汗谕清楚地表明了辽东军民武装斗争的普遍性和连续性,从金军进驻辽东开始,斗争就风起云涌,连续不断,遍及后金整个辖区。

尽管斗争十分残酷,满汉人民付出了很大代价,成千上万的起义者、逃亡者,惨遭屠杀,妻儿为奴,家破人亡,流离失所,但是,鲜血没有白流,满汉人民长期坚持不懈的斗争,产生了重大影响,形成了"叛逃甚多,乱"的局面,②使得后金国中城乡不宁、境内混乱,严重地影响了财力、物力和人力,威胁到统治者的根本利益。汗、贝勒必须认真对待这样严峻的形势,采取正确的措施。

四、基本方针

天命六年(1621年)三月,努尔哈赤率诸贝勒、大臣,统领精兵

---

① 《满文老档》太祖朝卷六六。
② 《满文老档》太祖朝卷六〇。

数万,大举攻明,十三日取沈阳,二十一日下辽阳,海州、盖州等七十余城堡相继归顺,并定议迁都辽阳,后金国的发展进入到一个新的阶段,出现了许多新的问题,面临着崭新的局面和严峻的形势,必须制订新的正确的基本方针,以及采取相应的系列政策和措施。

在正式论述基本方针之前,先讲讲与此有关的国号问题。天命四年三月大败明军于萨尔浒后,在同月的致朝鲜国王书信中,努尔哈赤使用了"后金国汗"和"后金国王"的称呼,从此"后金国"的国号正式出现于对明国、对朝鲜交往的书信中。过了两年,天命六年三月八旗军进驻辽沈以后,努尔哈赤在对内对外的"汗谕"、书信中,以"金国"或"大金国"的国号,代替了"后金国"的国号。表明此事的史料根据主要有6件,其中3件是努尔哈赤的孙女婿李永芳于天命六年五月致朝鲜边将的书信,即:

> 大金国驸马王李永芳谕朝鲜守边官将知道:我大金皇帝收取辽东……

> 大金(国)驸马王李,为招抚军民事,票仰义州节度使……

> 大金国驸马王李,谕义州节度使知道,……且辽东城堡,全归大金。镇江乃朝鲜要路,已属大金……或者你以我大金尚未一统,非可统驭你国。[①]

另外3件史料是文物:一为天命八年所铸云板铭文:"大金天命癸亥年铸";[②]二是东京辽阳城德胜门石额书:"大金天命壬戌年仲夏立",壬戌年是天命七年;三系东京辽阳城天佑门石额书"大金天命壬戌年仲夏立"。

---

① 赵庆男:《乱中杂录·续录》卷一,转引自《清朝通史》第二册第261页,紫禁城出版社2003年版。
② 沈阳故宫博物院藏"大金天命癸亥年云板"。

从"后金国"改称为"大金国"（或"大金"，或"金国"），一字之改，含义颇深。"后金国"之国号，固然可以表现出努尔哈赤摆脱了隶属于明国为明帝臣仆之建州卫酋长之意思，要与明帝平起平坐，至少是互不隶属，但毕竟口气小了一点，态度软了一点，将本国写成是几百年前宋辽金时期的金国之后，一个已被元朝灭掉的金国之后，值不得炫耀，与赶走元帝、取而代之的大明天子来说，显然差了一大截。现在，改称"金国"、"大金国"，既可以完完全全与明国相提并论，都是大国之君，又意味着我大金国汗努尔哈赤，要进军入关，拿下燕京，把明帝驱逐到南方，形成金、明对峙的南北朝局面，首先是要全部占据辽东。这应该是努尔哈赤改国号为"金国"、"大金国"的意图吧。

这不仅是从国号一个字之改的推测，而且从半年以后攻取广宁和对待辽东地区的基本方针以及一些政策、措施，也可以看得十分清楚。

辽东地区，不管是河西地区还是河东地区，居民主要是汉人，生产关系、政治制度、文化传统、生活方式、风俗习惯、服装发式、语言文字乃至相貌性格爱好，皆与满族截然不同，怎样管辖，怎样才能让其为汗所用，为汗效劳，为汗耕田种地筑城纳粮？

辽东地区汉民以及先前在抚顺、开原等地被俘的包衣阿哈，猛烈反对野蛮的奴隶制和金国奴隶主贵族的统治，怎样才能镇压下去，才能减少反抗，稳定局面？

人丁大减，民不宁居，田地荒芜，各业萧条，社会混乱，怎样安定，怎样恢复？

明廷大调兵马，广修城堡，抢运粮草，赶制火器甲仗，极力挽救辽东危机，加强防卫，并屡派密使，潜入辽沈，联络反金人员，策划辽民武装反抗和大批外逃，以扰乱金国，牵制兵力，进而伺机出兵，收复失地,此情此策,如何对付?

满族人丁移居辽东以后,怎样安排? 是固守旧俗,还是改行新制,或者另用其他方法?

这些问题,皆需当机立断,迅速解决。

情况虽然复杂纷繁,千头万绪,但是归根结底,不过是两种制度之争和统治权的攫夺,即满族原有的奴隶制与辽河东西汉族封建制度的竞争,满族贵族代替明王朝汉族地主阶级,攫取对辽东人民压迫剥削的统治权。

奴隶制和封建制虽然都是剥削制度,而且在当时辽河东西地区来说,都不适应于现有生产力的水平,都是落后的制度,但两相比较,奴隶制更野蛮,更残酷,更落后,劳动人民受苦更深,日子更难过。制度既然两样,相遇必然相争,是奴隶制压下封建制,还是封建制取代奴隶制,二者之间,不能长期并行,必以一种制度衰落灭亡而结局。

社会制度既然不同,阶级关系必然相异。天命六年三月以后的金国,主要表现为统治权的问题。满族贵族要想夺取对全辽满汉人民的统治权,坐稳汗、贝勒的宝座,就必须将民众控制住,严格管辖,残酷镇压,以确保君权。由于奴隶制和封建制都是剥削制度,在压迫人民这一根本点上是相同的,只是具体的剥削方式有所差异,因此,统治阶级在特定条件下,可以放弃原有的剥削方式,改行新法,或两者兼用。即使是改行新法,往往也是被动的、勉强的,也要将旧的东西强加进去。从后金国、金国的这段历史看,以汗、贝勒为首的满族贵族就是这样做的。

努尔哈赤及其子侄诸贝勒和八旗各大臣,都是大奴隶主,有几十年压榨奴隶的经验,对奴隶制的剥削方式是行之有素,习以为常了。现在进驻辽东地区,从其奴隶主本性来说,自然要推行旧制,扩大旧制,将辽民变为阿哈,使奴隶制囊括金国整个辖区。当时,八旗军屯驻要地,辽民是屠刀之下的降民,稍不顺眼,就鞭棍相责,斩首抄家,可以任意摆布,正是扩大奴隶制剥削范围的好时机,汗、贝勒、大臣、八旗官将也的确在大肆掠民为奴,设置庄园。但是,满族贵族官将要想把全部辽民或大部分辽民变为阿哈,完全取消辽东地区原有的封建制,代以自己固有的奴隶制,却面临着无法逾越的鸿沟,这就是前面讲过的满汉人民坚决反对奴隶制剥削、反对奴隶主专政的后金国的强大斗争。

既不能将所有汉民都变为包衣阿哈,汗、贝勒也不会轻易放弃祖传旧制,完全接受辽东封建制。也就是说,既不能完全汉化,完全封建化,又不能完全女真化,全部实行奴隶制,怎么办? 金国汗努尔哈赤提出了自己的主张。年轻时候建州小部酋长之子努尔哈赤,多次进入抚顺马市与汉商买卖货物,结交汉人、蒙古人,爱好学习,通晓满文、汉文、蒙文,熟谙中原历朝和金、蒙历史,"好看《三国》、《水浒》二传",这样的经历和知识,对他现在制定金国新形势下的基本方针,起了很好作用。他很看重明国制度规章。刚刚打下辽阳,他就于天命六年四月初三日对督堂阿敦、副将李永芳、马文明及汉人众游击降谕说:"着将明国所定诸项规章法令,俱缮书陈奏,去其不适,取其相宜上闻。不得以异国之人不知,而行谎报。另外,辽东之兵数几何,城堡若干,百姓若干,木匠、画匠等匠役数目,尽皆上书呈报。"①努尔哈赤既叫书写明国规章法令,而且令取其适者上闻,显然是要以明制中适合金国的规章法令作参考,以备采用。

正是在这样的情形下,金国英明汗努尔哈赤制定了新形势下

---

① 《满文老档》太祖朝卷二〇。

的基本方针,即两种制度并行,既掳掠部分辽民,设置庄田,逼其充当包衣阿哈,延续和扩大奴隶制剥削方式的范围,又承认辽东地区封建制的继续存在,不将全体辽民变为阿哈,允许大部分辽民仍为民户,并根据这个方针,相应实行了一系列促进社会剧变的政策和措施。主要是"各守旧业"、"计丁授田"、按丁征赋佥役,以及禁杀包衣阿哈,等等。

第二节 "各守旧业"

一、连下汗谕

所谓"各守旧业"的"业",是过去汉人的民间习惯用语,用来称呼"百行百业"、"各行各业"的业,泛指农业、工业、商业等各个方面的行业,按科学意义来讲,则应包括生产关系特别是生产资料所有制等问题。比如,要说农业的业,则首先应该包含土地等生产资料归谁所有,以及怎样进行生产等内容。

努尔哈赤把"各守旧业"作为对辽东汉人实行的重要政策,多次对辽民宣布。最早的一次是天命六年(1621 年)四月初一日,即攻下辽阳后的第七天,在谕劝海州、复州、金州民归降时,正式提出来的。他下达汗谕说:

> 攻取辽东城时,吾之兵士,死者亦多。如斯死战获得辽东城之人,尚且不杀而养之,各守旧业……多肆杀戮,能得几何,瞬时亦尽矣。若养而不杀,尔等皆各出其力,经商行贾,美好水果,各种良物,随其所产,此乃长远之利矣。[1]

----

① 《满文老档》太祖朝卷二〇。

过了一个多月，五月初五日，据报"辽东地方民人，皆已剃发归顺，惟镇江之人拒不剃发，且杀我使臣"，努尔哈赤遣乌尔古岱、李永芳两位副将。持书劝谕其民归降说：不会因尔等"杀我一人之故，而杀尔等众民、弃尔土地及口粮"。前日炼银地方之人拒不剃发，闻听我兵前往，登山逃走，"军士追至，杀其少数"。"为此，我亦因我属民减少而深以为憾，遂将其余众，悉加豢养，皆令剃发，各归其家，各操旧业"。①

天命八年六月十五日，努尔哈赤降书，重申"各守旧业"政策，谕告青苔峪、岫岩的汉人说：

> 其盖州、耀州、析木域、甜水站等地之人，因无叛逃之心，勤于耕作，庄稼茂盛矣。故无事之地，其人之田舍，皆不更动，使之安居乐业。各处之人，凡如此勤于耕作，不怀叛逃之心者，皆不动其田舍。②

努尔哈赤还命督堂等官将"各守旧业"政策向汉人宣布讲述。天命七年二月二十八日，督堂致书爱塔副将，让其转谕一度从辽东逃走现又回来的汉人说："克辽东时，渡河而去之人一返还，即使尔所住之房、所耕之田、所食之粮，皆成俘获矣。若欲复得，为何不携财帛叩见督堂？"③

天命八年四月十二日，李永芳驸马谕告汉人说："尔等南方之人为何叛逃……得辽东后，未动尔等所住之舍、所耕之田，各自相安而居。"④

这些汗谕讲述了"各守旧业"政策的情形，表明了好些问题，

---

① 《满文老档》太祖朝卷二一。
② 《满文老档》太祖朝卷五五。
③ 《满文老档》太祖朝卷三七。
④ 《满文老档》太祖朝卷四九。

需要仔细论述。

二、延续明制

金国英明汗努尔哈赤的"各守旧业"汗谕以及督堂之书、李驸马之书,表明了五个问题。其一,汉民政策的大改变。从女真旧俗到努尔哈赤兴起,都是抗拒者杀,掠为俘获者沦为阿哈,顺者编户,但是,当时主要是女真各部之间的征战掠夺,既然都是女真,降者自然可以编户,成为诸申,同是一族之人嘛,后来建立八旗制度时,这些人员都编入八旗。可是,对于汉人,却不是这样对待的,汉人都被逼充阿哈,个别的,特别为汗、贝勒必需之人,如"歪乃",为汗掌文书,可以免去阿哈的身份,这是罕有的例外。直到天命三年四月打下抚顺,招抚李永芳一行人员归顺时,才将降民"编为一千户",其父母妻子亲族,不使离散,"奴仆失散者,查归本主",又给与"房田牛马衣食牲畜器皿","照明国设大小官属,令李永芳统管"。这里提到的给与"房田牛马"等物,是因为降民被带回建州,其在明国的房田不可能搬走。这样的安排,也就是后来的"各守旧业"。不将汉人掠为阿哈,而将其编户,算是后金国中的百姓或"国人",但因其不是女真,故不能编入八旗。现在,进入辽沈地区了,汉民几十倍、上百倍于女真、满族,既允其归顺,就不能将其逼为阿哈,但他们又不是女真,不能入旗,只能成为汗之百姓。后金国新占领地区的"归顺"汉人,不像过去沦为阿哈,而是仍旧成为国家的百姓,还能"各守旧业",这不能不说是后金国对待汉民政策的重大改变。

其二,承认和延续辽东过去存在的封建所有制。"各守旧业"政策,让辽民各自保有自己之业,各自从事自己之业,不动各人之田、各人之房。以农业来说,既然不动其田其房,那么这些田地怎样经营,金国汗也就不干预了,让业主按其原来的方式继续经营。辽东地区,很久以来就实行封建制,土地主要归地主所有,是封建土地所有制,他们大多是将自己拥有的几百亩、几千亩、几万亩地出租与人,招几家、几十家、几百家佃农承领耕种,按照佃约交纳租谷租钱,采用的是封建租佃制的剥削方式。也有一些地主既出租部分田地,收取租谷,又自己经营部分田地,雇佣长工、短工干活,发放工钱,收获粮谷,采用的是封建雇佣制的经营方式。这种情形金国汗贝勒也是知道的。努尔哈赤在天命六年七月十四日下达的"计丁授田"汗谕中指出:"昔日尔等明国富人,占地甚为广大,其田雇人耕种,所获粮米,食之不尽,而粜之。贫民无田无粮,买粮而食,一旦财尽,沦为乞丐。"①这段话,准确地概括了辽东地区广阔田地主要由军官、豪强、缙绅等人员组成的地主阶级霸占的情形,绝大多数贫苦农民被剥夺了土地,被迫为人佣工,佃种庄田,交纳租谷,或者行乞度日。辽东地区也有一定数量的自耕小农和半自耕农,向国家纳赋服役。按照"各守旧业"的政策,各自保有自己之业,从事各自之业,原来业主是地主的,对自己的业地有封建土地所有权,就可以照样将地出租与人,让佃农交租,照旧是封建租佃制的经营方式。这种封建土地所有制和封建租佃制在改朝换代之后,并没有被新君取消,而是得以继续延续,继续存在下去。因此,从生产关系角度看,"各守旧业"政策,意味着辽东新君金国汗承认了过去各行各业的旧传统、旧产权形式和旧的经营方式,即承认和延续辽东过去存在的旧的剥削制度,而且还使一些旧制度暂时被冲垮、被打乱的地区恢复了原状。这就是说,奴隶主专政的后金国,进入长期封建化的辽沈地区以后,承认辽民的封建生产关系

---

① 《满文老档》太祖朝卷二四。

可以延续,并保障封建制,甚至还在一些地方恢复了封建制的剥削方式。

其三,维护了汗、贝勒的根本利益"长远之利"。实行"各守旧业"政策的目的,并不是汗为降民着想,怜悯降民,关爱降民,施以特大恩惠,既使他们摆脱沦为阿哈的灾难,又保护了他们的财产,让他们安居乐业,而是为了恢复统治秩序,稳定境内局面,安抚、控制辽东汉民,征租敛赋,佥派役夫。汗、贝勒拥有精兵10万,能对辽民大肆屠杀,可是,总不能全部杀光,虽能席卷辽民所有财产,掠得大量金银财帛田地房宅店铺,可是,以后怎么办?抢来之物,能用多久,"瞬时亦尽矣"。民皆杀戮,谁来种田,谁来建造房屋,谁去贩运货物经商行贾,谁来栽植果树种菜养花,谁来喂猪、放羊、牧马、赶牛,米谷从何而出,菜蔬由何而生,棉花从何而产,肉禽蛋瓜从何而至,衣布又由何而成,就会如汗谕所说,将辽民的劳动果实——"口粮"全部丢弃了,而各守旧业,让辽民继续耕田建房,贩运货物,却能获得"长远之利",能够长期征收国赋私租,佥民赴役,永取于民。

其四,维护归顺新汗的汉人地主、官绅和财东的利益。"各守旧业"政策,强调各自保有自己的祖业,如田地、房屋、店铺、船只、砖瓦窑、矿厂,过去这些田宅店铺等为谁所有,今日仍旧物归原主,不得变更,外人对此不得侵占抢夺。辽东地区,贫富本来就很悬殊,广阔田地主要为地主霸占。正如努尔哈赤所说:"昔日尔等明国富人,多占田地,雇人耕种,食之不尽,将谷出卖。贫困之人,没有田谷,买而食之。"[1]金军进驻辽东以后,没有逃走的汉人地主豪绅富商,既怕新君没收庄田店铺霸占祖产,又怕百姓乘机反抗,夺

---

① 《满文老档》太祖朝卷二四。

取田地宅铺,抗租不纳,惶惶终日,坐卧不安。现在实行各守旧业政策,后金国不没收民田,各人保有原来的产业,他人不得侵占。这首先是禁止佃农、长工、劳苦农民侵占田宅,已经占取的,必须退还田主,尚未占夺的,不准再占。

当时兵荒马乱,贫苦农民是否乘机夺占地主田宅?虽然目前尚未发现农民占耕地主庄田被迫退还原主的直接材料,但是下述情形,对此很有参考价值。当时,汉人地主、官绅和富商大贾,不少人死于战乱之中,许多人逃入关内,出现了大量"无主之田"、"无主之宅"、"无主之谷"和"无主牛马"。仅在辽阳地带以及辽南金州、复州、海州、盖州四卫,无主之田就多达180万亩,与明朝嘉靖年间辽阳五卫、沈阳中卫和金复海盖四卫官府簿籍登载的屯田总额194万余亩相差无几。可见"无主之田"之多。兼之,此时金军新入,统治还不巩固,八旗官兵主要聚居大城要塞,边远州县尤其是乡村戍兵很少,甚至没有兵,很多屯堡村寨,后金国的势力还未达到,正是"叛逃甚多,乱"的形势,这为贫苦民众夺取田地财谷提供了很好的机会。天命六年九月初八日,努尔哈赤谕令副将刘兴祚说:"查明盖州、海州属下无主粮草,从速计量,给与我等兵士"。① 十六日又谕佟驸马(二等总兵官佟养性)说:"佟驸马,尔告八游击、二都司,无主之谷草,从速调查处理,征取送来,给与未给饲料之马。此事若不从速料理,无主之阿哈将擅自卖尽矣。"② 又谕令新城游击说:"边境各处无主之谷,与其弃之,不如令欲取之人拾取。"③

这三次汗谕,说明了三点。一是出现无主之粮草的地区相当

---

① 《满文老档》太祖朝卷二六。
② 《满文老档》太祖朝卷二六。
③ 《满文老档》太祖朝卷二六。

广泛,不仅是海州、盖州和新城,而且是整个辽东地区。因为佟驸马是专管辽东汉民事务的总兵官佟养性,八游击、二都司是进驻辽东以后新任之官,专门具体负责辽民之事。这次汗命他们清查无主之谷,就是让他们在所有汉民地区进行这一行动,足见出现无主之谷的地区是何等广阔。二是出现了相当多的"无主之阿哈"。这些阿哈,就是汉族地主官绅的家内奴仆、穷苦佃农和雇工,由于他们的主人或死或逃,许多佃农、雇工、奴仆摆脱了东家、业主、家主的控制。三是这些"无主之阿哈"将主人的谷、草占为己有售卖与人的行为相当普遍,以致如不从速清查禁止,则将出卖馨尽,因此努尔哈赤在8天之内,连下4次汗谕,责令八游击、二都司赶紧在辽东地区清查和处理。

乡村如此,城市也不例外。天命七年正月二十四日后金兵进入广宁,第三天,督堂就命令城内居民说:"无主之财物、人畜,以及店库所存的金、银、闪缎、蟒缎、帛、布、翠蓝布,各种物品,尔等所得其多矣!今令尔等拿出,尔等取一半,另一半给与我等之有劳兵士。"[①]

贫苦农民既能夺取无主之谷,就更有可能占耕死于兵火及逃走在外的地主的庄田,何况这些田地本来就是他们佃种佣耕的,当然不会抛荒不耘,一定会照样耕地种田收割庄稼,只不过是没有主人鞭责催租罢了。

其五,汗、贝勒得利甚多。后金国汗、贝勒从推行"各守旧业"政策中,得到了很大好处。一是这项政策的实行,表明了从前屈居偏僻山区的小邦之汗努尔哈赤,已经一跃而为辽东的最高统治者,对各行各业都有最高支配权,有权调拨,可以让拥护新汗的汉人

---

① 《满文老档》太祖朝卷三三。

"各守旧业",也可以将反金之人定成"奸细"、"歹民"、"逆贼",将其祖业全部没收,一切皆由汗安排,辽民俱为汗之臣仆。后金辖区,尽系汗地,全为汗民。二是金汗取代了明帝,拥有辽东全部土地的最高主权,霸占了所有无主田地。汗可以迁民分地,可以赏赐臣僚庄田,也能籍没罪人田户,当然更可以圈拨土地,设立汗、贝勒、大臣的拖克索。一切逃亡、死绝之人留下的"无主之田",皆归汗有,新君可以让逃亡的业主回来以后,根据规定的条件,归顺金汗,手持银钱,向督堂叩首乞求,从而领回自己的府宅、庄田、粮谷,收复旧业。① 汗也可以命令无田之民分种无主田地,纳赋服役,听汗驱使。三是争取汉族地主,建立以满族贵族为主的满汉统治阶级的专制政权。没有汉族地主的支持,区区几万男丁的"满洲"是不能在辽东站稳脚跟的,更不能长期统治下去,而要使汉族地主中相当一部分人能够归顺金国,只靠汗谕的劝降,是不够的,还需要有更多的东西,特别是涉及汉族地主根本利益的田产、府宅、银钱等等,必须有一个明确的政策,必须保障他们的祖业、财产的所有权。"各守旧业"政策,使未逃的业主,不反抗金国的地主,能够继续占有祖产,当然也就可以凭这些祖产招佃耕种收取租谷,还可收回已经丢失和被占的田宅财谷,这样一来,当然会减少他们对新君的敌意,促使他们承认和拥护(至少是不反对)金国汗的统治。一度逃往广宁之人,返回辽阳、沈阳以后,只要归顺新主,也可依凭"各守旧业"政策,遵照督堂的规定,交纳一些银钱以后,领回祖业。"各守旧业"政策第一次把满族贵族和汉族地主连接起来了,有了共同的阶级利益,为二者的联合奠定了一定的基础。四是打击了反金的地主、士绅,扶持和加强了拥护金汗的士绅、业主势力。

---

① 《满文老档》太祖朝卷三七。

"各守旧业"政策保护了降金的官将豪绅和富商的"祖业"不被穷人侵占,且使他们得以收回失地,取回店铺财物,但对反抗金汗之人,则从重惩罚,没收其田宅财谷。这样一来,有可能促使观望犹豫之人投降新君,充当顺民,至少暂时不叛不逃,为金国汗增加了不少忠顺臣民,有利于巩固和加强金国的统治。五是有利于鼓励业主认真经营自己的产业,役使佃农、雇工耕种已荒之田和未荒之地,修渠开沟,施肥整地,筑房造宅,开店设摊各自从事自己的行业,这对改变当时田园荒芜百业萧条的局面是有裨益的。总的来说,"各守旧业"的政策,为后金国汗所想收到的"长远之利"提供了良好条件。

应当说,努尔哈赤实行的"各守旧业"政策是正确的,适应了辽东地区以汉民为主的封建制形势,对汉人的利益,对辽东社会的稳定和经济的恢复与发展,对满汉关系的协调及两个民族之间的互利共处,都是有益的,就此而言,努尔哈赤的确是一位高明的指挥者。可惜的是,这个政策没有很好地全面贯彻实行,而且几年以后就被努尔哈赤自己取消了。

第三节 "计丁授田"

一、基本情形

天命六年(1621年)七月十四日,金国汗努尔哈赤下达了一道十分重要的汗谕,宣布要"计丁分田"。《满文老档》太祖朝卷二十四对此作了如下的记述:

> 为分田事,先期传谕各村曰:海州地方取田十万日(垧),
> 辽东地方取田二十万日(垧),共征田三十万日,给与我等驻

居此处之兵马,至于我等众百姓之田,仍令在我等之地方耕种。尔等辽东地方诸贝勒、大臣及富人之田,荒芜者甚多矣,将该荒芜之田,亦列入我等所征之三十万日田内,亦可足矣。设若不敷,可取自松山堡以东之铁岭、懿路、蒲河、范河、浑托河、沈阳、抚顺、东州、马根丹、清河、孤山等地之田耕种。若仍不足,则可至边外耕种。往者,尔明国富人,占地甚广大,其田雇人耕种,所获粮米,食之不尽,而粜之。贫民无田无粮,买粮而食,一旦财尽,沦为乞丐……今年所种之粮,准其自行收取。吾今计算田亩,每丁给与种谷之田五垧、种棉之田一垧,均行给与。尔等勿得隐丁,隐丁,则不能得田矣。嗣后,以不使乞丐求乞,乞丐、僧人皆给与田,勤加耕种。每三丁,合耕官田一垧,每二十丁,征一丁当兵,以一丁服官役。

同年十月初一日,努尔哈赤又下汗谕:

降谕汉人曰:明年征收兵士之食粮、饲马之草料及耕种之田地。辽东五卫之民,令种无主之田二十万日,海州、盖州、复州、金州四卫之民,亦同样令种无主之田十万日。[①]

从这两次汗谕,我们可以了解到"计丁授田"的基本情形,主要内容有五点。其一,从法律角度说,用来分授的田地,不是有主之田,不是将现有辽民耕种、占有的土地没为官田,用来分配,而是明国"诸贝勒、大臣、富人"逃亡、死绝遗弃的田地,是没有业主的田地,是"无主之田"。

其二,这些"无主之田",是用来分授与金国进入辽东的八旗将士,即"给与我等驻居此处之兵马",至于八旗之下没有进入辽东的"我等众百姓",仍在建州地区耕种自己原来的田地。

---

① 《满文老档》太祖朝卷二七。

其三，这些"无主之田"，也用来分与辽东汉人。辽民，包括乞丐、僧人在内，都可以计丁授田，每丁六垧，五垧种谷，一垧种棉。

其四，辽民必须首报人丁数目，清点编制，不许隐瞒，不得遗漏，均应固定在土地上，按丁承领无主田地，开垦耕耘，不得弃地不耕，四处行走。

其五，授与田地，不是白送，而是为了征收国赋，勒派差役，佥民当兵。

二、利害悬殊

金国英明汗努尔哈赤推行的"计丁授田"政策，对金国政治、经济、军事各个方面，产生了很大的影响，满汉各阶层、各个群体对此的反应各不相同，有的阶级、群体，获利甚多，有的群体却受害很大。对于降金或不反金国的汉人地主、官绅来说，由于用来授与之田是"无主之田"，不是没收他们的土地，因而他们的庄田照旧归他们所有，祖业并未受到损害。并且，地主富家丁多，努尔哈赤自己就说过，辽东贫富之间，悬殊很大，有的"一户四五十丁，或一户有百余丁"，而有些户却只有一二丁。① 富户既有自家的老爷、少爷，还有雇佣的工人、家奴和佃农，原来的人丁就不少，开战以来，许多农民、市民流离失所，投靠富翁，又增加了很多人丁。因此，如果他们的庄田少于每丁六垧的数目，便可根据计丁领地的规定，领取无主之田，扩大自己的庄园。设若地多丁少，则可依照"各守旧业"政策，保留全部祖产，不拿出多余的田地，不让别人分走。

至于贫苦农民，并不能从"计丁授田"法得到什么好处。因为，所谓计丁授田之丁，并不是泛指一切成丁之丁，不是单纯按年

① 《满文老档》太祖朝卷二八。

龄和性别而言,而是包含有特定的阶级属性。包衣阿哈、雇工、佃农都不能成为独立的丁,都不是计丁授田的丁,都必须包括在他们的家主、雇主、田主的户内。由此也就可以了解,为什么在"计丁授田"汗谕中,虽然已经说到富家"雇人耕种",即已经知悉并提到了雇工和佃农,但在叙述授田的具体办法时,除了列举乞丐和僧人领种田地外,并不明确提出阿哈、雇工、佃农可以分田,原因就在于此。"计丁授田"法,与阿哈、雇工、佃农没有关系。

"计丁授田"法对巩固金国汗、贝勒的统治起了很大作用。这主要表现在四个方面。一是提供了大量军粮,保证了赋役的来源。按照天命六年七月十四日的计丁授田谕,征收"无主之田三十万垧"进行分配,一丁授田六垧,30万垧可授给5万丁。照汗谕规定汉民每三丁合耕官田一垧的标准来计算,汉民5万丁当耕17000垧,折合10万亩,以亩产1.5石计算,可收谷15万石。一兵月食谷3斗,可供45000名兵士一年的口粮。当时八旗总共只有4—6万名兵士,这就是说,将"无主之田"30万垧授与汉民5万丁以后,征足额粮,可以收到供应八旗兵士所需的大部分军粮。"每二十丁征一丁当兵,以一丁服役",又可征金大量人夫。我们这样演算,是为了说明授田的作用而简化计算的,实际情形自然复杂得多。比如,3丁合耕官田1田的规定,后来并未实行,而是征收赋谷赋银,每丁合共交银3两,5万丁可收银15万两,能买谷10万石左右。又如,计丁授田是金国基本政策之一,以后多次授地与民,授地与八旗士卒和余丁,用来分配的田地,远远超过这30万垧,所收的赋谷赋银和金派的役夫兵士,数量当然比这个30万垧的数字大得多。可见,实行计丁授田,对增加后金国的收入,保证赋役汉兵的来源,确是起了很大作用。

二是确保了八旗军的兵源,为建立和扩大八旗军队提供了十分重要的物质条件。当时,后金国并不富,赋税收入很少,没有能力发给官员、将领俸禄和兵士饷银,可是四面皆敌,汗贝勒还要进一步夺取明国城镇乡屯,征战频仍,那么,怎样才能长期维持一支五六万名的八旗军队呢?只靠抢,只靠掠,是解决不了问题的。没有这支军队,后金国怎能存在和扩展,要养这支军队,如果发放官俸和兵饷,每年需要几百万两白银和粮米,从何而来?在这关系到国家、民族和爱新觉罗家族与满族贵族兴衰存亡的关键问题上,努尔哈赤毕竟不愧为"英明汗",想出了"计丁授田"这个高招。这是参考先年老式牛录之人人皆兵的祖传习俗,加以丰富发展、演变而来的。后金军进驻辽东后,满族人丁陆续从建州老营迁往辽东,依据"计丁授田"法,分领田地,每丁6垧(后来减为5垧),纳赋服役,披甲当兵。天命三年四月攻抚顺时,努尔哈赤下谕:"每牛录五十甲,留十甲守城,四十甲出战。出战之四十甲中,出甲二十制云梯二副,以备攻战。"①一牛录出 50 甲,是六丁抽一。后来陆续增多。天命六年十一月十四日,努尔哈赤下谕说:"辽东、海州,每一牛录养马四十匹……一牛录甲士百人,以十五人驻辽东,十五人驻海州,代理备御各一名,千总各一名,各率甲兵三十人……至于一牛录新穿甲之五十名甲士,亦同样分驻于辽东海州。"一牛录出一百名甲士,是三丁抽一为兵。② 天命七年正月十八日出发,攻打广宁时,努尔哈赤下谕:"每牛录以五十甲士"留守辽阳,他率一牛录之"甲士百人"出征。③ 这就是二丁抽一披甲。兵役过重,诸申实在负担不起,难以长期坚持,天命十年正月,已改为"每牛录出

① 《满文老档》太祖朝卷六。
② 《满文老档》太祖朝卷二八。
③ 《满文老档》太祖朝卷三三。

一百甲",三丁抽一,以后大体上遵循此例。① 通过三丁抽一当兵的规定,汗、贝勒获得了大批人手,建立了一支人数众多、开支很少(无月粮,军装、战马、兵器自备)的强大军队——八旗劲旅。努尔哈赤使用这支军队,残酷镇压反金武装,捕捉逃亡的阿哈和汉民,强迫辖区内满汉人民交赋服役,并一再进攻明朝城镇,掠夺人畜财宝。不采用"计丁授田"的办法,就不能实行这样的"出则为兵,入则为民","无事耕耘,有事征调"的"兵农合一"的制度,就不能确保八旗兵士的来源,就不利于巩固汗、贝勒的统治。

三是为"以汉治汉"政策提供了有利条件。满族贵族进入辽沈以后,需要利用汉官为汗出力效劳,征赋金役,辖治辽民,率领汉人军士从征。可是,要让汉官这样做,不仅要对其授予官职,给与一定的政治特权,而且要让他们有财可得,有福可享,能够在经济上得到实惠。但是,初入辽沈,国库空虚,财力不足,没有固定的大宗收入,连将士的军饷都发不起,不能沿袭明朝官俸制度,论官职高低给与俸银禄米,只有按照满族故例,给与人口,又计丁授田,让降金汉官收取租谷,金夫服役。这一点,后来的天聪汗皇太极讲得十分清楚。他在天聪八年(1634年)正月训谕汉官时,追述了进入辽沈以后直到现在的情形说:"我国家地土未广,民力维艰,若从明国之例,按官给俸,则势有不能。然蒙天眷佑,所获财物,原照官职功次,加以赏赉,所获土地,亦照官职功次,给以壮丁。"②这样一来,降金汉官,尤其是原系末弁微员甚至是无职之人的汉官(他们是汉官的主要人员),通过计丁授田,得到大量田地,很多汉官成

---

① 《满文老档》太祖朝卷六四。
② 顺治修、康熙重修六十五卷本《清太宗实录》卷一七。以后此书仅写为《清太宗实录》。

了人丁众多田连阡陌的大地主大财主,他们当然会对新君感恩戴德,为汗贝勒江山的巩固而效尽犬马之劳。他们的人丁庄田增加越多,财势越大,在汉族地主中的影响就越大。这批汉官的命运和汗、贝勒紧紧相连,成为拥护、支持金国统治的一股重要势力。

四是为满族贵族官将扩大庄园,增加财富提供了物资条件。原来在建州时,汗、贝勒和八旗贵族官将便掠夺了大量人丁,设立拖克索,迫令阿哈耕田种地,采参打猎。进驻辽沈以后,一方面掠民为奴,没民为奴,同时又将旧有阿哈移往辽东。这样,人丁很多,劳动力是有了,可是,如果没有土地,也就不能使用这些劳动力,难以坐享其成了。通过计丁授田,解决了这一问题,满族贵族官将按丁(主要是占有的阿哈)分取大批土地,役使阿哈耕种,纷纷成为广占良田沃壤,敛取租谷差银的大土地占有者和大庄园主。

三、封建制的延续

一般地说,"计丁授田"本来讲的是授地与谁,归谁所有之事,只涉及土地的分配和土地所有权问题,并未直接谈到生产关系的形式。它可以是奴隶制的生产关系,领取大量土地的家主,役使奴隶劳动,粮谷收入全归主人,奴隶一无所有,衣食于主。它也可以是封建制的生产关系,或者是农奴耕种其地,给主子交纳差银租谷,或者是佃农承领田地,向地主纳租贡物,或者是主人雇佣封建性质的长工、短工,给付工银,占有产品。它也可以是领地农民自耕自食,向国家上交官赋,当差服役。它甚至也可能是资本主义的生产关系,分得田地的所有者,雇募人身自由的工人,支付工钱,进行资本主义的剥削。这一切,都是可能的,因此,不能一见到"计丁授田",就不加分析地断言这是封建制或其他什么生产关系,还须联系全局,综合研究,具体分析。

金国英明汗努尔哈赤于天命六年（1621年）七月宣布实行的"计丁授田"，既涉及土地所有权形式，也包含了生产关系的问题。不同类型的领地之人所采取的经营方式和生产关系亦各不相同。从土地所有权的角度看，汉民按照"计丁授田"办法而承领的"无主之田"，实际上已归他们占有，已经成为与其他"业主"占有的土地基本相同的"民田"了。金国汗对这部分"计丁授田"之田地，如同对其他"各守旧业"之民田一样，有最高的主权，必要时，可以调拨，可以另行处理。但是，宣布授田的汗谕，并未对受田者施加特殊的限制，没有规定不准出卖，不准转让，不准传给子孙，也未要求限期归还，又未命令受田者死后田地入官。在征收赋税上，也没有专门增添的新项目，而是和对待一般的"田业"、一般的"民田"一样，施行同一标准，不像明朝对官田与民田的征赋，有着相当大的差别。汗谕只规定了领田的民丁需要纳赋服役，并没有说领田者生产的粮谷全部归汗所有，这和明朝政府对民田的规定是完全相同的，这意味着赋税以外的粮谷归民人所有，明朝的民田也是这样。

至于计丁授田之田的经营形式，《满文老档》太祖朝卷五十五有这样的记载。天命八年六月二十一日，督堂下书，谕告从盖州、复州所属南边之人迁住耀州、海州、鞍山等地的汉民说："尔等移来之人，父兄当先来，记取尔等所分配之住宅、田、谷，然后率诸子弟、包衣（booiniyalma）善为耕作，收取田之谷物。对于尔等之谷物，我等不干涉，任凭尔等之意，运各自之谷而食。"

这里说的包衣，老档原文是 booiniyalma，boo，是"家"，i 为"之"，niyalma，是人，加在一起，译为"家之人"，习惯称为"包衣"，即阿哈，原意为奴仆。此处讲的辽民之"包衣"，并不是满人的包衣阿哈，而是用满人的习惯用语来称呼汉人的佃农、雇工。督堂所说田主率领子弟、包衣(佃农或雇工)种地,收获谷物,而且是泛指南迁之民,可见迁居辽民中的地主役使佃农、雇农耕种计丁授田之田的行为,是相当普遍的。这和金军进驻之前,辽沈地区普遍存在的封建租佃关系是一致的。

当然,也可能有少数汉官使用奴隶性质的包衣阿哈耕田种地,采用奴隶制剥削方式。但从上述几个方面看,在授与汉民的田地上,封建制的生产关系仍然是基本的、主要的生产关系。

综上所述,天命六年三月八旗军进驻辽沈以后,金国汗努尔哈赤确实在金国辖区内推行了"计丁授田"政策,将大量"无主之田"按丁分与满汉人员。这样一来,使封建制在授与汉人的广阔土地上延续下去,满族贵族官将占有了大批田地,增强了拥金降官、降人地主的力量,促进了满族贵族与降金汉族地主官绅的结合,对保证军粮和兵源,维护八旗劲旅,巩固汗、贝勒的统治,都起了重要作用,也对加速后金国从奴隶制向封建制的过渡,产生了重要的影响。

第四节　征赋佥役

一、按丁纳赋

对于一个国家来说,赋税和徭役是必不可少的,没有它,国家机器难以运转,通过它的变化,也可了解这个国家这个政权的一个主要方面的基本情形。进驻辽东以后的金国实行什么样的赋役制度?

金国汗努尔哈赤很重视征赋佥役问题,多次下谕催收国赋。天命六年(1621年)三月二十一日八旗军打下辽阳,进驻辽东。五月初五日努尔哈赤下谕,劝诱镇江居民归顺时就说过,不会因为辽民反金而将全体汉民斩尽杀绝,因为,若将辽民杀光,就把此地"所产之口粮"尽皆丢弃了。①

天命六年七月十四日的"计丁授田"谕规定:"每三丁合耕官田一垧"。② 这个规定太古老了,没法实行。

天命六年八月十七日,汗谕:"从速逼迫催征依照旧例征收官赋之谷草。"③

天命六年九月十六日,汗谕:"佟驸马,著尔传谕八游击、李都司……征官赋之谷时,著连草料一并征收。"④

天命六年十二月初十日,努尔哈赤下谕,指责管辖盖州、复州、金州的副将刘光祚说:"依照旧例征收之谷、银、炭、铁、盐等官赋,何故不从速催征送来!"并指示:"遣佟备御率兵一百,令其催征依照旧例征收之官赋。"⑤

同月十四日,又下汗谕:"汗所差遣督催依照旧例征收之官赋,勿得停止。"谕爱塔副将:"命将盖州、复州所征官赋之草送来。如有不敷,则向该地方之人征以银两。"⑥

同月十八日,汗又谕爱塔副将:"汗沿旧制所征收的各项官赋,勿增勿减,照旧征收。""汉官等私下擅征之谷、草、麦、芝麻、线麻、蓝靛、笔、纸等物,俱皆革除。"⑦

天命七年正月初七日,"汗谕众汉人曰:凡酉年照例应征收官

① 《满文老档》太祖朝卷二一。
② 《满文老档》太祖朝卷二四。
③ 《满文老档》太祖朝卷二五。
④ 《满文老档》太祖朝卷二七。
⑤ 《满文老档》太祖朝卷三十。
⑥ 《满文老档》太祖朝卷三十。
⑦ 《满文老档》太祖朝卷三一。

赋之各种物品,著从速尽行交纳。"①

这些汗谕,是针对辽东全体编为民户的汉民而言,所有汉民都要遵守这些谕令,缴纳官赋。这些谕令,用词和语气都很厉害,要快征,要全征,要逼征,还要尽快送来。反复强调"从速督催送来","从速尽行交纳","从速逼迫催征",真是急如星火,不许迟延,不准拖欠。

所有这些汗谕,集中反映了一个十分重要的问题,这就是与明朝对抗的、奴隶主专政的后金国,打败明军,进驻辽东后,竟基本上采用了明朝征收赋税的"旧制"、"旧例",实行了明朝封建王朝征收赋税的封建赋税制度。

这些汗谕,都着重强调依照"旧制"、"旧例"征收各种官赋。这个"旧制"或"旧例",并不是建州故制,因为从女真国到后金国,进入辽沈以前,辖地不广,人口不多,且主要是称为"诸申"、"女真"的满族,汉民基本上沦为阿哈,除"抚顺额驸"李永芳一千余降民外,全体人员都编入八旗,征赋金役时,是按八旗制进行的,没有成套的、固定的、正规的赋役制度,也就是说没有"旧例"。汗谕所说的"旧例",不是其他国家的故俗,而是明朝政府在辽东征收国赋的赋役制度。此事可从三个例证得到说明。天命六年八月十七日的汗谕,命令"从速逼迫督催依照旧例征收官赋之谷草"。金军三月入沈,八月是其进驻以后第一次收获季节,也是第一次在新的辖区专门对汉民征收官赋,可见汗谕所说的"旧例",应是明国的征赋制度。

十二月初十日的汗谕,讲到"依照旧例"征收的官赋项目有:"谷、银、炭、铁、盐等官赋",这和明朝政府在辽东征赋的项目基本

① 《满文老档》太祖朝卷三二。

相同。明嘉靖年间,辽东都司额田 31620 顷,额粮 364900 万,额盐 377473 斤,额铁 395070 斤,额草 5946300 束。① 这也表明,汗谕说的"旧例",就是明朝征赋的办法。

这个月的十八日,努尔哈赤在谕令副将刘兴祚"依照旧例"征收官赋时,又着重指出,"汉官私下擅自征收之谷、草、小麦、芝麻、线麻、蓝靛、笔、纸等物,俱皆革除"。将此谕和五个月前的"计丁授田"谕相比较,该谕中努尔哈赤明确指出,要将过去明朝官将私征各物,尽行革除。他说:"尔等明国之参将、游击,一年所取者,豆、高粱及粟,合共五百石,还有麻、麦、蓝靛,每月食用之米、菜、木炭、纸,又取银十五两,我今将此苛政尽行革除。"②两谕列举汉官过去私征之物,何其相似。

当然,金国与明国很不相同,剥削方式与传统习惯与明也不一样,因此,在赋役制度上也有其特殊之处,主要是从天命七年起,在保留明朝征收封建赋税的主要项目和正额数量的条件下,渗进了入驻辽沈前的传统作法,即实行以丁为主要计算单位的计丁征赋佥役制,而不是像明朝着重在以田地为纳粮单位的计算办法。这从下述四例可以证明。

例证之一,努尔哈赤规定,八旗官将计功按职分为几等,各食若干丁的钱粮,以代替明朝按官给俸制度。比如:

> 汗曰:额亦都巴图鲁,独取舒勒格布占,克巴尔达城,败萨克寨之来兵,奋战于尼玛兰城前,著为一等大臣,授总兵官之职,其本身及子孙三世,食百人之钱粮。

> 同乌拉大国之战中,身先士卒,下马步行,奋勇攻战,击败

---

① 嘉靖《辽东志》卷三《财赋》。
② 《满文老档》太祖朝卷二四。

乌拉兵,灭大国,著赏阿达海一等备御之钱粮,十人。一员千总,四人;三员把总,各三人;三名守堡,各二人;驻都城之甲兵、哨兵、门卒、匠人,各二人;铁匠、瓦匠,各二人。[①]

又如

汗曰:赏贝和齐叔二等参将之钱粮,二十二人……(达柱虎)著为参将,赏一等游击之钱粮,十六人……赏代理副将哈喇三等游击之钱粮,十二人……赏(章噶尔吉)三等备御之钱粮,六人……赏硕色二等备御之钱粮,八人。[②]

所谓食多少人的钱粮,就是说,这些人每年应上缴国家的"钱粮",不交国库了,作为俸银,由这些官将享用。看看后来皇太极执政时对这种制度的说明,就更加清楚地看出官赋是以丁交纳的。天聪八年(1634年)正月,众汉官要求减免自己占有的人丁之徭役时奏称:"我等蒙圣恩,每备御帮丁八名,止免官粮",其余杂差,"与堡民一例当差",请求免去这八丁应该承担的徭役。[③] 这里所说的帮丁八名,即系上述《满文老档》记述努尔哈赤规定的二等备御应食钱粮的八丁。备御占有的八丁,本应交纳官赋,因作为俸银,不交了。这八丁免去的官粮,不向国库交纳,而由本主占有。可见,赋税(官粮)是按丁计算,按丁征收的。

之所以用丁作计算单位,按丁征收,就是因为实行了计丁授田制度,金国辖区的大部分地方,实行了按丁分授田地办法,每丁皆有地六垧(后减为五垧),其上缴的官粮,就是折算这些田地应交官赋的数量。这就是天命七年起实行计丁征赋的规则。

例证之二,平虏堡民交给恩格德尔的赋谷赋银。上述各官分

---

① 《满文老档》太祖朝卷六二。
② 《满文老档》太祖朝卷六二。
③ 《清太宗实录》卷二〇。

食若干丁的钱粮,固然可以说明实行计丁授田地区,按丁领受田地的满汉官员是计丁交纳官赋,但是没有实行计丁授田的地区,没有领田的民人,是否按丁交赋? 每丁又交多少? 这两个问题仅从上述材料不能说明,还需看看平房堡的情形。

天命七年正月初八日,努尔哈赤下令,"以平房堡之四百三十四丁,给与蒙古恩格德尔额驸……每年所征官赋,银一百两、谷一百石,以我之手给与。"①

平房堡在辽阳西北边境,接近蒙古地区,没有实行计丁授田,这里的汉民是一般的民户。努尔哈赤以平房堡民赐给恩格德尔,一年434丁征"官赋银一百两、谷一百石",平均每丁征银"六钱三分、谷二斗三升"。这批银谷本应上缴国库,因堡民赐与恩格德尔,故将此银谷交与恩格德尔。这里,根本未提本堡有多少田地,每亩应交赋谷赋银若干,而一概以丁计算。可见,在未授田与民的边区,对汉民的征赋,也是按丁计算。

例证之三,再赐恩格德尔丁赋。天命八年二月十二日,努尔哈赤以十分优厚的条件劝诱恩格德尔来归定居时说:"(过去)曾给汝之一千丁,一年所取之银六十六两、粮一百一十石,仍照旧给与。"这次,如来定居,"将赐尔等八千丁之赋谷赋银","一年取银五百二十两、谷八百八十石,供差役之人一百四十人,牛七十头,护身兵士一百四十人"。②

在这里,明确地讲到赐八千丁的赋谷、赋银,却不讲赐多少土地的田赋,可见金国是实行计丁纳赋制。

例证之四,督堂上报丁银的材料。《满文老档》太祖朝卷四十

① 《满文老档》太祖朝卷三二。
② 《满文老档》太祖朝卷四五。

五载述了督堂向汗呈报赋银的材料。天命八年二月初十日，"督堂汇奏曰：一年每男丁应纳之官赋：赋谷、赋银、饲军马之料，共银三两。按三两银计，淘金之六百丁，每年征金三百两。炼银之一万丁，征银三万两。"

这段材料十分重要，很有说明力。这是金国具体处理日常政务的督堂向汗汇总报告的数字，是全面概括全国情形的总结性材料，不是讲个别地区、个别人的负担。每丁征收的项目，包括了赋谷、赋银，还包括了饲养军马的草料，即包括了主要的官赋项目，加起来折为白银，合共三两。

这里所说的丁，虽未明说是农，是工，还是商，但从其着重举出的赋谷、赋银、马料来看，很显然是指农业的丁，是指有田地的丁。以农业上的丁每年应交官赋的数量，推广到淘金的丁、炼银的丁，皆照此数，都是每年每丁征银三两。这就非常有力地说明了，这是通行全国辖区的征赋标准。以上一切材料，充分证明了全国的赋税征收是以丁为计算单位，按丁征取官赋。

二、计丁佥役

金国汗努尔哈赤既规定官赋计丁征收，又规定差役亦以丁为单位佥派。役包括两个方面，一为出兵，一为出夫。天命六年（1621 年）七月十四日的"计丁授田"汗谕中，努尔哈赤规定："每二十丁，以一丁当兵，一丁服役。"①这是关于领受田地的汉民而言。不久，计丁佥役的规定扩大到所有汉民。

天命六年十一月十九日，努尔哈赤"降书汉人"，宣布按丁佥役的政策说：

---

① 《满文老档》太祖朝卷二十四。

我自来辽东察得,凡派官差,皆不按男丁计数,而按门(户)计数。若以按门(户)计数,或一门有四五十男丁,或一门者百余男丁,或一门有一二男丁。如此按门(户)计数,富者行贿可以豁免,贫人无财而常充工。我不行尔等之制……我颁行之制……无论贫富,皆以男丁计数,每二十男丁,出一丁为兵。遇有急事,十丁出一人服役。若系缓事,百人出一人服役。百以下,十以上,视事之缓急而摊派之。①

这是关于役的基本规定。现在先看看兵役的情形。每二十丁出一丁当兵,这是很重的奴役。不仅每二十丁须出一丁当兵,还须置备衣服、兵器及马匹。天命七年正月初四日,努尔哈赤下谕:"二十丁,征一丁为兵。此当兵之人,乘价银十两之马,及携带之器械,令二十人合摊。"②

同月初六日,努尔哈赤又下谕,详细规定按照汉官管辖辽民人丁的多少,各自准备一定数量的大炮长铳。管4千人的汉官,以200人充兵,其中100名兵士,"配以大炮十门、长铳八十只"。管3千人的汉官,以150丁当兵,"配以大炮八门、长铳五十四只"。管2000丁的汉官,以100人当兵,"配以大炮五门、长铳四十只"。③

每两百丁需出10名兵士和10匹马,每匹马价银10两,10匹马就是200两。兵士的军服,兵器(刀、枪、弓、箭)、鞍辔,以及大炮半门、长铳四只,需要很多银两,是很沉重的负担。

汗、贝勒对这些汉兵并不相信,戒心很大,施以严格管理。努尔哈赤在天命七年正月初四日谕令"每二十男丁,抽一丁当兵"

---

① 《满文老档》太祖朝卷二八。
② 《满文老档》太祖朝卷三二。
③ 《满文老档》太祖朝卷三二。

时,又规定"当兵之人的家口,令速来京城居住"。① 把兵士的家属作为人质。第二年四月,又作了修改,规定一半汉兵及其父母妻子居住在东京城。四月十三日,"督堂之书下:于一备御之五百汉人,出一千总、二十五兵,将千总自身及父母妻子、十二兵自身及父母妻子,令住于东京城,其家人仍居原处耕田……兵士所持之炮、弓、撒袋、腰刀、枪,皆收之,存藏于备该管官员家中。"②

兵士的马,如果瘦削,则鞭打该兵,马死,责令兵士赔偿。

至于汉民出役夫的人数,比例也很大,基本上是十丁出一夫,有时五丁出一夫。当时,征战频繁,大兴城工,既筑新都东京城,又移都沈阳,还大修各地重要城池,拉石运木,载土装沙,砌墙拌灰,金派了大量民夫和牲畜。比如,天命七年正月初四日,努尔哈赤下谕:

> 著查点国中男丁,每百丁设百长一名。修筑汗城,每十丁抽一丁服役。每百长派男丁十人,牛车三辆,每二名百长,出一百长,带领率来,另一百长留下统管之。海州所属之人,限于本月初十日抵辽东(即辽阳);盖州所属之人,于十日抵达;复州所属之人,于十八日抵达,金州所属之这边人,于二十二日抵达,那边之人,于二十五日抵达……凡汗所征之兵及所点派之役夫,倘缺一人,或逾一日不达,则以尔等地方长官、守堡及百长从重治罪。③

除城工之外,辽民还要运送军粮,输送军械器具等,差重役繁,疲于奔命。

---

① 《满文老档》太祖朝卷三二。
② 《满文老档》太祖朝卷四九。
③ 《满文老档》太祖朝卷三二。

三、额外科索

自命为体恤民情执法公正禁止官将额外科索民人的金国英明汗努尔哈赤,多次宣称只征正赋,不另科派,指责明国官将额外私征各种苛捐杂税,下令禁革。他在天命六年(1621 年)七月十四日的"计丁授田"谕中对汉民讲道:计丁授田,每三丁合耕官田一垧,每二十丁,以一人充兵,一人服役。"不似尔国官吏差人敛财于下,贿赂于上。尔汉人参将、游击,一年领取豆类及高粱、小米共五百石,麻、麦、靛等不计其数","我已谕令革除此种杂费,秉公执法而生之也"。①

实际情形却并非这样,不仅官将私下擅自对辽民百般科索,就是金国汗也一而再再而三地多次对辽民额外科索,这些科索是很厉害的,项目不少,剥削量很大。有一次竟强迫辽民每三丁缴纳额外科派的粮谷二石之多。

天命八年二月十六日,督堂下书,"晓谕诸申官所管之汉人等,每三丁征粮二石,一石运往沈阳仓。另一石,如属辽东人,即存放辽东仓,如属复州、盖州、海州人,即存放海州仓。送往沈阳之粮,令盖州以内之人,限三月二十日办理完毕,具文奏报督堂。盖州以外,复州以内之人,限三月三十日办理完竣,具文奏报督堂。"②

督堂的这个规定,涉及人多,苛敛很重。分析这道命令,首先要弄清交谷人丁的大致数目。天命七年分拨辽东汉民归隶满汉官将时,女真(女真即满人)官将中之备御(即过去的牛录额真),每

---

① 《满文老档》太祖朝卷二四。
② 《满文老档》太祖朝卷四五。

备御辖汉民五百丁,参将、游击各一千丁,副将一千七百丁,督堂、总兵官三千丁。汉官"总兵官,各四千丁。副将各三千丁,参将、游击各二千丁"。① 汉官人少,官职低,管辖的汉民不多,女真官将则人多职高,统辖了大部分汉民。

女真官将辖属多少汉民,绝对数字难以确定,没有发现这方面的史料,但能够分析出大致情况。可从两个方面来看。

一是按八旗的官将人数来推断。当时,八旗大概有 240 个牛录,每个女真备御辖丁 500 名,合共 12 万丁。五牛录为一甲喇,有 48 个甲喇章京(即参将、游击),每员参将、游击辖辽民男丁 1000 名,当有丁 4.8 万。每旗两个梅勒额真(即副将),每人辖丁 1700 名,八旗梅勒额真当辖丁 27200 名。固山额真(总兵官)辖丁 3000 名,八位固山额真当辖辽民男丁 24000 名,总共八旗固山额真、梅勒额真、甲喇额真、牛录额真(备御)当辖汉丁 22 万丁。

另一个计算办法是按照备御的数目测算。金国汗在赐给官将财物时,常以备御作为计算单位,把总兵官、副将、参将、游击等备御以上官职的将官,分别折为若干备御,依此按职赏赐。天命八年五月三十日,赐盐与各官时,"督堂、总兵官、副将、参将、游击、备御等人,七百零六名备御,各发盐一百斤"。② 每备御辖丁 500 名,照此推算,当有 35 万丁。

这两种测算,数字不同,但结论却是一个,即女真官员辖属的汉民很多,大致是二三十万丁。按照每"三丁征谷二石"的规定,可敛谷 14 万石到 20 万石。明朝辽东都司有"额田"316 万余亩,征"额粮"36 万余石。此次辽民额外交纳的粮谷相当于明朝全辽

① 《满文老档》太祖朝卷三二。
② 《满文老档》太祖朝卷五三。

东额定官赋一半左右,可见其数量之大。

还要看到,这项额外科索是在年荒缺粮谷价猛涨的情形时征收的。当时,农田歉收,粮谷昂贵。就在谕令每三丁交谷二石的第二月,天命八年三月十五日,努尔哈赤下谕说:"谷价甚高,一板斗谷值银一两矣。"①一板斗合汉斗一斗八升。一石谷值银五两五钱。每三丁征谷二石,平均每丁征谷六斗六升,折银三两七钱,超过了前述督堂所说每丁征收官赋折银三两之数。在年荒缺粮谷价昂贵的条件下,征收大大超过每丁正额官赋的临时苛派粮谷,这种剥削实在是太重了。

后金国汗、贝勒、大臣对辽民的额外盘剥,还不止于此。因贫苦农民没有耕牛,后金国官吏把从辽东掠夺来的牛以"官牛"名义出贷与民,征收租谷。也就是在下令每三丁征收额外科索粮谷二石的这个月,天命八年二月二十六日,督堂下令:"准今年饲养一万头官牛之人用此牛耕田。按明之旧制,租用一牛,给汉人之租谷五石、草一百束。"②

租赁一头牛,收租谷五石,值银二十七八两,还加上百束草,剥削够重的了。

赁一头牛,收谷五石、草百束,一万头牛可收谷五万石,相当于明朝全辽额粮总数的七分之一,可折银二十七八万两。万头官牛可收草百万束,相当于全辽额草总数的五分之一。这又给后金国增加了大量收入。金国汗、贝勒真是"善于理财","开源有方"。

以上讲述了全国对汉民征赋金役的基本情形,现在从生产关系的角度对这种赋役制度略加分析。我认为,后金国汗努尔哈赤

① 《满文老档》太祖朝卷四十七。
② 《满文老档》太祖朝卷四十七。

实行的上述赋役制度,是封建的赋役制度。一则,从理论上说,它是沿袭明朝"旧例",基本上采用了明朝征赋派役的办法,明政府是封建政权,其赋役制度是建立在封建生产方式的基础上,后金沿袭明制,自然也是封建性的赋役制度。从实际上看,后金国以丁为计算单位的赋役制,与土地密切相关,与"计丁授田"、"各守旧业"紧密相联。"各守旧业"的田主,有土地,计丁授田的人也有土地,努尔哈赤让汉民保有旧业,授以土地,就是要让他们计丁纳粮当差。八旗人丁领地之后,也是"凡百差徭,皆从此出"。这就清楚地表明了,赋役的征金,离不开土地,领种汗、贝勒之田,就得向他们交赋服役。这种建立在封建土地所有制基础上的征收官赋、派民服役,当然是封建性的,是封建的赋役制度。

第五节　诸申与阿哈

一、诸申身份的下降

诸申,乃满文 jušen 的音译,是女真和早期满族人对自己的称呼。诸申的身份,在不同时期,有不同的变化。努尔哈赤兴起以前,诸申是女真部落中的主要成员,过着"一任自意行止,亦且田猎资生"的生活,是任意耕猎、不受统治、不受压迫剥削的自由的氏族成员。

努尔哈赤于明万历十一年(1583 年)五月起兵以后,到天命六年(1621 年)三月进驻辽东以前,诸申两极分化,一小部分诸申紧跟汗、贝勒,奋勇冲杀,效劳立功,被淑勒贝勒、聪睿恭敬汗、英明汗努尔哈赤授与官职,赏赐人畜财帛,上升为牛录额真、甲喇额真、梅勒额真和固山额真(如额亦都、安费扬古,等等),占有大量阿哈,成为奴隶主、贵族、官将。大部分诸申,则因现在"既束行止,又纳所猎",被编入八旗之下的各个牛录,听从牛录额真等官将辖治,服从汗谕,被金令披甲出征,屯垦田地(汗谕每牛录出十丁四牛垦地),筑城造船,官役频繁,伤亡累累,法网森严,动辄得咎,使他们的处境显著恶化,已经从自由的氏族成员下降为奴隶占有制国家统治的穷苦平民。

天命六年三月八旗军进驻辽沈以后,诸申的情况更为恶化,地位更加下降。在这个问题上,努尔哈赤发挥了强大影响。

对于这段时间诸申的地位,努尔哈赤作了总结性的讲述。天命八年正月二十七日,努尔哈赤训谕诸贝勒、大臣,评论君、臣、民、奴的情形,明确规定各自的身份、地位、义务和相互关系。他说:

> 天之子汗,汗之子诸贝勒、大臣,诸贝勒、大臣之子伊尔根(irgen),主(ejen,额真)之子阿哈。

> 伊尔根以诸贝勒、大臣为父,若敬思弗亡,不萌贼盗奸诈凶暴之念,不违法禁,尽力维生,则忧愁何由而生。

> 伊尔根若违背诸贝勒、大臣之法禁,而为盗贼奸诈凶暴之行,则将为诸贝勒、大臣所谴,遇逢忧患矣。

> 女真、蒙古、汉人,无论何人,皆弃贼盗奸诈凶暴之心,持公正善良之心,自汗、贝勒以下,取木之男、运水之妇以上,忧患不自外而来,出出于各自之身也。①

汗谕里的伊尔根,原意为"民"、"黎民"、"百姓",在这里指的就是当时被称为"女真人"的满族的诸申。汗谕规定,伊尔根以诸贝勒、大臣为父,是贝勒大臣之子。这里所说的父与子,讲的是上下关系,尊卑关系,奴役与被奴役的关系。被尊为父的贝勒大臣是

---

① 《满文老档》太祖朝卷四四。

统治者,被抑为子的伊尔根是被统治者。为父的贝勒大臣对其子伊尔根拥有生杀予夺大权,有权管辖、盘剥和惩罚。被贬为子的伊尔根,则应对贝勒大臣"敬思弗忘",毕恭毕敬,俯首听命,奉养孝顺,不得冒犯父的威严,不许忘记父的恩德,须听从父的辖治,规规矩矩,安分守己,不得产生犯上作乱的念头。伊尔根须"尽力维生",耕田种地,当兵服役,筑城纳粮,安于当牛作马的卑贱穷苦生活。如果伊尔根对此不满,胆敢产生犯上作乱念头,违犯贝勒大臣的法禁,则将为贝勒大臣"所谴",罚银夺物,枷责鞭笞,脚镣手铐,抄家籍没,妻儿为奴,斩首示众,"遇逢忧患矣"。

将汗谕中关于伊尔根的这些讲述和规定,与进入辽沈之前努尔哈赤谈论诸申的话作一比较,便可发现有着相当大的区别。天命六年闰二月十六日,努尔哈赤下谕,讲述诸申、阿哈情形时,说道:"贝勒当爱诸申,诸申须爱贝勒……贝勒与诸申,阿哈与主,若皆互相慈爱,则天嘉之,人皆喜好矣。"①过了 12 天,二十八日,努尔哈赤赏赐食盐给筑城之人时又说:"汗善待国人,国人亦善对汗矣! 贝勒善视诸申,诸申亦善视贝勒矣! 若汗知国人之苦,贝勒知诸申之苦,则诸申、伊尔根虽劳苦从事,亦无怨矣。"②

两相对比,虽然在进入辽沈前后的不同的两个阶段中,诸申、伊尔根都遭受统治者的剥削奴役,但情况已有三点明显的差异。一是在此之前,努尔哈赤强调贝勒与诸申的互爱,强调"善视诸申",以这种方式来促使诸申劳苦而"无怨",现在则公开恫吓,杀气腾腾,逼令伊尔根听从役使,不得有作乱犯上的念头和行为。

二是直截了当地将伊尔根压抑为贝勒、大臣之子,身份、地位

---

① 《满文老档》太祖朝卷一七。

② 《满文老档》太祖朝卷一八。

显著下降。

三是从过去以诸申为主,间或以诸申、伊尔根并提,改为现在只提伊尔根,或以伊尔根为主,把诸申也包括在伊尔根之内了,可见女真-满族的诸申,已经下降为类似内地汉族百姓的封建依附民了。

现在以"汗谕"为纲,联系当时情形,看看沦为封建依附民的诸申遭受剥削、奴役的具体情形。先看看诸申的"尽力维生",这主要表现在"计丁授田"和纳赋服役上。

天命六年七月十四日的"计丁授田"谕,规定"海州地方取田十万日(垧)、辽阳地方取田二十万日,给与我等驻居该处之兵士。至于我等众百姓之田,仍在我等地方耕种……一丁种谷五垧,植棉一垧。"①

计丁授田,在女真-满族历史上,过去是没有的。努尔哈赤起兵以前,女真地区的土地是公有的,不是个人私产,当时谈论人们的财富和家产时,不包括田地,"家产"仅仅指的是"阿哈、牲畜"。没有分授土地、买卖土地的行为。直到天命六年二月,也没有发生这种行为。现在,英明汗努尔哈赤下谕,将辽沈地区汉人的"无主之田"计丁授予八旗兵士,这就表明所有"无主之田"皆归汗所有,彻底破坏了行之上百年几千年的土地公有的古老传统,建立了属于金国汗的新的封建土地所有制。随之而来的是,原来耕种氏族公有土地的诸申,变成了计丁领种为汗所有的"无主之田"的伊尔根。既领种汗田,就得为汗纳粮当差,就下降为汗之封建依附民了。所谓"每丁给田五日,一家衣食,凡百差徭,皆从此出",②就是

---

① 《满文老档》太祖朝卷二四。
② 《天聪朝臣工奏议》卷上,高士俊:《谨陈末议疏》。

讲的这种情形。

　　诸申是怎样交纳封建官赋？对于这个重要问题，三种《太祖》实录没有任何记载，明国和朝鲜的人也没有叙述。《满文老档》太祖朝卷四十五载，天命八年二月十六日，督堂下令说："每牛录之三百丁，征谷二百石，一百石运往沈阳，另一百石，如属海州人，即存海州仓，如属辽东人，即存辽东仓"。女真官将管辖的汉人，每三丁征谷三石，一石送沈阳，另一石送辽阳或海州。

　　这里讲的每牛录女真300丁征谷200石，是否诸申交纳的封建正项赋谷？是否三丁征粮谷二石？我认为不是。从天命六年七月十六日下达"计丁授田"谕起，到此时，甚至以后，《满文老档》里没有任何向女真每牛录300丁征收赋谷200石的记载。汉民有正额官赋，并不是3丁征谷2石。前面已经说明，女真官将辖治的汉民，每3丁征谷2石，是后金国对汉民征收的额外苛派，汉民如此，女真是否也是这样？我认为是这样的，根据是在督堂下达此命令的前半个月，二月初二日，努尔哈赤下了一道汗谕，讲述运谷之事。他说：

　　　　以前，为右屯卫之粮，每三丁取粮一石。今命运南方迁移地方之粮，亦每三丁取谷一石。若不运，而愿以尔家之谷给与，亦可了结。[①]

　　这里说的右屯卫之谷，是指明国于广宁附近的右屯卫积存了上百万石粮食，后金军占领广宁后，陆续派遣大批人丁牛车抢运此谷，送往沈阳、辽阳。

　　努尔哈赤的这道汗谕是说，为搬运右屯卫和南部迁移地方的粮谷，命令诸申每3丁运谷2石，如不去运，愿以诸申自己家中粮

---

　　① 《满文老档》太祖朝卷四四。

谷2石上交,顶替运送之谷,也可以。广宁右屯卫和南部迁移地方,都远离辽阳、沈阳,路途遥远,道路不宁,诸申、汉民差徭又多,不易离家,很难备办牛车前往装运,可是,不运又不行,只得以自己家中之粮上交顶替,这实际上是金国汗借运谷之名,对诸申的额外科派。因此,在汗谕下达之后的半个月,督堂干脆命令女真、汉民皆3丁征谷2石,运往沈阳、辽阳、海州。

诸申既要承担额外科派,还要交纳正额官赋。这在《满文老档》太祖朝卷六十九所载的几十件努尔哈赤免除臣、民纳赋交粮的敕书上,反映得十分清楚。现引录两件。一件是汗赐与萨布图的敕书说:萨布图原系挂勒察路大臣,前来投靠,有功,"自彼随来之人,子孙皆令勿与于赋"。这段材料说明,一切女真人,都应缴纳正赋,但如因其有功,经汗赐与免赋敕书,就可以免除应交之赋。

另一件是瑚岱三人的免赋。瑚岱、巴柱、格布库是诸申,没有资格领受敕书,故将其免赋之事写在三人之牛录额真诺木图的敕书上。它是这样写的:汗谕:"诺木图牛录之瑚岱、巴柱、格布库,因自锡伯携子女等逃来之功,子孙世代勿与于赋",将此等功书于诺木图的敕书上。可见,诸申因有功,也可免赋,甚至因功之大,还可以子孙世代免赋。

诸申也是计丁纳赋。前面讲过天命八年二月初十日,督堂总括全国情形说,每丁一年征收官赋之赋谷、赋银、饲军马之料,总计是三两白银。这也就是诸申每年每丁上缴的正额官粮数目。

诸申的力役负担很重,一般是三丁抽丁一名当兵披甲,有时还二丁抽一为兵。兵士的军装、战马、兵器皆须自备。军马一匹,少者白银十两,一般是几十两,最贵时三百两一匹。

兵士没有饷银,仅能免除一至二丁的官赋,全靠耕种计丁领地的收获。长期当兵,征战驻防,耕种困难,收成不好,入不敷出,日子艰难。

没有披甲的余丁,承担着繁重的差役。每牛录需出6丁以上,在汗、贝勒府宅服役。每牛录规定养官马16匹以上,又需若干余丁饲养放牧。每牛录还要出守台人、铁匠、银匠、弓匠若干名。[①]

筑造城池是苦累诸申的重大负担,连努尔哈赤也不得不承认:"我等旧女真,又有修筑各城官役之苦。"[②]

其他临时差派,也很繁重。现以天命七年二月为例:二月初一日,命一牛录出一人,自广宁往辽阳,迎接金国汗的诸位福金,前来广宁,与汗会晤。初三日,命一牛录出一人,护送乌尔古岱额驸之子恩塞德里尸体,自杏山回辽阳。初六日,命辽阳牛录的人,耕种披甲兵士的田地。二十七日,命一牛录出十五人,饲养朝鲜马。[③]

诸申遭受严格控制,动辄得咎,鞭打斩首。弓匠矾塞、穆巴里牛录诸申呼什,穆哈连牛录的诸申乌齐凯,未经许可,自萨尔浒来辽阳,以其"无故乱行",立被拘捕,重刺耳鼻。[④] 叶赫诺浑牛录的13名诸申,"盗"马五十匹,各被鞭打一百,刺耳鼻。尼隆阿牛录的一名诸申,"因盗诸申人之鞍辔,乱刺耳鼻、脸、腰等处而杀之"。[⑤]

综上所述,诸申从过去自由耕垦公有土地,变为计丁领种金国汗的"无主之田",从每牛录出十丁四牛屯垦闲地,到按丁交纳官粮,三丁抽一当兵,计丁服役,从贝勒与诸申"互爱"、"善视诸申",到诸申被贬为子,尊贝勒、大臣为父,法网严密,动辄被惩,这一切表明,诸申已下降为金国汗的封建依附民,与汉族贫民的处境基本

① 《满文老档》太祖朝卷二一。
② 《满文老档》太祖朝卷二七。
③ 《满文老档》太祖朝卷三五、三六、三七。
④ 《满文老档》太祖朝卷二〇。
⑤ 《满文老档》太祖朝卷三五、三六。

相同,一起成为金国的被压迫的"百姓"、"黎民"了。

二、禁杀阿哈

进驻辽沈以前,奴隶性质的阿哈(又称包衣阿哈或包衣)人数很多。他们衣食于主,被迫在汗、贝勒、八旗各级额真等主子的拖克索中耕田种地,还要牧马放牛,采挖人参,猎捕兽禽,伐木运水,洗菜做饭,侍奉家主,征战之时,陪主出征,牧马备鞍,厮杀拼命,当时后金国农业生产的主要劳动力就是这批遭受奴隶制剥削的包衣阿哈,奴隶制的拖克索占主导地位。

天命六年(1621年)三月二十一日打下辽阳,后金军进驻辽沈以后,阿哈的人数又增加了很多,主要是战争中掠夺人丁被逼为奴。努尔哈赤一向实行"逆者以兵临","俘者为奴"的方针,在攻取沈阳、辽阳时,掠夺了大量汉民,后来又多次派兵镇压各地反金人员,掠夺了大批俘虏,逼令充当阿哈。六年五月,以镇江汉民拒降,杀抗拒者,"俘其妻孥千人",分与将官士卒。七月镇江汉民起义,镇压后,"携一万二千俘虏归",八年四月,复州城民欲逃,杀其民"一万七千余丁","掠其子女为俘获"。[①] 此外,查寻逃人时,将逃人(阿哈及辽民)及收留者没为阿哈。这样一来,阿哈数量急剧增加,超过了进入辽沈以前,汗、贝勒、大臣和八旗官将也就因阿哈的增加而大量设置拖克索,遍布全国各地。姑举三例为证。天命六年十二月十一日,努尔哈赤降谕,"召八贝勒家之人谕曰:将原先给与各拖克索之所有汉人,皆送于稽丁处,再按应得之数分取之。"[②]这里明确讲到,过去将汉人分给各贝勒的拖克索,这些汉人

① 《满文老档》太祖朝卷二一、二四、五四。
② 《满文老档》太祖朝卷三〇。

就是被掠为俘获的包衣阿哈,因为,编为民户的汉人,是分隶八旗官将管辖,不会给与八贝勒拖克索的。又如,七年正月初五日,即距上谕不到一个月的时间,努尔哈赤又下谕说:"著将于抚顺所获之汉人,给与我等之各贝勒,其领催管辖之人,由各该主子察看任置。"①可见,攻取抚顺时掠取的汉民,相当多的是由汗给与各贝勒了,安排在他们的拖克索内,耕田种地。再如,二月二十五日,努尔哈赤致谕留守辽阳的诸贝勒说:"将尔等得获之二百匹马、四百头牛,给与自兀鲁特来之(蒙古)诸贝勒,所得汉人亦给与自兀鲁特来之诸贝勒,为种圃置拖克索之人。"②

阿哈除了在拖克索里耕田种地外,还要承担其他苦役,如在汗宫、贝勒府宅和额真大院里当牛作马,侍奉家主,伐木砍柴,深井汲水,淘米煮饭,牧马放羊,养猪饲牛,采参摘松,猎虎捕豹,随主从征,这些苦活、累活、脏活、危险活,无不承担,还经常遭到家主的斥骂鞭打。

阿哈的人身严格隶属于家主。金国汗努尔哈赤于天命八年正月二十七日下达的汗谕,对阿哈的地位、义务作了根本性的规定。他说:

> 主(ejen,额真)之子阿哈……阿哈以主为父,若敬思弗忘,不萌贼盗奸诈凶暴之念,小心翼翼,而尽力于阿哈之事,则刑罚从何而至……阿哈若不小心翼翼,尽力从事主子所委托之事,违之,而为盗贼奸诈凶暴之行,则将为主所责,受刑罚矣……若不尽力,违背怠慢,则主将发怒,而打伤矣。③

这段汗谕规定了阿哈是家主之子,这个子,不是讲亲属关系,

① 《满文老档》太祖朝卷三二。
② 《满文老档》太祖朝卷三七。
③ 《满文老档》太祖朝卷四○。

而是说阿哈是家主的下人。阿哈对家主必须"敬思弗忘",小心翼翼地"尽力于阿哈之事","尽力从事主所委托之事",不准产生"贼盗奸诈凶暴之念",不准违抗主子之命,否则将为主子打伤,将"受刑罚"。

尽管阿哈仍然遭受汗、贝勒、八旗官将等家主的野蛮压迫,但是由于阿哈的长期斗争和满汉人民的坚决反抗,进入长期封建化的辽沈地区以后,情形有了相当大的变化,家主已经不能完全沿袭古老的方式奴役阿哈了,这在下述四个方面显示得十分清楚。

其一,家主不能任意处死阿哈。过去阿哈是奴隶的时期,家主可以任意杀死阿哈,可以用"打杀"来威胁阿哈。明代前期,建州卫女真都督李古纳哈"饮酒发狂,不分金刃,打杀西亏柳(西亏柳系李古纳哈的汉奴)"。① 汉人金宝轨被建州女真兀纥乃抢去,"做奴听使",金难忍其虐,逃出,被兀纥乃之子遏儿哥抓回。遏儿哥大骂金宝轨说,等父打围回家后,"便打杀你了"。② 努尔哈赤的三伯祖索长阿,为了领取赏金,告诉栋鄂部长克彻,伪称自己的两个阿哈是谋害克彻之子的凶手,愿将他俩杀死以领赏银。③ 现在,努尔哈赤在汗谕中,只强调家主可以斥责阿哈,可以施用刑罚,可以打伤阿哈,却只字不提可以杀死阿哈,这表明,此时家主已经不能任意杀死阿哈,故汗谕才不提家主有权杀害包衣。

其二,天命八年二月二十七日,牛录章京郎善控告色勒备御横行不法,打瞎自己妻子的双眼,并借口"有狐魅",打死家中一名女阿哈,又打死其牛录下一名妇女。法司审理属实。尽管色勒是努尔哈赤的堂侄,色勒的祖父礼敦在景祖觉昌安创业的过程中立下

---

① 《朝鲜世祖实录》卷三九。
② 《朝鲜成宗实录》卷七九。
③ 《满洲实录》卷一。

大功,甚受努尔哈赤尊重,但亦将色勒判罪,革其备御之职,打死二妇,取二人以偿,罚银 15 两。[1] 可见,此时家主打死阿哈是不合法的,贵为汗之堂侄色勒也不能随意杀害阿哈,违者要遭惩罚。

其三,家主不能太野蛮地虐待阿哈。虽然汗谕规定,家主可以斥责、"打伤"阿哈,可以施用刑罚,但是也有一个限度,太过分了,也是不行的,也要受到法司制裁。《满文老档》太祖朝卷四十二载,阿纳的一名女阿哈逃走,抓回以后,阿纳之妻对女阿哈残酷迫害,竟用烧红的铁器烙女阿哈的阴门。天命七年六月十九日,审案大臣认为,阿纳之妻的这种行为,是 Kooli akǔ,曾拟以死罪,后免死,改为刺耳鼻。对逃走的阿哈,也定罪,削其耳鼻。Kooli,意为定例、法例,例,akǔ,意为无、没有。Kooli akǔ,直译为无法、无例、没有法例,意译为"无视法例",即审案大臣认为,阿纳之妻的这一暴行违犯了国法,"无视法例",须加以惩治。

其四,阿哈可以首告家主。天命八年六月,二十七日,叶赫备御石宁的包衣阿哈告发其主在南方戍守时杀死逃走的汉民,私自隐藏此人的衣服,法司审实,革石宁的备御官职,"令告发之阿哈离主而去"。[2]

沙津参将被其家的包衣妇女告发说,主子勒索汉民 40 头猪和 100 只鸡。法司审实后,于天命八年二月三十日裁定,罚沙津银 25 两,并命其"偿四十口猪银四十两、一百只鸡银十两"。以库里、扎克旦、宁古沁三员千总捆拿首告的包衣妇女,擅自用刑,各罚银十两。[3]

以上所述家主不能任意杀害阿哈,主子对阿哈的虐待有一定的限度,不能"无视法例",阿哈可以首告有罪的家主,审实后,与

---

① 《满文老档》太祖朝卷四六;《武皇帝实录》卷四。
② 《满文老档》太祖朝卷五六。
③ 《满文老档》太祖朝卷四六。

主分离,这些情况集中说明了一个问题,这就是家主已不能像过去对待奴隶那样,完全占有阿哈人身了。联系到产品分配形式也已有了改变,阿哈领种拖克索田地,向家主交纳租谷,可见此时的阿哈已从进入辽沈前衣食于主的奴隶,正在迅速地向家主不能完全占有人身的封建农奴过渡,原有的奴隶制拖克索急剧向封建农奴制庄园转化。这是生产关系的一大变化,是满族社会发展的一个重要标志。

第六节 全国编庄

一、新庄成千上万

天命十年(1625年)十月初四日,金国英明汗努尔哈赤下达长谕,指责汉人不听管辖,心向明国,叛逃不绝,命令八旗满官分赴各地清查,大杀反金人员,将"筑城纳赋"之"小人"留下不杀,编隶汗、贝勒的拖克索,新置了大批庄园,将其中一部分拖克索赐与八旗官将。

对于这样重大的事情,《满洲实录》、《武皇帝实录》、《高皇帝实录》等三种"太祖"实录居然只字不提,差一点将这个非常重要的问题长期掩埋地下,无人知晓了。幸好,《满文老档》太祖朝卷六十六对此事作了叙述,使人们得以窥其全貌。现将其记述摘录部分内容于下:

> 汗曰:我等常豢养汉人,而汉人却置办棍棒不止。著总兵官以下,备御以上,去各自之村,甄别村中之汉人……(大杀反金人员)。为我等筑造城池交纳官赋之人,则建拖克索(庄)以养之……

一庄编设男丁十三人、牛七头。将庄头之兄弟计入于十三丁之数。将庄头带来沈阳,令其陪住于牛录额真之家。使二庄头之家同住一处。若逢有事,则令二庄头轮番值班前往催办,女真(诸申)勿得干预。将庄头之名、庄中十二丁之名、牛驴毛色,皆缮清单,交与各村章京,然后令前往之大臣造册带来。

以小人筑造城池,不留奸细,即使欲逃,亦仅彼只身逃走,故养育小人也。若置小人于公中,恐受女真(诸申)侵害,故皆编为汗与诸贝勒之庄。一庄给十三丁、七牛、田百垧,二十垧田作公赋,八十垧尔等食用者也……

八旗诸大臣分路而行,逢村堡,即下马杀之。杀完后甄别之,当养者,以十三丁、七牛编为一庄。总兵官以下,备御以上,一备御赏给一庄。

这次一共新编置了多少拖克索(庄),《实录》、《老档》以及其他文献都没有具体的数字,但可以肯定,庄的数量是很多很多的。因为,一庄是13丁,从丁的数量可以推测出庄的大致数目。

明辽东都司有25卫和两个州,其中包括沈阳、辽阳、开原、铁岭等城在内的定辽左卫等11卫,在辽河以东,一般称为河东地区。包括广宁、锦州、义州等城在内的广宁卫等11卫,在辽河以西,一般称为河西地区。

努尔哈赤于天命六年(1621年)三月二十一日打下辽阳后的九个多月里,占据了辽河以东地区。天命七年正月初四日,金国汗努尔哈赤将"河东汉人"分赐满汉官将辖领。"给女真督堂、总兵官三千丁,副将各一千七百丁,参将、游击各一千丁,备御五百丁。给汉人总兵官各四千丁,副将各三千丁,参将游击各二千丁。"①照

---

① 《满文老档》太祖朝卷三二。

此推算,八旗240多个牛录的女真督堂、总兵官、副将、参将、游击、备御,大致辖领二十三四万丁,加上总兵官李永芳、佟养性,副将金玉和、刘兴祚,游击李思忠,等等汉官辖领的汉民几万丁,总数大致是二十七八万丁。

天命七年正月二十四日下广宁,二月初三日,努尔哈赤下达汗谕,命将河西广宁等九卫汉民移往河东盖州等地。其中,锦州二卫驻广宁。右屯卫迁金州、复州。义州一卫迁盖州,义州另一卫迁威宁营。广宁四卫之中,三卫迁沈阳,一卫迁奉集堡。过了23天,二月二十七日又改定,广宁四卫之人安置于沈阳、奉集堡、威宁营、蒲河,锦州之人安置于岫岩、青苔峪、析木城。①

广宁等河西九卫汉民迁往河东的总的人数,没有史料说明,但其中的一些地方,迁移的人口,在《满文老档》里有记载,比如:二月初五日起程的"锦州城之户口","经查点有妇孺七千六百三十四人,男丁六千一百五十人,共一万三千七百八十四口"。② "右屯卫所属男丁共四千五百三十七人,家口八千八百六十四人"。二月初十,"移白土丁二万户口,居于广宁"。③ 二月十七日,"锦州卫男丁数八千七百二十八人,人口数二万零五百五十口"。④ 姑以每卫男丁五千计算,河西九卫迁到河东沈阳、盖州等地居住的汉民,可能有四五万丁。

这样一来,天命七年春,金国辖区的汉民大致在三十万丁左右。

天命十年十月初四日努尔哈赤下达大杀反金汉人的谕中,着

---

① 《满文老档》太祖朝卷三四、三五。
② 《满文老档》太祖朝卷三五。
③ 《满文老档》太祖朝卷三六。
④ 《满文老档》太祖朝卷三六。

重讲到反金的主要人员,或是逃走在外的书生及明朝官员留在本处的亲戚,或是"原为明官今已革职之书生",以及"非我保举之官"。按照这个条件,明官、书生、亲戚在汉人 30 万丁中的比例不会很大,也就是说,为金国汗筑城纳赋留下不杀的"小人",应是汉丁的主要人员。

按一庄 13 丁估算,13 万丁就可编置新庄 1 万个。因此,如果推测这次在金国辖区内新编置的汗、贝勒的庄子多达几千个或上万个,不会是毫无根据的。

二、影响巨大

金国汗努尔哈赤于天命十年(1625 年)十月初四日下达编置新庄的汗谕,以及诸大臣遵谕的办理,是金国历史上的一件大事,对金国经济、政治、军事、社会等各方面产生了很大影响,反映了不少重要问题。

其一,金国汗再次宣布全部田地为己所有,并直接霸占了金国辖区的大部分土地。4 年以前实行的"各守旧业"和"计丁授田"政策,本已表明,汗是金国全部土地的最高所有者,掌握了全部辖区土地的最高主权,现在,更进一步了。汗谕规定,将全国各地所有汉民尽皆编隶汗、贝勒的拖克索,每庄给地百垧。这百垧地,就是过去汉民"各守旧业"之田和"计丁授田"之田。这就是说,在此之前汉民拥有的已经相传了几十年上百年的"祖业"和刚从汗那里计丁领来的"无主之田"之土地,一下子就被金国汗没收了,变成为汗、贝勒新置拖克索的庄田了。此举再一次表明,汗有权支配全国的所有土地,可以让你保留祖产,可以将无主之田授与汉民,也可以籍没汉民"田业",收回授与的土地,将这些土地全部变为汗、贝勒庄子的田地。

其二,庄丁沦为农奴,拖克索成为封建农奴制庄园。按照汗谕的规定,一庄有地百垧、丁十三名、牛七头,皆为庄主所有,即生产资料归庄主所有。过去身为编户、百姓的汉民变成庄丁之后,身份有无变化? 是奴隶,农奴,封建租佃制下的佃农,还是金国的编户黎民? 这一点,汗谕没有明说,但是,很显然,这次编丁隶主,是汗为惩罚辽民叛逃而采取的措施,束缚很紧,庄丁的身份一定会比未编之前的民户更低。后来《清太宗实录》稿本卷一追述这次编庄情形时,作了这样的记述:天命十一年九月初一,四贝勒皇太极继位为汗后,下谕说:"汉民与满洲,同居一处,多为满洲扰害,度日艰难,令其分屯别居。"

《清太宗实录》稿本的编纂者对此谕解释说:"前此汉人,每十三人,编一庄头,分给满官为奴。自上即位,念汉人给满洲为奴,逃亡殆尽,因择可为奴者,每备御给八人、牛二只,余各入堡为民,选清正官管理。"

这就清楚了,过去的汉人民户,被迫充当庄丁以后,就失去了国家编户、良民的身份,沦落为奴,下降为汉、贝勒、八旗官将等庄主占有的阿哈了。

这种庄丁,虽是主子的包衣,但和过去建州时期的奴隶相比,仍然有着重大的区别。因为,这次新编的拖克索的庄丁,交纳封建地租,能够得到自己生产的部分粮谷,有自己的私有经济,不再衣食于主。汗谕规定,一庄有地百垧,20 垧作"官赋",80 垧归庄丁"自身食用"。在这里,把庄丁"自身食用"的 80 垧地和作为"官赋"的 20 垧地明显区别开了,这个"官赋",就是封建剥削性质的劳役地租。这样的分配方式,与过去不一样,昔日奴隶性质的阿哈,耕田所得全部产品皆归家主霸占,家主供吃供穿,与现在自筹衣食,"食用"八十垧田,显然发生了重大变化。从家主与阿哈的关系看,这时家主已不能任意杀害阿哈。可见这时新编设的拖克索的"庄丁",不是衣食于主、被家主完全占有人身的奴隶,而是交纳地租、有自己的私有经济、家主无权任意处死的封建农奴。这种新拖克索,也就成为汗、贝勒和八旗官将等家主占有的封建农奴制庄园了。

其三,赋、租合二为一,加重了对庄丁的压榨。新编之庄,1庄13丁,耕地百垧,以20垧作"正赋",1垧以6亩计,平均每丁须耕"正赋"田9亩2分。4年前的"计丁授田"谕,规定汉民每丁授地6垧,每3丁耕地1垧,平均每丁耕官地2亩,两相比较,新编拖克索的庄丁必耕的"正赋"地,比计丁授田的汉民的"官赋"地,多了3倍多。庄丁13丁有"自身食用"地80垧,每丁折6垧多,合37亩,自耕地与正赋地的比例是4∶1。而计丁授田的民户,1丁领地36亩,耕官田2亩,自耕地和官赋地的比例是18∶2,也比庄丁的负担更轻。

再与明朝赋制相比,明政府规定,官田每亩征赋谷5升3合,民田减2升。辽东军屯,嘉靖年间,每亩征额粮1斗1升多。新编拖克索的庄丁,13丁耕官赋田20垧,20垧为120亩,按亩产谷1石计,为120石,一庄有地百垧,为600亩,平均每亩交粮两斗,也比明朝的官田、民田、军屯多。

新设拖克索租赋的大量增加,与土地占有、人身依附和生产关系的变化,是密切相联的。编庄之前,征赋不多,是因为土地占有者是民户,是金国的黎民、平民,不是奴仆,交的是封建赋税,是金国沿袭明朝旧制征收的民田赋税,现在,新拖克索的庄地转归汗、贝勒直接占有,从原来的民田转变为汗、贝勒之庄地,就应该收地租,地租当然比田赋要多。同时,汗、贝勒又是金国之主,汗即国,国即汗,因此不仅要收庄地的地租,还要征庄地应该交的国赋。这样一来,所谓每庄 20 坰"正赋",便不仅有地租,还包含了田赋,租、赋合二为一,当然要远远超过原来民田须交的田赋。兼之,耕作者已不是民户,不是平民、黎民,而是身为奴仆的庄丁,连耕牛也由庄主置买,当然要被庄主从重盘剥了。这也是金国汗编民隶庄的原因之一,既用以镇压反金斗争,又用来保证剥削收入,增加租赋。

其四,这次编丁隶庄,标志着封建农奴制成为金国的主要生产关系,金国社会发生了剧烈变化。金国各个城堡村屯,原来皆有身为"民户"、"黎民"的汉人,或"各守旧业",或"计丁授田",经营农业、手工业、商业,耕田耘地,不论是人丁的数量,还是耕地的面积,都远远超过了汗、贝勒、八旗官将占有的人丁和庄地。现在,这些汉人已从"民户"下降为奴,编隶新庄之内,原有的民田转化为汗、贝勒的庄地,成千上万新编农奴制庄园星罗棋布,遍及各地,封建农奴制也就成为金国占统治地位的生产关系了。而且,这次编庄,还促使原来的奴隶制拖克索,加速向封建农奴制庄园转化,汗、贝勒和八旗官将也就转化为新的农奴主了。金国的社会发生了剧变,满族的社会发展又前进了一大步。

其五,弄巧成拙,事与愿违。努尔哈赤大杀反金人员,留下"筑城纳赋"的"小人",没收全部民田,编置成千上万的汗、贝勒之拖克索,将"小人"金隶庄中为庄丁,加强严格管制,以此来稳定局势,控制汉人,保证租赋。依照汗谕的布置,的确不能不说是十分严密,对庄丁的控制非常严格,束缚很紧。汗谕规定,庄头、庄丁的姓名及"牛、驴毛色",都要书写呈送汗都。把各个地区的庄头带到沈阳,陪住牛录额真家中,庄子有事,两庄头轮班前往庄子督催。这样一来,散处上千村屯堡的各个拖克索皆被统一管辖起来,庄头作为人质,作为爪牙,由牛录额真监督管理,庄丁情形,耕作状况,都可由庄头处了解,及时采取措施,大大加强了对各庄的控制。

汗谕规定,女真总兵官以下,备御以上,每备御各赐一庄。备御辖有本牛录的女真300丁,指挥披甲兵士百名。参将、游击辖五牛录女真1500丁,统兵500名。总兵官管辖一旗,领兵上万,权力更大。这样一批辖领几百、几千以至上万的莽官悍将,各自统治一个或几个新编的拖克索,还能出事吗?庄丁还能叛逃吗?汗、贝勒直接占有的大批拖克索,庄丁的处境更为困难。汗、贝勒执掌金国大权,统辖精兵数万,施用严刑峻法,庄丁稍有不顺,便被斩首抄家。在这样强大的压力下,庄丁敢反抗吗,还能叛逃吗?既然大杀反金人员,留下的汉人又全被编隶庄子,严格束缚,那么金国便不会再发生"叛逃甚多、乱"的情形了,努尔哈赤就可安坐宝座,太平无忧了。

然而,人算不如天算,这个天算,就是凡事不能违背民心,不能违背时代潮流,任何逆潮流而动的行为,都是注定要失败的。这次的大杀辽民,编丁立庄,是在辽东地区发生的一次大倒退,它必以惨败而结束。从土地占有看,辽东地区,长期封建化,土地主要归豪强、将官、缙绅所有。现在,经过编庄,所有的民田,所有私有土地,都被金国汗没收,夺为己产,这是前所未有的赤裸裸的大掠夺,是辽东地区的大倒退。

从人身依附关系看,辽东地区居民长期在封建社会中生活,地主、小自耕农、商人是封建国家的臣民,是编户齐民,是黎民百姓,不是某一个人的私属和奴仆。佃农虽受地主剥削,但很久以来,是封建租佃制,僮仆化的比例不大。现在,所有辽民都被降为庄丁,降为汗、贝勒和八旗官将的奴仆,退回到一千多年前三国、魏晋时期"私属"、"部曲"的奴仆状态,在人身依附方面是很大的倒退,人身奴役更加严重,压迫的方式更野蛮。

从剥削形式看,每 13 丁耕正赋地 20 垧,这样大规模地采用劳役地租的剥削方式,是太古老太落后了。在辽东和关内汉人地区,以前虽也有力役地租,但毕竟是极少数,是局部地区,像这样使力役地租成为辽东地区主要的地租形态,是自秦汉以来没有过的,更是大的倒退。

倒退的直接结果就是加重剥削,使全部汉民遭受无法忍受的力役地租剥削和野蛮的人身奴役,严重地破坏了辽东地区的生产,庄丁不得不大批地、不断的逃走,田园荒芜、百业萧条、怨声载道,金国的统治出现了严重危机,英明汗努尔哈赤的如意算盘显然失算了。

第七章　三项国策

第一节　优遇女真

一、区别和特权

努尔哈赤从一个人丁几十的小部酋长,上升为辖地几千里、臣民百万的大金国英明汗,固然与其个人艰苦奋斗和家族成员的同心协力共创大业,有着密不可分的关系,但是,如果没有网罗到一批勇将谋臣,没有他们的率军冲杀,佐治国政,这一变化也是不能出现的。努尔哈赤深深感到人才的重要性,一贯强调要任用猛将能臣,擢升有功的忠臣。进驻辽东以后,统治广大汉人,使他更加感到必须依靠八旗官将,尤其是对女真官将非常重视,十分信赖,厚加礼遇,额外奖赏,有过之时,从轻发落,以促使他们效忠汗、贝勒,为巩固金国的统治尽力效劳。他曾专门给诸贝勒、大臣下达秘密汗谕,讲述要区别女真、汉人,优遇女真,宽恕女真。他说:

> 我国之诸贝勒、大臣,若皆贪图个人之安娱,我为尔等叹息,当唾尔等之面矣。尔等不明审断之法也。何故将并立授首之汉人,与我等之女真同等看待?我等之女真,若犯何罪,当问其功,问其差使,若有些小理由,即以之为借口而宽宥之矣。汉人系应杀而获生之人,若不忠心效力,复为盗贼,何故不诛灭其族,而杖释耶?至于系由费阿拉与我等同来之汉人,

当以同理考虑而断之也。尔等所断者,无从迁回,竟似倔强不听之牛驴矣。著八贝勒将此谕,召集尔等各自之固山之贝勒、大臣等,密观之,勿令他人闻之。①

从女真国到后金国,再到现在的大金国,都特别重视审断案件,裁判是非功过,是汗、贝勒十分重视的工作,也是他们扶植忠良、惩治劣臣的有效手段。在这个重要问题上,努尔哈赤特别着重指出,要区别开女真和汉人,对女真人,对女真官将,要尽量优待,即使他们有过犯法,应当问罪,也要论功论职问劳,竭力找寻借口,对其从轻发落。这种审断案件的区别,对女真的优遇,实际上就是女真人尤其是女真官将在法律上享有特权的体现。

不仅这样,进驻辽东以后,女真人,特别是女真官将,在封赐爵位、授与官职、交纳钱粮等方面,也是和汉人有区别的,也享有特权。

努尔哈赤对待八旗官将的一条重要原因就是论功授职并按功、职赏赐,在这里,功是第一位的,是根本性的因素,一般来说,职是因其有功而授与的。至于功,包含的内容相当多,可以是驰骋疆场破敌立功,可以是善于管辖能于任事,也可以是主动来投,归顺英明汗。下面先引努尔哈赤封授额亦都、扬古利及布山三人的敕书如下:

努尔哈赤赐与额亦都的敕书:

汗曰:额亦都巴图鲁,独取舒尔黑布占城,取巴尔达城,破萨克扎之来兵,率先取尼玛兰城,使之为一等大臣,给与总兵官之职。②

---

① 《满文老档》太祖朝卷五二。
② 《满文老档》太祖朝卷四八。

435

这道敕书讲的额亦都之功,是英勇冲杀,破敌克城,立下军功,故授为一等大臣和总兵官。

赐与扬古利的敕书:

汗曰:扬古利于各次用兵时,皆率先而前立功,给与一等总兵官之职,子孙世代承袭。①

扬古利与额亦都一样,都是冲锋在前,屡立军功,故给与一等总兵官世职。

布山的敕书:

汗曰:当我得胜势强之时,能够管辖禁约之人甚多,在我苦战危难之时,能管辖禁约之人则少矣。夺取辽东城时,汗所举用之诸大臣,皆知我兵后退,谁也不出来管辖禁约,皆逃于房中隐蔽,布山独出面管束指挥,更番遣兵前往。于我危难之地,布山独能只身承当管辖,故记大功,以一等总兵官之职给与布山,授为固山额真。②

布山系因在攻城不利危难之际,诸将畏缩不前的时候,挺身而出,指挥管辖,立下军功,故授与一等总兵官世职,任固山额真。

《满文老档》太祖朝卷六十七、六十八、六十九,载录了英明汗努尔哈赤赐与八旗部分女真官将的敕书,其中,镶黄旗康果礼等44件,正黄旗阿什达尔汉等43件,正红旗和硕图等40件,镶红旗多壁叔等54件,镶蓝旗顾三泰等40件,正蓝旗托博辉等31件,正白旗冷格里等42件,合共294件敕书。这只是汗赐与女真官将部分敕书,因为,没有镶白旗的敕书,其他各旗还有好多官将的敕书也没有收录在老档之内。

---

① 《满文老档》太祖朝卷五一。
② 《满文老档》太祖朝卷四八。

每件敕书之首都载有汗谕,其文是:

奉天承运汗曰:古圣王之治天下者,皆以武力定黎民,未有纯尚文义而不修武备者,故我仿古而设武官。凡受此敕书之人,务以忠心持身,以良心育众,以慧心察微,防奸禁侮,不得偷安。如此克尽厥职,则恩及父祖,福荫子孙,身家永昌矣。勉之,勿懈!

努尔哈赤谕令:"将训谕'奉天承运汗曰'至'勿懈'一段,概皆书于自总兵官以下,至备御诸敕书之首。继之,于'勿懈'之后,依次书写各大臣之名,并书其功、死罪、罚罪等项。"①

现引录康果礼等人敕书中立功授职的内容如下:

康果礼敕书:

汗曰:……康古里,原系纳木都路之大臣,因弃地来归有功,复勤修治政,善于统兵,著为三等总兵官。②

按照敕书的行文,康果礼是因来归有功,又勤于治政,善于统兵,才授为三等总兵官。这种说法,不准确,康果礼之所以被授为三等总兵官,唯一的原因是因其弃地来归有功,与治政统兵没有关系。《清史列传》卷四《康果礼传》载:康果礼系那木都鲁路绥芬屯长。明万历三十八年(1610年)努尔哈赤遣额亦都率兵,"征东海渥集部",招降那木都鲁、宁古塔、尼马察诸路,康果礼率部众来归,努尔哈赤授康果礼"三等子"。三等子,即三等总兵官。可见,康果礼系"因弃地来归有功"而被授与总兵官的。

武纳格的敕书:

武纳格,勤修治政,善于统兵,著为三等总兵官。③

---

① 《满文老档》太祖朝卷六七。
② 《满文老档》太祖朝卷六七。
③ 《满文老档》太祖朝卷六七。

武纳格很早就率"七十二人来归",明万历四十一年,"从伐乌喇有功,授三等副将"。天命十一年(1626年),因武纳格率军攻克觉华岛,"进三等总兵官"。① 武纳格是以军功授副将,再晋总兵官。

吉布喀达的敕书:

> 吉布喀达,原系冯家路之大臣,因弃地来归有功,著其弟克勒申继任一等参将。②

这是因吉布喀达"弃地来归有功",授一等参将,令其弟继任。

巴兰的敕书:

> 巴兰,克尽厥职,不违指令,著为三等游击。③

巴兰是因为任职克勤,而被授与游击。

唐究的敕书:

> 唐究,原系奇勒恩路之人,因弃地来归有功,著为备御。④

唐究原来只是"奇勒恩路之人",老档既未书写其原系大臣,而只是写其为某路之人,可见他是一般的诸申,也许因为他带了一批人丁前来,不过,不管是什么原因,唐究这位诸申也"因弃地来归有功"而被授为备御。

穆尔泰、图赖、希汉费扬古、马克图四人的敕书,分别皆写道:"因父之功,著为备御,免一次死罪,子孙世代勿绝恤典。"⑤

郎格的敕书:

> 郎格,因阵亡之功,著为三等游击,免一次死罪。⑥

---

① 《清史稿》卷二三〇《武纳格传》。
② 《满文老档》太祖朝卷六七。
③ 《满文老档》太祖朝卷六七。
④ 《满文老档》太祖朝卷六七。
⑤ 《满文老档》太祖朝卷六七、六八。
⑥ 《满文老档》太祖朝卷六八。

巴达纳的敕书:

> 锡伯部之巴达纳,因弃其父祖之原籍故地,携三十男丁来归有功,原曾升为备御官职。巴达纳病故后,著其弟何洛惠继任备御。①

《满文老档》所载努尔哈赤赐与额亦都、扬古利、武纳格等两百多人的敕书表明,"功"的内容太多了,弃地来归有功,奋勇冲杀有功,能于任事善于统兵有功,阵亡有功,祖、父之功,等等,皆可作为汗赐与官职的理由。这样一来,八旗官将的绝大多数都由女真担任了,尤其是总兵官、固山额真、副将、督堂等高级将官,更是女真之职位。

早期的"五大臣"费英东、额亦都、何和礼、扈尔汉和安费扬古,都是女真。女真国、后金国时期先后担任过固山额真的阿敦、额亦都、费英东、扈尔汉、何和礼、穆哈连、扬古利、博尔晋、多弼、济尔哈朗、阿巴泰、汤古岱,也都是女真。进驻辽东以后,曾任处理金国日常政务的督堂要职之人有:阿敦、阿巴泰、扬古利、车尔格、扈尔汉、乌尔古岱、阿布泰、汤古岱、何和礼、多弼、巴雅喇、苏巴海、阿什达尔汉、贝托辉,也是女真。

担任过固山额真和总兵官时有:巴笃理、穆哈连、康果礼、汤古岱、何和礼、喀克笃礼、武纳格、车尔格、扈尔汉、布山、阿布泰、岱音布、乌尔古岱、索海、图尔格、李永芳、佟养性,只有李永芳、佟养性是汉人,还有明安等几个蒙古总兵官,其余全是女真人。

女真八旗官将除了身任要职外,许多将官还被英明汗授与免死免罚及世职承袭的特权。像布山的敕书写道:"子孙世代获死罪者,皆不杀,获贪赃之罪者不夺其财,免其二千四百一十两之

---

① 《满文老档》太祖朝卷六七。

罪。"努尔哈赤还在赐与布山的敕书上写道:"无论何人,若皆如布山一样,于我等危难之时,以身承当管辖者",都会得到汗、贝勒的信赖,"也像布山一样,立下大功,即使犯下死罪,也不杀,得取财之罪,亦免之"。①

扬古利的敕书也写道:"给与一等总兵官之职,子孙世代承袭。若犯噶盖、阿敦之乱政坏道之罪,则诛其身,倘若因过获罪,则死罪不杀,取财之罪不取。免一千五百两之罪"。②

上面提到的康果礼等人,大多数是世职传袭免罪。如康果礼,"著为三等总兵官,免三次死罪,子孙世代勿绝恤典";武纳格,"免三次死罪";吉布喀达,"免二次死罪";马克图、唐究,"免一次死罪";巴兰,"免一次死罪",等等。

除了免死罪、罚银之罪以外,不少女真官将还享有免纳"官赋"的特权。像上面讲过的锡伯部的巴达纳,因"弃父祖原籍故地,携三十男丁来归有功",授为备御,其"自锡伯带来之人,免其正赋,子孙世代皆予恩养"。③

又如沙布图的敕书载称:

汗曰:沙布图,原系卦勒察部之大臣,弃其祖墓,离乡背井,历经一月,跋山涉水来归,殊堪怜悯。因此来归之功,凡自彼处随从来归者之所有子孙,准其世世免充官赋。犯过失死罪,概行赦免。犯抄没之罪,准其免罚。如此恤典,永不断绝。一等,沙布图。二等,翁噶岱、鄂尼。三等,桑希纳、杭虎、伊吉库瓦、古里木布禄、恩都勒恩、伊尔噶纳、乌尔虎玛克。四等,哈劳、莫鲁格、库希肯、鄂洛珠、噶尔图、索尔比纳、巴达布禄、

---

① 《满文老档》太祖朝卷四八。
② 《满文老档》太祖朝卷五一。
③ 《满文老档》太祖朝卷六七。

诺齐、萨木达礼、库瓦喀马法、魁昆马法。不披甲而执弓者：阿济格塔希衮、多里木布、僧格德、特希勒恩、库瓦拉喀、特木尔图、阿哈达。[①]

被赐与敕书的沙布图，虽未写明是什么官职，但肯定是担任牛录额真（备御）以上的官将，因为，一则他原来是卦勒察部的大臣，弃地来归，按照惯例，原系大臣自动归顺者，都要授与官职；再则他还带有不少人丁前来，带来人丁，又是一功，又应授官，三则普通诸申是没有敕书的，被赐与敕书之人必须是官。可见，沙布图至少是备御，或者可能是游击参将。他的子孙可以世世免交官赋。他带来的人丁，尤其是敕书上写明是四等的哈劳、魁昆马法，以及不披甲而执弓的多里木布等 18 人，自然是诸申无疑，也可以世世免交官赋。足见，一般女真人、诸申，因有弃地来投之功，也可以世世免赋的。

种种事例表明，金国汗努尔哈赤是优遇女真，使女真人尤其是女真官将享有法律、任职、免赋等等特权。

二、贵族、封建主

八旗女真官将，有了功，有了官职，就可论功领赏按职领银。三十多年的南征北战，从各部女真及明国城乡掠夺了上百万人畜和堆积如山的金银财帛，英明汗以论功行赏按职分赐的方式，将大量人畜财物赐与八旗官将。天命六年（1621 年）三月二十一日下辽阳，第三天，二十三日，努尔哈赤就大赏群臣，赐：总兵官各银 200 两、布 220 匹、缎 30 匹；副将各银 150 两、布 150 匹、缎 15 匹；参将银 80 两、布 80 匹、缎 8 匹；游击银 50 两、布 50 匹、缎 5 匹；牛

---

① 《满文老档》太祖朝卷七〇。

录额真、备御、白巴牙喇纛额真及备御级巴克什,各银 20 两、布 20 匹、缎 3 匹;白侍卫、巴牙喇、代子备御、绵甲人一级,各银 15 两、布 15 匹、缎 2 匹;白随侍巴牙喇、红巴牙喇首领、管牛录千总和千总级巴克什,各银 10 两、布 10 匹、缎 1 匹。甲兵、步甲、跟役分别赏布 3 匹或 7 匹。①

同年五月,乌尔古岱额驸强迫镇江民投降,杀拒降者,以其妻子为俘获,带回一千,"以汉民三百"赐与督堂以下备御以上各官,"其六百俘获,赐与随行军士"。②

天命七年正月十四日,以掠取明总兵官毛文龙,"俘获万人",一半赐与督堂、总兵官以下,备御以上官将。③ 5000 汉人分与总兵官以下备御以上官将,当时大致有 240 个牛录,每牛录一个备御,则一备御可分 20 人,但还有总兵官、副将、游击、参将,所以每备御分不到 20 人,从前述三月二十一日的赐银看,总兵官是 200 两,副将 150 两,备御 20 两,总兵官之赏银是备御的 10 倍。天命六年八月,努尔哈赤从"镇江之俘获中,选上等牛二千头,分赏于有职之人",总兵官各 4 头,副将 3 头,牛录备御每两员合分 1 头,总兵官被赏之牛八倍于备御。④ 照此估算,大约在 5000 名汉人中,每备御可分 10 名,总兵官可分 40 名。按句话说,每备御所分的人丁,能够设置一个庄子,计丁领地 60 垧,即 360 亩。总兵官领的汉人,能新编 4 个庄子,可领庄地 1240 亩。

有了功,有了官职,就可凭仗权势,掠民为奴,新设牧场,增置拖克索,役使阿哈耕田种地,打牲牧放,收取租谷丁银和珍禽异兽。

---

① 《满文老档》太祖朝卷二〇。
② 《满文老档》太祖朝卷二三。
③ 《满文老档》太祖朝卷三三。
④ 《满文老档》太祖朝卷二四。

过去,八旗大臣可以自己派遣阿哈,前往乌拉打牲,仅天命八年二月初五日的一次统计,各大臣捕获兽禽之数为:貂1493只,水獭103只,貉281只,灰鼠936只,虎4头,猞猁狲16只,黄鼠狼20只,狐4只,雕104只。①

这样一来,在努尔哈赤优待女真官将政策扶植下,一大批女真官将因南北转战,开国有功,"佐命"有劳,而封官晋职,当上了总兵官(后来的子爵)、副将(后之男爵),以后晋为公、侯、伯,成了世袭爵职、岁领俸禄、广占庄园的满洲八旗贵族。

为了深入了解八旗女真官将财富膨胀和满洲八旗贵族发展的情形,我们可以举"开国元勋"额亦都一家作为典型,具体论述。

额亦都,姓钮祜禄氏,比努尔哈赤小3岁,是一个依姑为生的贫寒诸申,在"十三甲"起兵之前,投奔努尔哈赤,四处厮杀,转战南北四十余年,军功累累,任至"五大臣"、众额真、一等总兵官、固山额真,娶英明汗之妹为妻,儿子尚汗之公主,死后追封弘毅公。

努尔哈赤先后多次赐给额亦都大批人丁牲畜和庄园,并赐其两道敕书。第一道敕书是因其功,"给与总兵官之职,彼自身至子孙三代,食百人之钱粮"。② 第二道敕书写道:

> 汗曰:额亦都巴图鲁,独取舒尔黑布占城,取巴尔达城,破萨克扎人之来兵,于尼玛兰城之前率先而战,有功,为第一等,给与三牛录,使之专主。③

努尔哈赤"给与"额亦都三个牛录,使其"专主",这三个牛录的人员,是由额亦都家的阿哈组成的。在另外一份文献材料里载称,英明汗谕以额亦都"所俘获者,益以赏给户口,为三佐领,隶公

① 《满文老档》太祖朝卷四四。
② 《满文老档》太祖朝卷六二。
③ 《满文老档》太祖朝卷六三。

家,俾无预上役,为公私属,供田虞,并采人参,备药物,以奉公,下及诸子,各有分赡"。① 编成"专主"的牛录就有三个,壮丁900名,可见其家中还有很多包衣。

从生产关系和阶级关系看,额亦都及其子侄,已由建州时期的奴隶主转化为封建农奴主。天命六年三月金军进驻辽东,五月额亦都病故,总兵官一职由其子车尔格袭承。从额亦都家的收入看,除去征战掠获和仗权勒索外,主要来源有三个方面:役使阿哈耕种庄田;论职计功领赏;科敛辖属汉民。额亦都家阿哈与主子的关系,目前尚未发现有具体史料,但有一点是肯定的,此时的阿哈已不能被主人任意杀害,家主不能再像建州时期那样完全占有阿哈人身,阿哈正在向封建农奴转化。

额亦都、车尔格是总兵官,汗之敕书规定额亦都及其子、孙三代,"食百人之钱粮"。前已叙述清楚,所谓"食百人之钱粮",是免其家百人应向金国汗交纳的封建正赋,这笔钱粮从此不缴国库,改由家主享用了。这"百人之钱粮",是封建赋税。

额亦都及其子车尔格是总兵官,按照汗谕的规定,应该辖有汉民3000丁,对这些汉民征收的贡物和金派差役,也是封建性质的剥削。天命七年正月初四日,汗谕将辽东汉民分隶满汉官将,给女真的总兵官、督堂各3000丁,副将1700丁,参将、游击1000丁,备御500丁。初六日,努尔哈赤又下汗谕,规定"每二十丁出一丁为兵",这些兵士的一半,各官将可以"任意差遣"。② 所谓"可以任意差遣",就是说,这些女真总兵官、副将、参将、游击、备御可以任意金派汉兵为己服役,实际上是将这些汉兵变成总兵官等将占有

---

① 《清代碑传全集》卷二,爱必达:《开国佐运功臣弘毅公额亦都家传》。
② 《满文老档》太祖朝卷三二。

的封建役夫和封建士卒。督堂、总兵官等不仅可以"任意差遣"汗谕规定的一半汉兵,而且对自己辖属的 3000 丁、1700 丁的汉民,也都可以驱使金派。努尔哈赤曾下汗谕宣布,各将可遣属下汉民打牲捕猎,供给肉食。①

辽东汉民之所以被迫充当士卒役夫,听从八旗官将辖治金派,主要是因为"计丁授田",领种汗给与的田地,或是"各守旧业",须为金国汗纳赋服役,因而也要向辖领官将纳贡当差,这也是封建性质的剥削。

由此可见,额亦都家的剥削收入,主要是封建性质的剥削,因而他们已不再是奴隶主,正在向大农奴主、大封建主转化。

额亦都家的情形,是一个很好的典型,金国大多数女真官将的情形基本与此相同。我们从额亦都的立功受奖发财致富,及其家由奴隶主向封建农奴主转化的具体事例,可以了解到女真官将和满洲贵族的兴起、发展及其逐步转化为封建主的大体轮廓。

第二节 满蒙联盟

一、"四十万蒙古"

(一)漠南蒙古

天命四年(1619 年)十月二十二日,漠南蒙古察哈尔部林丹汗致书努尔哈赤说:"蒙古国统四十万众英主青吉斯汗(原注:青吉斯汗乃元始祖之号,故称之)致问水滨三万人英主安否?"②

---

① 《满文老档》太祖朝卷四五。
② 《满洲实录》卷六。

过了两个多月,天命五年正月十七日,努尔哈赤回复说:"察哈尔汗,尔来书称:四十万蒙古之主巴图鲁青吉斯汗致水滨三万诸申(女真)之主恭敬英明汗,等语。"①

林丹汗所谓"四十万蒙古"之主致书"水滨三万诸申(女真)"之主,显然是自夸大国,人多地广,藐视小小水滨之"三万女真"酋长努尔哈赤,对此,努尔哈赤虽然十分愤怒,但他在这个时候,这是清醒地承认蒙古各部人多势众,远远超过建州的客观事实。就在林丹汗来书之前的一个多月,天命四年九月初五日,他在答复喀尔喀五部众贝勒来信的回信中写道:"我居山谷峰荫为生,对八十万之明国与四十万蒙古之大国,毫未开罪。"②在这里,他生动地、准确地表述了天朝明国、强大蒙古和小小女真三者之间的大小差异情形。

蒙古是个剽悍善战的骑射民族。昔日元太祖成吉思汗率领的蒙古铁骑,驰骋三大洲,踏平数百国,无坚不摧,所向无敌,令人胆寒。元世祖忽必烈灭南宋,入主中原。就在元顺帝退出北京,返回大漠以后,有明一代,蒙古也是明国大敌,屡败明兵,挟制"诸夷",称霸北方。

明吏部侍郎张鼐,在其所著《辽夷略》中写道:万历年间,辽东地区,蒙古部落众多,有草兰泰、土蛮汗、暖塔必、大委正、克石炭、鬼麻、五路台吉、把伴、虎喇赤、炒花、伯儿、伯耍儿等十余种,计一百余支,酋长数百人,甲骑数十万。的确是一股强大的势力。

明朝后期,蒙古已经逐渐形成三大部:游牧于蒙古草原东部、大漠以南的漠南蒙古;生活在贝加尔湖以南、河套以北的漠北喀尔

---

① 《满文老档》太祖朝卷十四。
② 《满文老档》太祖朝卷十三。

喀蒙古;蒙古草原西部直至新疆准噶尔盆地一带的漠西厄鲁特蒙古。各大部之下又分为几部、几十部,部之下又分为若干小部或枝部。

万历年间,漠南蒙古大约分为二十几个较大的部,按照清朝的文献,如魏源的《圣武记》,以及《清史稿》等书,把漠南蒙古分为25部49旗。努尔哈赤兴起以后,在漠南蒙古的各部之中,需要着重联系或认真对付的是科尔沁部、内喀尔喀王部和察哈尔部。

科尔沁部,在喜峰口外,至北京有1280里,其部东西870里,南北2100里,东扎赉特,西扎鲁特,南盛京边疆,北黑龙江,是一个地广人多的大部。科尔沁部的始祖是元太祖成吉思汗之弟哈萨尔。哈萨尔14传至奎蒙克塔斯哈喇,因避厄鲁特蒙古,迁居嫩江流域,以其亲弟巴衮诺颜之部名叫阿噜科尔沁,遂称本部为嫩江科尔沁,一般习惯称为科尔沁部。明隆庆至万历中期,科尔沁部又衍化出三部,即:奎蒙克塔斯哈喇的长子博第达喇的第三子乌巴什之郭尔罗斯部,博第达喇的第六子爱纳噶之杜尔伯特部,博第达喇的第九子阿敏之扎赉特部。

内喀尔喀五部的始祖是元太祖成吉思汗。明正德、嘉靖年间,成吉思汗15世孙达延汗统一东部各部蒙古,分封诸子,建察哈尔万户、喀尔喀万户等六万户。喀尔喀万户由达延汗第九子纳力布喇及第十一子格呼(列)森分领,共有12个鄂托克(部)。后来格呼森统领的7个鄂托克往西北发展,驻牧在贝加尔湖迤南、河套以北的漠北地域,形成外喀尔喀,即漠北蒙古,又称外蒙古。纳力布喇后裔的5个鄂托克向东发展,形成内喀尔喀5部,即扎鲁特部、巴林部、瓮吉喇部、巴岳特部(巴约特部)、乌齐叶特部,驻牧在开原、铁岭、沈阳、广宁边外。

察哈尔部是元帝嫡裔。元太祖成吉思汗15世孙达延汗,统一东部蒙古各部分封六万户时,自己直接辖领察哈尔万户,游牧地邻近长城。其曾孙打来孙汗继位后,东迁老哈河以西、广宁以北地域。因达延汗既为漠南蒙古各部大汗,又统领左翼三万户,还直辖察哈尔万户,故自诩为成吉思汗之嫡系正宗,察哈尔部的汗也就成为各部的大汗。达延汗有11个儿子,长子图噜博罗特的子孙衍为敖汉部,奈曼部、乌珠穆沁部、浩齐特部、苏尼特部。第三子巴尔苏博罗特的子孙为鄂尔多斯部。第五子阿尔楚博罗特的子孙为巴林部、扎噜特部。第六子鄂齐尔博罗特为克什克腾部。第十一子格列森的子孙为内喀尔喀五部。

达延汗的曾孙是打来孙汗。打来孙汗一传其子,再传其孙,又传曾孙。明万历三十二年(1604年)打来孙汗的曾孙库图克图继位为察哈尔部的汗,被称为林丹汗或稜丹汗,明国称其为虎墩兔汗或"虎酋"。这时,察哈尔部是漠南蒙古各部中最强大的部。林丹汗拥有8大部24营,号称"蒙古国统四十万众英主青吉思汗","帐房千余,牛羊倍是",科尔沁、扎赉特、杜尔伯特、郭尔罗斯、敖汉、奈曼、巴林、内喀尔喀五部、阿噜科尔沁、四子部落、乌喇特、茂明安、翁牛特,等等部,"初皆服属于察哈尔"。沈曾植的《蒙古源流考》卷八称其势力范围,"东起辽东,西至洮河,皆受此虏约束"。彭孙贻的《山中闻见录》卷八《西人志》亦称其"东起辽西,西尽辽诃,皆受插[汉]要约"。

虽然察哈尔部林丹汗自诩为漠南蒙古各部的大汗,科尔沁等许多部亦曾"服属"于彼,但这些部并不甘心久为其属,各部之间又常因利益冲突而纷争不休,干戈时起,叛服常变,漠南蒙古一片混乱景象。这为明国调整"东夷"、"西虏"政策,提供了条件。

(二)明蒙相联

被明国君臣称为"西虏"的漠南蒙古,一直是明辽东地区以及北方统治者的主要威胁。蒙古人数众多,兵精马壮,剽悍善战,习于掳掠。兼之,各部骁酋常常追忆及向往其先祖成吉思汗、忽必烈的驰骋三大洲,纵横数万里,所向披靡,君临四海,入主中原,"威震华夷"。不料后嗣元顺帝竟被一个曾经沿村乞食的穷和尚朱元璋赶出大都,逐回漠北。要报仇,要恢复祖业的心态和愿望,促使蒙古各部中强部之主经常发动战争,进掠明境,夺取辽东霸权,甚至进逼明都,问鼎中原。明正统十四年(1449年),漠西蒙古瓦剌部"太师淮王"也先,基本上统一了漠南、漠北、漠西蒙古各部后,欲"求大元之一统天下",率军征明,于土木堡大败50万明军,俘虏了明英宗朱祁镇,后因进攻北京受挫才放弃了灭明的打算。弘治、正德年间,达延汗自称"大元可汗",多次攻明,率兵几万、十几万,袭掠山西、宁夏、陕西、甘肃和辽东,"多杀掠","宣(府)、大(同)、延绥诸境俱被残","三辅震动,戕杀惨酷"。嘉靖、隆庆年间,土默特部俺答汗,"最富强",号令诸部,多次掠明,嘉靖二十九年竟"大举犯京师",明帝被迫下令天下勤王,后以贡市、厚赏诱劝俺答息兵和好,封其为顺义王。因此,直至万历三四十年以前,明政府一直视"西虏"蒙古为大患,采用"防西虏为主","以东夷(女真)制西虏"的方针。而蒙古各部,尤其是强部,也以明国为主要敌国,与其争夺辽东霸权,对人少地狭的女真各部,则颇为轻视,不予提防。

但是,努尔哈赤的兴起,破坏了辽东地区长期以来明蒙争雄、女真附属的格局。天命三年(1618年),后金国汗努尔哈赤以"七大恨"誓师伐明,取抚顺,下清河,击杀辽东总兵张承胤,第二年又于萨尔浒大败10万明军,克开原,占铁岭,灭叶赫,紧接着,八旗军攻下沈阳、辽阳,轻取广宁,大有席卷全辽,问鼎中原之势,直接威胁明王朝的统治,也妨碍了漠南蒙古各部汗贝勒之称霸,危及他们据地自专的权力,因此东北民族关系的格局顿改。

明朝政府的目的是收复失地,灭掉建州,臣服女真,至少要挡住金军的进攻,保住辽河以西广大地区,确保关内太平和京师安全。察哈尔部林丹汗想统一蒙古各部,重新恢复先祖大元可汗旧业,坚决反对后金夺占辽东。斋赛等贝勒希望保持原有地位,贪图明朝贡市赏赐,抑制新兴的后金。因此,明朝政府废弃了行之两百年的"防西虏为主","以东夷制西虏"的政策,改为"以西虏制东夷",不惜重金厚赏,竭力拉拢蒙古汗、贝勒,共同对付后金。

曾经一度执掌防金军事大权、拥兵 13 万的辽东巡抚王化贞,以抚"西虏"为唯一急务,声称"虎墩兔汗助兵四十万","助攻努尔哈赤"。当时,察哈尔林丹汗等蒙古首领,确曾表示愿意助明攻金,"哈喇汉炒巴等五营盟结于东,插汉八大营款于西,已有并吞逆奴之势",可是双方发生争执,哈喇汉炒巴等移营远走。①

天启二年(1622 年)二月,署兵部侍郎王在晋奏称:蒙古各部"抚赏马市,在广宁镇远关、镇静堡等处。广宁失,则市罢赏绝","是我之失广宁,非虏之利也"。然而,"今日不结虏之心",将为后金所结,"乘此奴、虏未合之时",急遣通事对蒙古"谕以利害,饵以封爵款赏",以"树奴之敌,以张羽翼,养我之力,以卫本根,洵今日之急着也"。帝从其奏。②

明熹宗随即擢任王在晋为兵部尚书兼都察院右副都御史经略辽东、蓟镇、天津、登莱等处军务,和蓟辽总督王象乾一起,积极推行招抚蒙古共抗后金的政策。

王象乾痴信依靠蒙古以制后金的政策。他上奏疏,强调蒙古

---

① 《明熹宗实录》卷一四;《明史》卷二五九《王化贞传》。
② 《明熹宗实录》卷一九。

作用说:蒙古部哈喇慎(喀喇沁)大酋长孛罗势等人,朵颜卫 36 家首领速不的等人,各自带领兵马,于宁前、中前等处列营驻扎,为我侦探敌情,送还逃离后金的人口回到家乡,运送各项器械物品。蒙古人带来木柴、大米、黄豆卖给汉民,正好接济山海关上军民的急需。从山海关至连山的几百里内,蒙古各部人员络绎不绝,孛罗势愿出帐房 300 顶,又令其属下出帐房 1000 顶,为我防宁前一带地方,"谓是皇爷肉边墙"。王在晋根据这些情况,准备每月发给防守的蒙古兵士一人 3 斗米和 8 尺布,约值银 1.5 两。这样宁前就可固守,蓟门也可安然无事,朝廷省下大量经费。①

王象乾又上奏疏,呈请每年发银百万两,抚赏蒙古,详述抚蒙抗金的必要性和可能性。他说:察哈尔部林丹汗,人马多,势力大,能够号召八大营,拥有骑兵数十万,领赏于团山、正安堡等处,获利最大,愿助明国抵抗后金,争夺广宁。哈喇慎部白言台吉等首领,想约其他大部,"聚族而东",消灭努尔哈赤。他建议每年用银 100 万两来抚赏蒙古汗贝勒,其中,察哈尔部、哈喇慎诸部"抚赏"银 20 万两,"领兵犒赏、进兵功赏"银 30 万两,守边蒙古兵 2 万人的兵饷 36 万两,等等。

针对有人反对用蒙古制建州的策略,王象乾提出了蒙古之"可信者五"和必须抚赏蒙古的理由。王象乾说,根据明与金兵交战后的形势判断,蒙古是可以信任的。一是当广宁失陷时,蒙古人皆西向而泣说:"破我饭碗,坏我一条白道"。因为金银财帛只能从明朝领取,蒙古汗、贝勒都念念不忘于此,怎能甘心丢弃。二是努尔哈赤兼并各部,林丹汗等蒙古汗、贝勒不会袖手旁观。三是女真和蒙古皆好争雄称霸,林丹汗是蒙古之大汗,努尔哈赤以势相

① 《明经世文编》卷四六三,王象乾:《诸虏协力助兵俯准量力犒赏疏》。

逼,他怎能甘居其下,或退避三舍。四是明抚蒙古,联合蒙古,以壮声势,以求支援,蒙古亦想借我为后盾,一起消灭后金。五是林丹汗虽沉湎于酒,但其部下深思熟虑之人,皆因逼近强敌,恐被吞并,而急欲消灭建州。

王象乾又强调必须信任蒙古说:我不用蒙古,则蒙古必投奔建州,为"奴"所用。我不联合蒙古,则广宁之逆党不能驱逐,待其根蒂既固,必迫近山海关,谁能抵挡? 我不抚赏蒙古,蒙古必聚族策马,强行索讨。我兵刚刚招集,士气不振,借用林丹汗、宰罗势之力,形成犄角之势,"以养我全力",努尔哈赤必不敢发兵西向,掠我土地。最后,王象乾作出结论说:今天下大势,抚蒙古则安,远蒙古则危,要求安去危,只有"抚赏"蒙古一策,别无他法,否则,危不堪言。①

辽东经略王在晋、内阁都赞同王象乾的主张,定下抚赏蒙古"以西虏制东夷"的政策,每年抚赏林丹汗等漠南蒙古中强部汗、贝勒上百万两赏银,他们也表示要助明击金,共同打击努尔哈赤。这就结束了两百多年来明蒙争雄于东北的局面,代之以明蒙联合抗击劲敌后金国的新格局。

二、重大决策

(一)联姻科尔沁

北有蒙古,西接明国,处于"八十万明国,四十万蒙古"二强之间小小的"三万女真"之主的努尔哈赤,如何分析时局,驾驭形势,采取什么样的方针,这是一个关系到后金兴衰的重大问题。

在此之前的两百年里,女真各部酋长,都是甘居明蒙二强的附

① 《明经世文编》卷四六三,王象乾:《请发帑金以充抚赏书》。

庸,或随明军攻打蒙古鞑靼部,或在瓦剌强大之时,听其所命,"附之入塞,侵辽东西","乘乱侵掠"。直到隆庆至万历初年,建州王杲、王兀堂,海西仰加奴、扬机努等酋长,仍然是依靠蒙古,联"土蛮汗、速不亥"等,多次袭掠明境人畜,致遭明军重惩,势力渐衰。

素怀大志、勇于进取的英明汗努尔哈赤,彻底摈弃了这种左右观望、徘徊于二者之间、依赖其强的附庸做法,毅然确定了力挫二强的方针和联蒙抗明的策略,以达到称霸辽东的宏伟目标。

形势很清楚,问题很明确,努尔哈赤要想北敌蒙古百万之众,西抗臣民亿万的明朝"天皇帝",只靠几万女真士兵是绝对不行的。蒙古将士骁勇剽悍,又与女真同被明廷蔑称为"夷",皆是骑射民族,如果争取到蒙古的支持,吸收部分蒙古将士,既可联合抗明,又可增加八旗兵卒,加强军力。

更为重要的是,在东北广阔土地上,尤其是在辽东争霸上,明、蒙、后金三股势力中,明国必欲灭掉后金,至少是要打败后金军,将其逐回建州老巢,收复辽东失地。后金是想占据辽东,席卷全辽,进而挥师入关,夺据北部中国,再显五百年前宋辽金时期的大金国汗风采。明与后金之间是势不两立,不共戴天。而蒙古各部,还未出现胸怀雄才大略能够统一各部的大汗,在辽东争霸上,现在只能处于从属地位,只能跟随明国或后金国之中的强者当名随员。可是,蒙古各部又人多势众,谁能争取到蒙古,谁的胜算就大得多。

因此,努尔哈赤很早就想拉拢蒙古,后来在征战过程中,便逐渐形成了一套完整的方针,即争取蒙古,使其从助明转为助金,联合蒙古共同抗明,吸收部分蒙古贝勒台吉和部众定居后金国,加入后金军。这样一来,就解除了后顾之忧,摆脱了西、北夹攻的危险,削弱了明国的势力,壮大了后金国声势。

在漠南蒙古各部中,努尔哈赤首先着重争取近邻科尔沁部,再及内喀尔喀五部,然后对付察哈尔林丹汗。

一般认为,努尔哈赤争取蒙古的主要手段,是许以官职,联姻婚娶,采取和平的、友好的方式,而不是以武力相胁。这是一种错觉,这种看法与历史实际出入很大。努尔哈赤确实想通过好言相劝,许以重赏,联姻婚娶,把蒙古各部的贝勒、台吉吸引过来,然而,只靠这种方式是难以奏效的。蒙古贝勒、台吉是否愿意与后金联合,是否归顺英明汗,只靠联姻是不行的。这不是个人愿望所能决定的,而是实力在起作用。要想使"四十万蒙古"从高居女真之上的盟主,下降为"三万女真"之盟兄弟及臣僚和附庸,是很难办到的,蒙古汗、贝勒怎能仅仅因为与努尔哈赤结为亲家,娶其女为妻,嫁自己的格格为其妻、媳,就愿弃尊趋卑,在昔日的下属面前俯首称臣,跪拜朝贺?何况一些蒙古贝勒、台吉还和努尔哈赤有过节,还曾趁其势尚不强之时,以众压寡,参加了"九部联军"欲置建州于死地的古勒山之战。那时的"九部联军"三万将士之中,就有科尔沁部翁阿岱、莽古思、明安三位贝勒率领的近万名蒙古士卒。只是在努尔哈赤屡战屡胜,大败明兵的军威震慑之下,以及本部遭到强敌吞并的威胁下,才使一些蒙古贝勒台吉转变了态度,接受了努尔哈赤的争取。科尔沁部的情形就是这样的。

古勒山战败之后第二年,曾在古勒山之战中战败,"弃鞍赤身,体无片衣,骑骟马脱出"的明安贝勒,才与内喀尔喀的劳萨贝勒,对建州"遣使通好"。[1] 明万历三十六年(1608 年),建州兵攻乌拉部的宜罕山城,科尔沁部翁阿岱贝勒与乌拉布占泰贝勒合兵,见敌兵势大,知不能敌,遂撤兵返部。万历四十年,努尔哈赤闻听明安贝勒之女"颇有淑范",遣使前往求婚。虽然此女早已许与他

----

[1] 《满洲实录》卷二。

人,但面对已经灭掉哈达、辉发的聪睿恭敬汗努尔哈赤的求婚,明安断然决定,拒绝先许之婚,亲自送女前来。努尔哈赤大喜,"以礼亲迎,大宴成婚"。这是努尔哈赤第一次与蒙古贝勒结为姻亲,影响颇大。万历四十一年正月灭乌拉,建州势力更加强大。万历四十三年正月,孔果尔贝勒送女来,嫁与努尔哈赤,设大宴,此妃最长寿,顺治十四年被康熙帝尊封为"皇曾祖寿康太妃"。

随着努尔哈赤势力的强大,后金国的迅速扩展,一些蒙古贝勒、台吉争相遣使请求和好,联姻婚娶。灭掉乌拉的第二年,万历四十二年,皇八子皇太极娶莽古思贝勒之女为妻,后为太宗之孝端文皇后。天命六年三月下辽阳,进驻辽东以后,英明汗努尔哈赤威震东北和内蒙,各部蒙古贝勒、台吉纷纷遣使通好,送女来归。天命八年五月十八日,闻科尔沁部孔果尔贝勒之女将由其兄穆斋台吉送来,嫁与皇十二子阿济格为妻,汗命斋桑古阿哥、多铎阿哥、索海总兵官、达尔汉副将于 60 里外,宰 2 牛设宴相迎。二十日穆斋台吉及妹来到都城,英明汗之诸福金率诸媳,宰牛羊。汗率诸贝勒、大臣出御八角殿,新媳入殿叩见汗父,大设筵宴。① 第二年五月二十八日,明安贝勒之子桑噶尔寨台吉送女来,嫁与皇十四子多尔衮。② 又过了一年,天命十年二月,莽古思贝勒之子斋桑贝勒,命子吴克善台吉送其妹来到都城,将女嫁与四贝勒皇太极,后为太宗之孝庄文皇后,生子顺治帝。努尔哈赤对吴克善"以礼相待","并赏赐许多缎、蟒缎、毛青布、翠蓝布、金、银、人口、甲胄等"。③

与此同时,科尔沁部诸贝勒与建州的友好往来也比较频繁。明安贝勒的长子伊都齐尔台吉、次子哈坦巴图鲁、第四子桑噶尔

① 《满洲实录》卷七;《满文老档》太祖朝卷五二。
② 《满洲实录》卷七。
③ 《满文老档》太祖朝卷六四;《满洲实录》卷八。

寨、第五子巴都玛等,都曾送马为礼,前往后金,努尔哈赤予以热情接待,回赠厚礼。明安贝勒也曾亲自前往建州,受到女婿努尔哈赤隆重接待,屡设大宴,厚赠马匹甲鞍。

虽然一些科尔沁部的贝勒、台吉有时也见财起意,拦劫后金人员猎捕的禽兽,努尔哈赤颇为不满,但仍持宽容态度,并未发兵往征,而是致书科尔沁部有关贝勒、台吉,据理批评说:舅舅阿布泰的包衣阿哈前往马拉捕貂,获貂 76 只,"皆被科尔沁的蒙古人夺去"。"放鹰网之人告称,进网之鸟及鹰网,皆被科尔沁之蒙古人掠去"。"乌拉、叶赫乃我管辖之地,尔科尔沁蒙古人为何来我地夺我所获之物耶?"①

金国势力猛烈扩展,明国无法招架,漠南蒙古各部中最强之部察哈尔部林丹汗难与匹敌,兼之,林丹汗欺凌各部,处在这样明显的形势面前,科尔沁部绝大多数贝勒、台吉彻底转变了态度,甘愿投靠金国,如像奥巴、斋桑等贝勒辖领部众,归顺金汗,为其外藩。现以奥巴为例,作些叙述。

奥巴之父翁阿岱贝勒,曾参加叶赫国主布斋贝勒组织的"九部联军",进攻建州,大败之后,与建州通使和好。天命九年二月,因恐林丹汗来侵,奥巴约集一些贝勒、台吉,遣使持书,来到辽阳,请求与金国联盟。来书写道:

> 鄂(奥)巴洪台吉等,致书于明掩众光、威震列国、睿主陛下:吾嫩江台吉等闻汗谕,莫不欣服。然主持其大事,裁之自汗,吾等莫有敢违命者。但察哈尔汗及喀尔喀,都知吾等与大国同谋,必来征伐,将何以为我谋也,惟汗筹之而已。②

---

① 《满文老档》太祖朝卷四三。
② 《满洲实录》卷八。

努尔哈赤遣巴克什库尔缠、希福等往科尔沁部，"与鄂巴、阿都齐、达尔汉、岱青、蒙果尔各台吉等会盟"，宰牛马，置白骨、血、土、酒、肉各一碗，焚香而誓曰：

> 满洲、科尔沁二国，因有察哈尔欺凌之情，故以盟言昭告天地，愿同心合意。既盟之后，满洲若为察哈尔馈赠所诱，中其巧计，不令科尔沁知，而先与之和者，穹苍不祐，降以灾殃，如此骨暴血出土埋而死。若科尔沁为察哈尔馈赠所诱，中其巧计，不令满洲知，而先与之和者，穹苍不祐，降以灾殃，亦如骨暴血出土埋而死之。

誓毕以后，库尔禅与科尔沁使者来到都城辽阳，努尔哈赤命四大贝勒及德格类等八位台吉，亦宰白马与乌牛，对来使"同前立誓书而焚之"。[①]

虽然奥巴等贝勒的来信对努尔哈赤恭敬有加，声称一切唯其定夺，然而观看双方盟誓之文，则只是以"有察哈尔欺凌之情"，故双方联盟相抗，并未含有尊汗为君的意思，如果背誓违盟，双方遭受同样灾殃，可见，这仍是金国与"科尔沁国"两国平等之盟。

但是，不久，林丹汗遣使诱劝，奥巴等贝勒犹豫了，原已约请努尔哈赤于天命十年六月在某地与努尔哈赤会晤，商议抗察之事，届期努尔哈赤到达约定地点，奥巴却托故未来。本来林丹汗可以借此机会离间科尔沁与金国的松散联盟，可是他却放弃了这个良好时机，反而变本加厉地要征服科尔沁全部，欲于十月出兵灭掉奥巴。

奥巴闻悉大惊，急忙连续遣使向金国汗求救。第一次使者于十年八月初九日将求救信送与金国汗，信中说："我二国曾宰白马

---

① 《满洲实录》卷八。

乌牛,歃血为盟,愿合为一,遇有敌兵,必互相救援",现闻林丹汗欲来兵,请汗派遣援兵,并"乞助千人"炮手武器。努尔哈赤回信劝其坚守城郭,"发炮手八人"遣往。① 此时努尔哈赤显然仍对奥巴的失约耿耿于怀,故未满足其求兵的请求。第二批使者是同年十一月初五日到达新都沈阳的,这次是"五使告急",努尔哈赤虽然正在准备大举征明,十分忙碌,兵力也不宜分散,但仍然果断决定急援科尔沁。仅仅过了5天,初十日即率诸贝勒、大臣统领大军出发。到了开原镇北关后,命三贝勒莽古尔泰、四贝勒皇太极及阿巴泰等贝勒,领"精骑五千"前往。金兵到达林丹汗之属地农安塔。这时,林丹汗已围攻奥巴之城数日,"攻之不下",闻听金兵来援,"仓皇夜遁",解了奥巴之围。②

　　这次行动,使奥巴等贝勒、台吉彻底坚定了依金抗察的决心。第二年,天命十一年五月,奥巴率领科尔沁部重要贝勒、台吉前往沈阳拜谒国汗。努尔哈赤闻悉,"以鄂巴(即奥巴)乃一国贝勒之长",即命三贝勒莽古尔泰、四贝勒皇太极偕诸贝勒远迎,行走三日,在中固城遇见鄂巴一行,行接见礼,大宴。到范城郊外,奥巴宰牛羊,宴请莽古尔泰等贝勒,诸贝勒设宴回请。二十一日来到沈阳郊外,努尔哈赤出郭迎十里,相会,奥巴同和尔和岱、拜思噶尔两位台吉叩见英明汗,复诣汗膝下,再拜抱膝,进献貂皮、貂裘、驼、马。努尔哈赤赐奥巴贝勒及其弟兄雕鞍、马匹、金顶帽、锦衣金带。奥巴等贝勒大喜,奥巴求娶汗之女,努尔哈赤以亲弟舒尔哈齐贝勒之孙女敦哲格格嫁其为妻。

　　六月初六日,两国结盟立誓。努尔哈赤立誓说:"我本顺天安

_____

① 《满洲实录》卷八。

② 《满洲实录》卷八。

命之人,因被明国并察哈尔、喀尔喀欺凌,难于隐忍,乃昭告于天,天遂祐之"。察哈尔、喀尔喀连兵侵袭科尔沁部",奥巴与我俱系受困之人,故结盟好,违盟者,必遭灾殃。

奥巴立誓说:

> 吾科尔沁贝勒等,自事扎萨克图汗以来,效忠于察哈尔、喀尔喀,未有纤微过恶,今欲相好而不得,彼惟知劫杀不已,将我科尔沁部诸贝勒虏杀几尽,又无辜而杀我达赖台吉。后斋赛又杀我六贝勒。因屡被劫害,不图和好,吾等故成敌也。彼又谓我敢于相抗,合兵相加,幸皇天默佑获免,又得满洲汗协助,吾不敢忘天所祐汗所助,故来此谒汗,祝天地盟好。若渝盟忘恩,仍与察哈尔、喀尔喀相和者,天降以灾危……①

奥巴的誓言,说明了由于察哈尔、喀尔喀汗、贝勒的侵虏劫杀,使他们不得不叛离于彼,来归于金国汗。

努尔哈赤于六月初七日赐奥巴为土谢图汗,赐其兄图梅为岱达尔汉,弟布达齐为扎萨克图都稜,弟和尔和岱为青卓礼克图,并赐盔甲、衣服、银器、雕鞍、蟒缎、布帛。奥巴弟兄谢汗赐以名号之恩。初十日,奥巴等告辞返回其部。②

此后,天聪汗皇太极继续推行联姻科尔沁、厚待科尔沁政策,科尔沁部蒙古成为最为效忠清帝的藩部。

(二)会盟喀尔喀

此处讲的喀尔喀,是驻牧开原、铁岭、沈阳、广宁边外的漠南蒙古喀尔喀五部,即达延汗第九子纳力布喇之子孙为首领的扎鲁特部、巴林部、瓮吉喇特部(翁吉喇部)、巴岳特(巴约特)部和乌齐叶特部。

---

① 《满洲实录》卷八;《满文老档》太祖朝卷七一。
② 《满洲实录》卷八;《满文老档》太祖朝卷六二。

喀尔喀五部先后出现了一批骁勇剽悍屡掠明国的酋长。比如,巴林部的速把亥,其季弟乌齐叶特部的炒花,其妹夫花大。瓮吉喇特部的煖兔,号称巴哈达尔汉,其父兀班系速巴亥之三弟,煖兔之弟伯言,伯言之子宰赛(介赛、斋赛),等等。其中,斋赛与后金一直为敌。

斋赛之父伯言,骁勇剽悍,多次入掠明境,斩杀明国兵民,明臣称其为"大酋"。万历二十二年十月,伯言聚众入边,败于明辽东总兵官董一元手下,中箭而死。此时斋赛年幼,临危不惧,根据自己的力量积极扩展势力,策略地对待明朝,避免明军过早征剿,争取明的好感,恢复争战以前的市赏待遇,增加经济收入,同时抓紧有利时机,努力练兵牧马,加强军事力量,仅仅过了 14 年,就成为与察哈尔部林丹汗并驾齐驱的蒙古"名酋",多次领兵入边,掠取明国境内的人口、牲畜和财帛,击杀明兵。

万历三十七年三月,辽东巡按熊廷弼分析辽东危急情形时说:十余年前,"土蛮憨以十万骑蹂河西无宁岁",而"河东则奴酋在我卵翼,宰赛父中箭死,尚孤弱",故河西急而河东缓。"十数年来,奴酋、宰赛等日强",河东急而河西缓矣。[①] 第二月,明兵部尚书李化龙奏称:"河西插汉最强"。"河东宰赛最强,去秋庆云堡之入,驱掠甚惨"。[②] 过了五年,万历四十二年八月,辽东巡按翟凤翀更详细地叙述了宰赛强悍屡次入掠的情形。他说:

> 宰(赛)、煖(兔)二十四营,环绕于开原一带,岁为边患。
> 其中最黠骜难制者,莫如宰赛。万历二十五年,要挟不遂,杀
> 我庆云守堡王凤翔。三十五年,执杀庆云守备熊钥。三十六

---

① 《明神宗实录》卷四五六。
② 《明神宗实录》卷四五七。

年,强挟秋赏,连抢二次,杀掠无算,秋赏因而遂许。今又挟加名赏,突犯内。要挟一番,增益一番。将兴问罪之师,彼之精骑动以万计,而我之嬴卒不满二千。①

明臣所述斋赛在10年左右的迅速发展,以及其势力之强大,后金也有同感。《满文老档》太祖朝卷十一,对斋赛作了如下描述:

> 蒙古喀尔喀五部,兵多畜旺国富,原归斋赛统辖,恃其强盛,藐视诸国,欺压、凌辱、掠夺和杀害,诸国之人似憎恨魔鬼一样憎恨斋赛,斋赛亦不视己为人,比喻自己为飞翔于天空之鸷鸟,或野兽中之凶猛之虎。

努尔哈赤对喀尔喀五部努力争取和好,一些喀尔喀贝勒、台吉也愿意与建州汗通好往来。万历二十二年,科尔沁部明安贝勒、内喀尔喀部劳萨贝勒遣使前来建州,为漠南蒙古与建州往来之始,此后"蒙古各部长遣使往来不绝"。② 过了一年,万历三十二年,喀尔喀五部的巴约特部部长达尔汉巴图鲁贝勒之子恩格德尔台吉"又引蒙古喀尔喀部五贝勒之使,进驼马来谒,尊太祖为崑都仑汗,从此蒙古朝贺不绝"。③ 崑都仑汗意为"恭敬汗"。

又过了十年,万历四十二年四月十五日,内喀尔喀之扎鲁特部右翼首领钟嫩送女来建州,嫁与恭敬聪睿汗之次子代善为妻。四月二十日,扎鲁特部左翼首领内齐送妹来建州,嫁与莽古尔泰为妻。十二月,此部另一贝勒额尔济格送女来,嫁与德格类为妻。④

但是,喀尔喀五部之中的另外一些贝勒、台吉却一直与建州不和,尤其是翁吉喇特部首领斋赛势力强大之后,统辖五部,更是与

---

① 《明神宗实录》卷五二三。
② 《满洲实录》卷二。
③ 《满洲实录》卷三。
④ 《满洲实录》卷四。

建州作对,仇视建州,曾三次与明朝挟赏立誓,要共征建州。早在万历二十五年,斋赛便娶叶赫金台石贝勒已经许聘给代善之女。万历四十三年斋赛堂兄煖兔之子莽古尔岱又娶金台石早已许聘与努尔哈赤的"叶赫老女"。

后金天命四年(1619年)三月,努尔哈赤统率八旗军,大败明兵于萨尔浒,六月取开原,七月二十五日下铁岭。当天晚上,斋赛偕扎鲁特部巴克贝勒、巴雅尔图、色本等贝勒台吉,还有科尔沁部明安贝勒之子桑噶尔寨等二十人,领兵万余,来到铁岭城外,伏于高粱地内。第二日天明之时,后金军牧马小厮出城牧马,斋赛挥兵袭击,斩杀百余人,夺马千匹。后金军出城相援,发现来者是斋赛蒙古,欲战,"又无上命,不战,而吾人已被杀",故仅仅追蹑其后。努尔哈赤闻悉后问:"何为不战?可急击之。"大贝勒代善回答说:"今一战,恐贻后悔。"代善虽未说明为什么会"贻后悔",但显然是因斋赛乃喀尔喀五部之首,兵强马壮,交战既未必能胜,又怕日后与喀尔喀五部结下仇恨,成为敌国,留下大患。

努尔哈赤历数斋赛之过,果断决定进攻说:

> 何以悔之耶?据知此乃斋赛兵也。我所聘叶赫金台什贝勒之女,斋赛夺而取之,一也。又曾侵我兀扎鲁屯,二也。无故执我使臣和托,以铁索缚之,和托逃走返回时,途中为明国所杀,三也。我不堪明之虐害,兴师征讨,彼与明同谋,对天地立誓伐我以索厚赏,四也。又与明通事说:赐我重赏,(我)倘不征伐满洲,上天鉴之。遂斩断白牛之腰,于马上以手对天洒祭牛血,五也。今又先杀我之人,六也。因此战之,我何悔耶!①

---

① 《满文老档》太祖朝卷一一。

努尔哈赤下令进攻。大贝勒代善领兵追击,"大杀其兵于辽河",生擒斋赛及其子色特奇尔、柯希布克,以及扎鲁特部巴克、色本贝勒两兄弟和科尔沁部明安贝勒之子桑噶尔赛,共六位贝勒,又擒获斋赛贝勒之妹夫和亲信大臣岱噶尔塔布囊及大臣十余人、"兵一百五十人",全歼其军。[①]

果断进攻,大获全胜,固然是努尔哈赤指挥水平之高的体现,得胜之后,如何处理斋赛,则是对金国汗领导才干的又一次考验。斋赛一贯与建州作对,致使努尔哈赤对其产生六恨,使他非常气愤,"常思擒之"。甚至有一天的晚上,他梦见天鹅等群鸟在空中往来飞翔,于是拿起网来,网住一只白鸟,大喜叫道:"吾擒得斋赛矣"。现在,既然擒得斋赛父子及其大臣,按照常情,一般人会下令将其凌辱之后斩杀,以泄心头之恨,可是,努尔哈赤没有这样做。他先将斋赛一行囚于钟楼内,第二天,七月二十七日,让斋赛等叩见英明汗。努尔哈赤命将斋赛部臣博罗齐等十一人释放,令其返回其部,告诉部中之人,斋赛兵败,父子被擒之事。过了三天,努尔哈赤又说:既已收养斋赛,尽杀斋赛之兵,恐其所属之国人、畜群为其他贝勒掠取,将囚禁的 140 名兵士释放,命其回国,"保护其国无夫之妇、失父之童及牲畜"。[②]

努尔哈赤不杀斋赛父子及其他十几位贝勒大臣,是非常正确的,极为明智。杀人不过头点地,杀掉斋赛,除了激起对方妻室儿女亲友臣属的无比愤怒、结下更大更深的仇恨以外,产生不了其他的效果。相反,斋赛与喀尔喀五部的其他几十位贝勒台吉,都是达延汗第九子纳力布喇之子孙,他们与斋赛,或是同一祖父之堂兄弟

---

① 《满文老档》太祖朝卷一一。
② 《满文老档》太祖朝卷一一。

堂叔侄,或是同一曾祖父,可以说是骨肉之亲。他们对斋赛之死,既有为亲人报仇的心情,又有唇亡齿寒之恐惧,何况与斋赛一同被俘的还有扎鲁特部的巴克、色本弟兄两位贝勒。如果斋赛被斩,喀尔喀五部众贝勒恐将一致抗争,不仅会使努尔哈赤争取喀尔喀五部和好,共抗明国,齐攻察哈尔的联盟计划失败,而且与他们结下大仇,驱其与明国联盟抗金。而留下斋赛,作为人质,反倒可以使喀尔喀蒙古投鼠忌器,不敢得罪后金,进一步还可促进双方联盟,有了这样多的益处,又何必非要斩杀斋赛呢。

不久,努尔哈赤又释放了斋赛的儿子克实克图、色特希尔及扎鲁特部巴克之弟色本贝勒,赐以蟒衣、裘、帽、靴、带、鞍、马,送回老家,又许诺待金国与喀尔喀五部贝勒同征明国,得到了广宁以后,就决定斋赛的归期。

努尔哈赤下的这着妙棋成功了。在努尔哈赤大败明军、生擒斋赛的无比军威的震慑下,在努尔哈赤留养斋赛的绝妙高招的促进下,喀尔喀五部各位贝勒决定与后金和好结盟。他们先于八月底遣使来到建州请求宽恕斋赛不要斩杀说:"若念该斋赛贝勒之罪,汗将诛之矣! 以我喀尔喀五部诸贝勒之故,请宥其罪,而豢养之……悉听汗命。"① 九月初五日,努尔哈赤致书喀尔喀五部贝勒,历数斋赛之罪后说道:"天以斋赛与我,致使屡与我为敌之斋赛被擒,即欲杀之,然念尔喀尔喀卓礼克图贝勒及额布特德依、洪台吉等,故留斋赛于此。"②

喀尔喀部诸贝勒于十月二十二日遣使来到建州,同意联盟说:"明国乃敌国也,如征之,必同心合谋,直抵山海关,负此言者,天

---

① 《满文老档》太祖朝卷一三。
② 《满文老档》太祖朝卷一三。

地鉴之。"①十一月,努尔哈赤遣额克星额等五位使臣,赍誓书,前往喀尔喀结盟,共同对抗明国,誓书说:"蒙皇天后土祐我二国同心","故我二国对天誓之"。"恭敬英明汗之十部执政贝勒,喀尔喀五部之执政贝勒","以诚信之言誓告天地。我二国素与明国为仇,今将合谋征之。何时与明国修好,必共同商议而后和之","若毁天地之盟",殃及十部执政贝勒和喀尔喀五部执政诸贝勒。在誓书上签名的有杜稜洪巴图鲁等喀尔喀五部的 27 位贝勒、台吉。

两年后,喀尔喀五部以牛马羊万头来赎斋赛,并送其二子一女为质,努尔哈赤令斋赛立誓说:"倘斋赛不念养父之恩,不思众弟之情,归故土后,复生贰心,则天必谴责,降罪于身,以至于死。"斋赛誓毕,努尔哈赤赐其裘靴帽带弓箭雕鞍及马一匹甲百副,于天命六年八月十五日让其返回喀尔喀。4 个月以后,又释放扎鲁特部巴克贝勒回家。在这样"恩威并举"的影响下,喀尔喀五部中势力最强的翁吉喇特部首领斋赛贝勒,终于被英明汗努尔哈赤驾驭住了,使他断绝了与明朝的关系,依附于后金国汗。

后金国汗努尔哈赤与喀尔喀五部贝勒的盟誓,虽然只是平等协商,议定对明一致行动,和则同和,战则同战,并未规定喀尔喀部尊努尔哈赤为君,双方仍是平等关系,不是上下隶属关系,但与过去喀尔喀蒙古依从明帝,取其赏银,助明攻金相比较,毕竟是一个可喜的大变化,也算是努尔哈赤争取蒙古政策的一大胜利。这个胜利来之不易,是千军万马冲锋陷阵连克强敌的结果,努尔哈赤高超的领导才干和英明的对蒙策略,也起了相当作用。要巩固这一成果,还需继续努力,否则,誓书将会成为一纸空文。就在 27 位蒙古贝勒台吉对天盟誓的半年以内,一些人就将誓辞抛在脑后,与后

---

① 《满洲实录》卷六。

金为敌。身为努尔哈赤亲家、大贝勒代善的岳父钟嫩贝勒、其弟昂安贝勒以及珠彻特扣肯贝勒等，就背弃盟言，派兵拦劫后金使者，夺走马羊367匹。后金遣往喀尔喀五部的使者回来向汗禀报："五部贝勒等已负盟矣"。两次求见鄂巴岱青，都不容相见。五部的使者也不来后金了。都稜洪巴图鲁说，我的儿孙们俱已变心，背盟，我没有办法制服他们，但我自己是决不负汗的。①

对此，努尔哈赤采取了征讨乱者宽待降人的措施。天命八年四月，以扎鲁特部钟嫩贝勒、昂安贝勒屡次以兵劫掠我使者赍往科尔沁的皮裘衣服及马牛，努尔哈赤遣阿巴泰、斋桑古、岳托三位台吉，领兵三千往征，斩昂安父子，"尽获其妻子、军民、牲畜"，并擒钟嫩之子桑图之妻。桑图来信，恳求宽恕，并来叩拜，努尔哈赤归还其妻子。② 天命十一年四月，以喀尔喀五部贝勒背盟，私与明国讲和，杀金国斥堠兵，献首级于明，领取厚赏，又屡劫金国使者财物牲畜。努尔哈赤大怒，遣军征讨，斩巴林部额布格岱洪巴图鲁贝勒之子囊努克，"获人畜五万六千五百"。③ 十月，新汗皇太极又遣兵征讨扎鲁特部，斩鄂尔斋图贝勒，擒获巴克等十四位贝勒、台吉。

正是在金军所向无敌军威震慑下，在努尔哈赤"逆者以兵临"，"顺者以德服"的政策影响下，在斋赛、巴克等贝勒战败被擒或死亡的实际例子的教训下，使喀尔喀五部绝大多数贝勒切实感到与金和好是唯一的生存之路，才下定了与金联盟归顺金国汗的决心。兼之，察哈尔部林丹汗又派兵侵袭喀尔喀五部，更促使他们迅速投奔金国。努尔哈赤实现了与喀尔喀五部长期联盟且居主导地位的愿望。一些贝勒、台吉还自愿来归，率领部众移居金国，为

① 《满洲实录》卷六。
② 《满洲实录》卷七。
③ 《满洲实录》卷七;《清史稿》卷五一九《巴林部、扎鲁特部》。

英明汗努尔哈赤出力效劳。

（三）力抗察哈尔

察哈尔部林丹汗，自诩大元可汗，兵强马壮，不断发动扩展势力的战争，既征伐曾经服属于察哈尔的科尔沁、喀尔喀等部，又经常袭掠边境，成为明朝之大患。但是随着后金的兴起，明朝固然视建州为不共戴天的大敌，林丹汗也不愿后金夺据辽东，威胁自己称霸大漠和辽东的企图，因此，当明以"市赏"相诱，林丹汗便表示愿意帮助明国，攻打后金，尽管由于具体"封赏"条件没有谈妥，明蒙双方联合征金的战争未能进行，但是林丹汗始终对后金采取了敌视和藐视的态度。

天命四年（1619年）十月，林丹汗遣使致书努尔哈赤，威胁后金不得侵袭广宁，态度极为蛮横。其书说：

> 四十万蒙古国之主巴图鲁青吉思汗谕：致问水滨三万诸申（女真）之主聪睿英明汗安居无恙耶！明国与我二国，昔为仇敌。我闻午年至未年，尔骚扰明国。此未年夏，我亲至广宁，降服其城，收取贡赋。倘尔出兵广宁城，我将不利于尔。我二人素无衅端，若我所服之城，为尔所得，则吾名安在。若不听我此言，则我二人之是非，天将鉴之。[①]

这封信中，林丹汗摆出数十倍于后金的强国大元可汗的架子，训诫弱小国主努尔哈赤，不准他攻打广宁（实际上是不许他攻取辽东），因为广宁（乃至辽东）已是林丹汗降服之城，如果后金小汗不听从此令，则将干戈相见，袭取建州，"不利于尔"。此时的林丹汗，"乃控弦数十万"蒙古之主，连连击败其他蒙古贝勒，勒取明国贡银，兵强势盛，咄咄逼人，他的威胁，非同小可，不能等闲视之。

---

① 《满文老档》太祖朝卷一三；《满洲实录》卷六。

面对林丹汗的恫吓和敌对言行,刚毅英勇的努尔哈赤毫不畏惧,复信痛加驳斥。天命五年正月十七日,努尔哈赤在长达千言的罕有长信中,以犀利的文笔,把林丹汗揭露得淋漓尽致,驳斥得体无完肤。这封长信主要讲了六个问题。其一,斥其撒谎,以少冒众。信中写道,当年元大都被明军攻克之时,"四十万蒙古尽为明人所掳,逃出者仅六万人"。而且,这6万人里,右翼3万之众的1万属鄂尔多斯,1万属十二土默特,1万属阿索特永谢布,这3万之众与尔无关。左翼三万之众,亦不尽属于尔。"以不足三万之众,仍引昔日之陈词,自诩四十万",天地岂不知之!

其二,炫己之勇,夸己之强。努尔哈赤在信中既欢欣又骄傲地宣称,蒙天地眷佑,"以哈达国、辉发国、乌拉国、叶赫国及抚顺、清河、开原、铁岭等八大地界我矣"。

其三,蔑视恫吓,仍将伐明。回信斥其不许后金攻取广宁之威胁,声称林丹汗"抗拂皇天","倒行逆施",对天地眷佑之(英明)汗加以蔑视。回信还不留情面地讽刺其没有能耐,无力"不利于"为"天地嘉许赐以福禄"的后金国汗,征明之战必将继续进行。

其四,败军之汗,何敢言勇。回信写道,"我征明之前,尔巴图鲁青吉思汗(林丹汗)曾兴师征明,败,尽弃盔甲、驼只、一应器械,空身得脱"。"后又进兵,格根岱青贝勒之侍卫被杀于水中,数十人被俘,徒劳而返"。尔两次征明,击败何处劲旅?俘获多少人众?克取何处大城?"尔若能收复所失之大都及三十万蒙古之众",而出此"不利于(我)"之言,才算不为不是。

其五,领赋之因。回信写道,林丹汗夸称广宁为其取赋之地,殊不知,明国给与林丹汗之"赋",乃"微薄之财",而且此赐之财,并非明国畏惧林丹汗对明"兴兵转战,多克城池,故尔与之",而是因为"我之征明,杀其男,留其女,明畏我威势,为诱尔而给与之财耳"。

其六，蒙金联合。信中写道，我二国语言相异，然而服装发式相同。尔之来书"当言：我素与明有衅，汗兄征明，愿天地眷佑，多克其城，败其劲旅，并愿与汗兄共同征讨与我有衅之明国"。乃尔不务大业，唯利是图，蔑视中伤于我，"天地岂不鉴之耶。"①

努尔哈赤不仅敢于书写回信，对自诩大元可汗的强部察哈尔林丹汗据理驳斥，针锋相对，嬉笑怒骂，奚落讥讽，而且在实际行动中也是力抗其威，发兵交战。当奥巴遣使呈述林丹汗兴兵攻彼时，努尔哈赤立即遣派四大贝勒统军往援，要与察哈尔兵大战一场，林丹汗一听金兵将至，十分畏惧，赶忙撤走。几年以后，继承父汗之位的天聪汗皇太极，更把征服察哈尔作为国之要务，一再派兵往征，最后逼得林丹汗狼狈逃走，死于大草滩，妻、儿降金。

三、厚待蒙古贵族

（一）五条措施

金国汗努尔哈赤的英明指挥，八旗军所向披靡，大败明军于萨尔浒，下沈阳，克辽阳，取广宁，奚落林丹汗，吓跑察哈尔兵，屡败喀尔喀，大有席卷全辽、臣服漠南蒙古、问鼎中原之势，努尔哈赤又多次以"善待""厚遇"相诱劝，因此，一些蒙古贝勒台吉陆续率领部众，来到辽东，归顺英明汗，一般的蒙古也三五成群，逃来辽东。现先引录《满文老档》对蒙古来归的一些记载。

天命六年（1621年）三月下沈阳、辽阳，进驻辽东。四月初九日，蒙古巴林部"贝勒杜楞属下九十八户、一百二十男丁"，携马50匹、牛410头、羊1000只逃来。②

---

① 《满文老档》太祖朝卷十四。
② 《满文老档》太祖朝卷二一。

五月十四日,喀尔喀蒙古巴岳特部达尔汉巴图鲁贝勒之子恩格德尔之弟莽果尔台吉"率子女、畜群及属下三十户人来归"。这是蒙古贝勒、台吉第一次来归,努尔哈赤予以特别厚待,命大贝勒代善出城迎于五里外,并设大宴。努尔哈赤赐以大量金银布帛皮裘,计有貂皮袄子3件、猞猁狲皮袄子2件、貉皮袄子2件、狐皮袄子1件、貂镶皮袄5件、獭镶皮袄2件、镶银鼠皮皮袄2件、男女蟒缎衣9件、全蟒缎6匹、绸35匹、金10两、银500两、毛青布500匹、雕鞍1具、鲨皮鞍7具,以及弓箭柜碟等等物品。①

也就是在这年五月。喀尔喀蒙古贝勒卓里克图属下"五男三女一子,携马十三匹来归";囊努尔贝勒属下"四十户,率子女,携牧群来归";三十户驱牧群自古尔布什贝勒处来归。②

六月十五日,蒙古巴林部贝勒杜楞之子阿玉奇及古尔布什、萨特塔尔三位台吉所属蒙古160户来归。③

七月十五日,喀尔喀贝勒卓里克图属下60户来归;二十二日,希尔胡纳克杜楞属下蒙古50户来归。④

十一月二十一日,巴岳特部蒙古男妇47人,携羊47只、牛36头、车26辆、马1匹逃来。同日,自广宁逃来蒙古人共49人。"汗亲御衙门,宴所来之逃人"。⑤

十二月二十一日,洪巴图鲁所属7户,额布格德依所属12户,吉郎阿、莽阿所属5户,囊努克所属10户及另一贝勒所属2户,共35户,携马40匹,牛一头,羊500只逃来。⑥

---

① 《满文老档》太祖朝卷二二。
② 《满文老档》太祖朝卷二二。
③ 《满文老档》太祖朝卷二三。
④ 《满文老档》太祖朝卷二四。
⑤ 《满文老档》太祖朝卷二九。
⑥ 《满文老档》太祖朝卷三一。

十二月二十四日,巴岳特部古尔布什台吉率部来归。

天命七年正月初四日,兀鲁特部一位丧夫之福金,率领幼子及460人,携牛58头、马4匹来归,努尔哈赤将这位福金嫁与第四子汤古岱阿哥,赐福金马25匹、牛25头,以及貂皮祅子、貂皮帽、金项圈、蟒缎长褂和披肩。① 正月初五日,喀尔喀部囊努克贝勒属下144人,携牛230头、马30匹、羊1160只、驼3头来归。② 正月初七日,昂爱台吉、达尔汉和硕齐率100人,携牛3头、车20辆来归。正月二十七日,自喀尔喀杜楞贝勒处来男丁112人及妇孺285人;莽古勒台吉之子绰斯希布处男丁2人,妇孺8人;洪巴图鲁处男丁19人、妇孺23人,又男丁100,无妇孺;巴林处100口,来归。③

天命七年二月,"每日自蒙古有十家或二十家来归"。④ 二月十六日,兀鲁特部明安等17位贝勒及喀尔喀贝勒率部众来归。又有喀尔喀五部民1200户来归。

又据《满文老档》太祖朝卷三十一载:"八旗于沈阳、辽东之所获及由明来归者,共一千六百六十五人,每一蒙古男丁每月给米一斗、银二钱。"

蒙古人的纷纷来投,尤其是莽果尔、古尔布什、明安等几十位贝勒、台吉各率所部兵民来归,可以说是出乎金国汗、贝勒的意外,是他们没有想到的大好喜事。当初,努尔哈赤竭力拉拢科尔沁部、喀尔喀部、察哈尔部的各位贝勒台吉,厚赠礼物,大宴款待,联姻婚娶,不过是希望与他们立誓联盟,共同对付明国,至少是希望蒙古贝勒不要助明征金,根本没有想到也没有提及要让蒙古人归顺于

---

① 《满文老档》太祖朝卷三二。
② 《满文老档》太祖朝卷三二。
③ 《满文老档》太祖朝卷三四。
④ 《满文老档》太祖朝卷三五。

己,甘居臣僚,从征效力。当初的那些盟誓和友好协定,都规定了不收纳对方逃人。现在,这些贝勒的来归,是金国遇到的一桩可喜的新事,必须调整过去的对蒙政策,予以补充和完善,既与留居本地的蒙古贝勒结成联盟关系,又要善待来归之人。聪睿机智的努尔哈赤迅速果断决策,定下了厚待来归贝勒政策,并采取了几条措施。

就在天命七年二月十六日,兀鲁特部明安等17位贝勒和喀尔喀等部台吉"共率所属军民三千余户并牲畜归附"的当天,努尔哈赤即升殿设宴慰劳,并宣布厚待来归者,说:"今尔等既来归我,贤良之人,固嘉其贤而优待之。即是无才之人,亦因其归顺而恩养之。勿萌邪恶盗伪之心,若存邪恶盗伪之心,即以我法度处之也。"[①]有才之人重用,无能之人亦予恩养,邪恶者惩治,这就是金国汗对来归蒙古的基本政策。实际上这最后一条邪恶者惩,是说说而已,没有办理过,因为,来归的蒙古贝勒、台吉,可能有作战不力办事欠妥的过错,但不会犯下汗所提到的"邪恶"罪行,即对汗不恭怀有不轨之心。对于蒙古贝勒的过失,努尔哈赤及其继承人天聪汗皇太极,都是很宽厚的,念其来归有恩,一般都是从轻发落免予处分的。所以,这三条,实际上是一条,即优遇蒙古贝勒台吉。

这不是口头说说的应酬话,而是要贯彻执行的重要政策,为此,金国汗努尔哈赤采取了五项重要措施,即:厚赐人畜财帛;封授官职;联姻婚娶;辖领牛录;免死减罪。现以古尔布什为例。

天命六年十二月二十四日,喀尔喀五部之巴岳特部额色伊贝勒之子古尔布什台吉"领率八十户一百一十五名男丁,携马二百六十四、牛一千头、羊二千只叛来。"努尔哈赤出御衙门,"设筵宴

---

① 《满文老档》太祖朝卷三六。

之"。第二年正月初八日,赐古尔布什台吉大量皮裘、金银、布帛、盔甲、弓箭、"奴仆牛马房田","凡应用之物皆备",并以女儿聪古图格格嫁与古尔布什,尊称其为额驸,赐名青卓里克图,给"满洲一牛录三百人并蒙古一牛录",授为一等总兵官。[①]

以上赏赐表明,古尔布什受到金国汗的"厚遇",其规格之高,在金国的历史上是空前的,是破例的"厚赏"。古尔布什之父额色伊只是喀尔喀五部之中几十名上百名贝勒之一,既非一部之主,又非势力强大所向无敌的大酋、名酋,仅是一位普普通通的贝勒而已。古尔布什本人也是名不见经传,鲜为人知,所辖男丁才 115丁,户仅 80 户,只是一个小小台吉。从父亲的身份、家族的门第和本人的条件看,古尔布什是一位喀尔喀五部几百名台吉之中不起眼的小台吉。然而,这位小小台吉投归金国后,却受到了金国汗的特别优遇,其善待之优,赏赐之多,空前未见。它体现在以下三个方面。一为特赐两个牛录。古尔布什本身只有 115 丁,还不够半个牛录之数,金国汗却赐其两个牛录,满洲牛录是 300 丁,还有一个蒙古牛录,丁数超过其原有部众 5 倍,这个数字本身就足以说明古尔布什受赐之厚,如果再与其他满洲官将,甚至和"五大臣"、八固山额真、总兵官等"开国元勋"、"佐命功臣"相比,更可见其赏赐之厚。在上述高官中,只有额亦都一人得到汗的殊恩,辖有三个"专管"牛录,但这三个牛录的人丁,是汗历次赏赐的和额亦都本人俘获的,并不是一次就赐其三个牛录。其他官将没有一人领到汗赐的两个牛录。

二是嫁与公主,尊称"额驸"。在此之前,努尔哈赤为自己的

---

① 《满文老档》太祖朝卷三一、三二;《满洲实录》卷七;《清史稿》卷二二九《古尔布什传》。

女儿招了八位额驸,按时间顺序排是:栋鄂额驸何和礼,乌尔古岱、布占泰、达启、苏纳、恩格德尔,达尔汉,鄂札伊。按照公主品级排额驸的顺序,何和礼之妻东果格格是汗之元妃佟佳氏所生,后封固伦公主,兄系大贝勒代善,当排第一。乌尔古岱之妻乃汗之第二位大福金富察氏所生,兄为三贝勒莽古尔泰,应排第二。达尔汉之妻嫩哲格格是汗之侧福金伊尔根觉罗氏所生,后封和硕公主,排第三。恩格德尔之妻是汗抚亲弟舒尔哈齐贝勒之女,后封和硕公主,排第四。其他四位额驸之女皆是汗之庶妃所生,三位无封号,一位仅封乡君品级。

在此之前,努尔哈赤又以孙女、侄女、宗女招了几位额驸,即苏完额驸费英东,妻为汗之长子褚英之女;和硕额驸康果礼,妻为汗之同父异母弟穆尔哈齐贝勒之女;西乌里额驸佟养性,妻为汗之宗女;抚顺额驸李永芳,妻为汗之第七子阿巴泰之女。

古尔布什之妻聪古图格格,乃汗之侧妃叶赫纳喇氏所生,其姑为汗之孝慈高皇后,其姑之子是四贝勒皇太极,后来的清太宗。与前述十几位额驸之妻相比,古尔布什之妻聪古图格格当与达尔汉额驸之妻嫩哲格格并列第三,都是侧妃所生,后来都封为和硕公主,比恩格德尔额驸之妻(汗之侄女)地位还要略高一点。

虽然古尔布什之妻排名第三,可是看看名列第一的栋鄂额驸何和礼,本人率部很早来投,为女真国、后金国、金国的建立立下了奇功,其妻东果格格是英明汗的元配之女,后封固伦公主。名列第二的乌尔古岱额驸,是哈达国主蒙格布禄之子,理应继承哈达贝勒之位,因被努尔哈赤吞并,要收服其国人心和避免明国惩治,努尔哈赤才以当时的大福金富察氏之女嫁彼为妻。并列第三的达尔汉额驸,其父扬书乃系与汗联合,最早发动进攻图伦,打响建立金国第一枪的三位部长之一,努尔哈赤以妹相嫁,生下达尔汉。这三位额驸都有显赫的门第和军功,古尔布什哪能与之相比!可是古尔布什居然娶上了汗之亲女和硕公主,尊称额驸,在十几位额驸之中名列第三,可见其受恩之重,赏赐之隆。

三是授职之尊。古尔布什不过是一位小小台吉,并无尺寸之功,居然一下子被汗授与一等总兵官,又是罕有殊恩。总兵官乃当时八旗官将的最高世职,荣获此职者很少,"五大臣"中的额亦都、费英东、扈尔汉、何和礼以及扬古利等十来位立下特功的开国元勋,才能被汗授与这一荣耀尊贵之职,两相比较,古尔布什何劳何德,能与他们并驾齐驱!

三者合而为一,它集中表明了金国汗的确破例地、格外地优遇率部来归的蒙古贝勒台吉。

这还只是第一次"善待"蒙古的例子,所以还有未曾想到之处,以后还要补充完善。因为古尔布什只荣获了厚赐人畜、联姻、授职、给与牛录这四个方面的特殊优遇,还有免罪一项未曾涉及。这一"缺陷"不久便补充上了。

天命七年二月十六日,察哈尔部蒙古兀鲁特部明安、兀尔宰图、锁诺木、布颜代等16位贝勒和喀尔喀石里胡那克贝勒及喀尔喀五部台吉,"共率所属军民三千余户并牲畜归附",金国汗努尔哈赤大喜,宣布要厚待来归者,授明安为三等总兵官,其他贝勒、台吉分授世职,赐与他们大量裘皮、金银、布帛、"房田、奴婢、牛马、粮粟"。①

过了一个半月,天命七年三月二十九日,努尔哈赤向"自蒙古来归之诸贝勒"下达汗谕,宣布编立两旗,厚待诸位贝勒台吉说:

> 我思自喀尔喀前来之诸贝勒编为一旗,自察哈尔前来之

---

① 《满文老档》太祖朝卷三六;《满洲实录》卷七。

诸贝勒编为一旗。我念尔等来归,故编尔等为二旗。尔等若以为分旗难以度日,愿与诸贝结亲通婚,彼此相与,则任尔自便。……我之八家,如同一家。我亲生之诸子,与贝勒等携来之诸子,同等受养,不有歧视。①

第二天,四月初一日,努尔哈赤召集察哈尔、喀尔喀前来的各位贝勒,"谕诸贝勒各通婚媾。汗之亲家为卓里克图之子鄂勒哲依图、揣尔扎勒、噶尔玛、索诺木、博奉"。"大贝勒之亲家"为莽古尔额驸之父子、岱青之子巴音岱、绰尔济等人。二、三、四三位大贝勒及德格类、阿巴泰、岳托、济尔哈朗、斋桑古、多铎六位阿哥,亦各与蒙古贝勒结为亲家,其中,四贝勒皇太极之亲家是明安贝勒及其三个儿子昂昆、班第、多尔济,斋桑古阿哥之亲家是古尔布什台吉。《满文老档》编写者叙述此事后,解释说:"此皆察哈尔(喀尔喀)贝勒,英明汗有意呼之为亲家,并谕之好生豢养其诸子女等。"②

来归的蒙古贝勒、台吉能与金国汗、贝勒结为"亲家",足见汗对他们的优遇。

又过了两个多月,天命七年六月二十五日,金国汗努尔哈赤"御衙门,颁敕书与蒙古国叛来之兀鲁特、喀尔喀诸贝勒,并大筵宴之"。③

这可是件重大事情。敕书乃从法律方面肯定蒙古贝勒权利义务的最高级别文件。可惜目前尚未找到这批敕书,但从《老档》所载汗赐与额亦都、扬古利等满洲官将时敕书看,它一般包括授职之因、待遇、免赋、世袭、免死、减罚及本人职责、义务等内容,蒙古贝勒的敕书,是否也是这些内容,只有待以后找到这批敕书,才能

① 《满文老档》太祖朝卷四〇。
② 《满文老档》太祖朝卷四〇。
③ 《满文老档》太祖朝卷四三。

了解。

也就是在这个六月,努尔哈赤召集御妹及众公主,训诫她们安分守法勿侮其夫后,又对诸贝勒下达汗谕,谕令他们要善待来归蒙古贝勒说:

> 喀尔喀贝勒,原任意独行,无所约束,今之来归,荣而更图其荣,逸而更求其逸也。兀鲁特部贝勒来附,是因其君不仁,故慕我而来归也。此降王等,凡有罪过,当以八固山王视之,倘罪有当诛,无致之死,令还其地可也。①

对蒙古贝勒,"以八固山王视之",即使罪大当诛,亦免其死,努尔哈赤对他们的"优遇""善待",的确是无与伦比的。

(二)恩格德尔额驸

为了进一步具体了解金国汗努尔哈赤对蒙古贝勒、台吉的特殊优遇,看看他们政治、经济、生活等方面情形,分析其阶级属性,我们可以恩格德尔额驸作为一个典型,详细论述。

恩格德尔(又写为恩格得里),原是蒙古喀尔喀五部之巴约特部达尔汉巴图鲁贝勒之子,是一个仅仅辖有百来名男丁的小小台吉,事迹不详,声望不显。由于他是最早来朝拜努尔哈赤的台吉,对汗十分尊重和恭顺,故备受汗的重视和恩遇。

明万历三十三年(1605年),恩格德尔进马20匹,拜谒当时仅仅灭了哈达人丁兵士并不太多的"淑勒贝勒"努尔哈赤,努尔哈赤大喜说:"越敌国而来者,不过有所希图而已","遂厚赏之"。② 第二年十二月,恩格德尔又引喀尔喀五部使臣,进驼马来谒,尊努尔哈赤为"崑都仑汗",即恭敬汗,"从此蒙古相往来不绝"。③ 天命

---

① 《满洲实录》卷七。

② 《满洲实录》卷三。

③ 《武皇帝实录》卷二。

二年(1617年),恩格德尔再到建州,努尔哈赤以亲弟舒尔哈齐贝勒三女嫁彼为妻(后封和硕公主),尊称额驸,此后多次来朝。

天命九年正月,恩格德尔与妻前来,要求率部来归,定居金国。努尔哈赤欢欣允诺,决定"厚养之",与他盟誓赐职,赏赐庄园奴仆,迁其部属到辽东。

努尔哈赤的誓辞如下:

> 皇天垂佑,使恩格得里舍其己父,而以我为父,舍其己之弟兄,以其妻之弟兄为弟兄,弃其故土,而以我国为依归,若不厚养之,则穹苍不苟,殃及吾身。于天作合之婿子,而恩养无间,则天自保佑,俾吾子孙大王、二王、三王、四王、阿布太台吉、得格垒台吉、戒桑古台吉、迹儿哈朗台吉、阿吉格台吉、都督台吉、姚托台吉、芍托台吉、沙哈量台吉,及恩格得里台吉等,命得延长,永享荣昌。①

恩格德尔的誓辞是:

> 蒙恩父汗抚育,若忘其厚恩,思回本国,不以汗之喜怒为好恶,犹念故国兄弟而怀二心者,穹苍不佑,殃及其身。若同心共意,则皇天眷顾,俾子孙世食汗禄,永享荣昌。②

誓毕,努尔哈赤赐恩格德尔及其妻制诰。诰文说:

> 恩格德尔后若有罪,惟篡逆不赦,其余一切过犯,俱不加罪。但昔居汝国,吾女固仰望于汝,今移居至此,尔则倚赖吾女,然吾女或恃父母,而慢其夫者,或有之,谅尔有何事苦吾女也。尔心或受吾女之制而不得舒,吾惟汝是庇,吾女虽至死,必不溺爱,以曲庇之也。③

---

① 《武皇帝实录》卷四;《满文老档》太祖朝卷六〇。
② 《满洲实录》卷七。
③ 《满洲实录》卷七;《满文老档》太祖朝卷六〇。

努尔哈赤又以"子孙世代罔替之职",封恩格德尔及其弟莽古尔岱为三等总兵官。

盟誓赐诰,封授总兵官,这就保证了恩格德尔及其子孙世世代代占据高官要职,永为金国统治集团的重要成员。有了这样大这样牢固的政治特权,就为恩格德尔一家攫取大量财富奠定了可靠的基础。

努尔哈赤赐与恩格德尔弟兄大批财物。天命九年正月二十一日,赐恩格德尔金 10 两、银 500 两、大蟒缎 1 匹、次蟒缎 1 匹、犊蟒缎 2 匹、金丝龙缎 1 匹、补子纯缎 1 匹、钱蟒缎 1 匹、倭缎 1 匹、蟒缎衣服 4 套、帛 50 匹、毛青布 500 匹、钉有金佛首帽顶的帽子 1 顶、黑貂皮镶边的皮袄 1 件、黑貂皮皮袄 1 件、柜子 10 个、立柜 10 个、碗碟 800 件,以及鞍、辔、弓等物。赐与莽古尔岱的物品,与其兄一样。对二人的妻、子及随行人员,又赏与大量财物。

更为重要、更能说明问题的是赐与人丁、阿哈、拖克索的具体情形。《武皇帝实录》、《满洲实录》、《高皇帝实录》都只简略地提到,赐给恩格德尔等人"田卒、耕牛……及房田应用之物,仍以平房堡人民赐之"。究竟赐给多少田卒房田?平房堡民有多少?田卒、堡民与恩格德尔是何等关系?交不交纳贡品?为什么未提阿哈、拖克索,是未赐还是已赐,赐了多少?这一系列至关重要的问题,三种太祖实录都略而不叙。查阅《满文老档》,才找到了解答这些问题的珍贵材料,现摘录如下,作些论述。

天命七年正月初八日,努尔哈赤下谕说:

> 以平房堡之四百三十四男,给与蒙古恩格德尔额驸。挑选通晓汉语、心地公正、未曾犯罪之谨慎之人,编为十户。尔等不可自征,其每年所征赋银一百两、谷一百石,以我之手给与。若额驸、格格出行,则吹奏喇叭、琐呐,送之出境。若来,

则出境相接。①

天命八年二月二十四日,努尔哈赤致书拓劝恩格德尔来归,定居金国时,允诺说:

> (将)赐尔等八千男丁之官粮官银,衣食充裕,任尔围猎放鹰,往返游玩,行止不限。若不耐久居,则可言明,若欲往蒙古之地,亦不禁止,汗与贝勒亲送渡河。归来之时,赐额驸男丁二千,格格男丁二千,岱青男丁一千,合共男丁五千,每年取银三百三十两、粮五百五十石,供差役之人九十人,牛四十五头,防护物品之兵丁九十人。赐尔弟男丁二千,取银一百三十二两、粮二百二十石,供差役之人三十三人,牛十六头,防护物品之兵丁三十三人。赐尔二子各五百丁,给一子之五百男丁,每年取银三十三两、粮五十五石,供差役之人九人,牛四头,防护物品之兵丁九人。赐额驸、格格及尔弟、尔三子共男丁八千,每年取银五百二十两、粮八百八十石,供差役之人一百四十人,牛七十头,防护物品之兵丁一百四十人。②

天命九年正月二十一日,努尔哈赤下谕,赐与来归定居的恩格德尔额驸、格格及其弟弟、儿子、侄子的拖克索和阿哈如下:

> 赏恩格德尔额驸、格格七男丁之女真拖克索各两个、十男丁之汉人拖克索各两个、近身役使的女真各五对、其下伐木取水的汉人各五对。赏给囊努克、满珠西里、岱青、巴特玛四男丁的女真拖克索各一个、十男丁之汉人拖克索各一个。赏给门图达汉、(索尔果)三男丁的女真拖克索各一个、十男丁之汉人拖克索各一个。③

---

① 《满文老档》太祖朝卷三二。
② 《满文老档》太祖朝卷四五。
③ 《满文老档》太祖朝卷六一。

文中所说岱青、囊努克、索尔果、门图达汉是恩格德尔之子，满珠西里、巴特玛是莽古尔岱之子。

在此之前，正月初三日，汗谕：

> 赏赐额驸、格格各有七名男丁之女真拖克索二、汉人拖克索二。额驸、格格身边役使之女真男丁五人、妇女五人，以及砍柴男丁、担水妇女五对，合计男女共四十名。男孩女孩俱未算入。①

根据以上资料，我们可以得出四点结论。第一，恩格德尔弟兄辖有大量人丁。在汗与恩格德尔盟誓以后，努尔哈赤于正月初六日派大、二、三、四四位大贝勒和阿巴泰等六位贝勒率每牛录十名甲兵，大概三千名甲兵，同恩格德尔额驸一起，前往蒙古巴约特部搬取额驸的部属和牲畜。十四日，四大贝勒遣人来报：十五日回到辽河岸，“前来之蒙古有二百余户，羊万余只，马、牛牲畜皆肥。”②这说明，来归之前，恩格德尔弟兄两人及六个儿子共有部众二百余户，不过是位小小台吉，他俩定居金国以后，所辖人丁大大增加了。恩格德尔原先领有汗授与的平虏堡男丁434丁，照旧领有，现又新领8000男丁，比原来二人所辖的两百余户蒙古增加了二三十倍。另外，还有汗新赐的拖克索阿哈和役使阿哈。恩格德尔及其儿子领有赏赐的女真拖克索8个、汉人拖克索8个，有男丁121名，再加上额驸夫妇近身役使和伐木取水的男丁20丁，共有16个拖克索和141丁。莽古尔岱及其两个儿子有女真拖克索4个、汉人拖克索4个，有丁61名。

第二，恩格德尔弟兄成为田连阡陌的大土地所有者。虽然

---

① 《满文老档》太祖朝卷六〇。
② 《满文老档》太祖朝卷六〇、六一。

《满文老档》没有写明他俩拥有多少土地,但是根据"计丁授田"法和天命十年的编庄规定进行推算,还是可以了解其大致情形。天命十年编庄时,规定 1 庄 13 丁、地 100 垧,为 600 亩,平均每丁领种庄地 46 亩,照此折算,恩格德尔有拖克索 16 个,男丁 121 名,当领地 5566 亩,其弟莽古尔岱有拖克索 8 个、丁 61 名,应领地 2806 亩,两弟兄的 182 丁共可领地 8372 亩。再加上恩格德尔役使男丁 20 丁,每丁 36 亩,又有土地 720 亩。这些土地都属家主所有。

恩格德尔还辖有 8000 丁汉民,按每丁领地 36 亩计算,应领地 28.8 万亩。这样多的土地虽不由恩格德尔弟兄直接占有亲自管理,仍由汉人经营耕种,但他们必须向主人纳租服役。这个租,这个役,本来是英明汗以金国土地最高所有者的身份,以最高主权者的资格,向汉民征收的,现在汗将这个权力赐给恩格德尔弟兄,由他们向汉民 8000 丁征租金役,这就是说,他俩弟兄对这 28 万多亩地有一定的主权,有一定的所有权。还有,平房堡汉民 434 丁耕种的上万亩土地,也与主人恩格德尔有一定的关系,他对这些土地也有一定的主权。一个小小的蒙古台吉,一下子就这样上升为直接占有庄地万亩,辖地数十万亩的大土地占有者了。

第三,恩格德尔弟兄成为征收大量银谷的大庄园主、大地主。按照天命十年编庄的规定,每丁耕"官赋"地 9 亩,照此折算,恩格德尔弟兄的 24 个拖克索,182 名庄丁,应耕"官赋"地("正赋"地)1638 亩,亩产一石,可收谷 1638 石,其中恩格德尔父子就可收租谷 1089 石。恩格德尔的平房堡汉民 434 丁,汗谕规定,每年收赋银百两、谷百石。汗赐的汉人 8000 丁,每年征银 520 亩,谷 880 石,还要金派役夫 140 人,"防护物品之兵丁"140 人,还有耕牛 70 头。其中赐给恩格德尔父子的 5000 丁,每年征银 330 两、谷 550 石,金派役夫 90 人、兵丁 90 人、耕牛 45 头。仅凭这四项,恩格德尔每年就可收银 430 两、谷 1439 石,以及金派役夫 90 名、兵丁 90 名。这个数字够可观的了。

第四,恩格德尔兄弟已经成为剥削阿哈和汉民的大封建主、大农奴主。恩格德尔弟兄的主要收入,有五个方面来源:论功按职领取汗赐人畜财帛;平虏堡民上缴的银谷;汉人 8000 丁的纳租服役;24 个拖克索 182 名阿哈上缴的"正赋";属下蒙古的贡物。这五项,都是属于封建性质的剥削。由此可见,在天命九年正月恩格德尔来归金汗定居金国的时候,由于金国汗对其特殊优遇,使他这位原来不见经传、声名不显的小小台吉,转变成了广占田地、奴役汉民、剥削阿哈、担任要职的大封建主、大农奴主、大贵族了。恩格德尔发家致富得贵的事例,可以作为金国汗"优遇"的来归蒙古贝勒、台吉的典型代表。

金国汗努尔哈赤对来归的蒙古贝勒台吉的额外"厚待",取得了很大成效,几十位蒙古贝勒台吉率领属下上万名蒙古将士,在汗的指挥下转战南北,屡建功勋,对金国的强大做出了自己的贡献。

第三节 "豢养尼堪"

一、汉官的任用和疏远

(一)大量任用汉官

"豢养尼堪",是金国汗努尔哈赤进驻辽东以后制定的第三项重要国策,目的是保证对辽东数以百万计的汉人的控制和利用。这项国策主要包括两个部分,一是任用汉官,二是对付汉民。

进入辽沈以后,金国汗任用了大量汉官。从天命三年(明万历四十六年,1618 年)努尔哈赤率军攻下抚顺,守城游击李永芳降金起,陆续有一些明朝的官吏、生员和偏裨末将战败被俘归顺,特别是天命六年三月打下沈阳、辽阳,进驻辽东以后,不少汉官纷纷投降,愿为新主效劳。明国重镇广宁的失陷,就并非金军的猛攻,而是降官献城所致。

明总兵刘渠、祁秉忠等将率领的几万大军之溃败,主要是由于存心降金的辽东巡抚王化贞的中军游击孙得功的破坏,孙大呼兵败,动摇了军心。孙得功又串通千总郎绍贞、陆国忠等人查封府库,把守城门,遣七人往见金军求降,致广宁不战而失。平阳桥守堡闵云龙、锦州中军陈尚智等四十余城堡官将各领属兵投降。

努尔哈赤制定大量任用汉官政策,既与这些明朝官将不为旧主卖命甘愿投奔新君的情形有关,也是对当前形势和历史背景的高瞻远瞩,深思熟虑之后,作出的果断决策。以汗、贝勒为首的满族贵族,人数太少,所辖数万金兵,只能聚居辽阳、沈阳以及少数军事要地,其他州县城镇和广大乡村,难以一一分兵屯驻。兼之,满汉之间,语言不通,文字相异,服饰有别,习俗不同,无法了解数百万辽民的心情,不易查获"叛逃"密谋,也很难逼迫汉民纳粮贡物当兵服役。在这些条件的限制之下,要想由满族贵族独占一切,完全排斥汉族官将地主,那是绝对不行的,没有汉人官员将官和地主的合作,汗、贝勒就不能在辽东站稳脚跟,控制住全辽汉人,更谈不上以此为基地,进一步大举攻明,夺取关内州县,扩展金国辖区,攫取更多的人畜财帛。因此,必须实行大量任用汉官的政策。这一政策执行如何,是好是坏? 汉官的多数,是真心实意为英明汗甘效犬马之劳,还是身在曹营心在汉,或是三心二意,窥测时局,待机而变? 直接关系着辽东地区局势的稳定和金国的扩展。进驻辽东初期,努尔哈赤对一这问题的处理,还是相当明智和妥善的,大量擢用汉官,对站稳脚跟起了积极作用。

努尔哈赤多次谈到必须任用汉官。他曾在一次专门召集汉官的会议上,对汉官说:"尔等之国人,可信者,不可靠者,尔等知之矣。"尔等应当担负起防守边境的责任,"善为把守边境不固之处,收其不可靠之人"。①

努尔哈赤的高明,不仅仅表现在他认识到需用汉官的必要性,而且还在于他进一步注意到应当委任哪些汉官。此时,金国的人口、辖区、兵数,还是远远少于明国,能否久驻辽东,仍是疑问。在这样的条件之下,那些原来身为明朝尚书、总督、巡抚、总兵官的高官大臣,很难立即改变常态,认"夷"为父,屈身事汗。相反,有些微员小吏偏裨末将以及罪臣闲官,贪图荣华富贵,倒有可能背叛明帝,投靠新汗,甘效犬马之劳。因此,努尔哈赤特别注意收罗和起用明朝的罪臣、废官及中下官将。天命六年三月二十一日打下辽阳,二十四日即"释辽阳狱中官民,查削职闲住者,复其原职,设游击八员、都司二员,委之以事"。②此后,继续提升为金效劳的明朝废将、罪臣及战败之将。天命八年三月,努尔哈赤训斥众汉官时,讲了这样一段话,很能说明问题。他说:"尔等众汉官,一半之人曾于明帝时得获死罪,监禁于狱中,一半之人曾坏其身(即被革职),一无所有,又皆战阵所获而养之也。"③可见明朝的废员罪臣降金以后,确被金汗大批起用。

努尔哈赤曾对督堂下达专谕,指示不用明朝大臣,而应擢用愿为金国效劳的小官小吏。他说:

> 河东归顺之汉人,谄腴于我等,出其力,致其才,被河西官员视为敌矣。以彼国为敌而谄媚于我等之人,我等若不举用

---

① 《满文老档》太祖朝卷四〇。

② 《武皇帝实录》卷三。

③ 《满文老档》太祖朝卷四八。

育养,彼等何能维生,此后复有何人归附于我而来,谁肯出其理事之才……彼等甚恨其国而归向我等,若尽其之力,勤其所能,则当不思其为奴为小人,即行擢用,使其为大人,则贤者将来归附我等矣。对彼之皇帝有功,给彼之官员财物,而成为官员之人,自以为原系大臣,一向为官,不为我等勤劳,不献其所知,惟观察脸色沉默无为之人,彼于我等究有何益耶!①

努尔哈赤这样大力网罗降金汉官,目的是让他们辖治汉民,为汗尽忠出力。这在天命六年四月初三日的"汗谕"中,讲得十分清楚。他给"明国众游击官"(即降金汉官)下谕说:

我等非汝明国,不取属下人之财,不以财物送与上级大臣,公正断决。与其科索下人,给与上司,何如公正审断,汗嘉赏赐财,此诚终身享用矣。凡汗所一度嘉升之人,不似明国有过即黜。尔等游击官员,须秉正直,不敛取属下之财,不馈送上司,勤守各种法令,为汗之眼,观察众人,为汗之耳,用以听众,诸凡各事,皆详加督察。②

这次"汗谕",是打下辽阳以后 12 天下达的,可以说它基本上包含了金国汗对汉官的要求和政策,主要是要求汉官为汗之耳目,当汗之犬马,尽忠效劳。具体来说,可分为五个方面。一是责令汉官"勤守各种法令"。为了统治阿哈、诸申和辽东汉民,金国汗制定了许多法令。比如,强迫汉民尽力种田,不许怠耕,安分守法,禁止叛逃,纳粮交税,充当役夫,筑城运谷,不许违抗,敬养汗、贝勒,尊奉家主,不得犯上失敬,等等禁令,汉官都须"勤守",都要贯彻执行。二是要求汉官"为汗之眼","为汗之耳"。因为汉官知悉汉

---

① 《满文老档》太祖朝卷二三。
② 《满文老档》太祖朝卷二〇。

民情形，了解明国习俗，故要汉官充当汗之耳目，侦察属下人员，哪家富庶，哪家贫穷，谁顺从新君，谁留恋故帝，谁能信任，谁不可靠，哪些人与明国联系，准备叛逃，要汉官及时报告，以便派兵镇压，为汗之"平盗贼，止恶逆"国策效劳。三是谕示汉官要"公正审断"，即依据维护汗、贝勒、贵族、官将利益的法令，以严刑峻法来逼令满汉人民听任汗、贝勒、大臣鱼肉盘剥，不得心怀不满，犯上作乱。四系谕劝汉官不要"科索下人"，以缓和阶级矛盾和民族矛盾，避免激起辽民起义反抗。努尔哈赤的担心是有根据的，不少地区的汉民，就是因为降金汉官欺压百姓、勒索民财而愤怒反抗。例如，从辽阳派往马科瓦勒赛和古河的汉官，竟敢大声叫喊说"拿财物来"。居民不胜愤怒，杀了这些民族败类。镇江、长山岛民，亦因"不能忍受尼堪官员勒索财物的罪行"而武装起义。[①] 五是谕令汉官对各事"皆详加督察"，让汉官对"诸凡各事"，都要监督，都要察看，委以汉官具体办理汉民事务的权力和职责。

为了诱使汉官出力效劳，努尔哈赤采取了以"功"、"福"相诱，以惩罪相威胁的措施。他多次宣称，对尽忠效劳的汉官要"嘉赏赐财"，"终身享受"，要"赏以功，给与为官"，实行世袭制，允诺"功臣"的子孙可以世代承袭祖、父的世职。大贝勒代善之吴某，因独自追杀逃走的汉人张世高等人有功，授为备御，后来又五次追捕斩杀逃亡的汉人，一次是在额赫霍洛方向之河，杀逃亡汉人一千余名。一次是在扎喀关，尽杀逃亡汉丁，"获妇女三百九十、马牛骡驴二百四十头"。一次是斩杀由木里库逃走的千余汉人。吴某申诉其功后，被升为三等参将。[②]

---

① 《满文老档》太祖朝卷二九。

② 《满文老档》太祖朝卷七二。

明国白土厂刘参将，"全部收容他周围之村"，亲自前来归顺，升为副将，仍管旧地。①

广宁守备石廷柱，天命七年正月降，晋游击，"辖降众"，后历任昂邦章京、镇海将军，封三等伯世袭，其兄国柱、天柱（以千总降）亦授三等男。

明开原千总金玉和，降金后，初授甲喇额真，予世职三等副将，后历任工部参政、梅勒额真、署怀庆总兵官，定封二等男。

备御陈完卫，去复州收割公粮时，盗走 22 车粮谷，努尔哈赤认为，"盗汗之公粮"，是大罪，本欲斩杀，因陈述说其父任汤山守堡时，被毛文龙擒走后处死，努尔哈赤遂指示，"由于父之功，给陈完卫的敕书上写有世袭之功"，予以免死，无罪释放。②

在努尔哈赤的高官厚赏引诱下，进入辽东初期，不少明朝小官末将生员降顺金国，巴结新汗，阿谀逢迎，献计献策，告密送信，追捕逃人，逼赋催税，迁民分地，查点人丁，为金国汗效尽犬马之劳。然而好景不长，降金汉官的处境发生了相当大的变化。

（二）癸亥汗谕

努尔哈赤网罗到一大批汉官，为汗、贝勒效劳，在进驻辽东初期，他们曾经起到了女真官将不能起的作用。但是，由于辽民抗金活动的频繁，汗、贝勒恼羞成怒，残酷镇压，极大地激怒了广大辽民拼死斗争，反金浪潮日益高涨，金国统治出现了严重危机。也就是在此时期，明廷多次派遣奸细进入辽东，屯驻皮岛的毛文龙总兵也屡派密使，混入辽南，潜与汉民汉官联络，诱劝降金汉官反正。在这样的形势之下，一些汉官开始动摇了，三心二意，窥测时局，不那

---

① 《满文老档》太祖朝卷三三。
② 《满文老档》太祖朝卷六〇。

么积极了。另外一些汉官,则猛然悔悟,私与明国边臣书信往来,秘密策划,等待时机,里应外合。

部分汉官的消极怠工,一些汉官与明私通书信的破获,少数汉官带领兵民潜逃未遂被捕,这一切,震动了汗、贝勒,羞恼了汗、贝勒。努尔哈赤不是冷静分析形势,寻找原因,想出妥当办法,以抚为主,以惩相辅,重治少数谋叛者,笼络大多数汉官,以稳定局面,而是仗势凌人,大发雷霆,放弃了原来依靠汉官的政策,转而采取了怀疑、歧视、压制、疏远汉官的错误态度。这主要表现在经常训斥汉官、惩治爱塔和怀疑李永芳三个方面。

早在天命七年(1622年)初,努尔哈赤就曾骂过降金汉官。李永芳、佟养性等汉官利用金国女真官将刚入辽东不谙民情的机会,凭借汗、贝勒给与的职权,敲诈勒索搜刮民财,攫夺了大量人畜财帛,侵犯了女真官将利益,影响了金国役夫、兵卒的来源。努尔哈赤知道此事后,大为不满,于七年正月初二日,亲到衙门,严厉斥责众汉官说:

> 曾令尔等将降兵遣归各自之父母所在之地,尔等不从,以为若将此等遣返,则今后我等俘获敌兵有何用处?乃不遣返。尔等前往新城、瑷河之时,曾带人数万,欲以充兵,而不能得兵,欲以服官役,而不能得人。百丁抽一,千丁抽十,仍无做事之人。河东之人数万万,倘若皆因尔等索取财帛而使之豁免,则人有何用。至于治田派丁之事,不劳我干预,尔等理当办理。尔等不愿办理,又不依从我办理之意,而败坏之。此乃尔等与河西相谋,不充兵,不服役,而有意迟误矣。抚顺额驸,西乌里额驸,我念子婿之情,恩养尔等也!诸贝勒之宅院积有草料乎?尔等家中庭院所积如斯草料者,若非尽皆免于赋税而取者,何能有也!草乃积于表面易见者耳,金银能见乎?尔等

不思报答汗育养之恩,不明白办事,而一味如此索取财物,我等不信赖尔等汉人矣。①

这次训责的口气固然很严厉,而且点了抚顺额驸(李永芳)、西屋里额驸(佟养性)的名,还说出了"我等不信赖尔等汉人"的话,但这时双方的关系还是比较好的,汉官很卖力,汗、贝勒也很重用他们,只不过是汉官们的贪婪本性难移,见财必然起意,就是要勒索民财,扩大私囊,惹恼了金国汗,挨了一顿骂。骂完之后,双方继续合作,没有引起大的政策性变化。

金国汗、贝勒对降顺汉官态度的改变,关键在于天命八年发生的一些事。这时辽民反金浪潮不断高涨,明国"奸细"大批潜入辽东,煽动汉官反正。一部分汉官动摇了,不认真办事,也不告发明国的"奸细",努尔哈赤非常生气。癸亥年,天命八年三月下旬,努尔哈赤重赏了一批地方上忠于金国擒捕奸细的汉官汉民。比如,宽奠的赵游击,斩杀了明总兵毛文龙派来行间的曹都司,努尔哈赤赏赵白银100两,"颁发敕书,记载子孙世袭之功",升赵的中军佟文明为备御。张德玉告发来到郎游击处的奸细,被升为备御。王园久逮捕奸细,升为备御。刘济宽告发双山备御苗一庄私通毛文龙,革苗之职,任刘为备御。博济寨王钟魁两次向草河备御苏士登首告寨民要叛逃,苏不追查,不久寨民逃走,遂杀苏士登弟兄,升王钟魁为备御。沙场备御汤英园,捕获毛文龙派来的奸细,升为游击。岫岩备御乔邦魁私通毛文龙,为其包衣首告,"将乔邦魁之宗族尽杀之,并将乔邦魁之妻及家产尽行给与首告之仆人"。②

努尔哈赤就此事大发议论,于癸亥年(天命八年)三月二十四

① 《满文老档》太祖朝卷三二。
② 《满文老档》太祖朝卷四八。

日下达汗谕,严厉斥责都城的众汉官忘恩负义,心向明国,不捕奸细。他说:

> 外边地方之小人,经常捕获奸细,送往此地,奸细岂有不来我等之地之理耶? 尔等众官员,一半在明帝时得获死罪,关在狱中,一半失去官职,一无所有,又皆战阵得获而养之也。吾所举用养育之官员,尔等思及养育之恩,毛文龙所遣之奸细,尔等何故不捕获耶? 叛逃凶暴为乱,何故不查? 若如斯不为汗而勤奋,养育尔等有何益耶? 无论何人,发觉叛逃而告,知奸细之来而捕之送来时,仍如先前之人一样,赏以功,给与为官。若闻叛逃而不告,知奸细之来而不捕,为他人告发时,将依苏士登、乔邦魁一例处之也。①

这次训话,既把汉官极力丑化,揭露他们曾为阶下囚、穷汉子、败将战俘的老底,又点出他们心向明国、不捕奸细、不查叛逃的罪状,并以私通明国的汉官被斩为例,予以威胁,用词的严厉,实为罕见。这次癸亥汗谕,十分清楚地表明了,努尔哈赤对降金汉官已由任用、依赖,而转为怀疑、疏远了。

更能说明这一问题的典型例子,是金国汗对爱塔和抚顺额驸的惩治。

(三)爱塔谋叛

爱塔,原名刘兴祚,初因违犯明国法令,开原道将予以杖责,兴祚又怒又惧,于明万历三十三年(1605年)离开父母妻子,逃入建州,努尔哈赤甚喜,"授以备御之职",改名爱塔。天命六年(1621年)三月进驻辽东后,爱塔驻防金州,升为游击,六月进为参将,八月升副将,管辖金州、复州、盖州、海州四州。其侄为海州参将,弟

---

① 《满文老档》太祖朝卷四八。

为游击,在当时的汉官中,可以说是官运亨通的名人。在相当长的一段时间里,刘兴祚竭力为金国汗、贝勒服务,追捕逃人,胁迫避居海岛的辽民降顺,击杀明朝官兵。《满文老档》太祖朝卷二十三,载录了刘兴祚的投金及其在天命六年四至六月立功升官的情形,现摘录如下:

> 乙巳年(1605年,万历三十三年),太平之时,爱塔弃其父母妻子故乡,来归于汗,汗惠爱之,授以备御之职。得辽东后,给与游击之职,遣官金州。到金州城,见城内惟有书生二人、光棍十余人。次日询之,回报皆已避遁入海,乃遣十余人,分二路把守海岸通道。夜间,有二船来此岸取粮,捕十五人,夺其船。得此船后,致书各岛劝降,十五岛之民尽数归降。

> 此后,四月十六日,闻登州之人驾船三十四只渡海,来金州,遂连夜往迎,遇敌交锋,射死四人,擒二十七人而回。海内七十里外,有一广鹿岛,杀我方遣去招降之一人,捕一人解送山东,乃乘船前往,擒何游击,获二千余人,以及金一百两、银一千三百两,猞猁狲皮祅子、衣服、绸帛共三百件,送来。

> 又,登州之兵,驾船七十五只来攻,我往战之,射毙七人。其兵败退,爱塔率一百五十人,乘船往追,不及而返。又,明国翰林院给事中等官,赍赐朝鲜国王衣服,朝鲜之二总兵官、一侍郎送彼归国,乘船二十只行于海,因未得顺风,漂至金州岸边海岛。六月初七日闻讯,爱塔率三十人往,其众官员登舟已去,未能捕获,不及登舟之朝鲜人五十二人及明国之人九十人,悉被擒获,得银四两。

> 因有此功,升爱塔为参将,赐银五百两、备有鞍辔之马、甲胄、细甲叶袖、弓、撒带、箭二十支、帽、带、靴等,尽赏与之。

此后,刘兴祚继续斩杀明国来兵,搜寻明将派来的奸细,追捕逃人,为巩固金国辽南辖区,防敌,平叛,止逃,立了大功。

刘兴祚还负责催征所属兵民上交租赋。天命六年十一月,刘奉汗谕,运送盖州官中谷草于耀州,以饲养军马。① 十二月,又三奉汗谕,赶送盖州、复州官赋之草,运往辽阳,并速将盖州、金州、复州官赋征收押运。② 第二年二月,汗令刘兴祚将金州、复州、盖州、海州四卫会驾驶木船的人员,尽行查出,使运右屯卫的粮谷。③ 又叫刘兴祚督促役夫,"要不分昼夜赶快用刀船架桥","要勤勉地多煮官赋之盐"。④

刘兴祚的效劳,受到金国汗的嘉奖。努尔哈赤不仅一再给刘升官晋职,还常下汗谕,劝其谨慎小心,防护身体,免陷奸计。天命六年五月二十九日,努尔哈赤谕告刘兴祚之侄海州刘参将说:"尔参将和我处之人一样,河西之人将要下毒,谋害尔,尔食物之时要注意。尔要注意自己身体,多派遣可以依赖之人看守尔家之门。送信给尔叔爱塔说:食物时,要注意,多派可以信赖之人守门。"⑤

十二月二十八日下达给刘兴祚的汗谕,对双方的关系,讲得十分清楚,摘录如下:

> 汗之书下于爱塔副将:汝上之书,皆已看阅。依照旧例汗所规定征收之各项官赋,勿增勿减,照旧征收。辽东周围与女真合住地方之人,草尽粮缺,若不将女真未至地方之谷、草征收通融,则兵马何得而食。汉官私下擅自征收之谷、草、小麦、芝麻、线麻、蓝、笔、纸等诸物,俱皆革除。为此,今后差遣官

---

① 《满文老档》太祖朝卷二八。
② 《满文老档》太祖朝卷三一、三二。
③ 《满文老档》太祖朝卷三五。
④ 《满文老档》太祖朝卷三六。
⑤ 《满文老档》太祖朝卷三二。

员,皆以汗之库银与之,令其持带,各自买肉肴而食之。只给以米,用以食饭。刘副将要将此谕下达及南边四卫之人,南四卫之人皆信尔之言。要善为教谕,语以更新之际,虽有所苦,然汗之政法明矣,终将得安。尔须善慎其身,勿陷当地人之奸计。①

这道汗谕,讲了刘兴祚肩负催征官赋的责任,讲了汗要革除汉官勒索民人的"仁政",而这个仁政,只有爱塔副将才能宣扬,辽民才相信。它还表明汗对刘的信赖和爱护,叮咛刘要"善慎其身",防中奸计。进入辽沈以后的一年多时间,刘兴祚与金国汗的关系,基本上就是这样。

虽然努尔哈赤欣赏刘兴祚的才干,依靠他来维护辽南金州、复州、盖州、海州的统治,多次嘉奖厚赏,越级提拔,半年内由备御三次升迁,晋为副将,成为降金汉官中仅次于汗之女婿抚顺额驸李永芳、西屋里额驸佟养性的第三位高级汉官。刘兴祚在一段时间里也确实尽心效劳,在征赋、防敌、平叛、止乱、捕逃、安民等方面,为保卫汗、贝勒的江山,出了力,立了大功,双方互相依靠,各有所获,关系是密切的、融洽的。但是,历史是变化多端的,辽东地区反金斗争的惊涛巨浪,冲断了联络双方的桥梁,这个曾经效忠于金国备受汗重用的爱塔副将,经过彷徨犹豫,最后终于走上叛金归明的道路。

明人李介所著《天香阁集》的《刘爱塔小传》,对刘兴祚的反正始末,作了如下叙述:

刘爱塔,辽人也,幼俘入□,伶俐善解人意,某王绝爱之,呼为爱塔。爱塔者,爱他也。及壮,配以□□,使守复州。爱

────────────

① 《满文老档》太祖朝卷三一。

塔素有归朝意,东江总兵毛文龙使人招之,为人所告。某王发兵围复州,缚爱塔归,将杀之,□□泣请,乃免。(后卒归明)。

马晋允的《通纪辑要》,亦载有刘兴祚的事:"天启三年九月,麻羊守备张盘收复金州。先是,奴以刘兴祚守复州,兴祚欲反正,事觉,奴缚之去,尽戮金、复等处辽民,逃者甚众。"

上述二书都讲到刘"素有归朝心",要反正归明,此说不够准确。刘兴祚原来是真心为金效劳的,但后来思想感情发生了变化,逐步不满金国,有了回明的念头,并于天聪二年(1628年)潜逃入明,率军对抗金兵。为什么刘兴祚会尽改初衷,从叛明降金转化为归明抗金?显然这是与他的亲身经历和辽东人民的反金浪潮密切相关的。

刘兴祚本来是因为不满明朝官将的欺压凌辱,在即将"挞之"的威胁下,被迫抛弃父母妻子和故国家乡,从开原逃入建州的。但是,十七八年的经历,特别是天命六年三月进驻辽东以后一年多的耳闻目睹及其亲身所作所为,使他感到,此处并非天堂,八旗官将并不是为民谋利的救世主,他们一样是掠夺民脂民膏,谋己私利,其残酷性、野蛮性、贪婪性,比诸明朝的贪官污吏凶横悍将,有过之而无不及。赋重役繁,冤狱频兴,掳掠盛行,杀声不绝,幅员辽阔的辽东地区,找不到一处安静之地,广大辽民被斩被掠被迁被徙,哭声遍野,血流成河,流离失所,惨不忍言。而在这造成辽民陷入水深火热的地狱过程中,刘兴祚不仅并未置身事外,不能自夸清白,相反,他却成为金国汗的得力鹰犬,起了女真官将不能起的恶劣作用,是造成这场灾难的重要帮凶。才干出众,武艺超群,胸怀大志的刘兴祚,竟成为千人骂万人恨的民族败类,真是既可悲,又可恨,实在令人痛心。这是促使刘兴祚痛定思痛下定决心叛金投明的重要因素。

天命七年上半年发生的几件事,也给刘兴祚以极大的刺激。这年的三月,总兵官穆哈连遣马守堡去带领筑造城池的人夫车辆和牛,此人玩忽职守,不去催促牛、车和人夫,却在村里大肆敲诈民财,勒收银两。村民向爱塔副将告状。刘兴祚将马守堡带来询问,责备马不去催促车牛人夫,却索取民银,将马逮捕。穆哈连知道后,派阿布尼送信给爱塔说:"此路系汗给与我之地方,尔为何逮捕我所派遣之人?"爱塔说:马守堡犯有勒索财物之罪,因而逮捕,须另差催促人车牛的人员。阿布尼不听,耍无赖,不住在给他找的房屋,"却执拗地住在爱塔副将之门下"。刘兴祚忍无可忍,携带穆哈连送来的文书,向法司告发。法司审问穆哈连说:"尔为何不与众人商议,倚仗大臣之势力,遣人至他地挟逼?"遂定其罪,革其总兵官,"尽夺其一满洲牛录、三千汉人、于广宁所赏之财帛及所赐之人"。①

　　这个官司,刘兴祚虽然打赢了,但得罪了穆哈连,此人久经战阵,历任固山额真、总兵官等职,深受汗的重用,地位很高,权势很大,将来势必要找机会报仇算账。而且,一个汉官,竟然敢于顶撞上司,告女真总兵官的状,还告准了,兔死狐悲,其他女真官将对刘也不会有好感,刘兴祚为此事得罪了一批握有实权的女真高级官将,种下了祸根。金国汗的驸马乌尔古岱,身任督堂、总兵官,权势赫赫,就曾公开宣称,和刘兴祚"有仇"。机智的刘兴祚,对此事的后果不会不考虑,很难安枕了。

　　过了两个多月,六月初七日,刘兴祚又告了一状。盖州北面30里的博罗铺,瑚什塔牛录的阿哈硕色,欺压与他合住的汉民,使用汉民的牛耕田,役使汉民干活,强迫汉民之妻煮饭,汉民养的猪,

------

① 《满文老档》太祖朝卷三九。

只给一二文钱,就把大猪"蛮横地捉去宰杀"。汉民向刘告状。刘兴祚遣一人送去满汉文合写的文书,宣传汗禁止女真欺压合住汉民的命令。阿哈硕色竟撕毁文书,捆绑派去之人,并蛮横地喊叫:"爱塔系何等大臣,与我合住之人,尔凭什么审断。"刘兴祚又派二人前去,差一点被对方捆绑殴打。刘兴祚向上告状。法司命将刘兴祚遣去之人执送辽东,令瑚什塔牛录之人前去擒拿阿哈硕色。①

　　这些事实表明,哪怕刘兴祚尽心竭力为汗效劳,也不会博得八旗贵族的真正信任,更谈不上对其尽职的尊重,仍然是汗、贝勒的"外人"。虽然他已荣任副将,被汗委任主管金、复、海、盖四卫,但并没有什么实权,连一个违法虐民的女真牛录下的阿哈都管不了,如果要坚决履行职责,执行法令,依照汗谕稍微保护一下汉民的合法权益,他就会引起依仗家主权势为非作歹的恶奴及横蛮随员的反击和蔑视,遭到他们的主子——八旗女真贵族官将的压制,惹恼掌权者,碰得头破血流。这些事实深刻地教训了刘兴祚,促使他下决心脱离金国,返回明境,走上抗金之路。

　　辽南金州、复州、海州、盖州,邻近大海,易与明国官将联系,明东江总兵毛文龙派来的奸细活动频繁,汉民早就秘密开展了反金斗争。刘兴祚利用主管四州的职权,积极准备,待机起义,人多嘴杂,风声难免泄漏,金国汗听到毛文龙派人潜来的消息,下令清查。天命八年二月二十九日,督堂下达文书说:"据悉毛文龙遣派五十人,离间吾国",若即擒拿送来辽阳。"若不拿送,被他人告发,则治以灭门之罪"。岫岩以南,令副将爱塔清查。② 第二天,金国汗又下达汗谕,责令戍守南海沿岸的统兵大臣严加搜寻。③

　　① 《满文老档》太祖朝卷四二。
　　② 《满文老档》太祖朝卷四六。
　　③ 《满文老档》太祖朝卷四六。

刘兴祚置之不理,继续进行反金准备工作。不料,叛徒告密,走漏了消息。这个汉民族的败类从复州跑到辽阳告发说:复州城里的男丁,原来只有7000丁,现在增加了11000余丁,还接受了从那边(明国)来的奸细和札付。复州之人将全部叛逃。开始,汗、贝勒还半信半疑,但因事关重大,遂于天命八年五月初九日,遣大贝勒代善带兵二万,前往察看,相机处理。代善到后得知,仅仅四五个月,复州的男丁就比八年正月清查时多了11000余人,"还把所有的粮谷全部作为炒面","叛变之事是真的",遂纵兵大肆屠杀,撤销了复州,分成许多地方。①

刘兴祚身为掌管金州、复州、盖州、海州的主将,常在复州驻守,复州全城居民合谋叛金,欲图逃往明国,没有他的支持、组织和默许,怎能进行? 因此,他是难逃法网了。明人说,刘兴祚在复州被擒欲斩,后免死。此事《满文老档》虽无直接的记载,但有两条材料可以作为参考。一是五月二十三日,努尔哈赤谕大贝勒代善:"勿绑缚抚顺额驸之子及爱塔之族人,著人看守解来,彼等之罪,尚未询明,不知本末,实属妄为。"②此谕表明,大贝勒代善平定复州汉民叛逃时,曾将爱塔的族人逮捕,听候汗的裁夺。可见,刘兴祚与复州民叛之事,关系不浅。另一条材料是七月初三日的处理:"革爱塔副将之职,降为参将。"③为什么爱塔要降为参将? 显然是汗、贝勒怀疑他与复州民叛有关,但是,或者是没有找到直接的证据,刘又善于辩解,难以定死此案;或是努尔哈赤欣赏其才,考虑其在汉官汉民心中的威望,在没有确证之前,姑且免死不杀,留观后效;还是有权贵为其求情,如像《刘爱塔小传》所说,"□□泣请,乃

---

① 《满文老档》太祖朝卷五三、五四、五五。
② 《满文老档》太祖朝卷五二。
③ 《满文老档》太祖朝卷五七。

498

免"。《清史稿》卷二二八《库尔缠传》亦载称：刘兴祚因"索民财货，被讦解任，遂有叛志。事屡败，太宗屡覆盖之。"不管是什么原因，有一点是明确的，刘兴祚因与复州民叛有关，被降为参将，其族人亦曾一度为此被捕。

刘兴祚的行动，很易引起汗、贝勒对汉官的猜疑。既然这个早在建州强大之前就自愿来归的刘兴祚，这个由一介布衣上升为主管辽南四卫的高级将官刘兴祚，这个曾为金国汗出生入死屡斩明兵军功累累蒙汗嘉奖的"忠臣"刘兴祚，都能改变初衷，冒着斩首籍没灭门诛族的危险，进行叛金活动，欲图归返故国，那么，那些战败而降的汉官，那些未任要职未蒙重奖的汉官，岂不是更会动摇变卦，更易与明国私通，叛金投明吗？

（四）抚顺额驸革职

天命八年（1623年）五月，对金国汗、贝勒来说，是一个令人烦心和生气的月份，对于降金汉官来说，它更是倒霉的、令人胆战心惊、大祸临头的日子。这一个月，复州民欲叛逃明国，惨遭屠杀，早年投入建州曾为金国效尽犬马之劳的爱塔副将差一点成了刀下之鬼，就连贵为众汉官之首、身任总兵官要职、主管全辽汉民事务、荣称抚顺额驸的汗之孙女婿李永芳，也被汗爷爷大骂一顿，儿子被捕，父子险些斩首于法场。这件事情的始末暂且搁下，先讲讲李永芳何许人也，对金国的建立、巩固和扩展，有无贡献？

李永芳原是明朝游击，驻守抚顺，天命三年四月降金以后，一直竭尽全力，为汗效劳。他领兵从征沈阳、辽阳，有功，从三等副将升三等总兵官，妻为汗之孙女，尊称抚顺额驸，与西屋里额驸佟养性共同主管辽东汉人事务，名列佟之前，备受汗的优遇和信任。

李永芳身受殊宠，竭力报恩，积极贯彻汗谕和八贝勒命令，为巩固金国统治做了许多事。其中，最重要的是"平叛"、"止盗"、捕逃、"防边"和被汗委以的财赋重任。金军打下辽阳之后不久，努尔哈赤就遣李永芳偕同固山额真兼督堂阿敦，带领军队，"于沿边各堡置官，教部属，置台，设哨探"。① 这是为了防御明兵反攻，抵挡蒙古进袭，也是为了加强控制，不许辽民外逃。天命七年三月二十九日，努尔哈赤专下汗谕，要求众汉官承担起守护边境的重任，责令他们"要与李、佟二额驸商议"，对"能办诸事之好人"，对"恶逆之坏人"，不能擅自上告，必须"和二额驸共议"，才能上报，擢升贤者。②

李永芳多次遵奉汗谕，偕同女真官将，率兵镇压反金辽民。天命六年五月，因镇江民拒不降服，汗派李永芳和乌尔古岱总兵官带兵前往，胁令降顺，相机处置。李到镇江后，民仍拒降，遂纵兵屠杀，掠夺抗金人员的妻室儿女，带回辽阳，由汗分赐诸将。③ 天命八年四月二十四日，以王备御告称托伦山村民与明总兵毛文龙遣来的蒋达、蒋萨二人密议，欲行叛逃，汗命李永芳带兵前往处理。李去后，发现村民不耕田地，变卖谷物，确将逃走，遂斩杀村民，以其子女牲畜作为俘获。④

为了制止辽民外逃，惩处反金人员，全国几次大规模迁徙边境城镇和发生过抚金行动的州县居民，这件大事主要由李永芳、佟养性负责办理。天命六年十月，李、佟遵奉汗命，将多次抗金的镇江民迁往萨尔浒。第二年三月，二人又与刘兴祚，驱赶广宁、锦州、义州等河西九卫民，迁往河东，分居辽阳、沈阳等地。天命八年正月，

---

① 《满文老档》太祖朝卷二一。
② 《满文老档》太祖朝卷四〇。
③ 《满文老档》太祖朝卷二一、二二。
④ 《满文老档》太祖朝卷四九、五〇。

二人又奉汗谕,前往迁移辽南沿海居住人民,逼令徙至内地。①

为了控制满汉人民,防止外逃和起义,搜捕逃亡的阿哈和汉民,全国汗一再派遣官兵,清查丁口,严禁窝藏逃人。天命八年,李永芳、佟养性奉命前往清查南部州县人丁,规定所有居民必须向官府如实报告本身人丁数目,告发外地逃来的汉民,若隐匿不告,"则将逃人定为逃罪,容留之人定为盗贼之罪,将此二户皆作为俘获,使为阿哈"。李永芳严厉训示所辖清查官员,责令他们"当思汗之养育之恩",认真清查,若因收纳银物而徇情不追,不查出逃人,"将上奏于汗杀之"。②

李永芳还被金国汗"委以财赋重任",收取官赋,清查余粮,运送官谷。天命七年正月金军轻取广宁后,夺取了明国存贮于右屯卫的 50 万石粮食,在当时年荒缺粮的形势下,这对金国汗来说,是一笔巨大的、必需的财富,必须赶快运到辽阳、沈阳,防止明兵前来争夺,或派人烧毁。李永芳遵照汗命,抓紧办理,凑足万辆牛车,日夜兼程,费尽心机,将谷抢运回来,为缓和粮荒,增加国库收入,立了一功。③

李永芳南征北战,出生入死,征赋运谷,迁民查丁,平叛止逃,四处奔走,为金国的强盛和巩固尽心竭力,军功累累,政绩卓著,而且他还屡拒明廷招诱,擒谍上奏,故而屡受汗奖,赐敕免死三次,可算是文武双全、效忠于汗、官运亨通的忠臣功臣了。但是,天有不测风云,李永芳万万也想不到,他会因出言谏阻用兵复州,而闯下大祸,险些命丧黄泉。事情的经过是这样的。

---

①　《满文老档》太祖朝卷三〇、三三、四三。

②　《满文老档》太祖朝卷四三、四七。

③　《满文老档》太祖朝卷三七。

天命八年五月初七日,听说复州汉民要叛逃,金国汗欲发兵征讨,李永芳立即谏阻。李永芳说:"所谓复州之人欲叛者,非实也,乃系人之诬陷者。若信其言而发兵,彼方之人闻知,当乐矣。"①

李永芳谏阻发兵,就其言论而说,并无大错。在此前后,陆续发生过几起诬告降金汉官私通明国的案件。比如,沙场的备御王之登,因捕获毛文龙派来的奸细,于天命八年三月二十五日升为游击,不久又升为参将,戍守炼铁的石城。石城一人伪造明国札付,捏称是乘王之登酒醉时从其置放男丁册簿的大立柜中偷出来的,向法司告发"王之登接受彼方尼堪之札付"。法司审理后断定,此系诬告,特专门送信给王之登,告诉他说:"此首告者是诬告,尔勿担心,好好管辖地方。"②努尔哈赤自己也说过:辽东巡抚和道员等官,常遣人送信来,"种种诬谤抚顺额驸、西屋里额驸",并诬陷汗所任用的八游击等官,"以激我怒",斩杀降金汉官,"然我等不中其计矣"。让八游击"详查其诬陷之人"。③

李永芳的谏言,正是在这种条件下陈述的。他主张慎重,不要轻易发兵,以免误杀,这将招致明国官将嘲笑。而且,估计他还有一段话没有说出来,或者是《满文老档》没有载录。这就是,轻易发兵,不分青红皂白地滥肆杀掠,必将激化已经十分尖锐的民族矛盾,将遭到辽东汉民的坚决反抗,那时,举国叛逃,就不可收拾了。缓发兵,慎杀掠,先调查,后动手,这就是李永芳谏阻的理由和建议。

李永芳之所以站出来阻止立即用兵,可能是出于以下几种原因。一种可能是,他忠于金国汗,害怕铸成大错,冤杀滥杀,丧尽民

----

① 《满文老档》太祖朝卷五一。
② 《满文老档》太祖朝卷四八、五六。
③ 《满文老档》太祖朝卷二二。

心,会招致辽民更加拼死反抗,对金国统治不利。第二种可能是,在此之前,李永芳在辽南州县呆了几个月,专管查丁、平叛、止逃,对这样全城合谋叛逃之事,却一无所知,刚回都城,就有复州人来密告,岂不是玩忽职守,怎能逃避知情不报心向明国的嫌疑,征讨以后,自己就将蒙受通叛之冤,轻则贬官降职,重则枭首示众满门抄斩,倒不如以攻为守,阻止发兵,搁平此事。第三种可能是,李永芳知道复州将叛的内情,或者自己的儿孙族人亲友与此有关联,想借此谏阻,保护他们免遭屠杀,并在叛逃归明以后,让明国为己记上一功。根据李永芳以后的行动来看,显然李永芳及其儿孙并未参加这一叛逃案件,而是一直尽忠于金,死不回头。连清朝政府官修的《国史列传》,也载称李永芳"归诚最先","明巡抚王化贞及边将,屡遣谍来诱,永芳执其人并书以闻,上嘉奖,赐敕免死三次"。①

姑且不谈李永芳谏阻的内心动机,而就事论事。不管李永芳是怎么想的,就其谏阻本身而论,他的谏阻,理由充分,建议正确。在辽民猛烈反金的浪潮冲击下,先调查,后用兵,防止冤杀无辜,避免事态扩大,这个建议是妥当的,这个谏阻是合理的,不应加以非议。

但是,被辽民反金斗争气昏了头的努尔哈赤,虽然素以聪睿自诩,此时却不英明了。听到谏言之后,他竟对一向忠心耿耿为金国效劳的抚顺额驸大发雷霆,严厉训责,痛斥李永芳忘恩负义,不识天命。他下达长谕,历数李永芳的过失:

> 汗怒其言,下书于抚顺额驸曰:李永芳,当初于抚顺获尔之时,念尔系一知觉明白醒悟之人,故携尔而行,以我金之骨肉给与尔矣。蒙天眷佑,征讨叶赫、哈达、乌拉、明国之四路,

① 《清史列传》卷七八《李永芳传》。

以及抚顺、清河、开原、铁岭、沈阳、辽东、广宁、蒙古边塞等处，此等地方上天眷爱而给与我，尔李永芳却不相信。因尔之不信，故尔等以为明帝久长，而以我则为短暂矣。辽东汉人屡欲谋叛，彼方之人密谋之书不断而来，吾常令清查而收捕之，因尔心向明国，竟以欺瞒而谏阻于我。叛逃彼方，尔心中以为善，发觉而杀之，则尔心不适矣。尔若果真正直，不苦累兵士，不劳累国人，尔身承受而管辖，叛逃皆止，平定国人，灭其国而携来，则系我之过，尔之谏宜也。尔贱视于我。我闻之，尔之汉国刘邦，曾为领催淮下差役之亭长，蒙天之祐而为汉帝。赵太祖乃街上之无赖，亦为天祐而为帝，且传数世。朱元璋，身无父母，独行乞讨，曾为郭元帅之下役使，并为天所祐而为帝，传十三四世矣。

尔若欲通明，北京城之内河，两次流血矣。各衙门大树之根，被风拔之矣。上天所显示如此异兆，岂尔之谏阻能止之乎？可见尔将辜负育养之父、岳父矣。以尔为婿而养之，蒙古、明国、朝鲜皆闻之矣。若治罪，他国之人闻知，亦将嘲笑于我，也将嘲笑于尔，念及此，故不罪尔，默然处之，然我心怨恨，乃示此由衷之言也。[①]

努尔哈赤实在是气昏了，糊涂了，分不清真假虚实，硬给李永芳扣上"心向明国"的帽子，而且还不顾自己赐与李永芳免死三次的敕书以及宣布"不罪尔"的汗谕，对李进行了惩治，李永芳的几个儿子都被拘押捆绑。直到五月二十三日，他才下达汗谕，告诉大贝勒代善，"不要捆绑抚顺额驸之诸子，及爱塔之族人，派人看守

---

① 《满文老档》太祖朝卷五一。

送来。彼等之罪,尚未询明,不知本末,(那样做)实属妄为"。① 五月初九日,大贝勒代善领兵前往复州,屠杀反金人员,六月二十八日回辽阳。七月初四日,革李永芳总兵官之职,初七日又复其职,李永芳又当上了总兵官。② 但从此以后,努尔哈赤及诸贝勒对李永芳就不太放心了,不如过去那样重用和信赖,总管汉民事务的重任,落在西屋里额驸、总兵官佟养性身上了。

努尔哈赤这次对李永芳的斥责和惩治,是严重的失策,犯了一个大错误。从李永芳的过去、现在和以后的行动看,他是始终效忠于金国汗的。他的儿子李率泰、巴颜等人,也任至固山额真、尚书、总督,巴颜还因袭父爵职和立功,由子爵(总兵官即后来的子爵)晋至一等伯。李永芳是八旗汉军官将中之元勋和功臣,其家乃汉军中的名门大家。努尔哈赤把这样一位归顺之后永远效忠的功臣之谏阻,斥之为"心向明国",是"欲助"明国,这个结论完全是无中生有,信口开河,没有事实根据。这是一个冤案、错案,影响很坏。像李永芳这样"归诚最先",背叛故主明帝,效忠新君金国汗,为巩固、扩大金国统治而出生入死,四处奔走,效尽犬马之劳,这样可靠的降金汉官,都因忠言直谏而遭到英明汗的严厉斥责,并且不念其前劳,不思其旧功,严加惩治,甚至差点问斩,那么,其他汉官怎么办呢?他们归顺在后,没有那样多军功,没有那样多的劳苦,也不像李永芳那样受到汗的重用和信赖,又不是汗的孙女婿,既然李永芳都会因直谏而被怀疑为"心向明国",罢职问罪,蒙受冤曲,他们这批汉官就更可能被突然治罪斩首抄家了。金国汗这样喜怒无常,翻脸不认人,实在叫降金汉官寒心。许多汉官更加动摇了,对

① 《满文老档》太祖朝卷五二。
② 《满文老档》太祖朝卷五七。

金国汗的忠诚亦大大减少了。

总之,天命八年三月努尔哈赤指责众汉官不忠,五月训斥李永芳,捆绑其诸子和爱塔的族人,七月初四日革李永芳总兵官,爱塔由副将降为游击,标志着金国汗对待汉官政策的大变化,从过去的大量任用汉官、依靠汉官,转变为怀疑汉官,歧视汉官,疏远汉官。努尔哈赤的这个转变,是十分错误的,它使真诚降金的汉官心灰意冷,无所适从,使那些原本观望三心二意的汉官更加犹豫,更加动摇,扩大了汗、贝勒与汉官之间的裂痕,双方之间存在着严重的信任危机。这样一来,也使汉官更为胆小怕事,三缄其口,三思而行,不敢各抒己见,陈述军国大事,更不敢犯颜直谏,阻止汗、贝勒滥施杀掠,革除害民弊政。努尔哈赤空前孤立了,听不到汉官的忠言,不知道怎样处理军国要务,尤其是在对待汉民的问题上,更是闭目塞听,一意孤行,迷信武力,大肆杀掠,把整个辖区搞得百业萧条,田园荒芜,天怒人怨,民不聊生,金国的统治出现了严重危机。

二、汉民政策的变化

(一)"豢养"辽民

努尔哈赤对待汉民的政策,时有变化,尤其是在天命六年(1621年)三月进入辽沈以后,五年之内,发生了重大改变,这就是从"豢养"辽民,以抚为主,过渡到仇视汉人,以剿为主。这一政策的改变,给金国政治、经济、军事、民族关系等各个方面,带来了巨大的影响,产生了严重的后果。

建州时期,谈不上有什么专门的汉民政策,因为,所有汉人,不是在交战之时被八旗军斩杀,便是被俘为奴,沦为包衣阿哈。既未被杀又不是包衣的汉人,实在是太少太少,不需要制定专门的汉民政策。

天命三年四月以"七大恨"誓师，攻取抚顺等城堡以后，陆续有一些汉民汉官归顺金国，特别是六年三月进驻辽沈以后，有着数以百万计的辽民，既不能一个不留斩尽杀绝，又不可能全部编入八旗，成为伊尔根，就更需要制定对待汉民的政策。

在这个关系到金国盛衰的要害问题上，努尔哈赤初期还是比较明智的，制定了"豢养"辽民的政策，没有将辽民大肆杀戮之后将其子女掠为俘获，可是，没有多久，他就改变了主意、转而采取歧视、镇压汉民的错误方针，严格控制，血腥屠杀，闹得整个辖区鸡犬不宁，威胁了金国的统治。

天命三年四月打下抚顺城，因守城游击李永芳遵从汗的劝诱，率所属军民投降，故努尔哈赤对他们还是比较宽厚的，编降民一千户，不没收其财产，不分散其家眷，父子弟兄夫妇叔侄皆照样团聚，逃走的奴仆也要清查出来，给与原主，又赐降民 1000 头牛、2000 头大母猪，以及鸡鸭鹅、衣服、粮食等等物品，而且仍依明国旧制，委任大小官员，归其原有之主李永芳管辖。[①]

天命六年三月进驻辽东后，努尔哈赤大力推行"豢养尼堪"的政策。他曾一再谕告汉民说，"我方以民少为恨"，滥施杀掠，虽然可以抢到许多财宝，但很快就要用完，哪能像让汉民安心种地建房经商的利益这样长久，故汗要"豢养"尼堪，汉民则要归降，做汗的顺民。[②]

金国汗努尔哈赤制定的"豢养尼堪"政策，主要体现在四个方面：即"各守旧业"；"计丁授田"；严军纪，绳国法，禁止欺凌汉民；重赏效劳顺民。

① 《满文老档》太祖朝卷六。
② 《满文老档》太祖朝卷二〇、二一。

努尔哈赤曾一再下谕,不许女真将士压迫汉民,勒索钱财,贱价抑买。他于天命六年十月二十五日下谕说:

> 我为政清明,皇天眷佑,将尼堪皇帝之河东之辽东地方给我。现今女真、尼堪皆是汗之国人。我等之编户迁来之旧女真,不要将尼堪认为是他国之人,夺取粮食、衣服、草、打过粮草剩下之草秸子,不要夺杀猪鸡。尔等如果犯了抢夺偷盗之罪……该杀者依法处死,该治罪者罪之。①

以颜珠瑚牛录的三人抢夺汉民的猪,宰杀食用,斩一人,判刑二人。②

对效劳的汉民,努尔哈赤一再奖嘉和重赏。六年五月二十七日,盖州汉官遣人送来金太宗完颜晟天会三年(1125 年)铸造的钟,努尔哈赤十分高兴,立即下达督堂谕令说:"此乃我等之昔日金国阿骨打祖之弟,本名吴乞曼皇帝,又称天会帝",于天会三年铸造的。"因献我先祖朝之钟,著升官职,赏其送钟之人"。过了 12 天,对送钟来的贫民,破格赏赐,授其为备御。③ 六月初七日,海州属下析木城的村民,献其所制绿瓷碗:罐 3510 个。努尔哈赤大喜,立即下谕嘉奖说:

> 素以东珠、金、银为宝者,果何足为宝耶? 寒时可衣乎? 饿时可食乎? 理国之贤人,知国人之所不知,巧匠制造人所不能制造之物,是乃真正之宝矣。今析木城送来制造之绿瓷碗、瓦盆、酒瓶,于国大有益处。对此制造之工匠,抑赏以职耶,或赐以财帛,尔等督堂、总兵官、副将、游击等议之,作书回奏。④

---

① 《满文老档》太祖朝卷二七。
② 《满文老档》太祖朝卷二六。
③ 《满文老档》太祖朝卷二二、二三。
④ 《满文老档》太祖朝卷二三。

第二日,努尔哈赤又谕示督堂,以析木城之人来献所造绿瓷碗,乃"国家有用之物",授其为守备。[1]

类似的汗谕,还有好些,努尔哈赤在进驻辽东初期,的确想对辽东汉民施以"仁政",以收买民心,争取辽民,稳定局势,再图大举攻明,可是不久他就改变主意了。

(二)迁丁隶民

努尔哈赤满以为通过实行上述"豢养"尼堪的政策和措施,就可以征服辽民的心,他们会感恩戴德,争作顺民,奉养君汗。不料,这个愿望完全落空了,广大汉民不仅没有感谢所谓的"豢养"之政、不杀之恩,不按照汗的规定毕恭毕敬,甘当马牛,反而怨声载道,怒气冲天,奋起斗争,大规模地叛逃或起义。原因很简单,这不是辽民没有良心,忘恩负义,对不起自诩一心爱民的英明君汗努尔哈赤,而是以努尔哈赤为首的金国统治集团的所作所为,太使辽民恐惧和愤怒了。6万女真久住建州、海西地区,耕牧渔猎,采摘松参,马市互贸,在其强大之后,摆脱了腐朽的明王朝统治,不再受明国巡抚、总兵、副将、游击的鱼肉盘剥,完全可以自主地劳作生活,与汉人平等交易,互助互利,各自平静度日,为什么要冲进辽阳、沈阳、广宁,挥刀射箭,杀死数以十万计的明国官军士贾兵民,尸积如山,血流成河,千千万万好好的人家,一下子就被战火毁灭,妻离子散,沦为阿哈,要让这些劫后余生的辽民心甘情愿地欢呼英明汗万岁万万岁,那真是太不近人情了,那真是比登天还难。

何况,侥幸留下性命的辽民,并未得到汗之任何恩德,而是遭受十分严重的民族压迫和盘剥。姑以君汗常常津津乐道的最主要最有概括性的"仁政"、"大恩"之词"豢养"而言,这个词就令汉人

---

① 《满文老档》太祖朝卷二三。

无法接受,就使辽民感到无比愤怒。努尔哈赤进驻辽东不久,就下谕招劝辽民归顺说:攻辽东城时,"我兵士亦多有死亡矣。如斯死战而得之辽东城人,竟待以不死,悉加豢养,使之安居如故。"①此后,"豢养"一词,常在汗谕中出现。所谓"豢养",其意为何? 一查字典,上面清清楚楚写道:"豢,喂养牲畜"。这就是爱民之君努尔哈赤对辽民的基本态度,几百万辽东汉人都是他的牲畜,都由他"豢养"。既是牲畜,就得听从主子驱使,当牛做马,生死听其支配,能不遭屠杀,就是天大的恩德了,怎么还能对汗不恭,不听谕令,叛逃他方呢!

不仅是"豢养"一词的辞义,令人感到愤怒,在此词的基本方针指导下的各种政策措施,也深深地打上了"豢养"的烙印。所有辽民,必须"剃发归降",改成女真发式。不剃发降者,杀。几百年来,甚至一二千年以来,身体发肤,受之父母,不得损伤,不得擅改,已经深入汉民之心,发式服饰代表着一个民族的尊严,岂能随意改变! 更何况,"华夷之别",也是汉人久已形成的概念,今天要辽东汉民取消原有发式,改从金制,照女真、满人的发式打扮,不从者,斩,这更是令人无法忍受的蛮横做法,是赤裸裸的野蛮的民族压迫。只这"豢养"一词及随之而来的强迫"剃发",就足以使得辽民深感亡国之恨亡族之耻,你还要求他们对汗高呼万岁,感恩戴德,岂不是白日做梦。至于"各守旧业"、"计丁授田"等政策,也包含有严重的民族压迫民族歧视内容,而且,尽管有禁止欺凌汉民的"汗谕",但并不能制止八旗女真官将以征服者、战胜者的身份,在国中横冲直撞,胡作非为,掠夺人畜财帛,逼民为奴,草菅人命,鱼肉辽民,何况金国汗还制定和执行了优遇女真官将、厚待蒙古贵族

① 《满文老档》太祖朝卷二〇。

的政策,这一切,把辽民推入了水深火热的地狱,他们怎能长期忍受,俯首帖耳,任人宰杀?

面对辽民的反抗,努尔哈赤不是冷静下来,从本集团、本阶级的弊政暴行去寻找原因,采取纠错革弊于民有利的政策措施,减轻汉民负担,放松控制,改善其处境,以平息民怨,缓和矛盾,反而错误地认为,辽民忘恩负义,不念豢养不杀之恩,因而恼羞成怒,转而采取了加强暴力统治、滥施杀掠的高压政策,对汉民采取了越来越残酷、野蛮的手段。

最早是将辽民分隶八旗官将和迫令汉民迁移。努尔哈赤以汉官勒索汉民财物为借口,将全体辽民分别编隶八旗官将辖治。天命六年十一月十九日,他对汉民下谕说:

> 若令汉官照旧辖治汉人,将因其惯习而索取财物,苦累国人。今清查河东尼堪丁数,于女真官员中选取适当之人,令女真官员管辖。无论何人,如不愿在尼堪官员处,而愿依靠女真官员为生者,皆可来依靠。①

天命七年正月,出征广宁前夕,努尔哈赤于初四日,“分河东汉人,给女真督堂、总兵官三千丁,副将各一千七百丁,参将、游击各一千丁,备御各五百丁。赐汉人总兵官各四千丁,副将各三千丁,参将、游击各二千丁。”②二月二十八日,又将从广宁等地迁来的汉民,按广宁降官职位的高低,分与辖治,多余的人丁,分给来归的蒙古各位贝勒台吉。③

努尔哈赤将辽东汉民分给八旗官将,有两个目的。一是加强对汉民的统治。八旗军主要聚居辽阳、沈阳及少数要塞,许多州

---

① 《满文老档》太祖朝卷二八。

② 《满文老档》太祖朝卷三二。

③ 《满文老档》太祖朝卷三二。

县,或无兵,或只三几十、一二百名兵,怎能控制住本州、本县数万、十数万汉民? 现在,辽民分隶各将,情况就不一样了。总兵官多系管辖一旗的固山额真,辖兵五六千、六七千名。参将、游击多系甲喇额真,辖兵千名左右。用这样一批辖兵众多带领军队的官将,来统治分给他们隶属的汉民四千、三千、一千七百、一千丁,就是以八旗军为后盾,以武力来统治辽东汉民,制止逃亡,镇压反抗。

另一个目的是,为八旗官将增加收入、扩大势力,提供了有利条件。努尔哈赤明确规定,各将可以对各自辖属的汉民征收鱼、雉、野鸭、水果等物,可以"任意差遣"几十名汉兵,还可金派所辖汉民打牲捕猎,供给肉食。至于八旗官将对属下汉民的科索欺凌,更是司空见惯,十分普遍。①

辽民感到十分难堪的另一灾祸是常被强迫迁徙。由于一些州县接近明境,南部沿海地区,乘船渡海,可到明国的山东,居民易和明臣联系,逃入明境。与朝鲜接壤的镇江,居民先逃到朝鲜,再转去明国。有的州县虽与明境隔绝,也曾发生叛逃,为示惩罚,加强控制,也须迁徙。因此,从天命六年八月开始,金国汗多次大规模地强迫辽民迁徙。

天命六年七月末,镇江军民起义,捕捉城主佟养正游击,金兵前往镇压后,八月,移金州民于复州,移镇江沿海居民于内地。②十一月十八日,努尔哈赤遣二贝勒阿敏带兵5千,强迫镇江、暧河、新城、宽奠、汤山、镇东堡、镇夷堡、凤凰等地汉民,遣往萨尔浒、清河、三岔儿等处,放火焚烧原住地的民房,恋居不迁者,杀无赦。努尔哈赤谕告汉民说,就是因为镇江人反金,"叛乱不止",才将镇

---

① 《满文老档》太祖朝卷五〇。
② 《满文老档》太祖朝卷二四、二五。

江、宽奠等处汉民迁往内地。①

天命七年正月,强迫广宁等9卫汉民渡过辽河,锦州2卫人口迁往辽阳,右屯卫移金州、复州,义州2卫徙盖州和咸宁营,广宁4卫居民迁辽阳和奉集堡。②

天命八年六月,镇压了复州反金活动以后,强迫盖州、复州属下南部地区汉民,迁往耀州、海州、中庄、鞍山等地。督堂下达的迁移文书说,因为明国派来的"奸细不断",汉民若仍居原地,不安全,有了叛乱,要处死,故要迁移。③

天命九年正月初一,因有人告发大里山村居民,纷纷买马,恐要叛逃,诸贝勒立即下达文书,责令主管官员将该村子女带来辽阳,在虎皮驿拨与田宅,迁至此处。④

被迁汉民,既在战争中遭受八旗军的烧杀掳掠,又被迫离开世代居住的故乡,前往陌生地域,跋涉几百里上千里,路途遥远,冬季天寒地冻,夏天气候酷热,行走艰难,旧居日用家具农器以及衣物粮谷鸡鸭猪犬,哪能尽数携带,到了新地,又需建房避寒,添制各物,钱财耗费甚多,经济上遭受了重大损失。很多移民在途中把存粮吃光,无米下炊。⑤ 迁徙途中,汉民还被押送官员敲诈勒索,任意欺凌,甚至连妻女都难保清白,横遭侮辱,种种苦痛,实难忍受。可是,不走不行,金国汗、贝勒硬要强行移民,残酷镇压。当大贝勒代善、四贝勒皇太极领兵强迫义州城民迁徙时,城民抗拒不走,竟被八旗军野蛮屠杀。努尔哈赤还多次以此为例,威胁应迁地区汉

---

① 《满文老档》太祖朝卷二八、二九、三〇。
② 《满文老档》太祖朝卷三五。
③ 《满文老档》太祖朝卷五五。
④ 《满文老档》太祖朝卷六〇。
⑤ 《满文老档》太祖朝卷三〇。

民迅速迁走。①

连续三年的大迁徙,汉民劳累奔波,钱财耗尽,故乡田土遗弃不耕,大片大片田地抛荒,新到地区,资金缺乏,农器不全,耕牛不足,既难开垦荒地,又难耕好旧田,因而辽东地区田园荒芜的情况相当严重。多次迁徙,成年累月行走不绝,所过州县村屯骚扰难宁,社会秩序动荡不定。这一切,既进一步激怒了辽东汉民,加剧了民族矛盾,又在经济上、政治上削弱了金国的统治,真是祸国殃民,纯属蠢举。

(三)合食同住

相继戴有"淑勒贝勒"、"聪睿恭敬汗"、"英明汗"桂冠的努尔哈赤,一向是聪明睿智敏捷,想出了许多奇计妙策,解决了很多麻烦问题,越过了重重难关。但是,进入辽沈以后,他志得意满,骄傲自负,闭目塞听,误认为自己真的是奉天承运之君,所作所为,皆系顺天意,合民情,绝对正确,因而遇有挫折,便不冷静,不是反省思过,纠错革弊,而是大发雷霆,埋怨对方,胡干蛮干,做了不少蠢事。强迫辽东汉民与女真合住同食,就是一件笨拙之极的蠢事。

两个不同民族的人员,而且一个是征服者战胜者,另一个是被统治者战败者,要住在一间房,同桌吃饭,不是暂时性的一天两天,而是一年两年三年若干年,这在中国历史上,还没有听说过有这样古怪稀奇的事例。想出这个绝招,推行这项政策的,不是别人,而是素以聪睿著名和自负的大金国英明汗努尔哈赤。

天命六年(1621 年)三月打下沈阳、辽阳以后,努尔哈赤就下命令,将建州地区女真陆续迁入辽沈地区。十一月初一日,建州地

---

① 《满文老档》太祖朝卷三四、三五。

区女真的第一木昆(族)到达辽阳,到十二月初十日,后面的女真也都到了。①

这样多的女真进入辽沈,自然需要解决吃穿日用和耕田住房问题。当时,辽民大批逃入关内,遗下大量田地房宅和耕牛粮食用具,只要调度适当,是能够安排好的。可是,努尔哈赤却用女真与尼堪(汉人)合住同食的方法来解决此事,犯了一个大错误。

天命六年十一月二十二日,他下达汗谕,规定了女真、尼堪要同吃共住。他说:

> 原曾令女真、尼堪合居一村,合食粮谷,合以草料饲马,女真勿得欺凌尼堪,勿夺尼堪之任何物品,勿掳掠,若如斯掳掠侵害,尼堪来诉之后,定罪。尔等尼堪亦勿伪作谎言,若伪造虚伪之事,令当事者双方面质而审理。审理之时,若有虚伪,则从重治罪矣。女真、尼堪,皆系汗之民矣。汗之金口教谕女真、尼堪皆合议公正为生,如若不听,违谕犯罪,则将重罪矣。女真、尼堪不得浪费或买卖粮食,若发现其有买卖者,则必治罪。若开粮窖,女真、尼堪合开。一个月,以尼堪之升量之,尼堪、女真一口各给汉斗四斗。②

这道汗谕之中所说女真、尼堪"合居一村",不准确,应是合居一屋,这在三个多月以后的另一道汗谕,表述得非常清楚。天命七年三月十五日,努尔哈赤又下了一道着重讲女真、汉人合住同食的汗谕说:

> 曾令女真、尼堪合居、同住、同食、同耕,今闻女真人令同居之尼堪人赶其牛车输运粮草,并苛取诸物,等语。该尼堪岂

① 《满文老档》太祖朝卷二九。
② 《满文老档》太祖朝卷二九。

给尔为奴耶？只因由故地迁来，无住舍、食粮、耕田，故令合居也。嗣后，女真、尼堪除房舍同居、粮米计口同食以外，女真、尼堪各自所得之田，以各自之牛耕种。女真人若违此谕，欺凌侵害尼堪，则尼堪可执之前来，告于法司。尼堪人亦不可因降此谕，而肆意诬枉女真人。尔等皆为一汗之民也。①

这就是努尔哈赤创立的女真、汉民合住同食一起耕田的奇怪政策。这项政策的实质，就是要汉民供养女真。当时，农村中，最主要的财产，最主要的生产资料和生活资料，是耕田、房宅、粮食和耕牛。按照汗谕的规定，村民的房屋所有权，受到严重的侵犯，他必须将房屋腾出来，让女真住，并且很可能是女真要占据好房，要占住大多数房屋，因为他是胜利者征服者，是真正的主子，而汉民仅仅是宽免不杀、宥而为奴、汗所"豢养"的小人。村民对自己辛苦耕耘收获的粮食也失去了所有权，无权分配，无权出卖。收藏粮食的谷窖，是锁着的，开时，要女真、尼堪同开，不让汉民单独开。窖中的粮食，女真、尼堪同食，每月一口四斗，多余的粮谷，不许浪费，不许出卖，违令治罪。这些粮食哪里能说成是村民的粮食，他有什么支配权？可以肯定地说，这项女真、尼堪合住同食的规定，就是基本上剥夺了汉民自己的土地、房宅、粮食、耕牛的所有权，就是让汉民供养女真，就是使女真成为汉民之主子。

事实上，女真官将和凶横诸申，确实是把同住的汉民看成是他们的阿哈，欺压汉民，抢夺财物，役使汉民为己干活，使用汉民耕牛，甚至侮辱汉民的妻子女儿，等等不法行为，难以枚数。努尔哈赤自己也知道这些弊病，在上面曾经引录的汗谕中，承认有女真使用同居汉民的牛车，令汉民运送粮草以及勒索财物的行为。

---

① 《满文老档》太祖朝卷三九。

历史实际证明,努尔哈赤独创的女真、尼堪合住同食的政策是十分错误的,是异常荒唐的,它严重地侵犯了汉民利益,加深了辽东汉民的灾难,破坏了农业生产,加剧了动荡局面,进一步激化了民族矛盾,加深了金国统治的危机。

(四)尽捕"无谷之人"

天命九年(1624年)正月,金国发生了又一件古今罕见的怪事和骇人听闻的暴行,这就是号称英明无比的金国汗努尔哈赤,在半月之内,连下多次汗谕,责令八旗官将在辖区内清查和擒捕"无谷之人",干了又一件极大的蠢事和坏事。

面对广大辽民反对金国汗、贝勒、八旗官将的声势浩大的斗争,努尔哈赤恼羞成怒,迷信武力,采取了更为野蛮的高压政策,在金国辖区内大肆清查和追捕"无谷之人"。《满文老档》太祖朝卷六十、六十一对此事的经过,作了如下的记载:

天命九年正月初五日,努尔哈赤遣派八旗大臣,前往赫扯木等地,查量汉民粮谷。督堂在致英额等地查量粮谷的大臣的文书中,传达汗谕说:

奉汗谕:赴英额、赫扯木、穆溪、玛尔墩、扎库木、抚顺、铁岭诸路之五牛录额真,著尔等不得与五牛录之人分离,共同查核五牛录之汉人。凡一口有女真斗六七斗者,准其居住。一口有五斗者,或所去之人有牲畜者,经核计若可以生活,则准其居住之。计之不敷者,则计入无谷之人数内。并将无谷之男丁数、人口数,造册奏汗,以听汗令。[①]

同日,对前往盖州以西、威宁营以东之诸大臣,督堂告以汗谕说:

---

① 《满文老档》太祖朝卷六〇。

奉汗谕;著五牛录额真不得与五牛录之人分离,共同查核五牛录之汉人,凡一口有女真斗六七斗者,令该户启程,遣之,给以田宅。一口有五斗者,及所去之人有牲畜者,经合计可以维生者,则计入有粮之人数内,以遣其户。计之不敷者,则计入无谷之人数内。无谷之人皆收捕之,并将其男丁数、人口数,造册奏汗,以听汗令。汉人之粮谷皆称量之,并将石数造册,由所去之大臣掌之。令女真看守粮谷,倘失一石,即以该大臣罪之。勿剥人棉袍,勿以粮饲马。于盖州种棉及看守果木之汉人,令留三千二百名男丁。令析木城、金塔寺、甜水站、威宁营等城周围十里、十五里内之有谷之人,入城留之。①

过了半个月,三月二十日,每旗增派 15 位大臣"前往量粮地方","命其尽行办完",又下汗谕,布置工作,修改划分有谷无谷标准。汗谕说:

著将有谷之人之男丁数、人口数、谷数,造册报来。其粮谷由量主看守。迁来之户,给以女真之粮。令女真往取其粮食之。被杀之人之谷,乃库粮也,将其粮数,另行造册报来,由守粮之主一并守之。被杀人之财产、牲畜及什物,皆造册带来。勿解取被杀人妇孺所服之衣,无论其好坏,仍服原衣带来。一口有五斗谷者,即列入有谷之人数内。一口有四斗粮者,若有牛驴,则列入有谷之人数内,若无牛驴,则为无谷之人。②

第二天,督堂下书,命查明与女真同住之汉人粮谷说:"奉汗谕:与女真同居之汉人,一口有谷五斗者,则计入有谷之人数内。

---

① 《满文老档》太祖朝卷六〇。
② 《满文老档》太祖朝卷六一。

一口有谷四斗三斗者,若有牛驴,亦计入有谷之人数内,若无有牛驴,则取其户为奴。"①

根据《满文老档》的有关记载,结合其他文献,对于这次清查、捕捉"无谷之人",我们可以得出五点结论。第一,所谓"无谷之人",是穷苦汉民,而"有谷之人",则大都是比较富裕的有产之汉人。乍一看来,每人有谷女真斗 5 斗,折合汉斗为 9 斗,似乎不多,不宜作为比较富裕之人的标准,但在当时辽东条件下,一人有谷 9 斗以上,确很难得。辽东地区,连年战争,兵荒马乱,民不宁居,耕种艰难,灾荒频仍,年年歉收,谷价"踊贵"。早在辽阳、沈阳失守前一年(明泰昌元年,后金天命四年)的八月,辽东地区已是一石米价银 4 两,一石粟 2 两,这还是小斗,一石不及山东 4 斗,如按山东斗计算,一石米的价银当在 10 两以上,比诸正常年成,粮价涨了十几倍。② 粮少价昂,穷苦农民缺粮情况十分严重,很多人饥饿至死。《满文老档》太祖朝卷五十四载称,"南方之人……饥饿而死者甚多"。

金国汗、贝勒虽然尽力搜刮粮食,以供军用,但仍然不能解决粮荒问题,连对作为巩固金国统治的重要依靠力量的来归蒙古人,每 2 口也只发谷女真斗 1 斗,可见粮食是何等的紧张。

这些情况表明,辽东地区的汉民,每人有女真斗谷 5 斗以上足以维生的人是不多的,而"无谷之人"则不在少数。

第二,这次查量粮谷的地区范围很广。这从三道汗谕可以看得很清楚。正月初五日,督堂对前往"英额、赫扯木、穆溪、玛尔墩、扎库木、抚顺、铁岭诸路之五牛录额真"传达了汗谕,从音额、

---

① 《满文老档》太祖朝卷六一。
② 《满文老档》太祖朝卷七。

赫扯木、玛尔墩到扎库木，这五处都是原来女真耕种居住的地区，可见，这些大臣查量的地方很宽广，包括了从抚顺、铁岭起，往东北延伸到原来女真处的广大地区。传达另一道汗谕，是告诉前往"盖州以西、威宁营以东之诸大臣"，盖州以西，包括熊岳、复州等地，威宁营以东，包括奉集堡、清河、马根丹等大片地区。正月二十一日的汗谕，是要大臣查量"与女真合居之汉人"，女真与汉民合居的地区很宽广，以辽阳、沈阳为中心，包括海州、鞍山、盖州等州县。由此可见，在金国辖区的大部分地方，都进行了查量汉民粮谷的活动。

第三，这次查量谷物，金国汗、贝勒花了很大力气，十分重视。据《满文老档》太祖朝卷六十、六十一的记载，从正月初五日起，到二十一日，半个月内，努尔哈赤接连 9 次下达查量汉民粮谷的命令，对一件事，下如此多的谕令，是很少有的。除第一次派遣大量大臣兵士查量谷粮以外，又两次增派人员，有一次竟派每固山各 15 名大臣前往。命令之急，人员之多，花费力量之大，都是罕见的，可见金国汗对此事是何等的重视。

第四，清查"无谷之人"的原因，是为了遏制辽东汉民的反金斗争。努尔哈赤于天命九年正月十三日下谕说："应视无谷之人为雠敌，彼等之中，有我何友？"[①]

过了 8 天，正月二十一日，督堂下文书说：

> 奉汗谕：凡偷杀牛马者，火烧积谷、屯舍者，皆是不耕田、无谷、不定居、欲由此处逃往彼地之光棍也。对于此等无谷闲行气食之光棍，无论女真、尼堪，一经发觉，即行捕之送来。若有妻、子，则将妻、子给与捕送之人。若无妻、子，则捉一人，赏

---

① 《满文老档》太祖朝卷六一。

银三两。因得辽东以后,尼堪不定居,常逃走,从事奸细,而不勤力耕田,故上怒而谕之。①

文书所引的"汗谕",有力地说明了辽东广大穷苦汉民猛烈反对金国汗、贝勒的压迫,他们采取了多种多样的斗争方式,或是怠工,不耕田地,或是四处流浪,竭力摆脱金国的统治,或是秘密串联,与明联系,欲图逃入明国,或是火焚地主、金将的房宅粮谷,夺其牛马,武装反抗。并且,这种斗争,十分普遍,坚持不断,影响巨大,搞得金国统治者食不甘味,寝不安枕,视如眼中钉肉中刺,故下令严格清查。

第五,大杀"无谷之人",是中外历史上罕见的野蛮暴行,也是金国汗、贝勒消除反抗、武力镇压的"恩威并举"方针遭到重大失败的标志。就在汗谕指责无谷之人反金行动后的第六天,正月二十七日,努尔哈赤"选派人员前往各地,诛杀无粮之尼堪"。② 所有剥削者压迫者,都轻视穷苦百姓,历代统治者都采用各种借口,屠杀反抗他们的劳动人民,这是他们的阶级本性所决定的。但是,像金国汗努尔哈赤这次仅仅以没有足够的粮谷不足维生为理由,就四处追查擒捕,大肆杀戮劳苦人民,还是极为罕见的。它必将激起汉民的更大愤怒,掀起更大的反金波涛。

(五)乙丑大屠杀

尽管金国汗、贝勒野蛮镇压武装起义,追拿逃亡的阿哈和尼堪,大肆捕杀"无谷之人",但仍然无济于事,仅据《满文老档》的记载,5 年之内(1621—1626 年),比较大的起义与逃亡,就多达数十次。发生过反金行动的州县,有:辽阳、海州、鞍山、耀州、盖州、复

---

① 《满文老档》太祖朝卷六一。
② 《满文老档》太祖朝卷六一。

州、岫岩、叆河、新城、金州、镇江、清河、抚顺等地,基本上遍及金国大多数辖区。辽民的反抗更加坚决,到天命十年(1625年),已经出现了震惊统治者的严重局面,努尔哈赤不得不特下急令,在汗宫门前专门设置报警锣板,规定报警信号。《满文老档》太祖朝卷六五载:

> (五月初三日)汗曰:夜间有事来报,若系军务急讯,则击云板;若系逃人逃走或城内之事,则击铜锣;若系喜事,则打鼓。

说完之后,"汗之门置云板、铜锣和鼓"。

《满文老档》编写者解释报警信号规定的原因说:"时因粮荒,叛逃甚多,乱。"①

所谓军务急讯,并不是明军来攻,当时明朝几遭惨败,危机四伏,根本无力派兵收复辽沈失地,而辽民反金斗争的蓬勃开展,即所谓"叛逃甚多,乱",才是汗谕所说的军务急讯。可见,辽民的斗争,已经打乱了金国统治秩序,没法安宁,无力平定,形成了"乱"的严重局面,在金国最高统治者的门前,竟要赶紧设立报警装置,统治者已经睡不安枕了。

面临如此局势,努尔哈赤本应清醒一下头脑,冷静反省,革除弊政,放松一点压迫,以收买人心,缓和矛盾,这才是解决难题的唯一办法。可是,他不仅没有这样做,反而被辽民反金斗争气昏了头,大发雷霆,调遣八旗军队,在金国辖区内大规模地屠杀反金人员。

天命十年十月初四日,努尔哈赤下达长谕,历数汉民不忠,叛逃不止,命令八旗贝勒、大臣,带领兵士,分路前往,屠杀反金官民。

---

① 《满文老档》太祖朝卷六五。

他谕告群臣说:

> 我等常豢养尼堪,而尼堪却置办棍棒不止。著总兵官以
> 下,备御以上,各往其屯,去后,甄别屯中之尼堪。常言道,豹
> 色好辨,人心难测。唯恐尔等听信奸巧之言,当以中正之心察
> 辨之。凡以彼方所遣奸细之言,煽惑本地乡民者,皆属非我保
> 举之官,或原为明官今已革职之生员、大臣等人,此等之人,皆
> 另行甄别正法(原注:正法即杀之)。为我等建城池、纳官赋
> 之人,则建拖克索以养之。无妻独身之人,及应加豢养之人,
> 则养之,赐以妻、衣、牛、驴、粮谷,命编拖克索。不该豢养之独
> 身者及拒不从命者,亦予正法。自八贝勒之包衣拖克索之尼
> 堪起,凡入女真家中之人,皆捕之,照例甄别。女真中之怪人、
> 讨厌之人、顽固者,若说家中无有,或不知,而隐匿不举者,则
> 罪之。明时非千总今经我委任为千总之人,一向居住沈阳,其
> 父母家族皆来投者,则免之。家虽住沈阳,但未携父母,未带
> 妻室,只以外妾假充居住之名者,不准居住。素未居住,因九
> 月以来耀州、海州之消息,使其惊恐而来沈阳之人,不准居住,
> 照例甄别之。为恐在甄别时如以前一样,贿银而免之,故对沈
> 阳、抚顺、开原、铁岭所属之人,比他处之人从宽甄别之。自广
> 宁迁来之人,亦按抚顺、沈阳之人从宽甄别之。[①]

在屠杀反金汉民时,金国英明汗努尔哈赤还颁行了指责辽民
的告示。这道告示说:

> 我等取辽东之后,未杀尔等,亦未动房宅耕地,未侵家室
> 什物,皆豢养之。虽如此恩养,竟成不足,(古河、复州等地叛
> 逃不绝)……窝藏奸细,接受札付,叛逃而去者仍然不绝……

---

① 《满文老档》太祖朝卷六六。

我等驻扎之时,尔等尚如此杀我女真而去,以及备办棍棒,我等往猎或出兵之后,尔等岂能安然处之。窝藏明国所遣之奸细,接受札付,备办棍棒等种种恶行,皆在外书生、官员之亲戚及以前之大臣尔等之所为也。至于在沈阳之官员,及筑城充役之人,知道什么? 无非为尔等之恶,受牵连而被杀耳。总之,尔等既不思养育之恩,心向明国,故杀尔等外乡之为首之人者,即为是也。小人筑城,奸细难容,即使逃亡,亦仅其只身而已,故养小人者。①

诸贝勒对众汉官训诫说:"众汉官,著尔等各带近亲前来,远亲勿带,以免其妄领财货而使尔等脸面无光。"②

八旗大臣遵奉汗谕,"分路前往,下各屯堡杀之。杀完后甄别之,当养者,以十三丁、牛七头编为一庄。"③

《满文老档》编写者在记述此情后,又写道:"此次屠杀,使贤良之书生亦被杀绝。后为天聪汗惜而止之,察所余闲散之优劣书生,复以明例,考举三百余名,各配以男丁二人,免役赋。"④

虽然努尔哈赤文过饰非,巧言诡辩,力图将过失推与辽东汉民,声称系因辽民忘了不杀之恩,叛逃不绝,而大开杀戒,但诡辩终究掩盖不了事实,这次屠杀是金国历史上空前绝后的、惨无人道的疯狂大屠杀。生员要杀;原为明国官员今为闲散者要杀;虽任千总但未久住沈阳者,或其父母妻子未同住沈阳者,也要甄别,其命难保;不该豢养者,要杀;"拒不从命者",要杀。这样一来,就很难分清该杀不该杀的界限了,不管是官是民,只要领兵的贝勒、大臣看

---

① 《满文老档》太祖朝卷六六。
② 《满文老档》太祖朝卷六六。
③ 《满文老档》太祖朝卷六六。
④ 《满文老档》太祖朝卷六六。

不顺眼,认为你要叛逃,就杀,不需要什么证据。真是,杀,杀,杀,逢人便砍,见人就杀,搞得辽东天昏地暗,十室九空,也使得辽东以外其他明国辖地的汉人,闻之"肝胆俱丧",切齿痛恨。

这次大屠杀究竟杀了多少人,清朝官书没有记述,但从生员之例,可以有些了解。明朝的科举学校制度规定:"学校有二:曰国学,曰府、州、县学。"国学,即京师的国子监,又称太学。郡县之学为府学、州学、县学、卫学。大体上,府学有生员40人,州学30人,县学20人。在郡县地方,4卫以上,有军生80人。辽东是都司制,设卫而不设州县,辽东25卫中,有14所学校,即一个都司学和13个卫学。到了天启元年,即金军入驻辽东之时,辽东地区的生员,少说也有几千人,很可能有一二万人,但是经过屠杀后,除了早已逃入关内得以保全性命的生员外,辽阔的辽东地区,只剩下300余名生员,可见其杀人之多,诛戮之惨。

迷信武力的金国汗努尔哈赤和八旗贝勒,满以为经过这次大屠杀和编丁立庄,就可以把辽东汉民吓住,控制住,不再叛逃了,就可以安心地大举攻明,席卷全辽了,可是,事与愿违,辽东军民更加厌恶金国统治,"叛逃不止",没有多久,强迫编隶拖克索的尼堪阿哈竟"逃亡殆尽",连相当多的汉官都动摇了,也反对这样不分官民见人就杀的野蛮罪行,暗和明国秘密联系,待机反正,金国的统治更加不稳,也影响到一年以后的宁远之战。

第八章　五大疑案

第一节　"虾阿哥"革职

一、随父来归　军功累累

在紧张的对外用兵和对内平叛止逃的同时,汗、贝勒和八旗高级官将,继续围绕着统治权力的争夺而忙个不停,私下策划,堂上辩论,审理断决,出现了一桩又一桩重大案件,依时间的先后,"虾阿哥"的贬责,算是金军进驻辽东以后发生的第一大案。

"虾阿哥",是八旗贝勒、大臣对扈尔汉的尊称。扈尔汉被努尔哈赤收为养子,赐号"达尔汉虾",又写作"达尔汉辖",故被简化和尊称为"虾阿哥"。

虾,辖,乃满文的音译,后来意译为侍卫。但努尔哈赤时期的虾或辖,其地位之高和势力之大,却远非入关以后的侍卫所能比拟,当时被努尔哈赤赐号为虾的,只有极少的三几人,是汗之亲信大臣,而扈尔汉更是汗视如亲子和四大贝勒平起平坐的"虾阿哥"。

扈尔汉,姓佟佳氏,明万历十六年(1588 年)随父亲雅尔古部长扈拉瑚率领所属诸申来投努尔哈赤,同时来归者,还有苏完部长索尔罕及其子费英东,率五百户来归,栋鄂部长何和礼率所属人员来归。三位部长率领部众来投,使当时只有人丁几百的小小部长

526

努尔哈赤的兵力一下子就增加了好几倍,军威大震。《武皇帝实录》卷一记述了三部长来投后,接着就写道:"太祖遂招徕各部,环满洲而居者,皆为削平,国势日盛。"这显然意味着与三部长的来归,有着密切的关系,他们为努尔哈赤的创业兴邦,立下了一大功。

因此,努尔哈赤对三位部长特别优待,以长女嫁与何和礼为妻,以孙女嫁与索尔果之子费英东,收扈拉瑚之子为养子,授三人为大臣。此时扈尔汉年仅 14 岁,就立了大功,当上大臣,为汗之子,真是少年得志了。

扈尔汉勇猛刚强,自幼即披甲上阵,奋勇冲杀,屡建奇勋。明万历三十五年三月,扈尔汉随舒尔哈齐、褚英、代善,率兵三千,往迎瓦尔哈来归的 500 户女真。扈尔汉领兵 500 名护送来归人户先行,乌拉国主布占泰领兵一万,突然冲出,拦路劫杀。在敌众我寡猝不及防的形势下,扈尔汉毫不畏惧,当机立断,"结寨山岭",分百名兵士守卫降户,遣卒飞报后军,亲领两百名兵士与乌拉对抗,"与敌兵相持经一夜"。次日,乌拉"悉众来战",扈尔汉与扬古利"击却之",这就争取了时间,为后续军队的来援,创造了有利条件。当天下午,舒尔哈齐等领军赶来,会合扈尔汉部,猛攻敌军,大败乌拉兵。①

同年五月,扈尔汉偕卓里克图贝勒与额亦都,率兵一千,往征东海渥集部所属瑚叶路,尽降其部,取赫席赫、鄂漠和苏鲁及佛纳赫拖克索,获人畜二千而回。努尔哈赤嘉其再立军功,"赏甲胄驷马",赐号"达尔汉虾"。②

过了 4 年,扈尔汉与何和礼、额亦都领兵 2000,征渥集部所属

① 《满文老档》太祖朝卷一,《武皇帝实录》卷二。
② 《满文老档》太祖朝卷一,《清史列传》卷四《扈尔汉传》。

虎尔哈路,围扎库塔城 3 日,猛攻,克城,获俘 1000。

天命元年(1616 年),扈尔汉偕安费扬古,率兵 2000,往征东海萨哈连部,来去 4 月,行程上千里,水陆并进,收乌拉河南北 36寨及黑龙江北 11 寨,又招降使犬部、诺洛部、实喇忻部。

天命四年三月的萨尔浒大战,扈尔汉起了突出的作用。他先是带本旗兵士,在努尔哈赤、代善的指挥下,猛烈进攻明军主力西路松松部,接着又进攻北路马林部,大败明兵,奠定了此战的基础。紧跟着,他又奉汗父之命,率兵 1000,往敌明东路军勇将刘鋋,伏兵于山谷隘处,"以扼其冲"。代善领军赶来,前后夹击,斩刘鋋,尽歼其兵。扈尔汉又与阿敏领兵攻破明游击乔一琦营,乔奔往孤拉库崖朝鲜兵营自缢而死。

天命六年三月辽阳、沈阳战役中,扈尔汉带领本旗兵士,力战克敌,再建功勋。

扈尔汉从 14 岁来归,南北转战 30 年,功勋卓著,史称其"感上抚育恩,誓以戎行效死,每出战,辄为前锋"[1],为女真国、后金国、金国的建立和扩展,立下了重大功勋,成为清朝开国元勋之一员。

二、威震辽东

正因为扈尔汉早年来归,征战四方,军功累累,历任要职,又系汗父之亲爱养子,因而地位崇高,权势很大,特别是在天命四年、五年和六年的上半年,扈尔汉成为具体处理军政要务的最高官将,其势之盛,达到令人难以想象的地步。这从下述二例,可以看得很清楚。

朝鲜国从事李民寏于天命四年三月的萨尔浒战役中被俘,在

---

① 《清史列传》卷四,《扈尔汉传》。

建州住了一年多,探听到不少消息。他侦听到,达尔汉虾是"胡将中最用事者也"。① 可见扈尔汉地位之高,权势之大。

更令人吃惊的是,扈尔汉居然成为与大贝勒代善、二贝勒阿敏、三贝勒莽古尔泰、四贝勒皇太极,四位大贝勒并驾齐驱的后金国中的五大贵族之一。

天命五年(1620年)九月,努尔哈赤斥责时为太子、主持后金国中具体军政事务的代善听信继妻谗言,虐待其次子硕托时,对诸贝勒、大臣说:

> 吾和莽古尔泰父子二人,发觉大阿哥听妻(谗言而犯过错时),尔等诸贝勒、大臣窥伺大阿哥之脸色,竟一言不发。尔等扪心自问,如若以我言舛谬,则尔等皇太极、阿敏台吉、达尔汉虾须立誓。设若尔等立誓,则我等二位自会认错。但尔等若不发誓,为何仍坐在阿哥那边,徒事敷衍,快离开彼处吧……言后,皇太极、阿敏台吉、达尔汉虾等三位起立,移到汗这边来。②

努尔哈赤的讲话及扈尔汉的态度,清楚地表明了扈尔汉与四位大贝勒是处于同等地位的。其一,在后金国汗训谕之时,扈尔汉与二贝勒阿敏、四贝勒皇太极并肩而坐,安静倾听,并未站立一旁,或跪聆汗谕,可见其地位之特殊,其他大臣没有这种资格。其二,努尔哈赤要处治代善时,认为仅他与莽古尔泰二人,仍嫌分量不够,还需要把阿敏、皇太极、达尔汉虾争取过来,才能最后孤立代善。扈尔汉能与皇太极、阿敏这两位大贝勒联在一起,成为举足轻重的因素,势力够大的了。

---

① 李民寏:《栅中日录》。
② 《旧满洲档》·《昃字档》。

不仅扈尔汉与代善、阿敏、皇太极同坐一条板凳,被汗父看成是和大、二、三、四贝勒同等地位的爱子,就是代善也是这样看的。当代善杀了进谗言的继妻,向汗父请求宽恕时,他发誓说:"吾因不恪守汗父之教诲,不听信三位弟弟一位虾阿哥之忠言,误听妻之谗言,致丧失汗父委托于吾之大权。"[①]在这里,代善也是把扈尔汉与二、三、四贝勒相提并列的,并且还尊称其为"虾阿哥"。

代善是大贝勒,此时还是太子,又是正红、镶红二旗的旗主,阿敏、莽古尔泰和皇太极分别是二大贝勒、三大贝勒、四大贝勒,又皆是一旗之主。四位大贝勒在汗父的领导下,主持军国事务,其他小贝勒,如杜度、岳托、硕托、济尔哈朗、斋桑古、阿巴泰贝勒等,皆须服从本旗旗主贝勒的管辖,扈尔汉能与这四位大贝勒并驾齐驱,又长期受汗父宠信,被汗父委以具体处理事务的权力,地位高,势力大,不仅其他官将对他是十分畏惧,就是四位大贝勒也得让他三分,像济尔哈朗等贝勒,竟还要向他馈送财物,阿谀奉承(详下),这样特殊的地位,这样突出的事例,在金国历史上,还是罕见的。

然而,好景不长,乐极生悲,这位曾经叱咤风云,威震辽东,权倾朝野的开国元勋,不久便被问罪降职,赶出庙堂,年方 48 岁,就闲居林下,抑郁而死了。

三、革职病故

扈尔汉的贬斥,经过了几个阶段,先是挨训罚银,后才降职闲废。

天命六年(1621 年)闰二月初五日,重审去年八月沈阳城外追击战的过失。当时,刚刚夺取了蒲河,沈阳明兵前来,努尔哈赤下

---

① 《旧满洲档》·《戾字档》。

令,击杀来兵,乘其退入沈阳城门拥挤时刻,挥军猛攻。但是,右翼大贝勒、达尔汉虾遣布尔济命令军队停止前进,回师以后,据此定罪。巴拜、伟齐等将说谎,翻了旧案,重新审理时,诸贝勒、大臣皆信此谎言,上奏于汗。努尔哈赤谴责断事官"以非为是",各定罚银之罪。达尔汉虾认为汗的处置是不对的,气愤恼怒,脸色都变红了,气冲冲地对汗说,是汗派人去命令停止不前的。努尔哈赤斥责扈尔汉文过饰非,以伪作真,而且"红脸抗拒",在判罪的衙门里,"划地为牢、将达尔汉虾监禁三日"。① 这是扈尔汉第一次遭受的处罚。

不到半月,扈尔汉又犯了错误,被汗父严厉斥责。天命六年闰二月,因有边警,努尔哈赤询问八旗大臣,瓦尔喀路是否被明军断绝。扈尔汉回答说:已断绝了,因一牛录的女人患病,未能带来,其家人又返回原处了。努尔哈赤说:如果是这样,则路并未断,我们有不少的老人、病人、盲人和瘸子,明兵来后,将要抓住他们,命沙津参将去查看。沙津去后,带回 140 人和马牛 86 头。因未执行汗的命令,没有尽收瓦尔喀路的人口,努尔哈赤十分生气,狠狠地训斥了扈尔汉,责备他不报答父汗的殊宠特恩,敷衍塞责,不勤勉管辖国人,"因此恼怒",命令扈尔汉"在十天之内,不准谒见"。②

虽然接连挨训,但此时扈尔汉仍然担任军政要职,领兵进取沈阳、辽阳,镇压各地反金武装。天命六年七月,镇江军民起义,擒获守城游击佟养正,辽南四卫汉民群情振奋,金国在这几个州县的统治出现了严重危机,如不及时采取措施,反金波涛就会很快扩大到其他州县。努尔哈赤立即派二贝勒阿敏、四贝勒皇太极、达尔汉虾

---

① 《满文老档》太祖朝卷一七。
② 《满文老档》卷一八。

和栋鄂额驸何和礼,领兵星夜前往,镇压了这次起义,俘获人畜12000,努尔哈赤取牛两千头,赐与有官职之人,给达尔汉虾牛15头,给阿敦阿哥、阿巴泰阿哥牛5头,赐总兵官牛4头,副将各3头,给一等参将各2头,二等、三等参将每二人各3头,三等游击牛1头。又赐达尔汉虾之旗牛130头,给阿巴泰阿哥之旗120头,给何和礼之旗80头。① 阿巴泰是汗之第七子,又任督堂、总兵官和管辖一旗的固山额真,受赐之牛是5头,比扈尔汉少了两倍。扈尔汉获赐之牛比总兵官多了三倍多,四倍于副将,五倍于一等参将,可见其地位远远高于其他八旗官将,是除了汗与四大贝勒之外的金国最为尊贵之人。

尽管扈尔汉此时仍然担任督堂、总兵官、因山额真等军政要职,声势赫赫,不可一世,但是不幸的事接踵而来,他很快就倒霉了。天命六年九月初一日,扈尔汉为亡妻上坟,向莽古尔泰贝勒讲,要将领兵戍守外地的弟弟章嘉带回,三贝勒同意,章嘉回来了。法司对此判决说:章嘉不该离开戍地,丢下所领之兵,革其副将之职,籍没家中各物,夫妇二人空身出门。以莽古尔泰贝勒未拒绝扈尔汉的请求,未将章嘉留下,"因此,治其罪,没其女真五十丁"。因何和礼、阿敦未加劝阻,未能留下章嘉,让其兄带走,"各定罚银二十两之罪"。对扈尔汉,则削其"敕书之百两之功"(即定罚银百两之罪)。②

努尔哈赤对扈尔汉这次"过误"的处理,显然是小题大作,很不公允。妻死之后,夫念旧日恩爱深情,上坟祭吊,有何不可。长兄当父,长嫂为母,弟弟回家,凭吊亡嫂,感谢其往日抚养之恩,既

---

① 《满文老档》太祖朝卷二四、二五。
② 《满文老档》太祖朝卷二六。

系人之常情,理所当然,又不触犯国法,何罪之有。法司声称,章嘉领兵在外戍守,不该为私废公,弃军不管,乍一听来,似乎此说颇有道理,但是,稍加推敲,却未必尽然。须知,扈尔汉并未先斩后奏或斩后不奏,他是亲自向莽古尔泰请求,得到同意后,才去办的。莽古尔泰并非小官微员或白身闲官,他是三大贝勒,是主管全国军政要务的四大贝勒之一,而且很可能是扈尔汉为亡妻上坟这个月的值班贝勒。天命六年二月,努尔哈赤规定:"四大贝勒,按月分直,国中一切机务,俱由直月贝勒掌理。"①莽古尔泰是正蓝旗旗主,扈尔汉在正白旗,如果这一月不是莽古尔泰"直月",扈尔汉就不必找他。既然是"直月贝勒"批准了,就是合法的,就没有不妥之处,也就不存在私自弃军回家之过。可见,这次给扈尔汉弟兄定上的所谓"过失",并非真错,而是没有根据的"妄断",是欲加之罪,何患无辞。努尔哈赤对此事的如此处理,显然包含了两个目的,一是借此压抑一下扈尔汉,发泄其年初因扈尔汉的顶撞而产生的气愤,二是透漏一点消息,即扈尔汉已开始失宠了,汗父对他不仅不像以往如同四子一样的疼爱,而且有些厌恶他了。这一着,十分厉害,扈尔汉马上就要遭殃了。

不到一个半月,扈尔汉就被降职。《满文老档》太祖朝卷二十八,对此事作了如下的记载:

> (天命六年)十一月初一日,督堂达尔汉虾在辽东向诸贝勒索取财物,又盗取缎匹财帛,为其弟达尔泰首告后,遂将其自沈阳以来按职赏赐之所有物品和盗取之财帛,尽皆没收,一份给与首告者,其二份赏给督堂、总兵官以下,副将、参将、游击以上各官。革其(达尔汉虾)督堂之职,降为三等总兵官,

---

① 《清太宗实录》卷五。

永禁其言。对曾给与财物之济尔哈朗阿哥、斋桑古阿哥、岳托阿哥、硕托阿哥等四贝勒曰：尔等给与财物，或欲塞上面诸嫂［原档残缺］之口，或图勿使上面诸叔父兄长为汗，而自谋汗位而已。否则，尔等乃存妇人之心矣。遂治其罪，令披妇人之短袍，系女人之裙，划地为牢，监禁三日三夜。汗亲往监禁三位贝勒之处，痛斥诸子，唾其脸后，乃遣回家。

《满文老档》的以上叙述，有原告，有罪状，有"赃物"，有索财之人和送物之人，据此作出的结论，似乎是铁证如山，无懈可击了。但是，略加分析，便使人们不禁产生了几个疑问，并且得出了几点与审案者的结论很不相同的意见。

其一，此事的告发，很有文章。扈尔汉虽然在不久前刚被定了"削敕书百两之功"的罪，但仅就此事而论，毕竟是轻罚，他仍系督堂和"虾阿哥"，与金国汗有父子之名分和养子之情，他长期征战，功勋卓著，位列四大贝勒之右。这样一位有权有势的大贵族，能告倒吗？告不倒，今后首告人可就要招来大祸了。这真是虎嘴拔牙，太岁头上动土，太危险了。并且，为什么别人不告，而是其弟上控？达尔泰又是为了什么原因，要抛弃骨肉同胞之情，控告其兄，谋害其兄？是报复私仇，还是存有个人私欲，或是受人操纵？这都是令人难解之谜。

其二，此案的定性，颇为奇怪。扈尔汉是努尔哈赤的养子，与汗父爱如心肝之四子一样，连大贝勒代善都要叫他"虾阿哥"。他与济尔哈朗贝勒、斋桑古贝勒是弟兄关系，与岳托、硕托贝勒是叔侄关系。既是弟兄叔侄，平时必有往来，逢年过节，娶妻纳妾，嫁女娶媳，做寿庆生，彼此之间，免不了要互赠礼品，送点贺银，若有美好帛缎和珍奇古玩，也会分赠同胞，银钱的周转暂借，也可能在所难免，这能说是行贿纳贿勒索财物吗？如果把这种行为定成是贪婪之罪，那么，大贝勒代善、二贝勒阿敏、三贝勒莽古尔泰、四贝勒皇太极，以及其他贝勒，没有一个能说成是与此无干的清官，因为他们也有这样的行为。

并且，这种事很难查清和定案，受者不说，送者不讲，经手人不交代不揭发就难以弄清事实真相，更难作出肯定的结论。仅凭达尔泰的首告，是不能作出扈尔汉犯下索财之过纳贿之罪的结论。

至于所谓扈尔汉的"盗取财帛"，也与上述索财之过相似。首告人没有讲明扈尔汉是盗取什么地方的财帛，是怎样盗取的，《满文老档》也未举出人证、物证、数量，怎么就能凭达尔泰一人之首告而定案呢？

可是，审案者偏偏违反常规，仅仅根据达尔泰的首告，就断定确有其事，就要给扈尔汉定上逼索贝勒财物和盗取财帛之罪。并且，更为可笑、可恨、可耻的是，审案者竟将此罪的性质无限夸大，提高到扰乱国政谋取汗位的十恶不赦的最重之罪，硬说济尔哈朗等四位贝勒给达尔汉虾送财物，是企图使他们的叔父、兄长不能继位为君，而欲自谋为汗。这样定性，未免太轻率、太荒唐了，根据何在呢？是济尔哈朗等四位贝勒的口供？不是，老档没有记载济尔哈朗等贝勒有此口供。是扈尔汉的口供？也没有。是济尔哈朗等贝勒请求扈尔汉这样做，谈判之时，有人听到和看到，此时出来作证，或者是有亲笔写的文字证据，也没有。那么，审案者凭什么要作出这样的定论？这是从定案所需的人证、物证和口供而言，通通没有。另一方面，从当时的政治形势及政界势力而言，要想谋取汗位或阻碍别人为汗，这样的人，必须有足够的势力，地位很高，才能有此野心，有此图谋，而审案者断定的济尔哈朗四位贝勒中，没有一个人具备了这样的条件。先从血统和亲疏关系看，济尔哈朗和斋桑古贝勒，是舒尔哈齐之子，是阿敏之弟，此时的金国汗努尔哈赤是他俩的伯父。努尔哈赤自己有十六个儿子，其中先后是大福金和元妃的4位妻子，生了褚英、代善、莽古尔泰、皇太极、德格类、阿济格、多尔衮、多铎等8位皇子，8位嫡子，还有侧福金、庶妃生的阿巴泰等8位皇子，他哪能将汗位传给侄子，而不让自己亲生的儿子、嫡子继承父业，执掌国政！岳托、硕托是代善之子，是努尔哈赤的孙儿，汗祖父怎能迈过他俩的父亲和14位叔父（褚英已死），而把汗位传给孙子一辈，这是万万不可能的。再从势力看，代善、阿敏、莽古尔泰和皇太极都是一旗之主的旗主贝勒，并且还是四大贝勒，而济尔哈朗、斋桑古是隶于兄长阿敏旗下的小贝勒，只辖有区区几个牛录，不是一旗之主，岳托、硕托情形与此相同，这四位小贝勒都得听从兄长或父亲的约束，关系处得不好，还会被兄长或父亲奏请君汗将他们斩杀，他们哪有能力谋图汗位！因此，可以肯定地说，对扈尔汉之"过误"作出如此的结论，是没有任何根据的，是十分荒唐的，也是极其错误的。

其三，惩处太重。就四位小贝勒来说，由于互馈礼品物件，而被定为行贿，并被视为有图谋汗位之野心，这个结论本身就是对四位小贝勒政治生命的沉重打击，并且还要被罚令穿上女人之衣，系上女人之裙，画地为牢，监禁三日三夜，将堂堂男子汉大丈夫的显赫贝勒进行如此羞辱，施以这样不公正的欺侮羞辱，使得他们非常羞愧十分愤怒，真是生不如死，处罚之重，前所未有。至于扈尔汉，情况更严重了。审案者裁定，将扈尔汉自沈阳以来按职赏赐之物及"盗取之物"全部没收追还。女真国、后金国、金国汗虽曾多次以战利品赐与八旗官将，但以前掠夺的人畜财帛不算很多，分赐之物相应来说，数量也不太多，自天命六年三月十三日打下沈阳以后，取辽阳，下广宁，战利品堆积如山，赐与的财物也就大大增加。仅三月二十一日下辽阳之后的第二天，英明汗就大赏群臣，"总兵官,各赏银二百两、布二百二十匹、缎三十匹"。副将等官俱领重赏。① 扈尔汉既系汗之爱子,又是总兵官、固山额真和督堂、所领赏赐常常二三倍于总兵官,领得的财帛相当多,并且,俘获多,私分和私留即"盗取"之物也必然很多,两项相加,数量很大,扈尔汉在经济上受到了很大损失。

更严重的损失是政治上的。审案者宣布,革除扈尔汉的督堂职务,降为三等总兵官,"永禁其言"。扈尔汉原来不仅是督堂,还是掌握实权名列第一的督堂,其他督堂如阿巴泰、汤古岱等督堂,皆在其后,惟其马首是瞻,现在,既罢官了,丢了督堂之职,又降了职,从一等总兵官降为三等总兵官,这就是说,扈尔汉从原来八旗官将中名列第一的首位高官,下降到二三十名的位置,连降几级,并且被"永禁其言",永远赶出议政衙门,不能参与八旗贝勒、大臣议处军政要务的会议,与闲散官员相近不远了。

与此相联的是,扈尔汉的被定罪及革任降职和永禁其言,在政界透露出了一个明晰的信息,即表明了扈尔汉已经失宠于君,汗父不再信赖和爱护他,对他已经厌恶了,这在政治上对扈尔汉是致命的打击。官场的变化异常明显,朝为席上贵宾、暮被摈弃门外是常有的事。为汗所宠,阿谀奉承之人成千上万,车水马龙,应接不暇;遭汗谴责,顿时来客稀少,门可罗雀,昔日的势倾朝野,气吞山河,已成泡影,说不定还有人投井下石,趁火打劫,陷害无辜。扈尔汉就经历了这样巨大痛苦的变化。尽管天命六年十一月初的处罚,扈尔汉还只是革督堂,降为三等总兵官,还保持了固山额真的职务,此后的几个月里,还带兵出征,运送官粮,处理一些事务,按总兵官职领取赏品,甚至于在天命七年还被汗父委任为"审断国人

① 《满文老档》太祖朝卷二十。

各种罪行"的十六大臣之一,并且名列第一,排在督堂、总兵官巴笃礼、乌尔古岱、索海之前,但也是夕阳西下好景不长了。就在委此重任的第五天,便因原来处理总兵官布山之事不妥而被牵连,降为副将。[1] 从此扈尔汉被彻底排斥出政界,成为一个闲散官员了。

为了挽回危局,摆脱被动处境,扈尔汉于天命八年三月十五日向汗上书,请求宽恕,希望再次起用。他说:

> 自从十四岁始受汗父恩养以来,未尝获罪。来辽东以后,于汗父及诸弟委付之事,不公正尽力。以我心变之故,吾所娶之妻,所养之子,下之诸弟,皆已死矣。我自身亦得重病,殆将死矣,此亦世世代代之罪过而应遭报应矣。今次齐其前恶,敬慎从善,勤勉从事于汗父、诸弟委付之事。征战之时,若不勤力于用兵行围之事,己身不正直为生,若再被汗父与诸弟发现,可谴之而贬也。[2]

扈尔汉的请求,是十分诚恳的,承认了以往的过误(实际上他没有什么大错),希望得到汗父宽恕,表示今后决心改过,认真从事汗、贝勒委付之事,并立下誓言,违则愿受重惩。读过此文,令人感动,身为汗父的努尔哈赤,谅会动心了吧。不料,努尔哈赤并未被此感动,反而再遣其人,不信其誓言,没有起用他。

扈尔汉忧闷病重,不到一年,天命九年正月初十日便含恨去世,年仅48岁。在人死之后,努尔哈赤还耿耿于怀,拒绝了阿巴泰总兵官提出让扈尔汉之子袭承扈尔汉先前一等总兵官世职的要求,不许其子浑塔袭一等总兵官,改为降袭一等副将,并且还说:"不能说虾阿哥有功,彼已毁弃自己之功"。[3]

---

[1] 《满文老档》太祖朝卷四二。

[2] 《满文老档》太祖朝卷四七。

[3] 《满文老档》太祖朝卷六〇。

扈尔汉的如此下场,是相当悲惨的,也是很不公正的,努尔哈赤是时过境迁,忘掉旧情了。从扈尔汉14岁最早来归起,30多年来,他为努尔哈赤家族的兴起,为使人丁仅有几十几百名的小小酋长努尔哈赤飞入云霄,成为威震明国、朝鲜、蒙古、辖民百万的大金国天命汗,为金国的建立和扩展,尽心竭力,南北转战,出生入死,建树了丰功伟绩,可是,到头来,却是一场南柯梦,一再受责,革任降职,忧虑气愤而死,确实有些冤枉。努尔哈赤对待扈尔汉态度的变化,以及对其的贬责,原因固然很多,但主要原因可能是对其权势太大而很不满意。功高震主,势重危国,独断专行的英明汗决不会允许属下人员窃取权柄,哪怕是亲子代善、养子虾阿哥,也不能冒犯汗父威严,不能顶撞汗父,不许侵夺汗父之权。当然,扈尔汉也可能卷入了诸贝勒争夺嗣位的斗争,因此而受到牵连,成为八贝勒之争的牺牲品。但是,不管是什么原因,这样的处理,是不恰当的。努尔哈赤对扈尔汉的功勋忘记了,把自己的威严和权力看得太重了,他为此欠下了扈尔汉一家的人情债,犯了一个大错误。

第二节　阿敦阿哥入狱

一、百官之首

查遍《国史列传》和《清史稿》等等有关清人传记的目录,找不到阿敦的名字。不管是清朝国史馆的史臣,还是民国初年的"清史馆"人员,还是近人的《清代七百名人传》、《清代名人传略》、《清代人物传稿》的作者,都没有为阿敦立传评述,似乎此人乃无关紧要的中下官弁。但是,一旦我们接触到清初历史时,便会马上感觉到,不仅确有阿敦其人,而且此人还是驰骋疆场的勇将,并且曾经是红极一时权势赫赫的军政要人,应予立传专论。

阿敦,朝鲜人说他是"(奴)酋之从弟",《满文老档》称他为"阿敦阿哥",是清太祖努尔哈赤的近支族弟。阿敦骁勇善战,足智多谋,久经戎阵,历任要职,军功累累,政绩可观,为金国的建立、巩固和扩展,费尽心血,立下了功勋,在八旗贝勒、大臣、官将中,享有很高威望。

在举行改元天命、努尔哈赤荣成"英明汗"的后金建国大典时,阿敦站在汗的右侧,额尔德尼立于左,一文一武,辅佐君汗。他俩又共同接上八旗贝勒、大臣尊努尔哈赤为"覆育列国英明汗"的文书,"捧至汗前,置于桌上",在大典中起了特殊的作用,居于突出地位。①

天命三年(1618年)四月十五日,努尔哈赤率军攻打抚顺时,阿敦已是统辖一旗将士挥军征战的固山额真,是他将抚顺游击李永芳带至汗前,促其降金的。②

天命六年三月二十一日八旗军攻下辽阳以后,阿敦又荣任具体处理辽东事务的"督堂",为安定辽东局面,管辖汉民,更改国制,防明反击而日夜忙碌。四月初三日,努尔哈赤"下达给督堂阿敦、副将李永芳、屯右铭及尼堪众游击之文书",要求他们"将尼堪行事之各种法例",全都写好呈奏,"弃其不妥之处,报其妥当之处",至于辽东的"兵员几何,城堡几何,百姓几何,以及木匠、画匠匠役数目,亦皆具文奏报"。③ 这样,既可以了解辽东军政详情,以便做好安抚、管束辽东地区的工作,又可以参考明制,为实行新政策提供根据。这副重担主要落在阿敦肩上,由他领头主持,指挥降

---

① 《满文老档》太祖朝卷五。
② 《满文老档》太祖朝卷六;《武皇帝实录》卷二。
③ 《满文老档》太祖朝卷二〇。

金汉官,一一办理。

四月十四日,阿敦又奉命带领李永芳、阿布图巴图鲁,前往边境诸堡,"教导国人,设立墩台,安置哨探"。[①] 这是为了安抚汉民,加强边防,防止明军反抗,制止汉民逃亡。

七月二十六日,以镇江军民起义,擒捕守城游击佟养真,努尔哈赤命大贝勒代善、三贝勒莽古尔泰和阿敦,领兵两千,"察看金州及边远可虑之地",以加强控制,防止金州等地汉民响应镇江起义。[②]

阿敦地位之高,在分取镇江俘获时,也显现了出来。天命六年八月十二日,努尔哈赤从镇压镇江起义时掠取的俘获中,挑出牛两千头,赏给各官,赐达尔汉虾阿哥的牛最多,阿敦所受赐品之多,仅次于达尔汉虾阿哥,与阿巴泰并列第二。阿巴泰是汗之第七子,也是督堂兼固山额真。阿敦名次能排在第二,位于汗之亲子阿巴泰贝勒之前,比其他总兵官高,可见其受汗之宠信和地位之显赫。

但是,政治风云变化莫测,朝居百官之首,位极人臣,威风凛凛,执掌生杀予夺大权,群臣望而生畏,肃然起敬,可是,突然之间,一下子便因触犯了龙颜,铁链系身,屈为阶下囚,甚至枭首法场,满门抄斩。阿敦的处境,就发生了与此类似的巨大变化。八月十二日,阿敦还蒙受汗恩领取厚赏,但仅仅过了一个月,他就被定上扰乱国政大罪,差一点被处以极刑,后虽免死,亦终身监禁。为什么会出现这样大的变化? 阿敦究竟犯了什么罪? 它说明什么问题? 先看看汗、贝勒对此案的审理。

还在阿敦被监禁之前,他就曾两次被惩。

---

① 《满文老档》太祖朝卷二一。
② 《满文老档》太祖朝卷二四。

天命六年九月初一日,阿敦因达尔汉虾阿哥带其弟章嘉回都城祭坟之事,没有劝阻,而被"定以罚银二十五两之罪"。[①]

这还是小事,更麻烦的问题,更大的"过错",是4天以后的一件案子。初五日,诸贝勒、大臣断定,阿敦有三大过失。一为诬告巴笃礼总兵官有违法行为。阿敦说:汉民曾来告状,指控巴笃礼在戍地"将尼堪的女子带到蒙古包内。又杀尼堪之猪、鸭食用,迫令尼堪女子做饭"。二为攻打辽阳时,蒙阿图牛录之人说谎,说阿敦之旗先登上城,巴笃礼以其说谎而鞭打。阿敦想堵住巴笃礼的嘴,向诸贝勒告发鞭打之事。三系阿敦控告,在尚间崖战争中,巴笃礼离开阿敦,"留下了"。诸贝勒、大臣断定,一、三是诬告,蒙阿图牛录之人是说谎,遂以此定阿敦的罪,革其督堂职,没收两个女真牛录。[②]

阿敦被定上的三个错误,严格说来,是缺乏根据的。以第一件事来说,阿敦身为督堂、总兵官,当然有权也有责任受理汉民的上控,何况在此前后,金国汗曾多次下谕,禁止女真官将欺凌尼堪,允许和支持尼堪上告。当时,女真官将横行霸道,掠夺人畜钱财,侮辱尼堪妇女,鱼肉汉民,已是司空见惯之事,十分普遍,诸贝勒、大臣凭什么就断定巴笃礼是清白善良的圣人,断定阿敦是诬告?需知,阿敦有上控的汉民作根据,巴笃礼能拿出什么过硬的材料来反驳?此事的如此断决,说轻一点,是草率的,是主观的,是不妥当的,如若追其秘密,论其实质,倒很可能是故意的,是有意开脱巴笃礼,存心狠整阿敦。

第三件事,与此类似。阿敦作为指挥官兵作战的固山额真,对

① 《满文老档》太祖朝卷二六。
② 《满文老档》太祖朝卷二六。

其属下官将的功过,应是最了解最有发言权了,他往上报告属将巴笃礼临阵怯战,留后不进,表现不好,这个评语,谁能推翻,难道说远在他处的别旗官将,能知道巴笃礼在尚间崖战争中的行为吗?能以外人的印象,否定指挥官对属下将士的评语吗?当然不能,这既关系到事实的真相,也涉及将帅的权力和职责。诸贝勒、大臣对此事作出的结论,显然也是有偏向的,也是站不住脚的。

第二件事,所谓孟阿图牛录之人谎称阿敦之旗先登上城,人们不禁要问,凭什么断定蒙阿图牛录之人是说谎?有什么证据证明不是阿敦之旗先上城?况且阿敦不是争论谁先上城,而是不满于巴笃礼依仗权势,欺压属人,指控其鞭打士兵,这有什么不对?

如果仔细分析巴笃礼的品质行为,更可以了解到阿敦"过失"的实情,以及此事的是非真伪。巴笃礼,素以"正直"认真自夸,也蒙骗了不少人。努尔哈赤曾召集八旗贝勒、大臣,训诫他们要公正善良,要求八旗贝勒,以及督堂、总兵官以下,游击以上,公举"好人"上报。诸贝勒、大臣会议后呈奏说:巴笃礼"言语公道",认真负责,扬古利"征战英勇无过","众人皆曰此二人贤"。努尔哈赤同意此奏,"遂各赏赐貂皮袜子、貂裘、佳帽、靴、带",以及伞、旗、轿、鼓乐。[1] 就是这样一个八旗贝勒、大臣推举经汗钦准的"正直"贤人,却不说正直的话,硬以非为是,以是为非。天命七年六月十一日,诸贝勒重新审理布山在辽阳战争中的"罪行"。本来,布山在这次战争中表现得特别突出,在战事不利"我兵后退"之时,诸将"皆逃于房中隐蔽",不敢出来禁约管辖,只有布山见难而上,"独出而管束指挥",挽回危局,取得胜利。对于这样一位十分难得的大将勇将,总兵官巴笃礼等人却裁定布山是"怯战",而革其

---

① 《满文老档》太祖朝卷三三。

总兵官,降为参将。现在,真相大白,布山蒙汗嘉奖,重赏布山,赐其为一等总兵官,充任固山额真,子孙世代免死。以巴笃礼当时"不进谠言,以非为是","不说正直的话",诸贝勒大臣裁定,没收其因正直而赏赐的各种物品,革其总兵官,降为参将,取一牛录的诸申。① 从巴笃礼的人品看,阿敦的告状,是有根据的,巴笃礼难逃其责。

尽管阿敦并无大的过失,可是却被定了罪,并且惩罚很重,革了督堂之职,没收了两个牛录,这就预示着更厉害的风暴即将到来,阿敦就要大祸临头了。

二、下狱诛杀

刚刚过了半个月,天命六年(1621年)九月十八日,阿敦便被定上乱政大罪而下监狱。《满文老档》太祖朝卷二十七对此事作了如下记述:

> 逮捕阿敦阿哥。阿敦阿哥的罪状是:挑唆大贝勒、莽古尔泰贝勒与四贝勒不和,讲诋毁国政之话,并用谗挑唆其他小贝勒。为此,经诸贝勒商议,奏闻于汗。汗面讯验证其罪,令拟以罪。诸贝勒、众执法大臣拟将阿敦阿哥交八旗杖毙。汗曰:尔等所断,诚当也,吾非怜惜彼也。昔在萨尔浒时,曾有言:我等之手,勿杀犯罪之人,而囚之于高墙。今若背弃我等曾定不杀之议,将何以取信于国人耶! 可令监禁留之。乃以铁链系之,囚禁于牢中。

这里只说了"监禁留之",似乎是免了阿敦一死,但在一年零八个月以后的一次汗谕里,努尔哈赤又说道:扬古利有功,子孙世

---

① 《满文老档》太祖朝卷三三、四二、四八。

袭其一等总兵官世职,"若犯下似噶盖、阿敦等败坏政道之罪,则杀其身,倘因失犯罪,则犯死罪而不诛之,犯籍没财产之罪而不抄之"。[①] 从这段记载看,阿敦最后也是被斩首而死了。

尽管努尔哈赤、诸贝勒和众执法大臣给阿敦定了扰乱国政的大罪,但他有哪些具体罪行? 他为什么要使大、三、四贝勒不和?又使用了哪些手段? 仍是语焉不详,令人难以捉摸。幸好,阿敦不仅在后金国八旗官将中有很高的地位,并且声名远扬,明国和朝鲜也知其人,有所评述,提供了一些珍贵材料。

早在明万历四十七年(1619 年)兵部奏准"刊印榜文,晓谕中外"的《擒奴赏格》中,就有阿敦之名,是列在努尔哈赤的子侄之后。《赏格》说:"擒奴酋中军韦都、前锋阿堵、书记大汉、女婿火胡里"等人,"赏银七百两,升指挥金事世袭"。[②] 阿堵,就是阿敦,明帝颁行的《赏格》,称其为前锋,名列韦都(额亦都)之后,火胡里(何和礼)之前,可见其地位之高,作战之勇,确系威震辽东,名传内地。

朝鲜对阿敦的情况更为熟悉。天命六年八月,朝鲜满浦佥使郑忠信入使金国时,"深入虏穴,详探虏中事情"。郑忠信返回后向国王奏报阿敦之死的原因说:努尔哈赤曾向阿敦询问嗣子人选。阿敦回答说:"智勇双全,人皆称道者可"。意指皇太极。代善知道后,甚为不满。后阿敦又密告代善说:皇太极与莽古尔泰欲图谋害代善,"事机在迫"。代善向汗父报告,努尔哈赤询问皇太极与莽古尔泰,二人皆辩称并无此事。努尔哈赤生气,以阿敦"交构两

① 《满文老档》太祖朝卷五一。
② 《明神宗实录》内阁文库本,卷四七,转引自《明代满蒙史料·明实录抄》·《满洲篇》第四册,第 682 页。

间",遂将阿敦关于狱中,抄没其家。①

根据《满文老档》和朝鲜的资料,我们对阿敦下狱一案比较清楚了。看来,从九月初五日阿敦与巴笃礼之争及其革督堂职被处罚,以及这次的终身监禁或诛戮,都是出于同一原因,即阿敦参与了或卷入了大贝勒代善和四贝勒皇太极争夺汗位继承人的斗争,他偏向于皇太极,因而受到了制裁。这一点,在后面第五节《训斥爱子》中,可以得到印证。

第三节 大巴克什冤死

一、文臣之魁

这里所说的文臣之魁,讲的是额尔德尼。额尔德尼,姓纳喇氏,世居都英额,自幼聪睿敏捷,勤学诗书,通晓蒙文、满文和汉文,而且弓箭娴熟,机智善战,是一位文武双全的大巴克什。额尔德尼很早就投奔努尔哈赤麾下,建立了许多功勋,其中,最为人们称颂的是创制满文。

满族是以女真为核心、为主体,吸收汉蒙等族人员而形成发展起来的。女真族在金代曾参照汉字,创造了女真文,但是,到了元朝末年,懂女真文的人已经很少了,至明英宗正统年间,绝大多数女真人已不识女真文为何物。正统九年(1444 年)二月甲午,女真玄城卫指挥撒升哈等酋长奏称:"臣等四十卫,无识女直字者,乞自后敕文之奏,第用达达字。从之。"②达达字,就是蒙古文字,可

---

① 吴晗:《李朝实录史料》,第 3145 页。
② 《明英宗实录》卷一一三。

见,到了 15 世纪中叶,女真文已失传,必须借用蒙古文,女真各卫酋长与明朝政府的文移往来,公文都用蒙古文书写。这种情形一直延续下来,到努尔哈赤兴起以后,建州也是这样做的,所行公文和法令,都用蒙文。此即《满洲实录》卷三所载:"时满洲未有文字,文移往来,必须习蒙古书,译蒙古语通之。"女真人说女真话,可是没有文字,不懂金代创制的女真文,而必须借用蒙古文,太不方便了。语言和文字的矛盾,已经成为阻碍满族形成和发展的严重障碍,与建州的快速前进极不适应。

具有雄才大略的聪睿汗努尔哈赤,富有远见,及时地看出了这一问题的重要性,决定立即创制本民族的文字,于万历二十七年(1599 年),即起兵以后的第 16 年,命额尔德尼和噶盖,借用蒙古文,创制满文。额尔德尼与噶盖遵奉汗谕,共同研究和创制,不久,噶盖被诛。"额尔德尼遵上指授,独任拟制,奉上裁定颁行,国书传布自此始"。① 有的文献赞称,"(额尔德尼)创立满文,遍行国中,一切制诏章疏文移等体,不复用蒙古字。"②现存的《满文老档》,记事从万历三十五年开始(前面残缺),离其创制不到九年,可见其流行之快。

额尔德尼还是后金国早期法令的起草者和《满文老档》的重要撰写人。他的同事称赞说:"额尔德尼巴克什记录恭敬聪睿汗之一切善政。额尔德尼巴克什之勤勉、谨慎、记性、聪明,为人所难得。在这本书上呕尽心血,最初记载这些事情,确非易事。"③

额尔德尼积极宣传努尔哈赤承奉天命,应为国君,指责明帝昏庸谬误,必然失败。《满文老档》太祖朝卷六,记载了额尔德尼对

---

① 《清史列传》卷四。
② 《八旗满洲氏族通谱》卷九《额尔德尼传》。
③ 《满文老档》太祖朝卷四。

击败明辽东总兵官张承荫的评论。其文如下：

编纂法典作书之大臣额尔德尼巴克什曰：因尼堪国万历帝之谬误甚多，天地皆以为非而责之。在三处设营挖壕层层排列枪炮之一万明军，战中并未取胜，皆被攻破杀死……女真国英明汗善行甚多，天地佑吾……尼堪一万兵发射之大炮有一百，小炮一千，我等仅有身份低微之当差之二甲被那千百枪炮打死……确系天佑。

天命四年（1619 年）三月八旗军于萨尔浒大破明军后，额尔德尼又作了长篇评论。《满文老档》太祖朝卷九载述说：

编纂法典作书之额尔德尼巴克什曰：尼堪万历帝，从戊午年二月起，征兵备战，己未年十二月，二十七万兵，号称四十七万，四路出师，欲图攻破女真国英明汗所居之城，欲灭我国。彼不顾天意，自恃国大兵多人众，违天之意而出兵，谋害公正，恃强无理，图杀善人，此乃违背天意也。若非尼堪万历帝恶贯满盈，怎能仅仅三天，就全歼其二十七万大军。此是天以为大恶，故有此下场。因女真国英明汗公正善良之处甚多……故领兵之诸贝勒、大臣无一死亡，此亦天助也。

额尔德尼的聪睿博学，甚为努尔哈赤赞赏，成为他的心腹大臣，经常被派去传达重要指示。天命三年四月十五日攻下抚顺后，辽东总兵官张承荫来援，努尔哈赤遣额尔德尼前往大贝勒代善、四贝勒皇太极军营，口传汗谕。① 天命六年七月，因镇江军民起义，大贝勒代善、三贝勒莽古尔泰和督堂阿敦，奉谕率兵赶往金州。不久，额尔德尼从京城辽阳派往戍地，传达汗旨。②

---

① 《满文老档》太祖朝卷六。
② 《满文老档》太祖朝卷二五。

额尔德尼是女真国、后金国、金国的文臣之魁，重大典礼，均由他操办，努尔哈赤就任英明汗的大礼，就是由他主持的。当时，汗端坐于上，额尔德尼站在左侧，阿敦在右，八旗大臣奉上尊号文书时，是额尔德尼宣读的。[①] 他还经常作为迎宾大臣，代表金国出席。天命六年九月二十四日，朝鲜国王遣满浦金使郑忠信入使金国，努尔哈赤派"汗之三位女婿"乌尔古岱额驸、抚顺额驸、西屋里额驸、巴笃礼总兵官及额尔德尼往迎，在城外下马相见。[②]

额尔德尼还参与重大案件的审理。天命五年三月，小福金代音察控告大福金富察氏送饭与大贝勒、四贝勒吃，以及大福金深夜出院等事，努尔哈赤派遣调查的四位大臣中，就有额尔德尼，而且名列第二，仅在达尔汉虾阿哥之后。[③]

额尔德尼不仅是博学多识的文豪，还是驰骋疆场奋勇冲杀的战将。他在天命三年四月击败辽东总兵官张承荫的战斗中立了一功，后又在天命七年二月与达海一道，迫使明戚家堡投降，带回人400名和牛马驴110头。[④]

正由于额尔德尼早年来归，尽心竭力，创制满文，"传宣诏令，招纳降附"，"著有劳绩"，因而为汗宠信，赐号"巴克什"，初授参将，后升副将，成为誉满金国的大巴克什。后来天聪七年（1633年）天聪汗皇太极评论额尔德尼时，曾谕告文馆儒臣说："额尔德尼遵太祖指授，创造国书，乃一代杰出之人。"[⑤]

---

① 《满文老档》太祖朝卷五。
② 《满文老档》太祖朝卷二七。
③ 《满文老档》太祖朝卷一四。
④ 《满文老档》太祖朝卷三六；《清史列传》卷四《额尔德尼传》。
⑤ 《清史列传》卷四《额尔德尼传》。

二、含恨被斩

天命六年（1621年）三月，八旗军进驻辽沈，十月十九日，额尔德尼因功由参将升为副将。在这个国家扩展强盛和个人晋职双喜临门的形势下，额尔德尼的智慧、才干、学识和功勋，赢得了人们的信赖和尊敬，他万万也没有想到，风云即将变化，灾祸就要临头。

天命七年正月十三日，额尔德尼被自己辖领的牛录之人塔布兴阿首告。额尔德尼遂告豪格父贝勒说：是雅逊、乌纳格挑唆塔布兴阿首告我的。不可不令雅逊与乌纳格离开汗。雅逊、乌纳格听到以后，向汗报告。法司遂搜查额尔德尼家，"抄出汉官所馈之退毛整猪八头，以及鸡、雉、稻米、面等"，将汉人所送一切物品送到汗之衙门内后，又抄额尔德尼家，"尽没其绸缎、蟒缎、毛青布、翠蓝布、衣物和家产"。努尔哈赤一面说，"汗之近身之人，何可无此财物"？令将其财产尽行还与额尔德尼；同时又说，"汉官之馈，少受尚可，所受过多也"。将其治罪，革副将职，贬为闲人，"留下阿哈六对、马七匹、牛三头"，"其余人、马、牛皆没之，赏给阿巴泰阿哥"，其所管牛录，赐与蒙阿图。①

这件案子的处理，很不寻常。就事实而论，额尔德尼收受汉官的馈物，自然不对，但问题在于馈物的数量和送纳的情形。送来之物的数量和价值，是裁定此案性质的关键，送的东西很多，值价巨万，并且是受纳之人依仗权势，逼索财帛，自然是行贿纳贿的性质，可是，观看汉官所送之物，为首者是"退毛之整猪八头"。一头猪，值银几何，一二两银二三两银而已，八头猪不过值银一二十两，以

---

① 《满文老档》太祖朝卷三三。

下是鸡、雏、米、面，既未写明数量，且排在猪的后面，可见为数不多，至少超不过猪的价值，如果是两百只鸡或几十石米、几千斤面，老档定会一一列出，且排在猪的前面。并且，这些猪、鸡，还不是一个汉官送的，而是好些人。额尔德尼是文官之魁，是汗的近身之人，众汉官当然愿意与他拉上关系，从而送点礼品，这又何足为怪，连努尔哈赤也说"汉官之馈，少受尚可"。可见，额尔德尼所受之物，是汉官的小小馈赠，不是行贿纳贿，不是逼索财帛，完全属于当时的人情通例。这种情形，法司只需说上几句，对额尔德尼有所斥责，即可了结，根本值不得如此大惊小怪，立即将猪、鸡等物送到汗的衙门，并籍没额尔德尼之家。法司的这样做法，就是存心要将此案由小作大，将交际说成是贪污，是纳贿，大造声势，定成贪婪之罪，促使汗承认他们造成的事实，将额尔德尼置于死地，其用心之险恶，手段之卑鄙，令人胆寒，使人气愤。果然，努尔哈赤中了圈套，以其收物"过多"，而定其罪，革除额尔德尼副将职，取回牛录，籍没多余的人畜。对于一个长期效劳功勋卓著的"汗之近身之人"，声名远扬的大巴克什，如此处理，如此羞辱，是太过分了，太不应该了。这是一件不大不小的冤案和错案。

这个原告雅逊，何许人也？查查其经历，便可知晓，此人品质恶劣，名声不佳，既胆小怕死，临阵怯战，又惯于弄虚作假，捏造军功，讨官要职，而且还贪恋帛缎，违令私买。就在上述之事定案时，额尔德尼实在难以压下满腔的愤怒，冒险向汗控告雅逊偷买覆盖祭器的"蟒缎四匹、倭缎一匹"。努尔哈赤听后，十分生气，斥责雅逊说："原曾颁谕，督堂、总兵官以下，备御以上，各买一匹缎，汝若以钱随意购买绸缎、蟒缎，则他人焉能购买。"定为死罪，后念其"原本痴呆"，免死，革参将职，贬为闲人，留下人6对、马6匹、牛3

头,"其余的人、马、牛,尽皆没收"。[①]

额尔德尼被问罪革副将职以后,仍是巴克什,仍在汗身边,继续工作。天命七年正月十八日努尔哈赤统领大军亲征广宁时,额尔德尼随汗从征,并与达海一起,迫使戚家堡投降,又奉汗命,与阿巴泰返回辽阳,去迎接从蒙古古尔布什台吉处逃来的蒙古。[②]

尽管额尔德尼继续勤勤恳恳为汗效劳,但是仍然扭转不了厄运,一年半以后,便被冤枉杀害。《满文老档》太祖朝卷五十,载述此案经过如下:

天命八年五月初,额尔德尼的婢女告发主人收了朝鲜人送来的绢,把得获的东珠、珍珠与金子藏在井里,在辽东(即辽阳)没收家产时,主人到其妻弟之家隐藏东珠、珍珠和金。努尔哈赤传问额尔德尼有无此事,并谕告说,如有隐藏,交出后可免罪,设若隐藏,定了罪,就不能帮助了。

额尔德尼巴克什对曰:我岂能以金、珠为宝,自身为贱乎。蒙汗眷顾,献出即可免罪。今献出所藏之东珠,此乃雅逊之妻所赠。昔日雅逊之妻曾将此类东珠二十余颗送与哈达格格,(哈达格格)未受。我妻往雅逊家,正逢其开箱,倾倒容器。因我子有牙病,故乞索之,以研敷患处。所给之东珠、珍珠,系购于汉人王国臣者。经与王国臣核对,其珍珠多于王国臣所售之数。

因此,众督堂审问额尔德尼巴克什曰:若系雅逊夫妻所给之东珠,在辽东抄家时,雅逊家所有米、肉既已搜尽,如此之多之东珠为何未被抄出? 汝当时为何不声明此系雅逊之妻所给

---

① 《满文老档》太祖朝卷三三。
② 《满文老档》太祖朝卷三五。

之东珠？此类东珠雅逊家尚有二十余颗？汝藏匿东珠，为何卸罪于雅逊？为何在抄家时将东珠送藏他处？遂拟处额尔德尼巴克什夫妻死罪。又以为何窝藏额尔德尼巴克什送来之东珠、珍珠、金等物？婢女前来首告，尔额尔巴图、布尔哈图、布彦图等，为何与额尔德尼逐出包衣，闭门私议？当初已颁禁令，父有罪，子勿涉，兄有罪，弟勿涉，若涉之，则死罪同死，罚罪同罚。尔等何故涉之。遂告于汗。

汗怒，命杀额尔德尼夫妇。遂尽杀之。额尔科图鞭一百，刺耳鼻。布尔哈图、布彦图各鞭五十，刺其耳。

此案的审理和判决，完全错误，额尔德尼之死，纯属冤枉。按照《满文老档》的记载，众督堂断定，额尔德尼隐藏了东珠，拒不承认，进行诡辩，因此定为死罪，妻亦同斩，亲戚也要惩治，努尔哈赤依议而行。这个结论，太不公正，这个裁决，十分荒谬，它的根据，贫乏无力，漏洞百出。其一，所谓隐藏之过，本身就不能成立。天命七年正月，法司借口额尔德尼收纳汉官馈物，而抄没其家，将绸缎、蟒缎、布衣等财产送请汗看阅时，努尔哈赤曾明确宣布："汗之近身之人，何可无此财物！"命令退给原主。这就是说，督堂未经汗之允许，就擅自抄没额尔德尼之家，这籍没本身，就是错误的，就不该抄家。那么，额尔德尼因畏惧法司而藏存东珠，就没有错，他没有犯下应该抄家之罪，他的财产应该归他所有，是合法的，并且应当受到国法的保护，旁人不得侵占偷盗，他愿意放置客厅当中，可以，他愿藏于井中，也可以，他把它丢掉或砸碎，也可以，他有权自由支配，这怎能说是触犯国法，犯了大罪？

其二，退一万步讲，就算是"隐藏"，努尔哈赤讲了，只要额尔德尼承认，就不追究，就免其罪。额尔德尼害怕受罚，承认了是有东珠，但解释说这东珠不是得获的，而是从雅逊之妻处要来的。常言君无戏言,额尔德尼既然承认了曾将东珠放于井中,就应该算是遵谕而行了,就应免罪了,为什么又要在东珠的来源上大作文章?督堂开始追问的是隐藏之过,并未问东珠的来源,讲了就行了,为什么还要揪住不放?

其三,就算是"隐藏"有过,应当惩治,也不算是大罪,不应该重惩。金国历史上,出现过不少官将私拿、私藏俘获的行为,都没有按大罪、死罪惩治。比如,天命四年六月,八旗军攻下开原,掠取了巨量人畜财帛,许多官将趁机潜匿私藏,努尔哈赤下令清查,查出族弟卦勒察贝勒、第四子汤古岱贝勒、一等大臣众额真费英东、固山额真博尔锦、梅勒额真什拉巴虾、五牛录额真图勒伸"隐藏暗地私取之金、银、缎、蟒缎、毛牛角、毛青布、翠蓝布、貂皮、毛皮"。努尔哈赤虽然生气,狠狠地把他们训斥了一顿,但也未定罪,并未贬官革职,没有罚银监禁,更没有处以死刑,而仅仅是将"这些大臣盗取之财物"没收,分给那些"没有盗窃之公正之诸大臣"。①"盗取"之罪,尚且只是没收其财,那么,援照此例,额尔德尼最多是罚以交出"隐藏"之物,既可了结了,为什么要定为大罪,为什么要斩首诛戮?岂不是小题大作,太过分了!

其四,额尔德尼解释东珠是从雅逊之妻处要来的,雅逊之妻曾将此二十余颗东珠送与哈达格格,格格未收。这一解释,得到了哈达格格的证明。当额尔德尼被冤枉斩杀后,哈达格格出来证明确有其事,并说曾告诉诸贝勒。四贝勒皇太极、德格类贝勒、济尔哈朗贝勒和岳托贝勒,都知道此事。②

正因为额尔德尼未犯大过,此案纯属锻炼而成,额尔德尼死得

---

① 《满文老档》太祖朝卷十。
② 《满文老档》太祖朝卷五一、五四。

太冤,兼之其在金国朝野之中声望很高,因而他无辜冤死之后,反响异常强烈,尽皆为其惨遭陷害而鸣不平。努尔哈赤知道以后,不仅没有冷静思考,检查此案的处理是否恰当,理由是否充足,根据可靠与否,反而下达长篇汗谕,强辞夺理,巧言诡辩,恶语威胁,一意孤行,硬说额尔德尼犯了大罪,死有应得。天命八年五月初三日,努尔哈赤召集八旗贝勒、大臣,专门就额尔德尼案件大发议论,警告群臣。《满文老档》太祖朝卷五十一就此载述说:

初三日晨,汗召集诸贝勒、大臣曰:闻额尔德尼曾言,以忠效死。倘哈达格格将雅逊之妻曾馈送东珠二十余颗之事如实告诉诸贝勒,尔等诸贝勒亦确已闻知,则我是谬误也。获他国之人,亦当视为僚友而豢养之,则差遣如此众多之僚友,焉可轻易杀之。一枝箭,尚且惜之矣。额尔德尼岂能谓忠?昔大阿哥在时,额尔德尼、乌巴泰,尔等曾进谗言。攻克辽东城时,非尔一人之力,尔为何独取三十头猪之肉矣。我得一物,尚且平分共食矣。

哈达、叶赫之诸贝勒,皆不善养己之僚友,而诱其他贝勒之僚友,彼此授受财物,其政乱矣。有鉴于此,故当初训示曰:若贝勒有赏,则赏各该旗之人,诸申有求,则求各自之旗主贝勒,勿越旗赏赉,勿越旗索求,倘越旗赏赐、请求,则罪之。并由额尔德尼亲手书之。尔乃多铎阿哥所辖之人,为何越旗而索求于八旗诸贝勒耶?即使遇有诸贝勒倾囊给赏之时,无论如何,亦难为尔所遇。贝勒等有赏,为何不赏他人,惟独赐尔一人耶?于辽东时,一寻额尔德尼,即已去四贝勒巡察之处。复寻之,仍又去四贝勒巡察之处。往而不问,归而不告其所往,如此之举,不为挑唆,岂有他哉!

雅逊之妻馈尔哈达格格二十余颗东珠,尔岂非似我之心肝之子耶，为何不告于我？若格格告于诸贝勒，尔等诸贝勒为何未曾告我？此即尔等所谓之公正耶？

乌拉之哈斯瑚贝勒，有用斛盛置之东珠，然其卖于我等者，仅一、二颗。我等卖于汉人者，亦仅一、二颗。如此二十余颗东珠，不知雅逊系从何处得之？莫非雅逊有用斛盛置之东珠乎，抑或有用斗盛置之东珠乎？

尔等承审此案之大臣，当持公正之心。上有天，下有地，我等惟有尽力秉公审理，即使无能为力，亦只有秉公审理而已。哈达、叶赫、乌拉、辉发等国之众大臣，不持忠心，好谗贪婪，故国亡而彼等自身亦亡。上天注定，国各有臣。天佑忠正，君王得福，则臣等亦将得福。天谴邪恶，君王无福，则尔等亦无福矣。哈达、乌拉、叶赫、辉发之国已亡，今其国之臣安在，皆已为囹中之人矣。君毁则臣亡，君福则臣亦贵。望尔等诸大臣，皆以忠心为之。

这次汗谕，很不寻常，一系专为一人之事，汗召集诸贝勒、大臣训话；二是汗谕长达千字，又为《满文老档》全文载录，实为罕见；三是汗为己过辩解，力言此案定得正确，是额尔德尼之非，自己是对的，堂堂一国之汗，竟下降为此案之一方，与对方互相争辩，大损君威，这又是金国少见之事；四为诡辩不足，则加以恶言威胁，明明是一个臣仆之事，却大训群臣之不忠，以"君毁则臣亡，君福则臣亦贵"，来劝诱和胁迫八旗贝勒、大臣同意他对额尔德尼的斩杀籍没。这一切，正好表明了，努尔哈赤内心是不安的，明知有错，但又偏要文过饰非，一错到底，压服臣民。

不过，聪明反被聪明误，努尔哈赤万万没有想到，他的这次汗谕，不仅没有定死额尔德尼之过，说通和压服八旗贝勒、大臣、官将和兵士，反而事与愿违，提供了有利于额尔德尼、使自己过错暴露于天下的确凿可靠的根据。这次汗谕,让人们知道了,亲为皇女的格格,出面为额尔德尼作证,四大贝勒之一的皇太极,以及岳托、济尔哈朗、德格类三位"议政贝勒",也声明知道东珠之事,有力地证明了额尔德尼没有说谎,没有"隐藏",他是无辜的。并且这次汗谕还泄漏了天机,使人们明白了斩杀额尔德尼的真正原因,那就是额尔德尼常去"四贝勒巡察之地",使汗怀疑他们有私交,有密谋,卷入了诸贝勒争夺嗣位的斗争。因此,额尔德尼之死,并不是什么东珠之隐藏,而是最高统治集团权力之争的牺牲品。这在稍后所述《训斥爱子》中还可以进一步了解。

尽管金国汗努尔哈赤为错杀额尔德尼之事绞尽脑汁,极力辩解,严格控制,但它毕竟是一件错案,是个冤案,无论是谁,哪怕是威震天下的无敌君汗,也不能改变这一事实,不能长期掩盖此案的真相。就在额尔德尼屈死之后的第十年,天聪汗皇太极便正式给他平了反,高度评价他创制满文的丰功伟绩,赞其为"一代杰出之人,今也则亡"。[1] 顺治十一年,又追谥额尔德尼为"文成",其子萨哈连官至銮仪卫冠军使。一代文豪额尔德尼死后有知,也可聊以自慰了。

第四节　额驸督堂罢官

一、第一督堂

此处说的额驸督堂,指的是乌尔古岱,因其系哈达国主蒙格布禄贝勒之子,努尔哈赤之女莽古济格格之夫,官至督堂,还当过一

---

① 《清史列传》卷四《额尔德尼传》。

段时间的第一督堂,故人们或称其为额驸,或称其是哈达贝勒,或称为额驸督堂,以与其他督堂相区别。

乌尔古岱,姓纳喇氏,祖父名万,自称"万汗",明国称其为王台,是海西女真四部之一的哈达贝勒,曾称雄塞外,建州、乌拉、辉发、叶赫皆隶其下,为明帝封为左都督、右柱国、龙虎将军,后因年老昏庸,国政败坏,诸部尽叛,于万历十年(1582年)忧愤病故。其子蒙格布禄在兄长扈尔干死后,继为哈达国王,于万历二十七年被建州汗努尔哈赤吞并,不久被斩,努尔哈赤以女莽古济格格嫁与乌尔古岱,予以抚养。

乌尔古岱为岳父竭力效劳,披挂甲胄,驰骋疆场,对金国的扩展立下了功勋,天命六年(1621年)三月二十一日打下辽阳后,鞍山、海州等七十余城"官民俱削发降",但镇江民拒不剃头,杀了前往劝降的官员。五月初五日,努尔哈赤遣"女婿乌尔古岱副将、抚顺李永芳副将",领兵一千,前往查看,劝令归顺。乌尔古岱二人去后,杀拒降者,迫使镇江汉民剃发降顺,俘获拒降之人妻子,带回一千。汗命以尼堪300赏给督堂、总兵官以下,至游击职官员,以600俘获赐与出征兵士。[①]

天命七年正月,乌尔古岱带儿子额色德里参加了进取广宁的战争,额色德里在杏山附近坠马而死。努尔哈赤听到外孙去世消息后,悲哀痛哭,命费扬古贝勒和岳托贝勒带领数百旗兵,护送遗尸回辽阳。[②]

乌尔古岱还肩负调查军情处理汉民事务的责任。天命六年九月初六日,汤站堡守堡向上报告:"驻守军士扰害界内已降之国

① 《满文老档》太祖朝卷二一、二二。
② 《满文老档》太祖朝卷三四。

人,俘获万人,杀人之多,血染草地。"努尔哈赤"命督堂阿敦、副将乌尔古岱率五十人前往察视,若实为我界内之国人,悉令撤回"。①

由于乌尔古岱是汗的大福金富察氏所生莽古济格格之夫,尊称额驸,又曾经是海西女真哈达部之长,来归以后,为金国效劳立功,因此备受汗岳父的宠爱,很早就当上了副将,天命七年又升任督堂和总兵官。在七年六月初七日改革官制明确职责时,努尔哈赤下谕说:

> 委任总兵官达尔汉虾、总兵官巴笃礼、督堂乌尔古岱额驸、总兵官索海、副将阿泰、游击雅护、参将叶古德、参将康喀赖、游击南济兰、游击武善、备御瑚里、备御托克推、备御博博图、备御星嘉、备御魏和得、备御郎格等十六人,审断国人各种罪行。②

审断案子,一向是金国要事,努尔哈赤十分重视,亲自掌握。乌尔古岱能被授与审案之权,确系为汗重用。在这 16 位审案人中,有 4 位总兵官、1 位副将、3 位游击、2 位参将、6 位备御。很显然,参将、游击和备御是作具体工作的,实权归四位总兵官掌握,乌尔古岱不仅名列第三,仅次于达尔汉虾和巴笃礼总兵官之后,这本身已足以表明其地位之高和权力之大。并且,达尔汉虾已开始失宠,六年十一月革了督堂职,从一等总兵官降为三等总兵官,还被禁止"参议政事",七年六月十一日,就在此次委任审案以后的第五天,又因过再降为副将,巴笃礼也因同案降为参将,四个总兵官只剩下两位,乌尔古岱名列第一,他还是督堂,索海虽是总兵官,但既不是督堂,又系费英东之子,是乌尔古岱的晚辈,当然听乌尔古

① 《满文老档》太祖朝卷二六。
② 《满文老档》太祖朝卷四二。

岱的话。可见,此时乌尔古岱已是具体掌握审案大权的最高官将。

乌尔古岱还当了一段时间的第一督堂。进入辽沈以后,努尔哈赤任用亲信官将为"督堂",具体办理军政财经诸事。到天命七年六月,先后任督堂的有达尔汉虾、阿敦、阿巴泰、何和礼、汤古岱和乌尔古岱。最初是达尔汉虾名列第一,阿敦第二,天命六年九月阿敦被革职监禁,十一月达尔汉虾革去督堂,不久,乌尔古岱就代替达尔汉虾和阿敦,成为具体理国治政的首席督堂了。

天命八年二月初七日,努尔哈赤对官制又作了重要改革,八旗设督堂八人,称"八大臣"。《满文老档》太祖朝卷四十五载:

> 初七,任命八旗督堂八员,每旗审事官各二员,蒙古审事官人员,尼堪审事官八员,监视诸贝勒挂在脖子上之箴言者各四员。任命诸大臣之名字:督堂等级者是乌尔古岱、阿布泰舅、扬古利、多弼叔、卓里克图叔、叶赫之苏巴海、阿什达尔汉、贝托辉。

在这八位督堂中,乌尔古岱、扬古利、阿布泰舅是总兵官,卓里克图叔是副将,苏巴海、阿什达尔汉是参将,多弼叔、贝托辉是游击,很显然,三位总兵官的督堂是主持大政的。乌尔古岱不仅是总兵官,又是汗之亲女的额驸,还是名列第一的督堂,可见其地位之高、权势之大。

然而,乐极生悲,盛极而衰,4个月以后,这位曾经使人望而生畏的第一督堂乌尔古岱额驸,竟险些被处死,差一点人头落地,权势顿失,成为入辽以后轰动金国的第四大案。

二、罢官而亡

天命八年(1623年)六月,两名汉官向大贝勒代善告发乌尔古岱收纳贿银。复州的王炳备御上告说:先前,曾交哈兴望赤马1

匹、银50两,"馈送王督堂"。去年十二月,为筹督堂年礼,交汉人罗山沙银100两,令其购买蟒缎、珍珠。今年四月,又支银130两。十二月二十一日,交罗山沙纯金10两、上等妆缎1匹,由我亲率从人霍世勒送去。五月初三日,我王备御于我的上房北屋,交给罗山沙银350两,并告诉罗说:"沈阳、甜水站无官,尔以此银送王督堂,询之彼处可否赏给我?"吴善送佟额驸马1匹、蟒缎衣服1件。赵山奎说佟镇国银80两,送李代成金2两、银瓢1个、粗布20匹、细布2匹、棉花2包、黄马1匹,送毕志赛金10两、银瓢1个,送佟都司骒1头,送朱永成花马1匹。①

永宁监备御李殿魁向大贝勒代善上告说:天命七年八月十九日,"督堂取我李殿魁之金二十两,王游击知之"。十月初九日,"督堂乌尔古岱以狐肷皮袄一件,给银十两,由王游击取去。十二日,塔尔虎取青马八匹、驴一头、白马一匹,送督堂。十二月十五日,王游击取狼皮肷子一件,送与督堂。王游击带去铁匠一人,名马二,皮匠二人,名张九、李配,留在督堂处"。②

此案交众审事官及诸贝勒审理。乌尔古岱回答说:"所谓黄金,前李殿魁曾拿黄金十两,言系爱塔送来。送来后,我想,爱塔与我有仇,恐乃欲加诬告而诱惑之,遂出金以示四贝勒。四贝勒曰:诚是爱塔所送,又有何益?不如暂留此金,以待事发。此事德格类阿哥、济尔哈朗阿哥、岳托阿哥皆知。原金仍在。至于其他十两之金,则不知也。"李殿魁说:"一日之内,先送十两,后送十两,皆受之。塔尔虎知之。"塔尔虎回答说:先送之10两,"叔父受之",后送之10两,"叔父未曾受之"。乌尔古岱又说:我未曾受狐肷皮

① 《满文老档》太祖朝卷五四。
② 《满文老档》太祖朝卷五四。

祅,"此祅系由岳托阿哥给价取去"。"仅此而已,其他一概不知"。问塔尔虎。塔尔虎供称:"马系给价受之。狼皮肫子确曾送来,然嗣后又令拿回。"李殿魁说:"皮肫子即在尔家。"遂往观之,果有皮肫子。"经如此审讯,俱实"。①

众审事官断决说:

> 当阿敦阿哥获罪之时,尔乌尔古岱故充忠良,跪于汗前,令众大臣皆跪于后。尔曰:不惩杀此奸逆,乌尔古岱今后何以治国? 以示尔之忠心,然尔所报答汗者,实乃内藏祸心,外以巧言而取信也。尔乌尔古岱之罪,与额尔德尼巴克什之罪无异,以治彼之法治尔可也。

> 至于四贝勒、德格类阿哥、济尔哈朗阿哥、岳托阿哥,尔等皆知前额尔德尼东珠之事,其他贝勒为何不知? 后来此金之事,又系尔四贝勒知之,其他贝勒不知。

> 故拟参劾诸贝勒之罪,请汗审断,并拟乌尔古岱死罪。告于汗。②

> 汗曰:我曾令乌尔古岱招认之,为汉人财物之故,能将尔何如? 虽经再三训诫,彼均未招认。今此案皆已属实无误。然为汉人财物之故,即应治乌尔古岱以死罪乎? 著免此议,停审乌尔古岱,革其督堂之职,授予牛录备御之职……至于汉人所馈送之物,皆令其缴纳之。此案即如此了结之。汉人馈送乌尔古岱之金银,皆由四贝勒偿还。③

这个案件的出现及其审理和裁决,都不得不使人感到怀疑。首先,为什么复州复御王炳、永宁监备御李殿魁要告状? 须知,乌

---

① 《满文老档》太祖朝卷五四。
② 《满文老档》太祖朝卷五四。
③ 《满文老档》太祖朝卷五四。

尔古岱是英明汗爱如心肝之皇女的丈夫，尊称额驸，贵为第一督堂和总兵官，还曾是海西女真四部之一的哈达部国主，哈达部归并入女真国、后金国以后，许多原哈达部的人员当上了备御、游击、参将和副将，甚至还有任至总兵官者，对其故主不能说没有一点点的怀念和尊敬之情，对于这样后台粗、权势大的金国第一的高级将官，小小的汉人备御，怎能有此熊心豹胆，敢在太岁头上动土，对其控告？难道他俩不怕告不准，被对方打击报复？并且，王炳、李殿魁的"告状"，实际也是告自己，告自己是如何想方设法孝敬督堂，献送贡物，博其欢心，以图升官晋职。他二人怎能不知道这样做的危险下场？金国汗多次训谕降金汉官，要他们尽革前明陋习，不要馈送上官礼物科索民财，违者将被严惩。[①] 这次王炳、李殿魁讲了行贿之事，王炳还交代了希望得到沈阳、甜水站的官职，这样做是违法的，是要被汗惩办的，他俩怎会明知有险，偏要告状，自找麻烦，自投罗网呢？这两个人如此行动，究竟是为了什么？有无"能人"、"贵人"在后主使驱策？

其次，此案的审理，也很奇怪。首告人王炳、李殿魁坚持是送了贿银贿物，被告乌尔古岱却一律否认，力言并无其事，且举出四位贝勒作为证人。可是，众审事官绝不相信乌尔古岱的辩解，竟硬性断定受贿是实。这个结论，根据不足，难以成立，但偏偏就成了定论。

再次，此案的结局，也不平常。众审事官将这不可靠的结论，当作铁证如山的定论，并据此延伸，把收纳汉官银物数量不多的一般贪污，比拟为阿敦之败政乱国十恶不赦的大罪，要将乌尔古岱定成额尔德尼一样的"奸臣"，同样惩治，判处乌尔古岱死刑。努尔

---

① 《满文老档》太祖朝卷二四。

哈赤认为定的太重，不能因为乌尔古岱收受汉官财物而将其斩杀，改为免死，革督堂职，从总兵官降为备御。可是，汉人送与乌尔古岱的金银，由四贝勒偿还。为什么众审事官要无限上纲，将乌尔古岱与额尔德尼相提并论，定为大奸，严酷斩杀？为什么努尔哈赤只讲乌尔古岱不应收纳汉人财物，只字不提审事官加在督堂身上的大罪而免死，从轻发落？看来，努尔哈赤很可能知道这是怪案，内中蹊跷，耐人寻味，众审事官是醉翁之意不在酒，因此，努尔哈赤不重惩乌尔古岱，而严厉斥责四贝勒皇太极（详见下述）。

尽管乌尔古岱未被处死，但给他定上了贪财之罪，革了督堂，从总兵官降为备御，失去了权势，成为诸贝勒之间权力斗争的牺牲品。一个曾经为金国的建立、扩展奔走效劳的大额驸、大督堂、大总兵官，竟落得如此下场，确实令人寒心，使人伤感。满腔愤怒、忧虑不平的乌尔古岱，忧伤成疾，不久就离开了人间，其妻莽古济格格另嫁他人，曾为"东夷之长"的哈达名酋"万汗"，其子孙就这样没落下去了。

第五节　训斥爱子

一、案中有案

这里说的"爱子"，是金国英明汗努尔哈赤第八子皇太极，明国和朝鲜称其为洪太主、红歹是、弘太时、黑还勃烈、黄太住，因其位居四大贝勒之末，故常称其为四贝勒。

皇太极在金国是一位很有影响的大人物。其母亲纳喇氏就是一位很不平凡的女人。纳喇氏是叶赫部长扬吉努（仰加奴）之女。努尔哈赤起兵不久，到叶赫。当时叶赫势力很大，兵强马壮。扬吉努见努尔哈赤"相貌非常",愿以小女纳喇氏相许。这时努尔哈赤人少兵寡,很愿攀上强部大酋,急不可待,遂说:"若缔姻,吾愿聘汝长女。"杨吉努说:"我非惜长女不与,恐不可君意。小女容貌奇异,或者称佳偶耳。"努尔哈赤便聘其小女。扬吉努去世后,其子纳林布禄贝勒于万历十六年(1588年)九月,亲送14岁的妹妹纳喇氏来,与努尔哈赤成婚,4年后生下皇太极。[①] 此时努尔哈赤的大福金是富察氏。纳喇氏虽不是大福金,但系强部叶赫部长的格格,又"庄敬聪慧",故甚为夫君宠爱。皇太极之母既是汗之爱妻,本人又聪睿英勇,文武双全,因此深受汗父宠爱,初授贝勒,后列四大贝勒之位。

也许正因为皇太极有权有势,威望激增,这给他也带来了不少麻烦。自本章第一节《虾阿哥革职》起,中经阿敦督堂的监禁、额尔德尼的冤死,直到乌尔古岱督堂罢官,每个案子都涉及四贝勒皇太极,并且前述四案,都使人感到迷惑不解,都是疑案、冤案和错案。究竟事实真相如何,有无内在联系,症结在何处,难以捉摸。看来还得先从前述案子中涉及四贝勒上着手。

在进入辽东以后第一个大案——惩治虾阿哥的案子里,曾追述扈尔汉在天命五年(1620年)九月议处大贝勒代善时的表现。努尔哈赤因扈尔汉等一言不发,十分生气地对诸贝勒大臣说:"如若以我言舛谬,则尔等皇太极、阿敏台吉、达尔汉虾等须立誓","若不发誓,为何仍坐在(大)阿哥那边,徒事敷衍,快离开(彼处)吧。""言后,皇太极、阿敏台吉、达尔汉虾彼等三位起立,移到汗这边来"。这时,努尔哈赤因为皇太极三人没有明确表态支持汗父,对他们有些不满了,幸好,这三位赶快离开代善,移到汗父这边,从

---

① 《满洲实录》卷二;《清史稿》卷二一四《后妃传》。

而了结了汗父的疑虑和埋怨。这是涉及到四贝勒的第一个案中有案。

在处理第二大案阿敦的监禁时，又把四贝勒拉扯了进来，阿敦暗示应立皇太极为嗣子，阿敦挑唆大、三、四贝勒之间不和。虽然此案以监禁阿敦而结案，但人们不禁要问，阿敦为何要推举四贝勒？他是否受四贝勒支使？他为什么要挑唆诸贝勒不和？这与四贝勒有无关系？这又是案中有案，又没有查明审断。

第三案额尔德尼的隐藏东珠，不仅额尔德尼供称，东珠之事，四贝勒皇太极、德格类阿哥、济尔哈朗阿哥、岳托阿哥知道，而且努尔哈赤还引申出对额尔德尼常去"四贝勒巡察之地"的斥责，并提高到不许越旗求索和赏赐的禁令，差一点就把四贝勒皇太极提出来当被告审了。这件案子之中的大案快要显现于水面。

第四个案子之中的大案就更明显了。本来是审讯乌尔古岱督堂有没有收受汉官的贿银，乌尔古岱辩称没有，举出四贝勒作证，那么审事官问问四贝勒是否知道此事就行了，为什么又要牵扯出更多的问题，并且还要给四贝勒等人定罪？显然，四贝勒皇太极才是审事官们要清查和审理的主要对象，乌尔古岱不过是一个引子而已，他的案子之中藏着四贝勒是否犯罪的大案。

要想查明自扈尔汉，经阿敦，转额尔德尼，直到乌尔古岱这四个大案的真相，以及这四个案子之间的关系和案中之案，本来是难以办到的，因为《武皇帝实录》等三种太祖实录，以及《国史列传》等文献，都未记述此事，都有意地隐瞒了。没有真实的资料，就无法进行科学分析，查明真相，得出正确的结论。幸好，《满文老档》对这些案子有些记述，其中还讲到四贝勒皇太极的一些事，尤其是在审理乌尔古岱时，审事官和金国汗都讲到皇太极，这些材料就为我们提供了解开上述疑案的钥匙，并可借此弄清进入辽东以后这几年金国统治集团内部斗争的真实情形。这在稍后的训斥四贝勒,以及对其罚银夺丁的处治上,看得十分清楚。

二、罚银夺丁

天命八年(1623 年)六月初九日,奉命审理乌尔古岱额驸、督堂收贿案的众理事官,在断定额驸收贿是实,并指责其对汗不忠以后,又冲着四贝勒皇太极、德格类、济尔哈朗和岳托四位贝勒质问和裁断说:

> 四贝勒、德格类阿哥、济尔哈朗阿哥、岳托阿哥,先前额尔德尼东珠之事,惟尔等知也,其他贝勒何故不知? 又,后来此金之事,亦同为尔等四位贝勒知之,其他贝勒不知。故拟参劾诸贝勒之罪,请汗审断。并拟乌尔古岱以死罪。告于汗。①

努尔哈赤听后,十分生气,对皇太极痛加训斥说:

> 尔若贤良,则凡事须秉公正从宽处之。于兄弟之间,皆须平等以待,相互敬爱。独以尔身为诚,凌越他人,置众兄于不顾,尔欲为汗乎? 集会于衙门,分离之时,尔若送诸兄,则众兄之子、弟必回报于尔,送尔至家,此方合乎礼仪耳。尔不送众兄,而众兄之子、弟送尔,尔何故默然受之? 此岂尔之贤明者乎。德格类、济尔哈朗、岳托,尔等何故置各自父兄不顾而僭越而行,尔等如斯僭越而行者,除进谗言致恶外,又有何益。四贝勒,吾以尔乃为父我之爱妻所生惟一后嗣而不胜眷爱矣,尔之贤明何在? 何其愚也。②

努尔哈赤说完后,乃悲之。为了结此案,他宣布:"汉人馈送

---

① 《满文老档》太祖朝卷五四。
② 《满文老档》太祖朝卷五四。

乌尔古岱之金银，皆由四贝勒偿还。罚取德格类一牛录之诸申，取济尔哈朗二牛录之诸申，取岳托一牛录之诸申，以抵罪。此案如此了结。言毕遣之。"①

根据汗谕，法司取德格类阿哥的额克兴额牛录，赏与多铎阿哥。收济尔哈朗阿哥的胡什屯牛录，给与其弟费扬古，取其索索里牛录，给与其兄阿敏。取皇太极的栋鄂额驸之四个牛录，给与大贝勒代善，"以汗之旗之索海、伊苏之牛录，给与四贝勒"，"取四贝勒金十两、银三百两存库"。②

从努尔哈赤对皇太极的训诫，以及对乌尔古岱案子的处理，我们发现了四个十分有趣但又相当奥妙令人费解的奇怪问题，解开此中之谜，也许就找到了三年来政局变化的症结所在。第一个问题是，皇太极为何如此骄傲？从汗父的训谕看，皇太极的傲气，已经达到无以复加的地步，既"不送诸兄"，又对诸兄之子，对下面的几个弟弟的"恭送"，"默然受之"，毫不谦让，似乎是理所当然，并且"独以己身为诚，凌越他人"，简直是到了天马行空，独往独来，蔑视一切人的程度。须知，诸兄、诸弟、诸侄并不是无名小卒等闲之辈。以"诸兄"来说，大贝勒代善位居四大贝勒之首，第一位中宫大福金之子，正红、镶红二旗的旗主贝勒，还曾在相当长的时间里当过太子，虽因有过被革，但仍是大贝勒、旗主贝勒，军国大政，皆系由他领头，助汗父处理。二贝勒阿敏，是镶蓝旗旗主，多次统军出征，军功累累，且秉性狂傲，气量狭小，他是容不得人的，更受不得委曲和羞辱。三贝勒莽古尔泰，主正蓝旗，粗野鲁莽，胆大敢说，天命五年九月，只有他一个人敢站出来附和汗父，指责太子的

① 《满文老档》太祖朝卷五四。
② 《满文老档》太祖朝卷五四、五九。

错误,这也是一个不好惹的人。至于诸弟,有三位弟弟也是高贵之人。十二弟阿济格、十四弟多尔衮、十五弟多铎,是现在汗的大福金阿巴亥所生的汗之爱子,阿济格和多铎皆已是一旗之主,多尔衮也被汗父指定要掌管一旗之旗主,从旗主的资格看,这三位弟弟,至少是阿济格和多铎的身份,与皇太极完全相同。皇太极虽然也是旗主贝勒,辖治正白旗,又是四大贝勒之一,但是,他的母亲纳喇氏只是汗之爱妃,是侧福金,并非中宫大福金,皇太极也就只能是汗之庶子,在这一点上,他既不能和代善、莽古尔泰、德格类这三位分别是过去的第一位大福金佟佳氏、第二位大福金富察氏所生的嫡子相比,也不能和阿济格三兄弟相提并论。嫡庶有别,皇太极比上述两位兄长四位弟弟差了一大截。那么,为什么皇太极不按祖制家法恭送兄长礼遇弟弟? 是没有教养,没有礼貌,本性狂妄,还是其他什么原因。固然,有才之人,往往也是自视甚高比较骄傲的人,皇太极聪睿机智,博览群书,才干出众,武艺超群,军功累累,确实是一个文武双全的能人,在十六位皇子和几十位皇侄皇孙中,够得上是出类拔萃名列第一的贝勒,因而他也是相当高傲的。但是,为什么他的"傲病"过去没有充分暴露,没有记入《满文老档》? 为什么天命五年九月汗父训斥代善时,他不敢出来说话,他也和阿敏一样观望形势,"畏惧兄嫂",不敢公开反对代善得罪兄长? 既然"畏惧"代善,自然要对其恭敬有加,不敢在代善面前失礼了。为什么那时对代善尊重有礼,现在却不"恭送兄长"? 很显然,这是势力大小的问题,性格只是附属因素,起决定性作用的是实力,势大,则颐指气使,不可一世,万人敬畏;力弱,则低声下气,屈居末位,受人冷落。皇太极此时的如此骄傲,是与四年来金国政局的大变化分不开的。

天命五年三月休大福金,九月废太子,使八旗贝勒之间的势力对比布局,发生了重大变化。大贝勒代善丢掉太子宝座后,斩杀爱妻,苦苦哀求汗父宽恕,发誓要痛改前非,才得到汗父怜悯,保住了大贝勒、旗主贝勒的头衔,免遭籍没之灾,但因此也出尽了丑,威望大减。二贝勒阿敏,不能善待弟弟斋桑古,并听信谗言,恳求汗伯父批准自己的要求,要诛杀弟弟,遭到汗伯父拒绝,斋桑古不会忘掉此仇此险,八旗贝勒、大臣对阿敏自然会有非议,其政治上的损失也不小。三贝勒莽古尔泰因生母被加上暧昧之罪、盗窃之罪,为父休离,而弑亲母,天理难容,众口同诛,臭名远扬。这三位大贝勒都很难有立为嗣子继承汗位的可能,二贝勒阿敏更因其系汗之侄子而毫无希望,三人的威望、势力都大大下降。四大贝勒之中,只有四贝勒皇太极在此案中未受牵连,且因其不吃大福金送来的食物,而增加了汗父对他的好感,可以算是唯一的受益人,势力、声望相应地大大增强和提高了。

皇太极充分利用了这个有利形势,尽力扩大势力,博取汗父欢心。他本来就是智勇双全之人,再加上谋登汗位的动力,便更加发挥个人才智,在克沈阳、下辽阳、取广宁等等重大战争中,挥军猛攻,大败敌兵,立下殊勋。进入辽沈以后,他又带兵四处奔走,镇压反金武装,为巩固金国的统治作出了贡献,因此努尔哈赤对他越发器重和喜爱。

此时努尔哈赤的大福金乌拉那拉氏阿巴亥,是原来的乌拉国主满泰贝勒之女,"饶丰姿",机警聪明,甚为夫君喜爱,生下阿济格、多尔衮、多铎三个儿子,汗父都喜欢他们。但是三个贝勒都小,此时阿济格 18 岁,多尔衮 11 岁,多铎 9 岁。努尔哈赤已是 65 岁的白发老翁,时间不多了,很难将幼小孩子教养成人,继承汗位。

若从爱妻娇子考虑,当然应立乌拉那拉氏阿巴亥所生之子,如从金国的巩固、扩展看,则应择贤册立年岁更长之子,两种想法,各有利弊,努尔哈赤一时决定不下来,但更倾向于让皇太极继位。后来,在天命七年三月初三日,努尔哈赤宣布今后实行八和硕贝勒共治国政。这个制度对皇太极是十分有利的。只要努尔哈赤逝世归天,八贝勒集议任置贤者为汗,被汗父"不胜眷爱"的皇太极,极有可能被推立为君。汗父之倾向,八贝勒任置新汗的规定,官场之人多能领会其中含义,故皇太极心领神会,诸贝勒、大臣心照不宣,因而四贝勒才能如此骄傲,不恭送诸兄,安然坐受弟侄的恭送,诸贝勒也对他畏惧三分。这才是皇太极傲视诸兄、贱视弟侄的主要因素。

第二个问题是,德格类、济尔哈朗、岳托三位贝勒与皇太极是什么样的关系。审案者反复讲到这四位贝勒一致行动,额尔德尼隐藏东珠的事,又有皇太极、德格类、济尔哈朗、岳托这四位贝勒知道,复州备御王炳送乌尔古岱 10 两黄金的事,也只有这四位贝勒知道。审案者质问说,为什么只有你们知道,其他贝勒不知道?以此为罪,报汗惩处。努尔哈赤也谴责了这些行为,指出,先前额尔德尼违背国制,经常私寻皇太极,"进谗言"。德格类、济尔哈朗、岳抚撇开"各自之父兄,僭越行事","是谗言交恶"。这些事实表明,皇太极与济尔哈朗、岳托、德格类三位贝勒,以及额尔德尼、巴克什之间关系十分密切。德格类是正蓝旗贝勒,济尔哈朗是镶蓝旗贝勒,岳托是镶红旗贝勒,额尔德尼隶正黄旗,皇太极此时是正白旗旗主,五人分属五旗,按国制,是不能私下交往的。当时是旗主制,旗主贝勒与旗下人员,包括固山额真、梅勒额真等高级官将在内,都隶属于旗主,与旗主有君臣之义。人臣无私交,本旗人员是不能和其他旗的旗主贝勒私下往来密谋议事的。本旗的贝勒,即一般称之为小贝勒的贝勒们,也不能越过本旗旗主贝勒,与另外旗的旗主贝勒私下交往。这些禁令,德格类等三位贝勒不会不知道,额尔德尼更加清楚,因为这些禁令就是由他亲手书写的,为什么他们要明知故犯?看了上述金国四年来八旗贝勒之间势力的消长,以及皇太极极有可能继位为汗的情形,便一目了然了。这就是,皇太极有意网罗人员,结成一个集团,争夺汗位继承权,以便在汗父去世以后,继位为君。而岳托等人,则由于个人私利,情愿为四贝勒效劳。皇太极的聪明才智,赫赫战功,以及天命五年九月以后更加蒙受汗父宠爱,济尔哈朗等人非常了解,额尔德尼系汗心腹大臣,尤为清楚。德格类因生母被休而地位下降,岳托为父亲大贝勒代善冷落,济尔哈朗系努尔哈赤之侄,一向就是善观形势,决定行止,曾经博得汗的欢心,当过固山额真,进入了后金国"十部之执政诸贝勒"行列,但天命五年九月因调换牛录时,遭汗伯父斥责,关系略有疏远,他自然愿意为未来的新汗尽力效劳。双方各有所想,利益一致,因而联在一起,形成了以皇太极为首的图谋争夺汗位继承人的小集团。

第三,诸贝勒心怀不满,乘机暗算,打击报复。皇太极的高傲及其与德格类、济尔哈朗、岳托等人的密切联系,引起其他贝勒严重不满,一直在寻找机会,伺机而动。天命六年九月的幽禁督堂阿敦,便包含有阿敦建议立皇太极为太子、挑唆四贝勒与大贝勒关系的因素。天命八年五月斩杀额尔德尼,努尔哈赤已明确表示了对其与皇太极交结的不满,以此作为额尔德尼不忠应该斩杀的一项罪状。一个月以后的审讯乌尔古岱额驸,更是诸贝勒对皇太极集团的大举进攻。

这次,本来是审理所谓的乌尔古岱督堂收纳汉官馈物的案子,在复州备御王炳、永宁监备御李殿魁供述的一二十次送礼中,牵涉到皇太极、德格类、济尔哈朗、岳托的,只有一次,即李殿魁送十两黄金给乌尔古岱,并且乌尔古岱辩解说,他怀疑李殿魁是施用诡计,有意陷害,先送金,后告发,故将此金请四贝勒看,四贝勒同意这个看法,叫"暂藏此金,出事后令观之"。就此而论,乌尔古岱不是逼索银财收受贿物,四贝勒也没有什么错误。四贝勒皇太极是处理军国要务的四大贝勒之一,也很可能是这个月的"直月贝勒",他当然有权也有责任过问此事,德格类、济尔哈朗、岳托是"议政贝勒",也有权了解此事,他们都没有错。可是,审案的众审事官和诸贝勒却紧紧抓住这唯一的"牵连",大作文章,断定四位贝勒有罪,并且重翻历史旧账,把额尔德尼隐藏东珠的事也一股脑儿端出来,用以说明皇太极等人互相勾结,进行谴责,最后还裁定四位贝勒犯了罪,拟议惩治,请汗裁定。实际上这是造成既成事实,对汗施加影响,促使汗处罚皇太极小集团。

审案的诸贝勒抓住了这几年未遇的良机,揣摸透了汗父和汗伯父的心思,知道汗最忌讳也最恨个别贝勒结党营私谋夺嗣位,所以他们将皇太极等四个贝勒往结党上定,往谋夺嗣位者上定,并且突出皇太极是为首之人,是核心之人。不仅这样,他们还将皇太极等四位贝勒的过失和处罚,与额尔德尼、乌尔古岱之罪联系在一起来讲,既然额尔德尼因为对汗不忠(其实没有此事)而被斩杀抄家,乌尔古岱也要同样处治,拟以死刑,这样皇太极的罪就很大了,处罚就不能轻,也应同乌尔古岱、额尔德尼一样用刑。这显然包含了要努尔哈赤从重惩罚皇太极等四位贝勒的意思。

第四,痛斥四贝勒,定罪罚银,没收牛录。努尔哈赤在审案诸贝勒和众审事官的诱导和影响下,十分生气。他虽然没有依照审案人的暗示,革除皇太极的大贝勒和旗主贝勒,但处分还是不轻的,既让四贝勒代乌尔古岱纳银退赃,又没收其两个牛录,对德格类、济尔哈朗、岳托也严厉训斥,没收牛录。更使皇太极难受的是,汗父狠狠地骂了他一顿,斥责他狂妄无礼,谴责他与德格类等人相勾结,特别是汗父辱骂他是"何其愚也",明确指出他"欲为汗乎"?这对皇太极争夺嗣位的活动,是一个十分沉重的打击。

经过三年多的明争暗斗,现在总算有了一个结局了,这就是皇太极的势力有所削弱,地位有所下降,四位大贝勒,以及德格类、济尔哈朗、岳托、硕托、斋桑古五位小贝勒,都在政治上遭到不同程度的打击,没有哪一位贝勒的势力强大到无人抗衡的程度,没有哪一位贝勒的地位和威望远远超出其他贝勒,成为众望所归的嗣位者。这样一来,金国汗努尔哈赤宣布的八和硕贝勒共治国政的制度,才能得以贯彻执行。

第九章 "共治国政"

第一节 出现之因

一、旗主权大

这里讲的"共治国政",是"八和硕贝勒共治国政"的简写,有时又称为八贝勒共治国政。这是金国一段时间的政治制度。天命七年(1622年)三月,金国汗努尔哈赤宣布今后要实行八贝勒共治国政制。天命十一年八月十一日努尔哈赤病逝,诸贝勒遵照先汗"共议国政"的汗谕,集议任置四贝勒皇太极为金汗,金国正式进入了八和硕共治国政的新阶段。

"共治国政"制的产生,是与八旗制度下和硕贝勒的强大权势密切相关的。

和硕贝勒,是满文 hošo i beile 的音译,hošo,意为"方"、"角",按满文直译,hošo i beile(和硕贝勒)应译为"一方之贝勒",即一方之主。《满文老档》有时又将和硕贝勒称为"固山贝勒"、"旗主贝勒"或"主旗贝勒",即一旗之主,简称旗主。

从天命元年之前的一年确立八旗制度起,到顺治元年(1644年)清军入关以前,先后当过和硕贝勒(旗主贝勒)的有:大贝勒代善、二贝勒阿敏、三贝勒莽古尔泰、四贝勒皇太极等四位大贝勒,还有阿济格、多尔衮、多铎、岳托、杜度、萨哈廉、德格类、济尔哈朗和豪格。努尔哈赤的长子褚英，曾领有部众五千户，每户按二丁计，当有一万丁，也应是旗主，但褚英早已去世，其部众可能由其子杜度辖领。

天命年间（1616—1626年），八旗各有旗主，正黄、镶黄二旗长期由英明汗努尔哈赤自领，晚年令大福金阿巴亥所生的阿济格、多铎为两黄旗的旗主。正白旗的旗主是皇太极，正蓝旗旗主莽古尔泰，镶蓝旗旗主阿敏，正红旗、镶红旗旗主是代善。杜度曾为镶白旗旗主，后来努尔哈赤想将此旗给与大福金阿巴亥所生的另一个儿子多尔衮，但还未改赐便已逝世，新汗皇太极乘机夺过了这个旗。

努尔哈赤创立的八旗制度，使各旗的和硕贝勒拥有很大的权力，分别成为本旗的所有者和军事统帅，是本旗之主，与旗下人员之间的关系是君臣关系、君民关系，在某种意义上说，还带有主奴关系的色彩。旗下官将兵丁都得听从和硕贝勒的调遣，都须服从旗主的命令。就连旗主贝勒的儿子、侄子、弟弟等小贝勒，也不能独立成旗，都必须附于本旗旗主贝勒的旗下，都得遵从旗主的命令，前述岳托贝勒、硕托贝勒、斋桑古贝勒分别与其父（代善）、其兄（阿敏）的关系，就是很能说明问题的例证。八和硕贝勒拥有这样大的权力，是"共治国政"制产生的一个重要条件。

二、太子难寻

另一方面，选择汗位继承人的困难，也对共治国政制的出现产生了重大影响。努尔哈赤从一个人丁几十的小部酋长之子，在父、祖被杀，亲族变心，部众离散，仇敌威逼，险遭灭门之祸的恶劣形势下，英勇不屈，拼死奋斗，多次鏖战，历经千辛万苦，才网罗了一批能人战将，打下了千里江山，建立起强大的金国，登上了"覆育列国英明汗"的宝座。创业之艰苦,他深有所感,因而很早就想选择一位理想的嗣子,亲手教导,亲眼督察。让其迅速成长,理好国政,使爱新觉罗江山世代延续。早在52岁时便选定长子褚英为嗣子,让其执政,受到锻炼。但褚英虐待"四弟"和五大臣,且对汗父不满,致被监禁处死。努尔哈赤又立代善为太子,让其主持具体政务,可是,代善也不争气,犯下严重错误,致被汗父所废。

努尔哈赤一共有16个儿子,除褚英已死,代善被取消太子之位以外,还有14个儿子,其中,皇五子莽古尔泰、八子皇太极、七子阿巴泰、十子德格类、十二子阿济格、十四子多尔衮、十五子多铎,这些皇子都是能征善战之人,皇太极、阿巴泰、多尔衮、多铎更是才干出众、能文能武之材,都有能力被立为嗣子。但是,皇太极虽然已是四大贝勒之一,且是在天命五年废太子、休大福金风波中唯一未受牵连的大贝勒,才干又高,军功累累,甚孚众望,可是他毕竟不是中宫大福金所生的嫡子,其母又已去世多年,有此缺陷,难免会受诸贝勒尤其是先后三位大福金所生的六位嫡子贝勒之非议。莽古尔泰的生母被休,他又犯下弑母大罪,与其亲弟德格类皆无资格入选嗣子。阿巴泰的母亲是汗之侧妃,地位不高,连旗主都未当上,自然也不可能立为嗣子。此时汗之爱妻是第三位大福金阿巴亥,她很想让自己的儿子阿济格、多尔衮、多铎有一位能继位为汗,可是儿子太小,阿济格17岁,多尔衮10岁,多铎才8岁,立为嗣子,实在困难,担负不起63岁汗父去世以后掌管金国的重任。

总起来说,正是由于八旗制度下和硕贝勒拥有强大势力,诸贝勒之间矛盾重重,彼此互不相下,以及无法选定合适的嗣子,曾经两次册立太子的努尔哈赤,才放弃预立嗣子的想法,改而决定实行新的皇位继承制度,宣布在他去世以后,新汗由八贝勒集议任置,不再沿袭自己国主独尊的旧制,实行八和硕贝勒共治国政制度。

第二节 "共治"内容

一、己亥汗谕

在金国英明汗努尔哈赤正式宣布今后实行"共治国政"制以前的 21 个月,即天命五年(1620 年)九月二十八日,出现了一份宣布实行立八和硕额真的誓书。

《旧满洲档·昃字档》载:九月二十八日,努尔哈赤在大贝勒代善手刃其妻,承认过错以后,宽恕了代善,并调解其与莽古尔泰的关系,令代善与其他贝勒立誓和好。代善誓称要痛改前非。"八和硕贝勒、众大臣亦立誓书,对天焚化"。这份誓书,包含了八和硕贝勒共治国政制的一段特别重要的话。誓书说:

> 今日汝之过恶,被汗父知晓,非徒信一人之词……此后立阿敏台吉、莽古尔泰台吉、皇太极、德格类、岳托、济尔哈朗、阿济格阿哥、多铎多尔衮为八和硕额真。为汗之人受取八旗人众之给与,食其贡献。政务上,汗不得恣意横行。汗承天命执政。任何一位和硕额真,若欲为恶,扰乱政务,其余七位和硕额真集会议之,该辱则辱之,该杀则杀之。生活道德谨严为政勤奋公正之人,即使主国之汗出于一己私怨,欲罢黜贬降,其他七旗之人对汗可以不让步。[①]

这份誓书虽然是"八和硕贝勒、众大臣"所立,但显然是得到努尔哈赤同意的,或者说得更准确一些,它就是按照英明汗的指示

---

① 本书此处所用的《旧满洲档·昃字档》,系摘录于日本冈田英弘教授的《清太宗继位考实》一文。

书写的。这份誓书，十分重要，揭示了以往人们不知道的好些重大问题。比如，它第一次标明了"八和硕贝勒"、"和硕额真"，这两个词，最早见于此。它还具体地列举了八和硕额真的名字，顺序是：阿敏、莽古尔泰、皇太极、德格类、岳托、济尔哈朗、阿济格、多铎、多尔衮。名为"八和硕额真"，而有九人，因为多铎、多尔衮之间，老档原文没有分开，写为"多铎多尔衮"，可能是这两人合算一位和硕额真。

又如，这份誓书，对新汗的权力作了很大的限制，责令他"不得恣意横行"。对和硕额真的权力则予以扩大，某和硕额真如有过失，由其余七位和硕额真集会议处，可辱则辱，可杀则杀。相反，若是为政勤奋公正的和硕额真，虽然为汗厌恶，汗也不能施加惩罚。这就包含了后来天命七年共治国政制的重要内容了。

了解了这一历史渊源，我们再来看天命七年三月的汗谕。

天命七年三月己亥（初三日），八固山贝勒请问汗父，今后国政如何安排，英明汗努尔哈赤下谕，正式宣布今后要实行八和硕贝勒共治国政制。《满文老档》太祖朝卷三十八对此事作了如下的记述：

> 三月初三日，八子相会后问于汗曰：天予之政，何以平定？天福何以永存？

> 汗曰：使继承父为国主时，勿令豪强之人为主。以豪强之人为主时，恐其恃力自恣，得罪于天也。一人之识见，能有几何，能及众人之议乎！尔等八子为八王，若八王共议，可以无失矣。选择不拒尔等八王之言之人，使继尔父为国之主。若不取尔等之言，不行善道，尔等则更换尔等八王任置（Sindaha）之汗，选任不拒尔等之言之贤者。更换之时，若不心悦诚服而有难色拒之者，岂容似此恶人而任其所为耶？若

如此,则强行换之也。

尔等八王之内,治理国政诸事时,若一人有得于心而言,其他七人则赞成之。若己不能理解,又不赞成他人之能而缄默坐视,则当更换其人,使其下之子弟为王。更换之时,若不心悦诚服从其议,弗色然作色拒之,亦岂容似此恶人而任其所为耶?如此,则亦强行易之也。

若有事外出,当告于众商议而行,未经商议,不可私往。若集会于尔等八王任置之国君面前,勿一二人相聚,须众人皆聚之,共议国政,商办国事。祭家神,祭天,诸事当告于众而行。

八王商议后,设女真大臣八人、尼堪大臣八人、蒙古大臣八人。八大臣以下,设女真审事官八人、尼堪审事官八人、蒙古审事官八人。众审事官审理后,告诸大臣。诸大臣拟定后,上奏于八王,由八王审断拟定之罪。八王须贬斥奸诡之人,进举忠直之人。八王跟前,设女真巴克什八人、尼堪巴克什八人、蒙古巴克什八人。

国主一日内,于初五日、二十日两次坐御座。新年初一日,谒堂子向神主叩首后,国主先向众叔兄叩首,然后坐汗之宝座,汗与受汗叩拜之众叔兄并坐于一列,受国人叩首……

八固山贝勒,若尔之固山与他人之固山发生争吵,非经众人审理,不得单独入告,若单独入告,则必争执也。经众人审理而后入告,则无怨尤矣……兄弟之间,互有怨恨之时,可以明发其怒,若隐其怒不明言,而诉于众人,则系居心邪恶常行哄骗之人也,日后,尔将为众人所斥。

汗父所定之八分所得之外,若另自贪取隐匿一物,隐匿一次,革其一次应得之物。若隐匿二次,革其二次应得之物。若隐匿三次,则永革其应得之物。

若不牢记父汗教诲之言,不纳众兄弟之谏,竟行悖逆之事,初犯则课罚,再犯者,夺其诸申。若不以夺诸申而抱怨,匡正其身,则事毕矣。若执拗不服,则不杀尔,而囚禁之。若负此言,行为背理,天地神祇,一应诸神,将加谴责,身罹灾殃矣,岁寿不至,即令夭殂。若牢记父汗教诲,不违背,心存忠义,则天地佛祖皆加眷祐,使之加岁益寿、世代永承矣。

努尔哈赤的这次汗谕,清楚、详细地规定了八和硕贝勒共治国政制的基本内容,十分重要。这样长的训谕,虽然涉及到许多问题,但概括起来,就是一句话,即八和硕贝勒执掌大权,金国军政要务皆由八和硕贝勒商议裁处。具体来说,汗谕包括了以下七个方面的内容。

第一,八和硕贝勒握有立汗罢汗的大权。顾名思义,一国之汗当然是言出令行的专制君主,受到群臣包括各贝勒的拥戴。努尔哈赤就是这样独掌大权的国主,被八和硕贝勒、诸大臣尊奉为"承奉天命养育列国英明汗"。可是,今后不一样了。继位的汗,不是自封的,不是先汗钦定的,也不是八和硕贝勒劝进拥戴的,而八和硕贝勒享用立汗的权力,是任置汗,而不是向汗劝进,拥戴新汗即位。并且,汗谕规定,不任置豪强者为汗,不任置独断专行拒绝八贝勒意见之人为汗。如果被八贝勒任置的继任之新汗不听八贝勒的话,"不行善道",八和硕贝勒共议后,罢免其汗位,另行任置听从八贝勒旨意的"贤者"。在这种条件下,新汗就要认真考虑自己言行举止的后果,就受到了掣肘,不能独揽金国大权,这个君权的很大一部分被八和硕贝勒分享了。

第二,八和硕贝勒掌握了议处军国大政的权力。汗谕规定,八贝勒集会后,同见任置的国主,诸事皆集议而行。乍一看来,这个规定似乎没有什么新颖之处,过去努尔哈赤也是与诸贝勒、大臣一起议处军政要务,这样做,并没有影响到他统治后金国、金国的专制君位地位。然而,仔细分析,便可发现两者之间有着重大的差异。努尔哈赤是以"天命之汗"、创业之君的身份,召集诸贝勒、大臣开会,各位贝勒、大臣的建言,符合汗心,他便采纳,有违君意,哪怕诸贝勒、大臣一致坚持,他都可以置之不顾,完全按照己意裁处,命令诸贝勒、大臣服从和执行。例如,万历四十年(1612年)九月,努尔哈赤率兵3万进攻乌拉时,莽古尔泰、皇太极建议直取其都城,尽灭其国,努尔哈赤因双方实力相当,难以征服其国,而拒绝其议,撤兵回国。① 可见,努尔哈赤与诸贝勒、大臣的相议,实际上是所谓"贤君"倾听群臣建言,并不是由诸贝勒议处诸事,最后的决定权掌握在英明汗努尔哈赤手中。

现在根据汗谕的规定,情况就发生了重大变化。一则军国大政必须由新汗同八和硕贝勒共议裁处,不能由汗一人决定。再则继任的汗与八贝勒的共议,是在汗由八贝勒任置而且必须听从八贝勒意见的条件下进行的,新汗若拒绝八贝勒的话,八和硕贝勒可以集议以后将他罢革,另行任置遵从八贝勒旨意之人为汗。因此,这种集议,就是八贝勒和新汗共同裁处各事,并且八贝勒拥有更大的发言权和决定权,实际上是八和硕贝勒掌握了处理军国要务的大权。

第三,八和硕贝勒拥有审断案件的权力。努尔哈赤创立的后金国、金国,十分重视审理各案。遇有诉讼,审事官先审,报诸大臣,诸大臣鞫问后,报诸贝勒,然后由努尔哈赤复审和断案,他亲自

① 《满文老档》太祖朝卷二。

582

掌握着刑法的最后裁决权。现在汗谕规定，一切案件经审事官审问后，告诉八大臣，八大臣拟议处理意见，上报八贝勒，由八贝勒审理断案。这样一来，八和硕贝勒就从继任的新汗手中，夺走了生杀予夺的刑法大权。

第四，八和硕贝勒有权奖惩和任免各旗官将。努尔哈赤深知用人的重要性，牢牢地把握住了授与官职的大权，牛录额真以上八旗官将的升降任免，必须由他批准。现在汗谕规定，八贝勒"须贬斥奸诡之人，进举忠直之人"。这就是说，确定奸诡和忠直的权力，归八贝勒所有，谁忠，谁奸，不是由八旗官将自封，也不是继位的新汗钦定，而是由八和硕贝勒详定。用谁，罢谁，全由八贝勒集议决定，继任的新汗失去了独自任免升降官将的权力。这一点，很重要，在用人这个重要关节上，堵住了新汗与八和硕贝勒争权的道路，否则，官将如由新汗一人单独决定任免升降，八贝勒无权过问，则新汗可以通过重用亲信，罢革八贝勒属人的办法，控制重要官职，扩大个人势力，为进一步排斥、压制八贝勒提供条件。

第五，八和硕贝勒有权裁处八旗之间的争执，更换与惩治凶暴、无能的个别和硕贝勒。八旗制度下的和硕贝勒，是一旗之主，权力很大，只有开国之君努尔哈赤才能管辖各旗的和硕贝勒，才能干预各旗事务，裁处各旗之间的纠纷，才是掌握最高权力的八旗之主。现在汗谕规定，八贝勒集议后，罢革庸懦无能的"劣王"，另立其下之子弟为王。八和硕贝勒还可以惩治"行为悖逆"的个别和硕贝勒，罚银取物，夺其所辖牛录诸申，甚至将其关押牢中，贬为囚犯。这就使八和硕贝勒从新汗手中夺走了他统治八旗的权力。这一条，非常重要。假如不作出这样明确的规定，继任的新汗拥有"汗父"斥革和硕贝勒、处理各旗之间纠纷的权力，那么，他就可以惩办与己对抗或不听指使的和硕贝勒,任用亲信子侄来更换旧的和硕贝勒,审理各旗争执时,偏袒自己及亲信子侄辖领的旗分,重惩另一方。这样一来,用不了多久,新汗就可以把八个旗的和硕贝勒完全换成自己的人,就可以剥夺和硕贝勒主宰本旗的独立权力,就可以成为执掌金国最高权力的八旗之主,就能彻底破坏八贝勒共治国政的制度。因此,这个规定与其拥有立汗罢汗之权一样,都是关系到确立君权,还是八贝勒共享大权的根本性因素,是八和硕贝勒"共治国政"制能否实行和延续的十分重要的条件。

第六,八和硕贝勒享有"八分"的特权。进入辽沈以前,后金国的主要收入,来源于掠取的人口、牲畜和财帛。过去,这些掳掠品从原则上讲,都应归汗所得,为努尔哈赤所有,其他人员,从诸申到贝勒,都无权私取,必须由努尔哈赤赏赐。现在,汗谕明确讲道,"汗父所定之八分所得以外",不许隐匿贪取。所谓"八分",就是归八和硕贝勒共有,按"八分"分配。这就是说,掠来的人畜财帛,今后不再是新汗的私产,而应归八和硕贝勒所有,按"八分"瓜分。如果努尔哈赤不作出这个规定,继任的"新汗"完全可以引用汗父旧规,占有全部俘获物后,将大量人丁马牛甲胄分给自己及亲信子侄辖领的旗,少分给与己不和的固山贝勒,这样下去,各旗之间经济、军事实力的差距,就会越来越大,继任新汗的势力就能迅速增强。可见"八分制"是限制君权保证八贝勒共治国政的一个重要条件。

第七,继任的新汗与八和硕贝勒并肩齐坐,同受国人朝拜。努尔哈赤是"承奉天命养育列国英明汗",高踞宝座,所有人员、包括亲生之子和叔父、弟弟、侄子的尊贵贝勒,皆须向汗叩拜,无权也没有资格与汗并坐。过去,摆设大宴时,诸贝勒只能坐在地上,不能入席就座。直到天命四年五月庆贺萨尔浒大胜设宴时,努尔哈赤才命赐与代善、阿敏、莽尔古泰、皇太极四位大贝勒以短几,令他们坐在下面。① 现在汗谕规定,继任的新汗须先向"众叔兄"叩首,然后才登上汗的宝座,请诸贝勒与己并肩齐坐,同受八旗官将兵丁叩拜。这就从朝会礼仪上取消了新汗南面独尊的权力,贬低了他的威信,提高了八贝勒的地位,体现了八和硕贝勒共掌金国大权的实情,从政治上、礼仪上对八和硕贝勒"共治国政"制予以保证。

以上情形,清楚地表明了,和硕贝勒拥有很大权力,金国军政要务悉由八和硕贝勒共议裁处。当然,这并不是说继任的新汗完全是虚有其名的傀儡。一则他是金国之汗,虽为八和硕贝勒集议任置,但他毕竟是一国之汗,其地位理应比和硕贝勒高一些。再则,新汗本身也是统治一旗或二旗的和硕贝勒,有自己所辖一旗或二旗的人丁、官将、士卒做后盾,议处国政时,他既以汗的身份,又以和硕贝勒的资格,与议各事。因此,八和硕贝勒共治国政的制度,并没有把新汗排除在外,新汗也有很大权力,只不过是不能像汗父努尔哈赤那样高居八和硕贝勒之上,独掌金国军政大权罢了。

自从天命七年三月努尔哈赤规定了今后要实行共治国政制以后,八和硕贝勒的权力更加扩大了。他们议定八旗各级官将的功过贤劣,提出升降任免的意见,报汗批准。比如,天命八年九月,诸贝勒会议商定后,使巴克什库尔缠禀汗,以代子游击呼什姆为备御,给与汉民,使其管辖。② 努尔哈赤还取消了过去只有汗处存有一个赏赐官职的档子旧制,改为备办八个档子,八贝勒各有一个。③ 这就提高了八和硕贝勒嘉惩任免八旗官将的权力。

八和硕贝勒具体裁处各种案件。一般案件,经督堂审理后,报

① 《满文老档》太祖朝卷十。
② 《满文老档》太祖朝卷五九。
③ 《满文老档》太祖朝卷五一。

八贝勒，由八和硕贝勒裁决。有一次，汉人王景隆诬告石城参将王之登与明将毛文龙私通书信，"督堂审理后，上奏于八王，八王详审，不实"，下令惩办王景隆。①

甚至连处理投居金国的兀鲁特蒙古贝勒的重大案件，也由八贝勒裁决。天命八年九月二十四日，兀鲁特部奇布塔尔台吉射杀努尔哈赤嫁与他的格格，兀鲁特诸贝勒说："杀汗之亲戚，带来于我等处，我等当凌迟之。"巴都瑚副将向八贝勒报告后，八贝勒不同意凌迟，命"以绳绞杀"。② 可见八和硕贝勒在刑法方面权力之大。

八贝勒在财经方面的权限也扩大了。天命八年规定，取消八贝勒各遣人丁捕貂采参打牲的旧例，改为集中全部捕获物，"按八分均分"。③ 这是对天命七年三月汗谕规定的"八分制"的具体贯彻。同年，诸贝勒下令：出东京、海州、耀州、盖州仓谷，卖与各路无粮地方的汉民，一金斗取银一两，因"恐其不能耘田"。存有粮谷的女真官员和汉官，将谷卖与各自地方的汉民。④ 诸贝勒又下令，规定蒙古商人出售牛羊的价格，大牛一头价银 20 两，3 岁牛 10 两，2 岁牛 5 两，大羊 4 两，小羊 3 两，不许违令贵卖。⑤

天命八年七月二十一日，努尔哈赤亲自规定，若对女真宣告各事，则以"汗谕"名义下达，如果是对汉民，则以"八王之书下之"，废除了过去对汉民以"督堂"名义宣谕的旧制。⑥

这些事实表明，努尔哈赤虽然还执掌着最高统治权，但金国军

---

① 《满文老档》太祖朝卷五八。
② 《满文老档》太祖朝卷五九。
③ 《满文老档》太祖朝卷五四。
④ 《满文老档》太祖朝卷五九。
⑤ 《满文老档》太祖朝卷五九。
⑥ 《满文老档》太祖朝卷五八。

政财刑等日常事务,已由八贝勒集议,报汗批准,一般都依议而行,八和硕贝勒治理国政的权力大大增加了。

二、后患无穷

尽管努尔哈赤一向料事如神,善于果断决策,但对于继任的新汗如何产生,实行什么样的治国制度,在这样非常重要的问题上,他的决策却是十分错误的。因为,他规定今后要实行的八和硕共治国政制,是一种倒退的、落后的制度,严格实行这种制度的结果是后患无穷,将导致正在兴旺发达的金国陷入"分、争、乱、弱、亡"的严重局面。其中,根本的因素是"分"。

按照努尔哈赤的规定,继任的新汗由八和硕贝勒任置,没有掌握管辖八旗的君权,不过是占有本旗的和硕贝勒而已,军政要务皆由八和硕贝勒集议决定,因而统一的金国实际上被分解为八个独立的小国,一旗即一国,各旗只归本旗的和硕贝勒辖治。每旗有自己的驻戍和居住地区,有自己的人口,男女老少皆全,有自己的士卒、将领和由此组成的军队,这支军队完全听命于本旗的旗主贝勒。几百年来就流传着一句古话:"女直兵若满万,则不可敌"。现在,八旗有 400 牛录,每个牛录大致是 300 名男丁,每旗约有15000 名男丁,平时三丁抽一为兵,有 5000 名兵士,战时三丁抽二,有万名兵士。兵满一万则无敌,领有这样一支兵强马壮人数上万所向披靡军队的旗主贝勒,能长期安分守己、心甘情愿地接受继任新汗的兄长(或弟弟、或侄子)的辖治吗? 能不闹独立吗? 能不争权夺利吗? 尤其是那些骁勇善战、足智多谋、才干出众、颇有雄心的旗主贝勒,能永远屈居弟汗(或侄汗)之下吗? 此时的八旗中,大贝勒代善领有正红、镶红二旗,大福金阿巴亥所生的三个儿子阿济格、多尔衮、多铎领有汗父的两个旗,还可能领有暂由杜度辖领的一个旗。这两大集团的旗主贝勒能不争夺汗位或金国军政大权吗？这是"分"的一个方面的结果。

"分"的另一个方面的影响是，各旗有各旗的利益，即使旗主贝勒不去争夺汗位，那么，在日常生活中，由于利益的冲突，总会经常发生各种争执和纠纷，这时，各旗的旗主自然而然地要保护本旗的利益，要扩大本旗的实力，各旗之间的争权夺利是少不了的，一旦矛盾激化，冲突扩大，闹得不可开交之时，说不定弟兄叔侄之间还会兵戎相见呢？

"分"的第三个方面的影响是，意见分歧，在重大问题和紧要关头时，各说各的，争论不休，难以形成一致的意见，难以作出统一的代表金国政府的正确决定。过去，一切问题，虽有诸贝勒、大臣集议，但最终有汗父努尔哈赤定夺，责令各贝勒、大臣和各旗贯彻执行。现在，新汗没有这个权，要事皆由八和硕贝勒集议而定，一旦出现各位旗主贝勒争执不下的场面，谁来集中，谁来决定，只好议而不决了。

简而言之，"分"是造成灾难的罪魁祸首。新汗当然不愿长期遭受实为若干独立小国之主的其他和硕贝勒挟制，一定想仿照汗父努尔哈赤的模样，主宰金国一切，从而必然要与其他和硕贝勒发生冲突，君权与王权之争日趋尖锐化。与此同时，各个和硕贝勒之间，势力强弱不一，想法也难完全一致，议处国政时，很难秉公，权势强大的贝勒会乘机为己牟利，偏袒本旗，欺凌弱小贝勒，和硕贝勒之间亦会互相倾轧。分必争，争必乱，乱必弱，在当时内部不稳、叛逃甚多，外部四面皆敌，并且不久就在宁远大败的条件下，金国如果分解为争吵不休、实力不强的八个小国，怎能迎敌明国军队的反扑，怎能打败蒙古和朝鲜？很有可能陷入四面楚歌的困境。

这固然是从理论上来加以分析和推测，但也不是毫无根据的，我们可以拿天聪年间的两件大事予以论证。

天命十一年八月十一日，努尔哈赤去世，诸贝勒遵照"共议国政"的己亥汗谕，集议任置四贝勒皇太极为新汗，改明年年号为天聪，金国正式进入了八和硕贝勒共治国政的新阶段。

天聪元年(1627年)二月，二贝勒阿敏偕岳托等贝勒进攻朝鲜，大败敌军，逼迫朝鲜国王订立城下之盟。岳托建议，和议既成、宜速班师，因为国中兵少，怕蒙古与明国乘机来攻。主帅阿敏坚持欲到朝鲜王京，并欲在彼地"屯种以居"，迎接妻子等来朝鲜。他又对杜度说："他人愿去者去，我叔侄二人可同住于此。"杜度不从。若按一般国家情形，将在外，君命可以不受。阿敏是主帅，又是四大贝勒之一，同行的济尔哈朗、阿济格、杜度、岳托、硕托五位贝勒之中，只有阿济格是镶白旗旗主贝勒。现在主帅、二大贝勒阿敏决定要留驻朝鲜，其他贝勒照说只有服从的责任，不能再说半个不字了。这样一来，必使留在都城沈阳的新汗和金国陷入困难处境，有遭受明军进攻丢失沈阳的危险。

这时，令八旗大臣分坐商议，"七旗大臣所议皆同，独阿敏本旗大臣顾三台等从阿敏议。议久不决"。

在这关键时刻，岳托告诉阿敏之弟济尔哈朗说："汝兄所行逆理。汝盍谏止之。""汝欲去则去，我自率我二旗兵还，若两红旗兵还，两黄旗、两白旗兵亦随我还矣。"岳托、济尔哈朗与阿济格等"同会于一所"，"共议遣人令朝鲜王定盟，以告阿敏"。济尔哈朗亦以岳托之言"力谏"，"阿敏乃从之"。[①]

以上情形表明，这次出征的军队，在议处是留驻或是撤军的重大问题时，将帅的态度和言行，不是按职务、权力、责任、义务来定，

---

① 《清太宗实录》卷二、卷七。

而是按旗而定,官将只听从本旗旗主贝勒的旨意,不理睬非本旗旗主的大帅的命令。岳托、硕托是两红旗旗主贝勒代善之子,代表父亲,红旗将士只听他的命令,不管主帅阿敏怎么说。阿济格是镶白旗旗主,自然也是其弟正白旗旗主多铎的代表,阿济格赞同岳托之议,这两个白旗的将领当然惟阿济格马首是瞻。皇太极的正黄、镶黄两旗的将领,必然忠于君汗和旗主。正蓝旗的将领以汗和大贝勒代善之意为准。因此,八旗大臣分别商议时,"七旗大臣所议皆同",皆同意岳托撤军之议,不赞成主帅阿敏的主张,只有阿敏自己镶蓝旗的大臣,才附和他的意见。而且,一旦阿敏拒绝岳托之议,岳托便要甩开主帅,径自带领自己两个红旗的将士离开朝鲜,返回沈阳,其他两黄、两白,正蓝旗的将士亦必然随同撤兵,只留下主帅阿敏及其镶蓝旗士卒了,这个大帅岂不是与光杆司令差不多了。

在这里,统率全军的大帅阿敏的命令,抵不过归其辖属的大将岳托、阿济格等旗主贝勒或代表其旗主贝勒的父亲的决定,帅管将、将听命于帅的一般情形下军队将领之间的上下隶属关系,在这里被旗主贝勒与旗主贝勒之间的平等关系,以及身为主帅的旗主贝勒与其他旗的将领之间互不干预、也无权干预的各旗之间的独立关系代替了,所以才出现了岳托、阿济格等大将否定主帅阿敏的命令,并且要甩开主帅径自统领本旗将士返回的情形,终于也迫使主帅听从属下将领的意见,被迫班师。

岳托、阿济格等贝勒决定撤军,反对主帅阿敏留驻朝鲜的决定和行动,是十分正确的,使刚继任为新汗的皇太极和金国避免了一场大的灾难。但是,由此也体现出八和硕贝勒共治国政制的弊端。和硕贝勒权势太大,如果不是岳托硬顶,在军的贝勒们听从或附合主帅的决定,那就会酿成大祸了。

两年以后的攻明之战,更进一步显示了"共治国政"制的危害。天聪初年的"共治国政"制,与努尔哈赤所定之制有着一定的差异,那就是提高和突出了三位大贝勒与新汗共治国政的格局,代善、阿敏、莽古尔泰三位大贝勒与新汗皇太极共同主持军国大政,裁处重大事件。天聪三年十月,新汗皇太极与大贝勒代善、三贝勒莽古尔泰率岳托等贝勒,统领大军伐明。行至中途,大贝勒代善、三贝勒莽古尔泰坚决反对征明,力主立即班师,以免进攻不利,兵无退路。皇太极决心进攻,但无力抵挡两大贝勒的压力,只好被迫同意撤兵。岳托、济尔哈朗、萨哈廉、阿巴泰、杜度、阿济格、豪格等贝勒一致支持汗的主张,两大贝勒才放弃自己意见,请皇太极裁决。皇太极才发布军令,进攻明国。这次征明,历时五个半月,连败明军,每战必胜,每攻必克,直抵北京城下,斩杀明国勇将山海关总兵赵率教,用反间计,使明帝冤杀总理天下勤王军的督师袁崇焕,占了永平四城,掠取巨量人畜财帛,取得了巨大成功。如果皇太极没有岳托等贝勒的竭力支持,两大贝勒不放弃退兵主张,这次征明就必然夭折而失败。①

总而言之,八和硕贝勒共治国政制是制约金国发展的严重障碍,不能让它长期延续下去。

---

① 《清太宗实录》卷五。

第十章　名汗归天

第一节　大军伐明

一、旌旗剑戟如林

天命十一年(1626 年)正月十四日,金国英明汗努尔哈赤率八旗贝勒、大臣,统领大军,征伐明国,明、金之间的又一次大战即将开始了。

在正式论述大战之前,有两个问题需加推敲。一是金兵数量。据《满洲实录》卷八载,正月十四日大军出发,十六日到东昌堡,十七日渡辽河,"于旷野布兵,南至海岸,北越广宁大路,前后络绎,首尾莫测,旌旗剑戟如林"。实录的这样描述,使人们感到大军人马众多,威武雄壮,但究竟将士多到什么程度,是 5 万,或是 10 万,或是几十万,不得而知。

几天后,兵抵宁远城下,努尔哈赤劝诱宁前道袁崇焕降顺时说:"以二十万众攻此城,破之必矣。"袁崇焕拒降,且驳斥金军没有 20 万人说:"且称来兵二十万,虚也。吾约有十三万众,亦不为寡也。"①

一说 20 万,一说 13 万,数字不一。

---

① 《满洲实录》卷八。

明国辽东经略高第第一次奏报金军情形说,"约有五万余骑"①。山海关主事陈祖苞、兵科都给事中罗尚忠、山西道御史高弘图,以及谈迁的《国榷》,也都认为金兵有五六万人。②《明史》卷二七一,《满桂传》也说"我大清以数万骑来攻(宁远),远迩大震"。

努尔哈赤宣称的金军20万,袁崇焕回应的13万,与明辽东经略高第等人说的五六万,相差甚远,我认为,这三组数字皆不准确。努尔哈赤说的20万,显然是含有宣传和威慑的因素,故意多说,以慑敌心,袁崇焕的13万,是清朝官方文献所记,也有夸大其词之嫌,高第等人的五六万,则系哨探所报,准确性要打折扣,唯一比较可信的数字,看来还得从当时金国八旗的牛录数目来加以分析。金国人员,除汉民编户为民以外,其他从建州地区移来的女真人,以及归附较早的汉人、蒙古人,都编入八旗之下的各个牛录,按丁佥兵和派役。找到牛录数字,就可推测兵士的数量。

明万历四十三年(1615年)确立八旗制度时规定,每300丁编一牛录,5牛录为1甲喇,5甲喇为1固山。照此推算,每旗有25个牛录和7500丁,八旗是200个牛录和6万丁。此后,人丁增加,牛录也增加了很多,到天命末年,八旗有:"满洲、蒙古牛录三百有八,蒙古牛录七十六,汉军牛录十六"。③ 每牛录300丁,400个牛录有12万丁,三丁抽一,有兵4万名,三丁抽二,有8万名,考虑到朝鲜软弱,蒙古连遭金军击败,努尔哈赤没有后顾之忧,可以多调兵马伐明,因此,可以推测,这次进攻明国的八旗军在6—8万名

① 《明熹宗实录》卷六七。
② 《明熹宗实录》卷六八。
③ 《八旗通志》二集卷三二《兵制志》。

左右。

另一个问题是努尔哈赤伐明的目的。虽然努尔哈赤在出征之前没有宣布进军的具体目的,但可以推论出,这次战争的第一个具体目的是夺占明国关外一切城堡,席卷全辽。

天命七年正月,努尔哈赤统军大败明兵于平阳桥,轻取广宁、锦州、大凌河、松山、杏山等四十余城降,明经略熊廷弼带领兵民百万退入山海关,尽弃关外城堡。这时,如果努尔哈赤乘胜前进,不用吹灰之力,就可夺据关外所有城堡村屯,但是,他只带兵行到中左所(距广宁城百余里),见所过之地,村堡庐舍已被明军焚毁,遂停止前进,折回锦州、广宁,班帅回到辽阳。不久,又迁移河西广宁,锦州等9卫兵民到沈阳、辽阳等地,放弃了锦州等地,致被明国乘机筑城驻兵屯田,构建了以宁远为中心的宁(远)、锦(州)防线,将山海关以外曾经遗失的大片土地纳入明国范围。看到这种情形,金国汗、贝勒不得不承认上次匆促撤军的失策,因此,趁明朝政府取消孙承宗的机会,大举进攻,夺据整个辽东。

至于尽据全辽之后,金兵是否要攻打山海关,进掠关内州县,那就要看形势的发展了。

二、明国权珰乱政

天命十一年(1626 年)正月中旬,努尔哈赤统军征明。这时,明国政治、军事、财经等方面的形势十分恶劣,正是金国进取的极好时机。

4 年前,金军进驻广宁,明廷大震,京师戒严,"中外惊愕"。[①]明国天启皇帝以日讲官、礼部右侍郎孙承宗为兵部尚书兼东阁大

---

① 《明熹宗实录》卷十九。

学士,掌部务。

孙承宗,字稚绳,高阳人,博学好问,才华出众,万历三十二年中进士,荣为榜眼,授编修,熹宗继位,以左庶子充日讲官,讲解得当,为帝喜爱。承宗留心边事,年轻时,"授经边郡",往来各地,喜从材官老兵询问险要阨塞,"用是晓畅边事"。承忠性洁志高,精通兵法,救国心切,不畏艰险,力挽狂澜。他就任后,立上抚蒙古、恤辽民、重将权、选边将、简京军、开屯田诸策。在辽东军事的关键问题上,他坚决反对辽东经略王在晋丢弃关外、困守关内的苟安方针。当时,群臣畏惧"奴酋",不敢抗击金军,多主丢弃关外。王在晋提出"拒奴抚虏,堵隘守关"的方针。抚虏,是以大量金银收买蒙古,借其力量,以保国土。"堵隘",是在山海关外再修一座关城,以保护山海关,选定离关城8里的八里铺修筑,估计用银93万两。熹宗批准其议。孙承宗坚决反对这个苟安方针,多次驳斥其非,最后得到了皇帝的批准,将王在晋调任南京兵部尚书。孙承宗临危请命,请求任己为辽东经略,帝从其请,命其以"原官督山关海及蓟、辽、天津、登、莱诸处军务,便宜行事,不从中制",赐尚方剑。

孙承宗与袁崇焕、鹿善继、茅元仪等少数几位主张守关外的官将反复商议,决定了自己的战略方针,即关外以守宁远为重点,将沿线原有各城修建恢复,驻军设防,从而把山海关到宁远二百余里之间的城堡尽收为内镇,山海关自然就安稳无失了。为了贯彻守在关外,以宁远为重点的方针,孙承宗主要采取了四项措施。一是筑城,二是派军驻守,召回逃民,三是垦荒屯田,四是发展采煤、煮盐、海运等业务,以增强实力。这些措施起到很好的作用。同时,承宗还惩逃将,"清冒破",汰冗兵,练士卒,缮甲仗,买马匹,采木石,军备大振,辽东形势发生了有利于明的重大变化。连清朝官修的《明史》也对孙承宗的功绩作了高度的评价：

> 承宗在关四年，前后修复大城九、堡四十五，练兵十一万，立车营十二、水营五、火营二、前锋后劲营八，造甲胄、器械、弓矢、炮石、渠答、卤楯之具合数百万，拓地四百里，开屯五千顷，岁入十五万。①

尤其重要的是，他能重用能臣猛将，任用和擢升了袁崇焕、满桂、祖大寿、左辅等抗金官将，对后来宁远之战击败金兵起了重大作用。

可是，这时的明王朝太腐朽了，竟自伐栋梁。昏君明熹宗听任太监魏忠贤摆布，朝政越发混乱。魏忠贤任司礼秉笔太监，提督东厂，封公爵，其阉党顾秉谦、魏广微、吴淳夫、田吉、田尔耕、许显纯、崔应元等百余人，分任大学士、尚书、总督、巡抚等要职，"内外大权一归忠贤"，自称"九千岁"。他大兴冤狱，杀害东林党杨涟、左光斗、汪文言等一大批正人君子、廉吏直臣，"朝政日乱"。魏忠贤因为孙承宗功高望重，深受熹宗信任，欲拉为己党。刚直忠正的承宗一向厌恶魏忠贤，拒不应命，"不与交一言"，并以贺万寿节为名，直奔京都，欲面奏熹宗，劾除权珰。魏忠贤大怒，唆使党羽，连上章疏，诽谤诬陷攻击承宗，终于在天启五年十月，迫使承宗致仕，而以其党羽兵部尚书高第替代承宗，为辽东经略。②

高第胆小如鼠，畏敌如虎，原来就曾竭力阻挠孙承宗坚守关外之议，欲尽撤士卒退守关内，遭承宗驳斥。现在，刚一当上经略，他就不顾将官反对，"谓关外必不可守"立即下令尽撤锦州右屯卫、大凌河、小凌河、松山、杏山、塔山、宁远、前屯"诸城守具，移其将

---

① 《明史》卷二五〇《孙承宗传》。
② 《明史》卷三〇五《宦官二·魏忠贤传》，卷三〇六《阉党·顾秉谦传》。

士于关内"。宁前道袁崇焕拒不从命,其他锦州等城将官被迫遵令退走。高第"尽驱屯兵入关,委弃米粟十余万石",军民"死亡载途,哭声震野,民冤而军益不振"。[①]

朝政昏浊,权珰专权乱政,文官爱钱,武将怕死,兵无斗志,民心惊慌愤怒,看来关外将丢,金兵可以席卷全辽了。

三、道员死守孤城

在权珰乱政、昏帅掌军及其丢弃关外的错误方针影响下,从山海关到广宁的直径400里的辽阔土地上,锦州、大凌河等等城堡守军狼狈逃往关内,几十万军民流离失所,奔向内地,眼看全辽就要落入金军手中了,不料,在距山海关200里地的一座城上,照旧飘扬着大明官军的军旗,这座城就是宁远城(今辽宁省兴城县),守城的主持者就是宁前道袁崇焕。

袁崇焕,字元素,广东东莞人,万历四十七年进士,授邵武知县,"为人慷慨负胆略,好谈兵,遇老校退卒,辄与论塞上事,晓其阨塞情形,以边才自许"。明天启二年(1622年)擢兵部职方主事。广宁失陷,袁崇焕"单骑出阅关内外",回京后,详述关外形势,并发出"予我军马钱谷,我一人足守此"的豪言壮语,"廷臣益称其才",超擢佥事,监山海关外军。辽东经略王在晋亦赞其才,题其为宁前兵备佥事。

大学士孙承宗与王在晋争论战守之事,王在晋主守山海关,孙承宗主守关外,袁崇焕建议守宁远。孙承宗听从其议,决定修筑宁远、锦州等城,以宁远为重点和核心,倚重崇焕经营宁远,并派勇将总兵满桂同去。

---

① 《明史》卷二五九《袁崇焕传》。

597

宁远处于河西走廊的中间,"内拱岩关",南临大海,居表里之间,屹为形势。守住宁远,就扼住了辽河以西走廊的咽喉,山海关就安如泰山了。这个地方,明代以前没有城池。明宣德三年(1428年)于此置宁远卫,始修卫城,周长6里8步,高2丈5尺,池深1丈,宽2丈,周长7里8步。城为方形,有4个门,东春和门,南迎恩门,西永宁门,北广威门。嘉靖四十三年又重修了一次。城内驻兵1250余名,下辖两个千户所及边台155座,共有官兵6814名。①

　　孙承宗初派参将祖大寿修建宁远城。祖大寿估计朝廷不会死守宁远,马虎兴工,只修了十分之一,且粗疏不合规定。袁崇焕乃亲自主持筑城工程,定的制度是:"高三丈二尺,雉高六尺,址广三丈,上二丈四尺"。祖大寿与参将高见、贺谦督工,一年建成,"遂为关外重镇"。

　　袁崇焕勤奋尽职,才干出众,"誓与城存亡,又善抚,将士乐为尽力"。满桂是良将、二人齐心协力,成效显著,宁远由原先"城中郊外,一望丘墟",极度荒凉凋敝,变为"商旅辐辏,流移骈集,远近望为乐土"。朝廷叙劳,初进崇焕为兵备副使,再进右参政。

　　新经略高第于天启六年(1626年)十月中旬上任后,下令尽撤宁远、锦州等城守具,移军民入关。崇焕属官督屯通判金启倧上书崇焕,力言不能退入关内说:"锦、右、大凌三城皆前锋要地。倘收兵退,既安之民庶复播迁,已得之封疆再沦没,关内外堪几次退守耶?"崇焕亦向高第竭力争论,阻止退守说:"兵法有进无退,三城已复,安可轻撤。锦、右动摇,则宁、前震惊,关内亦失保障。今但择良将守之,必无他虑。"高第拒绝崇焕的建言,且命撤退宁远、前

---

　　① 《全辽志》卷二。

598

屯二城。袁崇焕无比愤怒,拒不从命,并宣称:"我宁前道也,官此,当死此,我必不去。"高第无可奈何,便尽撤锦州等城军民,使宁远城左右前后皆无屏障,成为一座孤城。这年的十二月,崇焕又晋为按察使,仍任宁前道。

尽管军情紧急,金军即将大举来攻,朝廷集议战守,折腾了好一阵子,仍然"无善策","中外谓宁远必不守",经略高第、山海关总兵杨麒拥兵龟缩关上,不发援兵。就在这关系到山海关外上万平方公里面积的辽河河西走廊存亡的千钧一发之际,"定与宁远共存亡"的声音响彻云霄,传遍远近,这就是宁前道袁崇焕气冲斗牛的死守孤城的誓言。

第二节　兵败逝世

一、宁远之败

天命十一年(1626年)正月十四日,大金国英明汗努尔哈赤率诸贝勒、大臣统领大军(6—8万)从沈阳出发,进攻明国。十六日到东昌堡,十七日渡辽河。明国锦州、右屯卫、松山、大凌河、小凌河、杏山、连山、塔山八城参将周守廉等官各率军民火焚房谷逃走。金军"如入无人之境"。二十三日,金军抵达宁远城郊,在离城5里处安营扎寨。

努尔哈赤遣被俘汉人进入宁远城,劝诱守将投降说:"吾以二十万众攻此城,破之必矣。尔众官若降,即封以高爵。"话虽不多,分量很重,既胁以20万大军攻城必克,又诱以高官崇爵,守将自会俯首求降吧。不料宁前道袁崇焕答复说:"汗何故遽加兵耶? 宁、锦二城,乃汗所弃之地,吾修治之,义当死守,岂有降理! 且称来兵二十万,虚也,吾约有十三万,亦不以尔为寡也。"①

　　袁崇焕的话也不多,但却针锋相对,极有威力。一则明确指出,金国没有理由侵略明国,突然发兵进攻,二则郑重表示,宁、锦二城是金汗原来放弃之地,我已修治,自当死守。三则指出金汗说谎,捏报兵数,明明没有 20 万人马,却偏要夸大其词。四则明言,你军虽无 20 万,估计也有 13 万,不少了。虽然话句就此打住,未往下再说,但言下之意是,你这么多军队,我不在乎,我不畏惧。

　　袁崇焕又命家人罗立等人,燃放西洋大炮,轰打城北金军大营,"一炮歼虏数百"。②

　　努尔哈赤见袁崇焕拒绝投降,并炮攻大营,便将大营移到城西,命令军士备攻城器具,于次日攻城。

　　第二天,正月二十四日,努尔哈赤下令进攻,骑兵、步兵一拥而上,车、牌、勾、梯、炮、箭俱用,万矢齐发,"箭上城如雨,悬牌间如蝟","奋力攻打"。明军"铳炮迭发","枪、炮、药、罐、雷石齐下","死战不退","每用西洋炮,则牌、车如拉朽",打死打伤金兵众多。

　　金兵起初是集中攻打城西南角,参将左辅领兵坚守,参将祖大寿率兵支援,金兵力攻不下,死伤累累,又移攻南面。金兵冒死猛攻,在西洋大炮不能轰及的门角两台间薄弱地方,拼命挖凿城墙,凿开高二丈多的地方三四处,势甚危急。明军赶忙大发火器,"火毬、火把争乱发下,更以铁索垂火烧之"。袁崇焕"又选健丁五十名缒下,用棉花火药等物,将达贼战车尽行烧毁","穴城之人始毙,贼稍却","城下贼尸堆积"。③

　　第二日,正月二十五日,金兵再次猛攻。明军于城上放炮,

　　①　《满洲实录》卷八。
　　②　茅元仪:《督师纪略》卷一,第 14 页。
　　③　《明熹宗实录》卷六七、七〇;《明史》卷二五九《袁崇焕传》。

"炮过处,打死北骑无数"。① 金兵畏惧炮火,畏缩不前,"其酉长持刀驱兵,仅至城下而返",伤亡更加惨重,"贼死伤视前日更多,俱抢尸于西门外各砖窑,拆民房烧之,黄烟蔽野"。晚上,"又攻一夜",而攻城器械俱被明军夺取,"攻具焚弃,丧失殆尽"。

正月二十六日,金军仍然将城围住,但一靠近城,即被西洋炮击杀。金军打不下去了,"贼计无施",只好撤走。努尔哈赤乃派武纳格率八旗蒙古,再加兵八百,往击觉华岛,破守岛明军,焚船二千余只及粮草千余堆。②

正月二十七日,金兵回师。二月初九日努尔哈赤回到沈阳,著名的宁远之战,以金败明胜而结束。

对于这次战役,朝鲜李星龄记述比较详细,现摘录如下:

我国译官韩瑗,随使命入朝。适见崇焕,崇焕悦之,请诸于使臣,带入其镇,瑗目见其战。军事节制,虽不可知,而军中甚静,崇焕与诸幕僚,相与闲谈而已。及贼报至,崇焕轿到敌楼,又与瑗等谈古论文,略无忧色。俄顷放一炮,声动天地,瑗怕不能举头。崇焕笑曰:贼至矣。乃开窗俯见,贼兵满野而进,城中了无人声。是夜,贼入外城,盖崇焕预空外城,以为诱入之地矣。贼因并力〔攻〕城,又放大炮,城上一时举火,明烛天地,矢石俱下。战方酣,自城中每于堞间,推出木柜子,甚大且长,半在堞内,半出城外,柜中实伏甲士,立于柜上,俯下矢石。如是层层〔屡〕次,自城上投枯草油物及棉花,堞堞无数。须臾,地炮大发,自城外遍内外,土石俱扬,火光中见胡人,俱人马腾空,乱堕者无数,贼大挫而退。翌朝,见贼拥聚于大野

① 张岱:《石匮书后集·袁崇焕传》。
② 《明熹宗实录》卷七〇;《满洲实录》卷八。

一边,状若一叶。崇焕即送一使,备物谢曰:老将横行天下久矣,今日见败于小子,岂其数耶! 努尔哈赤先已重伤,及是具礼物及名马回谢,请借再战之期,因懑恚而毙云。①

二、胜负之因

天命十一年(1626年)正月十四日,金国汗努尔哈赤亲征明国,二十四日、二十五日攻宁远,不克,二十六日破觉华岛,二十七日撤兵,二月初九日回到沈阳。

努尔哈赤自25岁以遗甲13副遗甲起兵以来,身经百战,驰骋疆场四十余年,一向以少胜多,铁骑到处,无坚不摧,无攻不克,所向披靡,从未受挫,为什么这次以数倍于敌的军队,竟不能打败区区不足2万的明兵? 竟攻不下远远不如沈阳、辽阳坚固的小小宁远孤城? 竟大败而回? 这到底是什么原因? 他为此而苦苦思索。其实,问题并不复杂,只要冷静分析,回顾历史,观察战况,便能得出正确答案。

决定这次明胜金败结局的因素,固然很多,有客观的原因,有对方的实力,有偶然性的因素,还有主观的条件。

就敌我双方情形比较而言,这次努尔哈赤碰到的对手宁前道袁崇焕,乍一看来,不过是一位名声不显、官阶不高的区区道员,比起萨尔浒之战的明辽东经略杨镐,沈阳、辽阳之战的明经略袁应泰,广宁之役的辽东经略熊廷弼、辽东巡抚王化贞,以及现在的辽东经略高第,在这几位二品大臣和所向无敌的老汗努尔哈赤面前,袁崇焕只能是如他自己谦称的"小子",官阶不高,人马很少,孤城一座。就此而言,这个对手是最好对付的了,不需大汗去亲征,不

---

① 李星龄:《春坡堂日月录》,载于李肯翊:《燃藜室记述》第六辑卷二五。

须费多大力气,无需调动整个八旗劲旅,只要派四大贝勒之一,率两三位小贝勒及几员战将,带上两个旗的万余军队,就可将其擒获阶下了。如果真是这样想,并以此为依据调派兵马,那么就大错特错了。

在袁崇焕死守孤城方针的指导下,宁远城的文臣武将,末弁小卒,士农工商,无不同仇敌忾,全力以赴,拼死抗敌,使孤城宁远成为金城汤池,坚不可摧。大战之后,明兵部复议宁远之功的奏疏,对宁远的守城情形作了如下的叙述:

正月十八日,奴贼率众渡河,左辅、肖昇、邓茂林、陈兆兰等俱从右屯等处收回。二十一日,城外收聚毕。时城中士卒不满二万。总兵满桂、副将左辅、参将祖大寿,皆习见奴兵,未可争锋,以死守争。大寿遂登塞门之议,诸将朱梅、徐敷奏并王喇嘛,皆主大寿议,而何可纲按剑决之。于是,王喇嘛请撤西洋大炮入城,彭簪古率劲兵挽而登之。尽焚城外民舍积刍。令同知程维模查察奸细。通判金启倧按城四隅,编派民夫,供给饮食。卫官裴国珍鸠办物料。诸生守巷口。有一人乱行动者,即杀,城上人下城者,即杀。满桂提督全城,而以东南首冲,身任之,左辅分西面,祖大奉分南面,朱梅分北面。盖二十二日,而城中部署定。

二十三日,贼薄城矣,先下营西北,远可五里。大炮在城上,本道家人罗立素习其法,先装放之,杀贼数十人,贼遂移营而西。

二十四日,马、步、车、牌、勾、梯、炮、箭一拥而至,箭上城如雨,悬牌间如蝟。城上铳炮迭发,每用西洋炮,则牌、车如拉朽。当其至城,则门角两台攒对横击,然止小炮也,不能远及。故门两角两台之间,贼遂凿城高二丈余者三四处,于是火球、火把争乱发下,更以铁索垂火烧之,牌始焚,穴城之人始毙,贼稍却。而金通判手放大炮,竟以此殒。城下贼尸堆积。

次日,又战,如昨攻打,至未申时,贼无一敢近城,其酋长持刀驱兵,仅至城下而返。贼死伤视前日更多,俱抢尸于西门外各砖窑,拆民房烧之,黄烟蔽野。是夜,又攻一夜,而攻具器械,俱被我兵夺而拾之,且割得首级如昨。

二十六日,仍将城围定,每近,则西洋炮击之。贼计无施,见觉华岛有烟火,而冰坚可渡,遂率众攻,觉华兵将俱死以殉,粮料八万二千余及营舍民房俱被焚。次日,贼引去。①

《明史》卷二五九《袁崇焕传》载:崇焕拒绝经略高第撤宁远城的命令说:"我宁前道也,官此,当死此,我必不去"。金兵抵达宁远时,"崇焕闻,即偕大将(满)桂、副将左辅、朱梅、参将大寿、守备何可纲等,集将士,誓死守。崇焕更刺血为书,激以忠义,为之下拜,将士咸请效死"。崇焕又"檄前屯守将赵率教、山海守将杨麒,将士逃至者悉斩,人心始定"。

根据以上记载和朝鲜李星龄的叙述,结合有关文献,我认为,袁崇焕指挥明军的宁远之战,与8年来历次明金战争相比较,在守城御敌的战略、战术、士气、民心等方面,创造了"七新",即七个新颖奇特的不同之处。这第一新就是军民同心,誓死守城。从明万历四十六年(后金天命三年,1618年)努尔哈赤攻取抚顺起,中经萨尔浒大战,开原、铁岭之战,沈阳、辽阳之战,平阳桥之战,到广宁之失,在任何一次交战中,明军以及当地士农工商,都没有做到齐心协力,奋抗金军,不是将帅逃遁,怯战畏缩,就是士无斗志,动辄奔溃,百姓也是望风逃走。而这次宁远之战,主持者宁前道袁崇

---

① 《明熹宗实录》卷七〇。

焕,刺血为书,誓死守城,满桂等将领"誓死守","将士咸请效死",文官金启倧等亦拼死抗敌,生员、百姓同仇敌忾,文官、武将、士卒、百姓无一逃者。这就为守住宁远,打败金军,奠定了基础,而袁崇焕的以身作则,首倡誓死守城,对形成军民同心抵抗强敌的巨大波涛,起了主导的核心作用。

第二新是凭城死守,坚壁清野。八旗铁骑飞驰似电,万箭齐射,锐不可当,凡是野战,明军必败。可是,弓矢再厉,也射不透大砖巨石,铁骑再快,也冲不垮宽厚城墙,如果凭城死守,猛放枪炮,就发挥了明军之长,制住了金军铁骑劲弓的厉害。因此诸将明确了不可"与奴兵争锋",只可"死守",遂定下了"塞门"闭城死守方略,坚壁清野。这在以往交战中,又是从未这样做过的。

第三新是以炮卫城,以城护炮。明军配备有大量火炮火器,仅万历四十六年至天启元年(1618—1621年)的三年多,就发往广宁天威大将军、二将军、三将军、四将军、五将军1134位,还有灭虏炮等炮1万余位,以及鸟铳、四眼枪等枪铳近两万杆。不久,又从澳门输入西洋大炮30门,其中11门安放在宁远城外。西洋大炮威力特强,射程可达5里以外,毙敌数十数百人。过去,明军将枪炮安置于城外之阵前,交战时,八旗铁骑飞驰而至,很快就冲垮明军营阵,炮火起的作用不大。这次,王喇嘛建议将大炮挪入城内,放在城内四角的方形敌台上。金军来时,西洋大炮和其他炮猛烈轰放,打死打伤很多金兵,发挥了强大作用。

第四新是既无逃兵,又无奸细。以往明军的失败,尤其是城池的陷落,常常都与兵将逃亡、奸细作乱有关系,现在,严肃军纪,严禁擅自行动和逃跑,违令者斩,又层层布置,严密控制,兵民高度警惕,仔细察诘奸细,这样一来,兵将不逃,奸细不敢作乱,做到了没有逃兵,没有奸细,这又是宁远之战与历次战争中不同的新颖之处。

第五新是临机应变,屡创新招。当部分金兵拼死奔跑,来到城下之时,大炮不能轰击。他们拼命挖凿城墙,凿开高二丈多的缺口三四处。城墙一共才有三丈三尺高。如果金兵凿的缺口更高更大,城墙就要垮了,金军就可冲进城内。形势十分危急之时,通判金启倧急中生智,创造了将火药洒在被褥、被单上卷成一捆的方法,百姓踊跃献上被单被褥,制造了大量裹有火药的一捆一捆的被褥被单,投下城去,再扔下点燃的火箭,顿时,火势飞腾丈余,烧死烧伤很多金兵,剩下金兵不敢凿城,逃回营去,明军得以趁机赶快补好缺口。袁崇焕又缒下 50 名勇士,"用棉花火药等物,将达贼战车尽行烧之"。

第六新是以少胜多,重创敌军。宁远城守兵不到两万,并且有将近一半的兵士是从其他城堡匆忙撤退来的,面对屡败明兵的无敌金军,强弱悬殊,众寡分明,士气怎能旺盛,民心亦难安定,然而,在袁崇焕誓守孤城且领导有方,断了后路,严禁逃亡,满桂等将领勇抗强敌精神的鼓舞下,军民也由怯转勇,斗志高扬,奋击敌军,从而保住了宁远,击退了强敌,重创金军。对于这次进攻宁远的伤亡情形,《满洲实录》卷八载称:"二日攻城,共折游击二员、兵五百。"乍一看来,打个大仗,才死亡两员中低级将官和 500 兵士,算不了什么,可是,一则,拿它和萨尔浒之战相比。在那次与 10 万明军的激烈交战中,共斩杀明军四五万,八旗军才死亡兵士 200 人,而此次却死了 500 人,倍于当年,足见其伤亡不少。再则,与明国文献记述的情形相比。《明熹宗实录》卷六十七、六十八、七十载;正月二十四日攻城之时,城上火器打死打伤很多金军,"城下贼尸堆积",次日又战,"贼死伤视前日更多"。"前后伤虏数千","炮毙一大头目,用红布包裹,众贼抬去,放声大哭"。可见,金军的确是伤亡惨重。

第七新是首次获胜，前所未有。从八旗军与明军开战以来，八九年的时间，明军每战必败，望风溃逃，从来没有一仗打胜过，这次宁远之战，竟第一次打败了无敌金军。明内阁首辅顾秉谦等奏述宁远之胜说："臣等伏思，奴贼自抚顺发难，于今九年，彼大入大利，小入小利，辽、沈、广宁相继陷失，而我兵非望尘奔北，则闻风先逃，不能以一矢加遗，以中国之全力，而屈于一隅之丑虏……宁远捷音至矣。是役也，遏十余万之强虏，振八九年之积颓。"①

这七个"新"，既是宁远之胜的制敌法宝，也是今后对付金军保住封疆的必胜武器。

由此可见，袁崇焕领导之下将士官民坚守的宁远城，是任何敌军统帅攻不破的金城汤池。这是努尔哈赤这次进攻失利的客观因素。

另一方面，努尔哈赤之所以在宁远之战遭到了重大损失，其根本因素还是他自己在军国大政上犯了严重错误，主要是三大错误。第一，残酷压迫汉民。尽管他也曾大讲特讲"恩养尼堪"，但是，从天命三年下抚顺之时起，他就实行了赤裸裸的歧视汉民、压迫汉民的政策，即强迫辽民"剃发"降顺，辽民必须剃发，改从女真发式。天命六年三月进入辽沈以后，因为辽民反抗金国汗的民族压迫政策而"叛逃不绝"和武装反抗，努尔哈赤大动肝火，屠复州，捕杀"无谷之人"，天命十年十月又进行全国甄别大屠杀，残酷之极，愚蠢之极，丧尽了民心。第二，怀疑、排斥汉官，歧视汉官，敌视生员，连"抚顺额驸"李永芳这样效忠金汗的降将，都要怀疑，都要罢官，兔死狐悲，汉官怎不寒心，怎敢直言，怎愿献策？第三，专横独断，

① 《明熹宗实录》卷六八。

607

连兴大狱,内争迭起,疑案纷纷,伤人太多。以最高统治集团的八旗贝勒来说,四大贝勒中,代善的太子之废,皇太极受责罚银没收牛录,莽古尔泰的生母被休,阿敏与其弟斋桑古的隔阂,四位大贝勒皆受到汗父(汗伯父)不同程度的训斥和处分。执政贝勒中,斋桑古、德格类、济尔哈朗、岳托、硕托,分别受罚挨训。纠纷之多,争夺之剧,搞得努尔哈赤找不到一个合适的继承人,只好实行八和硕贝勒共治国政制。八旗高级官将,如扈尔汉、阿敦、乌尔古岱、额尔德尼、巴笃礼等,或斩或囚,或降职革任,波动也不小。结果是汗威无比,群臣畏惧,三缄其口,不敢直谏,努尔哈赤成为一个真正的孤家寡人了,使得他不知下情,难辨是非,越弄越糟,搞得金国民不聊生,百业凋敝,逃移满路,田园荒芜,粮谷奇缺,物价高涨,出现了人相食的悲惨局面。这样的情景,这样的条件,怎能进行长期战争,打败明军!

　　并且,这些弊政,直接影响到明国的军民。努尔哈赤于天命十年十月大杀汉人时,提出的一条理由就是,杀了这些人,才好放心地对外用兵。他在宣布屠杀辽民的汗谕中,对汉人讲道:"尔等在我等不防备之时,尚且如斯杀女真,准备棍棒,那么,当我等行围出兵之后,尔等能安静否?"①这个英明汗,此时也太不英明了,他竟想用大屠杀来安定后方,这能办到吗?如此血腥杀戮,必然招致汉民极端痛恨,为什么一听金兵进攻,关外锦州等地军民纷纷内逃,不愿留下充当顺民?为什么宁远军民齐心抗敌,死守孤城?像通判金启倧、袁崇焕的家人罗立,都因燃炮而死,像50健丁不怕危险舍生下城,燃放火药,烧毁金军战车,击毙掘城敌兵,像武举人金世麒,以迎父丧出关,闻听金军攻打觉华岛,立即"率义男三百人力

---

　　①　《满文老档》太祖朝卷六六。

战"，全部殉国。① 这一切，固然是决定于他们不畏强暴誓死救国的高尚精神，但与金国汗的滥肆杀戮，也不能说是毫无关系。直到6年以后，固守大凌河的明国官将兵民，虽然粮尽力竭，外援断绝，仍因努尔哈赤的大杀辽民，"不论贫富，均皆诛戮，即顺之，亦不免于死"，而"肝胆俱丧"，"人皆畏缩"，不敢投降。②

在军事上，努尔哈赤也犯了重大错误。屡败明兵，攻城略地，因而骄傲轻敌，训练不力，入辽以来，除镇压起义以外，"步兵、骑兵三年未战，兵主（兵之额真）怠惰，卒无斗志，车、梯、藤牌不良，兵器已不锐利"。③ 攻宁远时，沿袭故技，抱残守缺，以箭矢对枪炮，以血肉之躯迎炮弹，以穴城敌火毬，努尔哈赤轻敌了，思想僵化了，战术陈旧了。而袁崇焕却总结经验教训，发挥所长，克己所短，以凭城死守来避开金兵的野战冲突，用西洋大炮对付八旗铁骑的刀戈弓矢，实行坚壁清野来制服掠粮养兵的金军。双方军事统帅指挥的正确与错误，也是造成明胜金败的重要因素。

不管是什么原因，但结论都是一个，无敌君汗努尔哈赤被区区道员袁崇焕打败了，并且败得很惨，丢尽了面子。

三、瑷鸡堡驾崩

天命十一年（1626年）正月的宁远之败，使得百战百胜所向披靡的大金国英明汗努尔哈赤非常恼怒，也十分痛苦。连钦修的《武皇帝实录》卷四也载述说："帝自二十五岁征伐以来，战无不胜，攻无不克，惟宁远一城不下，遂大怀忿恨而回。"

---

① 《明熹宗实录》卷七〇。
② 《清太宗实录》卷十。
③ 《满文老档》太祖朝卷七一。

努尔哈赤振作精神,派军攻下了觉华岛,尽歼明国守军,火"焚其船二千余及粮草千余堆",平安回师。四月,他又派遣大贝勒、二贝勒、四贝勒率军进攻喀尔喀五部之中违背誓辞与明议和的囊努克等贝勒,大获全胜,掠获"人畜五万六千五百",略舒心中之忿。但是,长年征战治国,劳累不堪,年岁已老,又因宁远失利受伤而生气、忧愁、难眠,积恨成疾,痈疽发作,努尔哈赤遂于七月二十三日前往清河"温泉坐汤"。过了十三天,病危,欲回沈阳,他遣人到沈阳召大福金阿巴亥,阿巴亥赶忙来迎,于浑河相会,一起返回。八月十一日,来到离沈阳四十里的瑷鸡堡,努尔哈赤逝世,享年68岁。

努尔哈赤的梓宫初奉安于沈阳城中西北隅,天聪三年(1629年)葬于辽宁沈阳石咀头山福陵,又称东陵。

崇德元年(1636年)四月,努尔哈赤被尊谥为"承天广运圣德神功肇纪立极仁孝武皇帝",庙号"太祖"。康熙、雍正两朝又加上尊谥,乾隆元年再加尊谥为"承天广运圣德神功肇纪立极仁孝睿武端毅钦安弘文定业高皇帝",通常简称"高皇帝"。

总观努尔哈赤的一生,他在青年时期,奋勇苦斗,智擒刺客,捉获仇人尼堪外兰,报了杀害父、祖之仇;他以少数诸申起兵,在建州、海西、"野人"女真部落中横冲直闯,征抚并用,辖地广阔,人丁激增,"归顺"日众,完成了统一女真各部的伟大事业,促进了新的民族共同体——满族的形成与发展;他率领八旗劲旅,兴师伐明,以少敌众,大败明军于萨尔浒,抗击了明王朝的民族压迫,保护了满族的生存;他入主辽沈,多次向东用兵,打下了完全统一东北的基础,为满族进一步发展提供了有利条件;他网罗人才,厚待功臣,善用计谋,顺应时代的需要,采取了许多正确的政策和措施,促进了满族由原始社会末期进入奴隶社会,迅速向封建制过渡。他在晚年刚愎自用，独断专横，滥行杀戮，骄傲轻敌，思想僵化，停顿落后，做了不少错事，破坏了辽东地区生产，危害了满汉之间的正常关系，妨碍了满族的前进。由此可见，努尔哈赤是一个意志坚强、不畏险阻、勇于进取的大丈夫，是一个叱咤风云、威名远扬的常胜君汗，是一个具有雄才大略的开国之主。他虽然做了某些蠢事，产生了不好的影响，但毕竟是瑕不掩瑜，功大于过。对于这样一位为多民族国家的壮大和中华民族的发展，建树了功勋的满族杰出首领和清朝的始祖努尔哈赤，各族人民一定会将他的英名和贡献，载入祖国光辉灿烂的历史巨册，永志不忘。

责任编辑：于宏雷

图书在版编目（CIP）数据

清太祖传/周远廉 著.－2版.－北京：人民出版社，2016.3（2024.5重印）
（中国历代帝王传记）
ISBN 978－7－01－015720－7

Ⅰ.①清…　Ⅱ.①周…　Ⅲ.①努尔哈赤（1559~1626）－生平事迹
　Ⅳ.①K827＝49

中国版本图书馆 CIP 数据核字（2016）第 009088 号

清太祖传

QINGTAIZU ZHUAN

周远廉　著

人民出版社 出版发行
（100706　北京市东城区隆福寺街99号）

北京新华印刷有限公司印刷　新华书店经销

2016 年 3 月第 2 版　2024 年 5 月北京第 2 次印刷
开本：850 毫米×1168 毫米 1/32　字数：470 千字
印张：20.25　插页：2

ISBN 978－7－01－015720－7　定价：68.00 元

邮购地址 100706　北京市东城区隆福寺街99号
人民东方图书销售中心　电话（010）65250042　65289539